Wirtschaftspolitik

Von
Prof. Dr. Hans-Rudolf Peters
Ordinarius für Volkswirtschaftslehre

3., vollständig überarbeitete und erweiterte Auflage

R. Oldenbourg Verlag München Wien

Die Deutsche Bibliothek – CIP-Einheitsaufnahme

Peters, Hans-Rudolf:
Wirtschaftspolitik / von Hans-Rudolf Peters. – 3., vollst. überarb. und erw. Aufl.. – München ; Wien : Oldenbourg, 2000
ISBN 3-486-25502-9

Rosenheimer Straße 145, D-81671 München
Telefon: (089) 45051-0
www.oldenbourg-verlag.de

Gedruckt auf säure- und chlorfreiem Papier
Gesamtherstellung: Druckhaus „Thomas Müntzer" GmbH, Bad Langensalza

ISBN 3-486-25502-9

Inhaltsverzeichnis

Vorwort zur dritten Auflage

Dieses „moderne“ Lehrbuch der Wirtschaftspolitik, das aufgrund seiner neuzeitlich-realistischen Betrachtungsweise oftmals so bezeichnet worden ist, führt die bewährte Lehrbuchkonzeption auch bei der dritten Auflage fort. So stützt sich die Theorie der Wirtschaftspolitik nicht nur auf die wirtschaftstheoretische Sachrationalität, sondern berücksichtigt auch die wahlpolitische Rationalität des politischen Umfeldes wirtschaftspolitischer Aktivitäten. Auf diese Weise wird deutlich, daß manchmal selbst wirtschaftstheoretisch exzellent fundierte Konzeptionen und Sachlösungen kaum eine Realisierungschance besitzen, weil sie die Wahlrationalität in der parlamentarischen Demokratie nicht oder nur unzureichend beachtet haben.

Nahezu alle Kapitel wurden gründlich überarbeitet und aktualisiert, wobei insbesondere neuere Entwicklungen auf bedeutsamen Sektoren der Wirtschaftspolitik auch in der Europäischen Union eingearbeitet worden sind. Zudem wurde der wahlorientierten Wirtschaftspolitik ein ganzer Lehrbuchteil gewidmet, dem die relevanten Theorien der Neuen Politischen Ökonomie vorangestellt worden sind. Somit erhalten die Studierenden einen konzentrierten Überblick über die wirtschaftspolitisch bedeutsamen Theorien der Neuen Politischen Ökonomie, ohne deren Kenntnis sowohl die Aktivitäten als auch eventuelle Untätigkeiten der Wirtschaftspolitik in der pluralistischen Gruppengesellschaft und der parlamentarischen Demokratie kaum verständlich sind. Erst durch die Berücksichtigung von Eigeninteressen der politisch-staatlichen Entscheidungsträger wird es manchmal möglich, scheinbar irrationale Verhaltensweisen der wirtschaftspolitischen Instanzen auf ihren wahlpolitisch rationalen Kern zurückzuführen und damit interessenrational plausibel zu machen.

Die Stoffauswahl wurde an den üblichen universitären Studienordnungen für das wirtschaftswissenschaftliche Haupt- und Pflichtfach „Wirtschaftspolitik“ ausgerichtet. Aufgrund des interdisziplinären Methodenansatzes ist das Lehrbuch auch für Lehrveranstaltungen in den Nachbardisziplinen, insbesondere in den Sozial-, Politik- und Rechtswissenschaften, geeignet. Bei der didaktischen Aufbereitung des Lehrstoffes war die vorherige Überprüfung in meinen wirtschaftspolitischen Lehrveranstaltungen an den Universitäten Marburg, Bonn und Oldenburg nützlich, weil diese - wie ich hoffe - mich weitgehend vor unverständlichen Textformulierungen bewahrt haben. Insoweit Beispiele aus der praktizierenden Wirtschaftspolitik sowie Typisierungen von Verhaltensweisen der wirtschaftspolitischen Entscheidungsträger eingearbeitet worden sind, habe ich vielfach auf die Erfahrungen während meiner 15jährigen Tätigkeit im Bundesministerium für Wirtschaft zurückgreifen können.

Dankbar bin ich für manche Anregung, die ich insbesondere von den Tagungen des Vereins für Socialpolitik mitgenommen und als Mitglied des wirtschaftspolitischen Ausschusses erhalten habe. Besonderer Dank gebührt meiner früheren Assistentin, Frau Dr. rer. pol. Sylke Behrends, die mir bei der technischen Abfassung auch dieser dritten Auflage mit Rat und Tat zur Seite gestanden und die Computervorlage für das Werk mit großer Sorgfalt selbst angefertigt hat. Nicht zuletzt danke ich meiner Frau, der es gelungen ist, dem Druckfehlerteufel kaum eine Chance zu seinem bösen Treiben zu belassen.

Hans-Rudolf Peters

Vorwort zur zweiten Auflage

Die Akzeptanz, die offensichtlich das Lehrbuch bei der Zielgruppe der Studierenden der Wirtschaftswissenschaften und anderer Disziplinen gefunden hat, macht schon nach relativ kurzer Zeit eine Neuauflage erforderlich. Da dieses als Bestätigung der Lehrbuchkonzeption gewertet werden kann, wird die ursprüngliche Darstellungsweise konsequent auch bei den überarbeiteten und ergänzten Teilen fortgeführt: Es werden demnach die wirtschaftspolitischen Teilbereiche auf der Basis wirtschaftstheoretischer Erkenntnisse sowohl nach der traditionellen Methode der Ziel-Mittel-Analyse als auch im Rahmen der Neuen Politischen Ökonomie dargestellt und kritisch durchleuchtet.

Diese Zweigleisigkeit ist geboten, weil sich theoretische Wirtschaftspolitik nicht in angewandter Wirtschaftstheorie erschöpfen kann, wenn sie eine Hilfe für die praktizierende Wirtschaftspolitik sein will. Sie muß aus dem engeren Bereich der reinen Ökonomie und deren Sachrationalität heraustreten und auch das politische Umfeld und die Wahlrationalität mit einbeziehen, weil sie anderenfalls den Bezug zur gesellschaftlichen Wirklichkeit in der Demokratie verliert. Lösungsvorschläge für wirtschaftspolitische Probleme selbst von höchster Sachrationalität nützen nichts, wenn sie die Wahlrationalität nicht beachten und deshalb von den praktizierenden Wirtschaftspolitikern - die in legitimer Weise auch ihre (Wieder-) Wahlchancen sichern bzw. verbessern wollen - nicht akzeptiert und nicht angewandt werden. Dieses zu erkennen ist gerade für Studierende äußerst wichtig, damit sie nicht der Illusion erliegen, daß sich allein mit sachrationalen Lösungen alle Probleme der wirtschaftspolitischen Praxis lösen lassen. Zudem kann diese Erkenntnis junge Nachwuchswissenschaftler auch vor dem Irrglauben bewahren, daß die oft hochgestochenen, mathematisch strukturierten Modelle der Wirtschaftstheorie die Wirtschaftspolitik beeinflussen. Nach den Erfahrungen des Verfassers, der vor Rufannahme auf einen universitären Lehrstuhl fünfzehn Jahre lang Wirtschaftspolitik im Bundesministerium für Wirtschaft gelernt und mitgestaltet hat, ist der Nutzwert und der Einfluß derartiger mathematischer „Glasperlenspiele im ökonomischen Gewand" auf die praktizierende Wirtschaftspolitik zumeist gleich Null.

Was den Lehrstoff betrifft, so sind gegenwärtig zwei Problemkreise stärker in den Vordergrund getreten: Zum einen sind im Zuge des weltweiten Strukturwandels nach dem Zusammenbruch der kommunistischen Gesellschaftssysteme in Osteuropa besonders die Anforderungen an strukturpolitische Konzeptionen im marktwirtschaftlichen Ordnungsrahmen beträchtlich gestiegen. Zum anderen haben sich mit verlangsamtem Wirtschaftswachstum und ansteigender Massenarbeitslosigkeit in den westeuropäischen Marktwirtschaften die Verteilungsspielräume verengt, wodurch die Verteilungskämpfe zwischen den organisierten Gruppen zugenommen haben. Die Verteilungspolitik ist dadurch stärker in das Blickfeld gerückt.

Zur Aktualisierung des Lehrstoffes sind in der Neuauflage die theoretischen Ansätze und Konzeptionen der sektoralen Strukturpolitik überarbeitet und erweitert worden. Zudem behandelt ein neuer vierter Teil die Verteilung, insoweit diese wirtschaftspolitischer Beeinflussung zugänglich ist, und zwar sowohl unter Anwendung der traditionellen Methodik der Ziel-Mittel-Analyse als auch mit den Instrumenten der Neuen Politischen Ökonomie. Im Rahmen der wahl- und verteilungsorientierten Wirtschaftspolitik werden insbesondere neuere Ansätze der Public-Choice-Theory aus der angelsächsischen Fachliteratur dargestellt und deren jeweiliger Aussagewert beurteilt. Zudem wird die bereits bei der Mesoökonomischen Interaktionstheorie der Wirtschaftspolitik skizzierte Gruppenbegünstigungspolitik anhand weiterführender theoretischer Überlegungen und empirischer Fakten auf breiterer Basis und im verteilungspolitischen Zusammenhang analysiert.

An dieser Stelle danke ich allen Kollegen, insbesondere im wirtschaftspolitischen Ausschuß des Vereins für Socialpolitik, sowie den Tutoren und Studierenden meiner volkswirtschaftlichen Lehrveranstaltungen, die mir wertvolle Anregungen gegeben haben. Besonderer Dank gebührt meiner Assistentin, Frau Dipl.-Oec. Sylke Behrends, die mir mit großer Geduld bei der formalen Gestaltung der Neuauflage zur Seite gestanden und mir allzu ökonomisch-lyrische Formulierungen ausgeredet hat.

Hans-Rudolf Peters

Problemstellung

Grau, teurer Freund, ist alle Theorie,
Und grün des Lebens goldner Baum
sagt Mephistopheles in der Schülerszene
von Goethes Faust

Ebenso grau und weltfremd erscheinen wirtschaftspolitischen Entscheidungsträgern häufig die Aussagen der theoretischen Wirtschaftspolitik. Entsprechend messen Wirtschaftspolitiker den wirtschaftstheoretischen Konzepten meist nur geringe Bedeutung zu und präferieren politisch-pragmatisches Handeln. Gerade diese Neigung zu Pragmatismus in der praktizierenden Wirtschaftspolitik wird jedoch von den Wirtschaftswissenschaftlern als konzeptionsloses und widersprüchliches Handeln kritisiert. Offenkundig ist, daß die praktizierende Wirtschaftspolitik oft mehr dem Wahlkalkül und den Eigeninteressen der wirtschaftspolitischen Akteure folgt als theoretischen Leitbildern und reiner Sachrationalität. Daraus hat die theoretische Wirtschaftspolitik die Lehre gezogen, daß bei wirtschaftspolitischen Problemanalysen stets auch das gesellschaftliche Umfeld einzubeziehen ist. Das erfordert in den heute typischen Gruppengesellschaften, daß vor allem die Verhaltensweisen der organisierten Interessengruppen sichtbar sowie deren Interaktionen mit den wirtschaftspolitischen Entscheidungsträgern durchschaubar gemacht werden. Zudem sieht die theoretische Wirtschaftspolitik nicht mehr ihre einzige Aufgabe darin, zieladäquate Instrumente für politisch vorgegebene Ziele zu entwickeln. Als weitgehend überholt gilt die einst unter dem Diktat eines überzogenen Wertfreiheitspostulats entstandene Aufgabenteilung, die der Politik das Monopol der Zielsetzung einräumte und der Wissenschaft lediglich die Mitteloptimierung zuwies. Unbestritten ist, daß die Wirtschaftswissenschaft wirtschaftspolitische Ziele beispielsweise auf ihren ordnungs-, verteilungs- und/oder umweltpolitischen Gehalt zu überprüfen und eventuelle Zielkonflikte aufzudecken hat. Somit bleibt es nicht aus, daß der Wirtschaftswissenschaftler ordnungsinkonforme und umweltschädliche Ziele kritisiert und möglicherweise neue Ziele vorschlägt. Damit befindet er sich aber schon im Bereich der normativen Ökonomik, die sich mit dem Seinsollen beschäftigt. Auch alle auf Werturteilen basierenden Leitbilder, also auch die wirtschaftspolitischen und insbesondere die ordnungspolitischen Konzeptionen, gehören zur normativen Ökonomik. Allerdings läßt es das heute vorherrschende Wissenschaftsverständnis der Volkswirtschaftslehre zu, daß sich die Ökonomik auch mit normativen Fragen beschäftigt. Es wird jedoch gefordert, daß bei der häufigen Verzahnung mit der auf das Sein gerichteten positiven Ökonomik stets ein eventuell normativer Gehalt einer Aussage als solcher kenntlich gemacht wird. Durch die neuerliche Vereinigung von Ziel- und Instrumentenanalyse - wie sie in der politischen Ökonomie der Klassik durchweg üblich war - erhält die Wirtschaftspolitik wieder ein einheitliches Erkenntnis- und Handlungsobjekt, das sowohl ökonomische als auch politische Variablen umfaßt. Eine derart als „Politische Ökonomie“ verstandene und theoretisch vorgeformte Wirtschaftspolitik kann in stärkerem Maße als bisher der praktizierenden Wirtschaftspolitik als anwendungsreifes Handlungsobjekt dienen. Dem vorgezeichneten Weg der Entwicklung der Volkswirtschaftslehre will diese Einführung in die Wirtschaftspolitik folgen. Dabei hofft der Verfasser, daß dem Lehrbuch seine langjährigen Erfahrungen sowohl als Ministerialbeamter im Bonner Bundeswirtschaftsministerium als auch in der Lehre der theoretischen Wirtschaftspolitik an drei Universitäten zugute kommen.

Das Lehrbuch ist so strukturiert, daß es für das Pflichtfach „Wirtschaftspolitik" gemäß den üblichen wirtschaftswissenschaftlichen Studien- und Prüfungsordnungen an jeder Universität des deutschen Sprachraums verwendet werden kann. Aufgrund seines interdisziplinären Ansatzes eignet es sich auch für Lehre und Studium in anderen Disziplinen, insbesondere in den Politik-, Sozial- und Rechtswissenschaften.

Hans-Rudolf Peters

Teil 1
Allgemeine theoretische Grundlagen

1. Kapitel Klassifikatorische Grundlagen

1.1 Gegenstand, Formen und Funktionen der Wirtschaftspolitik

1.1.1 Definition „Wirtschaftspolitik“

Wirtschaftspolitik tritt einerseits als **theoretische** und andererseits als **praktizierende Wirtschaftspolitik** in Erscheinung. In ihrer theoretischen Form ist Wirtschaftspolitik ein Teil der Volkswirtschaftslehre und in ihrer praktizierenden Form ein Teil der Gesellschaftspolitik.

Einbindungsschema der Wirtschaftspolitik

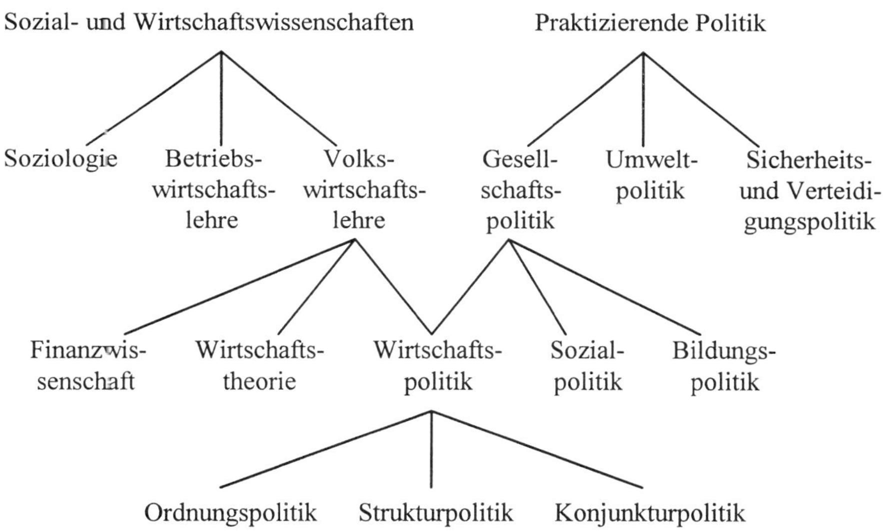

Hauptsächliche Erkenntnis- und Handlungsobjekte der Wirtschaftspolitik sind Wirtschaftsordnungen, Wirtschaftsstrukturen und Volkswirtschaftsprozesse. Dementsprechend läßt sich die Wirtschaftspolitik in **Ordnungs-, Struktur- und Konjunkturpolitik** gliedern.

Generell umfaßt die **Wirtschaftspolitik** alle Regelungen und Maßnahmen, die Wirtschaftswissenschaftler vorschlagen (theoretische Wirtschaftspolitik) und wirtschaftspolitische Instanzen ergreifen (praktizierende Wirtschaftspolitik), um die Wirtschaftsordnung zu gestalten (Ordnungspolitik), Wirtschaftsstrukturen zu verändern (Strukturpolitik) und Volkswirtschaftsprozesse zu beeinflussen (Konjunkturpolitik)

1.1.2 Formen der Wirtschaftspolitik

Der Art nach gibt es drei **Formen der Wirtschaftspolitik**:

- **theoretische Wirtschaftspolitik**
- **angewandte Wirtschaftspolitik** ┐
  ├ • **praktizierende Wirtschaftspolitik**
- **pragmatische Wirtschaftspolitik** ┘

Während die theoretische Wirtschaftspolitik wissenschaftlich geprägt ist, setzt sich die pragmatische Wirtschaftspolitik aus ad hoc geschaffenen Elementen der wirtschaftspolitischen Praxis zusammen. Die angewandte Wirtschaftspolitik erstreckt sich auf die Anwendung der theoretisch vorgeformten Wirtschaftspolitik in der wirtschaftspolitischen Praxis. Die praktizierende Wirtschaftspolitik, die in der Wirklichkeit betrieben wird, umfaßt sowohl die pragmatische und in der Regel einzelfallbezogene Wirtschaftspolitik als auch die angewandte und mehr konzeptionell geprägte Wirtschaftspolitik. Häufig wird bei der praktizierenden Wirtschaftspolitik auch zwischen diskretionärer und regelgebundener Wirtschaftspolitik unterschieden.

Diskretionäre Wirtschaftspolitik entwickelt Zielvorstellungen aus dem Augenblick heraus und setzt zu deren Verwirklichung ihre Instrumente fallweise ein. Der fallweise Einsatz wirtschaftspolitischer Mittel kann unter Umständen unumgänglich sein, wenn die Wirtschaftspolitik unterschiedliche und neuartige Problemlagen bewältigen muß. Ein gewisser Vorteil ist, daß eventuell schnell und problemorientiert gehandelt werden kann. Andererseits besteht jedoch die Gefahr voreiligen Eingreifens und wirtschaftspolitischer Schnellschüsse, wodurch dauerhafte Problemlösungen erschwert werden können. Zudem wirkt eine kurzatmige diskretionäre Prozeßpolitik erfahrungsgemäß der langfristigen Ordnungspolitik entgegen, indem sie durch punktuelle Eingriffe in das Wirtschaftsgeschehen sowie durch sektorale Maßnahmegesetze die allgemeingültige marktwirtschaftliche Ordnung aushöhlt. Nach v. Hayek erfordert „die Verfassung der Freiheit“ samt einer dazugehörigen freiheitlichen Wirtschaftsordnung, daß der Gesetzgeber sich auf die Setzung allgemeiner, abstrakter, auf alle gleich anwendbare Verhaltensregeln beschränkt.[1] Obwohl für die Funktionsfähigkeit einer Marktwirtschaft also primär allgemeingültige Rahmengesetze erforderlich und nur ausnahmsweise sektorale und fallweise Maßnahmegesetze erträglich sind, durchlöchert in der wirtschaftspolitischen Praxis eine Fülle von Sektoral- und Fallgesetzen die allgemeingültige Wirtschaftsordnung. Die Vorliebe der wirtschaftspolitischen Entscheidungsträger für derartige Gesetze resultiert daher, daß sektorale Regulierungen und gruppenbezogene Förderungsmaßnahmen die Wirtschaftspolitik nur partiell binden und ihr die Möglichkeiten für weitere fallweise Eingriffe offen halten. Bedenkt man, daß die regierenden Wirtschaftspolitiker aus wahlpolitischen Gründen häufig eine Gruppenbegünstigungspolitik präferieren, so bietet sich für diesen Zweck eine diskretionäre Politik geradezu an. Gruppenbezogene Maßnahmegesetze, die gezielt auf bestimmte wahlrelevante Gruppen (wie z. B. die Bauern oder die Bergleute) zugeschnitten werden können, gelten in den Augen vieler Politiker als besonders werbe- und wahlwirksam. Allerdings wird dabei oft zu wenig beachtet, daß der er-

---

[1] Vgl. F. A. v. Hayek, 1971, S. 186.

wartete wahlpolitische Nutzeffekt einer Gruppenbegünstigungspolitik zu Lasten Dritter durch einen Wählerverprellungseffekt bei nichtbegünstigten und belasteten Gruppen zunichte werden kann.

Die regelgebundene Wirtschaftspolitik ist an langfristig geltende Ziele gebunden und muß sich bei bestimmten Problemsituationen und Fallgruppen an vorher festgelegte Regeln halten. Natürlich besteht auch hier ein mehr oder weniger großer Ermessensspielraum für die staatliche Wirtschaftspolitik, und zwar ist dieser um so größer, je vager die Situationen und Fälle für staatliches Handeln umschrieben und je weniger detailliert die zu ergreifenden Maßnahmen vorgeformt sind. Eine regelgebundene Wirtschaftspolitik kann den nicht zu unterschätzenden Vorteil der allseitigen Transparenz und Berechenbarkeit aufweisen, indem die Träger und Adressaten wirtschaftspolitischer Maßnahmen im voraus wissen, was in bestimmten Problemlagen zu geschehen hat bzw. auf sie zukommt. Die Wirtschaftspolitik kann dadurch nicht nur durchschaubarer, sondern möglicherweise auch ordnungszentrierter und stetiger werden. Die Prinzipien der Wirtschaftsordnung werden mit Sicherheit stärker zur Geltung kommen, wenn zur Bewältigung gleichartiger Problemlagen in den Wirtschaftszweigen branchenübergreifende und ordnungskonform gestaltete Regelinstrumente zur Anwendung kommen. Dieses ist insbesondere für die sektorale Strukturpolitik erforderlich, wenn der heutigen Zersplitterung in zahlreiche Branchenpolitiken mit vorwiegend protektionistischem Charakter ein Ende bereitet werden soll.

In der Regel bedarf die Wirtschaftspolitik eines gewissen Gestaltungsspielraumes, um auch neuartige und unvorhersehbare Probleme bewältigen zu können. Deshalb kann die Regelbindung sicherlich nicht so weit getrieben werden, daß die Wirtschaftspolitik nur noch als automatischer Reflex auf bekannte und festgeschriebene Problemlagen reagiert. Problematisch sind beispielsweise Vorschläge, die Konjunkturpolitik an ein Indikatorensystem zu binden und ein bestimmtes konjunkturpolitisches Verhalten zu erzwingen, wenn dieses nach den Konjunkturindikatoren geboten erscheint. Obwohl von einer solchen automatischen Pflicht zum konjunkturpolitischen Handeln oder zur konjunkturpolitischen Abstinenz ein heilsamer Zwang zur Zurückdämmung wahltaktisch bedingten Verhaltens zu erwarten ist, kann eine solche konjunkturpolitische Automatik dennoch volkswirtschaftlich schädlich sein. Es gibt nämlich bisher nicht genügend einwandfreie Konjunkturindikatoren, die das komplexe Konjunkturgeschehen zuverlässig diagnostizieren. Solange der wissenschaftliche Streit über die Aussagefähigkeit dieses oder jenes Konjunkturindikators sowie über die Zusammensetzung eines Indikatorensystems noch andauert, wäre es von Wirtschaftswissenschaftlern unverantwortlich, der praktizierenden Wirtschaftspolitik eines der unvollkommenen Indikatorensysteme aufzudrängen. Allerdings haben nahezu alle bisherigen Entscheidungsträger der Konjunkturpolitik in der Bundesrepublik Deutschland keine Neigung gezeigt, sich durch ein Indikatorensystem in die Pflicht nehmen zu lassen, wohl wissend, daß dann ihr Spielraum für wahlstrategische Überlegungen auf dem Gebiet der Konjunkturpolitik beträchtlich schrumpfen oder gänzlich schwinden würde.

Die theoretische Wirtschaftspolitik darf nicht in Gegensatz zu praktikabler Wirtschaftspolitik gebracht werden. Im Gegenteil, eine wohldurchdachte und ausgereifte theoretische Wirtschaftspolitik zeigt sich am möglichst hohen Grad der Praktikabilität und dem Umfang ihrer Anwendung in der wirtschaftspolitischen Praxis. Ohne Hilfe der theoretischen Wirtschaftspolitik sind die politisch-staatlichen Instanzen bei der Lösung wirtschaftspolitischer Probleme allein auf ihre Erfahrung, eigene Wirkungsschätzungen beim Mitteleinsatz und bei neuartigen Problemen notfalls auf ihre Intuition angewiesen. Selbst den günstigsten Fall unterstellt, daß bei wiederholten wirtschaftspolitischen Problemen immer wieder die gleichen Mittel eingesetzt werden können, so bleibt immer noch das Problem der optimalen Dosierung der Mittel und der Findung des optimalen Zeitpunktes für den Mitteleinsatz. Hierfür können wissenschaftliche Analysen wertvolle Anhaltspunkte geben. Zudem können die wirtschaftspolitischen Instanzen oft kaum ohne Hilfe der Wissenschaft die vielfältigen Haupt- und Nebenwirkungen des Mitteleinsatzes auf andere Variablen quantifizieren oder fundiert abschätzen.

Eine **rationale Wirtschaftspolitik** muß ihre Grundsätze und Ziele eindeutig und widerspruchsfrei im Rahmen der wirtschaftspolitischen Gesamtkonzeption bestimmen und jene Mittel in Orientierung an dem aufgestellten Leitbild anwenden, die bei gegebener Lage eine optimale Zielverwirklichung unter Berücksichtigung von Neben- und Fernwirkungen gewährleisten. In der Regel läßt sich eine solche rationale Wirtschaftspolitik nur mit Hilfe der Wissenschaft erreichen und auf die Dauer durchhalten.

1.1.3 Aufgaben der theoretischen Wirtschaftspolitik

In den Wirtschaftswissenschaften lassen sich drei **Arten von Wirtschaftstheorie unterscheiden**:

- **klassifikatorische (definitorische) Theorien,**
- **erklärende (nomologische) Theorien,**
- **entscheidungslogische (dezisionslogische) Theorien.**

Aufgabe **nomologischer Theorien** ist es, in der Realität vorhandene Phänomene und Zusammenhänge aufzudecken und zur Erklärung möglichst universale Hypothesen bzw. allgemeine Regeln aufzustellen, die durch Beobachtung und Erfahrung nachprüfbar und falsifizierbar sein müssen. Damit erklärende Wirtschaftstheorien ihre Funktion erfüllen können, bedürfen sie zweckmäßiger Begriffe und Gliederungsschemata, mit deren Hilfe der Analysegegenstand abgegrenzt und verschiedene Aspekte der Untersuchung verdeutlicht werden können. Für diese Zuliefererfunktion eignen sich die **klassifikatorischen Theorien**, die aussagefähige Termini schaffen, Abgrenzungsschemata entwerfen und wirtschaftswissenschaftliche Analysewerkzeuge systematisch nach ihrer jeweiligen Wirkungsweise zusammenstellen. Während erklärende Theorien die tatsächlichen und empirisch überprüfbaren Faktoren und Zusammenhänge der Untersuchungsobjekte zu erforschen bestrebt sind, versuchen **entscheidungslogische Theorien**, mittels Modellkonstruktionen die logischen Folgen von bestimmten Verhaltensweisen und -änderungen - unter der Annahme rationalen Verhaltens der Handelnden - herauszufinden. Dezisionslogische Theorien arbeiten also in der Regel mit mehr oder weniger wirklichkeitsfernen Prämissen bzw. Idealtypen, wie z. B. dem sich rein ökonomisch-rational verhaltenden homo oeconomicus oder dem ausschließlich im eigenen Interesse politisch-rational handelnden homo politicus.

Die theoretische Wirtschaftspolitik bedient sich aller drei Arten von Wirtschaftstheorie. Im klassifikatorischen Bereich hat die theoretische Wirtschaftspolitik vor allem die Aufgabe, Teilwirtschaftspolitiken entsprechend ihren unterschiedlichen Wirkungsweisen abzugrenzen und jeweils einen analysebezogenen Begriffsapparat bereitzustellen. Zu den erklärenden Funktionen der theoretischen Wirtschaftspolitik gehört z. B. die Offenlegung bestimmter Zielpräferenzen der wirtschaftspolitischen Entscheidungsträger und der daraus resultierenden typischen Verhaltensweisen, wodurch Phänomene der praktizierenden Wirtschaftspolitik erklärbar werden. Im Rahmen der entscheidungslogischen Wirtschaftstheorie werden mittels Modellkonstruktionen rationale Verhaltensweisen wirtschaftspolitischer Instanzen simuliert. So können z. B. spieltheoretische Szenarien modelliert werden, die - rationales Verhalten der Spieler vorausgesetzt - das Ergebnis des entscheidungslogischen Spielverlaufs vorhersagen können.

Die **theoretische Wirtschaftspolitik** hat entsprechend den vorgenannten Theoriearten sowohl **endogene Funktionen**, die sich aus der wissenschaftlichen Disziplin selbst ergeben, als auch **exogene Aufgaben**, die von außen - insbesondere von der praktizierenden Wirtschaftspolitik - an sie gestellt werden. So betrauen manchmal die Instanzen der Wirtschaftspolitik sachverständige Wirtschaftswissenschaftler mit bestimmten analytischen und instrumentellen Funktionen, um ihre eigenen Kenntnisse von Wirkungszusammenhängen und das Instrumentarium für zu treffende wirtschaftspolitische Maßnahmen zu verbessern. Die theoretische Wirtschaftspolitik kann dann **helfen, die praktizierende Wirtschaftspolitik rational und zielkonform zu gestalten**, indem sie

- wirklichkeitsgetreue ökonomische Situationsanalysen erarbeitet sowie wirtschaftspolitische Probleme und eventuelle Scheinprobleme offenlegt,
- verdeckte (interpretationsbedürftige oder getarnte) Ziele (z. B. der Gruppenbegünstigung) aufdeckt,
- eventuelle Zielkollisionen innerhalb der Wirtschaftspolitik und mit anderen Zielen der Gesellschaftspolitik aufzeigt,
- zielkonforme Sachinstrumente vorformt,
- Koordinierungsinstrumente schafft und flankierende Kommunikationsmittel ausprägt,
- die ordnungspolitische Systemkonformität der Instrumente überprüft und den eventuellen Grad der Systemänderung beim Einsatz bestimmter Instrumente aufzeigt,
- praktikable Kriterien für die optimale Dosierung und den zeitlichen Einsatz wirtschaftspolitischer Mittel erarbeitet,
- Aufwands-Nutzen-Vergleiche über alternative wirtschaftspolitische Maßnahmen anstellt,
- Vergleiche zwischen wirtschaftspolitischer Konzeption und praktizierter Wirtschaftspolitik vornimmt und im Falle des Auseinanderklaffens von Konzept und Wirklichkeit Vorschläge zur Annäherung der praktizierenden Politik an das wirtschaftspolitische Leitbild macht.

1.2 Wissenschaftlicher Standort der Wirtschaftspolitik

1.2.1 Zur Gliederung der Volkswirtschaftslehre

Die **Volkswirtschaftslehre** ist die Wissenschaft, die ökonomische Erscheinungen und volkswirtschaftliche Zusammenhänge systematisiert, erklärt und in einen entscheidungslogischen Kontext bringt. Entsprechend stellt sie klassifikatorische, erklärende und entscheidungslogische Theorien auf und bringt herausgefundene Regelmäßigkeiten in Form von empirischen Gesetzen zum Ausdruck.

Die einstige Dreiteilung der Volkswirtschaftslehre in Wirtschaftstheorie, Wirtschaftspolitik und Finanzwissenschaft hat heute an Bedeutung eingebüßt, nachdem sich die Finanzwissenschaft von einer reinen Staatswirtschaftslehre (Budgetlehre) zu einer wirtschaftstheoretisch fundierten antizyklischen Fiskalpolitik entwickelt hat. Seitdem die öffentlichen Haushalte auch in den Dienst der Konjunktursteuerung gestellt werden, hat die Verzahnung von Wirtschafts- und Finanzpolitik in Theorie und Praxis zugenommen. Dementsprechend geht die einstmals selbständige Disziplin Finanzwissenschaft immer mehr in den anderen beiden volkswirtschaftlichen Disziplinen Wirtschaftstheorie und Wirtschaftspolitik auf.

Eine andere Einteilung gliedert die Volkswirtschaftslehre in Mikro- und Makroökonomie sowie neuerdings in **Mikro-, Meso- und Makroökonomie**.[2] Bei der Einteilung der Volkswirtschaftslehre in Mikro- und Makroökonomie stehen hauptsächlich folgende wirtschaftstheoretische Gegenstandsbereiche im Mittelpunkt: die Mikroökonomik analysiert das ökonomische Geschehen von Einzelwirtschaften, wie es sich vor allem in der Nachfrage der Haushalte und dem Angebot der Unternehmungen auf den Märkten zeigt. Die Makroökonomik untersucht dagegen gesamtwirtschaftliche Zusammenhänge, die vornehmlich an den Beziehungen volkswirtschaftlicher Kreislaufgrößen deutlich werden.

Die **Mikroökonomik**, und hier insbesondere ihr Kernstück, nämlich die Markt- und Preistheorie, kann auf eine lange Tradition zurückblicken. Schon im Lehrgebäude der klassischen Ökonomie dominierte die Fragestellung, unter welchen Voraussetzungen und wann der Markt- und Preismechanismus den Gleichgewichtszustand bei bestimmten Konstellationen von Angebot und Nachfrage auf dem Markt herstellt. **Adam Smith** unterstellte in seiner **Harmonie- und Gleichgewichtslehre** eine gleichsam naturgegebene Tendenz zum **ökonomischen Gleichgewicht** bei Wettbewerb auf freien Märkten. Er verwendete seine **Lehre vom Gleichgewichtspreis** nicht nur zur Bestimmung der Preisbildungsvorgänge auf den nationalen Märkten, sondern er erhob sie auch zum Rechtfertigungsprinzip für den **Freihandel** auf dem Weltmarkt und machte sie somit zum Erklärungsprinzip seines weltweiten Wettbewerbssystems.

Die **Makroökonomik**, deren Geburtsstunde zwar schon mit der Aufstellung des **Quesnayschen Tableau économique** begann, erhielt ihre fundamentale Prägung erst durch die Lehren von **John Maynard Keynes**. Mit seiner General Theory of Employment, Interest and Money von 1936, in der er die Erfahrungen aus der Weltwirtschaftskrise Anfang der dreißiger Jahre theoretisch umzusetzen versuchte,

---

[2] Die Begriffe sind in Anlehnung an die Begriffsreihe (griechisch) mikro = klein, meso = mittel, makro = groß gebildet worden.

stieß er weit in das Neuland der Makroökonomik vor und leitete ein Umdenken in der Volkswirtschaftslehre ein. Keynes bestritt zwar nicht eine Tendenz zum Gleichgewicht in der Marktwirtschaft, sah diese aber mehr in Richtung auf ein **Gleichgewicht bei Unterbeschäftigung** hinwirken. Dabei stützte er seine These auf die Erfahrung, daß die aus der Mitwirkung am Produktionsprozeß resultierenden Einkommen teilweise gespart werden und deshalb nicht wieder voll als kaufkräftige Nachfrage nach erzeugten Gütern auftreten. Damit erschütterte Keynes die bis zu **Jean Baptiste Say** zurückreichenden Gleichgewichtsvorstellungen, denen zufolge sich das Angebot durch die zu seiner **Produktion** notwendigen Entlohnungen der Produktionsfaktoren **selbst die kaufkräftige Nachfrage** schaffe. Die beschäftigungspolitischen Empfehlungen von Keynes lauten demnach, bei Unterbeschäftigung die effektive Gesamtnachfrage vor allem durch Ausdehnung der Staatsausgaben und -aufträge zu erhöhen.

Bei der lange Zeit üblichen Einteilung der Volkswirtschaftslehre in Mikro- und Makroökonomie und der damit verbundenen Konzentration auf einzel- und gesamtwirtschaftliche Fragen und Probleme blieben wesentliche gruppenbedingte und strukturelle Erscheinungen dem Blickfeld entrückt. Die traditionelle Volkswirtschaftslehre bewegte sich auf weiten Strecken in einem **ökonomischen und gesellschaftlichen Wunderland**, in dem es weder organisierte Interessengruppen noch gruppenbeeinflußte Partikularpolitiken gab. In der üblichen Mikroökonomik werden selbst bei der Analyse des **Kollektivmonopols** keine gruppenmäßigen Elemente problematisiert. So ist es bei dem statischen Modell der Monopolpreisbildung völlig gleichgültig, ob die Ableitung des Cournotschen Punktes am Kollektiv- oder Einzelmonopol erfolgt. Da das Monopol als gegebene Größe angenommen wird und nicht etwa die internen und externen Problematiken eines Kollektivmonopols analysiert werden, ist das abgeleitete Preis-Mengen-Resultat - unabhängig von der gewählten Bezeichnung des Modells als Kollektiv- oder Einzelmonopol - immer das gleiche. Ebenfalls sind manchmal bei ordnungspolitischen Analysen - außer der Kartell- und Konzentrationsproblematik - kaum andere gruppenmäßige Aspekte thematisiert worden. So ist bei Analysen der **Regulierungspolitik** manchmal verkannt worden, daß bestimmten Wirtschaftszweigen ohne sachliche Notwendigkeit unter dem Druck mächtiger Interessengruppen eine **wettbewerbsmindernde Sonderordnung** zugestanden worden ist, welche die allgemeingültige Wettbewerbsordnung aushöhlt und Gruppenprivilegien schafft. Auch in der Makroökonomie, deren Herzstück die Konjunkturtheorie und Konjunkturpolitik ist, werden oft gruppenbedingte Beeinflussungen gering beachtet. Beispielsweise ist bei **Konjunkturprognosen** angenommen worden, daß eine Erhöhung der Massenkaufkraft zu einer etwa gleich hohen Steigerung der volkswirtschaftlichen Konsumquote führt. Man weiß jedoch, daß der Konsum privater Haushalte höherer Einkommensklassen mit zunehmendem Einkommen keineswegs immer weiter steigt. Die Annahme einer positiven Korrelation zwischen wachsender Massenkaufkraft und Steigerung der Konsumquote - die bei einem relativ hohen Lebensstandard breiter Bevölkerungsschichten zweifelhaft ist - kann sich als Fehleinschätzung und ein darauf basierender globaler Anregungsversuch der Gesamtnachfrage als Mißerfolg erweisen. Die Hypothesen der Konjunktursteuerung würden manchmal plausibler und realistischer, wenn die spezifischen Verhaltensweisen von Bevölkerungsschichten und organisierten Gruppen einbezogen würden. Da jedoch häufig bei konjunkturpolitischen Rezepturen der gruppenspezifische Aspekt nicht beachtet und auch kaum mit antikonjunkturellen Querschlägen von Interessengruppen (wie z. B. seitens der Lohntarifparteien) gerechnet wird, wirken diese oft zielinkonform. Desgleichen sind strukturpolitische Empfehlungen, die den Faktor Gruppenmacht und die Durchsetzbarkeit strukturpolitischer Maßnahmen nicht oder nur ungenügend berücksichtigen, für die praktizierende Strukturpolitik kaum hilfreich.

Zudem weist die Zweiteilung der Volkswirtschaftslehre in Mikro- und Makroökonomie eine **Gliederungslücke** auf, weil sie den aggregatmäßig dazwischen liegenden Bereich ausspart bzw. die Erscheinungen dieses Mesobereichs einfach und manchmal ziemlich willkürlich den erstgenannten Bereichen zuschlägt. So setzen Analysen beispielsweise der wirtschaftsstrukturellen Entwicklung sowie Maßnahmen der sektoralen und regionalen Strukturpolitik weder bei den Einzelwirtschaften noch bei der Gesamtwirtschaft an und können deshalb sinnvollerweise weder zur Mikro- noch zur Makroökonomie gerechnet werden. Hauptsächliche Ansatzpunkte der Strukturtheorie und der Strukturpolitik sind Branchen, Gruppen und Regionen - also aggregatmäßig mittlere (mesoökonomische) Einheiten zwischen Einzelwirtschaften und Gesamtwirtschaft -, die nicht einfach dem mikroökonomischen Bereich zugerechnet werden dürfen, insbesondere dann nicht, wenn das Gruppenverhalten von den individuellen Verhaltensweisen der Wirtschaftseinheiten abweicht.

Der **Einfluß der Interessengruppen** auf die Wirtschaftspolitik läßt in der heutigen Gruppengesellschaft gravierende Probleme entstehen, die nicht einfach aus wirtschaftspolitischen Analysen ausgeklammert werden dürfen. Zweifellos spielen in der Wirtschaftspolitik die Partialinteressen von Interessengruppen, Branchen und Regionen, die von den individuellen und gesamtwirtschaftlichen Interessen abweichen und gruppenspezifische Verhaltensweisen erzeugen können, eine wesentliche Rolle. Für die Analyse dieser mesoökonomischen Phänomene bedarf es deshalb arteigener Analysewerkzeuge, welche weder die Mikro- noch die Makroökonomie zur Verfügung stellen können. Demnach empfiehlt sich sowohl wegen der klassifikatorischen Zweckmäßigkeit und aus methodischen Gründen (insbesondere bei Strukturanalysen) als auch zur Entwicklung gruppenanalytischer und wirtschaftspolitisch operationaler Instrumente die Schaffung einer **Mesoökonomie**, die als dritte Säule neben der Mikro- und Makroökonomie das Rüstzeug für die Analyse mesoökonomischer Phänomene und wirtschaftspolitischer Strategien zu liefern vermag. Inzwischen hat sich die von mir vorgeschlagene und inhaltlich strukturierte Mesoökonomie[3] neben der Mikro- und Makroökonomie durchgesetzt.[4]

Die **Mesoökonomie** umfaßt jene aggregatmäßig mittleren Bereiche ökonomisch-politischer Erscheinungen, die vor allem auf Gruppenebene zwischen Einzel- und Gesamtwirtschaft liegen. Sie ist also derjenige Teil der Volkswirtschaftslehre, der nach dem Kriterium „Ansatzpunkte wirtschaftstheoretischer Analysen

---

[3] Vgl. H.-R. Peters, 1977a sowie derselbe 1981.

[4] So wird im Handwörterbuch der Wirtschaftswissenschaft (HdWW) ausgeführt, daß „sich eine Dreiteilung in Mikro-, Meso- und Makropolitik als zweckmäßig erwiesen (hat), um die immer mehr an Bedeutung gewinnende Wirtschaftspolitik der ‚mittleren Reichweite', die sich auf einzelne Branchen, Regionen und Personengruppen erstreckt, besser einordnen zu können". E. Tuchtfeldt, 1982, S. 193. Vgl. ferner das Stichwort „Mesoökonomik", in: A. Woll, 2000, S. 510.

und wirtschaftspolitischer Gestaltung" zwischen Mikro- und Makroökonomie angesiedelt ist und primär der Erforschung gruppenspezifischer Erscheinungen und strukturpolitischer Probleme von Branchen, Gruppen und Regionen und der Analyse von Interaktionen zwischen Interessengruppen und strukturpolitischen Entscheidungsträgern dient.[5]

1.2.2 Stellung der Wirtschaftspolitik in der Volkswirtschaftslehre

Die folgende Systematik auf Seite 12 gliedert die Volkswirtschaftslehre in Wirtschaftstheorie und Wirtschaftspolitik sowie nach den drei Disziplinen Mikro-, Meso- und Makroökonomie. Letztere umschließen jeweils einen **wirtschaftstheoretischen Systembereich (Mikro-, Meso- und Makroökonomik)** und einen **wirtschaftspolitischen Systembereich (Mikro-, Meso- und Makropolitik)**. Dadurch wird es möglich, den wissenschaftlichen Standort der Wirtschaftspolitik, aufgegliedert nach Systembereichen, in der Systematik der Volkswirtschaftslehre sichtbar und bestimmbar zu machen.

Erfahrungsgemäß dienen Mikro-, Meso- und Makroökonomie nicht nur der Erforschung unterschiedlicher ökonomischer Phänomene und der Einordnung von Elementen in das wirtschaftswissenschaftliche Lehrgebäude, sondern prägen auch jeweils verschiedene wirtschaftspolitische Verhaltensmuster.

Die **neoklassische Mikroökonomie** bewegt sich im Prinzip immer noch in den Bahnen der Harmonie- und Gleichgewichtslehre von Adam Smith, deren Fixpunkt die angeblich naturgegebene Tendenz zum ökonomischen Gleichgewicht auf freien Märkten ist. Die Konzentration auf die Frage, unter welchen Bedingungen der Gleichgewichtszustand auf den Märkten erreicht bzw. nicht erreicht wird, hätte eigentlich die mannigfachen Marktanpassungshemmnisse - auch gruppenbedingter Art - zutage fördern müssen. Abgesehen von der Aufdeckung sachlich-qualitativer, zeitlicher und persönlicher Nachfragepräferenzen gegenüber den Anbietern und deren Güterangeboten sowie mangelnder Markttransparenz, die einzeln und insgesamt die Märkte mehr oder weniger unvollkommen werden lassen, hat die traditionelle Preis- und Markttheorie kaum andere Hindernisse auf dem Weg zum Marktgleichgewicht entdeckt bzw. in ihre Modellbetrachtungen einbezogen. Die kleine - und weil ständig zum Gleichgewicht strebende - heile Welt der Mikroökonomie legt es dem praktizierenden Wirtschaftspolitiker nahe, lediglich eine Wettbewerbsordnung zu schaffen und ansonsten auf die ökonomische Selbststeuerung durch die Marktkonkurrenz und deren Funktionen der Leistungsstimulierung und Machtzerstreuung zu vertrauen. Demnach scheint eine konsequente Ordnungspolitik, die vor allem für offene Marktzugänge und einen funktionierenden Marktpreismechanismus sorgt, fast alle wesentlichen Aufgaben der Wirtschaftspolitik ausreichend zu erfüllen. Unter dem Dogma von einer allumfassenden Ordnungspolitik wird dann auch eine eigenständige Strukturpolitik für überflüssig gehalten, weil der Markt-

---

[5] Preston führt aus: „Meso-economics attempt to deal with the entire economy, but at an intermediate (industry/sector) level of aggregation, and to include political and behavioral variables within the analysis." L. Preston, 1984, abstract.

Systematik der Volkswirtschaftslehre

Disziplin	**Ansatzpunkte**	**Wirtschaftstheorie**		**Wirtschaftspolitik**	
		Systembereiche	**Sachbereiche**	**Systembereiche**	**Sachbereiche**
Mikroökonomie	Unternehmungen Haushalte Märkte	**Mikroökonomik**	• Theorie der Unternehmung – Theorie der Verfügungsrechte – Produktionstheorie – Kostentheorie • Theorie des Haushalts – Konsumtheorie – Nachfragetheorie • Personelle Verteilungstheorie • Markt- und Preistheorie • Wettbewerbstheorie	**Mikropolitik**	• Unternehmenspolitik – Betriebsverfassungspolitik – Mitbestimmungspolitik – Administrative Preis- – politik • Verbraucherpolitik • Personelle Verteilungspolitik – Einkommenspolitik – Vermögenspolitik • Marktregulierungspolitik • Wettbewerbspolitik
Mesoökonomie	Gruppen Branchen Regionen	**Mesoökonomik**	• Gruppen- und Verbändetheorie • Gruppenverhaltenstheorie – Theorie des kollektiven Handelns – Mesoökonomische Interaktionstheorie • Sektorale Strukturtheorie – Theorie des Strukturwandels – Regulierungs- und Deregulierungstheorie – Sektorale Entwicklungstheorie • Regionale Strukturtheorie – Standorttheorie – Regionale Entwicklungstheorie – Infrastrukturtheorie – Umweltschutztheorie	**Mesopolitik**	• Korporatistische Strukturpolitik (Beteiligung von Interessengruppen und Verbänden an der Vorformung der sektoralen und regionalen Strukturpolitik) • Sektorale Strukturpolitik – Sektorale Regulierungspolitik (spezielle Branchen- und Berufsordnungen) – Sektorale Entwicklungspolitik (Entwicklungsziele und -maßnahmen der Industrie-, Mittelstands-, Energie-, Binnenhandels-, Verkehrs- und Agrarpolitik) • Regionale Strukturpolitik – Raumordnungspolitik – Gewerbeansiedlungspolitik – Entballungspolitik – Infrastrukturpolitik – Umweltschutzpolitik
Makroökonomie	Volkswirtschaftliche Kreislaufgrößen Gesamtwirtschaft	**Makroökonomik**	• Theorie des Wirtschaftskreislaufs • Theorie der volkswirtschaftlichen Gesamtrechnung • Konjunkturtheorie • Arbeitsmarkttheorie • Außenwirtschaftstheorie • Geld- und Währungstheorie • Wachstumstheorie • Funktionelle Verteilungstheorie	**Makropolitik**	• Konjunktur- und Stabilitätspolitik – Geld- und Kreditpolitik – Antizyklische Fiskalpolitik • Beschäftigungspolitik – Arbeitsmarktpolitik – Lohnpolitik • Außenwirtschaftspolitik • Wachstumspolitik • Makroökonomische Verteilungspolitik

mechanismus angeblich jederzeit für optimale Produktions- und Angebotsstrukturen sorgt. Aus dieser Sicht ist eine konsequente Ordnungspolitik die beste Strukturpolitik. Im Hinblick auf die mannigfachen Anpassungsprobleme in der Realität scheint die Gleichsetzung von Strukturpolitik mit Ordnungspolitik allerdings fragwürdig. Selbst bei konsequenter Ordnungspolitik gibt es erfahrungsgemäß Fälle von Marktversagen und auch strukturelle Probleme, die sich nur speziell mit strukturpolitischen Mitteln bewältigen lassen.

Während die mikroökonomisch fundierte Ordnungspolitik zu einer gewissen wirtschaftspolitischen Lethargie verleitet, und zwar selbst dann, wenn offensichtliches Marktversagen vorliegt oder hartnäckige Strukturprobleme kaum marktmäßig bewältigt werden können, verführt die **makroökonomisch orientierte Konjunktursteuerung** oft zu wirtschaftspolitischer Eingriffshektik. Die Konjunkturphänomene und das magische Viereck der gesamtwirtschaftlichen Ziele, das stetiges Wirtschaftswachstum und außenwirtschaftliches Gleichgewicht bei Vollbeschäftigung und Preisniveaustabilität fordert, drängen die Wirtschaftspolitiker zur antizyklischen Beeinflussung makroökonomischer Kreislaufgrößen. Da in der Regel zumindest immer eines der konjunkturpolitischen Ziele im Zielerreichungsgrad hinterherhinkt, ergibt sich ein gewisser Zwang zur ständigen Konjunkturbeeinflussung. Die aus der Makroökonomie abgeleiteten Lehren beschwören die Gefahr herauf, daß ständig global und oft auch sektoral über Konjunkturprogramme mit Branchenschwerpunkten (z. B. werden zusätzliche Staatsaufträge meist an die Bauindustrie vergeben) in den Wirtschaftsablauf eingegriffen wird, ohne den „richtigen“ Eingriffszeitpunkt mit optimaler Wirkungsweise zu finden. Zudem werden Strukturprobleme häufig durch konjunkturelle Ankurbelungsmaßnahmen verdeckt, so daß spezifische strukturpolitische Maßnahmen nicht für notwendig gehalten und deshalb auch nicht angestrebt werden. Erfolgreiche Konjunkturpolitik scheint dann die beste Strukturpolitik zu sein, weil sie angeblich auch die Strukturprobleme vermindert oder gänzlich zum Verschwinden bringt. Dagegen zeigt sich, daß ungelöste Strukturprobleme, die nur zeitweise konjunkturell verdeckt wurden, oft später mit um so größerer Druckkraft zutage treten.

Ebenso wie die Makroökonomie zu globaler Eingriffshektik in den gesamtwirtschaftlichen Prozeß führen kann, gehen eventuell von der **Mesoökonomie** permanente Impulse für sektorale Eingriffe in das Wirtschaftsgeschehen aus. Dieses ist besonders dann der Fall, wenn der Einfluß der Interessengruppen auf die Wirtschaftspolitik von wissenschaftlicher Seite unterschätzt und der Wahleinfluß der organisierten Interessengruppen von der praktizierenden Politik überschätzt wird. Besonders gefährdet ist die sektorale Strukturpolitik, die den Pressionen von Branchenverbänden und Berufsorganisationen fast permanent ausgesetzt ist und in der Praxis leicht zu einer Gruppenbegünstigungspolitik degeneriert. Dagegen kann der Nachweis der Mesoökonomie, daß die ausgeuferte sektorale Regulierungspolitik zu volkswirtschaftlichen Wohlfahrtseinbußen führt und sich eine gruppenbegünstigende Strukturpolitik auch wahlstrategisch für die Regenten letztlich nicht auszahlt, zum allmählichen Abbau des Protektionismus beitragen. Deregulierungen in den EU-Mitgliedsländern, die zwecks Verwirklichung des gemeinsamen Marktes erfolgt sind, zeigen, daß die bisherige neomerkantilistische Strukturerhaltungspolitik nicht aufrechtzuerhalten ist.

1.3 Wirtschaftspolitische Betrachtungsweisen

1.3.1 Zum Werturteilsproblem

Jede wirtschaftspolitische Betrachtungsweise ist mit dem Werturteilsproblem konfrontiert und vom Werturteilsstreit in den Sozial- und Wirtschaftswissenschaften faktisch mehr oder weniger mitgeprägt. Seit Max Webers fundamentaler Kritik an der Vermischung sozialwissenschaftlicher Aussagen mit subjektiven Werturteilen schwelt der Werturteilsstreit weiter und wird fast in jeder Generation von Wirtschafts- und Sozialwissenschaftlern neu entfacht. Der Kern des Streites liegt in der Frage, ob und inwieweit sich Werturteile in wissenschaftlichen Aussagen vermeiden bzw. Erfahrungswissen und Werturteile trennen lassen. Dabei wird allgemein anerkannt, daß sich Werturteile wissenschaftlich nicht begründen lassen. Werturteile enthalten nämlich subjektive Wertungen, über die man verschiedener Meinung sein kann und bei denen unterschiedliche Ansichten nicht durch die Logik oder unbestrittenes Erfahrungswissen ausräumbar sind. So sind beispielsweise Aussagen, wie „eine leistungsabhängige Entlohnung und eine daraus resultierende ungleichmäßige Einkommensverteilung sind ungerecht" oder „eine leistungsunabhängige Entlohnung ist gut und soll angestrebt werden", normative und wissenschaftlich nicht begründbare (Glaubens-)Sätze bzw. politische Handlungsmaximen, über die man je nach subjektivem Wertekanon unterschiedlicher Meinung sein kann.

Werturteile erkennt man meist an der Form der Aussage, die in der Regel normativen Charakter hat (dieses oder jenes soll bzw. müßte so sein) oder subjektiv wertender Art ist (dieses oder jenes ist gut bzw. schlecht oder gerecht bzw. ungerecht). Sie geben nur die subjektive Meinung oder die Bekenntnisse einer Person zu einer Zielvorstellung, einem Problem oder Ereignis wieder. Werturteile sind deshalb empirisch und intersubjektiv nicht nachprüfbar. Beurteilt beispielsweise jemand die marktmäßige Einkommensverteilung als ungerecht, so liefert er keinerlei Tatsachen für eine Sachaussage, sondern gibt nur seine Werthaltung zu einer Verteilungsmethode zu erkennen. Aber selbst wenn jemand basierend auf konkrete Zahlenangaben eine bestimmte Einkommensverteilung als ungerecht bezeichnen würde, so wäre dieses eine unzulässige Verquickung von Sachaussagen mit einem Werturteil. Beispielsweise impliziert die Tatsachenfeststellung einer ungleichen Einkommensverteilung in einer Marktwirtschaft noch keineswegs logisch die Bewertung „ungerecht". Man kann durchaus der Meinung sein, daß eine sich auf unterschiedliche (Markt-)Leistung gründende ungleichmäßige Einkommensverteilung als gerecht anzusehen ist.

Werturteile - und zwar auch die auf Tatsachen basierenden - spiegeln stets eine subjektive ethische Norm oder ein spezifisch moralisches Prinzip des Urteilenden wider. Auch aus Tatsachen abgeleitete Werturteile sind nicht als wissenschaftliche Aussagen zu werten.

Wissenschaftliche Aussagen beschränken sich hauptsächlich auf Feststellungen über Tatsachen und Wirkungszusammenhänge von allgemeiner oder trendmäßiger Gültigkeit, die empirisch nachprüfbar sind.

Absolut wertfreie Wissenschaft ist kaum möglich. Unstreitbar kommen bereits durch Auswahl der wissenschaftlich zu erforschenden Problembereiche bestimmte subjektive Wertungen des Forschers über die Dringlichkeit bzw. Vorrangigkeit sowie Nützlichkeit der Forschungsgegenstände ins Spiel. Zudem läßt sich kaum vermeiden, daß wertgeladene Denkvoraussetzungen einer dominierenden Gesellschaftsidee und weltanschauliche Zeitströmungen unbewußt in das vorwissenschaftliche Verständnis des Forschers einfließen. Die unerfüllbare Forderung nach absoluter Wertfreiheit verkennt, daß die am öffentlichen Haupteingang abgewiesenen Werturteile auch über verdeckte Hintereingänge hereinkommen können.

Dennoch ist die Forderung, Sachaussagen von Werturteilen möglich zu trennen und letztere stets offenzulegen, begründet und erfüllbar. Ließe man der Vermischung von Sachaussagen mit verdeckten Wertungen bzw. wertträchtigen Ideologien, die meist scheinrationale Rechtfertigungen für Machtansprüche liefern, freien Lauf, so wäre die Wissenschaft bald am Ende. Erkennt man an, daß Wissenschaft der Wahrheitsfindung und der Wissensvermehrung zu dienen hat, so ergibt sich als Aufgabe der Erfahrungswissenschaften, erfahrbare Wirklichkeit zu erforschen und zutreffend (also wahrheitsgetreu) darzustellen. Primäre Aufgabe der zu den Erfahrungswissenschaften gehörenden Volkswirtschaftslehre ist es also, die Wirklichkeit (das was ist oder war) zu analysieren und hierbei Wirkungszusammenhänge und Gesetzmäßigkeiten im Sinne von Regelmäßigkeiten und Tendenzen aufzuspüren. Natürlich können und dürfen auch Wissenschaftler - wie jede andere Person - persönliche Stellungnahmen wertender Art abgeben. Das Ethos der Wissenschaft verlangt jedoch, daß sie ihr Werturteil als solches offenlegen und nicht durch mißbräuchliche Inanspruchnahme der Wissenschaftsautorität ihre Meinung gegenüber widerstreitenden Auffassungen durchzusetzen versuchen.

Der zu einem langwierigen Glaubenskrieg ausgeweitete Werturteilsstreit könnte ziemlich schnell beendet werden, wenn von allen Kontrahenten etwa folgende Friedensklausel akzeptiert würde: Alle am Wissenschaftsprozeß Beteiligten verpflichten sich zu unvoreingenommener Wahrheitssuche und bemühen sich, den wissenschaftlichen Erkenntnisprozeß nicht durch verzerrende Einflüsse parteipolitischer, interessenbedingter und ideologischer Präferenzen zu erschweren bzw. unmöglich zu machen.

Natürlich muß sich auch jeder Wissenschaftler, der sich keinen außerwissenschaftlichen Interessen verpflichtet fühlt, ständig um größtmögliche Vorurteilslosigkeit bzw. Objektivität gegenüber dem Untersuchungsgegenstand bemühen. Erfahrungsgemäß liegt eine beachtliche Gefahr für den Fachwissenschaftler darin, daß er sein Spezialgebiet und dessen eventuell begrenzte Bedeutung im Gesamtzusammenhang der Phänomene überschätzt und bei isolierter Betrachtung wesentliche Interdependenzen zu Nachbargebieten übersieht. „Vernarrtheit" in sein Spezialgebiet ist für den Wissenschaftler in der Regel ein schlechter Ratgeber. Da Universalgenies selten sind, ist es meist für Experten wissenschaftsfördernd, wenn sie über den Tellerrand ihres Faches schauen und interdisziplinäre Zusammenhänge erkennen.

Obwohl nicht jede Art von Wirtschaftstheorie auf unmittelbare wirtschaftspolitische Anwendbarkeit hin orientiert sein muß und auch nicht ist, so bildet sie doch oft die Grundlage und die Rechtfertigung für wirtschaftspolitisches Handeln oder Unterlassen. Es gehört deshalb zu den **Sorgfaltspflichten** jedes Wirtschaftswissenschaftlers, stets die Prämissen, Möglichkeiten und Grenzen der Anwendung theoretischer Erkenntnisse klar und deutlich aufzuzeigen. Erfahrungsgemäß führt eine Vernachlässigung dieser wissenschaftlichen Interpretationspflichten dazu, daß sich Regenten, Parteien oder Interessenorganisationen der vagen Allerweltstheorien bemächtigen und sie zu ihren politischen oder eigennützigen Zwecken umdeuten und deformieren. Im Laufe der Wirtschaftsgeschichte hat sich manche „wirtschaftstheoretische" Aussage als ideologiegeladen erwiesen und erkennen lassen, daß ihr Zweck weniger der Erklärung ökonomischer Sachverhalte als die vorsorgliche oder nachträgliche Rechtfertigung einer bestimmten wert- oder interessengeladenen Politik zugunsten bestimmter Gruppen war. Insoweit sich eine Verquikkung von wirtschaftswissenschaftlichen Sachaussagen mit normativen Feststellungen nicht vermeiden läßt, gehört es zu den unbedingten Sorgfaltspflichten des Wirtschaftswissenschaftlers, das eventuell aus gesellschaftlichen Grundwerten, Postulaten der Wählermehrheit oder aufgrund individueller Wertschätzung abgeleitete Werturteil als solches offen auszuweisen.

1.3.2 Instrumentelle Sichtweise

Unter der Vorherrschaft der Forderung nach Werturteilsabstinenz entwickelte sich in der Volkswirtschaftslehre eine wirtschaftspolitische Betrachtungsweise, die sich als **Ziel-Mittel-Optimierung** charakterisieren läßt. Demnach galt in der Wirtschaftspolitik folgende Aufgabenteilung: die Politiker waren für Werturteile zuständig und setzten wertgeladene Ziele, für deren Erreichung die Wissenschaftler brauchbare Instrumente zu entwickeln und die notwendige Dosierung der Mittel ausfindig zu machen hatten. Die theoretische Wirtschaftspolitik beschränkte sich also im wesentlichen auf eine Optimierungsaufgabe.

Die Aufgabe der theoretischen Wirtschaftspolitik, den Politikern eindeutige Entscheidungshilfen bei der Wahl des bestgeeigneten Mittels zu geben, wird häufig durch den **Eigenwert**, den bestimmte wirtschaftspolitische Instrumente haben oder der ihnen zugedacht wird, erschwert. So hängt beispielsweise die Beantwortung der Frage, ob das Ziel einer Stabilisierung des Beschäftigungsniveaus mittels einer Verstaatlichung eines arbeitsintensiven Wirtschaftszweiges angestrebt werden soll, nicht nur von der zu klärenden Sachfrage nach den zu erwartenden Beschäftigungseffekten einer Verstaatlichung mit voraussichtlich faktischen Beschäftigungsgarantien, sondern darüber hinaus auch von der prinzipiellen Bewertung einer Verstaatlichungspolitik ab. Zwei Analytiker, die beide einer Verstaatlichung mit faktischer Beschäftigungsgarantie zwar eine beschäftigungsstabilisierende Wirkung zubilligen, können dennoch zu ganz unterschiedlichen Empfehlungen hinsichtlich der Verwendung dieses Mittels zu dem bestimmten Zweck kommen. So wird in der Regel ein strenger Verfechter marktwirtschaftlicher Prinzipien jede Verstaatlichung privatwirtschaftlich möglicher Tätigkeiten als Kardinalsünde wider die Marktwirtschaft betrachten und deshalb als Mittel zur künstlichen Stabilisierung der Beschäftigung verwerfen, während ein ordnungspolitisch nicht festgelegter Instrumentalist wahrscheinlich auch begrenzte Verstaatlichungen mit faktischer Beschäftigungsgarantie für die Arbeitnehmer als Mittel zur Stabilisierung der Beschäftigung für opportun hält. Die Frage, ob jede (also auch eine begrenzte) Verstaatlichung im Rahmen einer vorwiegend marktwirtschaftlichen Ordnung negativ zu bewerten ist, läßt sich wissenschaftlich nicht generell beantworten. Einerseits scheint die Erfahrung zu bestätigen, daß auch marktwirtschaftlich orientierte Wirtschaftssysteme mit dominierender privater Verfügungsgewalt über Produktionsmittel ein gewisses (nur schwer bestimmbares) Maß an staatlicher Wirtschaftstätigkeit mit meist faktischer Existenzgarantie für die Staatsbetriebe verkraften können, andererseits deuten Nachweise von Effizienzverlusten in verstaatlichten Wirtschaftszweigen auf volkswirtschaftliche Wohlfahrtseinbußen hin. Außer Frage steht dagegen die mögliche Wohlfahrtssteigerung durch Übernahme von Produktionsfunktionen durch den Staat, wenn die Privatwirtschaft bestimmte (meist unrentable) infrastrukturelle Güter nicht oder nicht genügend bereitstellt. Verstaatlichungen zum Zweck der Bereitstellung öffentlicher Güter werden deshalb allgemein als ordnungspolitisch legitim und verteilungspolitisch notwendig betrachtet. Es zeigt sich also, daß die Wirtschaftswissenschaft oft schwankenden Boden betritt, wenn sie versucht, die Frage nach der Wirkung und Eignung wirtschaftspolitischer Maßnahmen generell und eindeutig zu beantworten. Meist sind je nach Einsatzbereich unterschiedliche Wirkungen feststellbar, die dann letztlich zu einer teils positiven und teils negativen Einschätzung einer Maßnahme zur Erreichung bestimmter Ziele führen. Zudem läßt sich kaum ausschließen, daß das Gütesiegel für die beste Eignung eines Instrumentes oft wesentlich von den ordnungs- oder prozeßpolitischen Präferenzen des Analytikers und seiner diesbezüglichen Wertschätzung bestimmter Instrumente geprägt oder zumindest mitgeprägt ist. So wird beispielsweise im Fall von Überkapazitäten ein ordoliberaler Theoretiker, der regelmäßig marktwirtschaftliche Lösungen präferiert, selbst bei einer hartnäckigen Strukturkrise eher auf die (seines Erachtens heilsame) Kraft wettbewerblicher Marktprozesse als auf staatlich sanktionierte Strukturkrisenkartelle oder auf staatliche Subventionen zur Produktionsanpassung vertrauen, wobei er allerdings bestimmte soziale Anpassungshärten bewußt in Kauf nimmt. Dagegen wird ein Keynesianer in solch einem Fall wahrscheinlich versuchen, ein vorhandenes Überangebot durch Ausdehnung der Nachfrage mittels zusätzlicher Staatsaufträge zu beseitigen.

Nach vorherrschender Auffassung soll sich der Wirtschaftswissenschaftler nicht anmaßen, dem Gemeinwesen oder der praktizierenden Wirtschaftspolitik seine eigenen Zielvorstellungen anzudienen, weil die Setzung gesellschaftlicher Ziele in der Demokratie nur dem Volke bzw. den gewählten Volksvertretern im Parlament zusteht. Dennoch ist die Beschäftigung mit Zielbestimmungen für den Wirtschaftswissenschaftler nicht tabu. So gehört es zweifellos zu seinen Aufgaben, verdeckte Ziele in offene Ziele umzuwandeln; denn er kann nur dann die bestgeeigneten Instrumente zur Zielerreichung ausfindig machen, wenn die Ziele offenliegen und exakt bestimmt sind. Häufig neigen jedoch Politiker dazu, die Ziele nur allgemein oder bewußt verschwommen zu formulieren, um eine spätere Nachprüfbarkeit der tatsächlichen Zielerreichung zu erschweren. Manchmal werden auch bewußt andere als die zu verfolgenden Ziele vorgetäuscht, um die ordnungs- oder gesellschaftspolitische Dubiosität der tatsächlichen Ziele zu verbergen. In solchen Fällen hat der Wirtschaftswissenschaftler die Öffentlichkeit darauf aufmerksam zu machen, welche Ziele die praktizierende Wirtschaftspolitik tatsächlich verfolgt. Bei vagen Zielformulierungen ist zudem den Politikern deutlich zu machen, daß lediglich Zielandeutungen in Form von Leerformeln kein zielgerichtetes politisches Handeln ermöglichen. Ferner ist zu bedenken, daß es Zielen mit einem geringen Informationsgehalt auch an normativer Kraft mangelt, welche für die Durchsetzung und den Rang eines Zieles im konkreten Zielsystem der Politik maßgebend ist.

Zu den unbestrittenen Aufgaben der Wirtschaftswissenschaft gehört es, die in politischen Programmen vorgesehenen und sonstwie verfolgten Ziele auf Widerspruchsfreiheit zu überprüfen und eventuelle Zielkonflikte aufzudecken. Dabei ist auch die Vereinbarkeit wirtschaftspolitischer Ziele mit den übergeordneten gesellschaftspolitischen Zielen (die in ihrer allgemeinen Fassung meist mit Freiheit, Wohlstand, Sicherheit und Gerechtigkeit umschrieben werden) zu überprüfen. Zu beachten ist, daß wirtschaftspolitische Ziele, die sich auf übergeordnete Wertvorstellungen zurückführen lassen, höchstens den Charakter von Zwischenzielen und meist auch die Eigenschaft von Mitteln haben. Verfolgt die Wirtschaftspolitik beispielsweise Deregulierungsziele, indem sie überholte oder sachlich dubiose Regulierungen auf bestimmten Wirtschaftssektoren abbaut, so will sie letztlich immer den Spielraum für die freie ökonomische Entfaltung der Wirtschaftssubjekte verbreitern. Die Deregulierungsziele sind also in das gesellschaftliche Oberziel „Freiheit" eingebettet, was dazu berechtigt, die Deregulierung einerseits als Zwischenziel und andererseits als Mittel zur Erreichung des gesellschaftlichen Freiheitszieles aufzufassen.

Die Verwischung der Grenzlinie, die Ziel und Mittel voneinander trennt, bringt natürlich Probleme für die Ziel-Mittel-Optimierung mit sich, weil bei Zwischenzielen deren eventuell instrumenteller Charakter verborgen bleibt. Zudem kann die Eignung als Mittel nur erkannt werden, wenn Klarheit über die wesentlichen Mitteleigenschaften besteht. Die wesentliche Eigenschaft eines Instrumentes ist jedoch nicht abstrakt bestimmbar, sondern „hängt von den zugrundeliegenden Wirkungszusammenhängen ab, in die mit den politischen Maßnahmen eingegriffen werden soll. Diese Frage kann nur bei Kenntnis der relevanten Theorien, die über die zugrundeliegenden Wirkungszusammenhänge informieren, befriedigend beantwortet werden. Mit der Theorie werden Ursache-Wirkungszusammenhänge analysiert und mit den Zielen wird angegeben, welche Wirkungen angestrebt werden. Damit ist zugleich bekannt, welche Bestimmungsgründe geändert werden müssen, um die erwünschten Wirkungen zu erzielen. Es ist folglich zu klären, ob die zur Diskussion stehenden Mittel diese ursachenauslösenden Eigenschaften besitzen." [6]

Eine zentrale Schwäche der rein instrumentellen Betrachtungsweise der Wirtschaftspolitik besteht darin, daß Wirtschaftswissenschaftler bei strenger Beachtung des Werturteilspostulats wirtschaftspolitische Ziele nicht bewerten und somit auch nicht hinsichtlich ihres Zielcharakters beurteilen dürfen. Der Wissenschaftler als reiner Instrumentalist hat lediglich das **bestgeeignete Instrument** zur jeweiligen Zielerreichung ausfindig zu machen, gleichgültig, ob es sich um Ziele des Gemeinwohls oder um Ziele zur Befriedigung von Partialinteressen handelt. Obwohl von der praktizierenden Wirtschaftspolitik meist sowohl unter sozialethischem als auch ordnungspolitischem Aspekt gefordert wird, daß sie dem Wohl des Ganzen (also dem Gemeinwohl) zu dienen hat, verfolgt sie oft aus wahlpolitischen Motiven vorwiegend Gruppenbegünstigungsziele zu Lasten der Allgemeinheit. Insoweit sich die theoretische Wirtschaftspolitik einer diesbezüglichen Zielanalyse verschließt, trägt sie zu der von Politikern und Interessengruppen oft gemeinsam verbreiteten Fehlansicht bei, wonach die verfolgten Ziele angeblich stets gemeinwohlorientiert sind.

---

[6] B. Külp, E. Knappe, 1980, S. 94.

1.3.3 Ordostrukturelle Sichtweise

Die ordostrukturelle Sichtweise basiert auf dem „**Denken in Ordnungen**", wie es Eucken, der führende Vertreter des Ordoliberalismus, als wissenschaftliche Methode empfohlen hat. Nach Eucken besteht die Hauptaufgabe der Wirtschaftspolitik darin, der arbeitsteiligen Industriegesellschaft „eine funktionsfähige und menschenwürdige Ordnung der Wirtschaft zu geben, die dauerhaft ist".[7] Diese Ordnung soll sowohl die Güterknappheit bestmöglich verringern als auch ein selbstverantwortliches Leben möglich machen. Damit die Wirtschaftswissenschaft die dafür geeigneten Ordnungen findet, gilt es zunächst, die in der Realität vorhandenen Wirtschaftssysteme in ihrem Gefüge zu erkennen und zu typisieren. Eucken hat vor allem die beiden polaren Wirtschaftssystemtypen Marktwirtschaft und Zentralverwaltungswirtschaft in ihren Funktionsweisen analysiert. Nach ordoliberaler Ansicht erfüllt die Marktwirtschaft am besten die beiden zentralen Aufgaben, nämlich das ökonomische Problem der Minderung der Güterknappheiten bestmöglich zu lösen und menschenwürdige Arbeits- und Lebensverhältnisse zu ermöglichen. Um jedoch eine Marktwirtschaft funktionsfähig zu machen, bedarf sie einer Wettbewerbsordnung, deren Grundlinien von Eucken vorgezeichnet wurden.

Nach ordoliberalem Verständnis ist es dann Aufgabe des Staates, die Grundsätze der Wettbewerbsordnung in konkrete Gesetzesbestimmungen zu transformieren und ihre Einhaltung zu überwachen. Daraus ergibt sich für die staatliche Wettbewerbspolitik die ständige Aufgabe, den Wettbewerb in der Wirtschaft vor Beschränkungen und Aushöhlungen zu schützen.

Um den Staat als ordnende und gruppenneutrale Potenz aktionsfähig zu machen, müssen nach ordoliberaler Lehre hauptsächlich zwei wirtschaftspolitische Grundsätze befolgt werden: Zum einen „(sollte) die Politik des Staates darauf gerichtet sein, wirtschaftliche Machtgruppen aufzulösen oder ihre Funktionen zu begrenzen" und zum anderen „(sollte die wirtschaftspolitische Tätigkeit des Staates auf die Gestaltung der Ordnungsformen der Wirtschaft gerichtet sein, nicht auf die Lenkung des Wirtschaftsprozesses".[8] Ordoliberale Grundidee ist also der von Machtgruppen möglichst frei gehaltene und auf jeden Fall unabhängige Staat, der sich auf den Aufbau und den Schutz einer wettbewerblichen Marktwirtschaftsordnung konzentriert und sich aus der unmittelbaren Lenkung des Wirtschaftsprozesses heraushält.

Nach **normativer ordoliberaler Lehre** handelt der Staat ordnungskonform und somit „gut", wenn er sich auf die Ordnungspolitik beschränkt, und er handelt ordnungsinkonform und damit „schlecht", wenn er prozeßpolitisch (abgesehen von einigen wenigen „berechtigten" Ausnahmen) in das Wirtschaftsgeschehen eingreift. Einerseits soll der Staat stark sein, um die Wettbewerbsordnung durchzusetzen und die Interessengruppen in Schach zu halten, andererseits soll er aber auch zurückhaltend sein (was in bestimmten Fällen auch schwach bedeuten kann), wenn prozeßpolitische Maßnahmen gefordert werden. „Die aktuelle Wirtschaftspolitik wird dann danach beurteilt, ob sie diesen und anderen, im wesentlichen auf Eucken zu-

---

[7] W. Eucken, 1950, S. 240.

[8] Derselbe, 1960, S. 334, 336.

rückgehenden Prinzipien entspricht, und da dies zumeist nicht der Fall ist, kommt sie in der Regel schlecht weg."[9]

Trotz anerkennenswerter Verdienste um die Aufhellung wichtiger ordnungspolitischer Funktionen und Interdependenzen, lassen sich gegen die ordostrukturelle Sicht der Wirtschaftspolitik einige Einwände erheben. Indem sich die ordoliberale Theorie vorwiegend mit den beiden **polaren Steuerungssystemen Markt und Plan** beschäftigt, bleiben weitere alternative Steuerungs- und Koordinierungssysteme - wie z. B. Wahlen und Gruppenverhandlungen - ihrem Blickfeld entrückt. Es bleibt also unanalysiert, ob nicht für bestimmte Problemfelder andere Entscheidungssysteme als das favorisierte Marktsystem besser geeignet sind. Auch dem **Problem der Durchsetzbarkeit** des (idealen) ordnungspolitischen Leitbildes im demokratischen Willensbildungsprozeß und im Verständnis der pluralistischen Gesellschaft wird zu wenig Aufmerksamkeit zuteil. So sieht man aus ordoliberaler Sicht den Staat als einheitliches Handlungssubjekt, das souverän handeln und das präferierte ordnungspolitische Leitbild durchsetzen kann, ohne eventuell Abstriche aufgrund wahlpolitischer Überlegungen oder gesellschaftlicher Widerstände machen zu müssen. Es darf jedoch nicht übersehen werden, daß die Regierung und die sie tragenden Parteien auf Wählerwünsche Rücksicht nehmen müssen und nicht in jedem Fall darauf bestehen werden, ordnungspolitische Leitbilder in die Tat umzusetzen, wenn eine Vielzahl von Wählern andere Vorstellungen präferiert. Zudem wäre die Durchsetzung eines Ordnungskonzeptes, und sei es theoretisch noch so glänzend, gegen den offensichtlichen Willen der Mehrheit der Wähler zutiefst undemokratisch. Der ordoliberale Ansatz betrachtet nicht, „wie die gesellschaftlichen Regeln im demokratischen Prozeß zustande kommen, sondern konzentriert sich auf deren Auswirkungen im laufenden politischen Prozeß".[10] Implizit wird auch unterstellt, daß ordnungspolitisches Denken stets **gemeinwohlbezogen** ist, was sich dann angeblich auch auf entsprechendes ordnungspolitisches Handeln des Staates überträgt. Dabei wird verkannt, daß sich auch der Ordnungstheoretiker irren und über den Gemeinwohlcharakter seiner vorgeschlagenen Ordnung täuschen kann. Zudem muß damit gerechnet werden, daß die politisch-staatlichen Entscheidungsträger ein meist nur vage bestimmbares Gemeinwohl gar nicht anstreben wollen, sondern aus Eigeninteresse (z. B. an der Machterhaltung) eher wählerbezogene und gruppenbegünstigende Regelungen bevorzugen. Es bleibt also die Frage offen, was die politisch-staatlichen Entscheidungsträger - entgegen eventuell andersartigen Eigeninteressen - veranlassen kann, bestimmten ordnungstheoretischen Konzepten in der wirtschaftspolitischen Praxis zum Durchbruch zu verhelfen.

Zweifellos haben die ordnungspolitischen Impulse der Freiburger Schule der Nationalökonomie die Wirtschaftspolitik in der Frühphase der Bundesrepublik Deutschland beeinflußt. So erfolgte 1957 der Erlaß des Gesetzes gegen Wettbewerbsbeschränkungen, das zwar nicht im Detail, aber immerhin prinzipiell mit ordoliberalen Vorstellungen übereinstimmt. Allerdings entfernte sich die praktizierte Wettbewerbspolitik, insbesondere infolge der nur laschen Antikonzentrationspolitik, vielfach von der ordoliberalen Stringenz. Auch dem Anspruch auf Ausschließlichkeit der Ordnungspolitik wurde nur anfangs (und auch da nicht ausnahmslos)

---

[9] G. Kirchgässner, 1988, S. 53.

[10] B. S. Frey, G. Kirchgässner, 1994, S. 348.

und später kaum noch Beachtung gezollt, wie die vielfältigen prozeßpolitischen Maßnahmen zeigen. Seit dem Erlaß des Gesetzes zur Förderung der Stabilität und des Wachstums der Wirtschaft von 1967 gehört die makroökonomische Prozeßpolitik in Form antizyklischer Konjunktursteuerung neben der Ordnungspolitik zu den ständigen Aufgaben der Wirtschaftspolitik. Formiert hat sich inzwischen auch eine Strukturpolitik, die Anpassungen an den Strukturwandel fördern will. Demnach beruht die Wirtschaftspolitik in der Bundesrepublik Deutschland (wie auch in anderen marktwirtschaftlich orientierten Ländern) auf drei Säulen, nämlich Ordnungs-, Konjunktur- und Strukturpolitik, wobei manchmal nur schwer feststellbar ist, welche Säule tragende und welche Säulen nur stützende Funktionen ausüben.

1.3.4 Kritisch-rationale Sichtweise

Basierend auf der Wirtschaftsmethodik des **Kritischen Rationalismus** hat sich eine spezifische Betrachtungsweise der Wirtschaftspolitik entwickelt, die mehr Rationalität in die Wirtschaftspolitik bringen will.

Die Grundüberzeugung der Vertreter des Kritischen Rationalismus gipfelt darin, daß sowohl Wissenschaftler als auch Politiker damit rechnen müssen, daß ihr Denken und Handeln der Irrtumsmöglichkeit unterworfen ist. Deshalb müssen sie ein Interesse daran haben, die Schwächen ihrer Denkansätze und Problemlösungen aufgrund von Kritik und durch Konfrontation mit alternativen Denkmodellen und anderen Lösungen zu erkennen und aus ihren Fehlern zu lernen.

Für den führenden Vertreter des Kritischen Rationalismus, Karl R. Popper, bedeutet Rationalität eine Einstellung, „... die bereit ist, auf kritische Argumente zu hören und von der Erfahrung zu lernen. Es ist im Grunde eine Einstellung, die zugibt, daß ich mich irren kann, daß du recht haben kannst und daß wir zusammen vielleicht der Wahrheit auf die Spur kommen werden“[11]. Deshalb muß davon Abstand genommen werden, von der Wissenschaft permanente Gewißheit über bestimmte Gesetzmäßigkeiten und Zusammenhänge zu erwarten; denn „die Wissenschaft schreitet durch Versuch und Irrtum weiter fort“[12]. Desgleichen dürfen in der Politik **keine endgültigen Wahrheiten**, die es nicht gibt, verkündet werden.

Der Kritische Rationalismus hält Verifizierungsbemühungen bei Aussagen mit Allgemeingültigkeitsanspruch für aussichtslos, weil derartige Aussagen sich schon allein wegen ihrer enormen Spannweite nicht vollständig verifizieren lassen. So würde z. B. eine Verifikation der Aussage, der zufolge alle Unternehmen ihren Gewinn maximieren, eine weltweite Überprüfung des diesbezüglichen Unternehmensverhaltens aller Unternehmen der Gegenwart und der Vergangenheit voraussetzen. Selbst wenn dieses - was praktisch unwahrscheinlich ist - möglich wäre und eine allseitige Bestätigung der These erbringen würde, so wäre die Aussage nur vorläufig gültig; denn es kann nicht ausgeschlossen werden, daß künftig eine Anzahl von Unternehmen statt Gewinnmaximierung andere Unternehmensziele verfolgen.

[11] K. R. Popper, 1980, S. 276.

[12] Ebendort, S. 103.

Zudem ist der Verifizierungsversuch einer Theorie in den Erfahrungswissenschaften durch Suche nach und Aneinanderreihung von konformen Einzelfakten wissenschaftstheoretisch unzulässig; denn hier und da einige Fakten zu finden, die eine Theorie stützen, gelingt fast immer. Deshalb muß eine ökonomische Theorie stets daraufhin getestet werden, ob in ihrem Geltungsbereich nicht-konforme Fälle aufspürbar sind. Die Überprüfung von Theorien in den Erfahrungswissenschaften muß stets - wie Popper fordert[13] - als **Falsifizierungsversuch** ansetzen. Dieses setzt allerdings voraus, daß allgemeingültige Sätze aufgrund bestimmter Hypothesen und Theorien einer Nachprüfbarkeit durch die Realität fähig sein müssen. Ist die Falsifizierbarkeit von Hypothesen oder Theorien nicht gegeben, besteht die Gefahr des Modellplatonismus. Scheitert eine Theorie an der Erfahrung, so gilt sie als falsifiziert und muß aus dem Fundus vorläufig gültiger Theorien ausgeschieden werden. Im Bereich der Wirtschaftswissenschaften kann es keine unumstößlichen Wahrheiten, ja nicht einmal absolut gesichertes Wissen geben, weil jede auf Empirie fußende Theorie stets nur vorläufig bis zur Falsifikation durch gegenläufige Fakten und Erfahrungen gültig ist. Selbst wiederholte Bestätigungen einer Theorie durch erfolglose Widerlegungsversuche sichern einer Theorie keinen Ewigkeitswert zu; denn auch eine mehrmals bewährte Theorie kann beim nächsten Test, der eventuell unter anderen Verhältnissen vorgenommen wird, an der Wirklichkeit scheitern.

Oft sind Theorien umstritten und manchmal konkurrieren verschiedene Theorien über das gleiche ökonomische Phänomen oder einen bestimmten volkswirtschaftlichen Zusammenhang miteinander. Auch die Logik einer Theorie kann brüchig sein, wenn Widersprüche in ihren Elementen stecken. Deshalb müssen Theorien nicht nur ständig auf ihre Unwiderlegbarkeit, sondern auch auf ihre innere Logik überprüft werden.

Der Kritische Rationalismus überträgt das Prinzip der Falsifikation auf die Politik und fordert, daß die Politiker ständig ihre Entscheidungen auf Fehler überprüfen und aus fehlerhaften Aktionen lernen. Dabei sollen die Politiker möglichst in einer permanenten rationalen Diskussion mit Vertretern verschiedener Auffassung stehen, woraus sich dann Handlungsalternativen entwickeln können. In der anzustrebenden „offenen Gesellschaft" soll also entsprechend dem Erkenntnis-Pluralismus infolge der Konkurrenz wissenschaftlicher Theorien auch ein Entscheidungs-Pluralismus herrschen, dem zufolge die politisch-staatlichen Instanzen aus dem Angebot beispielsweise verschiedener Konzepte oder Lösungsansätze der theoretischen Wirtschaftspolitik stets das Vorteilhafteste für die Allgemeinheit bzw. die Bevölkerung des Gemeinwesens auswählen können. Der politische Prozeß wird also im wesentlichen als eine Suche nach besseren Problemlösungen interpretiert, die fehlerhafte politische Entscheidungen ersetzen sollen.

Nach der **Methode trial and error** empfiehlt Popper für politische Entscheidungen die Strategie der „Stückwerk-Sozialtechnik" (piecemeal-social-engineering)[14], mit deren Hilfe eine Reformpolitik der kleinen Schritte betrieben werden soll. Der Politiker als typischer Stückwerk-Sozialingenieur „mag zwar einige Vorstellungen von der idealen Gesellschaft ‚als Ganzem' haben - sein Ideal wird viel-

[13] Derselbe, 1976, S. 47 ff.

[14] Derselbe, 1971, S. 51.

leicht die allgemeine Wohlfahrt sein -, aber er ist nicht dafür, daß die Gesellschaft als Ganzes neu geplant wird. Was immer seine Ziele sein mögen, er versucht sie schrittweise durch kleine Eingriffe zu erreichen, die sich dauernd verbessern lassen“[15]. Das bedeutet nun aber nicht, daß die Politik die sozialen Institutionen in Wirtschaft und Gesellschaft ständig verändern soll. Auch der Anhänger der Stückwerk-Sozialtechnik weiß, „daß nur eine Minderheit sozialer Institutionen bewußt geplant wird, während die große Mehrzahl als ungeplantes Ergebnis menschlichen Handelns einfach ‚gewachsen' ist“[16]. Gesetzte oder gewachsene Institutionen, die gut funktionieren, sollen erhalten bleiben; denn jede Änderung kann deren Funktionsfähigkeit nur verschlechtern. Popper meint: „Institutionen sind wie Festungen. Sie müssen nach einem guten Plan entworfen und mit einer geeigneten Besatzung versehen sein.“[17] Zu Recht ist gefolgert worden, daß der kritische Rationalismus revolutionsfeindlich ist, und zwar aus dem Bedenken, daß die Risiken eines Fehlschlages einer totalen Systemveränderung unkalkulierbar und die Folgen gesellschaftlich nicht vertretbar sind. Die Absage an eine Totalreform bedeutet aber nicht, daß eine Wirtschafts- und Gesellschaftsordnung zementiert und vorhandene Strukturen konserviert werden sollen. Im Gegenteil, es wird eine permanente Überprüfung von Institutionen auf Konstruktionsfehler und von gewachsenen Regeln auf eventuelle Mißbrauchsmöglichkeiten gefordert. Im Falle von festgestellten Fehlentscheidungen oder Fehlentwicklungen wird eine Reformpolitik der kleinen Schritte empfohlen. Hierbei sollen nach jedem Reformschritt die gesammelten Erfahrungen ausgewertet und eventuelle Mißgriffe beim Instrumenteneinsatz offengelegt werden. Nur so, d. h. indem die politischen Entscheidungsträger aus ihren Fehlern lernen, kann das Endziel schrittweise unter Minimierung der Fehlerquote erreicht werden.

Die Gestaltungsweise der Politik, wie sie der Kritische Rationalismus vorschlägt, vermag intellektuell sicherlich zu überzeugen, zeigt aber hinsichtlich seiner Projektion auf die praktizierende Politik auch gewisse Schwächen. So läßt sich bezweifeln, ob in der politischen Praxis überhaupt ein so großer Spielraum für die rationale Anwendung wissenschaftlicher Entscheidungshilfen vorhanden ist, wie die Vertreter des Kritischen Rationalismus annehmen. Da Politiker in der Regel zuerst an ihre (Wieder-)Wahl denken und alle Vorschläge vorrangig unter dem Gesichtspunkt der Erhöhung oder Beeinträchtigung ihrer Wahlchancen betrachten, mangelt es häufig an der Bereitschaft, zwar wissenschaftlich rationale, aber unpopuläre Problemlösungsvorschläge in die Tat umzusetzen. Zudem sind der Übertragung der wissenschaftlich fruchtbaren Methode der Falsifikation auf den Politikbereich enge Grenzen gesetzt, weil die Politiker oft nicht in der Lage und manchmal nicht willens sind, ihre Entscheidungen **permanent auf Fehlerhaftigkeit** zu überprüfen. Für die Karriere eines Politikers wäre nämlich das Eingeständnis häufiger Fehlentscheidungen vernichtend. Deshalb neigen Politiker dazu, in der Öffentlichkeit keine Fehler einzugestehen. Aber auch ein Wirtschaftswissenschaftler, der als Berater der praktizierenden Wirtschaftspolitik ernst genommen werden will, wird im Regierungslager bestimmt nur wenig Beachtung finden, wenn er nur Selbstkritik an seinen eigenen früheren Vorschlägen anzubieten hat. Natürlich ist die prakti-

---

[15] Ebendort, S. 53.

[16] Ebendort, S. 52.

[17] Ebendort, S. 53.

zierende Wirtschaftspolitik primär an operationalen Vorschlägen, die Erfolg versprechen, und kaum an unbrauchbaren Rezepturen interessiert.

Ferner ist fraglich, ob in der politischen Praxis ständig nach besseren Problemlösungen gesucht wird. Es ist vielmehr die Tendenz zu beobachten, daß die politischen Entscheidungsträger zäh an einmal getroffenen Entscheidungen und Problemlösungen festhalten und sich meist gegen fremde oder sogar gegen eigene Erfolgskontrollen sperren. Sie tun dieses nicht zuletzt deshalb, um nicht für wirtschaftspolitische oder andersartige Mißerfolge verantwortlich gemacht und zu neuer zeitaufwendiger Sachlösungssuche veranlaßt zu werden. Zudem erfordern neue politische Lösungen fast immer Kompromisse zwischen den Zielvorstellungen verschiedener politisch-staatlicher Instanzen und Ausgleichsbemühungen zur Befriedigung der Partialinteressen gesellschaftlicher Gruppen. Ohne politischen Druck wird demnach kaum eine staatliche Instanz von sich aus eine permanente Überprüfung ihrer Politik auf Fehlerhaftigkeit betreiben. In der Realität neigen erfahrungsgemäß die politisch-staatlichen Instanzen eher zu einer ziemlichen Starrheit in ihren Politikansätzen, die manchmal selbst dann noch beibehalten werden, wenn sich der Mißerfolg kaum noch verbergen läßt.

1.3.5 Politisch-ökonomische Sichtweise

Während die reine Ökonomie auf dem Gedanken der Eigenständigkeit der Wirtschaft gegenüber der Politik beruht und ihren Modellen nur ökonomische Fakten und Variablen zugrunde legt, zieht die **Politische Ökonomie** auch die Wechselbeziehungen zwischen Wirtschaft und Politik in ihre Analysen mit ein. Allerdings ist der Gedanke der wechselseitigen Abhängigkeit von Wirtschaft und Politik nicht neu.

Schon die Klassiker der Ökonomie (Adam Smith, David Ricardo, John Stuart Mill), die ihre Lehre als Politische Ökonomie verstanden, haben den von ihnen überwiegend als schädlich eingeschätzten Einfluß der Politik auf die Wirtschaft beachtet. So haben die Vertreter des klassischen Liberalismus zu zeigen versucht, daß der marktwirtschaftliche Prozeß am reibungslosesten und wohlstandsförderndsten verläuft, wenn der Staat nicht in den Wirtschaftsprozeß eingreift. Auch in der Politischen Ökonomie des Marxismus spiegelt sich das Verhältnis von Wirtschaft und Politik in der Lehre von der ökonomischen Basis und dem staatlichen Überbau wider. Übertragen auf sozialistische Gesellschaftsformationen wird der Politik die Priorität im Gesellschaftsleben - zumindest in der Übergangsperiode bis zum vollendeten Kommunismus - eingeräumt, was in der Praxis meist zur Ausprägung staatlich zentralgeleiteter Wirtschaftssysteme geführt hat.

In Übereinstimmung mit der klassischen Politischen Ökonomie des Liberalismus versucht auch die „**Neue Politische Ökonomie**", die wechselseitigen Beziehungen zwischen Ökonomie und Politik zu analysieren. Sie bedient sich aber einer anderen Methode und eines ausgereifteren Instrumentariums, indem sie politisches Handeln als Nutzenmaximierung betrachtet und mit dem Instrumentarium der neueren (nichtmarxistischen) ökonomischen Theorie zu erforschen versucht. Auch ist das Untersuchungsfeld der Neuen Politischen Ökonomie weitaus größer als das der traditionellen Wirtschaftstheorie, deren hauptsächliches Analyseobjekt das

Markt- und Wettbewerbssystem ist. Es erstreckt sich auch auf andere Koordinierungssysteme, und zwar insbesondere auf demokratische Wahlsysteme, administrativ-bürokratische Koordinierungssysteme sowie Abstimmungssysteme durch Gruppenverhandlungen. Folgerichtig zieht die Neue Politische Ökonomie auch die (Interessen-)Gruppen in ihre Betrachtungen mit ein und versucht, vor allem die Interaktionen zwischen organisierten Interessengruppen und politisch-staatlichen Entscheidungsträgern zu analysieren. Dabei wird meist vom methodologischen Individualismus ausgegangen, indem angenommen wird, daß die einzelnen Gruppenmitglieder oder Verbandsangehörigen durch rationale Kosten-Nutzen-Kalküle ihre Eigeninteressen verfolgen.

Der **methodologische Individualismus** beinhaltet eine (bereits bei Adam Smith festzustellende) Sichtweise, der zufolge sich auch volks- und gruppenwirtschaftliche Phänomene aus individuellem Verhalten erklären lassen. Ausgehend von der Annahme, daß die Individuen als Grundbestandteile der Gesellschaft ihre soziale Umwelt zu ihrem eigenen Nutzen zu formen bestrebt sind, werden zutreffende Erklärungen der sozialen Institutionen und Prozesse mittels Gesetzesaussagen (z. B. psychologischer Theorien) über individuelles Verhalten erwartet. Im Gegensatz zu dieser Sichtweise steht der **Holismus** (**methodologischer Kollektivismus**), dem zufolge gesellschaftliche Institutionen und soziale Strukturen von Eigengesetzlichkeiten geprägt werden, die nicht Ergebnis individuellen Verhaltens sind. Indem davon ausgegangen wird, daß das Ganze (griechisch: holus) mehr als die Summe seiner Teile ist, setzen Analysen beim Gesamtsystem (z. B. Kapitalismus) und nicht bei einzelnen Systemteilen (z. B. Wirtschaftssubjekten oder Märkten) an. Die Entwicklung der modernen Wirtschaftstheorie ist im wesentlichen durch den methodologischen Individualismus geprägt worden, während der Holismus nur eine begrenzte Anwendung - insbesondere bei den marxistischen Deutungsversuchen der Entwicklung von Gesellschaftsformationen - erfahren hat.

Verbunden mit der Denkweise des methodologischen Individualismus ist die Konzentration auf das **Phänomen des Tausches** und dessen sozialer Funktion. Danach werden die sozialen Beziehungen innerhalb einer Gesellschaft primär durch den Austausch von materiellen und immateriellen Gütern privater und öffentliche Art geprägt. Die Tauschprozesse führen zu bestimmten gesellschaftlichen Strukturen, die ihrerseits auf die verursachenden Tauschprozesse zurückwirken. Somit bildet der Tausch, der sich regelmäßig bei gesellschaftlicher Arbeitsteilung und unterschiedlichen Bedürfnissen der Gesellschaftsmitglieder entwickelt, gleichsam das Bindeglied zwischen dem Individuum und seiner sozialen Umwelt.

Die ökonomische Theorie, die rationales Verhalten letztlich immer aus Kosten-Nutzen-Analysen abzuleiten versucht, impliziert bei ihrer Anwendung auf politische Prozesse stets die Beachtung der Kosten-Nutzenerwägungen der Politiker. Werden die Eigeninteressen der politisch-staatlichen Entscheidungsträger ins Kalkül gezogen, so ergibt sich auch eine neue Sicht der Rolle des Staates. „Wird der Staat in traditioneller Sicht grundsätzlich im Sinne des Gemeinwohls tätig, indem er eine irgendwie definierte und vorgegebene gesellschaftliche Wohlfahrtsfunktion maximiert, so wird in der Neuen Politischen Ökonomik bei der Analyse des Verhaltens der Akteure in Regierung und Bürokratie manifest, daß diese einen beachtlichen Spielraum zur Verfolgung von Eigeninteressen besitzen und ihn auch tatsächlich nutzen."[18] Hierbei wird von der realistischen Annahme ausgegangen, daß die Politiker bei ihren Entscheidungen vor allem an ihre (Wieder-)Wahl denken und die Verwaltungsbeamten bei Ermessensentscheidungen auch an ressortmäßigen und persönlichen Bedeutungszuwächsen interessiert sind. Damit verlieren die Handlungen des Staates bzw. der Staatsdiener den Heiligenschein der steten Gemeinwohlbezogenheit.

Generell geht also die Neue Politische Ökonomie von den **Eigeninteressen der Entscheidungsträger** in den politischen und gesellschaftlichen Organisationen aus, wobei die Eigeninteressen der Akteure sowohl mit den Allgemeininteressen der Gesellschaft übereinstimmen als auch differieren können. „Die Unterstellung selbstlosen, nur an der wirtschaftlichen und sozialen Wohlfahrt der Wirtschaftssubjekte orientierten Handelns politischer Institutionen, kennzeichnend für die neoklassisch-wohlfahrtsökonomisch orientierte Theorie der Wirtschaftspolitik, wird aufgegeben."[19] Infolge der Einbeziehung offener und verdeckter Eigeninteressen der politisch-staatlichen Entscheidungsträger wird es möglich, die wirklichen Anlässe und wahren Motive der Wirtschaftspolitik offenzulegen. Die Verhaltensannahme, wonach sowohl Individuen als auch Gruppen und Institutionen auf Veränderungen von Kosten und Nutzen in bestimmter Weise rational reagieren, läßt Voraussagen über künftiges Verhalten zu. Somit können auch Fehleinschätzungen der Verhaltensweisen politischer Institutionen verringert und die politischen Durchsetzungschancen von Vorschlägen der theoretischen Wirtschaftspolitik besser eingeschätzt werden.

Eine methodische Stärke der Neuen Politischen Ökonomie liegt darin, daß sie durch Übernahme von Kategorien und Anwendung des Instrumentariums der (neoklassischen) Wirtschaftstheorie in der Lage ist, gehaltvolle Hypothesen aufzustellen und Vorhersagen zu machen, die empirisch überprüfbar und damit falsifizierbar sind. Damit wurde dem traditionellen normativen Ansatz der Politikbetrachtung, der Ziele und Zwecke politischen Handelns meist aus ethisch-philosophischer Sicht ableitete und gemeinwohlbezogenes Politikerhandeln unterstellte, der Boden entzogen. Infolge der Berücksichtigung der Eigeninteressen der politisch-staatlichen Entscheidungsträger gelangt die Ökonomische Theorie der Politik zu **realistischen Erklärungsmustern** des wirtschaftspolitischen Geschehens. Zudem werden die aus Eigeninteressen resultierenden vielfältigen Interaktionen zwischen den wirtschaftspolitischen Instanzen und organisierten Interessengruppen offengelegt, wodurch seitens der Öffentlichkeit ein heilsamer Druck zur Eindämmung von Gruppenbegünstigungspolitik ausgehen kann.

Allerdings muß klar gesehen werden, daß mit der Anwendung der neoklassischen Wirtschaftstheorie auf politische Prozesse auch die Hypothesen und **Wertimplikationen der Neoklassik** mitübernommen werden. So ist beispielsweise die mit der Übernahme des methodologischen Individualismus verbundene Sichtweise, der zufolge Kollektive nur als Funktion der in ihnen vereinigten Mitglieder zu betrachten sind, zumindest fragwürdig. Erfahrungsgemäß weicht nämlich das Gruppenverhalten von dem Verhalten, das die Mitglieder der Gruppe als Individuen in ihrem eigenen Lebensbereich präferieren, manchmal mehr oder weniger ab. Ideo-

[18] U. Fehl, 1993b, S. 1523.
[19] K.-E. Schenk, 2000, S. 544 f.

logische, standesmäßige oder sonstige Gruppenzwänge können zu abweichendem Verhalten von sonst typischen Verhaltensweisen der Individuen führen. Deshalb kann es durchaus methodisch legitim sein, im Falle von Kollektiven, deren Traditionen oder Ziele bei den Kollektivmitgliedern zu einem abweichenden Verhalten von individuellen Nutzenerwägungen und regelmäßig zu einem einheitlichen Kollektivverhalten führen, die kollektive Einheit als eigenständigen Entscheidungsträger zu betrachten. Zudem ist es, selbst wenn die kollektive Entscheidung das Resultat einer Mehrheitsentscheidung oder eines Kompromisses aus unterschiedlichen Individualentscheidungen ist, manchmal nicht erforderlich, die Entscheidungsfindung bis zum Abstimmungs- oder Entscheidungsverhalten des einzelnen Kollektivmitglieds zurückzuverfolgen, weil nur das Endergebnis relevant ist. Beispielsweise sind für die Wirtschaftspolitik in der Regel nur die Forderungen von organisierten Interessengruppen, die als Gruppenforderung von den Verbänden präsentiert werden, politisch bedeutsam, wogegen das vorhergehende Abstimmungsverhalten der Verbandsmitglieder - falls es denn überhaupt nachvollziehbar ist und bekannt wird - kaum interessiert. Kollektive können also - je nach Analysezweck - betrachtet werden, und zwar entweder als eigenständige Handlungseinheiten oder als kollektives Abstimmungsverfahren, mit dessen Hilfe Individuen für alle verbindliche Beschlüsse fassen. Der methodologische Individualismus ist als analytischer Ausgangspunkt immer dann zu wählen, wenn angenommen werden kann, daß autonome und selbstverantwortliche Individuen, welche alle Folgen ihrer Entscheidungen selbst tragen, die ökonomischen und politischen Prozesse maßgeblich bestimmen. Allerdings reichen die Figuren des eigenverantwortlichen Wirtschaftssubjektes und des souveränen Wählers, die dadurch geprägt sind, daß sie ihre eigenen Bedürfnisse kennen und die eigenständig gesetzten Ziele der Bedürfnisbefriedigung mit verfügbaren Mitteln erreichen können, nicht aus, um alle gesellschaftlichen Phänomene zu erklären. Schon allein die Beobachtung, daß sich Individuen spontan zu Gruppen zusammenfinden und dann als Gruppe kollektiv handeln, zeigt, daß neben den Individuen auch Gruppen als analytische Basiseinheit fungieren können. Desgleichen können auch Bürokratien eine analytische Basiseinheit sein. Solche nicht auf Gewinnerzielung ausgerichteten Organisationseinheiten, die regelmäßig hierarchisch gegliedert sind und sich durch ein Budget finanzieren, weisen Arteigenheiten auf, die es zweckmäßig erscheinen lassen, die Bürokratie sowohl als Institution mit spezifisch organisatorischen Regeln und institutionellen Verhaltensmustern als auch als Ansammlung von Bürokraten mit individuellen Eigeninteressen zu betrachten.

Wird als analytische **Basiseinheit die Gruppe** oder die Bürokratie gewählt, so bedeutet dieses keineswegs eine totale Abkehr vom methodologischen Individualismus und eine Hinwendung zum Holismus. Es wird nämlich nicht - wie im Holismus - angenommen, daß ein typisches Verhalten des Gesamtsystems (des Verbandes, des Ministeriums) ausschließlich die Verhaltensweisen prägt, sondern es kann auch eigennütziges Verhalten einzelner Bürokraten zumindest bei der internen Entscheidung wirksam werden. Erst nach abgeschlossener interner Meinungsbildung und Beschlußfassung über das weitere Vorgehen tritt das institutionelle Handeln nach außen in Erscheinung, das dann zum Gegenstand der wissenschaftlichen Analyse wird. Letztlich wird hierbei der methodologische Individualismus **mit dem „Institutionalismus" verbunden**, indem verbandspolitisches oder staatsbürokratisches Handeln im Rahmen institutioneller Regelungen durch individuelles eigennütziges Verhalten von Verbandsfunktionären bzw. Ministerialbürokraten geprägt oder mitbestimmt werden kann.

Der **Institutionalismus** amerikanischen Ursprungs (Begründer: Thorstein B. Veblen) geht davon aus, daß ökonomisches Handeln und institutionelle Umwelt sich wechselseitig beeinflussen. Die **Institutionenökonomik** versteht unter „Institutionen“ nicht nur die üblichen ökonomischen und sozialen Einrichtungen der Gesellschaft, sondern im weiter gefaßten Sinn alle allgemein anerkannten Regeln für das Verhalten von Wirtschaftssubjekten in sich wiederholenden Entscheidungssituationen. Mit Hilfe dieser kombinierten individualistisch-institutionellen Erkenntnismethode ist es möglich, manche allzu mechanistische Vorstellungen der ökonomischen Klassik und auch der Neoklassik zu überwinden. „Menschen sind keine maximierenden Automaten, die mechanisch in einem institutionellen Vakuum reagieren.“[20] Ferner wird die automatische Tendenz marktwirtschaftlicher Systeme zur Selbstregulierung und zum Marktgleichgewicht in Frage gestellt, und zwar unter Hinweis darauf, daß das Marktverhalten von Größtunternehmen kaum noch kontrollierbar sei und somit der institutionalisierte Wettbewerbsschutz versagt.[21]

[20] H.-G. Krüsselberg, 1993, S. 1002.

[21] Vgl. J. K. Galbraith, 1968, S. 64 ff.

2. Kapitel
Ordnungsstrukturelle Grundlagen

2.1 Staatlicher Rahmen der Wirtschaftspolitik

2.1.1 Staatlich-politische Grundordnung

Wirtschaftspolitik als Teil der Gesellschaftspolitik findet ihre Entfaltungsmöglichkeiten und ihre Grenzen im Rahmen der jeweiligen **staatlich-politischen Grundordnung** und speziell der Wirtschaftsordnung. Je nach Staatsform (z. B. Demokratie oder Diktatur), Staatsaufbau (z. B. zentralistisch oder föderalistisch), prägende Staatsideen (z. B. Garantie von Grundrechten, Rechts- und Sozialstaatlichkeit oder Totalitarismus), Parteiensystem (Ein- oder Mehrparteiensystem) sowie der Art der Wirtschaftsordnung differieren die Aktionsmöglichkeiten und sind die Grenzen der Wirtschaftspolitik weiter oder enger gezogen. Während in Diktaturen mit Einparteiensystem und staatlich zentralgelenkter Wirtschaft die wirtschaftspolitischen Eingriffsmöglichkeiten nahezu unbeschränkt sind, ist in parlamentarischen Demokratien mit Mehrparteiensystem und marktwirtschaftlicher Wirtschaftsordnung der Handlungsspielraum der praktizierenden Wirtschaftspolitik vielfältig begrenzt. Im demokratischen Rechtsstaat werden die prinzipiellen (politisch gewollten) Begrenzungen vor allem daran deutlich, daß wirtschaftspolitisches Handeln - wie alle Staatstätigkeit - an die Verfassung und an die geltenden Gesetze gebunden ist. Darüber hinaus müssen in einer marktwirtschaftlichen Wirtschaftsordnung bei eventuellen wirtschaftspolitischen Eingriffen auch bestimmte Verhaltensregeln und ordnungspolitische Grenzen beachtet werden, wenn tragende Prinzipien und die Funktionsfähigkeit des marktwirtschaftlichen Steuerungssystems nicht beeinträchtigt werden sollen. Deshalb kann kein marktwirtschaftlich orientiertes Wirtschaftssystem ohne ordnungspolitische Selbstbindung und wirtschaftspolitische Selbstbeschränkung auskommen; denn willkürliche und ordnungsinkonforme Eingriffe in den Wirtschaftsprozeß können die Funktionsfähigkeit des Markt- und Wettbewerbssystems lahmlegen oder zerstören. Einschränkungen der Autonomie der nationalen Regierungen und Notenbanken resultieren aus den Mitgliedschaften der Staaten in supranationalen Wirtschaftsgemeinschaften (wie z. B. der EU) und dem Internationalen Währungsfonds (IWF) sowie dem Beitritt zum Allgemeinen Zoll- und Handelsabkommen (GATT). Da die Staatsfinanzen in der Regel beschränkt und das Budget ausgeglichen werden muß, ist die Wirtschaftspolitik hinsichtlich von Subventionsgewährungen mehr oder weniger von der Finanzpolitik abhängig.

Als Abhängigkeiten kommen zudem noch die Essentials und Zwänge der Politik hinzu, indem Wahltermine beachtet und Wähler gewonnen, Parlamentsmehrheiten errungen oder gefestigt, Koalitionskompromisse eingegangen und eventuell (selbst ordnungspolitisch dubiose) Forderungen von wahlrelevanten Interessengruppen erfüllt werden müssen. Die praktizierenden Wirtschaftspolitiker hängen an so vielen sichtbaren und unsichtbaren Fäden, die sich verknoten und verwirren können, so daß es schon eines Wunders bedürfte, um daraus eine rationale Wirtschaftspolitik „aus einem Guß“ zu formen.

Der Theoretiker der Wirtschaftspolitik kann relativ leicht zu rationalen Konzepten gelangen, wenn er sich modelltheoretisch mit wenigen einfachen Prämissen und durchschaubaren Zusammenhängen begnügt. Er wird aber bei Vernachlässigung der relevanten Rahmenbedingungen der Wirtschaftspolitik kaum zu praktikablen und politisch durchsetzbaren Vorschlägen kommen und somit letztlich die Aufgabe des wissenschaftlichen Beraters nicht erfüllen. Die theoretische Wirtschaftspolitik kann wirtschaftspolitisches Handeln nur zutreffend erklären und beratend beeinflussen, wenn sie bei ihren Analysen die ökonomischen Rahmenbedingungen und deren wesentliche Interdependenzen mit außerökonomischen Ordnungen beachtet. Das von Walter Eucken empfohlene „Denken in Ordnungen" ist unerläßlich, wobei der Blick insbesondere auf die **Interdependenzen von Staats- und Wirtschaftsordnung** zu lenken ist. Die engen wechselseitigen Bezüge beider Ordnungen sind evident: „Wie die Wirtschaftspolitik eines aktionsfähigen Staates bedarf, so bedarf es einer gewissen Wirtschaftsordnungspolitik, um den Staat aktionsfähig zu machen."[22] Zudem gibt es kaum (gesellschafts-)politische Maßnahmen, die nicht auch wirtschaftliche Folgen haben. Umgekehrt haben wirtschaftspolitische Maßnahmen meist auch gesellschaftliche und oft staatspolitische Wirkungen.

2.1.2 Demokratische Ordnung

Zu den wichtigsten ordnungsstrukturellen Grundlagen bzw. Rahmenbedingungen der Wirtschaftspolitik gehört die **Staatsform**, innerhalb derer sich das Wirtschaftsgeschehen abspielt. Für marktwirtschaftlich orientierte Wirtschaftssysteme - die im Mittelpunkt der gesamten Analyse dieses Werkes stehen - ist regelmäßig die **parlamentarische Demokratie** ein wesentliches Element des politisch-staatlichen Bezugsrahmens. Wie totalitärer Staat und zentralgeleitete Wirtschaft sich gegenseitig bedingen, so bedarf der demokratische Staat der marktwirtschaftlichen Grundordnung und die Marktwirtschaft setzt die Demokratie voraus.

Demokratie (griechisch: demos = das Volk) heißt Volksherrschaft und bedeutet faktisch, daß alle Staatsgewalt vom Volke ausgeht. Eine unmittelbare Demokratie, bei der das Volk die Herrschaft über alles und jedes selbst ausübt, ist kaum möglich. Allenfalls läßt sich bei bestimmten Anlässen oder in überschaubaren Gemeinwesen mittels Volksabstimmungen der Volkswille ermitteln, der dann bei der Durchführung von Entscheidungen zugrunde zu legen ist. Da jedoch in größeren Gemeinwesen kaum vollständige Volksbefragungen durchführbar sind und nicht das ganze Volk unmittelbar die Staatsgewalt ausüben kann, hat sich in der Realität die **repräsentative Demokratie** herausgebildet. In der repräsentativen oder mittelbaren Demokratie wählt das Volk periodisch Volksvertreter, die dann ihrerseits in Herrschaftsorganen auf Zeit (z. B. im Parlament) wirken und das Volk bei politischen Entscheidungen vertreten. In der Praxis rangiert als größtes Volksvertretungsorgan meist das Parlament, das zugleich gesetzgebende und regierungsbildende Institution ist. Es hat sich deshalb eingebürgert, in diesen Fällen von parlamentarischer Demokratie zu sprechen.

Für alle Entscheidungen in der parlamentarischen Demokratie die Einstimmigkeit vorzuschreiben, hieße, diese Staatsform zur Funktionsunfähigkeit zu verdam-

---

[22] W. Eucken, 1960, S. 334.

men; denn wegen der vielfältigen Meinungen und mancher Interessengegensätze in der Gesellschaft werden einstimmige Beschlüsse immer die seltene Ausnahme bleiben. Es liegt also nahe, auf den Willen der Mehrheit abzustellen und deshalb als Regelprinzip **Mehrheitsentscheidungen** einzuführen, was zur Folge hat, daß die Minderheit dem Willen der Mehrheit unterworfen ist.

Legitimationsprobleme beim Mehrheitsprinzip können entstehen, wenn überwiegend Entscheidungen mit geringer Mehrheit gegen den Willen der nahezu gleichstarken „Minderheit" getroffen werden. Allerdings besteht in der Demokratie immer die Möglichkeit, daß ehemals Minderheiten im Laufe der Zeit oder durch Koalitionsbildungen zu Mehrheiten werden, die dann ihren Willen durchsetzen können. Das Mehrheitsprinzip läßt sich also tolerieren, wenn stets für **Minderheiten** Entwicklungsmöglichkeiten offen gehalten werden und prinzipiell immer ein Wechsel der Mehrheitsverhältnisse möglich bleibt. Zudem genießt die Minderheit meist einen gewissen Schutz bei bestimmten bedeutsamen Entscheidungen, wie z. B. bei Verfassungsänderungen, die nur mit qualifizierter (Zweidrittel-)Mehrheit vorgenommen werden können. Im Falle einer ausreichenden Sperrminorität kann hier die Minderheit sogar mehrheitlich gewollte Verfassungsänderungen blockieren und somit ihren Willen quasi der Mehrheit aufzwingen. Rechtfertigen läßt sich das verfassungsmäßige Abweichen vom einfachen Mehrheitsprinzip bei zentralen Entscheidungen jedoch, weil zum unerläßlichen Minderheitenschutz in der Demokratie die Garantie bestimmter Grundrechte für alle gehört. Die Grundrechte dürfen deshalb in ihrem Wesensgehalt nicht angetastet und nur bei rechtlicher Ermächtigung mit großer Mehrheit allgemein (also nicht lediglich für eine Minderheit) eingeschränkt werden.

Festzuhalten bleibt, daß Entscheidungen nach dem Mehrheitsprinzip für die Funktionsfähigkeit einer Demokratie unerläßlich sind, aber nicht immer eindeutige Lösungen bringen. So ist beispielsweise bei der Entscheidung über die Bereitstellung öffentlicher und infrastruktureller Güter selbst bei basisdemokratischer Erkundung der Präferenzen der Bürger die Aufstellung von **widerspruchsfreien Präferenzskalen** mit eindeutiger Rangfolge schwierig oder unmöglich. Während bei Gültigkeit des Mehrheitsprinzips die Abstimmung über nur zwei Möglichkeiten meist zu einer klaren Entscheidung für eine Alternative oder zu einem Unentschieden führt, ergeben sich bei Abstimmungen über mehr als zwei Möglichkeiten u. U. überhaupt keine eindeutigen Lösungen.

Das **Arrow-Paradoxon** zeigt die Unmöglichkeit, verschiedene individuelle Präferenzen zu einem widerspruchsfreien gesellschaftlichen Präferenzsystem (soziale Wohlfahrtsfunktion) zusammenzufassen.[23] Das folgende Beispiel verdeutlicht dieses, indem angenommen wird, daß die Individuen A, B und C ihre Präferenzen hinsichtlich von drei Infrastrukturinvestitionen (Bau einer Schule, eines Krankenhauses und einer Straße) in folgender Rangskala ausdrücken:

Individuelle Rangskalen

Rangskala	Individuum A	Individuum B	Individuum C
1. Stelle	Schule	Krankenhaus	Straße
2. Stelle	Krankenhaus	Straße	Schule
3. Stelle	Straße	Schule	Krankenhaus

[23] Vgl. K. J. Arrow, 1951.

Das politische Entscheidungsgremium, das aus diesen drei individuellen Rangskalen nach dem Mehrheitsprinzip zu einer kollektiven Präferenzordnung zu gelangen versucht, wird scheitern. Bei einer Ermittlung der Präferenzen zunächst gegenüber dem Schul- und Krankenhausbau ergibt sich ein Mehrheitswille (bei A und C) für den Schulbau. Bei der folgenden Präferenzermittlung gegenüber dem Schul- und Straßenbau spricht der Mehrheitswille (B und C) für den Straßenbau. Bei dieser Mehrheitspräferenz müßte der Straßenbau dringlicher als der Krankenhausbau angesehen werden, um zu einer widerspruchsfreien kollektiven Präferenzordnung zu kommen. Tatsächlich wird jedoch der Krankenhausbau mehrheitlich (von A und B) höher eingestuft als der Straßenbau. Deshalb ist bei der angenommenen Präferenzstruktur der drei Individuen die Aufstellung einer widerspruchsfreien gesellschaftlichen Präferenzordnung nicht möglich.

Demokratie, verstanden als freiheitliche Grundordnung, ist mehr als nur eine Verfahrensregel für demokratische Wahlen und zur mehrheitlichen Willensbildung, wie die inhaltliche Bestimmung durch das Bundesverfassungsgericht zeigt. Demnach ist die freiheitliche demokratische Grundordnung im Sinne des Grundgesetzes für die Bundesrepublik Deutschland „eine Ordnung, die unter Ausschluß jeglicher Gewalt und Willkürherrschaft eine rechtsstaatliche Herrschaftsordnung auf der Grundlage der Selbstbestimmung des Volkes nach dem Willen der jeweiligen Mehrheit und der Freiheit und Gleichheit darstellt“[24]. Zu den grundlegenden Prinzipien dieser Ordnung, die zumindest erfüllt sein müssen, rechnet das Bundesverfassungsgericht: die Achtung vor den im Grundgesetz konkretisierten Menschenrechten, die Volkssouveränität, die Gewaltenteilung, die Verantwortlichkeit der Regierung, die Gesetzmäßigkeit der Verwaltung, die Unabhängigkeit der Gerichte, das Mehrparteiensystem und die Chancengleichheit für alle politischen Parteien mit dem Recht auf verfassungsmäßige Bildung und Ausübung einer Opposition.

Die institutionelle Struktur und die Handlungsprinzipien der parlamentarischen Demokratie zwingen die wirtschaftspolitischen Entscheidungsträger, die verfassungsrechtlich garantierten Grundrechte der Bürger bei ihren Handlungen zu achten. Im Zweifelsfall muß mit Nachprüfungen durch das Verfassungsgericht gerechnet werden. Zudem hat sich die Wirtschaftsverwaltung bei ihren Verwaltungsakten an das gültige Recht gemäß den Gesetzen zu halten. Auch hier unterliegen Verwaltungsakte, deren Rechtmäßigkeit zweifelhaft ist, der Nachprüfung durch Verwaltungsgerichte. In der rechtsstaatlichen Demokratie können also jederzeit wirtschaftspolitische Maßnahmen, die sich als ungesetzlich erweisen, aufgehoben werden. Das der parlamentarischen Demokratie zugehörige Mehrparteiensystem bringt es mit sich, daß sich die Entscheidungsträger der Wirtschaftspolitik mit den wirtschaftspolitischen Auffassungen sowohl der Regierungspartei(en) als auch der Oppositionspartei(en) auseinandersetzen müssen. Obgleich die Willensbildung der Regierung naturgemäß mehr durch die Meinungen der die Regierung tragenden Partei(en) beeinflußt wird, so zwingt dennoch die öffentliche Diskussion in den Massenmedien die wirtschaftspolitischen Entscheidungsträger, sich auch mit den Argumenten der Opposition auseinanderzusetzen. Dieses hat nicht selten zur Folge, daß die ursprüngliche Meinung der Regierung zu einem wirtschaftspolitischen Vorhaben aufgrund durchschlagender Argumente der Opposition und unter dem

---

[24] Bundesverfassungsgericht, 1953, S. 1.

Druck der öffentlichen Meinung aufgegeben oder abgeändert worden ist. Somit haben in der parlamentarischen Demokratie auch die Opposition und die von ihr vertretenen Wähler die Chance, auf die Wirtschaftspolitik Einfluß zu nehmen.

2.1.3 Rechtsstaatliche Ordnung

Zu den Rahmenbedingungen, die eine marktwirtschaftlich orientierte Wirtschaftsordnung funktionsfähig halten, gehört auch die **Rechtsstaatlichkeit**. Häufig wird der Rechtsstaat lediglich mit dem „Gesetzesstaat" identifiziert, d. h. mit einem Staat, in dem jeder Staatsakt auf einem Gesetz basiert. Beläßt man es bei dieser formalen Begriffsbestimmung, so wird man unweigerlich mit der Problematik des **Rechtspositivismus** konfrontiert.[25] Allerdings ist blindes Vertrauen in die Weisheit der Gesetze und in das Gerechtigkeitsempfinden des Gesetzgebers oft enttäuscht worden, weil manchmal Recht in formellen Gesetzen sich später als materielles Unrecht erwiesen hat. Verknüpft man dagegen den Begriff der Rechtsstaatlichkeit mit der Forderung nach einem **„Gerechtigkeitsstaat"**, so muß man die werturteilsträchtige Frage nach der inhaltlichen Bestimmung von Gerechtigkeit beantworten. Zudem kann die Rechtssicherheit, die unter der Gültigkeit des positiven Rechts gegeben ist, beeinträchtigt werden, wenn nur fallweise zu verwirklichende Gerechtigkeitserwägungen allgemeingültige Gesetzesnormen ausschließen.

Da der nach Gerechtigkeit strebende Staat in der Regel zugleich Gesetzesstaat ist, läßt sich der **Rechtsstaat** letztlich als ein rechtlich verfaßter und geordneter Staat definieren, in dem bestimmte Grundrechte für alle verfassungsrechtlich garantiert sind, Gewaltentrennung herrscht, alle staatlichen Organe an die Verfassung und an die Gesetze gebunden sowie alle Menschen vor dem Gesetz gleich sind. Generell dient die Anwendung des Rechtsstaatsprinzips dazu, Rechtssicherheit zu gewährleisten sowie die Bürger und Wirtschaftssubjekte vor staatlicher Willkür und vor ungesetzlichen Freiheitsbeschränkungen zu schützen.

In den westlichen Demokratien wird einem eventuellen Widerspruch zwischen Demokratie und Rechtsstaatlichkeit, der bei durchgängiger Gültigkeit des Mehrheitsprinzips auftreten könnte und die Freiheitsrechte von Minderheiten dem Zugriff von Mehrheitsbeschlüssen unterwerfen würde, meist vorgebeugt. So ist es in parlamentarischen Demokratien in der Regel dem Gesetzgeber untersagt, mit den Stimmen der Parlamentsmehrheit bestimmte Grundrechte in ihrem Wesensgehalt anzutasten oder einer Minderheit der Bevölkerung bestimmte Grundrechte in rechtsstaatswidriger Weise zu verwehren.

Im Rahmen der Rechtsstaatlichkeit sind wirtschaftspolitische Gesetze prinzipiell so zu gestalten, daß sie den Anforderungen allgemeiner, abstrakter, auf alle gleich anwendbaren Verhaltensregeln entsprechen. Hinsichtlich der Forderung, daß ein Gesetz nicht nur allgemein und gleich, sondern auch gerecht sein soll, bemerkt F. A. von Hayek: „Obwohl kein Zweifel bestehen kann, daß das Gesetz, um wirksam zu sein, von den meisten Menschen als gerecht empfunden werden muß,

---

[25] Der Rechtspositivismus in seiner extremen Form läßt nur das vom Gesetzgeber gesetzte positive Recht gelten und zwar auch dann, wenn der Gesetzestext eventuell bestimmten ethisch-moralischen Auffassungen oder dem allgemeinen Gerechtigkeitsempfinden widerspricht.

ist es doch zweifelhaft, ob wir irgendwelche anderen formalen Kriterien für die Gerechtigkeit besitzen als die Allgemeinheit und Gleichheit."[26] Zudem garantieren allgemeingültige Gesetze einen wirksamen Schutz gegen staatliche Eingriffe in die individuelle Freiheit und gegen private Übergriffe in die Freiheitsrechte anderer.

Marktwirtschaftlich orientierte Wirtschaftssysteme bedürfen als Regelsystem stets einer Privatrechtsordnung, welche den Ordnungsrahmen für die Beziehungen der Bürger untereinander setzt. Dadurch entsteht eine **„Privatrechtsgesellschaft"**, die sich mittels des Zivilrechts gleichsam selbst prägt und entwickelt. Privatrechtsordnungen basieren auf dem Grundsatz der Autonomie der Privatleute und dem Prinzip des Interessenausgleichs der Vertragspartner im Geschäftsverkehr. Im Ordnungsrahmen des Privatrechts (wie z. B. des Schuld-, Sachen-, Wechsel-, Scheck-, Gesellschafts-, Handels-, Wettbewerbsrechts) kann jeder seine privaten Angelegenheiten und Interessen verfolgen. Allerdings finden die Handlungsmöglichkeiten der einzelnen Wirtschaftssubjekte dort ihre Grenzen, wo deren Wahrnehmung die Freiheitsrechte anderer beschränken. Insofern dieses im Privatrecht nicht gewährleistet werden kann, bedarf es der Ergänzung durch öffentliches Recht. So ist z. B. das konzeptionell dem Privatrecht zuzuordnende Wettbewerbsrecht (insbesondere das Gesetz gegen unlauteren Wettbewerb) durch das Gesetz gegen Wettbewerbsbeschränkungen ergänzt worden, das die Privatautonomie einschränkt und im Falle von unerlaubten Wettbewerbsbeschränkungen staatliches Einschreiten vorschreibt. Das vorherrschende Regelsystem einer Marktwirtschaft ist jedoch die Privatrechtsordnung, welche die Voraussetzungen dafür schafft, daß in ihrem Rahmen ständig viele Wirtschaftssubjekte unzählige Wirtschaftspläne mittels Verträgen aufeinander abstimmen. Die Koordinierung der vielfältigen Handlungen, die letztlich das Marktgeschehen bestimmen, gelingt aber nur bei allgemeingültigen Rechtsregeln, die unabhängig vom jeweiligen Einzelfall und ohne Ansehen der Person anwendbar sind. Deshalb stützen sich Wirtschaftsordnungen liberaler Prägung regelmäßig auf relativ wenige grundlegende Rahmengesetze, innerhalb deren Grenzen die einzelnen Wirtschaftssubjekte frei handeln können. Im Gegensatz dazu bedienen sich Wirtschaftsordnungen dirigistischen Einschlags regelmäßig einer Vielzahl von Gesetzen zur Regelung von Berufen, Gewerbeausübungen, Produktion und Absatz sowie zur Lösung von Branchenproblemen. Die in den letzten Jahrzehnten in westlichen Demokratien anschwellende Flut von Branchen- und Detailgesetzen, die meist gruppenprivilegierende Sonderregelungen enthalten, sind ein deutliches Zeichen für die Aufweichung allgemeingültiger liberaler Ordnungsprinzipien und auch für die Aushöhlung des Rechtsstaates.

Zudem sind auch im Rechtsstaat Fälle aufgetreten, die als „Mißbrauch des Rechts durch die Wirtschaftspolitik" einzustufen sind.[27] Ein Mißbrauch der Wirtschaftspolitik liegt dann vor, wenn die verantwortlichen Wirtschaftspolitiker in Täuschungsabsicht andere Zwecke als die von ihnen angegebenen Ziele verfolgen. Werden beispielsweise verschleierte Gruppenbegünstigungen in das Gewand eines wirtschaftspolitischen Gesetzes gekleidet, so wird aus einem wirtschaftspolitischen Mißbrauch auch ein Mißbrauch des Rechts. „Es mag paradox erscheinen, daß gerade der Rechtsstaat mit dieser Art von Mißbrauch zu rechnen hat. In dem Umfang nämlich, wie der Rechtsstaat für Maßnahmen, besonders für die des Staates, die

---

[26] F. A. v. Hayek, 1971, S. 273.

[27] Vgl. E. Heuss, 1975, S. 245 ff.

Legitimation durch entsprechende Gesetze verlangt ..., nimmt auch die Neigung zu, diese lästige rechtliche Bindung durch eine mißbräuchliche Anwendung des Rechts zu lockern."[28] Zu Recht wird deshalb gefordert, daß die zuständigen Gerichte anhand von praktikablen Kriterien (wie z. B. Erfordernis des Gesetzes, Geeignetheit und Verhältnismäßigkeit der Maßnahmen) das Gesetz daraufhin überprüfen, ob es den Zweck, für den es (angeblich) erlassen wurde, tatsächlich auch erfüllt. Eine sachgerechte Überprüfung von Gesetzen auf ihre Zielkonformität durch Gerichte gelingt jedoch nur dann, wenn entweder die Gerichte über sachkompetente Richter verfügen oder sich des Sachverstandes und der Beratung durch Wirtschaftswissenschaftler bedienen können. Sieht man einmal von der begrenzten Zahl der Fälle ab, in denen wegen der Interdependenz vielfältiger Wirkungen keine eindeutige Aussage zur Zielkonformität von wirtschaftspolitischen Maßnahmen getroffen werden kann, so läßt sich jedoch meist anhand der eingesetzten Mittel das Auseinanderklaffen von deklarierten und tatsächlich verfolgten Zielen erkennen. Erfahrungsgemäß können nämlich die wirtschaftspolitischen Instanzen, die auch über wirtschaftswissenschaftlich ausgebildete Bedienstete verfügen, ziemlich genau selbst die voraussichtlichen Wirkungen der von ihnen gewählten Instrumente erkennen. Sie wählen also in der Regel durchaus zielkonforme Mittel im Hinblick auf die tatsächlich verfolgten (häufig verteilungspolitischen) Ziele, die aber oft mit den nur vorgeschobenen (meist mit reichlich Gemeinwohl-Phrasen versehenen) „Zielen" nicht übereinstimmen.

Die Interdependenzen und Wechselwirkungen von Rechts- und Wirtschaftsordnung verlangen eine Abstimmung der Leitprinzipien beider Ordnungen, die um so leichter gelingt, je mehr gemeinsame Zweckbestimmungen bestehen. Die Hauptaufgabe des Rechtsstaates besteht darin, staatliches Handeln an Recht und Gesetz zu binden und somit den Staat an willkürlicher Ausübung von hoheitlicher Macht zu hindern. Das dadurch für alle Staatsbürger entstehende **Kollektivgut „Rechtssicherheit"** darf aber nicht dadurch erkauft werden, daß nunmehr alles und jedes gesetzlich geregelt wird. Im Gegenteil, der gemeinsame Zweck einer rechtsstaatlichen Ordnung und einer freiheitlichen Wirtschaftsordnung besteht gerade darin, möglichst große Freiheitsspielräume für alle Individuen zu schaffen und zu sichern. Dieses verlangt jedoch eine Selbstbeschränkung des Gesetzgebers auf die wirklich bedeutsamen und regelungsbedürftigen Angelegenheiten der Gesellschaft. Der vielfach zu beobachtende Mißbrauch des Rechts, ausgelöst durch Gruppenbegünstigungspolitik und sich niederschlagend in einer Flut von Branchen- und Detailgesetzen, führt zur Verfestigung von Gruppenprivilegien und unterminiert somit das Rechtsstaatsprinzip. Soll die Wirtschaftspolitik in einer marktwirtschaftlich orientierten Ordnung konform gestaltet werden, so muß dem rechtsstaatlichen Prinzip der Allgemeingültigkeit von Gesetzen Beachtung verschafft werden. Beispielsweise ließe sich die Strukturpolitik, die in der Bundesrepublik Deutschland weitgehend zu einer reinen Gruppenbegünstigungspolitik degeneriert ist, durch ein strukturpolitisches Rahmengesetz, das an Stelle der jetzigen Branchengesetze für alle Wirtschaftssubjekte gleich welchen Wirtschaftszweiges gelten müßte, auf eine rechtsstaatlich und ordnungspolitisch adäquate Basis stellen.[29]

---

[28] Ebendort, S. 245.

[29] Vgl. H.-R. Peters, 1996, S. 206 ff.

Bedeutsam für die Wirtschaftspolitik ist auch der aus dem Rechtsstaatsprinzip abgeleitete Grundsatz der **Verhältnismäßigkeit der Mittel**. Demnach dürfen beispielsweise Regulierungsmaßnahmen des Staates, welche die Betätigungsfelder von Wirtschaftssubjekten einengen oder Wirtschaftssubjekte in anderer Weise belasten, in keinem Mißverhältnis zum angestrebten Zweck stehen. Die Wirtschaftspolitiker müssen also bei unumgänglichen Eingriffen stets bemüht sein, dasjenige Mittel ausfindig zu machen und anzuwenden, das zwar die Zweckerreichung gewährleistet, aber dabei am wenigsten freiheitsbeschränkend bzw. am geringsten belastend für die betroffenen Wirtschaftssubjekte wirkt. Erfahrungsgemäß neigen die Entscheidungsträger in der Wirtschaftspolitik häufig dazu, auch dann zu eingriffsstarken Mitteln zu greifen, wenn mit weniger einschneidenden Mitteln der angestrebte Zweck erreichbar erscheint. Eine Mißachtung des Prinzips der Verhältnismäßigkeit läßt sich auch in der Subventionspolitik beobachten. Nicht zuletzt unter dem permanenten Druck von Interessengruppen und Branchenverbänden werden häufig bestimmten Berufsgruppen und Wirtschaftszweigen Dauersubventionen gewährt, obwohl sich der Zweck (z. B. Umstrukturierung der Produktionsprogramme) manchmal viel eher mit zeitlich begrenzten Strukturhilfen erreichen läßt. Bekanntlich dämpfen zeitlich unbegrenzte Strukturhilfen meist die eigenen Anstrengungen und schieben die Anpassungsbemühungen der Subventionsempfänger in die Ferne.

2.1.4 Sozialstaatliche Ordnung

Die sozialstaatliche Ordnung, die regelmäßig eine Wirtschaftsordnung ergänzt, umfaßt die Ordnungsprinzipien, Grundregeln und Institutionen der sozialen Sicherheit und des sozialen Ausgleichs. In der Sozialordnung spiegeln sich sowohl die sozialen Wertvorstellungen der Gesellschaft als auch die Sozialansprüche der Gruppen wider.

Obwohl nicht nur historische, sondern auch gegenwartsbezogene Beispiele auf die Existenz unsozialer Staatswesen hindeuten, behauptet doch fast jeder Staat der Neuzeit, er sei ein Sozialstaat. Die Nachprüfbarkeit der Berechtigung dieses Anspruches ist jedoch wegen der Unbestimmtheit des Begriffes „sozial", unter dem jeder etwas anderes verstehen kann und oft auch je nach individuellem Wertsystem versteht, problematisch. Ausgehend von der Annahme, daß **Sozialstaatlichkeit** je nach Staatsform, Gesellschafts- und Wirtschaftsordnung sowie Entwicklungsniveau des Gemeinwesens und der Wirtschaft inhaltlich anders bestimmt wird, beschränkt sich die Analyse auf einen Typus von Staat und Gesellschaft nach Muster der Bundesrepublik Deutschland. Dabei steht die Frage im Vordergrund, welche Forderungen und eventuelle Restriktionen sich aus den sozialstaatlichen Rahmenbedingungen für die Ausgestaltung der Wirtschaftspolitik in einer freiheitlichen Gesellschafts- und marktwirtschaftlich orientierten Wirtschaftsordnung ergeben.

Verfassungsrechtlich ist die Bundesrepublik Deutschland ein „sozialer" Staat, wie die Bezeichnungen „sozialer Bundesstaat" (in Art. 20 Abs. 1 GG) und „sozialer Rechtsstaat" (in Art. 28 Abs. 1 GG) zeigen. Die Frage, ob die **Sozialstaatsklausel im Grundgesetz** lediglich allgemeiner und rechtsunverbindlicher Programmsatz oder als Staatszielbestimmung mit rechtlichem Gebotscharakter zu gelten hat, ist meist zugunsten letzterer Interpretation entschieden worden. Als allgemeine Staatszielbestimmung weist die Sozialstaatsklausel dem Staat die Pflicht zu sozialem Handeln zu, wobei offen bleibt, in welcher Richtung, in welcher Weise und in welchem Umfang dieses zu geschehen hat. Aufgrund ihrer Unbestimmtheit läßt sich aus der Sozialstaatsklausel keine Verpflichtung des Staates ableiten, bestimmte soziale Maßnahmen oder konkrete soziale Reformen, die von dieser oder jener Gruppe von Staatsbürgern gefordert werden, durchzuführen. Niemand kann auch, nur gestützt auf die Sozialstaatsklausel, irgendwelche vermeintlichen Sozialleistungsansprüche einklagen. Allerdings waren die Staatsbürger der Bundesrepublik Deutschland von Anfang an nicht ohne sozialen Schutz; denn die Sozialgesetzgebung knüpfte an die lange Tradition der Sozialversicherung an. Bekanntlich führte das Deutsche Reich als erster Staat der Welt im Anschluß an die „Kaiserliche Botschaft“ von 1881, die auf Bismarcks Initiative erlassen wurde, in den Folgejahren die Sozialversicherung ein, die zunächst die Kranken-, Unfall-, Invaliditäts- und Altersversicherung umfaßte. Nach dem Ersten Weltkrieg kam die Arbeitslosenversicherung hinzu. 1995 wurde als Ergänzung der Krankenversicherung eine Pflegeversicherung eingeführt, die eine allgemeine Versicherungspflicht für jedermann begründet. Im Laufe der Zeit ist in Deutschland das soziale Netz, das außer den Zweigen der Sozialversicherung noch vielfältige andere soziale Schutzbestimmungen umfaßt, immer dichter geknüpft und zu einer Art **Vollkaskosystem** ausgebaut worden.

Die sozialstaatliche Zielsetzung bedingt in gewissem Maße soziale Umverteilungen. So ist in marktwirtschaftlich orientierten Systemen eine Einkommensumverteilung zugunsten von Menschen erforderlich, die aus bestimmten Gründen (z. B. wegen Krankheit, Invalidität oder Arbeitslosigkeit) keine Marktleistung erbringen und somit kein Markteinkommen erzielen können. Allerdings erschöpft sich die Sozialstaatlichkeit nicht nur in sozial motivierter Umverteilungspolitik, sondern trägt noch andersartigen sozialen Notwendigkeiten - wie z. B. dem Arbeits- und Gesundheitsschutz im Gewerberecht - Rechnung. Desgleichen werden heute meist betriebliche Mitbestimmungsrechte der Arbeitnehmer zum sozialstaatlichen Standard gerechnet. Der Sozialstaat will auch „soziale Gerechtigkeit verwirklichen, die zugleich eine wesentliche Komponente materieller Rechtsstaatlichkeit ist“.[30]

Hinsichtlich der Zielrichtung, Gerechtigkeit zu verwirklichen, stimmen also Rechts- und Sozialstaat überein. Dagegen können in der Realität zwischen rechtsstaatlichem Freiheitsschutz und sozialstaatlicher Gestaltung durchaus Diskrepanzen auftreten. Postuliert beispielsweise der Rechtsstaat die Gleichheit aller vor dem Gesetz, versäumt aber die Bereitstellung von Prozeßkostenhilfe für Minderbemittelte, so ist das Grundrecht der Gleichheit vor dem Gesetz für bestimmte Menschen gefährdet. Was nutzt dem Armen die garantierte Gleichheit vor dem Gesetz, wenn er die Kosten für einen Rechtsbeistand nicht bezahlen und sein Recht infolge fehlender Mittel für die Gerichtskosten nicht einklagen kann?

Ebenso wie ein Rechtsstaat eventuell die sozialstaatlichen Aufgaben schlecht oder gar nicht erfüllt, kann auch ein überzogener Sozialstaat die vom Rechtsstaat zu sichernden Freiheitsrechte der Individuen gefährden. Ufert der Sozialstaat infolge radikaler Umverteilung aus, so stranguliert er stets individuelle Entfaltungsmöglichkeiten und degradiert den Rechtsstaat letztlich zum reinen Verwaltungsstaat,

---

[30] T. Maunz, R. Zippelius, 1988, S. 96.

der die Lebenslagen seinen abhängigen Untertanen zuteilt. Umverteilung bedeutet, daß das, was dem einen gegeben, dem anderen weggenommen wird. Zudem muß die Umverteilung administrativ bewältigt werden, was behördliche Erfassung und Kontrolle der Anspruchsberechtigten voraussetzt. Dieses ist in der Regel mit Auskunfts- und Nachweispflichten, die manchmal bis tief in die Privatsphäre reichen, verbunden. Nicht selten verlangt die Behörde sogar, daß sich der Empfänger von Sozialleistungen der Hilfe „würdig" erweist, indem er beispielsweise bei der Ausbildungsförderung möglichst gute Leistungen in kurzer Regelstudienzeit zu erbringen hat. Je mehr die soziale Fürsorge des Staates, die fast immer mit administrativer Gängelung verbunden ist, ausgedehnt wird, um so stärker wächst regelmäßig auch die Belastung der Leistungserbringer und Steuerzahler mit Abgaben und Steuern. Wird die Umverteilung zu Lasten der Abgabenpflichtigen auf die Spitze getrieben, so erlahmt meistens deren Leistungswille, weil sich (Mehr-)Leistung nicht mehr lohnt. Die Folge ist, daß die steuerpflichtigen Einkommen und Erträge stagnieren oder schrumpfen. Sinkt die Umverteilungsmasse, so nehmen erfahrungsgemäß die Verteilungskämpfe auf der Ebene der Sozialpolitik zu. Jede Interessengruppe versucht, ihren sozialen Besitzstand zu halten oder noch auszudehnen, was bei verminderter Verteilungsmasse nur zu Lasten anderer Gruppen gelingt. In einer solchen Situation wird der Regierung meist von Interessentenseite, oft unterstützt von der politischen Opposition, vorgeworfen, sie betreibe bewußt soziale Demontage und mißachte soziale Errungenschaften. Nicht selten unterläßt dann die Regierung, aufgeschreckt von den schrillen Tönen und dem Vorwurf unsozialen Handelns, die notwendigen Beschränkungen der Sozialleistungsansprüche. Zur vermeintlichen Wahrung des sozialen Friedens verspricht sie manchmal neue soziale Leistungen, in der Hoffnung, diese irgendwie - und sei es durch Erhöhung der Staatsverschuldung oder von Steuern - finanzieren zu können. Eine Finanzierung sozialer konsumtiver Leistungen durch höhere Staatsschulden führt jedoch dazu, daß die Zinslast auch die Sozialbudgets schmälert. Steuererhöhungen zur Finanzierung neuer Sozialleistungen können die Leistungswilligkeit der Wirtschaftssubjekte derart mindern, daß die Steuereinnahmen des Staates sinken und somit weniger Mittel für soziale Aufgaben verfügbar sind. Soziale Gerechtigkeit ist nicht nur als Verteilungsgerechtigkeit, sondern auch als Leistungsgerechtigkeit anzustreben. Soll Leistungsgerechtigkeit geschaffen werden, so darf die Leistung nicht durch zu hohe Steuern und Abgaben quasi bestraft, sondern es muß den Leistungserbringern eine leistungsgerechte Entlohnung belassen werden.

Die sozialstaatliche Ordnung erfordert Kriterien für die Verteilung. In der Regel werden Sozialleistungen nach drei verschiedenen Grundsätzen gewährt, und zwar nach dem **Versicherungs-, Versorgungs- und Fürsorgeprinzip**. Einer marktwirtschaftlich orientierten Wirtschaftsordnung entspricht am ehesten das Versicherungsprinzip, vorausgesetzt, es kommt das Äquivalenzprinzip von (Versicherungs-)Leistung und Gegenleistung (Versicherungsbeitrag) unter Zugrundelegung des Versicherungsrisikos zur Anwendung. Bei der Sozialversicherung als dem bedeutendsten Instrument der sozialen Sicherheit kommt das Äquivalenzprinzip schon deshalb nicht voll zur Geltung, weil die Beiträge nicht von den Versicherten alleine, sondern zum Teil auch von den Arbeitgebern und aus Steuermitteln aufgebracht werden. Die **Sozialversicherung** ist eine auf den Ideen der Selbsthilfe und des kollektiven Risikoausgleichs basierende Einrichtung, welche die wirtschaftliche und soziale Lage bestimmter Bevölkerungsgruppen vor Beeinträchtigungen durch die Wechselfälle des Lebens schützen soll. Von der Privatversicherung unterscheidet sich die Sozialversicherung, die im Wege der Selbstverwaltung von öffentlich-rechtlichen Versicherungsträgern geführt wird, durch die Pflichtversicherung für einen einkommensmäßig bestimmten Personenkreis sowie bei bestimmten Sozialversicherungszweigen durch die Berücksichtigung des Familienstandes bei der Beitragsberechnung (z. B. Mitversicherung des Ehepartners und der Kinder in der Krankenversicherung). Für die soziale Sicherheit im Alter wurde die gesetzliche Rentenversicherung geschaffen, deren Renten jährlich angepaßt werden. Dabei basiert die **dynamische Rente** auf dem Gedanken der Verbundenheit zwischen den Generationen[31], wonach die jeweils arbeitende junge Generation für die Renteneinkommen der aus dem Erwerbsleben ausgeschiedenen alten Generation sorgt und dafür ein Anrecht auf ihre eigene Rentensicherstellung durch die dann folgende junge Generation erwirbt. Was aber wird aus dem Anrecht, wenn infolge sinkender Geburtenzahlen immer weniger Arbeitnehmer immer mehr Rentner versorgen müssen? Dann lassen sich Eingriffe in die erworbenen Rentenanwartschaften kaum vermeiden, was das Vertrauen der Betroffenen in die Rechts- und Sozialstaatlichkeit erschüttern kann.

Sozialleistungen nach dem Versorgungsprinzip, bei dem überhaupt keine Eigenleistung erbracht bzw. kein Beitrag gezahlt wird, passen am wenigsten in eine marktwirtschaftlich orientierte Ordnung. Die Gewährung von Versorgungsleistungen zu Lasten Dritter (in der Regel der Steuerzahler) ist nur gerechtfertigt in außergewöhnlichen Notlagen, aus denen sich die Betroffenen in keiner Weise aus eigener Kraft befreien können. Deshalb werden Fürsorgeleistungen nur dann nachrangig gewährt, wenn vorher alle eigenen oder familiären Hilfsquellen erschöpft sind. Hier kommt im Sozialstaat also das **Subsidiaritätsprinzip** zur Geltung.

Gleich welches Verteilungssystem den Sozialleistungen zugrunde gelegt wird, jedes dieser Systeme basiert in der einen oder anderen Form auf dem Gedanken der Solidarität, demzufolge der einzelne nur Schutz vor bestimmten Lebensrisiken durch solidarisches Eintreten füreinander innerhalb der Gemeinschaft finden kann. Solidarität als Grundlage der Sozialstaatlichkeit bedeutet aber nicht nur einseitige Verpflichtung der Solidargemeinschaft gegenüber dem einzelnen. Wenn schon die Solidargemeinschaft - sei es die Gemeinschaft der Steuerzahler im Staat oder die Mitglieder eines Zweiges der Sozialversicherung - soziale Bedürfnisse einzelner befriedigen, so muß auch der einzelne nach seinen Möglichkeiten einen (finanziellen) Solidarbeitrag leisten und sich mißbräuchlicher Ausnutzung bzw. Ausbeutung des Solidarvermögens enthalten.

Je nach Ordnungsvorstellung in der Sozialpolitik, die z. B. der **Eigenvorsorge oder der Kollektivversorgung** den Vorzug geben kann, ist das Netz der sozialen Sicherung unterschiedlich gestaltet und mehr oder weniger dicht geknüpft. Die staatliche Sozial- und Umverteilungspolitik, deren finanzielle Mittel letztlich aus dem erwirtschafteten Volkseinkommen bestritten werden müssen, beeinflußt das Wirtschaftsgeschehen und kann in bestimmten Fällen die Funktionsfähigkeit eines Wirtschaftssystems beeinträchtigen. Während eine maßvolle, auf die Bedürfnisse

[31] Häufig wird die Verbundenheit der Generationen mit der Bezeichnung „Generationenvertrag" umschrieben, was jedoch unsinnig ist, weil zu einem Vertrag immer mindestens zwei Vertragsschließende gehören und im vorliegenden Falle die nachkommenden Generationen überhaupt noch keine Vertragspartner sein können.

sozial Schwacher begrenzte Sozial- und Umverteilungspolitik eine Soziale Marktwirtschaft überhaupt erst möglich und funktionsfähig macht, schwächen bedürfnisunabhängige Sozialsubventionen und eine ausgeuferte Einkommensnivellierungspolitik regelmäßig den Leistungswillen und den marktwirtschaftlichen Steuerungsmechanismus. Führt die gesunkene Leistungsbereitschaft zur Verminderung der volkswirtschaftlichen Produktivität und der gesamtwirtschaftlichen Leistungsfähigkeit, so ist oft auch die Aufrechterhaltung eines weitverzweigten Sozialleistungssystems bedroht.

Das wesentliche Element der sozialstaatlichen Ordnung in der Sozialen Marktwirtschaft ist das Subsidiaritätsprinzip. Ein **Sozialstaat**, der weit über die Hilfsbedürftigkeit sozial Schwacher und zu Lasten der Leistungsfähigkeit der Gesamtwirtschaft ausgedehnt wird, **kann unsozial wirken**. Er wirkt in der Tat immer dann unsozial, wenn er das Eigeninteresse an der Risikenvermeidung mindert, den Mißbrauch sozialer Hilfen begünstigt, die Ausbeutung der Solidargemeinschaft ermöglicht und infolge fahrlässig herbeigeführter Leistungsunfähigkeit das soziale Netz auch für die wirklich Hilfsbedürftigen zerreißt.

2.1.5 Umweltschutzordnung

Produktions- und technikbedingte Umweltschäden sowie Raubbau an Naturschätzen (z. B. Abholzung der Regenwälder) fordern immer dringender effektive **Umweltschutzordnungen** sowohl in den entwickelten Industrieländern als auch in noch unterentwickelten Agrarländern. Obwohl bereits beträchtliche Umweltschäden eingetreten und noch schwerwiegende Schäden (z. B. eine nicht mehr auszuschließende weltweite Klimaänderung mit katastrophalen Folgen) drohen, breitet sich der Umweltschutz weltweit nur relativ langsam aus. Mit Sicherheit wird über das Ausmaß des jetzt bereits vorhandenen Umweltschutzes hinaus künftig eine nahezu alle Wirtschaftsbereiche umfassende Umweltschutzordnung für die Wirtschaftspolitik wesentliche Bedeutung erlangen. Schon jetzt kann und muß die Wirtschaftspolitik ihrerseits durch stärkere Berücksichtigung ökologischer Erfordernisse bei wirtschaftspolitischen Maßnahmen und mit spezifisch umweltpolitischen Aktivitäten zum Umweltschutz beitragen. Zur Entwicklung adäquater Umweltschutzstrategien bedarf es zunächst der Ursachenanalyse.

Es lassen sich hauptsächlich vier Arten von **Ursachen** für die Entstehung von Umweltschäden feststellen:

- **produktionsbedingte Ursachen**
- **wachstums- und agglomerationsbedingte Ursachen**
- **informationsmangel- und umweltmoralbedingte Ursachen**
- **kostenrechnungsbedingte Ursachen** (basierend auf externen Effekten und Problemen der social costs).

Meist sind die Umweltschäden der Art nach technikbegleitend, dem Umfang nach entwicklungsniveauabhängig und der Intensität nach raumbedingt. Dagegen läßt sich die umstrittene Frage, ob und inwieweit Umweltschäden wirtschaftssystembedingt sind, nicht global beantworten. Fest steht jedoch, daß keine Volkswirtschaft vor Umweltschäden, die aus Unvollkommenheiten des jeweiligen gesamtwirtschaftlichen Steuerungssystems - wie z. B. mangelnde Internalisierung von Umweltschutzkosten in die Wirtschaftsrechnungen der Einzelwirtschaften oder fehlinformationsbedingte zentrale Umweltplanung - herrühren, gefeit ist.

Erfahrungsgemäß sind die Wirtschaftssubjekte bestrebt, ihre Eigeninteressen bestmöglich zu verwirklichen, und sei es gelegentlich auch auf Kosten anderer Wirtschaftssubjekte oder der Allgemeinheit. Kostenrechnungsbedingte Umweltschäden treten auf, wenn das Verursacherprinzip bei der Kostenanlastung im Umweltschutz nicht durchgesetzt wird. Es besteht dann die Gefahr, daß die Wirtschaftssubjekte aus Gründen der Gewinn- und Nutzenmaximierung Umweltschutzerfordernisse mißachten und Kosten zur Beseitigung von Umweltschäden auf die Allgemeinheit abwälzen. Gelingt es bestimmten Wirtschaftssubjekten, sich der Internalisierung von Umweltschutzkosten in ihre Kosten- und Wirtschaftsrechnung zu entziehen, so werden wegen der verfälschten Wettbewerbsbedingungen die Produktionsfaktoren in der Volkswirtschaft fehlgesteuert. Diejenigen Produktionen, denen ihre verursachten Umweltschutzkosten nicht oder nicht voll angelastet werden, binden in leistungsmäßig nicht gerechtfertigter Weise zu viele Produktionskräfte. Es besteht die Gefahr, daß die Branchenstruktur der Volkswirtschaft infolge einer überproportionalen Ausdehnung dieser umweltschutzmäßig subventionierten Wirtschaftszweige verzerrt wird. Auch können sich ökonomische Monostrukturen (z. B. Eisen- und Stahlindustrie, Steinkohlenbergbau oder chemische Industrie) in Problemregionen verfestigen, wenn der dominierende Wirtschaftszweig die Kosten für die Beseitigung von produktionsbedingten Umweltschäden auf die Allgemeinheit (Steuerzahler, Staatshaushalt) abwälzen kann.

Das zentrale ordnungspolitische Anliegen besteht darin, möglichst solche funktionsfähigen Steuerungsmittel zu installieren, die aus Eigeninteresse der Wirtschaftssubjekte keine oder möglichst wenig produktions- und konsumbedingte Umweltschäden entstehen lassen und einen eventuell nicht zurechenbaren Rest an sozialen Kosten des Umweltschutzes minimieren. Das wichtigste ordnungspolitische Mittel des Umweltschutzes ist die **Internalisierung der Umweltschutzkosten** in die Wirtschaftsrechnungen der ökonomischen Entscheidungsträger. Sicherlich werden die Wirtschaftssubjekte knappe Umweltgüter um so sparsamer einsetzen und um so pfleglicher behandeln, je mehr Aufwendungen für die Umweltgüternutzung sowie die Verhütung, Verminderung oder Beseitigung von Umweltschäden sie selbst tragen müssen.

Allerdings ist die Erfassung und Quantifizierung von Umweltbelastungen und -schäden schwierig, weil es teilweise noch keine exakten wissenschaftlichen Analyse- und Meßverfahren sowie Bewertungskriterien gibt und gelegentlich die Schadenverursacher nicht ermittelt werden können. Wegen der Erfassungs- und Zurechnungsprobleme wird es immer einen Rest von Umweltschutzkosten geben, der von der Allgemeinheit als **soziale Kosten** getragen werden muß. Mit Hilfe einer Besteuerung umweltbelastender Produktionen und Verhaltensweisen kann sowohl die Funktionsfähigkeit des Preissystems, die durch Externalitäten gefährdet ist, verbessert als auch dem **Verursacherprinzip** bei der Kostenanlastung im Umweltschutz Rechnung getragen werden. Theoretisch ist eine Internalisierung von Umweltschutzkosten auch durch die Ausgabe von Umweltbelastungszertifikaten und deren Vermarktung möglich. Danach hätte der Staat Grenzen zu bestimmen, bis zu denen beispielsweise Verschmutzungen der Umweltgüter Luft und Wasser hingenommen werden können und sollen. Sodann bekämen alle Wirtschaftssubjekte im Rahmen der zulässigen Gesamtbelastung anteilig verbriefte Verschmutzungsrechte, die an Börsen gehandelt werden könnten. Eine Verwirklichung würde jedoch voraussichtlich sozialschädlich wirken. Es besteht nämlich die Gefahr, daß die sozial schwächeren Schichten durch akute Notstände veranlaßt werden, ihre Umweltbelastungszertifikate restlos zu verkaufen. Eine völlige Vermarktung von Umweltverschmutzungsrechten könnte nach einiger Zeit zu einem stark ungleichen Besitz von Umweltbelastungszertifikaten und damit eventuell zur ausschließlichen Benutzung bestimmter umweltbelastender und zertifikatspflichtiger Gebrauchsgüter, wie z. B. Autos oder Heizungsanlagen, durch zahlungskräftige Bevölkerungsschichten führen.

Umweltschutz kann sich nicht damit begnügen, nur die ordnungspolitischen Rahmenbedingungen umweltfreundlich zu gestalten und ansonsten sich darauf zu verlassen, daß die Wirtschaftssubjekte aus eigenem Antrieb die Belange des Umweltschutzes beachten. Ein einziger allgemeingültiger Ordnungsmechanismus, der in Form von Belohnungen oder Sanktionen in jedem Fall zuverlässig für umweltfreundliche Handlungen sorgt, existiert nicht. Die Umweltschutzpolitik kommt um spezifische Daten- und Normenfestsetzung für bestimmte umweltbelastende Produktionszweige und Handlungen ebensowenig wie um mittelbar umweltbeeinflussende und unmittelbar umweltgestaltende Eingriffe in die Wirtschafts- und Siedlungsstruktur herum. Umweltschutzpolitik geht also über die Ordnungspolitik hinaus. Besonders die Strukturpolitik als sektorale und regionale Wirtschaftspolitik sowie die Infrastrukturpolitik müssen bei ihren Maßnahmen jeweils die Umweltschutzaspekte berücksichtigen. Dementsprechend ist die Mehrzahl der detaillierten Umweltschutzziele im mesoökonomischen Bereich der Strukturpolitik angesiedelt.

Effektiver Umweltschutz bedarf operationaler Ziele, die klar definierte Zielgegenstände sowie den anzustrebenden Bewahrungszustand der Umwelt oder die gewünschte Veränderungsrichtung und den Veränderungsgrad bestimmter Umwelteinflüsse markieren. Die Operationalisierung derartiger Umweltschutzziele verlangt in der Regel quantifizierte Zielmarkierungen. Je nach angestrebtem Umweltschutzgrad lassen sich die Detailziele in schadenverhütende (schadenvorbeugende), schadenbeseitigende und schadenmindernde Umweltschutzziele einteilen. Ein schadenvorbeugendes Umweltschutzziel kann beispielsweise darin bestehen, die von ortsfesten Anlagen bestimmter Industrien ausgehenden Emissionen (wie Rauch, Staub, Gase, Dämpfe) in Agglomerations-Räumen auf ein bestimmtes Maß zu begrenzen, um schädlichen Immissionen, die als Smog, Schmutz oder üble Gerüche aus der Atmosphäre quasi herabregnen, vorzubeugen. Bei bereits eingetretenen Umweltschäden kann es das Ziel sein, den Schaden völlig zu beseitigen (schadenbeseitigendes Umweltschutzziel), und zwar durch einmalige oder stufenweise Beseitigungsmaßnahmen. Um Flüsse und Seen vor industriellen und kommunalen Abwässern zu befreien, werden manchmal Zwischenziele in Form von fortschreitenden Reduzierungen der Einleitungsmengen festgelegt. In Fällen, in denen sich ein Umweltschaden nicht mehr oder nur mit unverhältnismäßig hohen Aufwendungen völlig beseitigen läßt, wird zumeist das Ziel in Form eines Schadenminderungsgrades festgelegt.

Unentbehrliche Instrumente des Umweltschutzes sind **Umweltschutznormen** für die Herstellung und Verwendung umweltbelastender Güter (z. B. Pflanzenschutz- und Schädlingsbekämpfungsmittel) sowie für die Bauart und den Betrieb emissionsreicher ortsfester Anlagen und Verkehrsmittel. Allerdings genügt es nicht, umweltfreundliche Produktherstellungs-, Produktverwendungs-, Anlagenbauart- und Anlagenbetriebsnormen festzusetzen, sondern es muß auch deren **Einhaltung kontrolliert werden**. Zudem kann die Förderung von Forschung und technischer Entwicklung dazu beitragen, daß neuartige und umweltfreundliche Technologien geschaffen oder schneller anwendungsreif werden. Hierdurch können Verfahren entwickelt werden, die eine Rückführung von Abfallprodukten in den Produktionskreislauf (Recycling), eine produktionstechnisch bessere Ausnutzung und Einsparung umweltbelastender Rohstoffe oder eine Verminderung von Abfällen und Emissionen herbeiführen.

Umweltpolitik beinhaltet also nicht nur Normen und Maßnahmen, die der Wirtschaftspolitik vorgegeben bzw. vorgeschrieben sind, sondern **umweltfreundliche Wirtschaftspolitik** selbst ist ein wesentlicher Teil der Umweltschutzpolitik.

2.2 Ökonomische Grundordnung

2.2.1 Wirtschaftsverfassung

Nicht nur das friedliche Zusammenleben der Menschen, sondern auch ihre wirtschaftlichen Beziehungen und Handlungen verlangen bestimmte Rechtsnormen, die vor allem verhindern, daß sich die persönliche und wirtschaftliche Entfaltung des einzelnen zu Lasten anderer vollzieht. Mit der Ende des 18. Jahrhunderts entstandenen Rechtsstaatsidee und Verfassungsbewegung, welche die Staatstätigkeit an das Recht binden und den Staatsbürgern bestimmte Grundrechte garantieren wollen, rücken auch das Verhältnis der Wirtschaftssubjekte zum Staat und die Schaffung ökonomischer Freiheitsrechte in das Blickfeld. Da das politische und das ökonomische System vielfach verzahnt sind, werden in die politischen Verfassungen oft auch wirtschaftsrechtliche Bestimmungen aufgenommen, die bei Verdichtung zu ordnungspolitischen Prinzipien gelegentlich eine komplette Wirtschaftsverfassung ergeben. Wirtschaftsverfassungen spiegeln in der Regel das jeweils angestrebte Wirtschaftssystem wider. Jedoch kann selbst bei politischen Verfassungen, die keine ausformulierte Wirtschaftsverfassung enthalten, manchmal aus dem Charakter der Gesamtverfassung und vornehmlich den garantierten Grundrechten die gewollte Prägung von Wirtschaftssystemen ersichtlich werden.

Zur **Wirtschaftsverfassung** gehören aber nicht nur die wirtschaftsrelevanten Bestimmungen und Prinzipien der politischen Verfassung, sondern auch jene bedeutenden Rechtsnormen, die wirtschaftsordnungspolitischen Grundgesetzcharakter haben. So wird beispielsweise in der Bundesrepublik Deutschland das Gesetz gegen Wettbewerbsbeschränkungen oft als Grundgesetz der Marktwirtschaft oder gelegentlich als Magna Charta des mikroökonomischen Bereichs bezeichnet. Zudem kann das Gesetz zur Förderung der Stabilität und des Wachstums der Wirtschaft als Grundgesetz des makroökonomischen Bereichs gelten. Würde ferner der Gesetzgeber ein Rahmengesetz zur Strukturpolitik - wie vom Verfasser vorgeschlagen[32] - erlassen, so könnte es als strukturpolitisches Grundgesetz für den mesoökonomischen Bereich wirken.

Als Ergänzung zur geschriebenen Verfassung und eventuell davon abgeleiteter Prinzipien der Wirtschaftsverfassung sind manchmal höchstrichterliche Urteile ordnungspolitisch bedeutsam. Als Beispiel kann hier die Kartellentscheidung des Reichsgerichts vom 4. Februar 1897 gelten, in der das damals höchste deutsche Gericht Kartelle unter bestimmten Bedingungen für zulässig erklärte.[33] Die seinerzeitige höchstrichterliche Entscheidung zugunsten einer weitgehenden Kartellierung verformte die freiheitliche Wirtschaftsverfassung, indem sie der ökonomischen Vermachtung den Weg ebnete und somit zur Zerstörung einer wettbewerbsorientierten Marktwirtschaft beitrug.[34] Gleichzeitig wurden auch die Grundrechte ausgehöhlt. Was nutzte dem selbständigen Gewerbetreibenden oder dem potentiellen Unternehmer die Gewerbefreiheit und das Recht der freien Entfaltung, wenn er an der Ausübung seines Gewerbes oder am Marktzugang durch Sperren und andere Kampfmaßnahmen von Kartellen gehindert wurde? Eine ursprünglich freiheitlich orientierte Wirtschaftsverfassung, welche allen Bürgern bestimmte Freiheitsrechte garantierte, ist also durch die Zulassung von Kartellen und deren wettbewerbsbeschränkenden Praktiken zu einer Rechtsordnung mit freiheitsbeschränkenden Zügen geworden.

Zusammenfassend auf eine Kurzformel gebracht, läßt sich der Bereich der Wirtschaftsverfassung wie folgt eingrenzen: Die **Wirtschaftsverfassung** ist derjenige Teil der Rechtsordnung, der die wirtschaftsrelevanten Verfassungsbestimmungen und andere, für die Wirtschaftsordnung und den gesamten Wirtschaftsprozeß gleich bedeutsame Gesetze und Rechtsetzungen umfaßt. Damit wird klargestellt, daß zur Wirtschaftsordnung nicht das gesamte Wirtschaftsrecht in all seinen Details, sondern nur das die Wirtschaftsordnung und den gesamten Wirtschaftsprozeß wesentlich formende Recht gehört. Inhaltlich sind Wirtschaftsverfassungen meist konglomerate Gebilde, die ein mehr oder weniger buntes Gemisch von Ordnungserfordernissen im Zeitpunkt der Verfassungsschaffung widerspiegeln. Nur selten enthalten die Verfassungen ein eindeutiges Ordnungsleitbild, das in all seinen ökonomischen Komponenten widerspruchsfrei ist. Zudem können im Laufe der Zeit schwerwiegende Veränderungen in den Lebens- und Arbeitsverhältnissen sowie beträchtliche Diskrepanzen zwischen Wirtschaftsverfassung und Verfassungswirklichkeit auftreten, die Änderungen, Ergänzungen oder Uminterpretationen bestimmter wirtschaftsrelevanter Verfassungsbestimmungen notwendig machen. Demnach ist eine Wirtschaftsverfassung in der Regel kein staatliches Normengebilde von Ewigkeitswert, sondern vielmehr ein dynamisches Normengeflecht infolge evolutionärer Entwicklung.

---

[32] Vgl. H.-R. Peters, 1996, S. 206 ff.

[33] Vgl. Reichsgericht, 1897, S. 158 ff.

[34] Die vom Reichsgericht gezogene Grenze für eine Kartellbeanstandung, die erst beim offensichtlichen Anstreben einer Monopolsituation und bei einer wucherischen Ausbeutung der Konsumenten gesehen wurde, war so weit hinausgeschoben, daß sie einen nahezu unbeschränkten Spielraum für Kartellbildungen aller Art ließ. Für Kartelle war es nämlich leicht, durch faktische oder auch nur scheinbare Selbständigkeit eines Außenseiters oder mehrerer bedeutungsloser Mitkonkurrenten nach außen hin die Monopolsituation zu vermeiden und sich dem Verdacht der wucherischen Konsumentenausbeutung damit zu entziehen.

In der Regel stehen Wirtschaftsverfassung und Wirtschaftssystem in enger Wechselbeziehung, indem die Wirtschaftsverfassung die Prägung des Wirtschaftssystems beeinflußt und das Wirtschaftssystem die Wirtschaftsverfassung gleichsam vorprogrammiert. So bedürfen die Wirtschaftssubjekte in marktwirtschaftlich orientierten Wirtschaftssystemen stets eines relativ großen Freiheitsspielraums, der von der Wirtschaftsverfassung zu garantieren und zu schützen ist. Umgekehrt lassen sich bestimmte Freiheitsrechte der Verfassung (z. B. die Berufsfreiheit) meist nur in einem marktwirtschaftlich orientierten Wirtschaftssystem verwirklichen.

Die Frage, ob sich das **Grundgesetz der Bundesrepublik Deutschland** für ein bestimmtes Wirtschaftssystem entschieden hat oder ob es sich neutral gegenüber möglichen Wirtschaftssystemformen verhält, hat verfassungsrechtliche Kontroversen ausgelöst. Es wird die Ansicht vertreten, das Grundgesetz (GG) enthalte keine Wirtschaftsverfassung und basiere auf dem **Gedanken der wirtschaftspolitischen Neutralität**. So führt Krüger aus: „Wenn das GG die Festlegung auf ein wirtschaftspolitisches System bewußt abgelehnt hat, dann hat das GG es damit der Gesetzgebung und der Regierung überhaupt verwehrt, Wirtschaftspolitik als Verwirklichung eines wirtschaftstheoretischen Systems zu verstehen, und beide darauf beschränkt, Wirtschaftspolitik unter wirtschaftstheoretisch wertneutralen Gesichtspunkten zu treiben, also etwa zur Sicherung der staatlichen Existenz, zur Abwehr von Gefahren von der Allgemeinheit und zur undogmatischen Förderung der öffentlichen Wohlfahrt.“[35] Demgegenüber vertritt Nipperdey die Auffassung, daß das Grundgesetz einerseits aufgrund der Freiheitspostulate der Grundrechte und andererseits mit der Sozialstaatsklausel die Soziale Marktwirtschaft garantiert. Er stellt fest: „Dem freiheitlichen, sozialen Rechtsstaat entspricht notwendig und allein die soziale Marktwirtschaft. Sie ist institutionell garantiert. Das Grundgesetz bekennt sich somit zu einer wirtschaftsverfassungsrechtlichen Ordnung, die die Planwirtschaft (Zentralverwaltungswirtschaft) und die völlig freie Marktwirtschaft (ökonomischer Liberalismus), aber zugleich auch die wirtschaftspolitische Neutralität ausschließt.“[36]

Das Bundesverfassungsgericht vertritt keine der beiden konträren Rechtspositionen, wie am sogenannten Investitionshilfe-Urteil deutlich wird: „Das Grundgesetz garantiert weder die wirtschaftspolitische Neutralität der Regierungs- und Gesetzgebungsgewalt noch eine nur mit marktkonformen Mitteln zu steuernde ‚soziale Marktwirtschaft'. Die ‚wirtschaftspolitische Neutralität' des Grundgesetzes besteht lediglich darin, daß sich der Verfassungsgeber nicht ausdrücklich für ein bestimmtes Wirtschaftssystem entschieden hat. Dies ermöglicht dem Gesetzgeber, die ihm jeweils sachgemäß erscheinende Wirtschaftspolitik zu verfolgen, sofern er dabei das Grundgesetz beachtet. Die gegenwärtige Wirtschafts- und Sozialordnung ist zwar eine nach dem Grundgesetz mögliche Ordnung, keineswegs aber die allein mögliche.“[37] Folgt man der Verfassungsauslegung durch das Bundesverfassungsgericht, so hat die Wirtschaftspolitik eine **weitgehende Gestaltungsfreiheit**, die allerdings ihre Grenzen im Grundgesetz und hier vor allem in den Grundrechten findet.

---

[35] H. Krüger, 1951, S. 363.

[36] H.-C. Nipperdey, 1965, S. 64.

[37] Bundesverfassungsgericht, 1956, S. 17 f.

Nach allgemeiner Auffassung schließt das Grundgesetz eine zentralgeleitete Planwirtschaft sozialistischer Prägung aus, weil der Zwangscharakter eines solchen Wirtschaftssystems den Freiheitsgehalt von Grundrechten gefährden oder auslöschen würde. So bestände beispielsweise hinsichtlich der nach Art. 12 GG garantierten Freiheiten die Gefahr der Verletzung des Rechts der freien Berufs-, Arbeitsplatz- und Ausbildungsstättenwahl sowie des Verbots der Zwangsarbeit und des Verbots des Zwangs zu bestimmter Arbeit. Zudem wären die Eigentumsgarantien gemäß Art. 14 GG gefährdet, weil eine zentralgeleitete Planwirtschaft ohne Verstaatlichung bzw. Sozialisierung der Produktionsmittel nicht funktionsfähig ist. Zwar enthält Art. 14 Abs. 3 GG die Möglichkeit einer Enteignung, die aber nur zum Wohle der Allgemeinheit zulässig ist und in jedem Fall eine Entschädigungspflicht begründet. Damit wird jedoch eine Sozialisierung aller Produktionsmittel ausgeschlossen und die mögliche Enteignung auf Einzelfälle begrenzt; denn der Staat ist schon finanziell gar nicht in der Lage, das gesamte private Produktivvermögen entschädigungspflichtig zu enteignen.

Einen neuen Anstoß erhielt die wirtschaftsverfassungsrechtliche Diskussion 1967 mit der Neufassung des Artikels 109 GG. Danach haben Bund und Länder bei ihrer Haushaltswirtschaft den Erfordernissen des gesamtwirtschaftlichen Gleichgewichts Rechnung zu tragen. Zudem können durch Bundesgesetz für Bund und Länder gemeinsam geltende Grundsätze für das Haushaltsrecht, für eine konjunkturgerechte Haushaltswirtschaft und für eine mehrjährige Finanzplanung aufgestellt werden. Ferner können zur Abwehr einer Störung des gesamtwirtschaftlichen Gleichgewichts gesetzliche Vorschriften erlassen werden, und zwar über Höchstbeträge und Bedingungen der Kreditaufnahme durch die Gebietskörperschaften sowie über eine Verpflichtung von Bund und Ländern zur Unterhaltung von Konjunkturausgleichsrücklagen (d. h. unverzinslichen Guthaben) bei der Deutschen Bundesbank. Im Gesetz zur Förderung der Stabilität und des Wachstums der Wirtschaft vom 8. Juni 1967 wurden sodann die Zielsetzungen konkretisiert. Darin wurde in § 1 festgelegt: „Bund und Länder haben bei ihren wirtschafts- und finanzpolitischen Maßnahmen die Erfordernisse des gesamtwirtschaftlichen Gleichgewichts zu beachten. Die Maßnahmen sind so zu treffen, daß sie im Rahmen der marktwirtschaftlichen Ordnung gleichzeitig zur Stabilität des Preisniveaus, zu einem hohen Beschäftigungsstand und außenwirtschaftlichem Gleichgewicht bei stetigem und angemessenem Wirtschaftswachstum beitragen.“ Mit dem Verfassungsauftrag, das gesamtwirtschaftliche Gleichgewicht zu sichern, und mit der Konkretisierung von Zielen und Instrumenten zu diesem Zweck im Stabilitäts- und Wachstumsgesetz, hat nunmehr die Wirtschaftsverfassung auf einem wesentlichen Gebiet - nämlich dem der Konjunkturpolitik - eine konkrete Ausformung erfahren. Zweifellos zählen also zur Wirtschaftsverfassung der Bundesrepublik Deutschland die marktwirtschaftlichen Elemente im Grundgesetz (insbesondere die Wirtschaftsfreiheiten in den Artikeln 12 und 14) sowie das Gesetz gegen Wettbewerbsbeschränkungen und die Bestimmungen über die Globalsteuerung im Stabilitäts- und Wachstumsgesetz. Nach der gegenwärtigen Wirtschaftsverfassung müßte demnach in der Bundesrepublik Deutschland eine „Wettbewerbs- und globalgesteuerte Marktwirtschaft“ entstanden sein. **Wirtschaftsverfassung** und **Verfassungswirklichkeit** klaffen jedoch manchmal auseinander, was sich im vorliegenden Fall zeigt. So wird die Wettbewerbssteuerung in Deutschland durch zahlreiche staatlich sanktionierte Wettbewerbsbeschränkungen im Rahmen der Regulierungspolitik beeinträchtigt und eine konjunkturelle Globalsteuerung wegen zielinkonformer Zielwirkungen faktisch seit Ende der 80er Jahre kaum noch betrieben. Statt dessen hat sich im Rahmen eines entstandenen Wohlfahrtsstaates in der Bundesrepublik Deutschland das Wirtschaftssystem zu einer vorwiegend „Verteilungsgesteuerten Marktwirtschaft" entwickelt.

2.2.2 Wirtschaftsordnung

Arbeiten in Gemeinschaften und wirtschaften in arbeitsteiligen Volkswirtschaften erfordern ein Mindestmaß an Ordnung. Ordnende Elemente innerhalb von Gesellschaften und Volkswirtschaften sind beispielsweise Tradition, Sitten, Regeln, Gesetze und Organisationen. Die **Wirtschaftsordnung** umfaßt alle institutionellen, rechtlichen und morphologischen Ordnungselemente, welche die ökonomischen Beziehungen der Menschen in einer Volkswirtschaft oder einem weitergefaßten Wirtschaftsraum regeln. Da die Ordnungselemente in der Regel vielfältigen und unterschiedlichen Zwecken dienen, besteht das Ordnungsgefüge oft aus einem Konglomerat von teils miteinander harmonierenden und teils disharmonierenden Elementen. Die Begriffe Wirtschaftsordnung und Wirtschaftssystem, die manchmal als sinnverwandte oder identische Termini verwendet werden, beinhalten also umfangmäßig und strukturell unterschiedliche Analyseobjekte. Die Wirtschaftsordnung ist umfassender, weil sie sowohl die systemprägenden und -steuernden Elemente des Wirtschaftsgeschehens, nämlich das Wirtschaftssystem, als auch die sonstige Vielfalt ordnender, regelnder und beeinflussender Praktiken der Wirtschaftspolitik mit oft widersprüchlicher Zielsetzung und gegenläufiger ökonomischer Wirkung beinhaltet. Während jedes Wirtschaftssystem mittels seines gesamtwirtschaftlichen Planungs- und Koordinierungssystems das Wirtschaftsgeschehen in systembedingte Bahnen lenkt, entfalten weitverzweigte Wirtschaftsordnungen mit ihren meist vielfältigen und oft widersprüchlichen Elementen diffuse Wirkungen. Häufig sind Wirtschaftsordnungen weniger eine Folge ökonomisch zweckrationaler Erwägungen als vielmehr Ergebnis politischer Kompromisse.

Manchmal ist versucht worden, eine komplexe Wirtschaftsordnung zumindest in ihrem Kern durch eine **programmatische Kurzformel** zu charakterisieren. So hat sich beispielsweise für die Wirtschaftsordnung der Bundesrepublik Deutschland der Begriff **„Soziale Marktwirtschaft"** durchgesetzt und auch gegenüber Veränderungen im Ordnungsgefüge als beständig erwiesen. Da der Begriff keineswegs eindeutig und deshalb interpretationsbedürftig ist, kann sehr Verschiedenes unter „Sozialer Marktwirtschaft" verstanden werden. Gemäß **neoliberaler Interpretation** entfaltet eine funktionsfähige Marktwirtschaft im Rahmen einer Wettbewerbsordnung aus sich selbst heraus soziale Wirkungen, so daß sie eigentlich nicht des ergänzenden Wortes „sozial" bedarf. Wird sie dennoch als „Soziale Marktwirtschaft" bezeichnet, so handelt es sich um einen **pleonastischen Begriff**, in dem das überflüssige Wort „sozial" lediglich ein schmückendes Beiwort darstellt. In der Bundesrepublik Deutschland haben manche Liberale den populären Begriff „Soziale Marktwirtschaft" nur deshalb hingenommen, weil er die **Akzeptanz** einer marktwirtschaftlichen Wirtschaftsordnung auch bei jenen breiten Bevölkerungsschichten erhöhte, die nach dem Ende des Zweiten Weltkrieges eine Rückkehr des

„Kapitalismus" befürchteten. Nach einer anderen Interpretation der Sozialen Marktwirtschaft, die mehr der **christlichen Soziallehre** entspricht, entwickelt die Marktwirtschaft unsoziale Verteilungswirkungen und muß deshalb erst durch sozialpolitische Umverteilung sozial gemacht werden. Für **Alfred Müller-Armack**, der als Schöpfer des Begriffes „Soziale Marktwirtschaft" gilt, ist diese Wirtschaftsordnung ein Ordnungsgefüge, das die Freiheit auf den Märkten mit dem sozialen Ausgleich verbindet. Er sieht in der Leistungsfähigkeit einer wettbewerbsgesteuerten Marktwirtschaft vor allem die Basis für eine weitreichende Umverteilung unter sozialen Gesichtspunkten. **Ludwig Erhard**, der nach der Währungsreform von 1948 im wesentlichen die marktwirtschaftlichen Ordnungselemente durchsetzte, betrachtet dagegen die „Soziale Marktwirtschaft" nicht primär als Umverteilungsagentur. Er sieht die soziale Großtat einer wettbewerblich gesteuerten Marktwirtschaft vor allem in den Möglichkeiten, Anbietermacht zu begrenzen, die Marktpreise in Schach zu halten und dadurch die materiellen Voraussetzungen für den „Wohlstand für alle" zu schaffen.[38]

Obwohl Ludwig Erhard befürchtete, daß die Bezeichnung „Soziale Marktwirtschaft", in der das Adjektiv „sozial" groß geschrieben wird, als Aufforderung zur unbegrenzten Ausdehnung des Sozialen mißverstanden werden und zur Aushöhlung der Marktwirtschaft führen kann, übernahm er den schnell populär gewordenen Begriff für die von ihm präferierte Wirtschaftsordnung, die faktisch mehr der Wettbewerbsgesteuerten Marktwirtschaft ordoliberaler Prägung als der von Müller-Armack konzipierten „Sozialen Marktwirtschaft" entsprach. In der Tat löste in der Gründungsphase der Bundesrepublik Deutschland die Installierung der markt- und wettbewerblichen Steuerungselemente einen Motivationsschub zur Leistung aus, der in relativ kurzer Zeit dazu führte, daß die meisten Güterknappheiten beseitigt, Investitionsmittel für neue Arbeitsplätze erwirtschaftet sowie die Arbeitseinkommen und der Lebensstandard breiter Bevölkerungsschichten angehoben wurden. Der schnelle Wiederaufbau der Volkswirtschaft nach dem totalen Zusammenbruch am Ende des Zweiten Weltkrieges, der weithin als **deutsches Wirtschaftswunder** bezeichnet worden ist, wurde von der Bevölkerung im wesentlichen auf die neue - allgemein als „Soziale Marktwirtschaft" bezeichnete - Wirtschaftsordnung zurückgeführt. Der hohe Akzeptanzgrad der „Sozialen Marktwirtschaft" verminderte sich erst, als infolge ständig wachsender Sozialleistungsansprüche und damit verbundener steigender Sozialkosten sowie Steuererhöhungen die Leistungsfähigkeit der Marktwirtschaft beträchtlich schrumpfte und das wohlfahrtsstaatlich ausgedehnte Sozialsystem kaum noch finanzierbar wurde.

Häufig wird hinsichtlich der Wirtschaftsordnung der Sozialen Marktwirtschaft moniert, daß der **werturteilsträchtige soziale Programmteil**, der politisch ständigen Veränderungen ausgesetzt ist, kaum richtungweisend wirken kann. Zudem entfacht der Staat, weil er im Zeichen der Sozialen Marktwirtschaft **nicht nur Ordnungsinstanz, sondern auch Umverteilungsagentur** sein will, Verteilungskonflikte auf dem Sektor der Sozialleistungen, die häufig nach dem Gesetz der Stärke entschieden werden. Die Sozialkonflikte gefährden auch die gesellschaftliche Friedensordnung, die sich bei fairem Markttausch im Rahmen der Wettbewerbsordnung regelmäßig bildet. Mit seiner Umverteilungspolitik, die eigentlich dem sozialen Frieden dienen sollte, heizt nämlich der Staat die Inflation der Ansprüche und

---

[38] Vgl. L. Erhard, 1957.

den Verteilungskampf um Sozialleistungen geradezu an. Als **Umverteilungsstaat** verliert der Staat seinen Charakter als schiedsrichterliche und ordnende Potenz, da er jetzt als gruppenbegünstigende und -belastende Instanz in Erscheinung tritt und zum Objekt von Verteilungskämpfen wird. Zudem bietet die staatliche Redistributionspolitik, die maßgeblich von den jeweils Regierenden auch nach wahltaktischen Überlegungen gestaltet wird, keine Gewähr für vorrangige Beachtung von Gesichtspunkten sozialer Gerechtigkeit. Da alle politischen Parteien aus Gründen der Wählerstimmenmaximierung bestrebt sind, möglichst vielen Gruppen und potentiellen Wählern zu Sozialleistungen zu verhelfen, sind die Sozialleistungsansprüche - was vorauszusehen war - enorm angewachsen. Eine ausgedehnte Umverteilungspolitik kann jedoch die marktwirtschaftliche Funktion der Leistungsstimulierung empfindlich beeinträchtigen; wenn nämlich fast jeder seine materielle Lebenslage auf Kosten anderer verbessern kann, erlahmt erfahrungsgemäß oft der Leistungswille und manchmal führen allzu großzügige Unterstützungen sogar zur völligen Leistungsverweigerung. Überbetonungen und damit Fehlinterpretationen der sozialen Komponente im vagen Konzept der Sozialen Marktwirtschaft haben den Weg in den interventionistischen Verteilungs- und Wohlfahrtsstaat beschleunigt.

Manchmal wird gefordert, den Begriff „sozial“, der im ursprünglichen Sinn lediglich „die Gemeinschaft bzw. die Gesellschaft betreffend“ bedeutet, zu definieren und zu entmystifizieren; denn nicht alles, was im Namen des Sozialen geschieht, dient der Lösung gesellschaftlicher Probleme zum Wohl aller. Häufig verbirgt sich nämlich in der Praxis unter dem Deckmantel des Sozialen eine **Umverteilungspolitik** zugunsten partikularer **Gruppeninteressen** und zu Lasten der **Gesellschaft**, deren Notwendigkeit und Berechtigung zumindest zweifelhaft sind. Es gilt also zunächst, diejenigen Tatbestände, die sozialpolitisches Handeln zwingend erfordern, eindeutig zu bestimmen und sodann ordnungspolitisch adäquate Instrumente für die Zielerreichung ausfindig zu machen. Dieses setzt die Prüfung voraus, ob und inwieweit **Möglichkeiten der Selbsthilfe** bestehen und ausgeschöpft werden. So ist beispielsweise eine Zwangsversicherung gegen bestimmte Lebensrisiken für jedermann bei staatlich sanktionierten Versicherungsmonopolen nicht notwendig und ordnungspolitisch nicht berechtigt, wenn sich der Versicherungszweck ebensogut durch freiwillige Versicherungsverträge der Individuen mit privaten Versicherungsunternehmen erreichen läßt. Falls der Staat seinen mündigen Bürgern mißtraut, daß sie aus eigenem Antrieb für eventuelle Lebensrisiken vorsorgen, sollte er zwar die **Pflicht zur Versicherung** verordnen, aber die Wahl des Versicherungsunternehmens freistellen. Damit würde auch erreicht, daß der Versicherte seine Vorsorgekosten selbst trägt und im Falle des Risikoeintritts nicht dem Staat oder der Gesellschaft zur Last fällt. Sozialpolitisch gerechtfertigt wären allerdings staatliche Versicherungszuschüsse für einkommensschwache Individuen. Im Zuge der Entwicklung einer ordnungskonformen Sozialpolitik wäre zu prüfen, ob eventuell die Absicherung gegen einige Lebensrisiken (wie z. B. gegen Krankheit) generell der Marktwirtschaft anvertraut werden könnte. Die Erfahrungen auf Versicherungsmärkten deuten darauf hin, daß im Wettbewerb stehende private Versicherungsunternehmen häufig verwaltungsmäßig rationeller und kostengünstiger als die Mammuteinrichtungen der Sozialversicherung arbeiten sowie vergleichbare Versicherungsleistungen ohne Zuschüsse Dritter preisgünstiger anbieten. Es ist deshalb kein stichhaltiger Grund ersichtlich, warum in einer Sozialen Marktwirtschaft **funktionsfähige Versicherungsmärkte** nicht zur bestmöglichen Erfüllung von Aufgaben der sozialen Sicherung verwendet werden dürfen.

Die **Sozialpolitik** wird vielfach von dem verhängnisvollen Mißverständnis beherrscht, daß sich soziale Anliegen und damit letztlich soziale Gerechtigkeit nur mit **außermarktwirtschaftlichen Mitteln** erreichen lassen. Die Folge ist, daß Märkte beispielsweise durch Regulierungen in Form von Mietpreisbindungen, Kündigungsschutz oder rechtlichen Zugangsbarrieren angeblich „sozial", faktisch aber weitgehend dysfunktional gestaltet werden. Derartige Sozialeingriffe, welche die marktwirtschaftliche Steuerung lahmlegen, widersprechen zwar dem Prinzip der Marktkonformität, werden aber dennoch vielfach im harten Wettbewerb der Parteien um die Wählergunst angewendet. Da derartige soziale Privilegien der Begünstigten erfahrungsgemäß Sozialneid bei den Ausgesperrten erregen, werden die Sozialpolitiker fast permanent von neuen Interessengruppen zur weiteren Gruppenbegünstigung gedrängt, wobei die noch nicht Begünstigten meist lauthals (die falsch verstandene oder fehlinterpretierte) Soziale Marktwirtschaft beschwören. In der Praxis kann es durchaus geschehen, daß die mißbrauchte Soziale Marktwirtschaft den Punkt erreicht, wo die soziale Schlepplast das marktwirtschaftliche Boot zum Kentern und schlimmstenfalls zum Sinken bringt. Dann würde die absurde Situation eintreten, daß sich die Soziale Marktwirtschaft infolge des Wuchernlassens des Sozialen selbst abschafft. Deshalb zielen fast alle sachlichen Lösungsvorschläge darauf ab, den marktwirtschaftlichen Hauptteil der Wirtschaftsordnung der Sozialen Marktwirtschaft wieder funktionsfähig zu machen, indem das **ausgeuferte Sozialsystem** auf den Kreis der wirklich Bedürftigen zurückgeführt und der weitere Marsch in Richtung des **unfinanzierbaren Wohlfahrtsstaates** gestoppt wird.

2.2.3 Wirtschaftssysteme

Das Wirtschaftssystem ist das ökonomisch zweckrationale Kernstück einer meist breitgefächerten Wirtschaftsordnung mit verschiedenartigen Ordnungselementen. Im Gegensatz zur umfassenden Wirtschaftsordnung, die auch widersprüchliche Ordnungselemente aufweist, enthält das Wirtschaftssystem nur ordnungskonforme und systemkonstitutive Elemente. Das **Wirtschaftssystem** verknüpft bestimmte zweckrationale Ordnungselemente zu einem gesamtwirtschaftlichen Steuerungs- und Koordinierungssystem, das ständig das Wirtschaftsgeschehen zielgerichtet auf den ökonomischen Zweck der gütermäßigen Knappheitsminderung hinlenkt und die Handlungen der Wirtschaftssubjekte im arbeitsteiligen Wirtschaftsprozeß koordiniert.

Während die traditionelle Wirtschaftssystemtheorie sich fast ausschließlich mit den beiden polaren Wirtschaftssystemen „Zentralverwaltungswirtschaft und Marktwirtschaft" und zwar häufig als reine Idealtypen befaßte, konzentriert sich die neuere Wirtschaftssystemtheorie auf die Typisierung realer Mischsysteme und analysiert die Funktionsweisen dieser realtypischen Wirtschaftssysteme.[39] Dabei wird davon ausgegangen, daß **jedes Wirtschaftssystem folgende Funktionen zu erfüllen hat**:

---

[39] Vgl. H.-R. Peters, 1997.

- die Zuordnung der ökonomischen Entscheidungsbefugnisse mit dem Ziel zu regeln, daß die Verfügungsgewalt über Produktionsmittel den bestgeeigneten Dispositionsträgern, die für eine optimale Allokation und die bestmögliche Bedarfsdeckung sorgen, übertragen wird;
- die sachgemäße und umweltschonende Verwendung der Produktionsmittel sicherzustellen und die Verfügungsgewalt den Dispositionsberechtigten eventuell zu entziehen, wenn z. B. der Produktionsmitteleinsatz die Umwelt schädigt;
- die Wirtschaftssubjekte zutreffend über Güterknappheiten und andere relevante ökonomische Fakten zu informieren und sie in die Lage zu versetzen, rationelle Wirtschaftspläne zur bestmöglichen Verminderung der Güterknappheiten aufzustellen;
- die Wirtschaftssubjekte anzureizen, mit den Produktionsmitteln (einschließlich der Umweltgüter) pfleglich sowie mit den Roh- und Hilfsstoffen im Produktionsprozeß sparsam umzugehen und letztlich qualitativ hochwertige Güter zu erzeugen;
- die Planungen und Handlungen der Wirtschaftssubjekte im arbeitsteiligen Wirtschaftsgeschehen zu koordinieren und so zu steuern, daß eine bedarfsgerechte Produktion erfolgt;
- die zweckgerichteten Planungen und Handlungen der Wirtschaftssubjekte zu kontrollieren sowie Fehlplanungen und Fehlhandlungen zu ahnden, damit künftig sorgfältiger geplant und ökonomisch zweckmäßiger gehandelt wird.

Entsprechend ihren Funktionen verfügen die Wirtschaftssysteme über **drei Grundsysteme** - Verfügungs-, Planungs- und Koordinierungssystem - **und diese wiederum über mehrere Subsysteme**:

a) Verfügungssystem
- Übertragungssystem
- Verwendungskontrollsystem

b) Planungssystem
- Informations- und Knappheitsanzeigesystem
- Leistungsanreizsystem
- Planaufstellungssystem

c) Koordinierungssystem
- Planabstimmungssystem
- Plankontrollsystem
- Sanktionssystem.

Wirtschaftssysteme sind also komplexe Gebilde, deren funktionale Subsysteme hinsichtlich ihrer systemformenden Prägekraft allerdings von unterschiedlichem Gewicht sind. Wären alle Systemkomponenten gleichrangig und für Systemabgrenzungen gleich bedeutsam, so gäbe es bei Kombination unterschiedlicher Formen und Arten von Strukturelementen eine Vielzahl von Wirtschaftssystemtypen. Die Wirtschaftssysteme lassen sich jedoch auf relativ wenige Grundtypen reduzieren, weil es **systemkonstitutive (systemformende) und systemintegrierte (systemzugehörige) Faktoren** gibt. Während die systemkonstitutiven Faktoren ein Wirtschaftssystem in seinem Kern prägen, sind die systemintegrierten Faktoren - quasi aus der Sachlogik heraus - mit den jeweiligen systemformenden Faktoren verbunden. Die systemformenden Faktoren programmieren gleichsam die Art bzw. die Ausgestaltung der anderen Systemelemente vor.

Konstitutive Faktoren von Wirtschaftssystemen, die den jeweiligen Systemtypus prägen, sind die Arten und Formen der Verfügungssysteme sowie die Arten und Ausprägungen der komplexen Planungs- und Koordinierungssysteme. Dagegen gehören zu den systemintegrierten Faktoren, die ein Lenkungs- und Koordinierungssystem in bestimmter Weise ergänzen, vervollkommnen und funktionsfähig halten, vor allem die Informations-, Lenkungsanreiz-, Kontroll- und Sanktionssysteme.

Gewichtigste Bestimmungsfaktoren von Wirtschaftssystemen sind also **neben den Verfügungssystemen die Planungs- und Koordinierungssysteme**, deren überragende Bedeutung sich auch an ihrer Prägekraft für die anderen ökonomischen Subsysteme zeigt. So verbindet sich ein marktwirtschaftliches Planungs- und Koordinierungssystem regelmäßig mit einem Knappheitsanzeigesystem, das Güterknappheiten durch frei gebildete Marktpreise sichtbar macht. Ferner fungieren in einem solchen Lenkungssystem die legalisierten Gewinninteressen sowie der Wettbewerbsdruck als Mittel des Leistungsansporns. Darüber hinaus werden durch den Leistungswettbewerb effektive Leistungskontrollen ausgeübt und schlechte Leistungen in Form von Verlusten bestraft. Dagegen ist ein administratives Planungs- und Koordinierungssystem mangels Wettbewerbskontrolle ausschließlich auf behördliche Leistungskontrolle und Sanktionen angewiesen.

Zumeist ist die Verfügungsgewalt über Produktionsmittel auf mehrere Planungssubjekte - Einzelwirtschaften (Betriebe und Haushaltungen), Gruppen, staatliche Instanzen - verteilt. Zudem weisen alle konkreten Wirtschaftssysteme ein komplexes Lenkungs- und Koordinierungssystem auf, in dem regelmäßig verschiedene Plankoordinierungsmittel - insbesondere Märkte, Gruppenverhandlungen, Verträge, Plananweisungen - verwendet werden. Die realen Wirtschaftssysteme sind also durchweg alle mehr oder weniger **„gemischte“ Systeme**, wobei zum entscheidenden Kriterium für ihre realtypische Einordnung die jeweilige **Dominanz der sachlich konstitutiven Systemelemente** wird. Demnach läßt sich der jeweilige Typus eines realen Wirtschaftssystems je nach vorherrschender Art des Verfügungssystems über Produktionsmittel und nach dominierendem Planungs- und Koordinierungssystem bestimmen.

Ob in der Volkswirtschaft **private oder öffentliche Verfügungsgewalt** über Produktionsmittel vorherrscht, läßt sich allein am jeweiligen Umfang nicht feststellen. Entscheidend ist die jeweils überragende Bedeutung des privaten oder des öffentlichen Sektors für die Planungen und Entscheidungen der Wirtschaftssubjekte. Beherrscht beispielsweise der Staat das gesamte Bankensystem, die Grundstoffindustrien sowie weitere Schlüsselbereiche und sind die Wirtschaftssubjekte auf die Gewährung von Krediten des staatlichen Bankensystems sowie die Zulieferung von Gütern öffentlicher Betriebe angewiesen, so dominiert der öffentliche Sektor selbst dann, wenn der branchenmäßig heterogene Privatbereich insgesamt umfangreicher ist. Die Dominanz der Verfügungsgewalt setzt nicht nur die Dispositionsgewalt beim Einsatz der Produktionsmittel, sondern auch bei der Verteilung der Wirtschaftsergebnisse voraus. Betreibt der Staat eine umfangreiche Umverteilungspolitik und kassiert zu diesem Zweck mittels Steuern den größten Teil der erwirtschafteten Erträge, so herrscht de facto öffentliche Verfügungsgewalt über

Produktion und Verteilung selbst dann vor, wenn die (dann formale) Verfügungsgewalt der Privatwirtschaft über den Produktionsapparat unter weitgehendem Ausschluß der Verteilungsseite überwiegt.

Die Dominanz des jeweiligen Planungssystems läßt sich daran feststellen, ob die **Pläne der Einzelwirtschaften, der Gruppen oder der Zentralinstanz** die Wirtschaftsprozesse und die Wirtschaftsentwicklung **maßgeblich bestimmen**. Ist z. B. in einer zentral geplanten und imperativ geleiteten Produktions- und Verteilungswirtschaft der Konsumguttausch erlaubt, so können die Einzelwirtschaften zwar individuelle Pläne für den Konsumguttausch aufstellen, aber der Wirtschafts- und Austauschprozeß wird in seinem Kern von der imperativen Zentralplanung beherrscht, die bestimmt, was, wieviel, wann, wie und wo produziert und verteilt wird. Das vorherrschende Koordinierungssystem läßt sich in der Regel schon anhand der **Plankoordinierungsmittel** und deren dominierender Wirkung erkennen. Will beispielsweise der Staat - etwa aus Gründen der Beschäftigungs- bzw. Konjunkturstabilisierung - die Marktsteuerung der mikroökonomischen Relationen durch eine indikative Planung und indirekte Steuerung der makroökonomischen Kreislaufgrößen beeinflussen, so bedient er sich meist als Koordinierungsmittel der indikativen Wirtschaftsplanung (mit globalen Zielprojektionen, Orientierungsdaten, konzertierten Aktionen zwischen Staat und autonomen Gruppen) sowie dem Einsatz vielfältiger konjunkturpolitischer Instrumente. Beeinflussen indikativ-globale und konjunkturpolitische Mittel permanent und wesentlich das Wirtschaftsgeschehen, so dominiert ein gesamtwirtschaftliches Plankoordinierungssystem, dessen Charakteristikum die konjunkturpolitisch beeinflußte Marktkoordinierung ist.

Nach den Vorklärungen ergeben sich für das Typologietableau auf Seite 54 folgende **Typisierungskriterien** für realtypische Wirtschaftssysteme:

- **vorherrschende Verfügungsgewalt über Produktionsmittel und Ertragsverteilung**
- **vorherrschendes Planungssystem**
- **vorherrschendes Koordinierungssystem**.

Das realtypische Wirtschaftssystem **„Wettbewerbsgesteuerte Marktwirtschaft"** ist charakterisiert durch

- vorwiegend private Verfügungsgewalt über Produktion und Verteilung
- ein vorherrschendes dezentrales marktwirtschaftliches Planungssystem
- ein vorherrschendes wettbewerbsorientiertes marktwirtschaftliches Koordinierungssystem.

Als **Beispiel** einer Wettbewerbsgesteuerten Marktwirtschaft kann das **Wirtschaftssystem der USA** gelten, das durch dominierendes Privateigentum an Produktionsmitteln und vorwiegend private Verfügung über Produktion und Verteilung, strenge Gesetze zum Schutz des Wettbewerbs (z. B. Antitrustgesetz), Gewerbefreiheit sowie Wettbewerbssteuerung auf fast allen Güter- und Faktormärkten einschließlich der Arbeitsmärkte geprägt ist. Insbesondere die **liberale Arbeitsmarktverfassung** in den USA, die für arbeitsproduktivitäts- und marktadäquate Löhne sorgt, führt zum Anstieg des Beschäftigungsvolumens und somit zur Eindämmung der Arbeitslosigkeit. Im Gegensatz zu den kontinentaleuropäischen Wohlfahrtsstaaten, in denen staatliche Regulierungen des Arbeitsmarktes und

Typologie realtypischer Wirtschaftssysteme

Vorwiegende Verfügung über Produktion und Verteilung → **Vorherrschendes Planungs- und Koordinierungssystem ↓**	Private Verfügung über Produktion und Verteilung	Private Verfügung über Produktion und staatliche Verfügung über Verteilung	Arbeitskollektive Verfügung über Produktion und Verteilung	Staatliche Verfügung über Produktion und Verteilung
Dezentrales marktwirtschaftliches Planungssystem + wettbewerbsorientiertes marktwirtschaftliches Koordinierungssystem	***Wettbewerbsgesteuerte Marktwirtschaft*** (im Rahmen einer Wettbewerbsordnung)	***Verteilungsgesteuerte Marktwirtschaft*** (im Wohlfahrtsstaat)		
Kombiniertes Planungssystem dezentraler marktwirtschaftlicher und indikativ-globaler Planung + konjunkturpolitisch beeinflußtes marktwirtschaftliches Koordinierungssystem	***Globalgesteuerte Marktwirtschaft*** (im Rahmen einer richtungweisenden Makroplanung)			
Kombiniertes Planungssystem dezentraler marktwirtschaftlicher und indikativ-struktureller Planung + strukturpolitisch beeinflußtes marktwirtschaftliches Koordinierungssystem	***Strukturgesteuerte Marktwirtschaft*** (im Rahmen einer sektoralen Programmierung)		***Strukturgesteuerte Kollektivwirtschaft*** (im Rahmen einer Arbeiterselbstverwaltung)	
Zentrales administratives Planungssystem + administratives Koordinierungssystem				***Zentralgesteuerte Planwirtschaft*** (nach vollzugsverbindlichen Volkswirtschaftsplänen)

Lohntarifkartelle oft eine Hochlohnpolitik bewirken, welche die Arbeitsplatzbesitzer zu Lasten der Arbeitslosen begünstigt, herrscht auf den kaum regulierten Arbeitsmärkten der USA ein nahezu ungebremster Wettbewerb zwischen den Arbeitnehmern. Zudem ist der Wettbewerbsdruck durch das **neue Sozialhilfegesetz (Welfare Bill)** von 1996 noch verstärkt worden. Danach werden die Sozialhilfeempfänger spätestens nach zwei Jahren zur Annahme einer Arbeit gezwungen, auch wenn diese nicht ihrer Qualifikation entspricht. Um die Sozialhilfe nicht zum „way of life", sondern zur „second chance" werden zu lassen, ist außerdem ihre Inanspruchnahme für jeden amerikanischen Staatsbürger lebenslang bis auf maximal fünf Jahre begrenzt worden. Dieses hat eine zunehmende **Bereitschaft zur Arbeitssuche** bewirkt. Zudem hat die marktbedingte Spreizung der Lohnstruktur, die sich in relativ hohen Löhnen für qualifizierte Tätigkeiten und relativ niedrigen Löhnen für einfache Arbeit niederschlägt, zur Schaffung von Millionen zusätzlicher Arbeitsplätze in den USA (besonders im Arbeitssegment für gering qualifizierte Arbeitnehmer) geführt. Allerdings ist der Preis für die relativ niedrige Arbeitslosigkeit in den USA eine Zunahme der **ungleichen Einkommensverteilung**.

Auch in der **Bundesrepublik Deutschland** existierte in den **Anfangsjahren** trotz der vielfach fehlinterpretierten Wirtschaftsordnung „Soziale Marktwirtschaft" - eine vorwiegend **Wettbewerbsgesteuerte Marktwirtschaft**, die sich dann zeitweise zu einer Globalgesteuerten Marktwirtschaft und später mit zunehmendem Ausbau zum Wohlfahrtsstaat in Richtung auf eine Verteilungsgesteuerte Marktwirtschaft entwickelt hat. Nach Ende des Zweiten Weltkrieges schufen die Währungsreform von 1948 und die Preisfreigabe, die den Geldüberhang und die meisten Preisbindungen beseitigten, die Voraussetzungen für den Übergang zu einem marktwirtschaftlich orientierten Wirtschaftssystem in Westdeutschland. Im Grundgesetz für die Bundesrepublik Deutschland von 1949 wurde das Privateigentum, das die dezentrale Verfügungsgewalt über Produktionsmittel ermöglicht, verfassungsrechtlich garantiert. Eine nahezu komplette Wettbewerbsordnung wurde sodann mit dem Gesetz gegen Wettbewerbsbeschränkungen (GWB) von 1957 geschaffen. Obwohl der Staat wettbewerbsreduzierende Regulierungen für einige Ausnahmebereiche erließ, dominierte in der Volkswirtschaft der Wettbewerb als entscheidendes Ordnungs- und Steuerungsprinzip. Bis etwa **Mitte der 60er Jahre** war die wettbewerbsgeprägte Ordnungspolitik - vor allem durch den **Einfluß des Ordoliberalismus** - der bedeutendste Bereich der Wirtschaftspolitik. Zumindest bis zu diesem Zeitpunkt wies das Wirtschaftssystem der Bundesrepublik Deutschland die wesentlichen Merkmale einer Wettbewerbsgesteuerten Marktwirtschaft auf.

Das realtypische Wirtschaftssystem **„Globalgesteuerte Marktwirtschaft"** ist charakterisiert durch

- vorwiegend private Verfügungsgewalt über Produktion und Verteilung
- ein vorherrschendes kombiniertes Planungssystem dezentraler marktwirtschaftlicher und indikativ-globaler Planung
- ein vorherrschendes konjunkturpolitisch beeinflußtes marktwirtschaftliches Koordinierungssystem.

Mit dem Erlaß des **Stabilitäts- und Wachstumsgesetzes** von 1967 wandelte sich das Wirtschaftssystem der Bundesrepublik Deutschland zu einer Globalgesteuerten Marktwirtschaft. In der sozialliberalen Ära der Bundesrepublik Deutschland verblaßten die Lehren des Ordoliberalismus und wurden durch den **Keynesianismus** verdrängt. **Anfangserfolge** der neuen Wirtschaftspolitik, die sich in der ersten Nachkriegsrezession der Jahre 1966/67 auf eine antizyklische Fiskalpolitik nach keynesianischem Muster stützte, verhalfen der konjunkturpolitischen Globalsteuerung zu außergewöhnlich positiven Beurteilungen ihrer angeblich zielkonformen Wirkungskraft. Jedoch zeigte sich schon Anfang der 70er Jahre, daß die Stabilitäts- und Wachstumswirkungen der konjunkturpolitischen Globalsteuerung nur begrenzt waren und maßlos überschätzt wurden, weil insbesondere die autonomen Lohntarifparteien bei ihren Tarifabschlüssen kaum die Stabilitätserfordernisse beachteten. Der anfängliche Glanz der antizyklischen Globalsteuerung verlosch und das Stabilitäts- und Wachstumsgesetz wurde kaum noch angewandt, womit auch die **Globalgesteuerte Marktwirtschaft** nur noch formal auf dem Papier (des Gesetzesblattes) existierte, aber faktisch nicht mehr der Realtypus des deutschen Wirtschaftssystems ist.

Das realtypische Wirtschaftssystem **„Strukturgesteuerte Marktwirtschaft"** ist charakterisiert durch

- vorwiegend private Verfügungsgewalt über Produktion und Verteilung
- ein vorherrschendes kombiniertes Planungssystem dezentraler marktwirtschaftlicher und indikativ-struktureller Planung
- ein vorherrschendes strukturpolitisch beeinflußtes marktwirtschaftliches Koordinierungssystem.

Als ein **Beispiel** für eine Strukturgesteuerte Marktwirtschaft kann das **französische Wirtschaftssystem** gelten, das unmittelbar nach Ende des Zweiten Weltkrieges geschaffen worden ist und zeitweise die strukturelle Wirtschaftsentwicklung in Frankreich beeinflußt hat. Im Rahmen des prinzipiell marktwirtschaftlich orientierten Wirtschaftssystems in Frankreich wurden die dezentralen Planungen der autonomen Wirtschaftseinheiten mit einer richtungweisenden Strukturplanung des Staates verbunden. Die französische **planification indicative** hat jedoch im Laufe der Zeit an Bedeutung verloren. Zum einen hat sich gezeigt, daß die französischen Wirtschaftsunternehmen - und zwar selbst die staatseigenen Betriebe - die nur richtungweisende und deshalb unverbindliche Strukturplanung kaum beachten, weil die sektorale Programmierung mit ihrem relativ hohen Aggregationsgrad nur höchst selten nützliche Anhaltspunkte für die unternehmensbezogenen Entscheidungen zu bieten vermag. Zum anderen ist eine nationalstaatliche Strukturplanung infolge der inzwischen weltweiten Verflechtungen der Volkswirtschaften und der Globalisierung der Märkte kaum noch in der Lage, die künftigen Entwicklungsrichtungen des technischen Fortschritts und des Strukturwandels zu prognostizieren, so daß sich eine richtungweisende Strukturplanung für die eigene Wirtschaft häufig als Fehlplanung erweist.

Das realtypische Wirtschaftssystem **„Verteilungsgesteuerte Marktwirtschaft"** ist charakterisiert durch

- vorwiegend private Verfügungsgewalt über Produktionsmittel und vorwiegend staatliche Verfügung über die Ertragsverteilung
- ein vorherrschendes dezentrales marktwirtschaftliches Planungssystem in der Produktionssphäre, das indirekt verteilungspolitisch beeinflußt wird

- ein vorherrschendes wettbewerbsorientiertes marktwirtschaftliches Koordinierungssystem in der Produktionssphäre, das indirekt verteilungspolitisch beeinflußt wird.

Das **klassische Beispiel** einer Verteilungsgesteuerten Marktwirtschaft findet sich im **schwedischen Wohlfahrtsstaat**, dessen ideengeschichtlicher Ursprung vom Volksheim Schweden bis in die 30er Jahre zurückreicht. Im Rahmen des sukzessive ausgebauten Wohlfahrtsstaates, der **große Teile** des erwirtschafteten Bruttosozialproduktes bzw. des **Volkseinkommens** für **Umverteilungszwecke** beanspruchte, konnten sich die marktwirtschaftlichen Entwicklungskräfte der schwedischen Wirtschaft auf Dauer nicht voll entfalten und wurden deshalb weitgehend durch eine staatliche Vollbeschäftigungspolitik ersetzt. Als in den 90er Jahren die ökonomische und steuerliche Leistungskraft der schwedischen Wirtschaft nicht mehr ausreichte, um das ausgedehnte Sozial- und Transfersystem zu finanzieren, wurden die Sozialleistungsansprüche der Bürger reduziert und die ordnungspolitischen Rahmenbedingungen für die Entfaltung der marktwirtschaftlichen Wachstumskräfte verbessert. Jedoch weist das schwedische Wirtschafts- und Gesellschaftssystem mit einer Staatsquote von über 60 Prozent zu Beginn des 21. Jahrhunderts immer noch ein verteilungspolitisches Übergewicht auf.

Auch in der **Bundesrepublik Deutschland** hat sich die ursprünglich Wettbewerbsgesteuerte Marktwirtschaft, die infolge ihrer Effizienz breitgestreuten Wohlstand zu schaffen vermag und deshalb nur einer begrenzten sozialpolitischen Ergänzung bedarf, inzwischen **tendenziell** in Richtung auf eine Verteilungsgesteuerte Marktwirtschaft zubewegt. Diese Entwicklung ging gleichsam **schleichend, aber stetig** vor sich. Am Ende des 20. Jahrhunderts beträgt in Deutschland die Staatsquote, welche den Anteil der Staatsausgaben am Bruttosozialprodukt angibt, fast 50 Prozent. Desgleichen ist die **Sozialquote**, d. h. der Anteil der Sozialausgaben am Bruttoinlandsprodukt, auf rund 35 Prozent angewachsen. Die Sozialausgaben sind im Zeitraum von 1970 bis 2000 stärker gestiegen als die Investitionsmittel, die Basis für Wirtschaftswachstum und Beschäftigung sind. Während der Umfang des klassischen Wohlfahrtsstaates in Schweden inzwischen beträchtlich reduziert wurde, ist in der Bundesrepublik Deutschland der allseits als notwendig anerkannte Umbau der Sozial- und Transfersysteme - der naturgemäß auch Einschnitte in das überdehnte soziale Netz mit sich bringt - nur zögerlich eingeleitet worden und auf minimale Korrekturen beschränkt geblieben.

Das realtypische Wirtschaftssystem **„Strukturgesteuerte Kollektivwirtschaft"** ist charakterisiert durch

- vorwiegend arbeitskollektive Verfügung über Produktion und Verteilung
- ein vorherrschendes kombiniertes Planungssystem dezentraler marktwirtschaftlicher und indikativ-struktureller Planung
- ein vorherrschendes strukturpolitisch beeinflußtes marktwirtschaftliches Koordinierungssystem.

Als **Beispiel** für eine Strukturgesteuerte Kollektivwirtschaft kann das in der sozialistischen Ära des früheren **Jugoslawien** existierende Modell der sogenannten **Arbeiterselbstverwaltung** gelten. In diesem Wirtschaftssystem sind die **Arbeitskollektive** der **selbstverwalteten Unternehmen** die entscheidenden Planungsträger, denen die im **gesamtgesellschaftlichen Eigentum** stehenden Produktionsmittel zur **operativen Nutzung** übertragen worden sind. Zwecks Ausrichtung der strukturellen Wirtschaftsentwicklung auf gesellschaftspolitische Ziele wurden die dezentralen Planungen der autonomen Arbeitskollektive mit einer **richtungweisenden** Strukturplanung des Staates kombiniert. Obwohl das System gewisse marktwirtschaftliche Züge aufwies - und deshalb gelegentlich als Sozialistische Marktwirtschaft bezeichnet worden ist - funktionierte es infolge der schwerfälligen **basisdemokratischen Entscheidungsfindungen** sowie weiterbestehender staatlicher und kommunaler Einflüsse mehr sozialistisch-administrativ als liberal-marktwirtschaftlich. Unter **Effizienzgesichtspunkten** war das System kaum attraktiv und wurde deshalb auch nach dem Zusammenbruch der Zentralgesteuerten Planwirtschaften in Osteuropa von keinem osteuropäischen Staat als Transformationsmodell gewählt.

Das realtypische Wirtschaftssystem **„Zentralgesteuerte Planwirtschaft"** ist charakterisiert durch

- überwiegend staatliche Verfügung über Produktion und Verteilung
- ein vorherrschendes zentrales administratives Planungssystem
- ein vorherrschendes administratives Koordinierungssystem.

Beispiele für Zentralgesteuerte Planwirtschaften sind die in der ehemaligen **Deutschen Demokratischen Republik (DDR)** und in der früheren **Sowjetunion (UdSSR)** existierenden Wirtschaftssysteme. Auf der Grundlage einer **sozialistischen Eigentumsordnung**, der zufolge die Produktionsmittel vorwiegend in Staatseigentum und teilweise in genossenschaftlichem Eigentum standen, wurden die Wirtschaftsstruktur und die Wirtschaftsprozesse **zentral geplant** und durch **administrative Plananweisungen** koordiniert. Erfahrungsgemäß ist es jedoch kaum möglich, eine ganze Volkswirtschaft zentral bis in alle Einzelheiten so durchzuplanen, daß ein allseits proportional aufeinander abgestimmter Wirtschaftsprozeß und eine optimale Arbeitsteilung zustande kommen. Infolge von **Informationsdefiziten**, **Planungslücken und Fehlplanungen** wurden diese Wirtschaftssysteme fast ständig von Disproportionalitäten der Wirtschaftsstruktur, Produktionsengpässen und Lieferschwierigkeiten sowie Versorgungsdefiziten auf nahezu allen Sektoren begleitet. Alle **Wirtschaftsreformen** in der DDR und in der UdSSR, die sich stets im systemimmanenten Rahmen sozialistischer Eigentumsverhältnisse und staatlicher Verfügungsgewalt über Produktionsmittel bewegten, verringerten kaum die **Effizienzdifferenz** dieser Systeme zu den westlichen Marktwirtschaften. Letztlich haben die **effizienzschwachen Systeme** der Zentralgesteuerten Planwirtschaften wesentlich zum Zusammenbruch der sozialistischen Gesellschaftsordnungen in Mittel- und Osteuropa beigetragen.

3. Kapitel Institutionelle Grundlagen

3.1 Träger der Wirtschaftspolitik

3.1.1 Kriterien der Trägerschaft

Umstritten ist, wer zu den Trägern der Wirtschaftspolitik zu rechnen ist. Gehören zu den Trägern alle Subjekte, die wirtschaftspolitische Aktivitäten auslösen, entfalten oder beeinflussen, oder nur jene Subjekte, die wirtschaftspolitische Entscheidungen treffen und aufgrund hoheitlicher Macht auch durchsetzen können? Im letzteren Fall wären Träger von Wirtschaftspolitik nur staatliche wirtschaftspolitische Instanzen, während im ersteren Fall auch den Verbänden und anderen Kräften mit wirtschaftspolitischem Einfluß die Trägerschaft zugestanden würde.

Nach Giersch ist in den westlichen Demokratien die Regierung eines Landes zwar oberster Träger der nationalen Wirtschaftspolitik, aber kein Alleinherrscher, weil sie in ihrer Entscheidungsfreiheit durch völkerrechtliche Verträge, die Verfassungsnormen, die Kompetenzen der Parlamente, die Kräfte im vorparlamentarischen Raum, die Inhaber wirtschaftlicher Macht und die unvermeidliche Rücksichtnahme auf die öffentliche Meinung eingeengt ist. Giersch rechnet aufgrund dieser Gegebenheiten zu den Trägern der Wirtschaftspolitik nicht nur die staatlichen Instanzen, sondern auch jene einflußreichen Persönlichkeiten und Gruppen, die wirtschaftspolitisch relevante Handlungen ausüben, sowie ferner jene nichtstaatlichen Kräfte, die ihren wirtschaftspolitischen Willen durchzusetzen bestrebt sind.[40] Nach Tuchtfeldt bedeutet Trägerschaft in der Wirtschaftspolitik „Entscheidungsträgerschaft". Demnach „(sind) als Träger der Wirtschaftspolitik alle staatlich beauftragten Institutionen anzusehen, die verantwortlich wirtschaftspolitische Entscheidungen treffen und damit gestaltend auf Wirtschaftsordnung, -struktur oder -prozeß einwirken"[41]. Woll verweist darauf, daß „(es) in einer Demokratie als Voraussetzung einer freiheitlichen Wirtschaftsordnung die drei Gewalten gibt: Gesetzgebung (Legislative), Verwaltung (Exekutive) und Rechtsprechung (Judikative)". Seines Erachtens „(werden) mit dieser Abgrenzung die Träger der Entscheidungen eindeutig von den ‚Trägern' von Einflüssen abgegrenzt, wie etwa Parteien, Verbänden, Massenmedien und Beratern"[42].

Um eine getroffene Entscheidung in wirtschaftspolitisches Handeln umzusetzen und damit für das Wirtschaftsgeschehen relevant werden zu lassen, bedarf es der Durchsetzungsmacht. Ob Durchsetzungsmacht vorliegt, zeigt sich daran, ob es gelingt, „innerhalb einer sozialen Beziehung den eigenen Willen auch gegen Widerstreben durchzusetzen"[43]. Durchsetzungsmacht haben die politisch-staatlichen Instanzen kraft hoheitlicher Macht, während die Chancen von Verbänden, ihre Anliegen in der Politik durchzusetzen, lediglich auf schwächeren Machtelementen

---

[40] Vgl. H. Giersch, 1961, S. 18.

[41] E. Tuchtfeldt, 1982, S. 179.

[42] A. Woll, 1992, S. 105.

[43] M. Weber, 1972, S. 28.

(wie z. B. Wählerpotential oder Organisationsmacht aufgrund Zusammenballung homogener Interessen) beruhen. Sicherlich ist der Einfluß nichtstaatlicher Kräfte, insbesondere der Verbände, auf die Wirtschaftspolitik des Staates nicht als gering einzuschätzen. Durch die „Macht der Verbände“ kann der faktische oder vermeintliche Entscheidungsspielraum der staatlichen Organe der Wirtschaftspolitik einmal größer und einmal kleiner sein, selten ist er jedoch gleich Null. Die Verbandsmacht geht in der Regel nicht so weit, daß die Träger staatlicher Wirtschaftspolitik lediglich den Willen solcher Interessenorganisationen staatlicherseits durch bestimmte Handlungen in Form von Gesetzen, Verordnungen und dergleichen notariell beglaubigen und vollziehen. In der Wirtschaftspolitik, deren Vorfeld das natürliche Operationsgebiet von Verbänden bzw. deren Lobbyisten ist, fungiert letztlich der Staat als ausschlaggebender Entscheidungs- und Verantwortungsträger wirtschaftspolitischer Maßnahmen.

Das Vorliegen einer wirtschaftspolitischen **Trägerschaft** läßt sich generell an folgenden Kriterien feststellen:

- **formale Entscheidungsbefugnis**
- **faktische Entscheidungsgewalt**
- **faktische Durchsetzungsmacht**
- **dauernde Einwirkungsmöglichkeit**.

Nur wenn alle vier Kriterien erfüllt sind, ist eine wirtschaftspolitische Trägerschaft gegeben.

Obwohl die Verbände in der pluralistischen Gesellschaft fast permanent ihre Partialinteressen auch gegen das Gemeinwohl durchzusetzen versuchen, mangelt es ihnen an wesentlichen Trägereigenschaften der Wirtschaftspolitik. Sie haben weder die formale Befugnis noch materiell die Gewalt, politische Entscheidungen, die den staatlichen Hoheitsträgern vorbehalten sind, zu treffen. Zwar können sie - z. B. mittels interessendurchwobener Beratung, Überlistung, Drohung oder Demonstrationen - versuchen, die Handlungen der politisch-staatlichen Träger der Wirtschaftspolitik zu ihren Gunsten zu beeinflussen, doch reicht ihre Macht in der Regel nicht aus, ihre Anliegen gegen den Willen der staatlichen Instanzen durchzusetzen. Deshalb sind die Verbände und andere Interessenorganisationen nicht zu den Trägern, sondern zu den Beeinflussungsfaktoren der Wirtschaftspolitik zu rechnen.

Nur bei dauernden Einwirkungsmöglichkeiten auf wirtschaftliche Ordnungen, Strukturen und/oder Prozesse besitzt eine staatliche Instanz eine wirtschaftspolitische Trägereigenschaft. Demnach gehören staatliche Instanzen, die nur gelegentlich und ungewollt mit ihren Entscheidungen wirtschaftspolitische Nebenwirkungen auslösen, nicht zum Kreis der wirtschaftspolitischen Träger. So kann die Entscheidung eines Gerichtes, daß wegen Gefährdung der Öffentlichkeit keine Kernkraftwerke gebaut werden dürfen, beachtliche Auswirkungen auf die Wirtschaftsstruktur haben und anderweitige energiepolitische Maßnahmen erforderlich machen. Obwohl derartige gerichtliche Entscheidungen beachtliche ökonomische Wirkungen in Branchen und Regionen auslösen können, schließt das nicht erfüllte Kriterium der dauernden Einwirkungsmöglichkeit die Gerichte von der wirtschaftspolitischen Trägerschaft aus.

3.1.2 Trägerpluralismus

In der Regel werden in Volkswirtschaften und wirtschaftlichen Integrationsräumen wirtschaftspolitische Aktivitäten von mehreren Trägern, die eventuell ganz unterschiedliche Wert- und Präferenzskalen ihren Zielvorstellungen und Handlungen zugrunde legen, betrieben. Streng genommen existieren demnach so viele Wirtschaftspolitiken, wie es eigenständige Träger mit spezifischen Zielvorstellungen und Handlungsmaximen gibt. Wenn trotz pluralistischer Trägerschaft quasi von der Fiktion einer einheitlichen Wirtschaftspolitik in einer Volkswirtschaft oder einem räumlich anderweitig abgegrenzten Raum ausgegangen wird, so läßt sich dieses damit begründen, daß zumeist die Aktivitäten der verschiedenen wirtschaftspolitischen Instanzen mehr oder weniger eng miteinander zeitlich, sachlich und räumlich verflochten sind. Auch die Einbindung verschiedener wirtschaftspolitischer Detailziele in gesamtwirtschaftliche Oberziele (z. B. Wirtschaftswachstum, Vollbeschäftigung) oder gesellschaftspolitische Grundziele (z. B. Leistungsgerechtigkeit, soziale Sicherheit) drängen letztlich auf zielgerichtete und aufeinander abgestimmte Handlungen verschiedener wirtschaftspolitischer Instanzen. Wirtschaftspolitische Entscheidungen im größeren Rahmen sind nahezu immer eine Resultante des Kräftespiels der verschiedenen Instanzen der Wirtschaftspolitik, die ihrerseits mannigfachen Beeinflussungen durch Interessengruppen ausgesetzt sind.

Nachfolgend wird der **Trägerpluralismus** in der Wirtschaftspolitik am Beispiel der Bundesrepublik Deutschland einschließlich der relevanten Institutionen der Europäischen Union dargestellt.

Träger von Wirtschaftspolitik auf supranationaler Ebene sind die Organe der Europäischen Union (EU), denen die Mitgliedsländer bedeutsame Kompetenzen (z. B. hinsichtlich der gemeinsamen Handels- und Energiepolitik) übertragen haben. Auch die Europäische Zentralbank (EZB), die von Weisungen der nationalen Regierungen und zentraler EU-Instanzen unabhängig ist und für die Stabilität der europäischen Währung zu sorgen hat, gehört zu den wichtigsten Organen der Europäischen Wirtschafts- und Währungsunion.

Als primärer Entscheidungsträger der Wirtschaftspolitik in der Bundesrepublik Deutschland fungiert die Bundesregierung, und innerhalb der Regierung ist es vor allem der Bundesminister für Wirtschaft, dem die Verantwortung für die Wirtschaftspolitik obliegt. Auch der Bundesminister der Finanzen ist bei allen wirtschaftspolitischen Maßnahmen, die den Bundeshaushalt finanziell in Anspruch nehmen, ein maßgeblicher Entscheidungsträger. Ferner sind auch noch einige andere Bundesministerien teilweise mit Aufgaben von wirtschaftspolitischer Relevanz betraut.

Die Bundesregierung als Gestalter von Wirtschaftspolitik tritt hinter dem Gestaltungsanspruch der Ressortminister zurück, weil verfassungsmäßig das Ressortprinzip vor dem Kabinettsprinzip rangiert. So leitet nach Artikel 65 des Grundgesetzes „jeder Bundesminister seinen Geschäftsbereich selbständig und unter eigener Verantwortung. Über Meinungsverschiedenheiten zwischen den Bundesministern entscheidet die Bundesregierung“. Der Bundesminister für Wirtschaft hat sich also an die Richtlinien der Politik, die der Bundeskanzler bestimmt, zu halten. Er muß dem Kabinett oder dessen Wirtschaftsausschuß (Wirtschaftskabinett) nur solche wirtschaftspolitischen Vorhaben zur Entscheidung vorlegen, die zwischen

Träger der Wirtschaftspolitik

<table>
<tr><th>Trägerebene</th><th>Legislative Instanzen</th><th>Primäre exekutive Instanzen</th><th>Sekundäre exekutive Instanzen</th></tr>
<tr><td>Auf Ebene der Europäischen Union</td><td>Rat der Europäischen Union</td><td>• Kommission der Europäischen Union
• Europäische Zentralbank</td><td>Nachgeordnete Instanzen, z. B. Verwaltung des Regionalfonds</td></tr>
<tr><td>Auf Bundesebene in der Bundesrepublik Deutschland</td><td>• Bundestag
– Ausschüsse
– Plenum
• Bundesrat
• Vermittlungsausschuß</td><td>• Bundesregierung
– Bundeskanzler
– Bundesminister insbesondere für
– Wirtschaft
– Finanzen
– Arbeit- und Sozialordnung
ferner einzelne Organisationseinheiten in anderen Bundesministerien, wie z. B. für
– Verkehrswirtschaft
– Ernährungs-, Land- und Forstwirtschaft
– Wohnungswirtschaft
• Deutsche Bundesbank</td><td>• Nachgeordnete Bundesverwaltungen mit Entscheidungsbefugnis in ihrem Zuständigkeitsbereich u. a.
– Bundeskartellamt
– Bundesaufsichtsamt für das Kreditwesen
– Bundesanstalt für Arbeit</td></tr>
<tr><td>Auf Länderebene in der Bundesrepublik Deutschland</td><td>• Landtage der Bundesländer und Parlamente der Stadtstaaten</td><td>• Landesregierungen
– Ministerpräsidenten bzw. Regierende Bürgermeister
– Landesminister bzw. Senatoren insbesondere für
– Wirtschaft
– Finanzen</td><td>• Nachgeordnete Landesverwaltungen mit Entscheidungsbefugnis in Einzelfällen u. a.
– Regierungspräsidien
– Bezirksämter</td></tr>
<tr><td>Auf Kommunalebene in der Bundesrepublik Deutschland</td><td>• Gemeinderäte
• Stadträte
• Kreistage</td><td>• Gemeinde-, Stadt-, Kreisverwaltungen
– Gemeinde-, Stadt-, Kreisdirektoren
– Leiter von Ämtern insbesondere von
– Bauämtern
– Beschaffungsämtern</td><td>• Zweckverbände der Gemeinden, Städte und Kreise mit Entscheidungsbefugnis für bestimmte Versorgungsleistungen u. a.
– für Wasserversorgung
– für Müllabfuhr</td></tr>
</table>

den Bundesministern strittig sind. In der Regel bemüht sich die Ministerialbürokratie des federführenden Ressorts schon vor einer Kabinettsvorlage, möglichst viele widersprüchliche Ressortstandpunkte auszugleichen und die noch von der Kabinettsrunde zu entscheidenden Streitpunkte zu begrenzen.

Die von Weisungen der Politik unabhängige Deutsche Bundesbank, die aber gemäß den Richtlinien der Europäischen Zentralbank handeln muß, gehört zu den Trägern der Wirtschaftspolitik, speziell auf den Gebieten der Geld- und Währungspolitik. Auch einige nachgeordnete Bundesbehörden, wie z. B. das Bundeskartellamt und das Bundesaufsichtsamt für das Kreditwesen, haben einige wirtschaftspolitische Kompetenzen. Als legislative Instanz ist der Deutsche Bundestag bei allen gesetzlichen Tätigkeiten der Wirtschaftspolitik die entscheidende Instanz, wenngleich die Gesetzentwürfe vielfach von den Bundesministerien vorgeformt werden.

Die Regierungen und Parlamente der Bundesländer sind insoweit Träger von Wirtschaftspolitik, wie sie eigenständig oder gemeinsam mit Bundesinstanzen auf bestimmten wirtschaftspolitischen Gebieten tätig werden. So sind in der Bundesrepublik Deutschland primär die Bundesländer für die regionale Strukturpolitik zuständig, aber der Bund wirkt (gemäß Art. 91 GG) im Rahmen der Gemeinschaftsaufgabe „Verbesserung der regionalen Wirtschaftsstruktur“ an der Regionalförderung mit. Bund und Länder tragen die Kosten für die regionalen Aktionsprogramme je zur Hälfte. Der Rahmenplan der Gemeinschaftsaufgabe wird von einem Planungsausschuß, dem unter Vorsitz des Bundeswirtschaftsministers Vertreter des Bundes und der Länder angehören, für eine fünfjährige Planperiode beschlossen und jährlich an die Entwicklung angepaßt. Die Durchführung der regionalen Förderungsmaßnahmen obliegt dann ausschließlich den Ländern. Im Rahmen der sektoralen Strukturpolitik wirken ebenfalls legislative und exekutive Organe von Bund und Ländern manchmal zusammen. So sind beispielsweise die Bergbauländer Nordrhein-Westfalen und Saarland meist an Maßnahmen der Steinkohlenbergbaupolitik und die Küstenländer Schleswig-Holstein, Niedersachsen, Hamburg, Bremen und Mecklenburg-Vorpommern an Entscheidungen der Schiffsbaupolitik beteiligt. Auch die Kommunen sind in einigen Bereichen Träger von Wirtschaftspolitik, so insbesondere bei der Industrieansiedlungspolitik und beim Ausbau der wirtschaftsnahen Infrastruktur.

Die Wirtschaftspolitik bewegt sich hauptsächlich im Kräftedreieck Regierung, Parlament und öffentliche Wirtschaftsverwaltung, das nach dem Prinzip der Gewaltenteilung eine gewisse Balance der Kräfte gewährleisten soll. Im Laufe der Zeit hat sich jedoch mit der Ausdehnung der Aufgaben der öffentlichen Verwaltung eine Verschiebung im Kräftedreieck der Staatsgewalten ergeben, indem die Ministerialbürokratie immer mehr zum Initiator politischer Entscheidungen geworden ist. Kaum ein Minister der Regierung ist aufgrund der Komplexität der Aufgaben und der politischen Überlastung noch in der Lage, seinen gesamten Geschäftsbereich zu übersehen und den Beamten seines Hauses konkrete Anweisungen zu geben. Gegen den Beamtenapparat seines Ministeriums kann kein Minister regieren, weil er auf den Sachverstand der Ministerialbürokratie angewiesen ist und sich ohne deren Zuarbeitung nicht politisch profilieren kann. Auch die Parlamentarier können meist nur einen kleinen Ausschnitt der anstehenden Gesetzesvorhaben aus eigener Fachkompetenz beurteilen und sind dem Expertenwissen der Exekutive häufig unterlegen. So stammen die meisten Gesetzentwürfe aus der Feder der sachkompetenten Ministerialbürokratie, die häufig die geplanten Regelungen des Gesetzes schon mit gesellschaftsrelevanten Gruppen abgeklärt und so vorformuliert hat, daß kaum noch Änderungen im eigentlichen Gesetzgebungsverfahren möglich erscheinen. Die Verwaltung, die nach der Verfassung nur Gesetze durchführen sollte, avanciert faktisch zum eigentlichen Gesetzesgestalter. Dagegen bleibt dem Parlament lediglich noch eine notarielle Funktion zur Beglaubigung und Inkraftsetzung der von der Exekutive formulierten Gesetze. Aber nicht nur die gesetzgebende Funktion des Parlamentes, sondern auch die Ausübung der Kontrollfunktion gegenüber der Exekutive wird geschwächt, wenn die Parlamentarier nicht mehr fähig sind, den Kenntnisvorsprung der Ministerialbürokratie einzuholen. Die Vorherrschaft der Ministerialbürokratie bei der Gesetzesinitiative bringt noch eine andere Gefahr mit sich, indem - gemäß dem typischen Absicherungsprinzip der öffentlichen Verwaltung - meist nur kleine Schritte zur Lösung eines Problems gewagt werden. Wenngleich damit einerseits größere Risiken wirtschaftspolitischen Handelns vermieden werden können, so kommen doch andererseits kaum dauerhafte Lösungen und ordnungspolitische Reformen zustande. Hinsichtlich der notwendigen Deregulierungspolitik hat ein derartiges Vorgehen häufig zur Folge, daß durch Staatseingriffe entstandene Probleme immer nur durch winzige Korrekturen der staatlichen Regulierungen angegangen werden, statt sie durch Deregulierung endgültig zu lösen.

3.1.3 Organisationsstruktur

Vielfach wird unterschätzt, daß die Organisationsstrukturen öffentlicher Verwaltungen auch auf politische Zielsetzungen und wirtschaftspolitische Instrumentenauswahl einwirken sowie zu Wirtschaftssystemverformungen führen können. Dabei ist offensichtlich, daß beispielsweise organisatorische Gliederungen der Regierung in Branchenministerien und innerorganisatorische Gliederungen der Ministerien nach sektoralen Kriterien die Einschleusung von Partial- und Gruppeninteressen in die Wirtschaftspolitik begünstigen. Organisationsstrukturen öffentlicher Institutionen können also - gewollt oder ungewollt - Machtpositionen von Gruppen in der Gesellschaft begründen bzw. festigen. So kann selbst ein Wirtschaftsministerium, das in einer marktwirtschaftlichen Ordnung vor allem Allgemeininteressen wahrnehmen und hierbei den Wettbewerb im Interesse der Verbraucher schützen soll, infolge einer vorwiegend auf Produzentenprobleme zugeschnittenen Organisationsstruktur in seinen ordnungspolitischen und gesamtwirtschaftlichen Funktionen beeinträchtigt und gleichsam zum vorwiegenden Sachwalter von Partial- und Produzenteninteressen werden.

Im folgenden werden anhand der **Organisationsstruktur des Bundesministeriums für Wirtschaft und Technologie** (Stand Mai 1999) Schwachstellen der Organisation und Erklärungsansätze für typische Verhaltensweisen wirtschaftspolitischer Entscheidungsträger herausgefiltert.[44]

Die Organisationsstruktur des Bundesministeriums für Wirtschaft und Technologie, die auf dem hierarchischen Prinzip der Über- und Unterordnung und der vertikalen Stufenanordnung beruht, findet ihren Niederschlag in einem **vierstufigen Liniensystem**. Die Linienorganisation ist so aufgebaut, daß jede Organisationseinheit nur durch eine einzige Linie mit der übergeordneten Leitungsinstanz

[44] Dabei stütze ich mich insbesondere auf die Erfahrungen aus meiner 15jährigen Tätigkeit im Bundeswirtschaftsministerium, die wegen der nahezu unveränderten Grundstruktur des Ministeriums auch heute noch repräsentativ sind.

verbunden ist. Die Organisationsstruktur des Ministeriums weist vier Ebenen auf, und zwar als Basis eine breite Referatsebene und darüber drei gestufte Leitungsebenen. Entlang dem **vertikalen Liniensystem** verläuft der **Dienstweg**, auf dem prinzipiell die Kommunikation im Ministerium stattfindet.

Vereinfachtes Schema der Linienorganisation

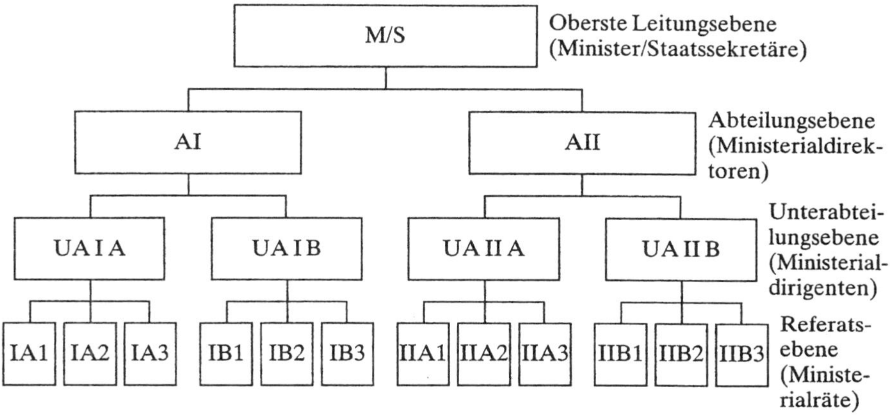

Auf der **obersten Leitungsebene** fungiert in der Spitzenfunktion der Bundesminister für Wirtschaft und Technologie, der von zwei beamteten Staatssekretären unterstützt wird. Der Minister trifft in der Regel alle bedeutenden Sachentscheidungen im Einvernehmen mit den beamteten Staatssekretären. Ferner wird der Minister von einem parlamentarischen Staatssekretär bei der Erfüllung seiner politischen Aufgaben gegenüber dem Parlament unterstützt. Zudem ist der Minister von einem Leitungsstab umgeben, dem ein Leiter im Range eines Ministerialdirigenten vorsteht und dem neben dem persönlichen Referenten des Ministers noch ein Parlament- und Kabinettreferat, ein Pressereferat und ein Referat für Öffentlichkeitsarbeit zuarbeiten. Die drei Staatssekretäre haben gleichfalls je einen persönlichen Referenten, die - wie auch der persönliche Referent des Ministers - in der Regel eine beträchtliche Macht ausüben können, weil kaum etwas an ihnen vorbei an die oberste Leitung geht und sie vieles in Eigenverantwortung entscheiden.

Hauptfiguren auf der obersten Leitungsebene sind neben dem Minister die beiden beamteten Staatssekretäre, die meist dem Befähigtenpotential des eigenen Ministeriums entstammen. Der parlamentarische Staatssekretär, der als Bundestagsabgeordneter von außen in das Ministerium gekommen ist, kann je nach fachlicher Eignung und ihm eventuell zusätzlich zu den Verbindungsaufgaben noch übertragenen fachlichen Sonderaufgaben ebenfalls zu einer beachtlichen Figur im Kräftespiel des Ministeriums werden. Allerdings kann er bei mangelnder fachlicher Qualifikation und Beschränkung auf vorwiegend repräsentative Aufgaben (z. B. Vertretung des Ministers bei weniger bedeutsamen Verbändeveranstaltungen oder Einweihungen) auch nur zu einer Randfigur der obersten Leitungsebene werden. Solche verwaltungsmäßigen „Laienschauspieler“ werden meist vom Beamtenapparat nicht ernst genommen.

Unterhalb der ministeriellen Leitungsebene kommt die **Abteilungsleiterebene**, die sich derzeit aus sieben Abteilungen zusammensetzt. Dem einen beamteten Staatssekretär unterstehen die Abteilung I (Wirtschaftspolitik), Abteilung II (Mittelstandspolitik, Handwerk, Dienstleistungen, Freie Berufe), Abteilung VI (Technologie- und Innovationspolitik; Neue Bundesländer) und Abteilung VII (Telekommunikation und Post). Der zweite Staatssekretär ist für die Abteilung Z (Zentral- und Personalabteilung), Abteilung III (Energie), Abteilung IV (Gewerbliche Wirtschaft; Industrie, Umweltschutz) und Abteilung V (Außenwirtschafts- und Europapolitik) zuständig. Die Abteilungsebene stellt die Verbindung zwischen der politischen Führung und der Fachebene des Ministeriums her. Die Abteilungsleiter, die in der Regel Ministerialdirektoren sind, gelten als politische Beamte, von denen erwartet wird, daß sie mit den grundsätzlichen politischen Ansichten der Regierung übereinstimmen. Sie können jederzeit in den einstweiligen Ruhestand versetzt werden, wenn beispielsweise das Vertrauensverhältnis zu ihrem Minister gestört ist. Daran wird deutlich, daß die Abteilungsleiter mehr zur politischen Führungsebene als zur reinen Fachebene des Ministeriums zu rechnen sind.

Der Abteilungsebene folgt die **Unterabteilungsebene** (aus 23 Unterabteilungen bestehend). Nach der Gemeinsamen Geschäftsordnung der Bundesministerien (GGO) sollen Unterabteilungen nur dann gebildet werden, wenn sie erforderlich sind und dabei mindestens je fünf Referate zusammengefaßt werden. Die Unterabteilungen, die in der Regel von einem Ministerialdirigenten geleitet werden, sollen vor allem die fachliche Arbeit der ihnen unterstellten Referate anregen und koordinieren.

Die unterste Ebene ist die **Referatsebene** (aus 143 Referaten bestehend), die das eigentliche Rückgrat des Ministeriums bilden. In der GGO wird das Referat als „die tragende Einheit im organisatorischen Aufbau des Ministeriums" bezeichnet. Ferner wird festgelegt, daß „jede Arbeit in einem Ministerium einem Referat zugeordnet sein (muß)"[45], wodurch für die Referate quasi Informationsmonopole hinsichtlich jeden Vorgangs geschaffen werden. Verankert wird die starke Stellung der Referate auch dadurch, daß jeder Referatsleiter sein Referat in eigener Verantwortung verwaltet und stets die erste Entscheidung in allen Referatsangelegenheiten hat. Entsprechend der fachlichen Kompetenz und Verantwortung hat sich eine selbstbewußte Schicht von Referatsleitern herausgebildet, ohne die ein Ministerium nicht funktionsfähig wäre.

Die **wirtschaftspolitischen Grundsatzreferate** der Abteilung I, die das ordnungspolitische Gewissen des Bundesministeriums für Wirtschaft und Technologie sind, haben darauf zu achten, daß bei allen wirtschaftspolitischen Vorhaben und Maßnahmen weitestmöglich marktwirtschaftliche Prinzipien beachtet werden. Ihre Kontrahenten im Ministerium sind oft die **Fachreferate** von branchenmäßig gegliederten Fachabteilungen, die sich meist als Betreuer bestimmter Wirtschaftszweige fühlen. Da die Fachabteilungen nicht nur informatorische Zuliefererfunktionen für die wirtschaftspolitische Abteilung I haben, sondern bei sie berührenden Grundsatzfragen auch mitsprechen wollen, haben sie sich fast alle im Laufe der Zeit eigene fachbezogene Grundsatzreferate erkämpft. Die Grundsatzreferate der Fachabteilungen treten in Wettbewerb zu den wirtschaftspolitischen Grundsatzre-

---

[45] Bundesministerium des Inneren, 1974, S. 10.

feraten der Abteilung I, welcher aber keineswegs immer zu optimalen Ergebnissen führt. Häufig können die wirtschaftspolitischen Grundsatzreferenten, deren Stärke vor allem in umfangreicheren Kenntnissen der Wirtschaftstheorie und in einem eher geschlossenen ordnungspolitischen Leitbild liegt, dem informatorischen Wettbewerbsvorsprung hinsichtlich der konkreten Problemlage, den die Grundsatzreferate der Fachabteilungen aufgrund ihrer besseren Kenntnis der Situation der Wirtschaftszweige und ihrer Verbindungen zu den Wirtschaftsverbänden haben, nichts Adäquates entgegensetzen. Besonders bei drängenden strukturpolitischen Problemen unterliegen die ordnungspolitischen Philosophen des Ministeriums, welche die reine Lehre der marktwirtschaftlichen Ordnungspolitik hochhalten wollen, nicht selten den geballten Fach- und Detailkenntnissen ihrer Ministeriumskollegen, die ihrerseits wieder von Branchenverbänden bedrängt werden. Die marktwirtschaftliche Philosophie und die deklarierte marktkonforme Strukturanpassungspolitik haben zwar in den Sonntagsreden der Ministeriumsleitung einen hohen, aber im harten strukturpolitischen Geschehen kaum einen nennenswerten Stellenwert. Hieraus erklärt sich, daß strukturpolitische Konzeption und Wirklichkeit weit auseinanderklaffen.

Die **hauptsächliche Schwäche** der Organisationsstruktur des Bundesministeriums für Wirtschaft und Technologie besteht darin, daß die noch aus der ersten Nachkriegszeit stammende Grundstruktur mit einer vorwiegend branchenorientierten Referatsgliederung in den Fachabteilungen der gewandelten Aufgabenstellung des Ministeriums nicht mehr gerecht wird. Erfahrungsgemäß öffnen branchenmäßig gegliederte Organisationsstrukturen breite Einfallstore für partikulare Verbands- und Gruppeninteressen. Ferner ist die Referatsstruktur ausgewuchert, was auch zur Bildung von Minireferaten mit nur geringen Zuständigkeiten und dementsprechend wenigen Mitarbeitern geführt hat. Dadurch ist der innerministerielle Koordinierungsbedarf enorm gewachsen. Zweifelhaft ist auch, ob es neben der Abteilungsebene noch eine Unterabteilungsebene geben muß. In der Ministeriumspraxis nehmen Abteilungs- und Unterabteilungsleiter - unabhängig von ihrem Status - häufig die gleichen Aufgaben wahr.

Zweckmäßiger wäre ein konzeptionell orientiertes **Organisationsmodell für das Bundesministerium für Wirtschaft und Technologie**[46], das sich an folgenden Prinzipien und Zielsetzungen ausrichtet:

- Schaffung einer konzeptionsorientierten Organisationsstruktur, d. h. Ausrichtung der Ministeriumsgliederung an der wirtschaftspolitischen Konzeption der Bundesregierung, deren drei Säulen die Ordnungspolitik (insbesondere Wettbewerbspolitik), die Konjunktur- sowie die Strukturpolitik sind. Dementsprechend ergibt sich eine Konzentration der Organisation auf drei Abteilungen:

  a) Abteilung I: Grundsätze der Wirtschaftspolitik/Wirtschaftsordnungspolitik
  b) Abteilung II: Konjuntur- und Wachstumspolitik
  c) Abteilung III: Strukturpolitik.

- Zurückdämmung von gemeinwohlgefährdenden Einflüssen der Verbände und Interessenorganisationen durch eine an der wirtschaftspolitischen Gesamtkon-

[46] Das bei meinem Ausscheiden aus dem Bundeswirtschaftsministerium und nach der Übernahme eines universitären Lehrstuhls vorgeschlagene Organisationsmodell ist immer noch aktuell. Vgl. H.-R. Peters, 1975b, S. 79 ff.

zeption ausgerichteten und weitgehend gruppenneutralen Organisationsstruktur, welche die Einschleusung von Gruppeninteressen in die Wirtschaftspolitik erschwert.
- Straffung der Organisationsstruktur zwecks Minderung des Koordinierungsbedarfs, kürzeren Instanzenwegen und schnelleren Entscheidungsfindungen. Deshalb wird vorgeschlagen, die ziemlich überflüssige Unterabteilungsebene völlig wegfallen zu lassen und die jetzt 143 Referate - von denen nicht wenige Minireferate sind - auf ca. die Hälfte und dann meist größere Referate zu reduzieren.
- Verbesserung der Entscheidungsvorbereitung, unter anderem durch Stärkung der Teamarbeit und Bildung mobiler Projektgruppen. Letztere sollen vor allem dazu dienen, neue und spontan auftretende Aufgaben schnell und möglichst reibungslos zu lösen.
- Stärkung der eigenen Sachkompetenz der Leitung auf allen Ebenen durch Einführung des Kollegialprinzips zur Erreichung ausgewogener Entscheidungen.

Die vorgeschlagene Organisationsstruktur könnte dazu beitragen, daß das Bundesministerium für Wirtschaft und Technologie seine wesentliche Aufgaben, nämlich die marktwirtschaftliche Ordnung in allen Bereichen zu vervollkommnen, besser wahrnehmen kann. Von dieser Funktion einer ordnungspolitischen Schaltzentrale ist jedoch dieses Ministerium, das mittlerweile auf den Rang eines weniger bedeutsamen Industrie- und Technologieministeriums zurückgestuft worden ist, weit entfernt.

3.2 Beeinflussungsfaktoren der Wirtschaftspolitik

3.2.1 Hauptsächliche Beeinflussungskräfte

Zu den **hauptsächlichen Beeinflussungskräften** der Wirtschaftspolitik gehören:

- **Parteien**
- **Verbände**
- **Gewerkschaften**
- **Massenmedien**
- **Wirtschaftswissenschaftler**.

Politische Parteien sind für die Funktionsfähigkeit der parlamentarischen Demokratie unentbehrlich. Nur bei Parteienbildung kommt es in der Massendemokratie zu politischen Handlungseinheiten, die danach streben, ihren Repräsentanten ein Mandat im Parlament zu verschaffen und möglichst auch die Regierungsmacht zu erringen. Demnach sind Parteien für die Organisierung von Wahlen und die Aufstellung von Wahlkandidaten notwendig. Darüber hinaus dienen politische Parteien als Sammelbecken von Meinungen im politischen Willensbildungsprozeß. Jede Partei fungiert quasi als Transformator, indem sie aus der Vielfalt der Auffassungen eine einheitliche Parteimeinung zu bilden versucht, die dann mit programmatischen Aussagen anderer Parteien in Wettstreit tritt. Im Verfassungssystem der Bundesrepublik Deutschland ist den politischen Parteien eine Sonderstellung unter den vielfältigen Meinungsträgern eingeräumt worden, indem ihnen verfassungsrechtlich (gemäß Artikel 21 GG) die Aufgabe zugewiesen worden ist, bei der politischen Willensbildung des Volkes mitzuwirken. Damit sind die Parteien zwar nicht zu einem Verfassungsorgan, aber immerhin zu einer verfassungsrechtlichen Institution geworden.

Obwohl Parteimitglieder, die als Abgeordnete im Parlament oder als Minister in der Regierung wirtschaftspolitische Funktionen ausüben, zu den Trägern von Wirtschaftspolitik gehören, sind die politischen Parteien in ihrer organisatorischen Gesamtheit eher zu den Beeinflussungskräften der Wirtschaftspolitik zu rechnen. Beschlüsse von Parteigremien können zwar die Regierung und das Parlament nicht binden, aber dennoch deren wirtschaftspolitische Vorhaben beeinflussen. Ferner führt in Demokratien die Parteienkonkurrenz oft dazu, daß sich die Parteien in Wahlversprechungen überbieten und damit große Erwartungen bei den Wählern, z. B. bezüglich der Gewährung von Subventionen und anderen Strukturhilfen, geweckt werden. Wahlversprechungen der zur Regierungsmacht gelangten Partei(en) müssen eventuell später von der Regierung eingelöst werden. Politische Parteien üben also beachtlichen Einfluß auf die Wirtschafts- und Finanzpolitik aus.

Zu den Prinzipien einer freiheitlichen Wirtschafts- und Gesellschaftsordnung gehört die **Vereinigungsfreiheit**, die auch den Angehörigen von Berufsgruppen und Branchen das Recht gewährt, sich zur Wahrung ihrer Wirtschafts- und Berufsinteressen zu **Verbänden** zusammenzuschließen. Oft entsteht durch derartige Zusammenschlüsse in Verbänden ein beträchtliches Machtpotential, das sowohl auf bestimmte Staatsfunktionen als auch auf die Lebens- und Arbeitsbedingungen anderer Bürger einwirken kann. Allerdings wird gelegentlich das Machtpotential der **Wirtschaftsverbände** weit überschätzt. In parlamentarischen Demokratien mit vielfältigen „checks and balances" und in funktionsfähigen Marktwirtschaften mit permanenter Wettbewerbskontrolle kann die Macht der Wirtschaftsverbände kaum jemals so groß werden, daß die staatlichen Entscheidungsträger lediglich zu Erfüllungsgehilfen der Interessengruppen degradiert und alle Machtpositionen von den Verbänden usurpiert werden. Allerdings können manche Interessenverbände ihre Partialinteressen viel radikaler und kompromißloser vertreten als beispielsweise (Volks-)Parteien, die im Hinblick auf ihre Wahlchancen ein möglichst breitgefächertes Interessenspektrum bei ihrer Einflußnahme auf die Wirtschaftspolitik berücksichtigen müssen.

Die pluralistische Gesellschaft weist eine Vielfalt von Berufs- und Wirtschaftsverbänden auf, deren Rechtsform vom eingetragenen Verein mit freiwilliger Mitgliedschaft bis zur öffentlich-rechtlichen Kammerorganisation mit Pflichtmitgliedschaft reicht. So hat der Staat den **Industrie- und Handels-, Handwerks- und Landwirtschaftskammern** bestimmte Aufgaben bei der Beratung von Behörden und in der Berufsausbildung übertragen. Neben diesen Aufgaben operieren die Kammern als Selbstverwaltungsorgane der Wirtschaft noch in einem autonomen, nicht gesetzlich geregelten Wirkungsbereich. Im Gegensatz zu den **Branchenverbänden**, die Produzenten mit mehr oder weniger homogener Gütererzeugung umfassen, ist die Zusammensetzung der Mitglieder einer Industrie- und Handelskammer heterogen, und dementsprechend sind die Interessen der Kammerangehörigen vielfältiger. Schon allein das Erfordernis des Ausgleichs unterschiedlicher Interessen der Kammermitglieder einer Region läßt kaum massive Pressure-group-Methoden zu und macht die Forderungen aus dem Bereich der Kammern „ausgewogener" und weniger auf die Durchsetzung einseitiger Gruppeninteressen gerichtet.

Neben den Kammern sind für die Wirtschaftspolitik vor allem die **Branchenverbände** der privaten und auch der kommunalen Wirtschaft von Bedeutung. Fast alle diese Verbände nehmen **interne und externe Funktionen** wahr. Der interne Aufgabenbereich umfaßt etwa das, was als das Selbsthilfesystem der Wirtschaftsverbände umschrieben werden kann. Hier sind vor allem die unentgeltlichen Verbandsdienste der Information und Beratung der Verbandsmitglieder einzuordnen. Die von manchem Verband organisierte überbetriebliche Rationalisierungshilfe für ihre Mitglieder durch Betriebsberatung, Schulungskurse und dergleichen hat dazu geführt, daß gelegentlich Branchenprobleme durch Selbsthilfe gelöst werden konnten. Natürlich ist es ordnungs- und strukturpolitisch positiv zu bewerten, wenn die Verbände diesen Weg der reinen Selbsthilfe beschreiten und den Staat nicht zu Hilfen drängen. Häufig unternehmen Branchenverbände jedoch keine großen Anstrengungen, um Branchenprobleme aus eigener Kraft zu lösen, sondern sie fordern bei Schwierigkeiten in ihrem Wirtschaftszweig sofort lautstark Staatshilfe. Diese Branchenverbände legen das Schwergewicht ihrer Tätigkeit in den externen Funktionsbereich. Ihre Hauptaufgabe im externen Funktionsbereich sehen erfahrungsgemäß viele Wirtschaftsverbände darin, die Interessen des Verbandes bzw. seiner Mitglieder in der Wirtschaftspolitik der staatlichen Instanzen durchzusetzen und dabei ein Maximum von Vorteilen für die jeweilige Gruppe herauszuholen und eventuelle Nachteile für die Verbandsmitglieder auf ein Minimum zu begrenzen.

Bei dem zentralen Bestreben der Politikbeeinflussung erfüllen die Wirtschaftsverbände gelegentlich noch bestimmte Nebenfunktionen, die zum Teil auch für die Wirtschaftspolitik nützlich sind. So kann die **Beratung** staatlicher Instanzen durch die Fachverbände bei schwierigen Fachfragen eine Hilfe sein und die Verwaltung u. U. vor dem Erlaß nicht praktikabler Rechtsverordnungen oder anderweitiger Regelungen bewahren. Jedoch erfolgt die Beratung staatlicher Instanzen durch Branchenverbände nur selten unter völliger Ausklammerung der speziellen Verbandsinteressen, die mit den gesamtwirtschaftlichen und gesellschaftlichen Interessen häufig nicht übereinstimmen. Ein Wirtschaftsverband würde seine ureigenste Funktion, nämlich die Wahrnehmung der Interessen seiner Mitglieder, nicht erfüllen, wenn er bei der Beratung öffentlicher Stellen nicht gleichzeitig versuchen würde, die speziellen Gruppeninteressen so weit wie möglich durchzusetzen. Den staatlichen Instanzen verbleibt dann die schwierige Aufgabe, den fachlichen und interessenneutralen Teil von dem interessendurchwobenen Teil der Beratung zu trennen. Gelegentlich werden schwer erkennbare Sonderinteressen erst durch Hinzuziehung von Verbänden mit gegensätzlichen Interessen deutlich.

Erfahrungsgemäß konzentriert sich das Hauptinteresse der Branchenverbände darauf, **Einkommensvorteile** für ihre Mitglieder entweder in Form von **Branchensubventionen** und **Steuervergünstigungen** oder durch **Marktzugangs-** und **Wettbewerbsbeschränkungen** zu erlangen. Um den erstrebten Zweck der Einkommenssteigerung mit Staatshilfe nicht allzu deutlich werden zu lassen, versuchen die Branchenverbände häufig, die Ziele ihrer Forderungen zu tarnen bzw. ihnen einen gemeinnützigen Anstrich zu geben. Besonders Verbände aus dem kommunalen Versorgungsbereich erwecken manchmal den Eindruck, als würden sie bei dieser oder jener Forderung eine rein altruistische Haltung einnehmen und stets nur das Gemeinwohl im Auge haben. Meist gehört jedoch die Selbstlosigkeit bei Forderungen von Interessenverbänden mehr in den Bereich der **Verbände-Mytho-**

logie als in den der Wirklichkeit. Eine ausgewogene Interessenwahrnehmung läßt sich bei bestimmten Spitzenverbänden der Wirtschaft, wie z. B. des Deutschen Industrie- und Handelstages, feststellen. Diese Dachorganisation kann schon allein aufgrund ihres breiten Interessenspektrums keine einseitigen Gruppeninteressen vertreten. Die Verbraucherseite, die sich nur schwer organisieren läßt, hat zwar auch einige verbandsmäßige Fürsprecher (z. B. Verbraucherverbände, Verbraucherberatung), aber diese haben bei weitem kein solches Gewicht wie die bedeutenden Verbände der Produktions- und Anbieterseite. Auf dem Gütermarkt ist der Konsument aufgrund der Konsumfreiheit und seiner Kaufkraft häufig König, auf dem „Markt für Staatshilfen" behandelt dagegen der Staat die Verbraucher(schutz)verbände eher wie Bettelorden, denen aus dem riesigen Subventionstopf nur ein paar kümmerliche Almosen zuteil werden.

Auch die **Gewerkschaften** als Interessenvertretungen von Arbeitnehmern gehören zu den bedeutenden Beeinflussungskräften der Wirtschaftspolitik. Zum einen beeinflussen sie die Konjunktur- und Einkommenspolitik, indem sie durch kollektive Vereinbarungen mit den Arbeitgeberverbänden die Löhne und Gehälter von Arbeitnehmern in Tarifverträgen festlegen. Zum anderen drängen sie die Ordnungspolitik zum Ausbau der betrieblichen Mitbestimmung für die Arbeitnehmer. Nicht zu unterschätzen sind auch die **Massenmedien** Presse, Funk und Fernsehen als indirekte Beeinflussungskräfte, die zur Meinungsbildung in der Öffentlichkeit wesentlich beitragen und häufig wirtschaftspolitisches Handeln auslösen oder in bestimmter Richtung beeinflussen. Letztlich können auch **Wirtschaftswissenschaftler**, die als anerkannte Experten in der Öffentlichkeit hervortreten oder als Mitglieder in Beiräten oder Kommissionen bei wirtschaftspolitischen Instanzen mitwirken, Einfluß auf die Wirtschaftspolitik haben. In der Bundesrepublik Deutschland hat vor allem der Sachverständigenrat zur Begutachtung der gesamtwirtschaftlichen Entwicklung mit seinen jährlichen Gutachten und Sondergutachten einen manchmal spürbaren Einfluß auf die Wirtschafts- und Finanzpolitik der jeweiligen Bundesregierung ausgeübt.

3.2.2 Einflußpotential und Einflußformen

Das **Einflußpotential** der verschiedenen Beeinflussungskräfte der Wirtschaftspolitik kann meist auf einen oder mehrere der folgenden Faktoren zurückgeführt werden:

- **Programmattraktivität**
- **Mitglieder- und Sympathisantenstärke**
- **Marktmacht**
- **Fachliche Informationsvorsprünge**
- **Finanzkraft der Organisation**
- **Gesellschaftliches Störpotential**
- **Rückhalt in der öffentlichen Meinung**
- **Gruppensolidarität.**

Für das Einflußpotential der Parteien spielen vor allem die **Programmattraktivität** und die damit zusammenhängende **Mitglieder- und Sympathisantenstärke** eine wesentliche Rolle. Die Attraktivität des Parteiprogramms, die sich im Maß der Zustimmung zu den Zielen und Wegen der Wirtschafts- und Gesellschaftspolitik ausdrückt, bewirkt, daß sich die Mitglieder und Sympathisanten mit ihrer Partei identifizieren und Wähler von attraktiven Zielen angezogen werden. Das Wahlergebnis entscheidet dann letztlich darüber, ob eine Partei zur Regierungs(koalitions-)partei oder Oppositionspartei wird. Parteien, aus deren Reihen die Regierung hervorgeht, haben natürlich mehr Einflußmöglichkeiten auf die regierungsamtliche Wirtschaftspolitik als Oppositionsparteien, die über keine oder weniger direkte Zugänge zu den wirtschaftspolitischen Entscheidungsträgern der Regierung verfügen.

Der Parteienwettbewerb in der Demokratie dient dazu, daß die Wähler die Leistungen der Parteien vergleichen und bei ihrer Wahlentscheidung berücksichtigen können. Manchmal versuchen Parteien, die Wähler weniger durch vorzeigbare Leistungen als vielmehr durch **Versprechungen** anzuziehen. Damit wächst die Gefahr, daß sich die Parteien aus Eigeninteresse und wahltaktischen Gründen mit Versprechungen sozialer Wohltaten, die häufig keine oder kaum eine solide Finanzierungsbasis haben, zu übertreffen versuchen. Ein derartiger **verbaler Überflügelungswettstreit** kann durchaus wahlwirksam sein, besonders dann, wenn die Wähler schlecht informiert und deshalb nicht in der Lage sind, realisierbare von unrealisierbaren Versprechungen zu unterscheiden. Allerdings werden Parteien, die nach Regierungsantritt ihre Wahlversprechungen nicht erfüllen können oder wollen, **unglaubwürdig** in den Augen der Wähler und müssen mit Stimmenverlusten bei der nächsten Wahl rechnen. Insofern sind Wahlversprechungen auch Grenzen gesetzt, die nicht ungestraft von den Parteien überschritten werden können.

Natürlich versuchen Parteien ihren Einfluß auch dadurch zu festigen, daß sie ihre Beziehungen zu bestimmten gesellschaftlichen Institutionen pflegen und deren Anliegen bei ihrer Politik berücksichtigen. Während **Parteien**, die sich **christlichen Traditionen** verpflichtet fühlen, den Kontakt zu den **Kirchen** besonders pflegen und sich zumindest insgeheim auch Wahlunterstützung davon erhoffen, betrachten **sozialdemokratische Parteien** in der Regel die **Gewerkschaften** als ihren natürlichen Bündnispartner. Umgekehrt sehen auch viele Gewerkschaftler ihre politische Heimat vor allem in Parteien, die aus der Arbeiterbewegung hervorgegangen sind. Trotz der Verankerung der parteilichen Unabhängigkeit in manchen Gewerkschaftssatzungen haben sich in der Praxis häufig enge Beziehungen und auch personelle Verflechtungen zwischen den Gewerkschaften und sozialdemokratischen Parteien entwickelt.

Die Parteien sind auch bestrebt, strategische Positionen des öffentlichen und gesellschaftlichen Lebens mit Kandidaten ihrer Wahl zu besetzen. So versuchen sie oft, Parteimitglieder in den **öffentlichen Dienst** einzuschleusen, und zwar auch dann, wenn die favorisierten Kandidaten nicht die Laufbahnvoraussetzungen erfüllen. Die Parteien sichern sich durch derartige protegierte Seiteneinsteiger einflußreiche Positionen im öffentlichen Dienst, die eigentlich die Domäne eines weitgehend sach- und parteineutralen Berufsbeamtentums sein sollte. Ferner beeinflussen die Parteien auch die **Personalpolitik der Medien**, insbesondere bei der Besetzung von Positionen der öffentlich-rechtlichen Rundfunk- und Fernsehanstalten. Die Regel, wonach diese Anstalten ein ausgewogenes Programm zu gestalten haben, hat in der Praxis zum Proporzsystem bei der Besetzung wichtiger Posten mit Sympathisanten bestimmter politischer Parteien geführt. Selbst die **Besetzung**

höchster Gerichte, wie z. B. des Bundesverfassungsgerichts, ist nicht frei vom Proporzdenken. Der Einfluß der Parteien wächst regelmäßig in dem Maße, in dem es ihnen gelingt, die öffentliche Verwaltung, die öffentlich-rechtlichen Massenmedien und sogar die Gerichte mit Parteigängern oder parteipolitischen Sympathisanten zu durchdringen. Warnungen vor der Gefahr eines allmächtigen **Parteienstaates** sind also nicht gegenstandslos. Es ist keineswegs überflüssig, immer wieder daran zu erinnern, daß die Parteien nach der Verfassung nur an der Willensbildung des Volkes mitwirken, dem Volk aber nicht ihren Willen aufzwingen dürfen.

In einer parlamentarischen Demokratie mit Mehrparteiensystem, in der die politischen Parteien um Wählerstimmen konkurrieren, steigt in der Regel das Einflußpotential von Arbeitnehmerorganisationen mit ihrer Mitgliederzahl. So werden Gewerkschaften mit Millionen von Mitgliedern meist eher Gehör und stärkere Beachtung bei politischen Entscheidungsträgern finden als Arbeitnehmerorganisationen mit nur einigen hundert Mitgliedern und dementsprechend minimalem Wählerpotential. Allerdings kann auch eine **relativ kleine Gruppe** (z. B. Fluglotsen), wenn sie über ein hohes gesellschaftliches **Störpotential** (z. B. Streik während der Urlaubszeit) verfügt, häufig ihre Forderungen durchsetzen. Die Macht von **Wirtschaftsverbänden** ist oft weniger von der Zahl der dem Verband angehörenden Unternehmungen als vielmehr von der **Marktmacht** der Verbandsmitglieder bestimmt. So kann eine oligopolistisch strukturierte Branche mit wenigen marktstarken Unternehmungen, die manchmal ein wettbewerbsrechtlich nur schwer zu unterbindendes gleichförmiges (Kartell-)Verhalten an den Tag legen, die wirtschaftspolitischen Instanzen unter Druck setzen. Eine so strukturierte Branche kann z. B. durch bewußte Angebotsverknappung versuchen, vom Staat Branchensubventionen zwecks Produktionsstimulierung zu erhalten. In solchen Fällen kommt es besonders auf das Stehvermögen der politisch-staatlichen Instanzen an; denn wenn sie vorschnell strukturpolitische Hilfen gewähren, könnten sie eventuell ständig erpreßt werden. Abwarten ist bei derartigen **strukturpolitischen Erpressungsversuchen** unbedingt notwendig und meist auch die beste Problemlösung, weil kaum ein Wirtschaftszweig bei vorhandener Nachfrage eine marktmäßig unvorteilhafte künstliche Produktionsdrosselung über längere Zeit durchhalten wird.

Eine bedeutende Quelle von Verbandseinfluß sind oft fachliche Kenntnisse und Brancheninformationen, die Verbandsorganisationen von ihren Mitgliedern zusammentragen und zu Branchenanalysen zusammenfügen. Manchmal verfügt ein **Branchenverband** nicht nur über einen **Wissensvorsprung**, sondern auf bestimmten Fachgebieten (wie z. B. statistischen Erhebungen) sogar über ein absolutes **Informationsmonopol**. Da vor allem die Instanzen der sektoralen Strukturpolitik statistische Angaben und andere Informationen über das Branchengeschehen benötigen, sind sie oft auf Zulieferung von Informationen der Verbände angewiesen. Dabei müssen die strukturpolitischen Instanzen allerdings damit rechnen, daß die „kostenlosen" Verbandsinformationen möglicherweise interessengefärbt sind. Nicht selten können die strukturpolitischen Entscheidungsträger den interessendurchwobenen Teil nicht von dem fachneutralen Teil der Verbandsinformationen trennen, so daß bei Informationsverwendung für strukturpolitische Zwecke eventuell Gruppeninteressen begünstigt werden.

Einfluß auf die Wirtschaftspolitik kann auch von **Sachverständigenräten** und wirtschaftswissenschaftlichen Institutionen ausgehen, besonders dann, wenn diese über Informationsvorsprünge und sonst nicht beschaffbares Expertenwissen verfügen. So haben beispielsweise in der Bundesrepublik Deutschland die Gutachten des **Sachverständigenrates** über die gesamtwirtschaftliche Entwicklung regelmäßig zu einer Stellungnahme der Bundesregierung und manchmal zu unmittelbaren konjunkturpolitischen Maßnahmen geführt. Auch die periodischen Gemeinschaftsgutachten zur ökonomischen Lage, die von fünf **wirtschaftswissenschaftlichen Forschungsinstituten** vorgelegt werden, finden meist Beachtung und beeinflussen gelegentlich die Konjunkturpolitik. Gewisse zeitliche und sachliche Informationsvorsprünge bei einigen Forschungsinstituten resultieren vor allem aus regelmäßigen Unternehmensbefragungen, wobei unter anderem nach der Geschäftslage aufgrund der Auftragseingänge, den geplanten Investitionen und der erwarteten Preisentwicklung gefragt wird. Außer der Erarbeitung von Konjunktur- und Wachstumsanalysen tragen die wirtschaftswissenschaftlichen Forschungsinstitute auch zur **Strukturberichterstattung** bei. Alle Bundesregierungen haben bisher wegen ordnungspolitischer Bedenken darauf verzichtet, eigene Konjunktur- und Strukturprognosen aufzustellen. In der Tat besteht die Gefahr, daß bei immer möglichen **regierungsamtlichen Fehlprognosen** eventuell staatliche Hilfsmaßnahmen notwendig werden oder sogar Regreßansprüche von fehlgeleiteten Investoren gegenüber dem Staat erhoben werden. Die Regierung ist also auf die Konjunkturtests und Strukturanalysen der Forschungsinstitute angewiesen, wenn sie sich ein Bild über die konjunkturelle Situation und über die strukturelle Entwicklung machen will.

Die **Finanzkraft** von Organisationen spielt vor allem bei den Lohntarifparteien (Gewerkschaften und Arbeitgeberverbänden) auf dem Arbeitsmarkt eine wesentliche Rolle, weil sie konfliktstrategisches Handeln (z. B. Streiks, Aussperrungen) finanziell ermöglicht. Finanzstarke Verbände sind in der Lage, eine ausgedehnte Finanzorganisation für interne Aufgaben (wie Mitgliederberatung und -information) zu unterhalten. Zudem können sie auch externe Aufgaben der direkten und indirekten Politikbeeinflussung, z. B. durch Anstellung bezahlter Lobbyisten oder aufwendige Pressekampagnen, besser als mancher finanzarme Verband wahrnehmen. Allerdings garantiert die Finanzkraft allein noch nicht Schlagkraft und Erfolg eines Verbandes, sondern sie wird meist nur in Verbindung mit einem fähigen **Verbandsmanagement** die Verbandsmacht stärken. Eine allzu offen zur Schau gestellte Finanzstärke einer Interessenorganisation kann sich sogar gelegentlich als Handikap bei der Beeinflussung der Wirtschaftspolitik erweisen. So können sich politisch-staatliche Entscheidungsträger, die eventuell durch die Massenmedien auf Verbandsprotz aufmerksam geworden und wegen vermuteter Schmiergelder sensibilisiert worden sind, mit Rücksicht auf die öffentliche Meinung besonders zurückhaltend gegenüber **Big-money-Verbänden** verhalten. Auch finanzarme Gruppen und oft über keine Finanzmittel verfügende **Bürgerinitiativen** können - besonders bei Rückhalt in den Massenmedien und bei Verständnis einer breiten Öffentlichkeit für ihre Anliegen - einflußreich sein und gelegentlich eine infrastrukturpolitische Entscheidung in ihrem Sinne beeinflussen. Manche Bürgerinitiative erhält erst durch die demonstrative Betonung der Armut und Selbstlosigkeit ihrer Initiatoren die Weihe eines ziemlich idealistischen Anliegens, hinter dem sich dann eventuell um so handfestere politische und auch materielle Interessen verbergen können. Ein Verband erlangt gelegentlich erst dann nennenswerte Verbandsmacht, wenn er in den **Club etablierter Verbandsmächte** aufgenommen und als potentieller Koalitionspartner von anderen Verbänden akzeptiert worden ist. Erfahrungsgemäß verkrustet auch ein pluralistisches Verbandssystem relativ schnell und begünstigt dann meist die bestehenden Gruppen gegenüber denen, die sich erst herausbilden.

Der Einfluß auf die Lohn- und Einkommenspolitik, die wesentlich von den Gewerkschaften und Arbeitgeberverbänden geprägt wird, hängt besonders bei Arbeitskämpfen von der **Gruppensolidarität** ab. Je ausgeprägter die Gruppensolidarität innerhalb der Gewerkschaft bei einem Streik oder zwischen den Unternehmungen einer bestreikten Branche bei Aussperrungen ist, um so größer sind in der Regel die Chancen, die jeweiligen Interessen im Arbeitskampf durchzusetzen. Zudem besteht immer die Möglichkeit, daß die Regierung bei langandauernden Arbeitskämpfen veranlaßt wird, zur Schlichtung - eventuell durch eigene Ausgleichsmaßnahmen - beizutragen, um die zu erwartenden volkswirtschaftlichen Verluste zu begrenzen. Die Spitzenverbände der Wirtschaft bemühen sich regelmäßig um die Herstellung einer gewissen **Verbändesolidarität**, wenn es gilt, den wirtschaftspolitischen Instanzen die Meinung der Wirtschaft zu einer alle Wirtschaftszweige betreffenden Frage (z. B. hinsichtlich der Unternehmensbesteuerung) zu präsentieren. Dagegen versuchen die Branchenverbände, ihre speziellen Interessen meist im Alleingang zu realisieren, weil im Erfolgsfall oft nur die Angehörigen der betreffenden Branche davon Vorteile - häufig zu Lasten anderer Gruppen - haben und der betreffende Verband nicht vorzeitig Gegenkräfte anderer (belasteter) Gruppen wecken will. Allerdings kommen gelegentlich auch **unheilige Allianzen** vor, wie beispielsweise zwischen Gewerkschaften und Produzentenverbänden. Während die Gewerkschaften auf ihrem Hauptaufgabengebiet der Lohntarifverhandlungen durchweg gegensätzliche Interessen gegenüber den Arbeitgeberverbänden verfolgen, unterstützen sie auf dem Felde der sektoralen Strukturpolitik häufig die Forderungen von Produzentenverbänden nach Branchensubventionen oder wettbewerbsreduzierenden Regulierungen. Davon erwarten sie, daß bei Verbesserung der Absatz- und Ertragssituation durch Staatshilfen und -eingriffe auch die Spielräume für Lohnzugeständnisse der Arbeitgeber in den betreffenden Wirtschaftszweigen größer werden und Arbeitsplätze für ihre Mitglieder erhalten bleiben.

3.2.3 Sonderstellung der Parteien

Die **politischen Parteien** nehmen unter den Beeinflussungskräften der Wirtschaftspolitik eine Sonderstellung ein, weil sie stärker als alle anderen gesellschaftlichen Kräfte in den politischen Willensbildungsprozeß eingebunden sind. Die herausgehobene Stellung der Parteien kommt meist schon dadurch zum Ausdruck, daß ihnen verfassungsmäßig ein Mitwirkungsrecht an der politischen Willensbildung garantiert wird. Obwohl den Parteien nach vorherrschender Rechtsauffassung nur eine Mittlerrolle zwischen Gesellschaft und Staat zukommt, geht die Reichweite ihres Einflusses auf politische Entscheidungen des Staates de facto darüber hinaus. Dieses zeigt sich beispielsweise an der Wirkung von **Parteitagsbeschlüssen**, die zwar Parlamentarier und Regierungsmitglieder nicht rechtlich binden können, aber häufig dennoch eine faktische Bindungskraft entfalten. Obwohl die Abgeordneten der Parlamente an Aufträge und Weisungen nicht gebunden und nur ihrem

Gewissen unterworfen sind, werden sie sich scheuen, gegen Parteitagsbeschlüsse zu votieren. Die Furcht, eventuell wegen unsolidarischen Verhaltens von ihrer Partei nicht mehr als Kandidat bei den nächsten Wahlen aufgestellt zu werden, wird sie sicherlich oft abhalten, die Rechte des **ungebundenen Mandats** auszuüben. So kann sich aus dem rechtlich freien Mandat in der politischen Praxis ein quasi **imperatives Mandat** entwickeln.

Zudem ist den politischen Parteien ein Finanzierungsprivileg gegenüber anderen gesellschaftlichen Kräften eingeräumt worden, da ihnen ein wesentlicher Teil der Kosten für die Beeinflussung des politischen Willensbildungsprozesses aus öffentlichen Mitteln erstattet wird. So erhalten die Parteien unter bestimmten Bedingungen finanzielle Wahlkampfhilfen, die meist erfolgsabhängig in Form einer Wahlkampfkostenpauschale je errungener Stimme gewährt werden. Außerdem räumt der Staat **Steuervorteile für Parteispenden** ein, um Einkommensteuerpflichtige zu privater Mitfinanzierung von Parteien anzureizen. Um der Gefahr zu entgehen, daß die Parteien durch beträchtliche Parteispenden in die Abhängigkeit von privaten Geldgebern geraten, ist in der Bundesrepublik Deutschland die Höhe der steuerreduzierenden Spenden je Steuerpflichtigen auf ein relativ geringes Maß beschränkt worden. Zudem ist auch ausgeschlossen worden, daß private Spender zum Zwecke der Einflußnahme den Parteien über zwischengeschaltete gemeinnützige Organisationen Mittel zufließen lassen und sich mittels solcher „Geldwaschanlagen" Steuervorteile erschleichen können.

Die besondere Bedeutung der Parteien für den politischen Willensbildungsprozeß in der Gesellschaft zeigt sich auch daran, daß sie faktisch ein Vorschlagsmonopol bei der Aufstellung von **Wahlkandidaten** haben. Bei Wahlen zum Parlament können die Wähler nur unter den von den Parteien aufgestellten Kandidaten auswählen. Auch in den Städten und Gemeinden beherrschen die Parteien bei der Aufstellung von Wahlkandidaten eindeutig das Feld. Nur gelegentlich gelingt einer parteiunabhängigen Persönlichkeit ein Wahlerfolg. Selbst die Auswahl der leitenden Kommunalbeamten erfolgt in der Regel vorrangig nach ihrer Parteizugehörigkeit. Sogar auf den mittleren und unteren Verwaltungsebenen werden nicht selten Beamtenkarrieren durch eine bestimmte Parteizugehörigkeit begünstigt, weil die Parteien aus Eigeninteresse die **Politisierung der Beamtenschaft** betreiben. Dagegen verlangen die Prinzipien und das **Ethos des Berufsbeamtentums**, daß die Beamtenschaft gruppenneutral und somit parteiunabhängig bleibt. Faktisch beeinflussen jedoch die politischen Parteien die Personalpolitik des Staates auf allen Ebenen in einem bedenklichen Maße, so daß die Neutralität und damit auch die Sachbezogenheit staatlichen Verwaltungshandelns prinzipiell gefährdet erscheint. Die **parteipolitische Beeinflussung** von Personalentscheidungen im öffentlichen Dienst beeinträchtigt auch die **Gewaltenteilung** zwischen der (legitim aus Parteien hervorgegangenen) Legislative und der (illegitim von Parteien beeinflußten) Exekutive.

In der repräsentativen Demokratie laufen die politischen Abstimmungsverfahren zwischen den Interessen der Politiker und denen der Wähler meist nach folgendem Muster ab: Die politischen Parteien stellen Wahlkandidaten auf, die in der Regel der betreffenden Partei angehören oder zumindest als Sympathisanten gelten. Das Hauptinteresse des Wahlkandidaten besteht darin, gewählt oder wiedergewählt zu werden, um seine **Eigeninteressen** (wie z. B. Erlangung von Sozialprestige, Entscheidungsmacht und eventuell Einkommen) zu verwirklichen. Dabei können die Eigeninteressen durchaus **auch altruistische Verhaltensweisen** einschließen, indem sich beispielsweise ein Politiker in der Rolle des selbstlosen Anwalts der Armen und Entrechteten gefällt und die ihm dadurch in der Öffentlichkeit entgegengebrachte Verehrung genießt. Bei den Wahlen können die Wähler ihre Präferenzen dadurch zum Ausdruck bringen, daß sie diejenigen Kandidaten wählen, welche voraussichtlich ihre Interessen im Parlament oder in anderen politischen Gremien am besten vertreten werden. Da die Kandidaten in der Regel an die jeweiligen Programme ihrer Parteien gebunden sind, hat der Wähler nur beschränkte Sachalternativen. Faktisch hat er in einem Zwei- oder Mehrparteiensystem lediglich soviele Alternativen, wie sich Parteien mit unterschiedlichen Parteiprogrammen zur Wahl stellen. Zudem hat er nur die Wahl zwischen Gesamtprogrammen, und zwar auch dann, wenn ihm eine Mischung aus Teilen mehrerer Parteiprogramme mehr zusagen würde. So sieht sich der **rationale Wähler** oft gezwungen, das seiner Ansicht nach kleinere Übel zu wählen und sich für die Partei mit den ihn am wenigsten belastenden Programmpunkten zu entscheiden. Häufig enthalten die **Allerweltsprogramme** besonders der großen Volksparteien nur wenig konkrete Aussagen, so daß der Wähler bei seiner Wahlentscheidung hauptsächlich auf seine persönlichen Erfahrungen oder nur Vermutungen angewiesen ist. Allerdings würden auch programmatische Ankündigungen und konkrete Versprechungen, die den Wählern nicht glaubhaft erscheinen, den betreffenden Parteien wenig nutzen. Die **Glaubwürdigkeit einer Partei**, die auch von der Finanzierbarkeit ihres Parteiprogramms sowie von der Integrität und Sachkunde ihrer Repräsentanten abhängt, ist oft entscheidend für den Wahlausgang. Sind die Wähler mit der Interessenvertretung durch die gewählten Parlamentarier unzufrieden, so können sie ihre Wahlentscheidung nicht jederzeit (z. B. durch Abwahl) revidieren, sondern sie müssen in der Regel bis zum Ablauf der Legislaturperiode und bis zum neuen Wahltermin warten. Meist können die Wähler mit ihrer Stimmabgabe nur alle vier oder fünf Jahre Einfluß auf die Zusammensetzung der Parlamente nehmen und der siegreichen Partei formal zur Regierungsbildung verhelfen. Sie haben aber kaum eine direkte Möglichkeit, die Besetzung der wichtigen Leitungspositionen der Wirtschaftspolitik zu beeinflussen; denn der Wirtschaftsminister und die Staatssekretäre werden regelmäßig auf Vorschlag des Regierungschefs vom Staatsoberhaupt ernannt.

Für die Repräsentation von Wählerinteressen in den Parlamenten und anderen politischen Gremien sind vor allem die verschiedenen **Wahl- und Abstimmungsverfahren** bedeutungsvoll. Die Wahl der Abgeordneten zu den Parlamenten erfolgt in repräsentativen Demokratien nach verschiedenen Wahlsystemen, wobei sich alle Systeme entweder am Grundtyp der **Mehrheitswahl** oder am Grundtyp der **Verhältniswahl** orientieren. Beim **Mehrheitswahlrecht** gewinnt in jedem Wahlkreis diejenige Partei den Sitz im Parlament, die jeweils die höchste Stimmenzahl erzielt hat. Bei zwei Parteien gilt also diejenige als gewählt, die mehr als die Hälfte der Stimmen errungen hat. Bei mehr als zwei Parteien gilt diejenige Partei als gewählt, die mehr Stimmen als jede andere Partei auf sich vereinigt hat. Es handelt sich hier um eine **relative Mehrheit**. Erringt eine Partei mehr Stimmen als alle anderen Parteien zusammen, so hat sie mit **absoluter Mehrheit** den Parlamentssitz gewonnen. Als Vorteil des **Mehrheitswahlrechts** wird angeführt, daß es meist zu **eindeutigen Mehrheitsverhältnissen** im Parlament kommt. Als Nachteil wird dagegen vielfach angesehen, daß die **Stimmen der Minderheit**, die u. U. nur knapp unter der Stimmenzahl der Mehrheit liegen, völlig **unberücksichtigt** bleiben. Es fragt sich deshalb, ob die Mehrheitswahl nicht gegen die materielle Wahlgleichheit verstößt. Bei der reinen **Verhältniswahl** werden die Parlamentssitze auf die Parteien **proportional zu ihren Wählerstimmen** aufgeteilt. Um der Gefahr einer übermäßigen **Parteienzersplitterung** vorzubeugen, wird beim Verhältniswahlrecht manchmal eine **Sperrklausel** eingeführt. Demnach werden bei der Verteilung der Parlamentssitze nur diejenigen Parteien, die eine bestimmte Hürde (z. B. von 5%) stimmenmäßig übersprungen haben, berücksichtigt.

Ein reines **Mehrheitswahlrecht** führt meist zu einem **Zweiparteiensystem** und im long run zur **Verkrustung der Parteienlandschaft**, da kaum eine neue Partei aufkommen kann. So wird bei der Existenz von zwei Volksparteien kein rationaler Wähler einer dritten Partei, die kaum eine Chance zur Regierungsübernahme hat, seine Stimme geben. Das **Verhältniswahlsystem** fördert die Entwicklung eines **Mehrparteiensystems**. Mit dem Einzug von drei oder noch mehr Parteien ins Parlament wächst aber die Notwendigkeit zur Bildung von **Regierungskoalitionen**. Nur wenn eine Partei die absolute Mehrheit aller abgegebenen Stimmen erringt, erübrigt sich eine Koalitionsregierung. Regierungskoalitionen aus zwei oder mehr Parteien mit unterschiedlichen wirtschaftspolitischen Vorstellungen können dazu führen, daß die Wirtschaftspolitik mit **politischen Kompromissen** überfrachtet und somit auch konzeptionell keine klare Linie verfolgt wird. Demgegenüber können Regierungen, deren Minister der gleichen Partei angehören, eine eher dem **Grundwertekonsens in der Partei** und einer **wirtschaftspolitischen Konzeption** entsprechende Politik betreiben.

Die **Doppelnatur der politischen Parteien** zeigt sich insbesondere daran, daß sie einerseits rechtliche Gesellschaftsverbände sind und andererseits durch ihre gewählten Repräsentanten in der Legislative entscheidenden Einfluß auf den Staat ausüben. Ferner sind die aus den Parteien hervorgegangenen Abgeordneten in den Parlamenten zwar verfassungsrechtlich Vertreter des ganzen Volkes, aber faktisch (zumindest hinsichtlich der Wiederaufstellung als Wahlkandidat) von ihrer Partei abhängig. Obwohl den Parteien als Institutionen der politischen Willensbildung und als Wahlorganisationen primär eine Verbindungsaufgabe zwischen Staat und Gesellschaft zugedacht worden ist, sind sie längst über diese Rolle hinausgewachsen und haben sich nicht unwesentliche **Staatsfunktionen angeeignet**. Ohne Plazet der Regierungspartei(en) sind Personalentscheidungen in der Regierung und zumindest in den oberen Verwaltungsrängen faktisch kaum mehr möglich. Zudem initiieren die politischen Parteien aus wahlpolitischen Gründen fast **ständig Eingriffe des Staates zugunsten bestimmter (wahlrelevanter) Gruppen und zu Lasten Dritter**, die kaum der sozialen Gerechtigkeit dienen und somit auch nicht dem Sozialstaat gemäß sind. Auch auf wirtschaftspolitischem Gebiet nutzen die Parteien ihren Staatseinfluß und drängen insbesondere die strukturpolitischen Entscheidungsträger zu einer Branchenschutz- und Strukturerhaltungspolitik, die speziell auf ihre parteipolitischen Interessen zugeschnitten zu sein scheint. Besonders unter dem Einfluß der Parteien, die unter ständigem Zwang zur Wählersuche stehen, ist die Wirtschaftspolitik weitgehend zu einer **sektoralen Umverteilungspolitik zu Lasten der Wohlfahrt breiter Schichten** - insbesondere der Steuerzahler und Konsumenten - degeneriert. Dabei gerät die Wirtschaftspolitik oftmals in jene **„Rationalitätenfalle“**, deren Fehlkonstruktion darin besteht, daß die Wirtschaftspolitiker zwar im eigenen und im gesellschaftlichen Interesse möglichst hohe Zuwächse der allgemeinen Wohlfahrt wünschen, aber aus (falsch verstandener) politischer Rationalität eine protektionistische und wachstumsschmälernde Gruppenbegünstigungspolitik zu Lasten anderer betreiben.

Die **Vermischung von Partei- und Staatsinteressen** sowie die massive Durchsetzung von Partialinteressen zu Lasten von Gesamtinteressen der Bevölkerung **schwächt die Autorität des Staates** und verstärkt in der Öffentlichkeit den Eindruck vom Parteienstaat. Wenn jedoch letztlich die Parteien selbst zu entscheidenden Handlungseinheiten des Staates werden, muß die Fiktion von einer bloßen Mittlerrolle der Parteien zwischen Gesellschaft und Staat aufgegeben werden.

3.3 Neokorporatismus

In Anlehnung an den Begriff und in Abgrenzung zum Inhalt des Korporatismus früherer Zeiten wird unter **Neokorporatismus** die institutionelle Einbindung (Inkorporierung) von organisierten Interessenverbänden in den Willensbildungsprozeß der Politik verstanden. Besteht im Korporatismus eine ständestaatliche Ordnung, die den gesellschaftlichen Organisationen (Korporationen) die öffentliche Gewalt übertragen hat, so ist die Stellung der **Interessenorganisationen** im Neokorporatismus schwächer, indem sie nur - wenngleich institutionalisiert - an der **Vorformung der Politik** mitwirken können. In rechtsstaatlichen Demokratien können aufgrund von Vereinigungsfreiheit und Verbandsautonomie entstandene Interessenverbände nicht per Gesetz oder Anordnung zu einer Kooperation mit dem Staat gezwungen werden, sondern eine **institutionalisierte Zusammenarbeit** ist nur auf **freiwilliger Basis** möglich. Es muß also ein Anreiz für die Interessenorganisationen bestehen, daß sie sich auf eine Kooperation mit dem Staat einlassen. Zudem können sie jederzeit wieder eine eingegangene Kooperation aufkündigen, wenn sie mit der Verfahrensweise oder den Gesprächsresultaten der Kooperationsrunden nicht zufrieden sind. Neokorporatistische Zusammenarbeit zwischen Staat und Interessenverbänden kommt nur zustande, wenn beide Seiten sich davon einen Vorteil versprechen. Neokorporatistische **Interaktionsprozesse** können demnach als **Tauschphänomene** aufgefaßt werden, wobei im Rahmen von institutionalisierten Kooperationen politische und gesellschaftliche Kollektivgüter ausgetauscht werden. „Aus der Perspektive der politischen Ökonomie geht es den politischen Entscheidungsträgern gewissermaßen darum, die Produktionsbedingungen und Absatzchancen von politischen Gütern zu verbessern, die bereitzustellen sie sich im Wettbewerb um Wahlchancen verpflichtet haben.“[47] Die Interessenverbände dagegen sind an einer Kooperation nur dann und solange interessiert, wie sie davon direkte oder kompensatorische Vorteile erwarten. Kompensatorische Vorteile können z. B. darin bestehen, daß für Zugeständnisse auf einem Gebiet Sondervorteile auf einem anderen Gebiet erlangt werden. Oftmals ist eine solche Interaktion „nicht nur auf einkommenspolitische Tauschprozesse beschränkt, sondern weitet sich zu umfassenden ‚package deals‘ aus, in denen beispielsweise für gewerkschaftliche Lohnzurückhaltung steuer- und sozialpolitische Kompensationsleistun-

---

[47] M. E. Streit, 1988, S. 264.

gen erfolgen"[48]. Ein korporatistisches **Bündnis für Arbeit**, das die Arbeitslosigkeit verringern will, wird in der Regel von den Gewerkschaften gewisse Abstriche von möglichen Lohnsteigerungen fordern müssen. Akzeptieren die Gewerkschaften diese Forderung, verbessern sich voraussichtlich die Beschäftigungschancen von Arbeitslosen, während der Verzicht auf Lohnsteigerungen für die gewerkschaftlich organisierten Arbeitsplatzbesitzer ein Opfer darstellt, das diese nur dann zu erbringen bereit sind, wenn sie dafür auf andere Weise entschädigt werden. In solchen Fällen wird oft versucht, die angestrebten Beschäftigungssteigerungen durch Abwälzung von beschäftigungspolitischen **Lasten auf Dritte** - meist auf die Steuerzahler oder Sozialabgabepflichtigen - zu realisieren. So wird beispielsweise erwogen, den Übergang in die volle Rente mit 60 Jahren über **steuerfinanzierte Tariffonds** möglich zu machen. Bei korporatistischen Arrangements wird also in der Regel der **Staat** - und hier vorrangig der Steuer- und Sozialstaat - als **Entschädigungsleister** oder **Ausgleichszahler** benötigt.

Manchmal wird in der Praxis ein **Stabilitätspakt** geschmiedet, der lediglich **Absichtserklärungen** enthält, die weder die Gewerkschaften zur Lohnzurückhaltung noch die Arbeitgeber zur Mäßigung bei Preiserhöhungen verpflichten. Zusagen können die Vertreter der eingeladenen Spitzenverbände auch gar nicht machen, weil sie nicht in der Lage sind, diese bei den Mitgliedern der autonomen Branchenverbände und Einzelgewerkschaften durchzusetzen. Die Wahrscheinlichkeit, daß in solchen institutionalisierten Gesprächsrunden - wie der auf dem Stabilitäts- und Wachstumsgesetz von 1967 basierenden **Konzertierten Aktion** - Konjunktur- und Stabilitätsprobleme gelöst werden, ist verschwindend gering. Auch das **neue Bündnis für Arbeit**, das Ende 1998 gestartet wurde, hat bisher kaum nennenswerte Erfolge hinsichtlich des Abbaus der Massenarbeitslosigkeit erzielt. Wenn dennoch immer wieder solche korporatistischen Gesprächsrunden in institutionalisierter Form eingerichtet werden, so muß das andere Gründe haben. Ein wesentlicher Grund ist offensichtlich, daß es den politischen Entscheidungsträgern oft genügt, wenn derartige - mit viel Presserummel verbundene - Gesprächsrunden bei den Wählern den Eindruck von Tatkraft und Problemlösungskompetenz erwecken. Gelingt es, diesen Eindruck in der Öffentlichkeit zu verfestigen, so kann dieses sogar die politischen Instanzen entheben, unpopuläre und wahlchancenmindernde Maßnahmen zu ergreifen. Für die **Lohntarifvertragsparteien** (Gewerkschaften und Arbeitgeberverbände) ist eine Beteiligung an einer korporatistischen Verhaltensabstimmung stets dann interessant, wenn sie **mit Hilfe des Staates** auf politischem Wege ihre **Partialinteressen** sicherer oder stärker als durch tarifrechtliche Vereinbarungen durchsetzen können. So sind z. B. die Gewerkschaften im Rahmen des Bündnisses für Arbeit bestrebt, den Staat für Regelungen zu gewinnen, welche eine volle Rente mit 60 Jahren möglich machen. Dagegen sind die Arbeitgeberverbände beispielsweise daran interessiert, daß der Staat die Lohnfortzahlung im Krankheitsfall einschränkt und bestimmte Kündigungsregelungen erleichtert. Zudem benutzen häufig die Lohntarifvertragsparteien ein solches Bündnis dazu, dem **Staat** die Sorge für den **Abbau der Arbeitslosigkeit** allein aufzubürden und sich aus ihrer tarifpolitischen Verantwortung für die Steigerung des Beschäftigungsvolumens hinwegzuschleichen.

---

[48] S. Behrends, 1999, S. 97.

Bei den korporatistischen Verhaltensabstimmungen beschuldigen sich Gewerkschaften und Wirtschaftsverbände oft gegenseitig, nicht genügend kooperativ bzw. zu wenig zugeständnisbereit zu sein und dadurch kooperative Vereinbarungen zu blockieren. Besonders vor Gesprächsrunden eskalieren die gegenseitigen Beschuldigungen der Interessenverbände und nicht selten drohen einige Verbände an der korporatistischen Veranstaltung nicht mehr teilnehmen zu wollen. Die Regierungsvertreter sind dann stets bestrebt, die Wogen wieder zu glätten. Auf jeden Fall müssen nämlich die politischen Entscheidungsträger verhindern, daß die mit hohen Weihen und übergroßen Erwartungen versehenen Gesprächsrunden durch Auszug einer Partei platzen, weil ihnen dieses als politischer Mißerfolg angerechnet würde. So wird manchmal schon als Erfolg gewertet, daß die Gesprächsrunden trotz Meinungsverschiedenheiten fortgesetzt werden sollen. Es ist illusionär, Problemlösungen von solchen ritualisierten neokorporatistischen Interaktionen zu erwarten.

Der „**Mesokorporatismus**"[49] - der ausführlich im Rahmen der „Mesoökonomischen Interaktionstheorie der Wirtschaftspolitik" (siehe 13. Kapitel) behandelt wird - steht weniger im Licht der Öffentlichkeit. Die neokorporatistischen Interaktionen zwischen strukturpolitischen Entscheidungsträgern und Branchenverbänden oder Branchengewerkschaften finden häufig unter Ausschluß der Öffentlichkeit und der Medien hinter verschlossenen Türen in den Ministerien statt, was Problemlösungen und Einigungen zugunsten der Partialinteressen von Wirtschaftszweigen oder Einzelgewerkschaften und zu Lasten Dritter - insbesondere der Steuerzahler oder Konsumenten - begünstigt. „Erfahrungsgemäß entwickeln sich aus mesokorporatistischen Verflechtungen mit ursprünglichen Strukturanpassungszielen oftmals strukturpolitische Erhaltungsstrategien."[50] Bei Strukturerhaltungsstrategien werden die **Anpassungslasten** auf Kosten Dritter - sei es der Steuerzahler oder der Solidargemeinschaft der Sozialversicherten - **sozialisiert**.

Im Rahmen des Mesokorporatismus sind die politisch-staatlichen Instanzen meist bestrebt, sektoral- oder gruppenorientierte Entscheidungen **im Konsenswege** mit den betreffenden Wirtschaftszweigen oder Berufsgruppen zu treffen. Es ist jedoch **verfassungsrechtlich** und **ordnungspolitisch bedenklich**, wenn im demokratisch-parlamentarischen Prozeß nicht verantwortlich zu machende und in allgemeinen Wahlen nicht abwählbare Interessenvertreter maßgeblich **an wirtschaftspolitischen Entscheidungen** beteiligt werden.

[49] Ebendort, S. 99.

[50] Ebendort, S. 103.

4. Kapitel
Ziel- und mittelanalytische Grundlagen

4.1 Zieldefinition und Zielvielfalt

Ziele sind Vorstellungen über einen politisch erwünschten Zustand oder eine Zustandsänderung. **Wirtschaftspolitische Ziele** sind Normierungen bestimmter ökonomischer Sollzustände oder politisch gewünschter wirtschaftlicher Entwicklungen. **Operationale wirtschaftspolitische Ziele** erfordern klar definierte Zielgegenstände, die den politisch gewünschten Zustand bzw. dessen Bewahrung eindeutig bestimmen oder die gewünschte Veränderungsrichtung und den erstrebten Veränderungsgrad markieren. Im Gegensatz zu **Mitteln**, die nicht um ihrer selbst willen, sondern zwecks Erreichung eines bestimmten Zieles eingesetzt werden, besitzen **Ziele** regelmäßig einen **Eigenwert**. Wirtschaftspolitische Zielsetzungen beruhen grundsätzlich auf **Werturteilen**. Aus der Werturteilsproblematik läßt sich folgern, daß es nicht Aufgabe der theoretischen Wirtschaftspolitik sein kann, normative Zielbestimmungen vorzunehmen. Wirtschaftswissenschaftler müssen sich also davor hüten, ihre eigenen Zielpräferenzen zur Zielnorm zu erheben. Dieses schließt nicht aus, daß wirtschaftspolitische Ziele Gegenstand wirtschaftswissenschaftlicher Analysen sein können und auch sein müssen. So gehört zweifellos die **Zielinterpretation** zwecks eindeutiger Zielbestimmung sowie die Prüfung der Ziele hinsichtlich **Kompatibilität** bzw. **Zielkonflikte** zu den zentralen Aufgaben der theoretischen Wirtschaftspolitik, wenn sie zur Rationalität der praktizierenden Wirtschaftspolitik in Form optimaler Zielverwirklichung beitragen will.

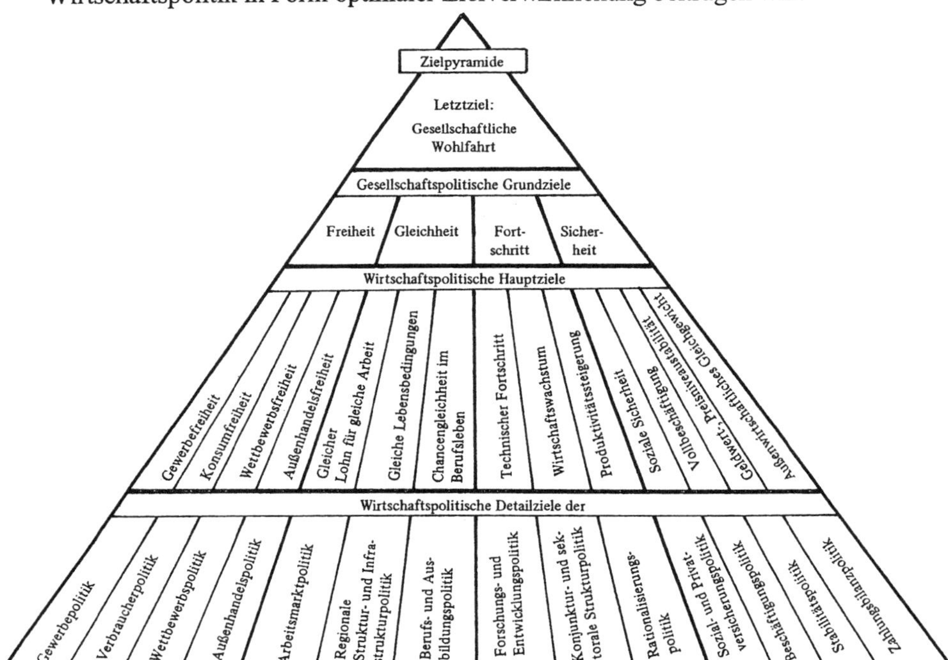

Die Vorstellungen der Wirtschaftspolitiker darüber, was und in welchem Maße politisch wünschenswert ist oder sein sollte, sind in der Regel unterschiedlich. Je nach parteipolitischer Couleur und Zusammensetzung der Regierung wird dieses oder jenes wirtschaftspolitische Ziel - z. B. das Wirtschaftswachstum oder das Stabilitätsziel - als vorrangig angesehen. Wegen der **Existenz von Zielhierarchien** läßt sich nicht immer einwandfrei klären, ob es sich um ein Ziel oder um ein Mittel handelt; denn ein Ziel kann eventuell wieder als ein Mittel für ein übergeordnetes Ziel angesehen werden. So kann fast jedes Detailziel der Wirtschaftspolitik als Glied einer Zielkette betrachtet werden. Bei näherer Analyse stellt sich häufig heraus, daß manche „Ziele" allenfalls **Zwischen- oder Unterziele**, wenn nicht sogar Mittel im Hinblick auf die übergeordneten Ziele sind. Reinen Zielcharakter im streng theoretischen Sinn besitzt nur ein Endziel, das in keiner Weise mehr als ein Mittel für ein höherrangiges Ziel dienen kann. Als ein solches **Letztziel der Wirtschaftspolitik** kann eigentlich nur die **gesellschaftliche Wohlfahrt** gelten.

Durchweg alle wirtschaftspolitischen Ziele lassen sich letztlich auf **gesellschaftspolitische Grundziele** zurückführen, die einzeln und in ihrer Gesamtheit dem gesellschaftlichen Wohlfahrtsziel dienen können. Gesellschaftspolitische Grundziele orientieren sich an bestimmten **Grundwerten**, die sich mit **Freiheit**, **Gleichheit**, **Fortschritt** und **Sicherheit** umschreiben lassen.

Freiheit bedeutet, daß die Individuen ohne Beschränkungen von Handlungsalternativen und ohne Abhängigkeit von anderen Menschen oder Gruppen ihre Lebens- und Arbeitsverhältnisse nach ihrem Willen frei gestalten können. Das menschliche Zusammenleben und der arbeitsteilige Wirtschaftsprozeß erlauben jedoch nicht, daß den Individuen absolute Freiheiten auf allen Gebieten gewährt bzw. keinerlei Schranken bei der Erfüllung individueller Wünsche gesetzt werden. Der unbeschränkten Erfüllung von Wünschen und der Ausschöpfung aller Handlungsalternativen stehen sowohl der Grundtatbestand der Güterknappheit sowie die Abhängigkeitsverhältnisse aus der Arbeitsteilung als auch die Rücksichtnahme auf die Freiheiten anderer gegenüber. Die Freiheit des einzelnen sollte in der Regel dort enden, wo sie die Freiheiten anderer beschränkt oder ausschließt. Macht, mittels derer eigene Ziele und Wünsche auch gegen den Willen widerstrebender Personen durchgesetzt werden kann, gefährdet regelmäßig die Freiheit anderer. In einer freiheitlich orientierten Wirtschaftsordnung marktwirtschaftlichen Typs sind deshalb Machtbegrenzungen (z. B. durch Verbote von Wettbewerbsbeschränkungen und mittels Fusionskontrollen) unerläßlich. Dennoch ist der Freiheitsgrad der einzelnen Wirtschaftssubjekte in der Marktwirtschaft mit ihrer Vielzahl von Güterangeboten und alternativen Handlungsmöglichkeiten relativ groß.

Der Begriff der **Gleichheit** im gesellschaftspolitischen Sinn wird meist mit Gerechtigkeitsvorstellungen in Verbindung gebracht. So wird beispielsweise die Gleichheit vor dem Gesetz als gerecht angesehen, weil sie die Gleichbehandlung gewährleistet und Benachteiligungen aufgrund bestimmter Merkmale (wie Herkunft oder Status) ausschließt. Freiheit ohne eine gewisse Gleichheit der Ausbildungs- und Berufschancen kann zu gesellschaftlicher Ungleichheit führen, die den heutigen Gerechtigkeitsvorstellungen widerspricht. Leistungsgerechtigkeit erfordert gleichen Lohn für gleiche Leistung. Ob und inwieweit eine Abkoppelung der Löhne von der Leistung der „sozialen Gerechtigkeit" dient, ist fraglich und hängt werturteilsmäßig vor allem von den Zweckbestimmungen und Wirkungen ab. Erhält der Familienvater einen Kinderzuschlag zum Lohn, so wird man dieses wohl eher auf das Konto der sozialen Gerechtigkeit buchen, als wenn lediglich eine familienunabhängige Lohnnivellierung erfolgt. Der Markt verhindert Privilegien und bringt nicht-leistungsbedingte Erträge zum Verschwinden. Ferner zwingt er alle dazu, aus Eigeninteresse den Bedürfnissen anderer zu dienen. Auch der Eigennützige kann am Markt nur seine Lage verbessern, wenn er etwas für andere leistet.

Fortschritt kann sowohl Annäherung an vorgegebene Ziele als auch grundsätzliche Neuerung (Innovation) bedeuten. Fortschritt in Form der Annäherung an das Ziel höchstmöglichen Wirtschaftswachstums wird für diejenigen, die von der Steigerung des Bruttosozialproduktes bzw. der Verringerung der (freiheitsbeschränkenden) Güterknappheit profitieren, positiv wirken, dagegen für diejenigen, die ohne Verbesserung ihrer Güterversorgung von wachstumsbedingten Umweltschäden betroffen sind, negative Auswirkungen haben. Eine Verfahrensinnovation als Folge des technischen Fortschritts kann einerseits die Erträge und die Arbeitsproduktivität steigern, andererseits aber auch zu struktureller Arbeitslosigkeit führen.

Sicherheit kann sowohl an die Stabilität guter Lagen als auch an die Veränderung schlechter Verhältnisse geknüpft sein. So hängen der Bestand eines Unternehmens und die Sicherheit der Arbeitsplätze langfristig stets von der Aufrechterhaltung der Rentabilität und dem kontinuierlichen Absatz ab, was in der Regel ständige Verbesserungen der Produkte, Kostensenkungen sowie manchmal Veränderungen der Betriebsorganisation und der Absatzstrategien bedingt. Soziale Sicherheit beinhaltet primär eine versicherungsmäßige Abdeckung der Berufs- und Lebensrisiken, die durch Krankheit, Invalidität, Alter und Arbeitslosigkeit entstehen können. Die Sicherheit der Währung schlägt sich in der Stabilität des inneren und äußeren Geldwertes nieder. Der innere Geldwert spiegelt die Kaufkraft des Geldes im eigenen Währungsgebiet wider, wobei er in einem reziproken Verhältnis zum Preisniveau steht (steigendes Preisniveau = sinkender Geldwert; sinkendes Preisniveau = steigender Geldwert). Dagegen gibt der äußere Geldwert die Kaufkraft einer Einheit der eigenen Währung im fremden Währungsgebiet an, die sich gleichgerichtet mit dem Wechselkurs ändert.

4.2 Problematik des Wohlfahrtszieles

4.2.1 Interessen und Gemeinwohl

Interessen gehören zu den Archetypen menschlichen Bewußtseins und den Gestaltungsformen des Lebens. Die Menschen sind bestrebt, in den verschiedenen Lebensbereichen - wie Beruf, Freizeit, Gesellschaft, Politik - ihre persönlichen Interessen oder Gruppeninteressen zu verwirklichen. Im Zusammenleben in der Gesellschaft treffen die Interessen der Individuen und Gruppen auf die Interessen anderer, wobei es kaum ausbleibt, daß einzelne versuchen werden, ihre Interessen zu Lasten anderer oder der Gemeininteressen aller Gesellschaftsmitglieder bzw. des Gemeinwohls zu verwirklichen. Wegen der Möglichkeit, daß einzelne ihre Interessen rücksichtslos auf Kosten anderer durchzusetzen versuchen, darf jedoch nicht geschlossen werden, daß die Verfolgung individueller Interessen vom ethischen Standpunkt aus prinzipiell verwerflich und deshalb strikt zu unterbinden ist. So ist

z. B. das Interesse und Bemühen, sich und seine Familie angemessen zu versorgen und gegen die Risiken des Lebens abzusichern, bestimmt moralisch positiv zu bewerten. Zudem lehrt die Erfahrung, daß bei der Verfolgung von Eigeninteressen meist Kräfte und Leistungsreserven aktiviert werden, die im wirtschaftlichen Austauschprozeß und im Gesellschaftsleben letztlich auch anderen dienen. Bekanntlich lehrte der Klassiker der Ökonomie und Urvater der Marktwirtschaft, **Adam Smith**, daß von der Verfolgung von Eigeninteressen keine Gefahr für den Volkswohlstand und das Gemeinwohl ausgehen könne. Obwohl in der Marktwirtschaft jeder einzelne **primär seine eigenen Interessen** im Auge hat und nach eigenem Gewinn und Nutzen strebt, fördert er durch seine nach höchstem Ertrag strebende rationelle Wirtschaftstätigkeit ungewollt und unbemerkt - quasi **„von einer unsichtbaren Hand geleitet“**[51] - gleichzeitig das **Wohl der Allgemeinheit**. Allerdings gibt es auch Handlungen mit **externen Effekten**, bei denen sich das gewinnorientierte Einzelinteresse bei mangelnder Umweltschutzordnung zu Lasten der Interessen aller an gesunder Umwelt und möglichst niedrigen sozialen (Umweltschutz-)Kosten verwirklichen kann. **Einzel- und Gesamtinteressen** können also bei Mängeln des ordnungspolitischen Rahmens durchaus auseinanderklaffen. Das gleiche gilt für Gruppeninteressen, wenn diese sich zum Nachteil Dritter - wie beispielsweise in der Subventionspolitik zu Lasten der Steuerzahler oder in der Regulierungspolitik auf Kosten der Konsumenten - durchsetzen. Der mögliche Konflikt zwischen einerseits den **Individual- bzw. Gruppeninteressen** und andererseits den **Allgemeininteressen** bzw. dem **Gemeinwohl** läßt sich nur lösen, wenn es gelingt, die Eigeninteressen der Individuen und Gruppen zur Leistungssteigerung zu nutzen, ohne daß sie die Interessen anderer verletzen. Sollen die Individual- und Gruppeninteressen nicht gegen das Gemeinwohl verstoßen, sondern in dessen Dienst gestellt werden, bedarf es bestimmter Anreize und Sanktionen. So wirken auf ökonomischem Gebiet die legalisierten Gewinninteressen erfahrungsgemäß als Anreize für Leistungssteigerungen, die sich auch in Steigerungen des Volkseinkommens niederschlagen. Dagegen bewirken Verluste mit der eventuellen Folge des Ausscheidens aus dem Markt, daß schlechtes Wirtschaften und die Vergeudung knapper volkswirtschaftlicher Ressourcen nicht ohne ökonomische Sanktionen bleiben. Auf politischem Gebiet wirken die Chancen zur Gewinnung von Macht und Sozialprestige als Anreize für Politiker, sich aus Eigeninteresse um öffentliche Ämter zu bewerben. Beachtet ein gewählter Politiker in seiner Funktion die Interessen der Wähler nicht, so wird er meist mit Stimmenentzug bei der nächsten Wahl „bestraft“. Ein Politiker gefährdet also in der Regel seine Wahl- und Wiederwahlchancen, wenn er seine Eigeninteressen rücksichtslos über die Wählerinteressen stellt.

Da bisher die Problematik der inhaltlichen Bestimmungen des Gemeinwohls ausgeklammert blieb, gilt es, die verschiedenen Ansätze zur **Konkretisierung des Gemeinwohls** und die Möglichkeiten der operationalen Anwendung in der wirtschaftspolitischen Praxis ausfindig zu machen.

Im 19. Jahrhundert wurden die **Staatsinteressen** - nicht zuletzt in Anlehnung an die **Hegelsche Idealisierung und Überhöhung des Staates** - mit dem **öffentlichen Interesse (public interest)** und dem **Gemeinwohl gleichgesetzt**. Zu Garanten des Gemeinwohls (bonum commune) wurden die Repräsentanten des Staates,

[51] A. Smith, 1974, S. 371.

die angeblich keinerlei Eigeninteressen verfolgen, hochstilisiert. Das Gemeinwohl, gekoppelt an wechselnde Staatsinteressen, wurde zum normativen Postulat der Staatszwecklehre.

Mit der Entfaltung von organisierten Gruppeninteressen und der Verfestigung von Gruppenmacht in der Gesellschaft wurde der staatsfixierte Gemeinwohlbegriff obsolet. Es wurde versucht, aus den **Interaktionen der Gruppen** einen gemeinwohlorientierten **Gleichgewichtszustand** zu ermitteln, was jedoch nicht gelang. Bei dem gesellschaftlichen Strukturmodell der Gruppengesellschaft wird schon allein wegen der **unterschiedlichen Kräfteverhältnisse** von straff organisierten und kaum organisierbaren Gruppen **kein Gleichgewicht der Gruppeninteressen**, das man als Gemeinwohl ansehen könnte, zustande kommen.

Auch die Koppelung des Gemeinwohlbegriffs an bestimmte **Wertkategorien**, wie z. B. die **Bewahrung individueller Freiheit** oder die **Herstellung sozialer Gerechtigkeit**, schafft noch keine operationale Orientierungsgröße für die Politik, weil die Auffassungen darüber, was individuelle Freiheit umfaßt und was soziale Gerechtigkeit bedeutet, höchst unterschiedlich sein können. Selbst beim **wirtschaftspolitischen Zielkanon** kann es zu unterschiedlichen Auffassungen über das Gemeinwohl kommen; denn die gesamtwirtschaftlichen Ziele und die sektoralen Zielbündel, die man zum Gemeinwohl zusammenfügen kann, sind durchweg immer an **Wertungen über die Zielrangfolge** gebunden und meist von Partial- und Gruppeninteressen mitbestimmt. So können zwar die gesamtwirtschaftlichen Ziele des **magischen Vierecks** - also **Preisniveaustabilität**, **Vollbeschäftigung**, **Wirtschaftswachstum** und **außenwirtschaftliches Gleichgewicht** - alle als gemeinwohlorientiert gelten, ihre Rangfolge hängt jedoch wesentlich von der Bewertung der jeweiligen Regierung ab. Zudem werden die Parteien, welche die Regierung tragen, bei der Auswahl der vorrangig anzustrebenden Ziele und der anzuwendenden Mittel ein gewichtiges Wort mitreden. Da die gesamtwirtschaftlichen Ziele des magischen Vierecks kaum jemals gleichzeitig zu verwirklichen sind, bleibt je nach konjunktureller Situation ein mehr oder weniger großer Entscheidungsspielraum für das vorrangig anzustrebende konjunkturpolitische Ziel, den die Regierung auch unter Berücksichtigung wahlstrategischer Überlegungen nutzen kann. Natürlich werden die Regenten sich hüten, ihr wahlpolitisches Kalkül bei der Auswahl ihrer konjunkturpolitischen Ziele allzu deutlich ins öffentliche Bewußtsein treten zu lassen. Sie versuchen deshalb eventuell, ihre konjunkturpolitischen Zielvorstellungen als gemeinwohlorientiert darzustellen. Im Bereich der **sektoralen Strukturpolitik** verfolgen durchweg alle Regierungen in einem demokratischen Mehrparteiensystem **Ziele der Gruppenbegünstigung** aus Gründen des vermeintlichen Wählerstimmenfanges, wobei die verantwortlichen Politiker diese protektionistischen Ziele meist als im öffentlichen Interesse liegend und somit als gemeinwohlorientiert hinzustellen versuchen. Da sich bei jedem Regierungswechsel je nach wählerrelevanten Zielgruppen die Begünstigungsbereiche verschieben können, wechselt auch das jeweilige strukturpolitische Zielsammelsurium. Schon allein die Vielfalt der gruppenbegünstigenden Ziele in wechselnder Zusammensetzung läßt es kaum möglich erscheinen, eine strukturpolitische Zielfunktion aufzustellen. Der noch weitergehende Versuch, eine gemeinwohlorientierte Gesamtzielfunktion für die Wirtschaftspolitik zu finden, dürfte von vornherein zum Scheitern verurteilt sein.

4.2.2 Individuelle und gesellschaftliche Wohlfahrt

Die zentrale Problematik der neueren **Wohlfahrtsökonomik**, die das Gemeinwohl bei Optimierung der gesellschaftlichen Wohlfahrt verwirklicht sieht, besteht darin, aussagefähige Kriterien für die Messung und Bewertung alternativer (wohlfahrtssteigernder oder wohlfahrtsmindernder) Versorgungslagen der Bevölkerung und damit Maßstäbe zur Bestimmung der gesellschaftlichen Wohlfahrt zu finden. Da sich der einzelne Wissenschaftler nicht anmaßen sollte, seine subjektive Bewertung zum Maß der allgemeinen Wohlfahrt zu erheben, ist nach Wertpositionen zu suchen, die allgemein anerkannt werden.

Üblicherweise geht die Wohlfahrtsökonomik von zwei Wertprämissen aus, nämlich davon, daß die Wohlfahrt der Gesellschaft von der **individuellen Wohlfahrt** aller Gesellschaftsmitglieder abhängt (individualistischer Ansatz) und daß die Individuen selbst bestimmen können, ob Änderungen ihrer ökonomischen Situation von ihnen als wohlfahrtssteigernd angesehen werden (**Selbstbestimmungskriterium**). Beide Wertprämissen hängen zwar eng zusammen, sind aber nicht identisch. „So wäre es durchaus denkbar, daß ein wohlmeinender Diktator zwar seine Politik an der Wohlfahrt der einzelnen Untergebenen ausrichtet, aber selbst bestimmt, was für die einzelnen Individuen gut und schlecht ist.“[52] Besteht Einigkeit über die Wertprämissen, muß weiter geklärt werden, wie die individuelle und kollektive Wohlfahrt gemessen werden kann. Die **ältere Wohlfahrtstheorie** unterstellt, daß individuelle Wohlfahrt aus Nutzen ableitbar und der **Nutzen kardinal meßbar** und **interpersonell vergleichbar ist**.[53] Unter dieser Annahme läßt sich die Wohlfahrt der Gesellschaft als **Summe der individuellen Wohlfahrten** der Gesellschaftsmitglieder bestimmen. Dabei wird die individuelle Wohlfahrt als davon abhängig betrachtet, über welche **Mengen der verschiedenen Güter die einzelnen Individuen verfügen**. Steigen die den Individuen zur Verfügung stehenden Gütermengen oder ändert sich die Zusammensetzung der Güter im wohlfahrtssteigernden Sinne, so nimmt auch die Wohlfahrt der Gesellschaft zu.

Bei der Ableitung der gesellschaftlichen Wohlfahrt aus der Addition der individuellen Nutzen wird ferner angenommen, daß alle Individuen unabhängig voneinander ein **Nutzenmaximum** erreichen können. Es wird also nicht mit Interessenkonflikten zwischen den Individuen und externen Nutzenbeeinträchtigungen gerechnet. Da sich jedoch Individuen zu Interessengruppen zusammenschließen und ihre Interessen zu Lasten anderer durchsetzen können, ist eine unbeeinflußte Nutzenerreichung für alle Individuen keineswegs sicher.

Ein wesentlicher Mangel der traditionellen Wohlfahrtsökonomik kann darin gesehen werden, daß sie die Wohlfahrt der Individuen und damit auch der Gesellschaft lediglich nach der **Verfügung über materielle Güter** bestimmt. Für die individuelle Wohlfahrt ist jedoch nicht nur der Besitz materieller Güter und für die gesellschaftliche Wohlfahrt ist nicht allein die Höhe und Verteilung des Bruttosozialprodukts entscheidend. Es müssen auch **ökologische, infrastrukturelle und soziale Elemente** im Maß der Wohlfahrt berücksichtigt werden. Zudem ist das

---

[52] B. Külp, 1982, S. 471.

[53] Bei kardinaler Nutzenmessung werden Nutzen und Nutzenunterschiede in quantitativen Einheiten gemessen.

Wohl der Menschen von **immateriellen** Faktoren, wie z. B. von dem geistigen Klima und dem kulturellen Niveau in einem Land, abhängig. Der Einbau von **Umwelt-, Sozial- und Kulturindikatoren** in ein **Wohlfahrtsmeßkonzept** ist jedoch außerordentlich schwierig.

In der auf **Vilfredo Pareto** zurückgehenden **neueren Wohlfahrtsökonomik** wird die Möglichkeit einer Quantifizierung aller Nutzen und einer einheitlichen Nutzenmessung verneint und statt dessen nur ein **ordinaler Nutzenmaßstab** für möglich gehalten.[54] Demnach kann es wegen der realen Beschränkung **auf ordinale, nicht addierbare Nutzen** lediglich um Auffindung der jeweils **besseren Wohlfahrtsalternative**, also um ein **relatives Wohlfahrtsoptimum**, gehen. Nach der **Pareto-Regel** liegt dann eine **Steigerung der gesellschaftlichen Wohlfahrt** vor, wenn der **Nutzen mindestens eines Wirtschaftssubjektes angestiegen ist, ohne daß auch nur ein anderes Wirtschaftssubjekt eine Nutzeneinbuße erleiden mußte**. Da es für die Wohlfahrtssteigerung gleichgültig ist, welche Person oder Personengruppe einen Nutzenzuwachs erfährt, wenn sonst niemand eine Nutzenminderung erleidet, wird in der **Paretianischen Wohlfahrtsökonomik** also das **Verteilungsproblem ausgeklammert**. In der Praxis der Gesellschafts- und Wirtschaftspolitik werden jedoch Ziele und Bestrebungen zur Wohlfahrtssteigerung ohne Berücksichtigung der Verteilungsaspekte kaum toleriert, so daß in der Regel Wohlfahrtseffekte für bestimmte Schichten der Bevölkerung oder für bestimmte Personengruppen angestrebt werden. Oft läßt sich jedoch das Ziel einer Wohlfahrtssteigerung zugunsten einer Gruppe nur zu Lasten der Wohlfahrt anderer Gruppen erreichen.

In der Demokratie sind bei politischen Entscheidungen über die Zielrangfolge die Präferenzen der Staatsbürger bzw. Wähler zu beachten. Wie problematisch es jedoch ist, individuelle Präferenzen zu einem widerspruchsfreien gesellschaftlichen Zielsystem zusammenzufügen, zeigt das **Arrow-Paradoxon**, das am folgenden Beispiel nochmals verdeutlicht wird. Es wird angenommen, daß sich drei Wähler (A, B, C) bei dem Versuch, eine kollektive Präferenzskala hinsichtlich der Zielrangfolge der gesamtwirtschaftlichen Ziele Preisniveaustabilität (P), Vollbeschäftigung (V) und angemessenes Wirtschaftswachstum (W) wie folgt entscheiden:

Wähler A entscheidet sich für die Zielrangfolge P vor V vor W
Wähler B entscheidet sich für die Zielrangfolge V vor W vor P
Wähler C entscheidet sich für die Zielrangfolge W vor P vor V.

Bei der Abstimmung über die Ziele Preisniveaustabilität und Vollbeschäftigung entscheidet sich die Mehrheit der Wähler (A und C) für die Preisniveaustabilität. Bei einer weiteren Abstimmung über die Ziele Vollbeschäftigung und Wirtschaftswachstum ergibt sich eine Mehrheit (A und B) für das Ziel Vollbeschäftigung. Wenn das Ziel Preisniveaustabilität dem Ziel Vollbeschäftigung und das Ziel Vollbeschäftigung dem Ziel Wirtschaftswachstum vorgezogen wird, so muß - wenn ein konsistentes Zielsystem gefunden werden soll - das Ziel Preisniveaustabilität auch dem Ziel Wirtschaftswachstum vorgezogen werden. Tatsächlich wird aber von der

---

[54] Bei ordinaler Nutzenmessung wird lediglich eine Rangordnung des Nutzens (besser, schlechter, gleich gut) bestimmt.

Mehrzahl der Wähler (B und C) das Ziel Wirtschaftswachstum dem Ziel Preisniveaustabilität vorgezogen.

Da keine konsistente Aggregation der individuellen Präferenzen möglich ist, kann es selbst bei demokratischen Abstimmungsregeln zu Verfälschungen des Mehrheitswillens kommen. Bisher is es der **Wohlfahrtsökonomik nicht gelungen**, eine operationale **kollektive Wohlfahrtsfunktion** zu erstellen. Somit lassen sich auch Ziele und Wege zur Optimierung der gesellschaftlichen Wohlfahrt inhaltlich kaum gehaltvoll bestimmen. Desgleichen mangelt es an operationalen Meßmethoden für die Feststellung von Annäherungen an ein - wie auch immer definiertes - gesellschaftliches Wohlfahrtsziel.

Zudem stellt sich die Frage, ob es überhaupt sinnvoll ist, alle zielartigen wirtschaftspolitischen Bestrebungen auf ein einziges, **allumfassendes Grundziel** der Wirtschaftspolitik - wie die **Steigerung des Volkswohlstandes** - zurückzuführen. Ein solcher Versuch würde dazu führen, daß alle Unter- und Zwischenziele zu Mitteln im Hinblick auf das Grundziel werden. Damit würden jedoch eventuelle **Zielkonflikte zwischen den Unter- bzw. Zwischenzielen**, die wegen des unterschiedlichen Wesensgehaltes und somit des Eigenwertes dieser Ziele auftreten können, dem Blickfeld entzogen. Die Problematik wirtschaftspolitischer Zielkonflikte kann aber nicht dadurch gelöst werden, daß man die Unter- und Zwischenziele als Instrumente betrachtet und ihnen im Hinblick auf das übergeordnete Ziel durchweg Zielkonformität unterstellt. Die praktizierende Wirtschaftspolitik hat regelmäßig verschiedenartige Aufgaben gleichzeitig zu lösen, so daß es kaum möglich ist, die vielfältige Aufgabenstellung in nur einem, alle Aspekte umfassenden Ziel zu beschreiben. Sie hat es meist mit mehreren und oft mit ganzen **Bündeln von Zielen** zu tun, die nur selten auf ein übergeordnetes Ziel hin ausgerichtet werden können.

4.3 Zielbeziehungen

Da die praktizierende Wirtschaftspolitik in der Regel nicht nur ein Ziel, sondern mehrere oder viele Ziele gleichzeitig anstrebt, erhebt sich die Frage nach den Zielbeziehungen. Um die Darstellung der möglichen Zielbeziehungen zu vereinfachen, wird von zwei Zielformulierungen ausgegangen und gefragt, ob und gegebenenfalls in welchem Verhältnis die beiden Ziele zueinander stehen. Dabei zeigt sich, daß Zielbeziehungen entweder logisch ausgeschlossen sind oder infolge der Wirkung des Mitteleinsatzes bedingt sein können. Als logische Ausschließung von Zielbeziehungen lassen sich **Identität sowie Unvereinbarkeit (Antinomie) von Zielen** unterscheiden.

Zwei Ziele sind **identisch**, wenn sie **inhaltlich** - trotz unterschiedlicher verbaler Formulierung - **gleich sind**. So decken sich beispielsweise das Ziel „Vollbeschäftigung“ und das Ziel „Vermeidung von Arbeitslosigkeit“ ihrem Inhalt nach völlig. Dasselbe Ziel ist lediglich unterschiedlich ausgedrückt, so daß faktisch überhaupt keine Zielbeziehung vorliegt. Bei Unvereinbarkeit ist die eine Zielformulierung die Negation der anderen. **Unvereinbare Ziele** bedingen, daß auf eines der Ziele verzichtet werden muß. So schließen sich beispielsweise die Ziele „freier Außenhandel“ und „außenwirtschaftlicher Protektionismus“ gegenseitig aus.

Zielbeziehungen entstehen dadurch, daß der Einsatz eines wirtschaftspolitischen Instrumentes in der Regel auf mehrere Ziele wirkt. Es gibt kaum ein wirtschaftspolitisches Instrument zur Erreichung eines bestimmten Zieles, das nicht auch Nebenwirkungen auf andere Ziele hat. Als **Zielbeziehungen** kommen in Betracht:

- **Komplementarität (Harmonie),**
- **Neutralität (Indifferenz),**
- **Konflikt (Konkurrenz).**

Zwei Ziele weisen **Zielkomplementarität** auf, wenn die Verwirklichung des einen Zieles zugleich auch die Realisierung des anderen Zieles fördert. Dagegen liegt ein **Zielkonflikt** vor, wenn die Verwirklichung des einen Zieles die Realisierung des anderen Zieles beeinträchtigt. **Zielneutralität** ist dann gegeben, wenn die Verwirklichung des einen Zieles auf die Realisierung des anderen Zieles keinen Einfluß hat.

Beispielsweise erweisen sich das Vollbeschäftigungsziel und das Wirtschaftswachstumsziel als komplementär, wenn es der Wirtschaftspolitik gelingt, die Arbeitslosigkeit zu beseitigen und damit zugleich das produzierte Gütervolumen zu erhöhen. Dagegen kommt Zielneutralität in der Wirtschaftspolitik selten vor, weil es kaum ein wirtschaftspolitisches Mittel gibt, das nur für die Erreichung eines Zieles geeignet ist und deshalb keine Nebenwirkungen auf andere Ziele ausübt.

Zielkonflikte nehmen erfahrungsgemäß mit der Zahl der verfolgten Ziele zu. So können strukturpolitische Ziele, die der Strukturkonservierung oder der Verzögerung des Strukturwandels dienen, zu Konflikten mit konjunkturpolitischen Wachstumszielen führen, weil Wirtschaftswachstum in der Regel eine relativ hohe Strukturflexibilität und Mobilität der Produktionsfaktoren voraussetzt und wachstumsanregende Instrumente der Globalsteuerung bei marktunabhängig festgezurrten Branchenstrukturen nicht oder nur schlecht greifen. Zielkonflikte können auch innerhalb eines Zielbündels auftreten, was insbesondere an den Zielen des magischen Vierecks deutlich wird. Versucht beispielsweise die antizyklische Fiskalpolitik, durch Verminderung öffentlicher Aufträge die gesamtwirtschaftliche Nachfrage zum Zweck der Preisniveaustabilität zu dämpfen, so kann der Nachfrageentzug das Vollbeschäftigungsziel gefährden. Auf einen Zielkonflikt (trade-off) zwischen Preisniveaustabilität und Vollbeschäftigung deutet auch die Phillips-Kurve hin. Die nach Alban W. Phillips benannte Kurve ist das Ergebnis einer empirischen Analyse für Großbritannien, die eine inverse Beziehung der Veränderungsraten der Nominallöhne zu denen der Arbeitslosigkeit ermittelt hat. Nach der **originären Phillips-Kurve** war die Arbeitslosenquote um so geringer, je höher die Nominallohnsteigerungen waren. Später wurde von Paul A. Samuelson und Robert M. Solow in einer **modifizierten Phillips-Kurve** eine inverse Beziehung zwischen Inflationsrate und Arbeitslosenquote aufgedeckt. Danach ist die **Arbeitslosenquote um so geringer, je höher die Inflationsrate** ist bzw. die Inflationsrate ist um so geringer, je höher die Arbeitslosenquote ist.

Theoretisch kann der Zusammenhang zwischen Vollbeschäftigung und Inflation wie folgt erklärt werden: Bei Vollbeschäftigung stoßen die Unternehmen an ihre Kapazitätsgrenzen. Um die Nachfrage befriedigen zu können, müssen sie ihre Produktionskapazitäten ausdehnen. Meist gelingt das nur durch zusätzlichen Kapitaleinsatz sowie die Einstellung von mehr Arbeitskräften. Die Gewerkschaften, die bei Vollbeschäftigung eine starke Position haben, setzen höhere Löhne - oft über das Maß der Produktivitätssteigerung - durch, wodurch die Preise in die Höhe getrieben werden und somit das Preisniveau bzw. die Inflationsrate steigt.

Modifizierte Phillips-Kurve

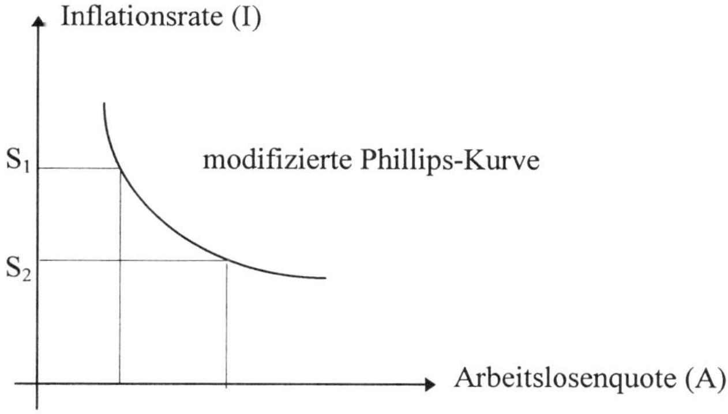

Die inverse Beziehung zwischen I und A zeigt sich

- in Situation S_1, die dadurch gekennzeichnet ist, daß I hoch und A niedrig ist
- in Situation S_2, die dadurch gekennzeichnet ist, daß I niedrig und A hoch ist.

Aus der modifizierten Phillips-Kurve kann gefolgert werden, daß das **Ziel „Vollbeschäftigung" nur bei einer relativ hohen Inflationsrate erreichbar ist**, während das Ziel „Preisniveaustabilität" mit einem relativ hohen Maß an Arbeitslosigkeit erkauft werden muß.

Empirische Überprüfungen führten in der Regel zu einer Bestätigung des von der modifizierten Phillips-Kurve widergespiegelten Zusammenhangs, aber nicht zu einer Übereinstimmung im Kurvenverlauf. Da die Phillips-Kurve je nach Zeit und Raum der Untersuchung verschieden verlief, läßt sich an der jeweiligen Phillips-Relation nur ablesen, welcher Beschäftigungsgrad in der Vergangenheit mit welcher Preissteigerungsrate verbunden war. Die ermittelte Phillips-Kurve ist also zeitlich instabil und gibt der Konjunkturpolitik keinen Anhaltspunkt, welche Kombination in Zukunft zum Optimum in der Zielrealisierung führen würde.

4.4 Zielarten

Die Ziele der Wirtschaftspolitik lassen sich nach verschiedenen Kriterien gliedern. So kann man nach der **Spannweite** des wirtschaftspolitischen Aktionsfeldes

- **gesamtwirtschaftliche Ziele,**
- **sektorspezifische Ziele,**
- **regionsspezifische Ziele**

unterscheiden. Zur ersteren Art gehören vor allem die konjunkturpolitischen Ziele, die auf einen hohen Beschäftigungsstand, angemessenes Wirtschaftswachstum, Preisniveaustabilität und außenwirtschaftliches Gleichgewicht der Gesamtwirtschaft gerichtet sind. Gesamtwirtschaftlichen Zielcharakter haben auch ordnungspolitische Ziele, die z. B. der Schaffung einer allgemeingültigen Wettbewerbsordnung dienen. Sektorspezifische Ziele, die nur für einen bestimmten Wirtschaftszweig gelten, finden sich vor allem in den Bereichen der sektoralen Strukturpolitik (z. B. Agrar-, Verkehrs-, Steinkohlenbergbau-, Schiffsbaupolitik). Regionsspezifische Ziele, die für bestimmte Regionen (z. B. strukturschwache Regionen mit Monostruktur, Ballungsräume) gelten, werden hauptsächlich in der regionalen Strukturpolitik verfolgt.

Je nach **Quantifizierbarkeit** oder numerischer Unbestimmtheit lassen sich

- **quantitative Ziele,**
- **qualitative Ziele**

unterscheiden. So werden in Zielprojektionen z. B. zahlenmäßig bestimmte Wachstumsraten, Beschäftigungsstände und Preisniveaus, die angestrebt werden sollen, festgelegt. Auch in der regionalen Strukturpolitik können z. B. für den Ausbau der wirtschaftsnahen Infrastruktur die Ziele in quantifizierter Form (Kapazität der kommunalen Versorgungseinrichtungen, Länge der auszubauenden Transportwege) bestimmt werden.

Bei qualitativen Zielen, bei denen eine quantitative Fixierung unmöglich ist, finden sich meist Zielformulierungen, die Verbesserungen dieser oder jener ordnungspolitischen Rahmenbedingung (z. B. für den Wettbewerb oder die freie Betätigung) ankündigen. Beispielsweise kann im Rahmen der Deregulierungspolitik anvisiert werden, die Freiheit der wirtschaftlichen Betätigung auf einem bestimmten Sektor zu verbessern, ohne daß das Maß der Freiheitsverbesserung numerisch bestimmbar ist. Mit der Formulierung eines derartig qualitativen Zieles ist lediglich eine Festlegung im ordinalen Sinne (größer bzw. kleiner als vorher) verbunden, indem sich z. B. die Verbesserung der freien Betätigung in einer Zunahme der Freiheitsspielräume oder eine Verbesserung der Beschäftigungssituation in einer Abnahme der Arbeitslosigkeit niederschlagen soll.

Nach dem **Bestimmtheitsgrad** lassen sich

- **fixierte Ziele,**
- **variable Ziele**

unterscheiden. Ein fixiertes Ziel gibt das genaue Zielmaß an, das erreicht werden soll. So wird z. B. als Ziel festgelegt, eine 100prozentige Beschäftigung in der Volkswirtschaft (also Vollbeschäftigung) zu erreichen. Da die Erreichung des Idealzustandes der Vollbeschäftigung, bei dem weder Reste von konjunktureller noch von struktureller Arbeitslosigkeit bestehen, immer ungewiß und erfahrungsgemäß selten ist, wird häufig ein variables Beschäftigungsziel präferiert, indem als Ziel ein möglichst hoher Beschäftigungsstand angekündigt wird. Bei einem variablen Ziel bleibt der angestrebte Zielerreichungsgrad unbestimmt, es wird nur die erwünschte Zielrichtung angegeben. Variable Ziele, deren Spannweite nicht festgelegt ist, können sich der Zielrichtungskomponenten „Maximierung“ oder „Minimierung“ bedienen. So können z. B. als (variable) Ziele „ein maximales reales Sozialprodukt pro Kopf der Bevölkerung“ oder „ein minimiertes Defizit der Handelsbilanz“ - meist wegen interdependenter Zielzusammenhänge unter bestimmten Nebenbedingungen - angestrebt werden.

Nach dem Kriterium der **Fristigkeit** lassen sich

- **kurzfristige Ziele (Nahziele),**
- **mittelfristige Ziele,**
- **langfristige Ziele (Fernziele)**

unterscheiden. Ordnungspolitische Ziele sind regelmäßig langfristiger Art, weil der ökonomische Ordnungsrahmen grundsätzlich auf Dauer zur Orientierung der Wirtschaftssubjekte angelegt wird. Strukturpolitische Ziele sind häufig auf einen mittleren Zeitraum (ca. 3 bis 5 Jahre) angelegt, können aber (unter dem Druck von Interessengruppen) manchmal verlängert und damit zu langfristigen Zielen werden. So ist manche zunächst zeitlich befristete Strukturhilfe zu einer Dauersubvention geworden. Konjunkturelle Ziele, die sich auf die jeweils akute Wirtschaftslage beziehen, sind regelmäßig als Nahziele gestaltet.

Nach dem Kriterium der **Klarheit** lassen sich

- **offene Ziele,**
- **verdeckte Ziele**

unterscheiden. Offene Ziele sind Ziele, die offen ausgewiesen sind und von den politisch-staatlichen Instanzen tatsächlich angestrebt werden. Verdeckte Ziele sind Ziele, die entweder wegen ungenauer Formulierung erläuterungsbedürftig sind (interpretationsbedürftige Ziele) oder von den politisch-staatlichen Instanzen nicht ernst gemeint sind und nur die wirklich angestrebten Ziele verschleiern sollen (getarnte Ziele).

Wirtschaftspolitische Ziele

Offene Ziele | Verdeckte Ziele

Verdeckte Ziele: Interpretationsbedürftige Ziele | Getarnte Ziele

Während in der Konjunkturpolitik die anzustrebenden Ziele des magischen Vierecks zumindest in ihrem Kern relativ eindeutig umrissen sind und in globalen Zielprojektionen sogar in quantifizierter Form gefaßt werden, fällt es in der Strukturpolitik schwer, aus den teilweise nur vagen Zielandeutungen klare Ziele herauszufiltern. Besonders in der sektoralen Strukturpolitik gibt es erfahrungsgemäß mehr verdeckte als offene Ziele. Dieses resultiert vor allem daraus, daß entgegen den prinzipiell proklamierten Strukturanpassungs- und Mobilitätszielen meist überwiegend Strukturerhaltungsziele verfolgt werden. Dabei wird stets angestrebt, den ökonomischen Strukturwandel mit hoheitlichen Mitteln aufzuhalten, um bestimmten Branchen oder Gruppen zu einem Beschäftigungs- und Absatzniveau sowie damit zu einem Einkommen zu verhelfen, das ihnen der strukturpolitisch unbeeinflußte Markt in dieser Höhe und Zusammensetzung nicht zugestehen würde. Naturgemäß haben weder die begünstigten Gruppen noch die strukturpolitischen Entscheidungsträger ein Interesse an der Offenlegung der tatsächlich angestrebten Ziele, weil bei offen ausgewiesenen Zielen die privilegierten Gruppen mit eventuellen Forderungen anderer Gruppen nach Abbau der Begünstigungen und die Regenten mit möglichen Verlusten von Wählerstimmen rechnen müßten. Um die tatsächlich angestrebten Gruppenbegünstigungen nicht ins öffentliche Bewußtsein gelangen zu lassen, werden deshalb die Ziele der Strukturkonservierung und sektoralen Umverteilungspolitik hinter vorgeschobenen Zielformulierungen verborgen, wobei als Tarnung meist ausgiebig das Gemeinwohl beschworen wird.

Nach den **Sachbereichen** der Wirtschaftspolitik lassen sich

- **ordnungspolitische Ziele,**
- **strukturpolitische Ziele,**
- **konjunkturpolitische Ziele**

unterscheiden. **Ordnungspolitische Ziele** sind auf die Errichtung sowie den Ausbau bzw. die Vervollkommnung einer bestimmten Wirtschaftsordnung gerichtet. Die konstituierenden Elemente einer marktwirtschaftlichen Wirtschaftsordnung zielen primär auf die Schaffung von Freiheitsspielräumen für die ökonomische Betätigung der Wirtschaftssubjekte im Rahmen einer Wettbewerbsordnung ab. Zu den wichtigsten ordnungspolitischen Aufgaben gehören deshalb alle Ziele, die der Herstellung oder Ausweitung der Gewerbe- und Berufsfreiheit, der Marktzugangs- und Wettbewerbsfreiheit (insbesondere der freien Preisbildung), der Produktions-, Absatz- und Investitionsfreiheit, dem freien Erwerb von Grund und Boden, dem freien Außenhandel und der Konsumfreiheit dienen. Allerdings kann eine marktwirtschaftliche Ordnung den Wirtschaftssubjekten keine absoluten Freiheiten einräumen, sondern sie muß die freie wirtschaftliche Tätigkeit dem Machtbegrenzungsmittel „Wettbewerb" unterwerfen. Damit der Wettbewerb durch Wettbewerbsbeschränkungen nicht deformiert wird, errichtet der Staat in der Regel eine Wettbewerbsordnung und verfolgt als wettbewerbspolitisches Ziel den Schutz des Wettbewerbs.

Die **strukturpolitischen Ziele** sind sowohl um den Wachstums- als auch um den Angleichungsaspekt zentriert. So soll die regionale Strukturpolitik einerseits das latent in den Regionen vorhandene Entwicklungspotential für das gesamtwirtschaftliche Wachstum erschließen und andererseits die strukturschwachen Problemregionen an die ökonomischen und einkommensmäßigen Standards heranführen. Auch in der sektoralen Strukturpolitik sind Wachstums- und Angleichungsziele gesetzt worden. So sollen sowohl der wachstumsnotwendige Strukturwandel gefördert als auch die strukturelle Anpassungsfähigkeit der Wirtschaftszweige verbessert und im Zuge des Strukturwandels aufgetretene soziale Härten bei den betroffenen Arbeitnehmern gemildert werden. In der Praxis der sektoralen Strukturpolitik verwandelt sich das Anpassungsziel, das primär eigene Anpassungsbemühungen der Betroffenen erfordert, häufig in ein vorwiegendes Ausgleichsziel, das hauptsächlich dem Staat die Anpassungslasten in Form von dauernden Strukturhilfen und Ausgleichszahlungen auferlegt. Unter dem Druck von mächtigen Interessengruppen, deren Angehörige vom Strukturwandel tatsächlich oder nur vermeintlich negativ betroffen sind, verfolgt die Wirtschaftspolitik manchmal auch reine Strukturerhaltungsziele, die de facto den angekündigten Wachstumszielen entgegenwirken.

Konjunkturpolitische Ziele, die extremen Konjunkturschwankungen (Rezessionen, Konjunkturüberhitzungen) vorbeugen sollen, treten meist in einer bestimmten Gruppierung auf. So sollen üblicherweise in der Konjunkturpolitik gleichzeitig die Ziele Stabilität des Preisniveaus, Vollbeschäftigung, angemessenes Wirtschaftswachstum und außenwirtschaftliches Gleichgewicht angestrebt werden. Erfahrungsgemäß gelingt jedoch die konfliktfreie und gleichzeitige Verwirklichung der vier Ziele kaum jemals. Da es deshalb schon der Zauberkraft eines Magiers bedürfte, um die vier Ziele gleichzeitig zu erreichen, wird die vorgenannte Zielkombination meist als **„magisches Viereck"** bezeichnet. In der Praxis der Konjunkturpolitik treten insbesondere Zielkonflikte zwischen den Zielen Preisniveaustabilität und Vollbeschäftigung auf, die daraus resultieren, daß in Zeiten der Vollbeschäftigung durchgesetzte überhöhte (nicht an Produktivitätssteigerungen orientierte) Lohnsteigerungen die Stabilität des Preisniveaus gefährden können. Umgekehrt können kräftige Restriktionsmaßnahmen gegen den Preisanstieg zu Beschäftigungseinbußen und letztlich zu Rezessionen führen.

Preisniveaustabilität darf nicht mit Preisstabilität verwechselt werden. Während bei Preisstabilität die Preise stabil bleiben, bedeutet Preisniveaustabilität, daß der Durchschnitt der Güterpreise unverändert bleibt. Charakteristikum eines marktwirtschaftlichen Systems ist, daß die Preise flexibel sind. Ideal ist es, wenn Preissteigerungen bei einigen Gütern durch Preissenkungen bei anderen Gütern ausgeglichen werden, so daß das Preisniveau stabil bleibt. Gemessen wird das Preisniveau in der Regel durch einen Preisindex für die Lebenshaltung der privaten Haushalte, wobei entsprechend den Gebrauchsgewohnheiten ein bestimmter Warenkorb für einen Vier-Personen-Haushalt zugrunde gelegt wird.

Üblicherweise wird das **wirtschaftliche Wachstum** anhand der Zunahme des realen Bruttosozialprodukts bestimmt, die sich aus der Vermehrung der Güter innerhalb einer Periode in einer Volkswirtschaft ergibt. Aus der gütermäßigen Entwicklung müssen eventuelle Preissteigerungen herausgerechnet werden; denn das reale Bruttosozialprodukt beschreibt den von Inflationseinflüssen bereinigten (d. h. realen) Gesamtwert der Güterproduktion einer Volkswirtschaft in einer Periode.

Vollbeschäftigung im weiten Sinne bedeutet die Vollauslastung aller Produktionsfaktoren. Im engeren Sinne wird Vollbeschäftigung nur auf den Faktor Arbeit bezogen. Absolute Vollbeschäftigung herrscht, wenn es in der gesamten Volkswirtschaft keine Arbeitslosen gibt. Relative Vollbeschäftigung ist gegeben, wenn die Arbeitslosenquote unterhalb einer bestimmten minimalen Höhe (ca. 1 bis 4%) liegt. Zur Ermittlung der Arbeitslosenquote wird die Zahl der Arbeitslosen zur Zahl der Erwerbspersonen in Beziehung gesetzt. Als Kriterium für den Beschäftigungsgrad wird manchmal auch das Verhältnis von offenen Stellen zur Zahl der Arbeitsuchenden verwendet. Vollbeschäftigung gilt dann als erreicht, wenn die Zahl der offenen Stellen der Zahl der Arbeitsuchenden entspricht. Die Problematik dieser Meßmethode liegt darin, daß nicht jeder Arbeitsuchende die Qualifikation für eine bestimmte offene Stelle besitzt.

Das Ziel **außenwirtschaftliches Gleichgewicht** wird nicht - wie manchmal unterstellt - an den Ausgleich der Außenhandelsbilanz geknüpft, sondern es wird auf die Zahlungsbilanz bzw. deren Unterbilanzen (insbesondere die Leistungsbilanz) bezogen. Häufig wird von positiver oder negativer Zahlungsbilanz oder vom Defizit oder Überschuß der Zahlungsbilanz gesprochen, obwohl dieses nicht korrekt ist. Da die Zahlungsbilanz in Form eines buchhalterischen Kontos erstellt wird, ist sie formal immer ausgeglichen. Nach dem Prinzip der doppelten Buchhaltung entspricht nämlich jeder Transaktion ein entgegengerichteter Vorgang (z. B. Güterstrom - Geldstrom bzw. Warenexport - Zahlung), so daß ein Zahlungsbilanzsaldo nicht auftreten kann. Als wichtigster Indikator für das außenwirtschaftliche Gleichgewicht wird meist die Leistungsbilanz (die eine Unterbilanz der Zahlungsbilanz ist) betrachtet. Die Leistungsbilanz, die sich aus der Handels-, Dienstleistungs- und Übertragungsbilanz zusammensetzt, kann positiv oder negativ sein oder einen Leistungsbilanzsaldo von Null aufweisen. Bei einem Leistungsbilanzsaldo von Null ist das außenwirtschaftliche Gleichgewicht erreicht, weil das Inland gerade soviel laufende Zahlungen empfängt, wie es selbst an das Ausland leistet.

4.5 Optimale Mittelwahl und Zielkonformität

Meist kann ein Ziel auf verschiedenen Wegen bzw. mit unterschiedlichen Mitteln erreicht werden. Um aus der Vielfalt der möglichen und einsetzbaren Mittel das optimale Mittel herauszufinden, ist es zunächst erforderlich, die hinsichtlich der Zielerreichung als ungeeignet erscheinenden Mittel auszuscheiden und die verbleibenden Instrumente in eine Rangfolge hinsichtlich ihres eventuell unterschiedlichen Beitrags zur Zielerreichung zu bringen. Um die Eignung und Effizienz eines Mittels zur Verwirklichung vorgegebener Ziele erkennen zu können, müssen die wesentlichen Eigenschaften und Wirkungen eines Instrumentes bekannt oder voraussehbar sein. In der Regel wirkt ein Instrument nicht nur unmittelbar auf das Ziel, zu dessen Erreichung es eingesetzt wird, sondern beeinflußt meist auch unbeabsichtigt andere wirtschafts- und gesellschaftspolitische Ziele. Bei der Zielkonformität von Mitteln muß also nicht nur geprüft werden, ob sich mit dem ausgewählten Mittel das anvisierte Ziel erreichen läßt, sondern es müssen auch die eventuellen negativen bzw. positiven Effekte des Mitteleinsatzes auf andere Ziele berücksichtigt werden.

Bei einer **optimalen Mittelwahl** muß dasjenige Mittel ausfindig gemacht werden, das bei der gegebenen Situation unter Berücksichtigung eventueller Neben- und Fernwirkungen am besten geeignet ist, das Hauptziel unter Minimierung schädlicher Nebeneffekte bzw. Maximierung günstiger Nebeneffekte kurzfristig oder langfristig zu erreichen.

Zur optimalen Mittelwahl gehört auch eine zieladäquate **Dosierung der Mittel** und eine zieloptimale Bemessung der Einsatzzeit der Instrumente. So muß die Wirtschaftspolitik beispielsweise Förderungsmaßnahmen für bestimmte Zwecke und Sektoren entsprechend dem ökonomischen Prinzip so dosieren, daß ein angestrebtes Ziel mit dem geringstmöglichen Mitteleinsatz bzw. mit vorgegebenen Mitteln der höchstmögliche Zielerfüllungsgrad erreicht wird. Dieses setzt voraus, daß der Kreis der Förderungsempfänger jeweils entsprechend der Zielsetzung genau abgegrenzt wird. Es muß ausgeschlossen werden, daß Wirtschaftssubjekte oder Vorhaben, die nach der Zielsetzung nicht gefördert werden sollen, unbeabsichtigt mitprofitieren. Wie schwierig es sein kann, zieloptimale Abgrenzungen für wirtschaftspolitische Maßnahmen zu finden, läßt sich am Beispiel der Mittelstandsförderung zeigen. **Definitionen des gewerblichen Mittelstandes**, die auf eine bestimmte Wirtschaftsgesinnung oder ethische Grundhaltung abstellen, sind - abgesehen von ihrem zweifelhaften soziologischen Aussagewert - in der Regel für ökonomische Analysen und als Basis für wirtschaftspolitische Maßnahmen unbrauchbar. Auch mit einer generellen Einteilung nach der Größe der Unternehmen wird der Bereich der mittelständischen Wirtschaft , dem dann alle kleinen und mittleren Unternehmen zuzurechnen wären, kaum treffend abgegrenzt. Die Unternehmensgrößen, gemessen an der Beschäftigtenzahl oder der Umsatzgröße, differieren stark von Wirtschaftszweig zu Wirtschaftszweig. Ein mittleres Unternehmen der chemischen Industrie läßt sich sinnvollerweise nicht mit einem mittleren Handwerksbetrieb zu einem mittelständischen Bereich gruppieren. Am ehesten erscheint noch eine - wenn auch grobe - Bereichsabgrenzung der mittelständischen Wirtschaft dadurch möglich, daß auf die Funktion und den Haftungsumfang des Betriebsleiters abgestellt wird. Demnach würden zum mittelständischen Wirtschaftsbereich alle diejenigen Unternehmen zu rechnen sein, die ihrer begrenzten Größe nach von ihrem vollhaftenden Eigentümer selbst geführt werden können und tatsächlich allein von diesem geleitet werden. In der Bundesrepublik Deutschland wurde der öffentlichen Verwaltung aufgetragen, den Mittelstand zu fördern, ohne daß ihr gesagt wurde, wer zum Mittelstand zu zählen ist. Um den Schwierigkeiten der Abgrenzung zu entgehen, griffen die wirtschaftspolitischen Instanzen vielfach auf traditionelle Vorstellungen zurück, wie sie sich im Laufe der Wirtschaftsgeschichte in der öffentlichen Meinung festgesetzt hatten. So wurde zum Sektor des gewerblichen Mittelstandes - meist ohne feinere Differenzierung - diejenigen Wirtschaftszweige pauschal gerechnet, die dem traditionellen Erscheinungsbild nach in der Öffentlichkeit als mittelständisch galten. Die **Mittelstandspolitik** spaltete sich in **einzelne Branchenpolitiken** auf und wurde vornehmlich als eine Politik zur Förderung des Handwerks, des Einzelhandels, des Hotel- und Gaststättengewerbes und anderer vorwiegend kleinbetrieblicher Gewerbezweige betrieben. Da es jedoch in einzelnen Wirtschaftszweigen - wie z. B. dem Einzelhandel und dem Hotelgewerbe - auch Unternehmen gibt, die längst über die Größe eines typisch mittelständischen Betriebes hinausgewachsen sind, mangelte es oft an der notwendigen Abgrenzung der zur Förderung anstehenden Betriebe innerhalb des Gewerbezweiges.

Für die Wirtschaftspolitik ist manchmal auch der **Verflechtungsgrad der Wirtschaftszweige** bei der Bemessung bestimmter Hilfsmaßnahmen von Bedeutung. Besteht beispielsweise eine enge Verflechtung zwischen Unternehmen des Kohlenbergbaus und der Mineralölindustrie, so müssen bei staatlichen Hilfsmaßnahmen zugunsten des Kohlenbergbaus diese Beziehungen beachtet werden. Es ist jedoch häufig schwer, eine wirtschaftspolitische Maßnahme so abzugrenzen, daß sie nur auf konzernfreie Unternehmen zutrifft. Daher nimmt die Wirtschaftspolitik manchmal in Kauf, daß auch die ertragsschwachen oder verlustbringenden Unternehmen eines insgesamt gut florierenden Konzerns von einer staatlichen Branchenförderung mitprofitieren. In der Subventionspraxis werden erfahrungsgemäß die Förderungsmittel oft nach dem Gießkannenprinzip auf unrentable und florierende Unternehmen, auf bedürftige und nichtbedürftige Personen und auf besitzmäßig Arme und Reiche verteilt, statt sie konzentriert und treffsicher auf einen genau formulierten Förderungszweck und abgegrenzten Empfängerkreis auszurichten.

Bedeutungsvoll für die Mittelwahl ist auch die Findung des **optimalen Zeitpunktes bzw. des Zeitraumes** für den Mitteleinsatz. Besonders in der Konjunkturpolitik ist das **richtige timing** wichtig, weil zu spät ergriffene konjunkturpolitische Maßnahmen statt antizyklisch eventuell prozyklisch wirken oder zu früh angewandte konjunkturelle Dämpfungsmaßnahmen zur Rezession führen können. In der Praxis der Konjunkturpolitik sind vorbeugende Maßnahmen gegen eine Rezession oder eine konjunkturelle Überhitzung selten, und zwar sowohl wegen der schwierigen Findung des richtigen Zeitpunktes als auch wegen der politischen Widerstände von Interessengruppen. Besonders vorbeugende konjunkturelle Dämpfungsmaßnahmen werden erfahrungsgemäß von bedeutenden Gruppen abgelehnt. So wollen die Unternehmer die guten Absatzchancen in der Hochkonjunktur weiter nutzen, die Gewerkschaften hoffen in dieser guten Beschäftigungslage auf weitere Lohnzugeständnisse und die Banken wollen die Anreize einer guten Konjunkturlage für ausgedehnte Bankgeschäfte nicht verlieren. Dagegen versprechen sich die vorgenannten Gruppen von Maßnahmen zur Konjunkturanregung meist einen Vorteil. Unter dem Druck der Interessengruppen ist es deshalb kaum zu einer doppelpoligen **antizyklischen Fiskalpolitik** gekommen, sondern die konjunkturellen Fiskalmaßnahmen wurden in der Regel einseitig nur zur Konjunkturanregung benutzt. Die Last einer Konjunkturdämpfung trug meist die Zentralbank allein, indem sie mittels ihres geld- und kreditpolitischen Instrumentariums die Spielräume für Finanzierungen in der Volkswirtschaft einengte und damit in einem begrenzten Maße konjunkturdämpfend wirkte.

Zur optimalen Mittelwahl gehört auch die **zielgerechte Bemessung von Anwendungszeiträumen** für wirtschaftspolitische Maßnahmen. Prinzipiell sind wirtschaftspolitische Maßnahmen zeitlich zu befristen, und zwar bis zu dem voraussichtlichen Zeitpunkt der Zweckerreichung. Bei Ungewißheit über den Zeitpunkt der Zielerreichung empfiehlt sich die Festlegung eines eher kürzeren Anwendungszeitraumes mit eventueller Fristverlängerung als ein von Anfang an zu großzügig bemessener Zeitraum, der sich möglicherweise über die Zielerreichung hinaus erstreckt. In einer marktwirtschaftlich orientierten Ordnung sind Dauersubventionen grundsätzlich ordnungsinkonform. Das gleiche gilt für zeitlich unbefristete Regulierungen, die wettbewerbliche Ausnahmebereiche auf Dauer schaffen. Aus ordnungspolitischen Gründen sind alle wirtschaftspolitischen Eingriffe zu befristen und unverzüglich abzubauen, wenn sie entbehrlich geworden sind.

Erfahrungsgemäß meiden die Instanzen der Wirtschaftspolitik die Methode der optimalen Mittelwahl, die ein Abwägen alternativer Mittel hinsichtlich ihrer Zielkonformität einschließlich ihrer Neben- und Fernwirkungen sowie ihrer Ordnungskonformität voraussetzt, immer dann, wenn sie von vornherein - und manchmal lediglich aus dem Eigeninteresse der bequemeren Handhabung - ein bestimmtes Mittel präferieren. Vielfach werden in Begründungen zu Programmen und Gesetzentwürfen die jeweils zur Anwendung vorgesehenen Instrumente als die einzig möglichen hingestellt. Dieses geschieht, um die lästige Erörterung von Alternativen im Parlament und in der Öffentlichkeit zu umgehen und die Inkraftsetzung der favorisierten Regelung zu beschleunigen. Unter dem Druck von wahlrelevanten Interessengruppen greifen die Wirtschaftspolitiker manchmal bewußt - ohne Mittelabwägung - zu einem ordnungsinkonformen Instrument mit gruppenbegünstigender Wirkung, von dem sie erwarten, daß es am ehesten die Klagen und Beschuldigungen seitens potentieller Wählergruppen verstummen läßt.

Nach der **Wohlfahrtstheorie** ist bei der wirtschaftspolitischen Mittelwahl eine Maßnahme einer anderen vorzuziehen, wenn mindestens ein Wirtschaftssubjekt - ohne Schlechterstellung eines anderen Subjektes - besser gestellt wird. Allerdings ist diese abstrakte Regel in der praktizierenden Wirtschaftspolitik selten anwendbar, weil das **Pareto-Optimum** infolge häufig diffuser Wirkungen von wirtschaftspolitischen Maßnahmen ex ante nicht bestimmbar ist. Das Pareto-Kriterium hilft insbesondere dann kaum weiter, wenn - wie oft in der wirtschaftspolitischen Praxis - eine Maßnahme gleichzeitig eine Bevölkerungsgruppe begünstigt und andere Gruppen benachteiligt. So geht praktisch jede Subvention zugunsten eines Wirtschaftszweiges oder einer Personengruppe zu Lasten der Steuerzahler. Zudem begegnet das Pareto-Kriterium einem Akzeptanzproblem bei bestimmten Änderungen in der Einkommensverteilung, durch die gutsituierte Bevölkerungsgruppen - ohne Schlechterstellung anderer Gruppen - (noch) besser gestellt werden. So würde eine Steigerung des Gesamtwohls im paretianischen Sinne vorliegen, wenn - ohne Einkommenseinbußen von anderen Gruppen - die Gutverdienenden infolge einer (aus einem gestiegenen Volkseinkommen und dementsprechend aus einem höheren Steueraufkommen finanzierten) Sparprämie einen Einkommenszuwachs erfahren. Hier können jedoch Akzeptanzprobleme bei jenen auftreten, die eine soziale Ungerechtigkeit darin sehen, daß lediglich Sparkapitalbesitzer begünstigt werden, während Kapitallose weiterhin arm bleiben.

4.6 Optimale Mittelwahl und Ordnungskonformität

Soll die geltende Wirtschafts- und Gesellschaftsordnung wesensmäßig unangetastet bleiben, müssen die zur Zielerreichung geeigneten wirtschaftspolitischen Instrumente auch noch daraufhin überprüft werden, ob und gegebenenfalls inwieweit sie ordnungskonform, d. h. mit dem geltenden ordnungspolitischen Leitbild kompatibel sind. Hierbei ist zu beachten, daß bei einer marktwirtschaftlich orientierten Ordnung die **Ordnungskonformität** wirtschaftspolitischer Maßnahmen nicht ausschließlich an dem fiktiven System der reinen oder vollkommenen Marktwirtschaft gemessen werden darf. Ordnungskonformität erschöpft sich in diesem Falle nicht in dem engeren Begriff der **Marktkonformität**. Zwar ist auch für eine Wirtschaftsordnung dominant dezentraler einzelwirtschaftlicher Planung des Wirtschaftsprozesses das marktwirtschaftliche Lenkungssystem konstitutiv, aber es gibt noch weitere wesentliche Ordnungsdeterminanten, die sich in anderen systemimmanenten und systemergänzenden Funktionen der Wirtschaftsordnung niederschlagen. So können auch in einem weitgehend von den individuellen Entscheidungen der Wirtschaftssubjekte gesteuerten Marktsystem in Ausnahmefällen administrative produktionslenkende Maßnahmen - z. B. in Form staatlicher Investitions- und Ansiedlungsgenehmigungen bzw. -verbote - zum Zwecke des Umweltschutzes notwendig und ordnungspolitisch gerechtfertigt sein. Ein solches Ordnungsgefüge, das seine hauptsächliche Legitimation aus der Garantie möglichst großer Freiheitsspielräume für alle Wirtschaftssubjekte herleitet, würde dysfunktional, wenn es umweltbelastenden oder -zerstörenden Produktionen (welche die umweltbedingten Lebensbedingungen und damit die Freiheiten der Bevölkerung bedrohen) freien Lauf ließe. Allerdings müßte auch in Fällen umweltbelastender Produktionen der Grundsatz der Verhältnismäßigkeit der Mittel beachtet und geprüft werden, ob eventuell der Umweltbelastung und -schädigung nicht durch ordnungspolitisch weniger einschneidende Mittel - z. B. mittels einer Steuer auf umweltbelastende Produktionen - ausreichend entgegengewirkt werden kann. Eine generelle sektorale Investitionslenkung in imperativer Form, die gelegentlich mit der Begründung des Umweltschutzes und der Vermeidung sozialer Folgekosten für die gesamte Güterproduktion der Volkswirtschaft gefordert wird, ist wegen Zerstörung des gesamten dezentralen marktwirtschaftlichen Lenkungssystems ordnungsinkonform. Zudem wäre eine Investitionslenkung, die sich auch auf alle umweltfreundlichen Produktionen erstreckt, zielinkonform, weil sie die Produktions- und Konsumfreiheit unnötig beeinträchtigen würde.

Das ordnungspolitische Leitbild spiegelt sich in den **Funktionen der jeweiligen Wirtschaftsordnung** wider. In der Regel hat jede Wirtschaftsordnung systemimmanente Funktionen, die sie in ihrem Wesenskern bestimmen und funktionsfähig machen, und systemergänzende Funktionen, die das System verbessern oder auf bestimmten Sektoren erträglich machen. Marktwirtschaftlich orientierte Ordnungen, in denen dezentrale Verfügungsgewalt über Produktionsmittel vorherrscht und die Pläne und Handlungen der einzelnen Wirtschaftssubjekte (Haushaltungen und Unternehmungen) vorrangig über Markt und Wettbewerb koordiniert werden, haben im wesentlichen folgende Funktionen zu erfüllen:

A. Systemimmanente Funktionen

1. **Wettbewerbssteuerungs-Funktion:** Steuerung der Güterproduktion durch den Wettbewerb sowie Abstimmung von Angebot und Nachfrage mittels wettbewerblicher Marktpreisbildung.
2. **Machtzerstreuungs-Funktion:** Gewährleistung dezentraler Verfügungsgewalt über Produktionsmittel und Verhinderung von ökonomischen Machtzusammenballungen sowie Mißbrauchskontrolle über nichtauflösbare Machtgebilde.
3. **Chancengleichheits-Funktion:** Schaffung gleicher oder zumindest angenäherter Wettbewerbsbedingungen, insbesondere durch Abbau wettbewerbsverzerrender Begünstigungen.
4. **Marktfreiheits-Funktion:** Herstellung offener Güter- und Faktormärkte, insbesondere durch Gewerbefreiheit, freie Konsumwahl, freie Berufs- und Arbeitsplatzwahl und Abbau bestehender Marktzugangsbeschränkungen.
5. **Leistungsgerechtigkeits-Funktion:** Grundsätzliche Entlohnung der Produktionsfaktoren nach Marktleistung.
6. **Haftungs-Funktion:** Gewährleistung der Haftung für wirtschaftliche Fehlentscheidungen durch nicht abwälzbare Verluste und eventuelles Ausscheiden aus dem Markt.

B. Systemergänzende Funktionen

7. **Konjunkturglättungs-Funktion:** Verhinderung extremer Konjunkturausschläge und Verstetigung der Wirtschaftsentwicklung.

8. **Strukturanpassungs-Funktion:** Beseitigung struktureller Anpassungshemmnisse und Steigerung der Mobilität der Produktionsfaktoren.
9. **Sozialausgleichs-Funktion:** Begrenzte Einkommensumverteilung und Beseitigung sozialer Härten bei strukturellen Umstellungsprozessen unter Berücksichtigung sozialer Bedürftigkeit.
10. **Umweltschutz-Funktion:** Sicherung oder Wiederherstellung menschenwürdiger Umweltverhältnisse, notfalls auch unter volkswirtschaftlich tragbaren Verminderungen des Wirtschaftswachstums.

Bei einer **optimalen Mittelwahl** muß also dasjenige Mittel, das sowohl den höchstmöglichen Grad der Zielerfüllung unter Minimierung eventueller schädlicher Nebenwirkungen als auch die bestmögliche Wahrung der Wirtschaftsordnung bzw. die geringstmögliche Beeinträchtigung wirtschaftsordnungspolitischer Funktionen verspricht, ausfindig gemacht werden.

5. Kapitel
Instrumentelle Grundlagen

5.1 Ordnungspolitik

Gegenstand der **Ordnungspolitik** ist die Gestaltung der morphologischen, rechtlichen und institutionellen Rahmenbedingungen, unter denen die Wirtschaftssubjekte agieren und ihre ökonomischen Handlungen aufeinander abstimmen. In einer marktwirtschaftlichen Ordnung kommen die wirtschaftlichen Prozesse durch **Tauschtransaktionen** autonomer Wirtschaftssubjekte und **Selbstkoordination** auf den Märkten zustande, wobei die ökonomischen Handlungen der **Selbstkontrolle** aus Eigeninteresse und der **Wettbewerbskontrolle** des Marktes unterliegen. Dementsprechend hat eine marktwirtschaftliche Ordnungspolitik folgende Kernaufgaben zu erfüllen:

- Zwecks Gewährleistung der Autonomie der Wirtschaftssubjekte eine privatrechtliche **Eigentumsordnung** zu errichten und die **Verfügungsrechte (property rights)** zu sichern **(Eigentums- und Verfügungsrechtspolitik)**.
- Zwecks Funktionsfähigkeit der Marktwirtschaft ein **dezentrales Planungs-** und **marktwirtschaftliches Koordinierungssystem** zu schaffen **(Marktfunktionspolitik)**.
- Zwecks Schutz des Wettbewerbs eine Wettbewerbsordnung zu errichten und **Wettbewerbsbeschränkungen** zu unterbinden **(Wettbewerbspolitik)**.

5.1.1 Eigentums- und Verfügungsrechtspolitik

Die ordnungspolitische Entscheidung für eine **marktwirtschaftliche Ordnung** bedingt, daß die Autonomie der Einzelwirtschaften gewährleistet wird. Deshalb dominiert in dieser Wirtschaftsordnung die hauptsächlich aus **Eigentumsrechten** resultierende **freie Verfügung privater Wirtschaftssubjekte** über die Verwendung der Produktionsmittel und der erwirtschafteten Netto-Erträge und Netto-Einkommen. Zudem muß die Ordnungspolitik dafür sorgen, daß das Prinzip der Verfügungsfreiheit auch die **Vertragsfreiheit**, die **Gewerbefreiheit** und die **Konsumfreiheit** einschließt, weil sich ohne die Befugnis zum Abschluß von Kaufverträgen zu frei ausgehandelten Konditionen, ohne Selbstbestimmung des Produktionssortiments und der Produktionsmethoden sowie ohne freie Konsumwahl kein marktwirtschaftliches Planungs- und Koordinierungssystem entwickeln kann.

Um die Verfügungsrechte (property rights) privater Wirtschaftssubjekte an Produktionsmitteln ordnungspolitisch zu schützen, wird in der Regel das **Privateigentum** verfassungsrechtlich garantiert. Meist nur in Ausnahmefällen (aus Gründen des Allgemeinwohls) und unter bestimmten Bedingungen (insbesondere Entschädigungspflicht) können Produktionsmittel sowie Grund und Boden enteignet werden. Prinzipiell sind also die Verfügungsrechte der Privateigentümer gewährleistet, da sie sowohl durch die Rechtsordnung gegen Zugriffe unbefugter Nichteigentümer als auch verfassungsrechtlich gegen willkürliche Eingriffe des Staates geschützt sind. Gefahren für die Ausübung von Eigentums- und Verfügungsrechten können jedoch von ökonomischen und gesellschaftlichen Machtgebilden (z. B. Kartelle, Gewerkschaften) drohen, wenn diese nicht am Machtmißbrauch gehindert werden. Was nutzt die Eigentumsgarantie, wenn Eigentümer von Produktionsmitteln an deren Nutzung durch Kampfmaßnahmen von Kartellen oder durch überzogene Mitbestimmungsregelungen gehindert werden? Deshalb hat die Ordnungspolitik - z. B. durch Kartellverbote und vorbeugende Regelungen gegen Machtmißbrauch von Organisationen - dafür zu sorgen, daß die Verfügungsrechte nicht ausgehöhlt werden. Insoweit Regelungen zur **Mitbestimmung der Arbeitnehmer** in der Unternehmensverfassung angestrebt werden, können diese zwar unternehmerische Dispositionsrechte einschränken, dürfen aber nicht den Vorrang der Unternehmensinteressen vor anderen Interessen - insbesondere den Sozial- und Beschäftigungsinteressen der Arbeitnehmer oder Gewerkschaftsinteressen - aufheben.[55] Deshalb wird meist die institutionalisierte Mitbestimmung auf das Kontrollorgan von Großunternehmen (Aufsichtsrat) beschränkt, während das Organ der laufenden Geschäftsführung (Vorstand), das um einen Arbeitsdirektor ergänzt wird, ziemlich unberührt bleibt.

Das **Prinzip der Verfügungsfreiheit** über das eigene Produktivvermögen erfordert jedoch auch Grenzziehungen zur Ausübung der Verfügungsgewalt. Soll niemand in der Nutzung seiner Verfügungsrechte benachteiligt werden, so muß die Verfügungsfreiheit über den Produktionsmitteleinsatz dort enden, wo sie die freie Ausübung der Verfügungsgewalt über Produktionsmittel anderer Wirtschaftssubjekte unmöglich macht. Noch vordringlicher müssen natürlich die Einsätze von Produktionsmitteln, die Leben und Gesundheit von Menschen bedrohen oder zur Zerstörung der Umwelt führen, unterbunden werden. Eine völlig unbeschränkte Verfügungsgewalt über Produktionsmittel, d. h. eine absolute Verfügungsfreiheit über das eigene Produktivvermögen kann es in privilegienfreien Gemeinwesen bzw. in sozialen Rechtsstaaten, in denen die Grund- und Freiheitsrechte aller Bürger gleichermaßen zu schützen sind, nicht geben. Dementsprechend ist in marktwirtschaftlichen Ordnungen die aus Eigentumsrechten resultierende freie Verfügungsgewalt privater Wirtschaftssubjekte über Produktion und Einkommensverteilung zwar gewährleistet, aber **nicht grenzenlos**. Gewerbe- und umweltschutzrechtliche Normen und Auflagen begrenzen regelmäßig den beliebigen Einsatz der Produktionsmittel sowie Steuern und Abgaben mindern die freie Verfügung über einen Teil des erwirtschafteten Ertrags.

Da **Konzentrationen des privaten Eigentums** Machtzusammenballungen bewirken, die zur Beeinträchtigung der marktwirtschaftlichen Steuerung und zur Verhinderung der optimalen Allokation der Ressourcen führen können, wird **breitge-**

---

[55] Beispielsweise sind in der Bundesrepublik Deutschland nach dem Gesetz über die Mitbestimmung der Arbeitnehmer (MitbestG) von 1976 die Aufsichtsräte der mitbestimmten Unternehmen (Kapitalgesellschaften und Konzerne mit mehr als 2000 Arbeitnehmern) mit der gleichen Zahl von Vertretern der Anteilseigner und der Arbeitnehmer besetzt. Jedoch ist damit noch nicht die - insbesondere von den Gewerkschaften angestrebte - volle paritätische Mitbestimmung verwirklicht. Die Anteilseigner haben es nämlich nach dem gesetzlichen Wahlmodus in der Hand, den Vorsitzenden des Aufsichtsrates aus ihren Reihen zu stellen, und dieser hat bei Stimmengleichheit im Entscheidungsprozeß den Stichentscheid. Obwohl vom Prinzip der Gleichberechtigung von Kapital und Arbeit ausgehend, bleibt also im Endeffekt der Vorrang der Unternehmens- vor Arbeitnehmerinteressen gewahrt.

streutes und **wettbewerblich kontrolliertes Privateigentum** an Produktionsmitteln angestrebt. Um das Ziel einer Eigentumsstruktur, bei der möglichst viele am Produktivvermögen privates Eigentum besitzen, zu erreichen, verfolgt der Staat meist eine Doppelstrategie: Zum einen erschwert er die **Unternehmenskonzentration** (z. B. durch eine wettbewerbsrechtliche Fusionskontrolle) und zum anderen erleichtert er das **Selbständigwerden** in mittelständischen Gewerbezweigen und den freien Berufen (z. B. durch Existenz-Aufbaudarlehen). Ferner fördert der Staat die **Vermögensbildung in Arbeitnehmerhand** (z. B. durch Sparprämien). Es wird jedoch eine Gleichverteilung des Produktivvermögens ebensowenig angestrebt wie die Gleichheit der Einkommen, weil beides die Funktionsfähigkeit der Marktwirtschaft lahmlegen würde. Wird nämlich der Anreiz, durch Leistung bzw. Mehrleistung das eigene Vermögen anzureichern oder das Einkommen zu steigern infolge einer **staatlichen Nivellierungspolitik** der Einkommen geschmälert, so beeinträchtigt dieses auch die **optimale Allokation** der Produktionsfaktoren. Die Ungleichheit der Verteilung, die einer Marktwirtschaft funktionsbedingt eigen ist, trifft nur dann auf ordnungspolitische Bedenken, wenn die ungleiche Verteilung statt auf Leistung bzw. Mehrleistung (von der auch die Gesamtgesellschaft profitiert) lediglich auf nichtleistungsbedingter Marktmacht beruht. In der Regel schafft die wettbewerblich bedingte Leistungssteigerung eine Warenfülle, die nur zu relativ niedrigen Preisen abgesetzt werden kann, so daß von den geringen Lebenshaltungskosten breite Bevölkerungsschichten profitieren. Da die Marktwirtschaft nur Marktleistungen honoriert und somit Menschen, die solche Leistungen nicht oder nicht mehr erbringen können, ohne Einkommen bleiben, sind **Einkommenstransfers erforderlich**. Die Einkommensverteilung in Marktwirtschaften wird also nicht völlig den Marktkräften überlassen, sondern **durch Sozial- und Transfersysteme ergänzt**.

5.1.2 Marktfunktionspolitik

Die Marktstruktur in einer Marktwirtschaft besteht einerseits aus einer Vielzahl von miteinander konkurrierenden Unternehmungen, die Güter produzieren und anbieten sowie Produktionsfaktoren nachfragen, und andererseits einer Masse von Haushaltungen, die Güter nachfragen und verbrauchen sowie Arbeitsleistungen anbieten. Damit ein gesamtwirtschaftlich leistungsfähiges Marktsystem zustande kommt, muß die Ordnungspolitik für ein **funktionsfähiges Informations- und Knappheitsanzeigesystem** sowie ein **Leistungsanreizsystem** sorgen. Für rationale, ihren jeweiligen Interessen bestmöglich dienende ökonomische Entscheidungen benötigen die Wirtschaftssubjekte Informationen, insbesondere über die Knappheitsverhältnisse von Gütern und Dienstleistungen. Besonders Unternehmen, die auf der Suche nach gewinnträchtigen Produktionen und Marktlücken sind, brauchen für die Planung des Produktionssortiments und ihrer Absatzstrategien eine zuverlässige Knappheitsanzeige. Die Produktions- und Absatzpläne der Unternehmungen basieren hauptsächlich auf Absatzerwartungen, d. h. auf Annahmen über die Knappheitsverhältnisse und Schätzungen bestimmter potentieller Absatzmengen, die voraussichtlich bei diesem oder jenem Preis und verschiedenen Werbestrategien erwartet werden können. Die geschätzten Absatzmengen der zu produzierenden Güter gehen dann in die Planungen der unternehmensseitigen Nachfrage nach Produktionsfaktoren (Arbeit, Kapital und Boden) ein. Auch die privaten

Haushaltungen benötigen für die Entscheidungen über ihre Güternachfrage neben der Kenntnis des eigenen Bedarfs weitergehende Informationen über die relative Knappheit der zu erwerbenden Konsum- und Gebrauchsgüter. Sowohl Anbieter als auch Nachfrager können aus der Höhe des unter Wettbewerbsbedingungen gebildeten **Marktpreises** unmittelbar den Knappheitsgrad des betreffenden Gutes ermitteln. Der **wettbewerblich gebildete Marktpreis** ist deshalb ein **zuverlässiger Knappheitsindikator**, dessen Höhe den derzeitigen Knappheitsgrad eines Gutes anzeigt und auch die relative Knappheit des betreffenden Gutes im Vergleich zu anderen Gütern widerspiegelt. Verändert sich der Marktpreis, so hat sich auch das relative Knappheitsverhältnis geändert. Preisänderungen eines Gutes zeigen also Veränderungen seines jeweiligen Knappheitsgrades an. Unter Beachtung des Wertes des Gutes zeigen hohe Marktpreise den Wirtschaftssubjekten an, daß das betreffende Gut einen ziemlich hohen Knappheitsgrad aufweist, während niedrige Marktpreise eines Gutes auf reichliche Verfügbarkeit eines nur wenig knappen Gutes schließen lassen.

Während der unter Wettbewerbsbedingungen aus dem Verhältnis von Angebot und Nachfrage hervorgegangene Marktpreis die Knappheitsverhältnisse eines Gutes zuverlässig anzeigt, spiegelt ein **Monopolpreis** die tatsächlichen Knappheiten nicht oder verfälscht wider. Dieses resultiert daraus, daß der Monopolist bei (mehr oder weniger) elastischer Nachfrage das Angebot verknappt, um einen möglichst hohen (Monopol-)Preis durchsetzen zu können. Marktwirtschaften müssen also aus zwei Gründen **monopolfeindlich sein**, zum einen, weil die Monopolisierung eines Marktes den Wettbewerb ausschaltet und meist zu einer knapperen Versorgung und höherem Preis führt, und zum anderen, weil Monopolpreise das marktwirtschaftliche Knappheitsanzeigesystem funktionsunfähig machen.

Ohne Erwirtschaftung eines Ertrags wird keine erwerbswirtschaftliche Unternehmung auf Dauer im Markt verbleiben. Deshalb steht letztlich immer das **Ertragsziel**, das sich im Streben nach Gewinn und Rentabilität ausdrückt, auch hinter anderen Unternehmenszielen, wie z. B. Umsatzsteigerung, Vergrößerung des Marktanteils, Steigerung der Wettbewerbsfähigkeit, Liquiditätssicherung, Kostensenkung, Kapitalvermehrung oder Stärkung der strukturellen Anpassungsfähigkeit (z. B. durch Produktionsumstellung und Sortimentsänderung). Jedoch kann ungezügeltes Gewinnstreben insbesondere von marktstarken Unternehmungen, wenn es nicht durch den Wettbewerb kontrolliert wird, zur Ausbeutung der Konsumenten und Nachfrager führen. Deshalb hat die Ordnungspolitik nicht nur den Gewinn als legitimes Ziel und Mittel für die Selbstfinanzierung der Unternehmungen anzuerkennen sowie vor Diffamierungen und Eliminierungen (auch steuerlicher Art) zu schützen, sondern sie muß auch für die notwendigen **Gewinnkontrollen durch den Wettbewerb** sorgen.

In wettbewerbsgesteuerten Marktwirtschaften wirken die **legalisierten Gewinninteressen** der Wirtschaftssubjekte als hauptsächliche **Leistungsanreize** und der Wettbewerbsdruck als Leistungszwang. Die Erzielung eines maximalen Gewinns bedingt, daß die Unternehmen nach dem ökonomischen Prinzip eine bestimmte Produktionsmenge mit dem geringstmöglichen Mitteleinsatz oder bei vorgegebenen begrenzten Mitteln eine möglichst große Produktionsmenge zu erreichen versuchen. Das Streben nach bestmöglicher Faktorkombination läßt die Unternehmen auch nach besseren und billigeren Produktionsverfahren suchen, wodurch eine preisgünstigere Versorgung der Konsumenten mit knappen Gütern möglich und bei intensivem Wettbewerb auf den Märkten auch eintreten wird. Die ein möglichst hohes Einkommen anstrebenden Haushaltungen, deren arbeitsfähige Mitglieder ihre Arbeitskraft auf den Arbeitsmärkten anbieten, werden in die Wirtschaftszweige mit der größten und dringlichsten Nachfrage nach Arbeitskräften und den höchsten Entlohnungen drängen. Im allgemeinen führt das Gewinnstreben der Unternehmen und das Interesse der Haushaltungen an Einkommenssteigerungen dazu, daß die Produktionsfaktoren in die nachfragemäßig dringendsten und ökonomisch rentabelsten Verwendungen gelenkt werden. Dadurch wird die Produktionsstruktur der Volkswirtschaft an die Konsumentenwünsche angepaßt. In einer Marktwirtschaft **steuert** letztlich immer **die effektive Nachfrage die Produktion**. Anbieter, die infolge falscher Einschätzung der Konsumentenwünsche am Markt vorbeiproduziert haben oder deren (prinzipiell durchaus legitime) Werbung keine Konsumentenwünsche geweckt hat, werden regelmäßig durch Verluste und letztlich mit dem Ausscheiden aus dem Markt bestraft.

Wie bereits Adam Smith erkannte, wirkt der **Eigennutz** als mächtige **Triebkraft** und **Leistungsstimulanz**. Geht man von dem natürlichen Eigennutzstreben der Wirtschaftssubjekte aus, so wird jeder im Wirtschaftsleben versuchen, für die Waren und Dienstleistungen, die er anbietet, möglichst viel zu erhalten und für diejenigen, die er nachfragt, möglichst wenig zu bezahlen. In einer wettbewerbsgesteuerten Marktwirtschaft kann jedoch niemand nur seine eigennützigen Ziele zu Lasten anderer durchsetzen, ohne sich selbst zu schaden. Wer nämlich als Anbieter seine Preisforderungen zu hoch, d. h. über Marktniveau festsetzt, wird seine Waren nicht absetzen, und wer als Nachfrager nicht zur Zahlung des Marktpreises bereit ist, wird seinen Bedarf nicht decken können. Für beide Marktparteien erfolgt der **Nutzenausgleich** also **über den Marktpreis**, der sich unter Wettbewerbsbedingungen nicht weit vom Selbstkostenpreis zuzüglich eines marktüblichen Gewinnaufschlags entfernen kann. Sind Marktungleichgewichte in Form von Angebots- oder Nachfrageüberschüssen entstanden, so geben die Preisveränderungen die richtige Richtung für ökonomisches Handeln an, indem das Gewinnstreben für Abhilfe mittels Produktionsdrosselungen oder Engpaßbeseitigungen sorgt, ohne daß es dazu obrigkeitlicher Anordnungen oder moralischen Drucks gesellschaftlicher Organe bedarf.

Die Hauptaufgabe der Ordnungspolitik in einer Marktwirtschaft besteht also in der Schaffung eines **funktionsfähigen Marktpreissystems** im Rahmen einer **Wettbewerbsordnung**. Damit die unzähligen Pläne und Handlungen der autonomen Wirtschaftssubjekte (Unternehmungen und Haushalte) aufeinander abgestimmt werden, bedarf es der freien Preisbildung auf wettbewerblich strukturierten Märkten und der Entwicklung eines intakten Marktpreismechanismus. Ein funktionsfähiger **Marktpreismechanismus** erfüllt neben seinen **Informations-, Knappheitsanzeige- und Signalfunktionen** zentrale **Steuerungs- und Koordinierungsfunktionen** in der Weise, daß er bei Ungleichgewichten (Angebots- oder Nachfrageüberschüsse) auf dem Markt Preisänderungen (Preissenkungen oder Preiserhöhungen) auslöst, die dann zu entsprechenden (kontraktiven oder expansiven) Anpassungen der einzelwirtschaftlichen Pläne (des Angebotes oder der Nachfrage) führen. Über Preis- und Mengenreaktionen werden also Angebot und Nachfrage auf den Märkten ausgeglichen, und zwar in der Weise, daß bei den sich einpendelnden Gleichgewichtspreisen die Märkte geräumt werden. Marktpreise haben zudem eine Selektionsfunktion, indem alle Anbieter, deren Produktions- und Vertriebskosten langfristig nicht von den Marktpreisen gedeckt werden, aus dem Markt ausscheiden. Gleichzeitig sorgen die Marktpreise dafür, daß nur diejenigen Nachfrager zum Zuge kommen, die in der Lage und willens sind, den Marktpreis zu zahlen. So kommt das knappe Angebot denjenigen zugute, deren Nachfrage - gemessen an der aufgewandten Kaufkraft - am dringlichsten ist. In der Regel lösen Marktpreisänderungen Anpassungen aus, die letztlich zu einer **optimalen Verteilung der Produktionsfaktoren** auf alternative Verwendungszwecke führen. So hängt die Verteilung der Produktionsfaktoren auf die einzelnen Wirtschaftszweige vor allem von der Höhe der Faktorpreise ab, die von der jeweiligen Branche gezahlt werden. Je höher die **Produktivität und Rentabilität** in einem Wirtschaftszweig sind, um so höhere **Faktorpreise** können die Unternehmungen zahlen. Bei freier Preisbildung auf den Faktor- und Gütermärkten lenkt also die **Allokationsfunktion der Marktpreise** die Produktionsfaktoren in die produktivsten Verwendungen. Letztlich erfüllen Marktpreise noch andere Verteilungsfunktionen, indem sie als Ergebnis des Marktgeschehens wesentlich über Gewinn und Verlust im Unternehmensbereich entscheiden und als Entgelt für Faktorleistungen die Einkommen von Wirtschaftssubjekten sowie (auch über das Preisniveau) die Kaufkraft in der Volkswirtschaft (mit-)bestimmen.

Der Marktmechanismus löst das Koordinierungsproblem wirtschaftlichen Handelns so, daß beliebige individuelle Zielverfolgungen verschiedener Wirtschaftssubjekte zur Übereinstimmung gebracht werden. Dabei fungiert der **Markt als wertfreier Koordinationsmechanismus**, der die Handlungen der Wirtschaftssubjekte nicht auf gut oder böse überprüft. Der Markt ist also keine Moralprüfstelle, was aber nicht bedeutet, daß die Moral aus dem Geschäftsleben der Marktwirtschaft verbannt ist. Im Gegenteil, in einer wettbewerbsgesteuerten Marktwirtschaft herrscht in der Regel eine **hohe Geschäftsmoral**; denn das Ansehen bzw. Image eines Unternehmens wirkt unmittelbar auf seine Umsatz- und Ertragsentwicklung ein. Wer seine Geschäftspartner und Kunden nicht korrekt bei Warenlieferungen und kulant beim Kundendienst bedient, wird seine Kundschaft bald verlieren. Zudem müssen **Gesetze gegen unlauteren Wettbewerb** dafür sorgen, daß die Konkurrenten nicht mit unfairen Mitteln vom Markt vertrieben werden. Insoweit ökonomisches Handeln zu externen Schäden führen kann, wie z. B. bei umweltbelastenden Produktionen, sind Normen zu erlassen, deren Verletzung zur Entschädigungspflicht führt oder in schweren Fällen Strafe nach sich zieht. Primär sind die ordnungspolitischen Rahmenbedingungen und eventuell spezielle **Umweltschutznormen** so zu gestalten, daß die Wirtschaftssubjekte möglichst aus Eigeninteresse bei ihrem ökonomischen Handeln die Erfordernisse des Umweltschutzes beachten. Gemäß dem Verursacherprinzip müssen nicht vermeidbare Umweltbelastungen von denjenigen Wirtschaftssubjekten kostenpflichtig beseitigt werden, die sie verursacht haben. Anderenfalls würden bei Abwälzung von Umweltschutzkosten auf die Allgemeinheit die Wettbewerbsbedingungen verzerrt und die Funktionsfähigkeit der Marktsteuerung bei der Güterproduktion ebenfalls beeinträchtigt.

Bei wettbewerblich geordneten Marktbeziehungen werden die Leistungen von Anbietern sowohl durch die Konkurrenz der Mitwettbewerber als auch durch das Nachfrageverhalten der Käufer kontrolliert. Die Konkurrenz unter den Anbietern zwingt diese, qualitativ hochwertige und preisgünstige Waren für den Markt zu produzieren. Anderenfalls werden sie aus dem Markt gedrängt, weil die Nachfrager in der Regel aus den Güterangeboten das jeweils für sie qualitätsmäßig und preislich günstigste Angebot auswählen. Insofern sorgt die effektive Nachfrage für eine **effiziente Qualitätskontrolle** und für **marktadäquate Preise**.

Eine Marktwirtschaft setzt funktionsfähige Märkte voraus, die überwiegend wettbewerblich strukturiert sein müssen. Das bedeutet aber nicht, daß die Märkte und der Wettbewerb überall den höchstmöglichen Grad der Vollkommenheit, wie er in der üblichen Markt- und Preistheorie zugrunde gelegt worden ist, aufweisen müssen. **Vollkommener Markt** und **vollkommene Konkurrenz** sind lediglich abstrakte **Denkmodelle**, die aufgrund ihrer theoretisch strengen Prämissen kaum in der Realität vorkommen. Dennoch zeigt die Erfahrung, daß der Wettbewerb und Marktmechanismus auch im **Kosmos unvollkommener Märkte** mit noch zureichender Wettbewerbsintensität (also mit Ausnahme von Monopolmärkten) durchaus tendenziell ihre positiven Wirkungen entfalten können. James E. Meade hat einmal die relativ gute Geeignetheit des Marktpreismechanismus wie folgt ausgedrückt: „The price mechanism is the worst possible form of economic system except the others."[56]

In Marktwirtschaften finden sich regelmäßig **verschiedene Marktformen**, angefangen vom Polypol über das Oligopol bis hin zum Duopol. **Monopole**, die keinerlei Wettbewerb ausgesetzt sind, gibt es in entwickelten Marktwirtschaften selten, weil zumindest der Substitutionswettbewerb fast nie ausgeschaltet werden kann. Da sich häufig bestimmte Rohstoffe oder Güter durch andere (z. B. Metall durch Kunststoffe, Butter durch Margarine) ersetzen lassen, werden die Wettbewerbsverhältnisse auf den interdependenten Märkten auch durch den **Substitutionswettbewerb** mitbestimmt. Selbst Großunternehmen können einem intensiven Wettbewerb durch Mitwettbewerber und durch die in- und ausländische Substitutionskonkurrenz ausgesetzt sein, zumal dann, wenn eine konsequente Wettbewerbspolitik unternehmerische Wettbewerbsbeschränkungen unterbindet.

5.1.3 Wettbewerbspolitik

Die Funktionsfähigkeit der Märkte wird durch (Leistungs-)Wettbewerb gewährleistet. Wettbewerb bedeutet, daß eine Mehr- bzw. Vielzahl von Teilnehmern danach strebt, ein für alle gleiches Ziel vorrangig zu erreichen. Ökonomischer Wettbewerb findet als leistungsorientierter Wettstreit zwischen Wirtschaftseinheiten (Anbietern oder Nachfragern) auf dem Markt statt, wobei die Anbieter jeweils mit attraktiveren Leistungen (qualitativ bessere Produkte und/oder niedrigere Preise) die Mitwettbewerber zu übertreffen und möglichst viel Nachfrage an sich zu ziehen bestrebt sind, während die Nachfrager durch bereitwillige Zahlung des verlangten Kaufpreises oder (bei besonders knappem Güterangebot) durch Überbieten des Kaufpreises zur Befriedigung ihrer Kaufwünsche zu kommen trachten.

Der **Leistungswettbewerb** umfaßt neben dem **Preiswettbewerb**, dem insbesondere wegen seiner Signal- sowie Steuerungs- und Koordinierungsfunktion die größte Bedeutung zukommt, noch den **Qualitäts-, Konditionen- und Werbungswettbewerb**. Der Qualitätswettbewerb fördert technische und ökonomische Ver-

---

[56] J. E. Meade, 1975, S. 123.

besserungen der Produkte und regt zu Produktinnovationen an. Der Konditionenwettbewerb erstreckt sich auf die Rabattgestaltung, die Liefer- und Zahlungsbedingungen sowie den Kundendienst. Der werbemäßige Wettbewerb der Anbieter von Waren und Dienstleistungen zielt vor allem darauf ab, Kaufimpulse bei den Konsumenten auszulösen und das Produktimage zu festigen. Für die Konsumenten verbessert informative Werbung die Marktübersicht. Werbung in Form unsachlicher oder sogar unwahrer Anpreisung bzw. Reklame kann jedoch auch Desinformation und Schädigung der Verbraucher bewirken.

Neben den ordnungspolitisch positiv wirkenden Formen des Leistungswettbewerbs gibt es noch macht- (und nichtleistungs-)bedingte „Wettbewerbs"-Formen, die als **Behinderungs- und Vernichtungswettbewerb** auftreten. Ordnungspolitisch müssen diese negativ wirkenden Formen des **Nichtleistungswettbewerbs** - die im eigentlichen Sinne keine Wettbewerbsformen, sondern reine Machtinstrumente sind - zum Beispiel durch Gesetze gegen unlauteren Wettbewerb unterbunden werden.

Der Wettbewerbsdruck erzeugt einen Hang zum Überflügelungswettbewerb, indem er die Unternehmen dazu treibt, Initiativen zum Leistungswettbewerb zu ergreifen. Erfahrungsgemäß besteht aber auch eine **Tendenz zu Wettbewerbsbeschränkungen**, um der Härte des Wettbewerbsdruckes zu entgehen. Ein weiteres endogenes Problem dynamischer Marktwirtschaften ist die **Konzentrationstendenz**, die zu Machtzusammenballungen und Lahmlegungen des Marktmechanismus führen kann. Um das marktwirtschaftliche System vor Entartungen der Selbststeuerung zu schützen, muß also die Ordnungspolitik eine **Wettbewerbsordnung** errichten. Dieses geschieht meist mittels Gesetzen zum Schutz des Wettbewerbs, wie z. B. durch Antitrustgesetze in den USA oder dem Gesetz gegen Wettbewerbsbeschränkungen in der Bundesrepublik Deutschland.[57] Das Gesetz gegen Wettbewerbsbeschränkungen (GWB), das 1957 vom Deutschen Bundestag verabschiedet worden ist, kam erst nach einer langwierigen Diskussion in der Öffentlichkeit und in den Wirtschaftswissenschaften zustande, wobei insbesondere die wettbewerbspolitischen Vorstellungen von Vertretern der **Freiburger Schule der Nationalökonomie** (vor allem die von Walter Eucken und Franz Böhm) eine gewisse Rolle gespielt haben. Das **Credo der Ordoliberalen**, dem zufolge eine funktionsfähige Marktwirtschaft einer **Wettbewerbsordnung** und eines **staatlich gesicherten Wettbewerbsschutzes** bedarf, war Ausgangspunkt aller wettbewerbspolitischen Überlegungen. Einzelne Elemente ordoliberalen Gedankengutes, wie z. B. das von Eucken vorgeschlagene Monopolaufsichtsamt, wurden später - in Form der Schaffung des Bundeskartellamtes - realisiert. Im Laufe der sich über ein Jahrzehnt hinziehenden Beratungen über mehrere Gesetzentwürfe - von denen allerdings keiner aus der Feder der führenden Vertreter des Ordoliberalismus stammte - verlor sich der ursprüngliche ordoliberale Einfluß immer mehr. Insbesondere verblaßte das **Leitbild der vollkommenen Konkurrenz**, das von ordoliberaler Seite zur Realisierung allgemeiner Machtlosigkeit in der Wirtschaft favorisiert wurde. Zwar waren sich auch die meisten Ordoliberalen bewußt, daß die Marktform der vollkom-

[57] Die oft für das Gesetz gegen Wettbewerbsbeschränkungen benutzte Bezeichnung „Kartellgesetz" ist sprachlich unsinnig, da es nicht für, sondern gegen Kartellbildungen geschaffen wurde und dementsprechend als Anti-Kartellgesetz bezeichnet werden müßte, wie es im amerikanischen Recht auch zutreffend Antitrustgesetz heißt.

menen Konkurrenz - zumindest in theoretischer Reinheit - nicht wirklichkeitsnah war, aber sie hielten die Herstellung eines funktionsfähigen Preissystems auf der Basis möglichst intensiven Wettbewerbs (den sie bei vollkommener Konkurrenz erreicht sahen) für unerläßlich. Eigentlich wollten sie das Ziel der Wettbewerbspolitik nur möglichst hoch stecken. Sicherlich wären manche Mißverständnisse unterblieben, wenn von ordoliberaler Seite deutlich gemacht worden wäre, daß nicht die **unrealistische Marktform der vollkommenen Konkurrenz** im streng theoretischen Sinne, sondern nur ein möglichst intensiver Wettbewerb angestrebt werden sollte. Letztlich wurde im Gesetz gegen Wettbewerbsbeschränkungen überhaupt kein bestimmtes Leitbild - und schon gar nicht das der vollkommenen Konkurrenz - verankert. Selbst der Wettbewerb als Schutzobjekt des Gesetzes wurde nicht definiert, weil es keinen allgemein gültigen Wettbewerbsbegriff gibt. Statt dessen wurden im GWB die verbotenen und erlaubten Wettbewerbsbeschränkungen festgelegt, wobei nach Meinung vieler Ordnungstheoretiker allerdings unter dem Druck ökonomischer Interessengruppen zu viele Zugeständnisse für **wettbewerbspolitische Ausnahmeregelungen** gemacht worden sind.

Im deutschen Gesetz gegen Wettbewerbsbeschränkungen (GWB) sind hauptsächlich folgende Bestimmungen zum Schutz des Wettbewerbs verankert:

- Ein **grundsätzliches Kartellverbot**, sowohl für vertragliche Kartellbildungen als auch für Kartelle, die durch abgestimmtes Verhalten zustande kommen.
- Eine **Fusionskontrolle** bei Zusammenschlüssen von Unternehmen, wenn dadurch eine marktbeherrschende Stellung erlangt oder verstärkt wird.
- Eine **Mißbrauchsaufsicht**, wenn ein Unternehmen eine marktbeherrschende Stellung innehat.

a) Instrumente der Antikartellpolitik

Im deutschen Wettbewerbsrecht wird zwischen **horizontalen** und **vertikalen Wettbewerbsbeschränkungen** unterschieden. Während horizontale Wettbewerbsbeschränkungen grundsätzlich verboten sind, unterliegen vertikale Wettbewerbsbeschränkungen einer mit hohen Eingriffsschwellen verbundenen Mißbrauchsaufsicht. Vertikale Vereinbarungen sind (gemäß § 14 GWB) nur dann verboten, soweit sie einen Beteiligten in der Freiheit der Gestaltung von Preisen oder Geschäftsbedingungen bei solchen Vereinbarungen beschränken, die er mit Dritten schließt. Es geht hier also nur um sogenannte **Inhaltsbeschränkungen** in **Zweitvereinbarungen**. Als schärfstes Instrument der Antikartellpolitik wurde im Gesetz gegen Wettbewerbsbeschränkungen ein grundsätzliches Kartellverbot verankert. Nach § 1 GWB (in der Fassung von 1998) sind „Vereinbarungen zwischen miteinander im Wettbewerb stehenden Unternehmen, Beschlüsse von Unternehmensvereinigungen und aufeinander abgestimmte Verhaltensweisen, die eine Verhinderung, Einschränkung oder Verfälschung des Wettbewerbs bezwecken oder bewirken, verboten". Da Wettbewerbsbeschränkungen nicht nur durch Kartellverträge, sondern auch durch bloße **Empfehlungen** und aufeinander **abgestimmtes Verhalten** erfolgen können, sind auch diese ohne Vereinbarungen und Beschlüsse zustande kommenden Praktiken der Wettbewerbsbeschränkung kartellrechtlich untersagt. Vom Kartellverbot können jedoch bestimmte Kartelltypen - und zwar (gemäß der 6. GWB-Novelle von 1998) Normen- und Typenkartelle, Konditionenkartelle,

Spezialisierungskartelle, Mittelstandskartelle, Rationalisierungskartelle sowie Strukturkrisenkartelle - freigestellt werden. Ausnahmebereiche, in denen das Kartellverbot nicht gilt oder Ausnahmetatbestände vom Kartellverbot festgelegt worden sind, existieren jetzt nur noch im Bereich der Landwirtschaft sowie in der Kredit- und Versicherungswirtschaft. Nach einer generellen Ausnahmeklausel (in § 8 GWB) kann der Bundesminister für Wirtschaft Vereinbarungen und Beschlüsse vom Kartellverbot freistellen, „wenn ausnahmsweise die Beschränkung des Wettbewerbs aus überwiegenden Gründen der Gesamtwirtschaft und des Gemeinwohls notwendig ist". Obwohl vielfach befürchtet worden ist, daß diese äußerst vage formulierte Generalausnahme zu einer uferlosen Kartellierung aus politischen Motiven führen könnte, ist in der Praxis der Wettbewerbspolitik von den sogenannten **Ministerkartellen** nur selten Gebrauch gemacht worden. Der wesentliche Grund für diese Zurückhaltung liegt darin, daß ökonomische und wirtschaftspolitische Probleme kaum jemals durch Kartellierung - gleichgültig ob mit oder ohne die Leerformel des Gemeinwohls verbrämt - befriedigend gelöst worden sind.

Nicht alle Arten von Absprachen über die Zusammenarbeit von Unternehmen unterliegen dem Kartellverbot. Bestimmte **zwischenbetriebliche Kooperationen**, wie z. B. bei gemeinschaftlicher Forschung, erscheinen wettbewerbspolitisch unbedenklich und sind manchmal - so beispielsweise bei mittelständischen Unternehmen ohne jeweils eigene Forschungseinrichtungen - sogar unentbehrlich. Mit der zweiten Kartellnovelle von 1973 ist deshalb die Kooperation in der mittelständischen Wirtschaft erleichtert worden, um die Wettbewerbskraft kleiner und mittlerer Unternehmen im Konkurrenzkampf mit Großunternehmen zu stärken. **Mittelstandskartelle** (gemäß § 4 GWB) können vom Kartellverbot freigestellt werden, „wenn dadurch der Wettbewerb auf dem Markt nicht wesentlich beeinträchtigt wird und die Vereinbarung oder der Beschluß dazu dient, die Wettbewerbsfähigkeit kleiner oder mittlerer Unternehmen zu verbessern".

Bei den vom Kartellverbot freigestellten Kartellen unterscheidet das deutsche Wettbewerbsrecht **anmeldepflichtige** und **erlaubnispflichtige Kartelle**. Für die Anmelderegistrierung und die Erlaubniserteilung ist das Bundeskartellamt zuständig, welches auch das **Kartellregister** führt. Zu den anmeldepflichtigen Kartellen gehören Normen- und Typen- sowie Konditionenkartelle, die als wettbewerbspolitisch unbedenklich und wegen ihrer Rationalisierungswirkung gesamtwirtschaftlich als erwünscht gelten. Anmeldepflichtige Kartelle werden wirksam, wenn das Bundeskartellamt der Anmeldung nicht innerhalb von drei Monaten widerspricht. Zu den erlaubnispflichtigen Kartellen gehören **Strukturkrisen**-, **Rationalisierungs**- und **Ministerkartelle** nach der generellen Ausnahmeklausel. Die Erlaubnis, die unter Bedingungen und Auflagen erteilt werden kann, soll regelmäßig nicht für einen längeren Zeitraum als fünf Jahre gelten. Verstöße gegen das Kartellverbot werden als Ordnungswidrigkeiten geahndet und mit Geldbußen belegt.

b) Instrumente der Antikonzentrationspolitik

Die Funktionsfähigkeit eines marktwirtschaftlichen Steuerungs- und Koordinierungssystems, die stets eine hinreichend große Anzahl selbständig handelnder Unternehmen voraussetzt, kann durch **ökonomische Konzentration** gefährdet werden. Konzentration im Unternehmensbereich vollzieht sich entweder im Wege des

internen oder des **externen Wachstums**. Es ist ökonomisch erstrebenswert, daß ein am Markt erfolgreiches Unternehmen seine Kapazitäten erweitert und von innen heraus in eine größere Dimension hineinwächst. Deshalb erscheint es wenig sinnvoll, dem internen Wachstum von Unternehmungen gesetzliche Grenzen - die von Branche zu Branche unterschiedlich sein müßten - zu setzen. Ferner wäre das interne Wachstum nur schwer zu kontrollieren. Externes Unternehmenswachstum hingegen, das sich in Form von Fusionen und diesbezüglichen vertraglichen Vereinbarungen niederschlägt, kann der Staat - vorausgesetzt er entschließt sich dazu - anhand der Verträge relativ leicht kontrollieren. Da es für die wettbewerbsschädlichen Wirkungen ökonomischer Machtzusammenballungen häufig gleichgültig ist, ob sie auf internem oder externem Unternehmenswachstum beruhen, fällt es schwer, stichhaltige Gründe für eine **Fusionskontrolle** allein aus der Art des Wachstums von Unternehmungen zu finden. Zudem können Unternehmenskonzentrationen sowohl der Durchsetzung als auch der Verhinderung des ökonomischen und technischen Fortschritts dienen. Zum einen können Großunternehmen mit umfangreichen Forschungseinrichtungen aufwendige Versuche starten und eventuell zu kostengünstigen Innovationen kommen, zum anderen besteht jedoch keine Garantie, daß marktbeherrschende Großunternehmen erlangte Produktionsvorteile auch an die Konsumenten in Form niedriger Preise und besserer Produktqualitäten weitergeben.

Mit der Einführung einer **Fusionskontrolle** im Jahre 1973 hat das Bundeskartellamt ein Instrument erhalten, mit dem es den Zusammenschluß von Unternehmen unterbinden kann. Voraussetzung für die Untersagung einer Fusion ist, daß durch den Unternehmenszusammenschluß eine marktbeherrschende Stellung erlangt oder verstärkt wird. Ein Unternehmen wird (nach § 19 GWB) als marktbeherrschend angesehen, soweit es als Anbieter bzw. Nachfrager einer bestimmten Warenart „ohne Wettbewerber ist oder keinem wesentlichen Wettbewerb ausgesetzt ist oder eine im Verhältnis zu seinen Wettbewerbern überragende Marktstellung hat“. Dabei wird vermutet, daß ein Unternehmen marktbeherrschend ist, wenn es für eine bestimmte Warenart einen Marktanteil von mindestens einem Drittel hat. „Ein Zusammenschluß, von dem zu erwarten ist, daß er eine marktbeherrschende Stellung begründet oder verstärkt, ist vom Bundeskartellamt zu untersagen, es sei denn, die beteiligten Unternehmen weisen nach, daß durch den Zusammenschluß auch Verbesserungen der Wettbewerbsbedingungen eintreten und daß diese Verbesserungen die Nachteile der Marktbeherrschung überwiegen“ (§ 36 GWB). Falls das Bundeskartellamt einen Zusammenschluß untersagt, kann dennoch (gemäß § 42 GWB) der Bundesminister für Wirtschaft auf Antrag die Erlaubnis zur Fusion erteilen, „wenn im Einzelfall die Wettbewerbsbeschränkung von gesamtwirtschaftlichen Vorteilen des Zusammenschlusses aufgewogen wird oder der Zusammenschluß durch ein überragendes Interesse der Allgemeinheit gerechtfertigt ist“. Allerdings darf diese ministerielle Ausnahmeregelung, die mit Beschränkungen und Auflagen verbunden werden kann, nicht erteilt werden, wenn durch das Ausmaß der Wettbewerbsbeschränkungen die marktwirtschaftliche Ordnung gefährdet wird. Bisher haben die jeweiligen Bundeswirtschaftsminister nur einige wenige (jedoch teils spektakuläre) Fusionsanträge positiv entschieden.

c) Instrumente der Mißbrauchsaufsicht

Dort, wo das Kartellverbot oder die Fusionskontrolle nicht greifen (z. B. in den vom Kartellverbot freigestellten Ausnahmebereichen oder bei intern gewachsenen Großunternehmen), tritt gegebenenfalls die **Mißbrauchsaufsicht** über marktbeherrschende Unternehmen in Erscheinung. Die Kartellbehörden, die im Fall der Mißbrauchsaufsicht zunächst (erlaubte) Kartelle oder marktbeherrschende Positionen tolerieren, müssen für ein eventuelles Eingreifen immer **mißbräuchliches Verhalten** bzw. die unzulässige **Ausnutzung von Marktmacht** nachweisen.

Eine **mißbräuchliche Ausnutzung** einer **marktbeherrschenden Stellung**, die (gemäß § 19 GWB) verboten ist, liegt insbesondere dann vor, wenn ein marktbeherrschendes Unternehmen als Anbieter oder Nachfrager

- „die Wettbewerbsmöglichkeiten anderer Unternehmen ... ohne sachlich gerechtfertigten Grund beeinträchtigt;
- Entgelte oder sonstige Geschäftsbedingungen fordert, die von denjenigen abweichen, die sich bei wirksamem Wettbewerb mit hoher Wahrscheinlichkeit ergeben würden; ...
- ungünstigere Entgelte oder sonstige Geschäftsbedingungen fordert, als sie das marktbeherrschende Unternehmen selbst auf vergleichbaren Märkten von gleichartigen Abnehmern fordert, es sei denn, daß der Unterschied sachlich gerechtfertigt ist;
- sich weigert, einem anderen Unternehmen gegen angemessenes Entgelt Zugang zu den eigenen Netzen oder anderen Infrastruktureinrichtungen zu gewähren, wenn es dem anderen Unternehmen aus rechtlichen oder tatsächlichen Gründen ohne die Mitbenutzung nicht möglich ist, auf dem vor- oder nachgelagerten Markt als Wettbewerber des marktbeherrschenden Unternehmens tätig zu werden ...".

Mit der Aufzählung des letzteren mißbräuchlichen Tatbestandes sollen die Betreiber von Versorgungsnetzen - beispielsweise in der Elektrizitätswirtschaft - gezwungen werden, ihr Leitungsnetz für Durchleitungen durch Dritte gegen angemessenes Entgelt zur Verfügung zu stellen. Dieses war vor allem notwendig, nachdem durch das Energiewirtschaftsgesetz (EnWG) von 1998 der Strommarkt liberalisiert und dem Wettbewerb geöffnet worden ist.

Das Instrument der Mißbrauchsaufsicht erweist sich als stumpf, wenn im Einzelfall nicht zu klären ist, ob ein Mißbrauch oder ein noch als marktkonform bzw. wettbewerbsanalog zu beurteilendes Verhalten vorliegt. Beispielsweise läßt sich oft kaum erkennen, ob es sich bei einer Preiserhöhung um eine zulässige Ausschöpfung marktmäßig bedingter Preiserhöhungsspielräume oder um eine durch Wettbewerbsbeschränkungen möglich gewordene preisliche Ausbeutung der Nachfrager handelt. **Marktergebniskontrollen**, die sich auf hypothetische Wettbewerbspreise (Als-ob-Wettbewerbspreise) stützen, sind äußerst problematisch, weil sich Wettbewerbspreise bei fehlenden Vergleichsmärkten kaum „marktgerecht" simulieren lassen. Der Wettbewerb in der Marktwirtschaft ist stets ein dynamischer Prozeß, dessen Verlauf und Ergebnis sich nicht vorhersehen und deshalb auch nicht wirklichkeitsgetreu nachahmen läßt. Keineswegs ist es den Kartellbehörden erlaubt, eine ständige Preiskontrolle derart auszuüben, daß die Unternehmen vor geplanten Markt- und Wettbewerbsaktivitäten erst das Plazet des Kartellamtes einzuholen haben. Bei extensiv praktizierter Mißbrauchsaufsicht können die Wettbewerbsschützer leicht zu Preiskommissaren werden, womit sie jedoch ihre Funktion in einer marktwirtschaftlich orientierten Ordnung überschreiten. Die Aufsicht der Kartellbehörden sollte sich darauf beschränken, bei eindeutigem Mißbrauch einzuschreiten, wobei zunächst nur ein wettbewerbsanaloges Verhalten anzumahnen wäre. Erst wenn diese Abmahnung ergebnislos bleibt, sollten notfalls Zwangsmaßnahmen ergriffen werden.

d) EU-Wettbewerbsrecht

Das **EU-Wettbewerbsrecht** bestimmt die deutsche Wettbewerbsordnung wesentlich mit. Bereits nach dem ursprünglichen Vertrag zur Gründung der Europäischen Wirtschaftsgemeinschaft von 1957 (Artikel 3 EWGV) gehört zur Tätigkeit der Gemeinschaft „die Errichtung eines Systems, das den Wettbewerb innerhalb des Gemeinsamen Marktes vor Verfälschungen schützt". Diese Bestimmung wurde durch **Wettbewerbsregeln** (Artikel 85 bis 94 EWGV) konkretisiert. Kern des europäischen Wettbewerbsrechts sind die Artikel 85 EWGV (Verbot wettbewerbsbehindernder Vereinbarungen) und 86 EWGV (Verbot des Mißbrauchs marktbeherrschender Stellungen), die den zwischenstaatlichen Handel vor Wettbewerbsbeschränkungen schützen sollen. Bedeutsam sind auch die Bestimmungen über **staatliche Beihilfen** (Artikel 92 bis 94 EWGV), die verhindern sollen, daß der Wettbewerb im gemeinsamen Markt durch nicht erlaubte Beihilfen an Unternehmen oder Produktionszweige innerhalb der einzelnen Mitgliedstaaten verfälscht wird. Mit der sogenannten **Zwischenstaatlichkeitsklausel**, der zufolge nur den Handel zwischen den Mitgliedstaaten beeinträchtigende Wettbewerbsbeschränkungen verboten sind, wird der Anwendungsbereich gegenüber dem nationalen Wettbewerbsrecht abgegrenzt. Ursprünglich wurde für den Geltungsbereich des EWG-Vertrags von der sogenannten **Zweischrankentheorie** ausgegangen, wonach das nationale und europäische Wettbewerbsrecht gleichberechtigt zur Anwendung kommen sollten, was zur Folge hatte, daß sich das jeweils strengere Recht durchsetzte. Nachdem der Europäische Gerichtshof diese Auffassung verworfen und dem **Gemeinschaftsrecht Vorrang** gegeben hat, dominiert heute das europäische Wettbewerbsrecht.[58]

Verboten sind nach Artikel 85 EWGV „alle Vereinbarungen zwischen Unternehmen, Beschlüsse von Unternehmensvereinigungen und aufeinander abgestimmte Verhaltensweisen, welche den Handel zwischen Mitgliedstaaten zu beeinträchtigen geeignet sind und eine Verhinderung, Einschränkung oder Verfälschung des Wettbewerbs innerhalb des Gemeinsamen Marktes bezwecken oder bewirken". Es werden sodann eine Reihe von Wettbewerbspraktiken aufgeführt, die den vorgenannten Tatbestand erfüllen. Ferner verboten gemäß Artikel 86 EWGV ist „die mißbräuchliche Ausnutzung einer beherrschenden Stellung auf dem Gemeinsamen Markt oder einem wesentlichen Teil desselben durch ein oder mehrere Unternehmen, soweit dies dazu führen kann, den Handel zwischen Mitgliedstaaten zu beeinträchtigen". Sodann werden einige mißbräuchliche Praktiken, die den vorgenannten Tatbestand erfüllen, aufgezählt. Zudem ist eine **Fusionskontrolle**, die im

---

[58] Vgl. I. Schmidt, 1996, S. 194.

EWG-Vertrag nicht enthalten war, auf dem Verordnungswege eingeführt worden. So unterliegen nach der Europäischen **Fusionskontroll-Verordnung** von 1989 alle Zusammenschlüsse mit gemeinschaftsweiter Bedeutung der Fusionskontrolle. Die Durchsetzung des europäischen Wettbewerbsrechts obliegt der **EU-Kommission** und dort der Generaldirektion Wettbewerb. Um die wettbewerbsrechtlichen Entscheidungen durchzusetzen, kann die EU-Kommission im **Bußgeldverfahren** Geldbußen festsetzen. Gegen die Entscheidungen der EU-Kommission können die Betroffenen **Nichtigkeitsklage** vor dem Europäischen Gerichtshof (EuGH) erheben.

5.2 Konjunkturpolitik

Erfahrungsgemäß unterliegen die ökonomischen Aktivitäten in dynamischen Marktwirtschaften zyklischen Schwankungen, die sich in verschiedenen Phasen als **Aufschwung (Expansion), Hochkonjunktur (Boom), Abschwung (Rezession) und Tiefstand (Depression)** bemerkbar machen können. Im Rahmen eines Konjunkturzyklus können extreme Konjunkturausschläge auftreten, die eventuell zu Wirtschaftskrisen mit Massenarbeitslosigkeit oder zu Konjunkturüberhitzungen mit inflationären Folgen führen. Nach der **Weltwirtschaftskrise** Anfang der dreißiger Jahre ist verstärkt nach Instrumenten zur Verstetigung der Konjunktur gesucht worden. Dabei boten sich für die **Globalsteuerung** des Konjunkturgeschehens vor allem zwei Bereiche an, nämlich sowohl die **Geld- und Kreditpolitik** als auch die **Fiskalpolitik**. Obwohl unter dem Einfluß der Keynesschen Theorie von 1936 die Konjunkturbeeinflussung mittels antizyklischer Fiskalpolitik zahlreiche Befürworter gewann, unternahmen die verantwortlichen Wirtschaftspolitiker in den marktwirtschaftlich orientierten Volkswirtschaften zunächst kaum Anstrengungen zwecks Ausformung eines fiskalischen Instrumentariums zur Konjunktursteuerung. Auch nach Ende des Zweiten Weltkrieges konzentrierten sich die stabilitätspolitischen Bemühungen zunächst mehr auf die Geld- und Kreditpolitik als auf die Fiskalpolitik.

Mitte der sechziger Jahre zeigte sich in der Bundesrepublik Deutschland immer deutlicher, daß die geld- und kreditpolitischen Steuerungsinstrumente der Deutschen Bundesbank als konjunkturelle Stabilisierungsmittel nicht ausreichten; denn sowohl die monetären Maßnahmen der Konjunkturbremsung als auch der Konjunkturanregung wirkten oft zu langsam und nicht durchschlagend genug. Zudem handelten die Träger der öffentlichen Haushalte (Bund, Länder und Gemeinden) in ihrer Ausgabenpolitik vielfach den Stabilitätsbemühungen der Bundesbank zuwider, wodurch vor allem konjunkturelle Bremsmaßnahmen der Währungshüter unterlaufen wurden. Deshalb war insbesondere eine konjunkturgerechte Ausgestaltung der Finanzpolitik des Staates dringend erforderlich. Im **Gesetz zur Förderung der Stabilität und des Wachstums der Wirtschaft (StWG)** von 1967 wurde in § 1 bestimmt, daß „Bund und Länder bei ihren wirtschafts- und finanzpolitischen Maßnahmen die Erfordernisse des gesamtwirtschaftlichen Gleichgewichts zu beachten (haben). Die Maßnahmen sind so zu treffen, daß sie im Rahmen der marktwirtschaftlichen Ordnung gleichzeitig zur Stabilität des Preisniveaus, zu einem hohen Beschäftigungsstand und außenwirtschaftlichem Gleichgewicht bei stetigem und angemessenem Wirtschaftswachstum beitragen“. Um diese Ziele des magischen Vierecks zu erreichen oder ihnen zumindest näherzukommen, enthält das Stabilitäts- und Wachstumsgesetz verschiedene Instrumente der Haushalts-, Steuer- und Kreditpolitik, mit denen die gesamtwirtschaftliche Nachfrage je nach Konjunkturlage entweder angeregt oder gedämpft werden kann.

5.2.1 Geld- und Kreditpolitik

Die **Geld- und Kreditpolitik**, die in einer Marktwirtschaft primär der **Wahrung der Geldwertstabilität** zu dienen hat, bedarf der institutionellen und faktischen Sicherung gegen politischen Mißbrauch. Kann nämlich die jeweilige Regierung jederzeit die Zentral- und Notenbank anweisen, ihr Finanzierungsmittel in beliebiger Höhe zur Verfügung zu stellen, so ist die Versuchung für die politisch-staatlichen Entscheidungsträger groß, sich der Notenpresse für allerlei zusätzliche Staatsausgaben zur Finanzierung von Wahlgeschenken zu bedienen. Um der damit verbundenen Inflationsgefahr vorzubeugen, bedarf es zur Wahrung der Geldwertstabilität einer **unabhängigen Noten- und Zentralbank**.

Nach dem Gesetz über die **Deutsche Bundesbank** (BBankG) von 1957 ist es Hauptaufgabe der Bundesbank, den Geldumlauf und die Kreditversorgung der Wirtschaft mit dem Ziel zu regeln, die Stabilität der Währung zu sichern. Ferner hat sie für die bankmäßige Abwicklung des Zahlungsverkehrs im Inland und mit dem Ausland zu sorgen. Nach einer 1992 in das Grundgesetz (GG) eingefügten Bestimmung können die Aufgaben und Befugnisse der Deutschen Bundesbank im Rahmen der Europäischen Union (EU) auf die Europäische Zentralbank übertragen werden (Artikel 88 GG).

Die Bundesbank ist bei der Ausübung ihrer gesetzlichen Befugnisse von Weisungen der Bundesregierung unabhängig. Sie ist aber unter Wahrung ihrer stabilitätspolitischen Aufgabe der Geldwertstabilität verpflichtet, die allgemeine Wirtschaftspolitik der Bundesregierung zu unterstützen. Damit ist jedoch die gesetzlich garantierte Unabhängigkeit nicht aufgehoben; denn im Falle eines Konfliktes zwischen bestimmten wirtschaftspolitischen Zielen - insbesondere zwischen dem Wachstums- und dem Stabilitätsziel - hat die Bundesbank vorrangig ihr oberstes Ziel, nämlich die Sicherung der Geldwertstabilität zu verfolgen.

In Anlehnung an das deutsche Zentralbankmodell ist auch die **Europäische Zentralbank (EZB)**, die zusammen mit den Zentralbanken der Mitgliedstaaten der **Europäischen Währungsunion (EWU)** das **Europäische System der Zentralbanken (ESZB)** bildet, weisungsunabhängig. Im EU-Vertrag vom 7.2.1992 (Maastricht-Vertrag) ist die Unabhängigkeit wie folgt verankert: „Nach Artikel 107 dieses Vertrags darf bei der Wahrnehmung der ihnen durch diesen Vertrag und diese Satzung übertragenen Befugnisse, Aufgaben und Pflichten weder die EZB noch eine nationale Zentralbank noch ein Mitglied ihrer Beschlußorgane Weisungen von Organen oder Einrichtungen der Gemeinschaft, Regierungen der Mitgliedstaaten oder anderen Stellen einholen oder entgegennehmen. Die Organe und Einrichtungen der Gemeinschaft sowie die Regierungen der Mitgliedstaaten verpflichten sich, diesen Grundsatz zu beachten und nicht zu versuchen, die Mitglieder der Beschlußorgane der EZB oder der nationalen Zentralbanken bei der Wahrnehmung ihrer Aufgaben zu beeinflussen“. Vorrangiges Ziel des **Euro-**

päischen Systems der Zentralbanken (ESZB) ist es, „die Preisstabilität zu gewährleisten", wobei jedoch nicht Preisstarrheit, sondern Preisniveaustabilität gemeint ist. Das ESZB ist verpflichtet, die allgemeine Wirtschaftspolitik zu unterstützen, soweit dieses ohne Beeinträchtigung des Zieles der Preisniveaustabilität möglich ist. Die nationalen Zentralbanken, die integraler Bestandteil des ESZB sind, müssen gemäß den Leitlinien und Weisungen der Europäischen Zentralbank (EZB) handeln.

Die rechtlich verankerte Unabhängigkeit der Zentralbanken ist zwar Voraussetzung, aber nicht ausreichend für eine effektive Stabilitätspolitik. Eine **Zentralbank** kann ihr stabilitätspolitisches Ziel, die Inflation möglichst niedrig und den Geldwert möglichst hoch zu halten, nicht erreichen, wenn der Staat **keine Budgetdisziplin** übt, sondern die öffentlichen Ausgaben zur Konjunkturankurbelung oder aus anderen Gründen massiv in die Höhe treibt und damit die Inflation anheizt. Die Zentralbanken scheitern auch mit ihren Stabilitätsbemühungen, wenn die **Gewerkschaften überhöhte Lohnsteigerungen** durchsetzen und infolge höherer Arbeits- und damit Produktionskosten die Güterpreise ansteigen. Stabilitätsorientierte Entscheidungen in der Finanz- und Lohnpolitik müssen also hinzukommen, um das Stabilitätsziel zu erreichen. Zudem kann ein allgemeiner **Stabilitätskonsens in der Bevölkerung** - wie er in Deutschland nach zwei Geldentwertungen und Währungsreformen im 20. Jahrhundert vorherrscht - stabilitätspolitisch positiv wirken, weil Regierungen und Politiker, welche die Inflation nicht eindämmen, in der Regel abgewählt werden. Zweifelhaft ist, ob sich im Währungsgebiet des Euro ein derartig ausgeprägtes Stabilitätsbewußtsein entwickelt; denn die **Inflationsmentalität** in einigen ehemaligen Hochinflationsländern wirkt noch nach.

Inflationistische Tendenzen können auch mit Veränderungen des Außenwertes der Währung einhergehen. So können von einem gesunkenen Außenwert der Währung zwar konjunkturelle Impulse im Außenhandel, aber auch inflationäre Entwicklungen im Inland ausgehen. Ein relativ niedriger Außenwert des Euro, der die Exportnachfrage kurzfristig steigert und die ausländischen Konkurrenzprodukte im Gebiet der Europäischen Währungsunion verteuert, wird voraussichtlich auf mittlere Sicht die Preise und Zinsen in die Höhe treiben. **Kurzfristige Exporterfolge** aufgrund gesunkenen Außenwertes der Währung müssen demnach auch mit einem **schwächeren Binnenwert der Währung** infolge einer steigenden Inflationsrate erkauft werden. Bedenklich ist, wenn Regierungen in dem gesunkenen Außenwert der Währung lediglich einen willkommenen Konjunkturimpuls und Beitrag zur Verminderung der Arbeitslosigkeit sehen und die eventuellen Inflationswirkungen übersehen oder geringachten.

Mit dem Beginn der **Europäischen Währungsunion** am 1.1.1999 ist die Verantwortung für die Geld- und Kreditpolitik auf die **Europäische Zentralbank** (EZB) übergegangen. Die EZB hat ihre Geld- und Kreditpolitik primär an der Wirtschaftsentwicklung im Gesamtgebiet der Europäischen Währungsunion (EWU) auszurichten, so daß eventuelle länderspezifische Besonderheiten kaum noch berücksichtigt werden können. Damit haben sich für die Mitgliedstaaten der EWU wichtige Rahmenbedingungen geändert, auf die sich insbesondere die in nationaler Zuständigkeit verbliebene Finanz- und die Lohnpolitik einstellen müssen. Die nationalen Finanzpolitiken können nicht mehr mit Notenbankkrediten rechnen, weil weder die EZB noch die nationalen Zentralbanken an staatliche Institutionen Kredite zur Stopfung von Haushaltslöchern vergeben dürfen. Da mit der Europäischen Währungsunion der Handel und der Kapitalverkehr zwischen den Teilnehmerstaaten zu Binnenströmen geworden sind, unterliegen diese nicht mehr einem Wechselkursrisiko. Gleichzeitig ist jedoch der **Wechselkurs** als Korrektiv zum Ausgleich von Produktivitätsunterschieden weggefallen, so daß eine nicht produktivitätsorientierte Lohnpolitik unweigerlich zu höherer Arbeitslosigkeit führt. Damit wächst den autonomen Lohntarifparteien eine größere beschäftigungspolitische Verantwortung bei ihren Lohnabschlüssen zu.

Eine nationale oder supranationale Zentralbank kann zur Erfüllung ihrer stabilitätspolitischen Aufgaben nicht unmittelbar auf die Zielgrößen, wie z. B. das Preisniveau oder die Beschäftigung, einwirken, sondern sie muß versuchen, die **Stabilitätsziele indirekt** über die Beeinflussung bestimmter monetärer Größen zu erreichen. Ansatzpunkte der Geld- und Kreditpolitik sind hauptsächlich die Geldmenge, das Kreditvolumen, die Zinsen, die Bankenliquidität und die Refinanzierungsbedingungen der Banken. Die Deutsche Bundesbank als Zentralbank der Bundesrepublik Deutschland konnte sich zur Erfüllung ihrer stabilitätspolitischen Aufgaben der Instrumente der Diskont-, Lombard-, Mindestreserve- und Offenmarktpolitik bedienen. Dagegen ist im Vertrag über die Europäische Union (EU) von 1992 nur vorgesehen, daß die EZB und die nationalen Zentralbanken **Offenmarkt- und Kreditgeschäfte** tätigen dürfen. Ferner kann die EZB verlangen, daß die in den Mitgliedstaaten niedergelassenen Kreditinstitute **Mindestreserven** auf Konten bei der EZB und den nationalen Zentralbanken unterhalten.

Prinzipiell kann eine Zentralbank die Geldmenge beeinflussen, indem sie beispielsweise Forderungen (etwa Wechsel von Geschäftsbanken) ankauft, wodurch mehr Banknoten in Umlauf kommen. Sie schöpft Zentralbankgeld durch Monetisierung von Aktiva und umgekehrt vernichtet sie Geld durch Verkauf von Aktiva. Im Rahmen der Refinanzierungspolitik kauft bzw. rediskontiert die Zentralbank Wechsel von den Geschäftsbanken oder gewährt den Banken Darlehen gegen Verpfändung von Wertpapieren, womit sich der Geldbestand im Geschäftsbankensystem erhöht. Die Konditionen, zu denen die Zentralbank den Geschäftsbanken eine Refinanzierung gewährt, werden mittels der Diskont- und Lombardpolitik festgelegt.

Im Rahmen ihrer **Diskontpolitik** setzt die Zentralbank den Zinssatz (Diskontsatz) fest, zu dem sie bereit ist, Handelswechsel von den Geschäftsbanken anzukaufen. Ferner kann sie Rediskont-Kontingente festlegen, wodurch der maximale Umfang, bis zu dem die Kreditinstitute Wechsel bei der Bundesbank rediskontiert erhalten können, bestimmt wird. Bei der **Lombardpolitik** gewährt die Zentralbank einen Lombardkredit gegen Verpfändung von Wertpapieren seitens der Kreditinstitute und gegen Zahlung eines Darlehenzinses (des Lombardsatzes). In der Bundesrepublik Deutschland war die Gewährung eines Lombardkredits gesetzlich auf längstens drei Monate beschränkt, so daß er nur zur Überbrückung eines kurzfristigen Liquiditätsengpasses dienen konnte.

Erfahrungsgemäß gehen von der **Diskont- und Lombardpolitik** unter bestimmten Bedingungen sowohl Wirkungen auf das Zinsniveau als auch auf die Geldmenge und die Kreditgewährung aus. Da der Diskontsatz eine gewisse Leitzinsfunktion besitzt und manche Zinssätze sogar direkt an ihn gekoppelt sind (z. B. findet sich in Verträgen oft die Klausel „X-Prozent über dem jeweiligen gültigen Diskontsatz“), beeinflussen in der Regel Veränderungen des Diskontsatzes das Zinsniveau. Die Senkung des Zinsniveaus kann zu einer vermehrten Kreditnachfrage der Wirtschaft und der privaten Haushalte führen, vorausgesetzt es besteht eine unbefriedigte Kreditnachfrage. Sehen sich die Geschäftsbanken infolge einer verstärkten Kreditnachfrage veranlaßt, von den Möglichkeiten der Refinanzierung bei der Zentralbank Gebrauch zu machen, so erhöht sich das Geldvolumen in der Volkswirtschaft. Führt das vermehrte Geld- und Kreditvolumen zur Steigerung der Investitionstätigkeit, so ist der expansive Zweck der Senkung des Diskontsatzes erreicht. Entscheidend für einen erstrebten Ankurbelungseffekt in der Volkswirtschaft ist, daß die potentiellen Investoren auf eine Zinssenkung mit einer erhöhten Kreditnachfrage reagieren. Die Zentralbank kann also durch eine Diskontsatzsenkung nur Anreize für eine vermehrte Refinanzierung der Geschäftsbanken schaffen und damit die Kreditgewährung indirekt beeinflussen. Umgekehrt hängt der Erfolg einer restriktiven Geld- und Kreditpolitik der Zentralbank davon ab, ob und inwieweit die potentiellen Investoren ihre Kreditnachfrage bei steigenden Bankzinsen im Zuge einer Diskontsatzerhöhung tatsächlich einschränken. Ist der Kreditspielraum der Geschäftsbanken noch nicht ausgeschöpft oder können die Kreditinstitute die gestiegenen Refinanzierungskosten auf ihre Kreditkunden abwälzen, kann der beabsichtigte restriktive Effekt einer Erhöhung des Diskontsatzes eventuell verpuffen und sich eine kreditfinanzierte Expansion ungehindert fortsetzen. Dann muß die Zentralbank unter Umständen versuchen, eine Kreditrestriktion durch eine Einengung der Kontingente für eine Refinanzierung zu erreichen.

Die Zentralbank kann auch im Rahmen der **Mindestreservepolitik** auf die Liquidität der Geschäftsbanken einwirken. Infolge der Verpflichtung der Kreditinstitute, bei der Zentralbank zinslose Sichtguthaben in bestimmter Höhe zu unterhalten, kann mittels Veränderung der Mindestreservesätze das potentielle Kreditvolumen der Geschäftsbanken unmittelbar und relativ schnell beeinflußt werden. Setzt die Zentralbank die Mindestreservesätze (d. h. den Prozentsatz auf die reservepflichtigen Einlagen) herauf und verfügen die Kreditinstitute nicht über Überschußreserven[59], so müssen sich die Geschäftsbanken zur Erfüllung der gestiegenen Mindestreservepflichten zusätzliches Zentralbankgeld (z. B. durch Verkauf von Wechseln) beschaffen. Dadurch verringert sich die Liquidität und auch der Kreditspielraum der Geschäftsbanken. Setzt die Zentralbank die Mindestreservesätze herab, so nimmt die Liquidität der Kreditinstitute zu und sie können über bisher gebundene Gelder frei verfügen.

Ferner kann die Zentralbank im Rahmen der **Offenmarktpolitik** durch An- oder Verkauf von Wertpapieren auf eigene Rechnung den Kreditspielraum der Geschäftsbanken erweitern oder einengen. Beabsichtigt die Zentralbank mittels einer expansiven Geld- und Kreditpolitik die Zentralbankgeldmenge zu erhöhen, so wird sie Wertpapiere von den Kreditinstituten kaufen. Dadurch wird die Liquidität der Geschäftsbanken erhöht. Zudem wirkt die zusätzliche Nachfrage der Notenbanken am Wertpapiermarkt kurssteigernd und somit zinssenkend. Verkauft die Zentralbank im Rahmen einer restriktiven Politik Wertpapiere, so nimmt der Wertpapierbestand bei den Geschäftsbanken zu und die Bankenliquidität nimmt ab. Infolge

---

[59] Eine Überschußreserve ist die positive Differenz zwischen den tatsächlichen und den vorgeschriebenen Mindestreserven bzw. zwischen Mindestreserve-Ist und Mindestreserve-Soll.

des erhöhten Angebotes an Wertpapieren sinken die Wertpapierkurse und es ergibt sich ein Trend zur Zinssteigerung.

5.2.2 Fiskalpolitik

Die antizyklische Fiskalpolitik in der Bundesrepublik Deutschland kann sich nach dem Stabilitäts- und Wachstumsgesetz von 1967 sowohl den Instrumenten der Rücklagenpolitik als auch der Einnahmen- und Ausgabenpolitik bedienen. Im Rahmen der Rücklagenpolitik werden von Bund und Ländern Konjunkturausgleichsrücklagen bei der Bundesbank gebildet. In Zeiten der Hochkonjunktur sind den Konjunkturausgleichsrücklagen (Steuermehr-)Einnahmen zuzuführen, um diese stillzulegen und sie damit zusätzlichen Ausgabenwünschen (die zur Konjunkturüberhitzung führen könnten) zu entziehen. In rezessiven Phasen sind die Mittel der **Konjunkturausgleichsrücklagen** zur Anregung der Wirtschaftstätigkeit zu verwenden. Bund und Ländern steht es frei, Mittel für ihre Konjunkturausgleichsrücklagen entsprechend der jeweiligen Konjunktur- und Haushaltslage anzusammeln. Zur Abwehr einer Störung des gesamtwirtschaftlichen Gleichgewichts kann jedoch die Bundesregierung durch Rechtsverordnung mit Zustimmung des Bundesrates anordnen, daß der Bund und die Länder ihren Konjunkturausgleichsrücklagen Mittel zuzuführen haben. Die der Ausgleichsrücklage zuzuführenden Mittel dürfen in einem Haushaltsjahr drei Prozent der von Bund und Ländern im Vorjahr erzielten Steuereinnahmen nicht überschreiten. Die Problematik des konjunkturpolitischen Instrumentes „Konjunkturausgleichsrücklage" liegt hauptsächlich darin, daß es den politisch-staatlichen Entscheidungsträgern wegen der ständigen Subventionsforderungen von Interessengruppen häufig kaum gelingt, finanzielle Einnahmen des Staates in der Hochkonjunktur stillzulegen. Erfahrungsgemäß neigen (Partei-)Politiker besonders in Wahlzeiten dazu, die verfügbaren Staatseinnahmen restlos für wahlpolitische Gruppenbegünstigungen auszugeben. Fällt die Wahl noch dazu in eine Zeit der Hochkonjunktur, so werden die regelmäßig anfallenden Steuermehreinnahmen häufig für besonders großzügige Wahlgeschenke in Form unbefristeter Subventionen ausgegeben. Folglich steigen die Staatsausgaben, was dazu führen kann, daß letztlich kaum noch nennenswerte Restbeträge zum Auffüllen der Konjunkturausgleichsrücklagen übrig bleiben.

Im Rahmen der Einnahmenpolitik sind antizyklisch wirkende Steuerungsinstrumente insbesondere steuerlicher Art geschaffen worden. So kann bei drohender oder bereits eingetretener Störung des gesamtwirtschaftlichen Gleichgewichts die Bundesregierung mit Zustimmung des Bundestages und des Bundesrates die **Lohn-**, **Einkommen-** und **Körperschaftsteuer** bis höchstens zehn Prozent - begrenzt auf ein Jahr - herauf- oder herabsetzen.

Wenn die Inlandsnachfrage nach Investitionsgütern oder Bauleistungen das Angebot wesentlich übersteigt und sich daraus erhebliche Preissteigerungen ergeben, kann die Bundesregierung **degressive Abschreibungen und Sonderabschreibungen** für ein Jahr ganz oder teilweise aussetzen. Werden die Möglichkeiten der verstärkten Abschreibungen von abnutzbaren Anlageinvestitionen eingeschränkt, so erhöhen sich die ausgewiesenen Gewinne der Unternehmen und somit auch ihre Steuerschuld. Infolge des Liquiditätsentzugs bei potentiellen Investoren kann die überhitzte Baukonjunktur oder eine Übernachfrage nach Investitionsgütern gedämpft werden.

Bei einem erheblichen Rückgang der Nachfrage nach Investitionsgütern oder Bauleistungen und dementsprechenden Umsatz- und Beschäftigungseinbußen sind zur Belebung der Nachfrage **Investitionsprämien** in Form eines Abzuges in Höhe von 7,5 Prozent der Investitionsausgaben von der Einkommen- und Körperschaftsteuerschuld vorgesehen. Die Problematik einer derartigen steuerlichen Investitionsprämie liegt darin, daß Investoren mit relativ kleiner Steuerschuld die Investitionsbegünstigung nicht ausschöpfen können und somit gegenüber größeren Steuerschuldnern benachteiligt werden. Ferner wird bei unausgelasteten Kapazitäten in einer rezessiven Phase die Neigung der Unternehmen zu investieren und dafür Investitionsprämien in Anspruch zu nehmen, gering sein.

Da sich die Gebietskörperschaften auch Finanzierungsmittel über die Kreditaufnahme verschaffen können, sind auf diesem Sektor ebenfalls konjunkturpolitische Instrumente geschaffen worden. So kann die Bundesregierung mittels Rechtsverordnung mit Zustimmung des Bundesrates die Kreditaufnahme bei Bund, Ländern, Gemeinden und Gemeindeverbänden sowie öffentlichen Sondervermögen und Zweckverbänden längstens für ein Jahr beschränken, wenn dieses zur Abwehr einer Störung des gesamtwirtschaftlichen Gleichgewichts erforderlich ist. Bei der **Kreditbegrenzung** für die jeweilige Körperschaft wird der Durchschnitt ihrer Kreditaufnahme der letzten fünf Jahre zugrunde gelegt, von dem ein Abschlag von höchstens 20 Prozent zulässig ist. Die Gebietskörperschaften können sich also in jedem Fall weiterhin verschulden, und zwar in einem Haushaltsjahr im Umfang von mindestens 80 Prozent der Summe, die sie im Durchschnitt der letzten fünf Jahre als Kredit aufgenommen haben. Bei einer Abschwächung der allgemeinen Wirtschaftstätigkeit kann die Bundesregierung zusätzliche Ausgaben beschließen, die zunächst der Konjunkturausgleichsrücklage zu entnehmen sind. Ist diese Quelle erschöpft, wird der Bundesfinanzminister ermächtigt, einen Kredit über die im Haushaltsgesetz erteilten Kreditermächtigungen hinaus bis zur Höhe von fünf Milliarden DM - gegebenenfalls mit Hilfe von Geldmarktpapieren - aufzunehmen.

Zweifellos wurde mit dem Stabilitäts- und Wachstumsgesetz von 1967 das Instrumentarium zur antizyklischen Konjunktursteuerung erweitert und verbessert. Ob und inwieweit jedoch von den Möglichkeiten effektiver Konjunkturbeeinflussung Gebrauch gemacht wird, liegt weitgehend im Ermessen der Regierung und anderer mitwirkender Politikgremien (insbesondere des Bundestages und des Bundesrates). Die im Gesetz enthaltenen unbestimmten Rechtsbegriffe, wie Störung oder Gefährdung des gesamtwirtschaftlichen Gleichgewichts, sind - da auch wirtschaftswissenschaftlich nicht bestimmt - vieldeutig und werden erfahrungsgemäß von (Partei-)Politikern meist vorwiegend im Sinne (wahl-)politischer Opportunitäten interpretiert. So nutzt selbst ein theoretisch relativ effizient ausgeformtes Instrumentarium nichts oder nur wenig, wenn es aus Furcht vor unpopulären Maßnahmen überhaupt nicht oder nur halbherzig und unkoordiniert angewendet wird. Aber auch, wenn die Politiker willens sind, das konjunkturpolitische Instrumentarium zielkonform einzusetzen, bleiben fast unlösbare Prognose- und Diagnoseprobleme bestehen. Eine antizyklische Konjunkturpolitik, die künftigen Fehlentwicklungen des gesamtwirtschaftlichen Geschehens vorbeugen will, bedarf treffsicherer Prognosen. Zudem müssen die konjunkturell richtigen Maßnahmen in der **richti-**

gen Dosierung zum richtigen Zeitpunkt getroffen werden. Schon allein wegen der mangelnden Treffsicherheit von Prognosen als auch aufgrund der relativ zeitaufwendigen Entscheidungen - die noch durch konjunkturelle Querschläge der Interessengruppen verzögert werden können - kommt es kaum jemals zu einer optimalen Konjunktursteuerung mit fiskalpolitischen Mitteln. Nicht selten hat sich im nachhinein gezeigt, daß manche (meist zu spät ergriffene) konjunkturpolitische Maßnahme mehr pro- als antizyklisch gewirkt hat.

5.3 Strukturpolitik

Bekanntlich ist die Strukturpolitik neben der Ordnungs- (insbesondere der Wettbewerbspolitik) und der Konjunkturpolitik der dritte Parameter staatlichen Handelns in marktwirtschaftlich orientierten Systemen und rechtsstaatlichen Gesellschaftsordnungen. Während jedoch in der Bundesrepublik Deutschland die wesentlichen Instrumente der Wettbewerbs- und auch der Konjunkturpolitik eine jeweils zentrale gesetzliche Grundlage in bestimmten Basisgesetzen (GWB, StWG) gefunden haben, ist bisher für die Strukturpolitik kein ähnlich umfassendes Rahmengesetz geschaffen worden. Lediglich für einige strukturpolitische Teilbereiche existieren gesetzliche Grundlagen, wie beispielsweise für die regionale Wirtschaftsförderung.[60] Somit bleibt die Ausformung von strukturpolitischen Instrumenten - besonders auf dem Gebiet der sektoralen Strukturpolitik - weitgehend in das Belieben der jeweiligen wirtschaftspolitischen Instanzen im Bereich der Exekutive gestellt.

5.3.1 Regionale Strukturpolitik

Das Dilemma der regionalen Strukturpolitik in einer marktwirtschaftlich orientierten Ordnung besteht darin, daß sie nur solche Instrumente einsetzen soll, die einerseits die Freiheit der Standort- und Arbeitsstättenwahl kaum beeinträchtigen und den Wettbewerb möglichst wenig verfälschen, die andererseits aber auch einen wirksamen Lenkungseffekt haben sollen. Die Ordnungskonformität läßt regelmäßig nur den Einsatz globaler strukturpolitischer Anreizmittel mit begrenztem Lenkungseffekt zu, während gewöhnlich gerade jene selektiven Maßnahmen am wirkungsvollsten sind, die auf die speziellen Gegebenheiten eines Gebietes, eines Wirtschaftszweiges oder sogar einzelner Unternehmen sowie bestimmter Arbeitnehmergruppen zugeschnitten sind. So nutzt z. B. die Ansiedlung eines Betriebes der feinmechanischen, optischen oder chemischen Industrie auf dem Lande den ausscheidungswilligen Arbeitskräften der Landwirtschaft nur wenig, weil sie gewöhnlich gar nicht die Qualifikation für eine Beschäftigung in solchen Betrieben haben. Jedoch läßt sich ohne Verformung der marktwirtschaftlichen Gesamtordnung eine regionale Investitionsförderung größeren Ausmaßes nicht so differenzieren und damit fein dosieren, daß über branchen- und regionsspezifische Subventionen die einzelnen Unternehmen bestimmter Wirtschaftszweige an die vom Staat gewünschten Standorte dirigiert werden.

---

[60] Vgl. Gesetz über die Gemeinschaftsaufgabe „Verbesserung der regionalen Wirtschaftsstruktur" von 1969.

Die regionale Strukturpolitik ist hauptsächlich bestrebt, die in der Volkswirtschaft bestehenden räumlichen Disparitäten in der ökonomischen Entwicklung und in der infrastrukturellen Ausstattung der Regionen abzubauen oder zumindest zu mildern. Um strukturschwachen Regionen (wie z. B. ländlich-peripheren oder mono-industrialisierten Gebieten) den Anschluß an die wirtschaftliche und einkommensmäßige Entwicklung besser strukturierter Räume zu ermöglichen, bedient sich die regionale Strukturpolitik als Mittel vor allem bestimmter **Investitionsanreize**. Mittels **Investitionszuschüssen** für gewerbliche Investitionen und für die komplementäre wirtschaftsnahe Infrastruktur wird versucht, Anreize für die Investitionstätigkeit in den strukturschwachen Regionen zu schaffen und damit deren Standortnachteile auszugleichen. Ob und inwieweit dieses gelingt, hängt jedoch wesentlich davon ab, welchen Stellenwert die potentiellen Investoren der staatlichen Starthilfe in Form eines einmaligen Investitionszuschusses zumessen. Sind für die regelmäßig auf Dauer angelegte Standortentscheidung der ansiedlungswilligen Unternehmen andere Faktoren, wie z. B. das Vorhandensein qualifizierter Arbeitskräfte und eines umfangreichen Nachfragepotentials, wichtiger als die einmalige Objektsubvention, so kommt der staatlichen Investitionshilfe eventuell nur ein beschränkter oder überhaupt **kein Lenkungseffekt** zu. Fehlen die ausschlaggebenden Voraussetzungen für eine positive Standortentscheidung, so wird voraussichtlich der Betrieb auf die Investitionsprämie verzichten und sich nicht im Fördergebiet ansiedeln. Existieren jedoch günstige Bedingungen für eine Ansiedlung am Förderort, so wird sich der Betrieb möglicherweise auch ohne Staatshilfe dort niederlassen und den Investitionszuschuß als willkommene **Zugabe mitnehmen**. In solchen Fällen bewirkt die staatliche Investitionsprämie lediglich einen **Mitnahme- und keinen Lenkungseffekt**. Es werden also eventuell öffentliche Gelder für private Investitionen , die sowieso am Förderort erfolgt wären, unnötig ausgegeben und somit verschwendet. Erhalten Unternehmen an bestimmten Standorten Investitionszuschüsse, so kommt es zu nicht marktmäßig bedingten Verschiebungen der Wettbewerbsbedingungen in der Region und in der Volkswirtschaft. Faktisch entstehen **Wettbewerbsverzerrungen**, weil Investitionsprämien für die Unternehmen in den Förderorten zwangsläufig zu Wettbewerbsnachteilen der Konkurrenten an nichtbegünstigten Standorten führen. Um die von regionalen Investitionszuschüssen ausgehenden Wettbewerbsbeschränkungen möglichst gering zu halten, müßte ihre Gewährung auf die in der Regel geringe Zahl strukturschwacher Regionen der Volkswirtschaft begrenzt werden. Erfahrungsgemäß wirken in föderalen Bundesstaaten aber starke Kräfte - vorweg die Landesregierungen im Verein mit den Repräsentanten der regionalen Wirtschaft - darauf hin, daß die Fördergebiete und -orte eher ausgedehnt statt eingeschränkt werden. Wird jedoch ein Großteil des Staatsgebietes in die regionale Wirtschaftsförderung einbezogen, so verlieren die Investitionsprämien für die strukturschwächsten Regionen an Wirkungskraft.

Zum Auf- und **Ausbau der wirtschaftsnahen Infrastruktur** in den Förderregionen werden Investitionszuschüsse an öffentlich-rechtliche Gebietskörperschaften (Gemeinden und Kreise) sowie an nicht auf Gewinnerzielung gerichtete Institutionen (Kammern, Zweckverbände) gewährt. Zu den geförderten Objekten der wirtschaftsnahen Infrastruktur gehören vor allem Anlagen zur Verkehrserschließung, Energie- und Wasserversorgung von Gewerbegebieten sowie Einrichtungen der Müllbeseitigung. Investitionen in die wirtschaftsnahe Infrastruktur ziehen häufig **komplementäre unternehmerische Investitionen** nach sich, weil mit steigender Qualität der öffentlich bereitgestellten Infrastrukturanlagen meist auch die Rentabilität privater Investitionen wächst. Ferner gehen von kommunalen Infrastrukturinvestitionen in der Regel langfristige und breit wirkende Impulse auf die private Investitionstätigkeit aus. Dagegen verpuffen Investitionsimpulse, die einmalige Zuschüsse für gewerbliche Investitionsvorhaben auslösen können, manchmal relativ schnell. Dieses ist besonders dann der Fall, wenn Investitionszuschüsse von Grenzbetrieben als letzter Rettungsversuch in Anspruch genommen wurden, ohne daß dadurch das Ausscheiden aus dem Markt oder der Konkurs abgewendet werden konnte.

Da eine breitgestreute regionale Wirtschaftsförderung nach dem Gießkannenprinzip kaum zu den angestrebten Verbesserungen der Regionalstruktur führt, ist schon früh in der Bundesrepublik Deutschland die regionale Strukturpolitik am Schwerpunktprinzip ausgerichtet worden. So ist bereits 1959 bei der Ausgestaltung des Entwicklungsprogramms für zentrale Orte in ländlich schwachstrukturierten Gebieten das Schwerpunktprinzip zugrunde gelegt worden. Zweck des damaligen Programms war es, bestimmte Klein- und Mittelstädte in Gebieten mit vorwiegend kleinbäuerlicher Agrarstruktur durch Förderung ihrer gewerblichen Entwicklung in die Lage zu versetzen, für die aus der Landwirtschaft ausscheidenden Arbeitskräfte Erwerbsmöglichkeiten zu schaffen. Damit sollte der Landflucht unter dem Sog der Ballungsgebiete entgegengewirkt werden.

Innerhalb der förderungsbedürftigen Gebiete wurden entwicklungsfähige Klein- und Mittelstädte in etwa nach den Kriterien der zentralörtlichen Theorie ausgewählt und zu sogenannten Bundesausbauorten erklärt. Im einzelnen wurden dabei folgende Auswahlkriterien zugrunde gelegt: Die Stadt mußte Mittelpunkt eines Gebietes sein, in dem ein Arbeitsplatzmangel, insbesondere für die aus der Landwirtschaft ausscheidenden Arbeitskräfte, herrschte. Die Verkehrslage der Stadt mußte so beschaffen sein, daß die Pendler aus dem Umland die städtischen Arbeitsplätze und Ausbildungsstätten in maximal einer Stunde Anfahrtszeit erreichen konnten. Ferner mußten die in Frage kommenden Städte bereits über eine Mindestausstattung an Infrastruktur und gewisse ausbaufähige Ansatzpunkte für industrielle Erweiterungen und Ansiedlungen verfügen.

Die Nutzbarmachung der Theorie der zentralen Orte, die zur Konzentration auf entwicklungsfähige (statt nur entwicklungsbedürftige) Zentren führte, brachte sichtbare Erfolge in der **Industrieansiedlungspolitik**. Schon nach einigen Jahren waren manche Bundesausbauorte so weit ökonomisch entwickelt, daß sich ein selbstnährender Entwicklungsprozeß anbahnte und die Förderungspräferenzen zum Teil herabgesetzt werden konnten. Seitdem ist das Schwerpunktprinzip - wenngleich nicht immer konsequent im strengen Sinne zentralörtlicher Auswahlkriterien - zu einem Grundpfeiler der regionalen Wirtschaftsförderung in der Bundesrepublik Deutschland geworden.

Bei der Ausprägung des Schwerpunktkonzeptes der regionalen Wirtschaftsförderung in der Bundesrepublik Deutschland hat auch die Theorie der Wachstumspole Pate gestanden. Seit 1969 haben Bund und Länder regionale Strukturpolitik gemeinsam aufgrund **regionaler Aktionsprogramme** betrieben, die seit 1972 in den jährlich fortgeschriebenen **Rahmenplänen der Gemeinschaftsaufgabe „Verbesserung der regionalen Wirtschaftsstruktur“** verankert waren. Innerhalb der Gebiete der Aktionsprogramme wurde die Förderung auf Schwerpunktorte von mindestens 20000 Einwohnern im Einzugsgebiet konzentriert. Von den Schwerpunktorten, die als Kristallisationskerne für die Wirtschaftsentwicklung ihres Umlandes angesehen wurden, erhielten übergeordnete Schwerpunkte, denen eine besondere Ausstrahlungskraft für die Region zugeschrieben wurde, eine erhöhte Förderung. Nach dem bis heute gültigen Schwerpunktkonzept konzentriert sich die Förderung gewerblicher Investitionen also auf ausgewählte Gemeinden (Schwerpunktorte) in den Fördergebieten, von denen die übergeordneten Schwerpunktorte einen prozentual höheren Förderungssatz (zeitweise bis zu 25%) für Errichtungs- und Erweiterungsinvestitionen erhielten. Im Rahmen der Gemeinschaftsaufgabe wurden ausschließlich Investitionen der gewerblichen Wirtschaft einschließlich des Fremdenverkehrs gefördert. Als Grundförderung nach dem Investitionszulagengesetz von 1969 wurde eine Investitionszulage (deren Höhe ursprünglich 7,5% der Investitionskosten betrug) gewährt, die mit der Steuerschuld verrechnet oder von den Finanzbehörden ausgezahlt wurde. Gestützt auf die economic-base-theory wurden Investitionen dann als förderfähig angesehen, wenn ein **Primäreffekt** damit verbunden war, d. h. wenn durch die geförderte Investition das Gesamteinkommen der Region längerfristig erhöht wurde. Diese Voraussetzung für die Förderung galt als erfüllt, wenn das antragstellende Unternehmen seine Produkte überwiegend überregional absetzte, so daß zusätzliches Einkommen in die Förderregion floß. Ferner wurden den Kommunen Investitionszuschüsse (bis maximal 90% der Investitionskosten) für den Ausbau der wirtschaftsnahen Infrastruktur eingeräumt.

Die Fördergebiete wurden 1986 in den damaligen Bundesländern anhand eines Gesamtindikators, der die wirtschaftsstrukturelle Situation jeder Arbeitsmarktregion im Bundesgebiet widerspiegelte, neu festgelegt. In diesen Gesamtindikator gingen mit prozentual unterschiedlicher Gewichtung folgende Faktoren ein: die regionale Bruttowertschöpfung pro Kopf, die regionale Bruttolohn- und Bruttogehaltssumme pro Kopf, die regionale Arbeitslosenquote sowie ein komplexer Infrastrukturindikator.

Mit dem Beitritt der DDR zur Bundesrepublik Deutschland am 3. Oktober 1990 und nach Bildung der neuen Bundesländer im Gebiet der ehemaligen DDR wurde die Gemeinschaftsaufgabe „Verbesserung der regionalen Wirtschaftsstruktur" auch auf diese Länder ausgedehnt. Nach dem Vertrag über die Herstellung der Einheit Deutschlands wurde das gesamte Gebiet der ehemaligen DDR zum Fördergebiet erklärt, so daß nunmehr auch in den fünf neuen Bundesländern mit dem Instrumentarium der regionalen Strukturpolitik Investitionen der gewerblichen Wirtschaft und der wirtschaftsnahen Infrastruktur gefördert werden können. Zudem fließen Fördermittel aus dem Regionalfonds der Europäischen Union in die neuen Bundesländer.

Alle **Mitgliedsländer der EU** weisen mehr oder weniger große **Unterschiede im Entwicklungsniveau** der Regionen und teilweise ein beträchtliches **regionales Wohlstandsgefälle** auf. Die Regionalpolitik der EU hat sich deshalb zum primären Ziel gesetzt, „die Unterschiede im Entwicklungsstand der verschiedenen Regionen und den Rückstand der am stärksten benachteiligten Gebiete oder Inseln, einschließlich der ländlichen Gebiete, zu verringern" (Artikel 158 EG-Vertrag). Vor allem infolge des wirtschaftlichen und infrastrukturellen Entwicklungsrückstandes der ostdeutschen Bundesländer war Deutschland im Zeitraum von 1994 bis

1999 nach Spanien und Italien der drittgrößte Empfänger von Strukturhilfen aus den EU-Strukturfonds.

Im Rahmen von **Strukturfonds** fördert die EU das wirtschaftliche Wachstum und die Beschäftigung mit dem primären Ziel, die **regionalen Entwicklungsdisparitäten** möglichst zu beseitigen oder zumindest zu verringern. Die bedeutenden Strukturfonds sind:

- Europäischer Fonds für regionale Entwicklung (EFRE),
- Europäischer Ausrichtungs- und Garantiefonds für die Landwirtschaft, Abteilung Ausrichtung (EAGFL-A),
- Finanzierungsinstrument für die Anpassung der Fischerei (FIAF),
- Europäischer Sozialfonds (ESF),
- Kohäsionsfonds.

Der **Europäische Fonds für regionale Entwicklung** fördert Investitionen zur Schaffung und Erhaltung von Arbeitsplätzen sowie Projekte zur Verbesserung der Infrastruktur in den Regionen mit wirtschaftlichem Aufholbedarf. Außerdem soll das regionale Entwicklungspotential durch Förderung lokaler Entwicklungsinitiativen insbesondere kleinerer und mittlerer Unternehmen entfaltet werden. Der **Europäische Ausrichtungs- und Garantiefonds für die Landwirtschaft** zielt im Ausrichtungsteil auf die Verbesserung der landwirtschaftlichen Betriebsstrukturen im Rahmen der gemeinsamen Agrarpolitik mittels Investitionsbeihilfen zur Umstrukturierung der Produktion und zur Steigerung der Effizienz der Betriebe. Ferner wird die Vermarktung landwirtschaftlicher Erzeugnisse gefördert. Aus Fondsmitteln wird zudem die Verbesserung der Infrastruktur im ländlichen Raum und die Entwicklung des Fremdenverkehrs gefördert. Das **Finanzierungsinstrument für die Anpassung der Fischerei** dient der Umstrukturierung und Modernisierung der Fischereiflotten sowie der Verbesserung der Verarbeitungs- und Vermarktungsmethoden hauptsächlich mittels Investitionszuschüssen. Der **Europäische Sozialfonds** konzentriert sich auf die Reduzierung der Arbeitslosigkeit, indem er den Erwerb von beruflichen Fähigkeiten und Qualifikationen zur Eingliederung insbesondere von Langzeitarbeitslosen und Jugendlichen in das Arbeitsleben unterstützt. Der **Kohäsionsfonds** fördert Projekte des Umweltschutzes und der Verkehrsinfrastruktur in jenen EU-Mitgliedstaaten, deren Bruttoinlandsprodukt (BIP) pro Kopf weniger als 90 Prozent des Uniondurchschnitts beträgt. Ende 1999 traf dies auf Spanien, Portugal, Griechenland und Irland zu. Da der Kohäsionsfonds flächendeckend auf ganze Länder und nicht auf Regionen ausgerichtet ist, kann er eigentlich nicht zur regionalen Strukturpolitik im engeren Sinn gerechnet werden.

Die **Förderungsmaßnahmen der Strukturfonds** sind in **6 Zielgruppen** eingeteilt:

- Ziel 1 konzentriert sich auf die Anpassung derjenigen Regionen, die einen besonders großen Entwicklungsrückstand aufweisen, wobei der Rückstand über den Einkommensindikator bestimmt wird.
- Ziel 2 richtet sich auf die Umstrukturierung von Industrieregionen, die vom ökonomischen und technologischen Strukturwandel besonders betroffen sind und eine rückläufige Entwicklung aufweisen.
- Ziel 3 ist insbesondere auf die Verminderung der Langzeit- und Jugendarbeitslosigkeit gerichtet.

- Ziel 4 richtet sich auf die Anpassung von Arbeitskräften an den industriellen und technologischen Strukturwandel.
- Ziel 5 konzentriert sich auf die Umstrukturierung von Landwirtschaft und Fischerei sowie auf die Strukturanpassung in ländlichen Gebieten.
- Ziel 6 ist auf die Strukturanpassung extrem dünn besiedelter Gebiete gerichtet.

Die EU-Regionalpolitik bedient sich folgender **Verfahrensweise** zur Aufstellung der Förderprogramme: Nachdem die nationalen Regierungen ihre regionalen Entwicklungspläne, die sie vorher mit den regionalen Behörden (in Deutschland vor allem mit den Bundesländern) abstimmen, bei der EU eingereicht haben, werden diese mit der EU-Kommission beraten. Auf der Basis der eingereichten Entwicklungspläne legen dann EU-Kommission und Vertreter des Mitgliedstaates gemeinsam Förderschwerpunkte und die jeweilige finanzielle Beteiligung an den vorgesehenen Maßnahmen fest. Das sich hieraus ergebende **„Gemeinschaftliche Förderkonzept“** kann dann von dem Mitgliedstaat durch Konkretisierung zu einem **„Operationellen Programm“** verdichtet werden, in dem Schwerpunkte, Mittelvergaben und Fristen festgelegt sind. Nachdem die Kommission das Operationelle Programm genehmigt hat, ist es für den betreffenden Mitgliedstaat sowie auch für die EU-Kommission verbindlich und dient als Rechtsgrundlage für die Auszahlung der EU-Fördermittel. Für die **Durchführung des Operationellen Programms** sind die **nationalen Behörden** des Mitgliedstaates zuständig. Die EU-Kommission beschränkt sich auf die Kontrolle der ordnungsgemäßen Ausführung und der späteren Beurteilung der Wirkungseffizienz der Förderprogramme. Allerdings ist es bei der Vielfalt der Programme mit verschiedenen Zielrichtungen kaum möglich, eindeutige Aussagen über die Wirkung der EU-Regionalpolitik zu machen. Nicht ausgeschlossen ist, daß eventuell **diffuse Umverteilungseffekte** der Verminderung von regionalen Disparitäten entgegenwirken und möglicherweise sogar wirtschaftsstarke Regionen indirekt von der regionalen Strukturförderung am meisten profitieren. Es kann nämlich Kaufkraft, die im Zuge regionaler Förderung entstanden ist, über die Grenzen strukturschwacher Regionen hinaus zu wirtschaftsstarken Räumen fließen. Nicht unbegründet ist auch der Einwand, dem zufolge die EU-Regionalpolitik als Finanzausgleich besonderer Art dient, indem Mitgliedstaaten über Rückflüsse von regionalen Strukturhilfen danach streben, ihre Nettozahlerposition in der EU zu verringern. Ob das Ziel des Disparitätenabbaus in der EU bestehen bleiben kann, wenn eventuell eine Reihe von osteuropäischen Staaten in die Europäische Union aufgenommen wird, ist zweifelhaft. Zum einen würde die enorme Höhe der Mittel, die zur Verringerung des Wohlstandsgefälles durch den Abbau von regionalen Disparitäten erforderlich wären, die Finanzierungsmöglichkeiten der EU weit übersteigen. Zum anderen würden durch die notwendige Absenkung der ökonomischen Durchschnittswerte, an die Förderungsmaßnahmen gebunden sind, nahezu alle bisherigen Fördergebiete aus der EU-Regionalförderung herausfallen, was mit Sicherheit von den betroffenen Mitgliedstaaten nicht akzeptiert würde.

5.3.2 Sektorale Strukturpolitik

Die **sektorale Strukturpolitik** in der Bundesrepublik Deutschland, die vorwiegend den Strukturwandel in und zwischen bestimmten Wirtschaftszweigen verzögerte oder unterdrückte, hat die strukturelle Entwicklung insbesondere der Energie-, Verkehrs- und Landwirtschaft sowie der Eisen- und Stahlindustrie, des Schiffbaus und mittelständischer Gewerbezweige wesentlich geprägt. Obwohl eine **strukturkonservierende** und **interventionistische sektorale Strukturpolitik** mit einer Marktwirtschaft, in der die Strukturentwicklung der Wirtschaftszweige dem Marktgeschehen überlassen bleibt, inkompatibel ist, hat sie sich in Deutschland zum **ausgabenstärksten** und **regulierungsdichtesten Bereich** der Wirtschaftspolitik entwickelt. Einer der wesentlichen Gründe dafür ist, daß die Politiker die sektorale Strukturpolitik häufig als **wahlopportunistische Gruppenbegünstigungspolitik** benutzen und damit mißbrauchen, wobei sie die mangelnde Ordnungskonformität der strukturpolitischen Maßnahmen geringachten.

Je nach **Zielrichtung** strukturpolitischer Aktivitäten läßt sich zwischen Strukturwandelbeschleunigungs-, Strukturwandelverzögerungs-, Strukturerhaltungs-, Strukturanpassungs- und Strukturgestaltungspolitik unterscheiden.[61] Die **Strukturwandelbeschleunigungspolitik** forciert einen volkswirtschaftlich positiv eingeschätzten Strukturwandel, der ohne strukturpolitische Unterstützung voraussichtlich unterbleiben oder zu langsam vorankommen würde. Diese Art der sektoralen Strukturpolitik wird zwar gelegentlich von Strukturpolitikern angekündigt, aber selten in die Tat umgesetzt, weil Strukturwandelbeschleunigung meist mit Umstellungsproblemen und -härten verbunden ist und voraussichtlich Wähler verprellen wird. Die **Strukturwandelverzögerungspolitik** will lediglich einen sich überstürzenden Strukturwandel, der - sich selbst überlassen - zu massiver Arbeitslosigkeit und sozialen Erosionen führen würde, abbremsen bzw. zeitweise verlangsamen. Während die Strukturwandelverzögerungspolitik also nur auf eine Verlangsamung des Strukturwandels abzielt, versucht die **Strukturerhaltungspolitik**, die ökonomischen Strukturen zu bewahren und allen Veränderungstendenzen entgegenzuwirken. Erfahrungsgemäß mündet eine zeitweilige Strukturwandelverzögerungspolitik oft in eine Strukturerhaltungspolitik, weil durch ständiges und oft zu starkes Abbremsen letztlich überhaupt keine strukturwandlerischen Impulse mehr wirksam werden.

Strukturanpassungs- und Strukturgestaltungspolitik unterscheiden sich hinsichtlich der Eingriffsintensität. Während die **Strukturgestaltungspolitik** in der Regel direkt eingreift und mit zwingenden Maßnahmen die Strukturen gestaltet, versucht die **Strukturanpassungspolitik**, ihre Ziele mit indirekten Mitteln und vorwiegend über Anreize zu erreichen. Die Strukturanpassungspolitik ist darauf gerichtet, die Anpassung der Wirtschaftssubjekte an den ökonomischen Strukturwandel durch Abbau von Anpassungshemmnissen und indirekt durch bestimmte Anreize zu erleichtern. Dagegen will die Strukturgestaltungspolitik einen Strukturwandel in der von den politisch-staatlichen Instanzen gewünschten Richtung und in bestimmter Form direkt herbeiführen, und zwar indem sie sektorale Strukturen durch strukturpolitische Eingriffe und Regulierungen unmittelbar gestaltet. Im Unterschied zur Strukturanpassungspolitik, die den Wirtschaftssubjekten regelmäßig noch einen eigenen Entscheidungsspielraum hinsichtlich von Annahme und Anwendung der eventuell mit Auflagen verbundenen Anpassungshilfen läßt, erzwingt die Struktur-

[61] Vgl. H.-R. Peters, 1996, S. 137 ff.

gestaltungspolitik auch gegen den Willen und den Widerstand der Betroffenen bestimmte politisch gewünschte Wirtschaftsstrukturen.

In Marktwirtschaften, in denen die Bildung und Entwicklung von ökonomischen Strukturen das Ergebnis des längerfristigen Wirtschafts- und Marktgeschehens ist, sind prinzipiell nur strukturpolitische **Instrumente zur Strukturanpassung** ordnungskonform. Ausnahmsweise kann auch der Einsatz von Instrumenten der Strukturwandelverzögerungspolitik unumgänglich sein und volkswirtschaftlich positiv wirken. So kann z. B. eine Verzögerung des Strukturwandels mit Staatshilfe notwendig werden, wenn in einer industriell oder agrarisch monostrukturierten Region noch keine Arbeitsplatzalternativen für die Beschäftigten des von Schrumpfung bedrohten Wirtschaftsbereichs vorhanden sind. In solchen Fällen muß die Strukturpolitik versuchen, den Schrumpfungsprozeß im dominierenden Wirtschaftszweig so lange abzubremsen, bis die Monostruktur beseitigt und ein vielfältigeres Arbeitsplatzangebot geschaffen worden ist.

In der Bundesrepublik Deutschland haben bisher alle Bundesregierungen zwar im Kern eine **wachstums- und mobilitätsorientierte Strukturwandelbeschleunigungs- und Strukturanpassungspolitik** proklamiert, aber faktisch überwiegend eine **wachstumshemmende Strukturwandelverzögerungs- und neomerkantilistische Branchenschutz- und sektorale Strukturerhaltungspolitik** betrieben. Konzeption und Wirklichkeit der sektoralen Strukturpolitik klaffen also weit auseinander. Unter dem permanenten Druck von Branchenverbänden und Gewerkschaften sind **überwiegend Strukturerhaltungsziele** zugunsten der Produzenten und Arbeitnehmer bestimmter Wirtschaftszweige und zu Lasten der jeweiligen Nachfrager bzw. der Konsumenten oder Steuerzahler angestrebt worden. Obwohl es der größtenteils auf sektorale Strukturerhaltung ausgerichteten Politik kaum jemals gelungen ist, den Strukturwandel völlig zu unterbinden, hat sie ihn regelmäßig beträchtlich verzögert, wodurch die nur aufgeschobenen Strukturanpassungsprobleme meist vergrößert worden sind. Zudem wirkte die sektorale Strukturpolitik, die gemäß der Konzeption eigentlich die Mobilität der Produktionsfaktoren und die Strukturflexibilität verbessern sollte, als weitgehende Strukturwandelverzögerungspolitik der **Globalsteuerung diametral entgegen**, weil die konjunkturpolitischen Instrumente bei relativ marktunabhängig festgezurrten Branchenstrukturen nicht oder nur schlecht greifen.

Unter dem Druck von organisierten Interessengruppen haben die jeweiligen Regenten immer wieder zum klassischen Mittel jeder strukturkonservierenden Politik, nämlich zu **Erhaltungssubventionen** gegriffen. Erhaltungssubventionen bewirken, daß die Tätigkeit von Unternehmen eines Wirtschaftszweiges voll oder in einem Ausmaß aufrechterhalten wird, wie es ohne die staatliche Hilfe nicht möglich gewesen wäre. Sie erfolgen meist in Form auflagenfreier Transferzahlungen und sind in der Regel von unbegrenzter oder relativ langer Dauer. Dieses führt erfahrungsgemäß dazu, daß die eigenen Anstrengungen der Subventionsempfänger zur kostensenkenden Rationalisierung sowie zur Produkt- und Leistungsverbesserung erlahmen. Die Folge ist meist eine Verschlechterung der Markt- und Konkurrenzsituation der subventionierten Wirtschaftszweige, was den Staat veranlassen kann, zur Aufrechterhaltung des gefährdeten Beschäftigungsstandes weitere Erhaltungssubventionen zu gewähren. Die Erfahrung lehrt, daß Erhaltungssubventionen immer größere Subventionsspiralen auslösen, bis letztlich der nur zurückgestaute Anpassungsdruck des Marktes und des Strukturwandels die künstlich aufrechterhaltene Produktion zum Erliegen bringt und damit der Subventionierung den Boden entzieht.

Obwohl die freie Preisbildung zu den konstitutiven Prinzipien einer marktwirtschaftlichen Ordnung gehört, hat dieses die politisch-staatlichen Instanzen nicht davon abgehalten, das Instrument der **administrativen Preisfestsetzung** zum Zweck der Strukturerhaltung und Ertragssicherung zugunsten bestimmter Anbietergruppen anzuwenden. Staatliche Preisfestsetzungen finden sich vornehmlich in solchen Branchen, die sich in der Stagnations- oder Rückbildungsphase des Marktes befinden. Immobile Produzenten in schrumpfenden Wirtschaftszweigen erhoffen sich oft von einer staatlichen Preisfestsetzung und Ausschaltung des brancheninternen Preiswettbewerbs die Sicherung eines Unternehmensertrags. Ob jedoch staatlich verordnete Fest- oder Mindestpreise über Marktpreisniveau tatsächlich der Aufbesserung von Produzenteneinkommen dienen, hängt wesentlich von der Nachfrage- bzw. der Substitutionselastizität ab. Nur im Falle einer starren Nachfrage bzw. äußerst geringen Substitutionselastizität verbessern staatlich hoch festgesetzte Preise das Einkommen in der betreffenden Branche, weil anderenfalls bei vielfältigen Substitutionsmöglichkeiten die Nachfrager auf preiswertere Substitutionsprodukte und Ersatzdienstleistungen ausweichen. Da den Produzenten mit staatlichen Branchenfestpreisen oder Mindestpreisen über Marktpreisniveau allein nicht gedient ist, wenn die Nachfrage nach ihren Erzeugnissen und Dienstleistungen ausbleibt, bedrängen sie den Staat, für eine effektive Ausnutzung der Preisgarantien durch weitere protektionistische Maßnahmen zu sorgen. So fordern die Produzentenverbände, der Staat soll Abnahmegarantien gewähren oder die Substitutions- und die Auslandskonkurrenz durch Steuern, Kontingente und Zölle eindämmen. Hat sich der Staat erst einmal bereit gefunden, die marktwirtschaftliche Preisbildung auf einem Sektor außer Kraft zu setzen, kommt er meist nicht daran vorbei, mit weiteren Interventionen die angestrebte Einkommenssicherung zugunsten der betreffenden Branche anzustreben. Unter dem Druck branchenmäßiger Interessenorganisationen hat der Staat manchmal die sektorale Preisfestsetzung um weitere Schutzmaßnahmen ergänzt und zu regelrechten Anbieterschutzordnungen ausgebaut.

Anbieterschutzordnungen bestehen aus einem System von aufeinander abgestimmten Elementen, die insgesamt dazu dienen, den Angehörigen eines Wirtschaftszweiges einen möglichst lückenlosen Schutz vor ungünstigen Einflüssen, insbesondere der Binnennachfrage und des ausländischen Konkurrenzangebotes, auf das sektorale Einkommen zu verschaffen. Als derartige **Elemente zum Schutz des sektoralen Besitzstandes** und zur Sicherung des Brancheneinkommens fungieren vor allem

- **Staatliche Branchenfest- und Mindestpreise** über Marktpreisniveau.
- **Staatliche Abnahmeverpflichtungen** (z. B. für bestimmte landwirtschaftliche Erzeugnisse).
- **Gesetzliche Absatzgarantien** (z. B. im Gesetz zur Sicherung des Steinkohleneinsatzes in der Elektrizitätswirtschaft).
- **Marktzugangs- und Kapazitätsbeschränkungen** (z. B. Fahrzeug- oder Kapazitätskontingente im gewerblichen Straßengüterfernverkehr).

- **Gesetzlicher Besitzstandsschutz** für bereits am Markt befindliche Unternehmen (z. B. im Personenlinienverkehr).
- **Wettbewerbsbeschränkende Demarkations- und Konzessionsverträge** (z. B. in der Elektrizitätswirtschaft).
- **Quantitative Einfuhrbeschränkungen** (z. B. Einfuhrkontingente für bestimmte Waren aus Nicht-EU-Ländern sowie aus Niedriglohn- und Staatshandelsländern).
- **Verteuerungen des Auslandsangebotes** durch verordnete Preisheraufschleusungen oder hohe Zölle für Importe (z. B. für bestimmte Agrarerzeugnisse und Fertigwaren aus Nicht-EU-Ländern).
- **Steuerliche Belastungen der Substitutionskonkurrenz** (z. B. durch die Heizölsteuer).

Ob und inwieweit die erstrebte Einkommenssicherung bzw. Ertragsaufbesserung zugunsten der Produzenten eines Wirtschaftszweiges mittels einer Anbieterschutzordnung tatsächlich erreicht wird, hängt wesentlich von der Ausgestaltung und Verknüpfung der einzelnen Elemente sowie letztlich vom Grad der Geschlossenheit des Schutzsystems ab. Vorwiegend als **Anbieterschutzordnungen** wirken die **Agrarmarktordnungen der Europäischen Union**, die mittels politischer Preisbeeinflussung und staatlicher Abnahmegarantien in Verbindung mit relativ hohen Barrieren für Importe aus Nichtmitgliedsländern der Agrarwirtschaft in der EU einen beträchtlichen Anbieterschutz verschaffen. Zudem regen die Agrarmarktordnungen die Produktion von Agrarerzeugnissen kräftig an und verlagern das Risiko des Absatzes weitgehend auf den Staat. Erreichen nämlich die Marktpreise für landwirtschaftliche Erzeugnisse das Niveau der Interventionspreise der Agrarmarktordnungen, dann muß der Europäische Ausrichtungs- und Garantiefonds eingreifen und die Überschüsse zwecks Stabilisierung der Agrarpreise aus dem Markt nehmen. Die meist über Weltmarktpreisen festgesetzten Agrarinterventionspreise und die staatliche Aufkaufspflicht für die gesamten Überschüsse oder zumindest für einen Teil der nichtabsetzbaren Marktordnungserzeugnisse animieren die Landwirte regelmäßig zu Produktionssteigerungen sowie gegebenenfalls auch dazu, an Bedarf und Markt vorbei direkt für die staatlichen Interventions- und Einlagerungsstellen zu produzieren. Das Agrarmarktgeflecht der EU hat zu einer nichtbedarfsgerechten Agrarproduktionsstruktur geführt, was sich daran zeigt, daß die staatlichen Interventionsstellen oft außergewöhnlich große Überschußmengen - insbesondere von Butter, Magermilchpulver, Rindfleisch und Weizen - aufkaufen und einlagern mußten. Obgleich die Agrarpolitik manche Strukturwandlungen - wie beispielsweise den notwendigen Abwanderungsprozeß von Arbeitskräften aus der Landwirtschaft - nicht verhindert, sondern allenfalls gebremst hat, so trifft sie dennoch die Schuld an der Schaffung einer volkswirtschaftlich **suboptimalen Agrarproduktionsstruktur**, deren Aufrechterhaltung mit Milliardenbeträgen jährlicher Interventionskosten aus der EU-Kasse bezahlt und durch ein relativ hohes Verbraucherpreisniveau für landwirtschaftliche Erzeugnisse innerhalb der EU erkauft werden muß.

Zudem begünstigten die **Produktsubventionen** im Rahmen der Agrarmarktordnungen einseitig die **landwirtschaftlichen Großbetriebe**. Da mittels einzelwirtschaftlicher Förderprogramme die Intensivierung und Vergrößerung von Betrieben subventioniert wurde, entstand eine Tendenz zum landwirtschaftlichen Großbetrieb und verstärkte infolge von Produktionssteigerungen die nichtabsetzbaren

Überschüsse in der EU. In manchen Regionen entwickelten sich landwirtschaftliche Großbetriebe, die beim spezialisierten Ackerbau durch massiven Einsatz von Stickstoff und Pestiziden sowie bei Massentierhaltung durch Erzeugung von hohen Güllemengen die Umwelt beträchtlich belasteten. Die **Agrarmarktordnungen** wirkten teilweise quasi als **subventionierte Natur- und Umweltzerstörung**. Die Agrarpolitik, die sowohl der preiswerten Ernährung der Bevölkerung als auch der Einkommenssicherung der bäuerlichen Betriebe dienen sollte, ist infolge der verbraucherfeindlich wirkenden und den landwirtschaftlichen Großbetrieb begünstigenden Agrarmarktordnungen primär zu einer **Politik zur Ernährung der großbetrieblichen Landwirtschaft** vornehmlich auf Kosten der Verbraucher und Steuerzahler degeneriert. Sollen die Ziele einer preiswerten Ernährung der Bevölkerung und der Einkommensstabilisierung für bäuerliche Familienbetriebe erreicht werden, so ist die Preisstützung über die Agrarmarktordnungen abzubauen und zu **produktionsneutralen Direktsubventionen** für bäuerliche Familienbetriebe überzugehen. Dabei empfiehlt es sich, die Betriebssubventionen auf bestimmte Ackerflächengrößen und bestimmte Tierhaltungszahlen zu begrenzen sowie an die **Auflage einer naturgerechten Wirtschaftsweise** zu koppeln.

Erfahrungsgemäß existieren in der Realität **Mobilitäts- und Anpassungshemmnisse** ökonomischer, rechtlicher und psychologischer Art, welche die Fähigkeit und Willigkeit der Wirtschaftssubjekte, sich aus eigener Kraft dem Strukturwandel anzupassen, beträchtlich behindern können. Deshalb sind zur Stärkung der Anpassungswilligkeit und -fähigkeit der Wirtschaftssubjekte in der **Strukturanpassungspolitik** gezielte **Mobilitätsanreize** als sachlich und zeitlich begrenzte Strukturhilfen zur Selbsthilfe eingesetzt worden. So sind z. B. Mobilitätsprämien in Form von Umzugs- und Fahrkostenzuschüssen gewährt worden, um die räumliche Mobilität der Arbeitskräfte zu steigern. Desgleichen wurden mittels Umschulungshilfen die berufliche und sektorale Mobilität der Arbeitnehmer erhöht.

Obwohl Rationalisierung eine ständige Aufgabe jedes Unternehmens ist, sind im Rahmen der Strukturanpassungspolitik derartige Bemühungen in bestimmten mittelständischen Gewerbezweigen staatlicherseits unterstützt worden. Die mittelständische Gewerbeförderung richtete sich vor allem an das Handwerk, Teile des Handels, das Transportgewerbe sowie das Hotel- und Gaststättengewerbe. Gefördert wurden beispielsweise der Auf- und Ausbau sowie die Unterhaltung von **Betriebsberatungsdiensten** und von speziellen Schulungsstätten sowie Rationalisierungskurse. Als **Rationalisierungshilfen** sind auch eine Reihe von Maßnahmen zur Verbesserung der Agrarstruktur anzusehen. Neben der Flurbereinigung sind hier die Aussiedlung landwirtschaftlicher Betriebe aus beengter Dorflage, die Althofsanierung, die Förderung des freiwilligen Landtausches und der Landabgabe sowie die Verbesserung arbeitswirtschaftlicher Bedingungen in den Gebäuden landwirtschaftlicher Betriebe zu nennen. Zudem flossen den mittelständischen Betrieben **Umstellungskredite**, vor allem aus dem Sondervermögen des **European Recovery Program (ERP)**, zu. Der Staat förderte ferner die **Kreditgarantiegemeinschaften** der mittelständischen Wirtschaft durch Übernahme von **Rückbürgschaften**. So konnten die Kreditgarantiegemeinschaften kleinen und mittleren Unternehmen, die oft nicht die banküblichen Sicherheiten stellen konnten, zu Umstellungskrediten verhelfen, indem sie Ausfallbürgschaften bis zu einem gewissen Prozentsatz des jeweiligen Kredits übernahmen. Ob die Rationalisierungs- und Umstrukturierungshilfen tatsächlich in jedem Fall der Strukturanpassung gedient haben, ist schwer festzustellen, weil bei Finanzhilfen die Anpassungs- von der eventuellen Erhaltungswirkung meist nicht getrennt werden kann.

Um den Anschluß an den technischen Fortschritt nicht zu verlieren und um das Wirtschaftswachstum zu steigern, hat der Staat Forschung und technologische Entwicklung in der Wirtschaft mittels Finanzhilfen und Steuervergünstigungen für den nachgewiesenen Forschungsaufwand unterstützt. Während die Förderung der wissenschaftlichen **Grundlagenforschung** als Staatsaufgabe allgemein anerkannt wird, stößt die staatliche Subventionierung der **anwendungsorientierten Industrieforschung** auf ordnungspolitische Bedenken. Sicherlich gehört es zu den ureigenen Aufgaben von Unternehmen in einer marktwirtschaftlichen Ordnung, anwendungsorientierte Forschung mit dem Ziel der Entwicklung neuer Produkte und kostengünstigerer Herstellungsverfahren zu betreiben. Wenn der Staat den Unternehmen die Forschungsfinanzierung abnimmt, führt dieses letztlich dazu, daß Gewinne der Privatwirtschaft aufgebessert und erfolglose Forschungsaufwendungen sozialisiert werden.

Begründungen für eine angeblich wachstumsorientierte Forschungs- und Technologieförderung basieren auf der Annahme, daß es in jeder dynamischen Volkswirtschaft besonders **wachstumssteigernde Wirtschaftszweige** und **technologische Fortschrittsbereiche** gibt, die es zu fördern gilt. Ordnungspolitisch bedenklich und durch die Erfahrung vielfach widerlegt ist jedoch der Anspruch strukturpolitischer Instanzen des Staates, die Richtung und das Ausmaß des künftigen technischen Fortschritts in der Welt zutreffender als die potentiellen Innovatoren der Wirtschaft erkennen und dementsprechend die volkswirtschaftliche Vorteilhaftigkeit und Förderungswürdigkeit von Investitionen beurteilen zu können. Ferner verletzen massive Subventionen für Forschung und technologische Entwicklung - besonders wenn diese vornehmlich großbetrieblich strukturierten Wirtschaftszweigen zuteil werden - eklatant das ordnungspolitische **Gebot der Wettbewerbsneutralität** bei staatlichen Maßnahmen. Zudem ist es entwicklungspolitisch paradox und verteilungspolitisch bedenklich, gerade die Spitzentechnologie erzeugenden und/oder anwendenden Fortschritts- und Wachstumsbereiche, die ohnehin bereits im ökonomischen Aufwärtstrend liegen oder auf die sich die künftige Nachfrage konzentrieren wird, zusätzlich mit öffentlichen Mitteln zu Lasten der Steuerzahler zu fördern.

Neben Großprojekten in Großbetrieben sind in der Bundesrepublik Deutschland auch gemeinsame Forschungsvorhaben von kleinen und mittleren Unternehmen gefördert worden. So ist vor allem die **industrielle Gemeinschaftsforschung**, die von branchenmäßig gegliederten Forschungsvereinigungen mittelständischer Unternehmen durchgeführt wurde, staatlich bezuschußt worden. Teilweise ist die direkte staatliche Förderung industrieller Forschungs- und technologischer Entwicklungsprojekte durch eine für den Staat weniger aufwendige **indirekte Förderung über Staatsbürgschaften** ersetzt worden. So erhielten **Kapitalbeteiligungsgesellschaften**, die privates Kapital für die Finanzierung von marktnaher Forschung und anwendungsreifen Entwicklungen bereitstellten, **staatliche Ausfallbürgschaften**. Dadurch konnten mehr Erfindungen von Einzelpersonen und finanzschwachen Kleinbetrieben, die meist ohne ausreichende Sicherheiten kein Risikokapital von den Banken erhielten, finanziell bis zur Innovations- und Marktreife gebracht werden.

Inwieweit die staatliche Förderung von industrieller Forschung und technologischer Entwicklung der für zukunftsträchtig gehaltenen Wirtschaftszweige (wie z. B. der elektronischen Datenverarbeitungs-, der Kernenergie- und der Luft- und Raumfahrtindustrie) die Entwicklung dieser angeblichen Zukunftsbereiche sowie anderer Wirtschaftszweige vorangetrieben und den Strukturwandel in der Volkswirtschaft tatsächlich beschleunigt hat, läßt sich schwer abschätzen. Möglicherweise hat die staatliche Forschungsförderung dazu beigetragen, daß das **technologisch-ökonomische Fortschrittswissen** vermehrt worden ist, wodurch eventuell die Voraussetzungen für eine schnelle Durchsetzung des technologischen Strukturwandels verbessert worden sind. Allerdings kann auch nicht ausgeschlossen werden, daß sich die teilweise massive staatliche Forschungs- und Entwicklungsförderung einzelner Großunternehmen bestimmter Branchen lediglich in einer Art Dividendenaufbesserungspolitik infolge ersparter unternehmenseigener Forschungsaufwendungen niedergeschlagen hat und somit von einer Strukturwandelbeschleunigung keine Rede sein kann.

Als Mittel zur Beseitigung von Überkapazitäten zahlte der Staat **Stillegungsprämien** im Steinkohlenbergbau und **Abwrackprämien** in der Binnenschiffahrt. Zur Beseitigung der Milchschwemme und der Butterberge innerhalb der EU wurden **Prämien für die Abschlachtung von Kühen** in der Landwirtschaft eingeführt. Ferner wurden aus öffentlichen Kassen **Rodungsprämien im Weinbau** der EU-Länder gezahlt, um die Weinschwemme einzudämmen. Allerdings ist zweifelhaft, ob die gewährten Stillegungs-, Abwrack-, Abschlacht- und Rodungsprämien tatsächlich der längerfristigen Strukturanpassung dienten. Da sich die mit der Prämiengewährung meist verbundenen **Reinvestitionsverbote** erfahrungsgemäß nur schwer überwachen lassen, ist nicht ausgeschlossen, daß manche Prämienempfänger die teils für schrottreife Anlagen und Schiffe oder abschlachtreife Kühe und verdorrte Weinstämme erhaltenen Beträge direkt oder auf Umwegen wieder im gleichen Produktionsbereich investiert haben. Letztlich kann sich sogar durch die **Reinvestition** in leistungsfähigere Produktionseinheiten die jeweilige **Gesamtkapazität des betreffenden Wirtschaftszweiges** noch vergrößert haben. Werden z. B. in der Binnenschiffahrt anstelle der stillgelegten alten Schleppkähne mit Hilfe der Mittel aus der Abwrackprämie moderne Selbstfahrschiffe angeschafft, so erhöht sich schon infolge der schnelleren Schiffseinheiten und der damit verbundenen kürzeren Transportzeiten die jeweilige Angebotskapazität an den Ladeorten.

Zum Abbau von Überkapazitäten ist es wettbewerbsrechtlich erlaubt, **Strukturkrisenkartelle** zu bilden. Allerdings ist das im deutschen Gesetz gegen Wettbewerbsbeschränkungen verankerte Strukturkrisenkartell, das im Falle eines auf nachhaltiger Änderung der Nachfrage beruhenden Absatzrückgangs einer planmäßigen Anpassung der Kapazität an den Bedarf dienen soll, bisher in der strukturpolitischen Praxis nur in wenigen Fällen angewandt worden. Dieses liegt vor allem daran, daß der für die Erlaubniserteilung geforderte **Kapazitätsabbauplan** zumeist nicht zustande kommt. Zudem müssen die Kartellmitglieder darüber hinaus auch noch einen **Erweiterungsstopp** vereinbaren, was den leistungsstärksten Unternehmern der Branche die Chance nimmt, ihre Produktion auszubauen und in die Zone der degressiven Stückkosten hineinzuwachsen.

Engpaßbeseitigungshilfen wurden in der Bundesrepublik Deutschland vor allem im **Wohnungsbau** eingesetzt, um den anfänglichen - aus Kriegszerstörungen und Zuwanderungen resultierenden - Wohnungsmangel zu beseitigen. Primäres Ziel der Strukturpolitik auf dem Wohnungsbausektor und dem Wohnungsmarkt war es, den Wohnungsbestand insgesamt und das Angebot an Sozialwohnungen speziell für einkommensschwache Bevölkerungsgruppen zu erhöhen, wobei gleichzeitig als sekundäres Ziel ein möglichst **niedriges Mietenniveau** für **einkommensschwache Gruppen** angestrebt wurde. Nach wie vor besteht jedoch ein **Mangel an preiswerten Wohnungen** der unteren und mittleren Wohnqualitäten, weil es der staatlichen Objektförderung im sozialen Wohnungsbau nicht gelungen ist, allen Berechtigten eine Sozialwohnung zu verschaffen. Inzwischen hat sich die Schere zwischen der Zahl der Anspruchsberechtigten und den fertiggestellten Sozialwohnungseinheiten noch weiter geöffnet, weil durch Anhebung der Einkommensgrenzen der Kreis der **Sozialwohnungsberechtigten** beträchtlich **erhöht worden ist** und der Staat kaum noch die erforderlichen Subventionen für den Bau von Sozialwohnungen aufbringen kann. Um die verbliebenen **Engpässe im Mietwohnungsbau** und auf dem **Mietwohnungsmarkt** zu beseitigen, empfiehlt es sich, von der bisherigen Objektförderung abzugehen und **zur Subjektförderung überzugehen**, indem die (kaum noch finanzierbare) staatliche Förderung des sozialen Wohnungsbaus eingestellt und der eingesparte Betrag ganz oder teilweise zur **Aufstockung des Wohngeldes** verwendet wird. Dadurch würden einkommensschwache Individuen in die Lage versetzt, sich eine Mietwohnung zu Marktkonditionen zu beschaffen. Mietpreisbindungen (die regelmäßig das Angebot an Mietwohnungen mindern) wären dann nicht mehr erforderlich. Die Erfahrungen mit Marktmieten in anderen Ländern lassen erwarten, daß die Freigabe der Mieten zum Ausgleich von Angebot und Nachfrage auch auf dem Segment des zur Zeit noch unterversorgten Mietwohnungsmarktes führen wird.

Obwohl eine **Strukturgestaltungspolitik**, die politisch gewünschte Strukturen erzwingt, ordnungsinkonform ist, hat sich die praktizierende Strukturpolitik gelegentlich ihrer bedient. So koppelten z. B. die Instanzen der Energiepolitik die Gewährung massiver Strukturhilfen für den Steinkohlenbergbau an die Schaffung sogenannter optimaler Unternehmensgrößen, die sie erst bei Bildung von Einheitsgesellschaften in den Kohlerevieren als erreicht ansahen. Dadurch entstand für die Unternehmen des Ruhrkohlenbergbaus, die keinesfalls die staatlichen Förderungen verlieren wollten, faktisch ein Zwang, sich in der Ruhrkohle AG zusammenzuschließen. Auch in der Luft- und Raumfahrtindustrie hat der Staat als Subventionsgeber darauf gedrungen, daß sich die Unternehmen zu größeren Arbeitsgemeinschaften zusammenfinden. Zwar will der Staat letztlich den technischen Fortschritt oder die Anpassung an den Strukturwandel fördern, aber zur Erreichung dieser Ziele hält er zunächst die Gestaltung der betreffenden Branchenstrukturen nach seinen Vorstellungen für unabdingbar. So bedient sich manchmal die Strukturpolitik des Instrumentes der **aktiven Konzentrationsförderung**, weil sie von der Branchenkonzentration einerseits Rationalisierungsvorteile für die Produktionsbetriebe und andererseits strukturpolitische Steuerungseffizienz für sich selbst erwartet.

Zu den bedeutendsten Instrumenten der Strukturgestaltungspolitik gehören **Regulierungen**, denen sich die Wirtschaftssubjekte in den Wirtschaftsbereichen meist nicht entziehen können und die - auch entgegen deren Willen - strukturprägend wirken. Beispielsweise enthält das energiepolitische Regulierungsgeflecht bestimmte **Kohleabnahme- und Kohleverwendungszwänge** für die Stromwirtschaft, denen die Elektrizitätserzeuger nicht ausweichen können und die letztlich die Struktur des Rohstoffeinsatzes in der Stromerzeugung bestimmen. Staatlicherseits sind die Kohleverwendungszwänge damit begründet worden, daß dieses angeblich im Interesse der Sicherheit der Elektrizitätsversorgung geschieht. Diese Rechtfertigungsargumentation ist jedoch eine der typischen Zielverschleierungen, mit denen verdeckt wird, daß es primär um die Sicherung des Absatzes der westdeutschen Steinkohle mittels staatlicher Regulierung geht. Letztlich dient der **Steinkohlenprotektionismus** auch dazu, um durch die Erhaltung von Arbeitsplätzen im unrentablen Bergbau die Bergleute als Wähler zu behalten oder zu gewinnen. Eine Notwendigkeit, die Elektrizitätsversorgung durch den vorgeschriebenen Einsatz von deutscher Steinkohle zu sichern, besteht keineswegs; denn die Elektrizitätswirtschaft könnte jederzeit ihren Rohstoffbedarf auch durch den Bezug aus anderen, in der Regel billigeren und reichlich vorhandenen Quellen im Ausland decken.

Bisher haben es die beispiellos zahlreichen Interventionen in den Energiemarkt - die von mengenmäßigen Beschränkungen der Kohleeinfuhr über die Heizölsteuer bis hin zu Kohleverwendungszwängen reichten - nicht vermocht, die Schrumpfung des deutschen Steinkohlenbergbaus, der aufgrund seiner ungünstigen geologischen Kohleabbauverhältnisse der teuerste Energieträger ist, zu verhindern. Darüber hinaus führte der jahrzehntelange **Kohleprotektionismus** zu neuen **Strukturproblemen** in anderen Wirtschaftszweigen. So sah sich der Staat veranlaßt, den zur Verwendung teurer deutscher Steinkohle gedrängten Unternehmen der Eisen- und Stahlindustrie durch Zahlung einer **Kokskohlenbeihilfe** einen Ausgleich zu gewähren. Es bestätigte sich erneut die Erfahrung, daß marktwidrige Eingriffe weiteren Interventionsbedarf erzeugen.

5.4 Verteilungspolitik

Im Rahmen einer **marktwirtschaftlichen Ordnung** ist der Spielraum für die Wirtschaftspolitik, **verteilungspolitische Ziele** zu verfolgen, **prinzipiell eng begrenzt**. Wirtschaftspolitische Eingriffe in die primäre - sich im Marktprozeß vollziehende - Einkommensverteilung stoßen regelmäßig wegen der damit verbundenen Beeinträchtigung der Funktionsfähigkeit marktwirtschaftlicher Steuerungselemente auf ordnungspolitische Bedenken. Allenfalls kann - ohne gegen die marktwirtschaftliche Ordnung zu verstoßen - nach Abschluß der primären Einkommensverteilung eine eventuell aus sozialen Gründen notwendig werdende sekundäre Einkommensverteilung (Umverteilung) auch mit wirtschaftspolitischen Mitteln vorgenommen werden. Dabei muß jedoch beachtet werden, daß für die Umverteilungspolitik in erster Linie die Sozialpolitik zuständig ist und der Wirtschaftspolitik auf diesem Verteilungssektor nur eine ergänzende Funktion zukommt. Allerdings setzt sich erfahrungsgemäß die Wirtschaftspolitik über die ordnungspolitischen Bedenken oft hinweg, indem sie **indirekt** über die **Konjunktur- und Strukturpolitik** die Verteilungsstrukturen in der Volkswirtschaft beeinflußt. So werden manchmal in der praktizierenden Wirtschaftspolitik zugleich mit Beschäftigungs- und Stabilitätszielen auch Verteilungsziele verfolgt. Dabei gilt als **verteilungspolitisches Oberziel** meist die **„gerechte Einkommensverteilung“**, die in der Regel als eine **gleichmäßigere Einkommensverteilung** als diejenige, die über dem

Markt zustande kommt, interpretiert wird. Häufig werden auch in der Strukturpolitik - obwohl diese angeblich lediglich die Anpassung an den Strukturwandel fördern soll - primär Verteilungsziele verfolgt.

Fast jede wirtschaftspolitische Maßnahme hat - ob gewollt oder unbeabsichtigt - **verteilungspolitische Wirkungen**. Ergreift die Konjunkturpolitik beispielsweise Maßnahmen zur Inflationseindämmung oder zur Beschäftigungsstabilisierung, so beeinflussen diese die Preis- und Beschäftigungsverhältnisse und wirken damit auch auf die Verteilungsstrukturen ein. Selbst ordnungspolitische Maßnahmen - wie z. B. die Auflösung von Kartellen - können über den verstärkten Wettbewerbsdruck zu Preissenkungen und damit zu günstigen Verteilungswirkungen für die Nachfrager führen. Desgleichen können strukturpolitische Maßnahmen in Form von Erhaltungssubventionen oder staatliche Regulierungen in Form von wettbewerbsdämpfenden Sonderordnungen nachhaltige verteilungspolitische Wirkungen entfalten, indem sie die Einkommenssituation der begünstigten Wirtschaftszweige und Berufsgruppen - meist zu Lasten Dritter (Steuerzahler oder andere Branchen) - verbessern. Es bleibt festzuhalten, daß es **kaum eine wirtschaftspolitische Maßnahme** gibt, die **verteilungsneutral** ist. Deshalb können zur Verteilungspolitik nur jene wirtschaftspolitischen Maßnahmen gerechnet werden, die bewußt und gewollt darauf abzielen, die Verteilungsrelationen in der Volkswirtschaft zu beeinflussen, wobei es unerheblich ist, ob die Verteilungsziele offen ausgewiesen sind oder verdeckt angestrebt werden.

5.4.1 Sektorale Verteilungspolitik

Die Wirtschaftspolitik benutzt hauptsächlich die **sektorale Strukturpolitik** zu **Verteilungszwecken**, indem sie Wirtschaftszweigen und Berufsgruppen mittels Erhaltungssubventionen und einkommenssichernden Regulierungen zu einem Einkommen verhilft, das ihnen der Markt allein nicht zugestehen würde. Dabei wird jedoch das **Einkommensziel** nur selten offen ausgewiesen, sondern meist hinter vorgeschobenen Strukturzielen **versteckt**. So wird z. B. in der deutschen **Steinkohlenbergbaupolitik** immer wieder das angebliche **Ziel einer Steigerung der Versorgungssicherheit** in den Vordergrund gerückt, obwohl doch weithin erkennbar ist, daß die protektionistische Steinkohlenbergbaupolitik vorwiegend verteilungspolitische Ziele verfolgt.

Manchmal erkennt man die **verdeckten Verteilungsziele** erst dann, wenn man sich die zur angeblichen Zielerreichung **eingesetzten Mittel** ansieht. Dabei wird oft deutlich, daß mit den angewandten Mitteln das vorgebliche Ziel offensichtlich niemals erreicht werden kann. Geht man von der realistischen Annahme aus, daß die politisch-staatlichen Entscheidungsträger in der Regel keine von vornherein völlig ungeeigneten und damit total zielinkonformen Mittel einsetzen, so haben sie eventuell ein Ziel vorgeschoben, das sie faktisch gar nicht anstreben wollen. So wirken z. B. die ständigen Anstrengungen der protektionistischen und dirigistischen Steinkohlenbergbaupolitik, den Steinkohlenverbrauch mit staatlicher Hilfe oder staatlichem Zwang (z. B. mittels Kohleverwendungszwängen nach den Verstromungsgesetzen) zu forcieren, der **Glaubwürdigkeit** des angeblichen Hauptzieles einer **Erhöhung der Versorgungssicherheit** entgegen. Im Hinblick auf die begrenzten Abbauvorräte ist es nämlich widersinnig, durch künstliche Verbrauchsstimulierung die im Ernstfall einer Energiemengenkrise verfügbar zu machende Steinkohlenmenge unwiderruflich zu verringern. Dieses spricht dafür, daß die angeblich anzustrebende Erhöhung der Versorgungssicherheit gar nicht das Hauptziel der Steinkohlenbergbaupolitik ist. Offensichtlich ist primäres Ziel die Einkommenssicherung für die im Bergbau beschäftigten Arbeitnehmer, wobei jedoch als sekundäres Ziel die allmähliche kapazitätsmäßige und personelle Anpassung an die unaufhaltsam sinkende Kohlennachfrage unausweichlich ist.

Entkleidet man die Ziele der sektoralen Strukturpolitik ihrer häufig fadenscheinigen Verbrämung mit einem nicht näher bestimmten Allgemeinwohl oder einem angeblich gesamtwirtschaftlichen Nutzen, so kommen oft Verteilungsziele zum Vorschein, die auf handfeste Einkommensverbesserungen für bestimmte Wirtschaftszweige oder Berufsgruppen hinauslaufen. Unter dem permanenten Druck der organisierten Interessengruppen hat sich eine starke Tendenz zur wirtschaftspolitischen Angleichung von - im Marktprozeß zurückgebliebenen - Einkommen bestimmter Wirtschaftszweige und Berufsgruppen an höhere Einkommen in etwa vergleichbarer Branchen und Gruppen und zum Schutz vor einer Schrumpfung sektoraler Einkommen ergeben. Daraus entwickelte sich quasi das Ziel, der Staat solle möglichst für eine **sektorale Einkommensparität** sorgen, was für eine dynamische und vorwiegend marktgesteuerte Volkswirtschaft geradezu widersinnig ist. So sollte z. B. nach dem Landwirtschaftsgesetz von 1955 „die soziale Lage der in der Landwirtschaft tätigen Menschen an die vergleichbarer Berufsgruppen angeglichen werden". Allerdings ist das Paritätsziel nicht als Ziel der gemeinsamen Agrarpolitik in den EWG-Vertrag von 1957 aufgenommen worden. Statt dessen ist in Artikel 39 EWGV bestimmt worden, das Pro-Kopf-Einkommen der in der Landwirtschaft tätigen Personen mittels Produktivitätssteigerungen zu erhöhen, die durch Förderung des technischen Fortschritts und des rationellen Produktionsfaktoreneinsatzes in der Landwirtschaft erreicht werden sollen. Gleichwohl orientieren sich die Bauernverbände als Interessenvertretungen der Landwirtschaft bei ihren Forderungen immer noch am höheren Durchschnittseinkommen von anderen Sektoren oder Berufsgruppen, die nach ihrer Stellung im Produktionsprozeß oder nach ihrem sozialen Status als vergleichbar angesehen werden. Dem Staat wird dann zugemutet, die Diskrepanz zwischen dem eigenen niedrigeren Einkommen der Landwirtschaft und dem höheren Einkommen des Vergleichssektors auszugleichen. Läßt sich der Staat auf dieses für eine marktwirtschaftliche Ordnung absurde Ziel ein, kann er sich gezwungen sehen, den ökonomischen Mißerfolg eines Wirtschaftszweiges oder einer Berufsgruppe - der sich in der sektoralen Entwicklung der Durchschnittseinkommen widerzuspiegeln scheint - eventuell ständig oder periodisch auszugleichen. Wird das Durchschnittseinkommen der Wirtschaftseinheiten des betreffenden Sektors für die Gewährung von Ausgleichszahlungen zugrunde gelegt, so profitieren selbst die gewinnträchtigsten und einkommensstarken Sektorangehörigen von dem staatlichen Ausgleich.

5.4.2 Vermögenspolitik

Die **Vermögenspolitik**, die vor allem auf eine Vermögensbildung bei einkommensschwachen Bevölkerungsgruppen und damit auf eine breitere Vermögensstreuung abzielt, umfaßt die Gesamtheit staatlicher Förderungsmaßnahmen zur

Vermögensbildung in Privathand sowie zur Umverteilung von Vermögen und Vermögenszuwächsen. In der Vermögenspolitik werden Verteilungsziele, wie z. B. Förderung der Vermögensbildung in Arbeitnehmerhand oder Förderung breiter Vermögensstreuung, in der Regel offen ausgewiesen. Da in Marktwirtschaften die Arbeitsleistungen im Produktionsprozeß sowie die Marktleistungen der Wirtschaftssubjekte verschieden sind, kommt es auch zu unterschiedlichen Einkommen und damit zu differenziertem Sparvermögen der Individuen. Aufgrund der mit steigendem Einkommen zunehmenden **Sparquote** und den aus kumulierten Ersparnissen gebildeten Vermögen, entwickelt sich im Laufe der Zeit eine **ungleiche Vermögensverteilung**, die noch über die aus dem Marktprozeß resultierende ungleiche Einkommensverteilung hinausgeht. Neben dem aus Leistungseinkommen gebildeten Vermögen wächst bei Gültigkeit des Erbrechts vielen (meist schon begüterten) Individuen Erbvermögen zu, das die Vermögensverteilung in der Gesellschaft noch ungleichmäßiger macht. Weil eine extrem ungleiche Vermögensverteilung als sozial ungerecht angesehen wird, aber auch aufgrund vom Leistungsprinzip abgeleiteter Überlegungen, nach denen - abgesehen von Kindern, Kranken und Rentnern - prinzipiell keiner mehr aus dem Volkseinkommen erhalten sollte, als er leistungsmäßig zu dessen Schaffung beigetragen hat, ist das **Ziel einer gleichmäßigeren Vermögensverteilung** entstanden. Insbesondere soll sich das Kapitalvermögen und dessen Zuwachs nicht in wenigen Händen konzentrieren, weil damit unvermeidlich ökonomische und auch politische Macht verbunden ist, die sowohl die Funktionsfähigkeit der marktwirtschaftlichen Ordnung als auch demokratische Entscheidungsprozesse beeinträchtigen kann.

In einer vorwiegend auf privater Verfügungsgewalt über Produktionsmittel und marktmäßiger Einkommensverteilung basierenden Marktwirtschaft kann eine Vermögenspolitik mit dem **Ziel einer breiteren Vermögensstreuung** grundsätzlich in zwei Zielrichtungen vorgehen: Sie kann entweder auf die **Umverteilung** des vorhandenen privaten Vermögens gerichtet werden oder auf die Beeinflussung der laufenden Neuzuwächse der Vermögensbildung abzielen. In der Regel geben jedoch verfassungsrechtliche Eigentums- und Erbrechtsgarantien der Umverteilung vorhandenen Vermögens keinen großen Spielraum. Würde eine Vermögensumverteilung im Wege der Enteignung größeren Privateigentums gegen Entschädigung vorgenommen, so würde sich kaum eine grundlegend andere Vermögensverteilung einstellen. Die Wirtschaftssubjekte würden die erhaltenen Entschädigungen - vorausgesetzt, diese orientieren sich in etwa an dem Marktwert der enteigneten Vermögen - wahrscheinlich wieder zur Vermögensbildung verwenden. Gewisse Ansatzpunkte zur Umverteilung vorhandenen Vermögens bietet allein die **Erbschaftssteuer**, die aber bei prohibitiver Höhe die Eigentums- und Erbschaftsgarantie faktisch auslöschen würde. Mit dem Erlöschen der Eigentums- und Erbschaftsgarantie würden jedoch schlagartig wesentliche Voraussetzungen der marktwirtschaftlichen Ordnung beseitigt, so daß vorausssichtlich in relativ kurzer Zeit die Marktwirtschaft zusammenbrechen würde. Die Vermögenspolitik in marktwirtschaftlich orientierten Systemen konzentriert sich deshalb darauf, den **Vermögenszuwachs** zugunsten einkommens- und vermögensschwacher Bevölkerungsschichten zu beeinflussen. Dieses geschieht vorrangig im Wege der **Sparförderung**, wobei Gesetze über allgemeine Sparprämien, Bausparprämien und vermögenswirksame Leistungen der Arbeitgeber an die Arbeitnehmer meist die rechtliche Bezugsgrundlage sind. Der Staat kann durch steuerliche oder finanzielle Anreize in Form von **Steuerabzügen** oder **Prämien** für Sparleistungen das Sparen attraktiver machen. Ob und in welchem Umfang es gelingt, die Individuen zu mehr Sparleistungen zu bewegen, hängt insbesondere von ihrer **Sparneigung** und **Sparfähigkeit** ab. Da die Bezieher von hohen Einkommen auch die größte Sparfähigkeit haben, besteht bei allgemeiner Sparförderung die Gefahr, daß diese auch die Sparförderung am meisten ausnutzen. Deshalb kommt die Sparförderung nicht darum herum, **Einkommens- oder Obergrenzen** für das zu begünstigende Sparen festzulegen. Soll das Ziel der Vermögensbildung erreicht werden, sind auch **Festlegungsfristen** notwendig. Während es Besitzern von vielfältigem Sach- und Kapitalvermögen in der Regel nicht schwerfällt, auf das staatlich geförderte Sparkapital während der Bindungsfrist zu verzichten, kann die notwendige zeitliche Bindungsdauer für Bezieher kleiner Einkommen ohne anderweitige Rücklagen ein unüberwindliches Problem sein. Letztere, die zur Ausnutzung der Sparförderung vielleicht ihr gesamtes Sparkapital festlegen müßten, könnten eventuell in akuten Notlagen nicht auf das Ersparte zurückgreifen. Deshalb muß die staatliche Sparförderung bei nachweisbaren Notlagen bestimmte förderungsunschädliche Ausnahmen von der Einhaltung der Bindungsfristen zulassen. Bei manchen Beziehern von Minimaleinkommen wird die staatliche Sparförderung kaum den Willen zur Vermögensbildung wecken können, weil die geringfügig für Sparzwecke abzweigbaren Einkommensteile nur wenig Zinsen bringen. Erfahrungsgemäß profitieren sowohl von den Sparprämien als auch von den steuerlichen Sparanreizen primär die Bezieher höherer Einkommen. Zur Verhinderung der Ausnutzung verschiedener Sparförderungen muß der Staat eventuell ein **Kumulierungsverbot** erlassen. Ob mit der staatlichen Sparförderung das Ziel einer breitgestreuten Vermögensbildung erreicht wird, ist schwer vorhersehbar. Oft schreckt das komplizierte Sparfördersystem die primär zu fördernden sozial- und einkommensschwachen Bevölkerungsschichten ab, die Fördermöglichkeiten in Anspruch zu nehmen. Dagegen nutzen in der Regel die sozial und einkommensmäßig bessergestellten Bevölkerungsgruppen, welche die Sparförderung gar nicht benötigen, diese voll aus.

Um die Vermögensbildung in Arbeitnehmerhand mit betrieblicher Investitionsfinanzierung zu verbinden, sind **Investivlöhne** vorgeschlagen worden. Demnach sollen bestimmte Lohnbestandteile (Investivlöhne) nicht in bar an die Arbeitnehmer ausgezahlt, sondern im Betrieb verzinslich einbehalten und für die Finanzierung von Investitionen verwendet werden. Erst nach Ablauf einer bestimmten Sperrfrist kann dann der Arbeitnehmer über sein mittels Investivlöhnen gebildetes Vermögen verfügen. Eine andere Form der Vermögensbildung ist die **Ertragsbeteiligung der Arbeitnehmer** am ökonomischen Erfolg des Unternehmens (Gewinn oder Wertzuwachs). Die Ertragsbeteiligung ist in der Regel als Lohnergänzung gedacht. Sie kann sowohl in Form einer Barausschüttung am Ende der Wirtschaftsperiode als auch in Form der Ausgabe von Belegschaftsaktien oder betrieblicher Ergebnisfondsanteile erfolgen. Pläne der **überbetrieblichen Ertragsbeteiligung** sehen vor, daß die Unternehmen gesetzlich verpflichtet werden, einen gewissen Prozentsatz ihres Gewinns an einen überbetrieblichen Fonds abzuführen. Die Arbeitnehmer erhalten dann - unabhängig von der Ertragssituation ihres eigenen Betriebes - Zertifikate über ihre jeweilige Ertragsbeteiligung, die sie mit oder ohne zeitliche Bindungspflicht beim Fonds einlösen können. Dieses von den Gewerkschaften - in der Hoffnung auf ihnen zuwachsende Fondsverwaltungsmacht - präferierte Modell führt nur dann zur Vermögensbildung in Arbeitnehmerhand, wenn die Beträge aus der Ertragsbeteiligung tatsächlich gespart werden und nicht sogleich in den Konsum fließen.

Vermögensumschichtungen können auch bei **Privatisierungen von Staatsvermögen** erfolgen. So sind z. B. in der Bundesrepublik Deutschland im Zuge der Überführung von Anteilsrechten an bestimmten Staatsunternehmen (Volkswagenwerk, Preußag, VEBA) in private Hand sogenannte **Volksaktien** geschaffen worden, die Personen mit begrenztem steuerpflichtigen Einkommen zu einem - gegenüber dem Börseneinführungskurs - reduzierten Kaufpreis angeboten worden sind. Die Volksaktien, die mit einer zeitlichen Bindungspflicht versehen wurden, konnten mit einem - nach Einkommenshöhe und Kinderzahl - gestaffelten Sozialrabatt von den Bezugsberechtigten erworben werden. Ob und gegebenenfalls inwieweit mit dieser Privatisierung die Ziele einer Beteiligung breiter Schichten am Produktivvermögen und eine Popularisierung der Aktie bei unteren Einkommensschichten erreicht worden sind, läßt sich mangels statistischer Unterlagen über die Zeitdauer des Besitzes derartiger Volksaktien sowie fehlender Angaben über eventuelle Aktienzukäufe nicht feststellen.

Zur **Finanzierung** der **Spar- und Wohneigentumsförderung** in Form von Spar- und Bausparprämien sowie Eigenheimzulagen sind Steuereinnahmen und gegebenenfalls Steueranhebungen erforderlich, deren Mittelvolumen von allen Bürgern und somit auch von den steuerpflichtigen Förderungsberechtigten selbst aufgebracht werden müssen. Ob und inwieweit die staatliche Vermögenspolitik eine breitere Vermögensstreuung bewirkt hat, ist fraglich. Die Förderung der privaten Eigentumsbildung begünstigt die Anspruchsberechtigten der Eigentumsförderung nur dann, wenn der Betrag der individuellen Eigentumsförderung den jeweiligen steuerlichen Finanzierungsanteil übersteigt. Ist dieses der Fall, so erhalten diejenigen, die Eigentum mit staatlicher Förderung bilden, einen finanziellen Vorteil zu Lasten derjenigen Steuerzahler, die kein förderungsfähiges Eigentum bilden oder kein bestimmtes förderungsfähiges Eigentum - wie z. B. Wohneigentum - erwerben wollen oder mangels Eigenmittel kein förderungsfähiges Sparkapital bilden bzw. keine Eigenheimzulage erhalten können. Erfahrungsgemäß profitieren gerade die einkommensschwächsten Bevölkerungsgruppen wegen fehlender Eigenmittel nicht von der Förderung der Vermögensbildung. Die häufige Begründung, der zufolge die Förderung aus Gründen der sozialen Gerechtigkeit den einkommensschwächsten Bevölkerungsgruppen zur Eigentumsbildung verhelfen soll, geht also fehl. In einer marktwirtschaftlich orientierten Ordnung ist es aus ordnungspolitischen Gründen bedenklich, wenn es den Politikern überlassen bleibt, nach Belieben und verknüpft mit wahlopportunistischen Überlegungen an einzelne Einkommensgruppen Fördermittel für die Eigentumsbildung zu verteilen. Statt dessen empfiehlt sich für die Finanz- und Sozialpolitik, die Voraussetzungen für die Bildung von Eigenkapital und damit die Vermögensbildung aus eigener Kraft der Bürger - z. B. durch Senkung der Steuer- und Sozialkostenlasten breiter Bevölkerungsschichten - zu verbessern, wodurch sich voraussichtlich eine breitere Vermögensstreuung ganz ohne staatliche Förderung der Vermögensbildung einstellen wird.

5.4.3 Lohnpolitik

Obwohl die **Lohnpolitik** weitgehend von der staatlichen Wirtschafts- und Arbeitsmarktpolitik abgekoppelt und den Lohntarifvertragsparteien überantwortet worden ist, kann der Staat in begrenztem Maße direkten Einfluß auf die Lohnhöhe ausüben, indem er einen **gesetzlichen Mindestlohn** festsetzt, der auch von den Lohntarifparteien nicht unterschritten werden darf. Verteilungspolitisches Ziel einer Mindestlohnfestsetzung ist es in der Regel, Arbeitnehmern unterer Lohngruppen einen gesetzlich abgesicherten Mindestschutz gegen Ausbeutung im Arbeitsverhältnis zu gewähren. Ob jedoch ein gesetzlicher Mindestlohn diese Schutzfunktion erfüllen kann, hängt sowohl von seiner Höhe als auch von den Beschäftigungsmöglichkeiten ab. Wird der Mindestlohn - was häufig der Fall ist - über dem eventuell geringen produktiven Beitrag von wenig qualifizierten oder ungelernten Arbeitern zur Güterproduktion festgesetzt, so vermindern sich regelmäßig durch gesteigerte Rationalisierungsanstrengungen und Substitutionsprozesse die Arbeitsplätze für diese Kategorie von Arbeitern. Entspricht der Mindestlohn dagegen dem produktiven Beitrag, den die betreffenden Arbeiter im Produktionsprozeß leisten, so ist er überflüssig, weil sich ein **Marktlohn** in gleicher Höhe bildet. Auch mit dem Ziel sozialer Bedarfsdeckung festgesetzte **Mindestlöhne nach dem Familienstand** und der Kinderzahl bergen die Gefahr in sich, daß Arbeitnehmer mit relativ großem Familienanhang keinen Arbeitsplatz finden. Um die Beschäftigungschancen auch von Kinderreichen zu wahren, empfiehlt es sich, den Familienlastenausgleich durch direkte staatliche Zuwendungen in Form von **Kindergeld** vorzunehmen.

Ein gravierender Eingriff in die marktmäßige primäre Einkommensverteilung ist in der **Regulierung des Lohnbildungsverfahrens** zu sehen. Gestützt auf die Tarifautonomie, die aus dem verfassungsrechtlich verankerten Grundrecht der Koalitionsfreiheit abgeleitet wird, unterliegen Gewerkschaften und Arbeitgeberverbände nicht dem sonst in der Wirtschaft geltenden Verbot von Wettbewerbsbeschränkungen. So ist es den Anbietern von Arbeitsleistungen und den Nachfragern nach Arbeitskräften erlaubt, sich zu Kollektivmonopolen oder Kartellen zusammenzuschließen und die Löhne und Arbeitsbedingungen auszuhandeln und notfalls mittels Streik und Aussperrung zu erzwingen. Meist sind **bilaterale Lohntarifkartelle** entstanden, welche die Tarifautonomie beanspruchen. Damit ist die Lohnbildung sowohl der freien Marktpreisbildung als auch der politisch-administrativen Lohnfestsetzung entzogen. Die Wirtschafts- und Arbeitsmarktpolitik hat jedoch die Möglichkeit, die von den Lohntarifkartellen ausgehandelten Löhne auch für Nichtmitglieder (durch sogenannte Allgemeinverbindlichkeitserklärung) verbindlich zu machen.

Ebenso wie die staatliche Festsetzung von Mindestlöhnen soll auch die wettbewerbliche Ausnahmeregelung auf dem Arbeitsmarkt primär dem Schutz der abhängig Beschäftigten dienen. Insbesondere soll durch die Möglichkeiten zum Zusammenschluß von Arbeitnehmern in Gewerkschaften die Konkurrenz untereinander entschärft und die Solidarität gestärkt werden, um die Position der Arbeitnehmerseite bei den Tarifverhandlungen oder Tarifauseinandersetzungen zu verbessern. Da die gewerkschaftliche Mitgliedschaft nicht erzwungen werden kann, müssen die Gewerkschaften versuchen, möglichst viele Arbeitnehmer **durch lohnpolitische Erfolge zum freiwilligen Beitritt zu bewegen**. Dieses führt meist zu einer

aggressiven Lohnpolitik der Gewerkschaften und mündet oft in Lohnabschlüssen, die den realen Produktivitätssteigerungen vorauseilen. Erfahrungsgemäß ist der Widerstand von Arbeitgeberverbänden gegenüber beträchtlichen Lohnforderungen um so schwächer, je größer die Spielräume für Lohnkostenüberwälzungen auf die Verkaufspreise der Produkte sind. Nicht selten einigen sich dann die Lohntarifparteien zu Lasten Dritter, indem als Folge der **Lohn-Preis-Spirale** den Verbrauchern höhere Kaufpreise abverlangt werden. Da von **überhöhten Lohnabschlüssen** sowohl **inflationäre Tendenzen** als auch **Rückgänge in der Beschäftigung** ausgehen können, muß letztlich die staatliche Konjunktur- und Stabilitätspolitik die negativen Folgen der verteilungspolitischen Entscheidungen der Lohntarifparteien zu beseitigen oder zumindest zu begrenzen versuchen. Ob die Gewerkschaften mit ihrer Lohnpolitik, die periodisch **möglichst hohe Nominallohnsteigerungen** durchzusetzen versuchte, ihr Ziel einer nachhaltigen Veränderung des prozentualen Anteils der Arbeitnehmereinkommen am Sozialprodukt - also der **Lohnquote** - erreicht haben, ist jedoch zweifelhaft. Die Ergebnisse von Zeitreihenanalysen deuten darauf hin, daß die **Lohnquote in ihrer bereinigten Form langfristig eine gewisse Konstanz aufweist**. Zwar zeigt die aus der volkswirtschaftlichen Gesamtrechnung ermittelte „**tatsächliche Lohnquote**", die den relativen Anteil des Bruttoeinkommens aus unselbständiger Arbeit am Volkseinkommen widerspiegelt, eine langfristig steigende Tendenz. Aber das erlaubt noch nicht den Schluß, daß sich die Einkommensverteilung zugunsten der abhängig Beschäftigten verbessert hat; denn im gleichen Zeitraum kann sich auch der Anteil der Arbeitnehmer an der Gesamtzahl der Erwerbstätigen erhöht haben. Die Lohnquotensteigerungen können also auf Änderungseffekte der Beschäftigungsstruktur beruhen. Die tatsächliche Lohnquote, die nur bei unveränderter Beschäftigtenstruktur aussagefähig ist, muß deshalb um diese Struktureffekte bereinigt werden. Die „**bereinigte Lohnquote**" gibt an, wie sich der prozentuale Einkommensanteil der abhängig Beschäftigten am Volkseinkommen im Zeitablauf entwickelt hätte, wenn - ausgehend von einem Basisjahr - keine Veränderungen in der Erwerbstätigenstruktur erfolgt wären. Da auch der Unternehmerlohn Arbeitseinkommen ist, wird noch eine „**ergänzte Lohnquote**" berechnet. Hierbei wird für die unabhängig Beschäftigten das durchschnittliche Arbeitnehmereinkommen als Unternehmerlohn angesetzt (ob das realistisch ist, mag dahingestellt bleiben!) und dieses dem Einkommen aus unselbständiger Arbeit hinzugerechnet. Auf diese Weise läßt sich der prozentuale Gesamtanteil des Arbeitseinkommens sowohl aus abhängiger als auch unabhängiger Tätigkeit am Volkseinkommen errechnen.

Als mögliche Erklärung für die langfristige Konstanz der bereinigten Lohnquote kann gelten: Die von den Gewerkschaften durchgesetzten Steigerungen der Nominallöhne, die oft über Produktivitätserhöhungen hinausgingen, sind weitgehend von den Unternehmen auf die Preise überwälzt worden. Da die Gewinnraten der einzelnen Unternehmen nicht oder nur wenig geschmälert worden sind, hat sich auch der prozentuale Einkommensanteil aus selbständiger Tätigkeit am Volkseinkommen - also die **Profitquote** - nicht oder kaum verändert. Demnach erscheint eine Korrektur der funktionellen Einkommensverteilung zugunsten des Faktors „abhängige Arbeit" nur möglich, wenn durch stringente Wettbewerbspolitik die Überwälzungen von Lohnkostenerhöhungen auf die Preise durch Intensivierung des Wettbewerbs eingeengt werden.

Um das Kardinalproblem der anhaltenden **Massenarbeitslosigkeit** in Deutschland und in anderen westeuropäischen Ländern zu lösen, werden für eine **beschäftigungsstimulierende Lohnpolitik** zwei grundsätzlich verschiedene Strategien empfohlen. Gestützt auf die **Kaufkrafttheorie des Lohnes** und in Anlehnung an die **Keynessche Theorie**, die Unterbeschäftigung vor allem auf eine mangelnde Gesamtnachfrage zurückführt, wird dafür plädiert, über **höhere Löhne** und damit **Kaufkraftsteigerungen** die Konsumneigung anzuregen und das Beschäftigungsvolumen zu erhöhen. Diese Strategie verspricht erfahrungsgemäß nur dann Erfolg, wenn die Arbeitslosigkeit konjunkturell bedingt ist und auf einer schwachen Binnennachfrage beruht. Allerdings gelingt das auch nur, wenn die Lohnsteigerungen und damit die Erhöhungen der Produktionskosten von den Unternehmungen nicht auf die Preise überwälzt werden können, weil anderenfalls die Kaufkraft wieder geschmälert wird.

Die andere Strategie, die von einem engen Zusammenhang zwischen Arbeitskosten und Beschäftigungsvolumen ausgeht, zielt darauf ab, die **Produktivität der Arbeitskräfte** zu steigern und den **Lohnanstieg zu verringern**. Bei vorwiegend strukturell bedingter und langandauernder Arbeitslosigkeit gilt als **optimale Strategie**, die **Lohnsteigerungen unterhalb des Produktivitätsanstiegs** zu halten, um die Lohnstückkosten zu senken. Dadurch erhöhen sich die Gewinnchancen für die Unternehmen, was zu einer Anregung der Investitionstätigkeit und damit der Beschäftigung in einem Umfeld stabiler Preise führen kann. Die Befürchtung, daß Lohnzurückhaltung die Kaufkraft der Konsumenten schwächt und die Lohnsumme reduziert, ist bei lohnsenkungsinduziertem Beschäftigungsanstieg unbegründet, weil die **Gesamtlohnsumme** auch bei Lohnrückgang durch die Schaffung neuer Arbeitsplätze zumindest stabil bleibt oder sogar steigt.

In Deutschland ist insbesondere eine **Lohn-Produktivitätslücke** im Bereich der **unteren Lohngruppen** entstanden. Da die Tariflöhne für einfache Arbeit geringqualifizierter Arbeitnehmer deren Arbeitsproduktivität übersteigen, hat sich die Arbeitslosigkeit in diesen Problemgruppen ausgebreitet. Um das schwerwiegende Problem der **Langzeitarbeitslosigkeit** Geringqualifizierter zu lösen, ist die Schaffung eines **Niedriglohnsektors** unvermeidbar. Die **gewerkschaftliche Lohnpolitik** hat hier nur die Wahl zwischen zwei Übeln. Entweder die Gewerkschaften stemmen sich nicht weiter gegen die Einrichtung von Niedriglohngruppen mit merklich abgesenktem Lohnniveau und erreichen dadurch einen Rückgang der Arbeitslosigkeit oder sie beharren auf produktivitätsmäßig überhöhten Tariflöhnen für gering qualifizierte Arbeitnehmer unter Hinnahme einer relativ hohen (Langzeit-)Arbeitslosigkeit. Um den Beschäftigten in einem eventuellen Niedriglohnsektor dennoch ein höheres Einkommen zu verschaffen, ist erwogen worden, die **Löhne zu subventionieren**. Dieses würde jedoch mit Sicherheit zu einem starken **Anreiz** für die Lohntarifparteien führen, **Lohnpolitik zu Lasten Dritter** zu betreiben, indem sie relativ niedrige Löhne vereinbaren und deren Aufstockung durch staatliche Lohnsubventionen den Steuerzahlern aufbürden. Zudem könnte die Subventionierung von Niedriglohnjobs zu einem **Drehtüreffekt** führen, wenn die Unternehmen Arbeitnehmer mit höheren Lohnansprüchen entlassen und dafür andere zu Niedriglöhnen einstellen. Damit würde die Arbeitslosigkeit nicht verringert, sondern nur auf andere Arbeitnehmergruppen verlagert. Die Chancen für eine Beschäftigung von Arbeitslosen mit geringer beruflicher Qualifikation erhöhen sich nur, wenn die Entlohnung für einfache Arbeit produktivitätsorientiert und damit zu marktgerechten Löhnen erfolgt. Derartige Löhne kommen aber erfahrungsgemäß nur zustande, wenn die **Lohnverhandlungen auf Betriebsebene** zwischen Betriebsleitung und Belegschaft geführt werden. Dagegen tragen **Lohnverhandlungen auf zentraler Ebene** zwischen Gewerkschaften und Arbeitgeberverbänden, deren Ergebnis in einem Flächentarifvertrag verankert wird, weder den unterschiedlichen Kosten- und Ertragsverhältnissen der Unternehmungen noch den Beschäftigungsinteressen von Arbeitslosen genügend Rechnung. Da die **Löhne des Flächentarifs** mehr den Charakter von sektoralen Durchschnittslöhnen als von niedrigeren Mindestlöhnen haben, wäre beschäftigungspolitisch schon einiges gewonnen, wenn die ausgehandelten Löhne stärker zu Mindestlöhnen würden, weil dann der notwendige **Spielraum für Lohndifferenzierungen** vorhanden und dennoch ein gewisser **Mindestschutz für die Lohnempfänger** gegeben wäre.

Teil 2
Konzeptionelle Grundlagen der Wirtschaftspolitik

6. Kapitel
Ordnungspolitische Konzeptionen

6.1 Konzeptionsprägende Faktoren

Eine **ordnungspolitische Konzeption** ist eine Zusammenfassung und widerspruchsfreie Verknüpfung von ordnungspolitischen Grundsätzen, langfristig bedeutsamen Zielen sowie ziel- und ordnungskonformen Methoden und Arten des Instrumenteneinsatzes der Ordnungspolitik zu einem operationalen Leitbild, an dem sich die Handlungen der wirtschaftspolitischen Instanzen zu orientieren haben. Zwar ist die ordnungspolitische Konzeption - ebenso wie die konjunktur- und strukturpolitischen Konzeptionen - nur eine **wirtschaftspolitische Teilkonzeption**, aber sie gibt den **Ordnungsrahmen** für die anderen Teilkonzeptionen der Wirtschaftspolitik vor. Insoweit kommt der ordnungspolitischen Konzeption die **zentrale Bedeutung** in einem marktwirtschaftlich orientierten Wirtschaftssystem zu. Die Grundprinzipien eines Wirtschaftssystems spiegeln sich in den Elementen der ordnungspolitischen Konzeption wider. Zudem können ordnungspolitische Konzeptionen, die von Wissenschaftlern geformt sind, von **wissenschaftlichen Paradigmen** (mit)geprägt sein.

Mit dem Begriff „**Paradigma**" (griechisch: paradeigma = Vorbild, Musterbeispiel) wird in der Wissenschaftstheorie üblicherweise eine Art vorherrschende „Normalwissenschaft" gekennzeichnet, die dadurch entsteht, daß eine Vielzahl von Fachwissenschaftlern im Rahmen eines festumrissenen Wissenschaftsprogramms mit den gleichen methodischen Ansätzen arbeitet und deren Ergebnisse als Vorbild für die analoge Anwendung auf andere Phänomene gelten. Der Wechsel von einem Paradigma (z. B. von der ökonomischen Klassik oder der Neoklassik) zu einem anderen (z. B. des Keynesianismus) gilt dann als wissenschaftliche Revolution, die zu grundlegend anderen methodischen Analyseansätzen und theoretischen Betrachtungsweisen sowie letztlich zu anderen wissenschaftlichen Schlußfolgerungen führt.

Anhänger **neoklassischer und monetaristischer Theorien** gehen z. B. regelmäßig von der Funktionsfähigkeit der Marktsteuerung unter Wettbewerbsbedingungen aus. Sie sehen im **Marktmechanismus** die Garantie, daß die Pläne und Handlungen der Wirtschaftssubjekte optimal koordiniert werden, mit der Folge eines permanenten **Trends zum Gleichgewicht** auf den Güter- und Faktormärkten. **Störungen** des Wirtschaftsablaufs, die sich in extremen Beschäftigungsschwankungen zeigen, und Strukturanpassungsprobleme werden ihres Erachtens primär durch **staatliche Eingriffe** verursacht. Ihr ordnungspolitisches Leitbild zielt deshalb vor allem darauf ab, staatliche **Regulierungen** und administrative **Anpassungshemmnisse** abzubauen und den **Marktmechanismus** wieder funktionsfähig zu machen. Demgegenüber sehen Anhänger **keynesianischer prozeßpolitischer Steuerungstheorien** mit der marktwirtschaftlichen Steuerung einen ständigen **Trend zum Gleichgewicht bei Unterbeschäftigung** verbunden. Sie halten auch in einer marktwirtschaftlich orientierten Wirtschaftsordnung eine permanente **makroökonomische Globalsteuerung** in Form einer antizyklischen Fiskalpolitik für erforderlich. In ihrer wirtschaftspolitischen Gesamtkonzeption kommt deshalb der **konjunkturpolitischen Teilkonzeption** die zentrale Bedeutung zu.

Ordnungspolitische Konzeptionen, die von politischen **Parteien** geformt sind, können durch unterschiedliche **Weltanschauungen** und daraus resultierende **politische Grundüberzeugungen** der Parteien - also durch Ideologien - (mit-)geprägt sein. Die gesellschaftlichen und ökonomischen Grundkonzepte **bürgerlicher Parteien** (christ- und liberaldemokratische Parteien, conservative parties) basieren von ihren Ursprüngen im 19. Jahrhundert her auf Vorstellungen, die als Elemente das Selbstbestimmungsrecht des Individuums in seinen eigenen Angelegenheiten, die Beschränkung des Staates im wesentlichen auf Ordnungsfunktionen, den unbeschränkten Leistungswettbewerb und die Selbstregulierung des wirtschaftlichen Geschehens umfassen. Da diese Parteien in ihrem ideologischen Kern auf die Schaffung und Bewahrung möglichst großer Freiheitsspielräume für individuelles Handeln der Wirtschaftssubjekte ausgerichtet sind, präferieren sie in der Regel ordnungspolitische **Leitbilder marktwirtschaftlicher Prägung**. Dagegen konzentrieren sich die gesellschaftlichen und ökonomischen Grundvorstellungen der aus den Arbeiterbewegungen des 19. Jahrhunderts hervorgegangenen **sozialdemokratischen Parteien** und **labour parties** meist auf die Möglichkeiten zur Verbesserung der Arbeits- und Lebensbedingungen der unteren sozialen Bevölkerungsschichten, der staatlich abgestützten Partizipation der Arbeiterschaft und ihrer Gewerkschaften an den gesellschaftspolitischen Entscheidungen und der Mitbestimmung am Arbeitsplatz sowie den Steuerungsmöglichkeiten des Staates zur Erreichung sozialer Gerechtigkeit. Insofern sich diese Parteien von ihren sozialistischen Wurzeln her noch vorrangig dem **Gleichheitspostulat** verpflichtet fühlen, mißtrauen sie den marktwirtschaftlichen Steuerungsmechanismen wegen deren **ungleicher Verteilungswirkungen**. Obwohl sich inzwischen alle aus sozialdemokratischen Parteien hervorgegangenen Regierungen in Westeuropa zu marktwirtschaftlich orientierten Gesamtordnungen wegen deren offensichtlich ökonomischer Effizienz bekennen, halten sie aus sozialen Gründen und Umverteilungsmotiven administrative **Regulierungen** und **staatliche Lenkungsmethoden** auf bestimmten Wirtschaftssektoren für erforderlich. Ihre ordnungspolitischen Konzeptionen sind deshalb regelmäßig mit **regulierungspolitischen Elementen** gemischt.

6.2 Ordoliberale Konzeption

Die **ordoliberale Konzeption** ist im wesentlichen von deutschen Wissenschaftlern geprägt worden, die der **Freiburger Schule der Nationalökonomie** zugerechnet werden. Neben dem fundamentalen Beitrag von **Walter Eucken** haben zum Lehrgebäude des Ordoliberalismus insbesondere **Wilhelm Röpke**, **Alexander Rüstow**, **Friedrich A. Lutz**, **Leonhard Miksch** und **Franz Böhm** beigetragen. Ausgehend vom ökonomischen Liberalismus und den negativen Erfahrungen mit Laissez-faire-Wirtschaften haben die Schöpfer des Ordoliberalismus einen **Ordnungsrahmen für marktwirtschaftliche Systeme** entwickelt, der insbesondere den Wettbewerb schützen und die individuelle Freiheit der Bürger sichern soll. Erfahrungsgemäß kann nämlich die Gewährung schrankenloser Freiheit im Wirtschaftsleben und ihre Ausnutzung durch ökonomische Machtgebilde zur Unfreiheit anderer Wirtschaftssubjekte führen. Deshalb muß nach ordoliberaler Lehre der Wettbewerb und die Freiheit, an ihm teilzunehmen, geschützt werden. Der wesentliche Erkenntnisfortschritt des Ordoliberalismus liegt also in der Offenlegung des **Freiheitsparadoxons**, dem zufolge totale Freiheit auch die Tendenz zu Unfreiheit einschließen kann. Das Neue am Liberalismus ist, daß er - im Gegensatz zum Paläoliberalismus - die **Errichtung und den Schutz einer Wettbewerbsordnung** für notwendig hält, um eine Aushöhlung der Marktwirtschaft durch Wettbewerbsbeschränkungen zu verhindern. Da der Ordnungsgedanke oder - wie Eucken es ausdrückt - das **Denken in Ordnungen** wesentlich ist, kann die neue liberale Sichtweise auch als **Ordoliberalismus** bezeichnet werden.

6.2.1 Euckens Wettbewerbsordnung

Walter Eucken (1891-1950) bringt sein Leitbild des Ordoliberalismus auf die einprägsame Kurzformel: „Staatliche Planung der Formen - ja; staatliche Planung und Lenkung des Wirtschaftsprozesses - nein. Den Unterschied von Form und Prozeß erkennen und danach handeln - das ist wesentlich.“[62] Demnach hat der Staat der Wirtschaft einen **Ordnungsrahmen** zu geben. Dagegen soll die **Gestaltung des Wirtschaftsprozesses** im Rahmen der Wettbewerbsordnung den privaten **Haushaltungen** und **Unternehmen** überlassen bleiben.

Zur **Verwirklichung der Wettbewerbsordnung** sind nach Eucken zwei Gruppen von Prinzipien notwendig, und zwar die „**konstituierenden Prinzipien**“, welche die Herstellung der Wettbewerbsordnung ermöglichen, und die „**regulierenden Prinzipien**“, welche die Funktionsfähigkeit der Wettbewerbsordnung erhalten.[63] Zu den konstituierenden Prinzipien zählen:

1. **Ein funktionsfähiges Marktpreissystem** auf der Basis der Marktform der vollständigen Konkurrenz.
2. **Das Primat der Währungspolitik** mit einem automatisch wirkenden Geldwertstabilisator.
3. **Offene Zugänge zu den Märkten** als Voraussetzung für den Wettbewerb.
4. **Vorwiegendes und durch Wettbewerb kontrolliertes Privateigentum** an Produktionsmitteln.
5. **Die Vertragsfreiheit** als Voraussetzung für freien Güteraustausch und Marktverkehr auf privatrechtlicher Basis.
6. **Das Haftungsprinzip** als Zuweisung der Verantwortung für ökonomische Entscheidungen und zum Ausschluß von Verlustabwälzungen.
7. **Eine gewisse Konstanz der Wirtschaftspolitik** als Voraussetzung für langfristige Dispositionen der Wirtschaftssubjekte und zur Stärkung der Investitionsneigung.

Als regulierende Prinzipien gelten:

8. **Verhinderung von Monopol- und Kartellbildungen** und Kontrolle unauflöslicher Machtgebilde.

---

[62] W. Eucken, 1949, S. 93.

[63] Vgl. derselbe, 1960, S. 254 ff.

9. **Korrektur der Mechanik der primären Einkommensverteilung** aus sozialen Gründen.
10. **Berücksichtigung sozialer Folgekosten** sowie des Arbeits- und Umweltschutzes in den Wirtschaftsrechnungen der Einzelwirtschaften.
11. **Stützungsmaßnahmen bei anomalem Verhalten des Arbeitsangebotes.**

Zur Verdeutlichung des ordoliberalen Leitbildes werden im folgenden die konstituierenden und regulierenden Prinzipien erläutert.

Zu 1: Das wirtschaftsordnungspolitische Grundprinzip der Wettbewerbsordnung ist nach Eucken die Schaffung und Sicherung eines **funktionsfähigen Marktpreissystems** auf der Basis **vollständiger Konkurrenz**. Dieses erfordert, daß der Staat bestimmte wirtschaftspolitische Handlungen unterläßt. So darf er z. B. keinen allgemeinen Preisstopp erlassen, keine staatlichen Zwangsmonopole schaffen, keine Kartelle erlauben, keine Einfuhrverbote verhängen und keine wettbewerbsverfälschenden Subventionen gewähren. Darüber hinaus ist eine aktive Wettbewerbspolitik notwendig, „die darauf abzielt, die Marktform der vollständigen Konkurrenz zur Entwicklung zu bringen und so das Grundprinzip zu erfüllen."[64] Unter Hinweis auf diese Aussage ist Eucken gelegentlich unterstellt worden, er wolle auf Biegen und Brechen überall die Marktform der vollständigen Konkurrenz in theoretischer Reinheit hergestellt sehen. Doch auch Eucken war sich bewußt, daß die **Prämissen der Marktform der vollständigen Konkurrenz** im streng theoretischen Sinne kaum jemals in der Wirklichkeit erfüllt waren, geschweige denn herstellbar sind. Zudem war ihm klar, daß im Zeitalter der industriell geprägten Massengesellschaft eine Rückkehr zu quasi biedermeierlicher Handwerkswirtschaft schon allein wegen des damit verbundenen Beschäftigungsrückgangs und Kostenanstiegs der Waren unmöglich war.

Die **Marktform der vollständigen Konkurrenz** ist nach Eucken dann gegeben, wenn bei einer großen Anzahl von Anbietern und Nachfragern der einzelne infolge der Geringfügigkeit seines Marktanteils im Verhältnis zur Größe des Marktes den Preis aus dem anonymen Markt nimmt und als Plandatum in seinen Wirtschaftsplan einsetzt.[65] Andere Prämissen, wie z. B. das Kriterium der Homogenität der Waren, lehnt er ab. Er schreibt: „Und wenn man meint, Konkurrenz setze vollständige Homogenität der Ware voraus, so sagt man implizite, daß es kaum Konkurrenz gibt. Diese Schlußfolgerung liegt schon in der Wahl des falschen Kriteriums beschlossen und bedeutet nichts."[66] Eucken befürchtet, daß bei Überbetonung der Gutsheterogenität überall quasi eine Art monopolistischer Konkurrenz zwischen marktanteilsmäßig kleinen und ziemlich machtlosen Konkurrenten, die nur das „Monopol" ihrer eigenen Produktion haben, gesehen wird. Damit wird aber seines Erachtens der fundamentale Unterschied zwischen der Marktlage im Falle **nahezu vollständiger Konkurrenz** und der Marktsituation im Falle eines **marktbeherrschenden Monopols** verwischt. Insofern macht es sich manche Kritik am Ordoliberalismus zu leicht, wenn sie lediglich unter Hinweis auf die **unrealistische** Marktform der vollständigen Konkurrenz gleich den ganzen ordoliberalen

---

[64] Ebendort, S. 255.
[65] Vgl. derselbe, 1950, S. 96, S. 111.
[66] Ebendort, S. 101.

Ansatz als wirklichkeitsfremd verdammt. Allerdings bleibt den frühen Vertretern des Ordoliberalismus die Kritik nicht erspart, daß sie den **Begriff „vollständige Konkurrenz“** nicht immer exakt bestimmt und schon oft dann verwandt haben, wenn sie lediglich eine polypolistische Marktstruktur oder angenähert wettbewerbsähnliche Verhältnisse beschreiben wollten.

Zu 2: Erfahrungsgemäß machen **Geldentwertungen** aufgrund offener oder gestauter **Inflation** die Lenkungsmechanik des Preissystems zunichte, weil die Preisrelationen nicht mehr die wahren Knappheitsverhältnisse und echten Leistungsgewinne widerspiegeln. So lassen inflationistische Preissteigerungen auf der Absatzseite und daraus resultierende Erlöszunahmen bei nominell gleichbleibender Schuldenlast auf der Kostenseite nichtleistungsbedingte Gewinne entstehen. Die Folge ist, daß Produktionen fortgesetzt werden, die bei inflationistisch nicht verzerrter Wirtschaftsrechnung eventuell eingeschränkt oder aufgegeben würden. Ständige Inflationierung verfestigt somit auch eine volkswirtschaftlich suboptimale Produktionsstruktur. Deshalb sollte die Geld- und Währungsordnung möglichst mit einem automatisch wirkenden Stabilisator des Geldwertes, den Eucken in der Waren-Reserve-Währung sieht[67], versehen werden.

Zu 3: **Offene Märkte** sollen verhindern, daß der Staat sowie gesellschaftliche und private Machtgruppen den Marktzugang auf der Angebots- und/oder Nachfrageseite schließen oder behindern, um den Wettbewerb zu beschränken. Dies bedingt, daß der Staat die **Gewerbefreiheit** schützen sowie die Investitionsverbote (außer aus Gründen von notwendigem Umweltschutz), Zulassungssperren und Einfuhrverbote prinzipiell unterlassen muß. Im Gegensatz zur Epoche des Laissez-faire, in der private Machtgruppen im Schutz von Kartellverträgen ihre Märkte durch Vernichtungswettbewerb und andere unlautere Marktverdrängungspraktiken (Kampfpreise der Kartelle gegen Außenseiter, Exklusivverträge, Liefersperren usw.) abschirmen konnten, sind alle **Marktschließungspraktiken** privater Machtgruppen zu unterbinden.

Zu 4: Nach Eucken hat **Privateigentum an Produktionsmitteln** je nach Marktform einen anderen Charakter. So hat sich gezeigt, „daß Privateigentum in monopolistischen Marktformen zu schweren Schäden führt“.[68] Nur bei **breit gestreutem Eigentum** und Konkurrenz gehen vom Privateigentum keine ökonomischen und sozialen Mißstände aus. In diesem Falle bewirkt nämlich Privateigentum disperse Verfügungsgewalt über Produktionsmittel und schafft gleichzeitig Möglichkeiten für die Arbeitnehmer, zwischen verschiedenen Arbeitgebern zu wählen. „Das Privateigentum bedarf der Kontrolle durch die Konkurrenz ... und wenn Monopole entstehen, wenn also die Kontrolle der Konkurrenz fehlt, muß die Verfügungsmacht über das Privateigentum beschränkt werden.“[69] Jedoch sieht Eucken in der Umwandlung in Gemeineigentum keine Lösung des Monopolproblems. Seines Erachtens führt eine Sozialisierung zu Zusammenballungen der Verfügungsgewalt über Produktionsmittel in den Händen weniger allmächtiger Funktionäre, die von der Masse der insgesamt nur formalen Eigentümer kaum kontrolliert werden können. Dieses schließt jedoch nicht aus, daß sich einzelne Betriebe in der Hand

---

[67] Vgl. derselbe, 1960, S. 255.

[68] Ebendort, S. 272.

[69] Ebendort, S. 275.

des Staates befinden. „Solange solche staatlichen Unternehmungen sich in Wettbewerbsmärkte einordnen und die Preisbildung auf den Märkten nicht durch staatliche Subventionen an solche Werke gestört wird, sind sie in der Wettbewerbsordnung erträglich.“[70] Grundsätzlich hält aber Eucken für die Wettbewerbsordnung dominierendes und wettbewerblich kontrolliertes Privateigentum an Produktionsmitteln für erforderlich.

Zu 5: Ohne die Freiheit, Kaufverträge mit jedermann abschließen zu können, kann sich kein Geschäftsverkehr und kein Wettbewerb entfalten. Grundsätzlich muß es auch den Unternehmen erlaubt sein, Verträge über die Zusammenarbeit oder den Zusammenschluß von Betrieben und Unternehmen abzuschließen. Allerdings darf die **Vertrags- und Zusammenschlußfreiheit** nicht dazu mißbraucht werden, Kartelle mit dem alleinigen Zweck der Wettbewerbsbeschränkung zu gründen. Bestehende Verträge und Vereinbarungen zur Wettbewerbsreduzierung, die regelmäßig die Markt- und Wettbewerbsfreiheit einschränken und stets zu Lasten der Marktgegenseite gehen, müssen deshalb für nichtig erklärt werden. Der Abschluß neuer **Kartellverträge** und -vereinbarungen ist unter Verbot und Strafandrohung zu stellen.

Zu 6: Nach dem **Haftungsprinzip** hat derjenige zu haften, der für die Entscheidungen und Handlungen in Unternehmungen oder Haushalten verantwortlich ist. „Haftungsbeschränkungen sind danach, z. B. im Gesellschaftsrecht der Wettbewerbsordnung, nur dort zulässig, wo ein Kapitalgeber nicht oder nur begrenzt für die Geschäftsführung verantwortlich ist: etwa der Kleinaktionär oder der Kommanditist. Wenn aber im Konzern die abhängige juristische Person allein haftet, während die herrschende Person die wesentlichen Entscheidungen trifft, so ist diese Haftungsbeschränkung mit der Wettbewerbsordnung unvereinbar. Der verantwortliche Planträger hat die Haftung abgewälzt.“[71] In der Wettbewerbsordnung soll also jeweils die herrschende Person bzw. der verantwortliche Entscheidungsträger haften. Auch sind Bestrebungen nach **Haftungsbeschränkungen** in den allgemeinen Geschäftsbedingungen (in dem sogenannten Kleingedruckten) zu unterbinden. Generell ist die Anwendung des Haftungsprinzips eine Voraussetzung für den Leistungswettbewerb, der bedingt, daß die Gewinnerzielung nur über äquivalente ökonomische Leistungen erreicht und Fehlleistungen den Verursachern angelastet werden. Das Haftungsprinzip macht es unzulässig, daß ökonomische Fehlleistungen durch staatliche Subventionierung verdeckt oder ungesühnt bleiben. Verluste dürfen demnach nicht sozialisiert werden.

Zu 7: Bei ständigen Änderungen der wirtschaftlichen Rahmendaten erhöht sich natürlich das Risiko für unternehmerische Dispositionen, die oft weit in die Zukunft reichen. Bei unkalkulierbarem Risiko unterbleiben unter Umständen Langzeitinvestitionen. Erlahmt die Investitionsneigung, kommt es erfahrungsgemäß zu deflatorischen Erscheinungen, die sich vor allem in Beschäftigungs- und Umsatzrückgängen zeigen. Eucken plädiert deshalb für eine gewisse **Konstanz der Wirtschafts- und Finanzpolitik**, um die Risiken des Wirtschaftslebens einzugrenzen. Das gleiche gilt natürlich auch für die Sozialpolitik, die Leistungen und Lasten nicht dauernd verändern darf, wenn sowohl der soziale Friede als auch die Finan-

[70] Ebendort, S. 272.

[71] Ebendort, S. 281.

zierbarkeit sozialer Ansprüche gewahrt bleiben sollen. Besonders wichtig hält Eucken die Sicherung und Stabilhaltung der Wirtschaftsordnung, die auf weitgehende Konstanz angelegt ist und nur mit Vorsicht geändert werden sollte.

Zu 8: „Wirtschaftliche Macht sollte in einer Wettbewerbsordnung nur soweit bestehen, wie sie notwendig ist, um die Wettbewerbsordnung aufrechtzuerhalten. Die Leitung von Haushalten und Betrieben braucht wirtschaftliche Macht, um die entworfenen Wirtschaftspläne durchführen zu können. Freilich wird sie dabei in der Wettbewerbsordnung durch den Preismechanismus der notwendigen, strengen, alltäglichen Kontrolle unterworfen".[72] Zur Verhinderung von wettbewerbsbeschränkenden Kartellbildungen soll ein Kartellverbot erlassen und zur Kontrolle nicht auflösbarer Monopole ein unabhängiges Monopolaufsichtsamt gebildet werden. „Ziel der Monopolgesetzgebung und der Monopolaufsicht ist es, die Träger wirtschaftlicher Macht zu einem Verhalten zu veranlassen, als ob vollständige Konkurrenz bestünde. Das Verhalten der Monopolisten hat ‚wettbewerbsanalog' zu sein."[73] Auch auf den Arbeitsmärkten sollen monopolistische Mißbräuche verhindert werden. „Sobald z. B. Gewerkschaften ihre eigentliche Funktion verlassen und durch solche Einrichtungen wie den ‚closed shop' den Zugang zum Arbeitsmarkt für Nicht-Mitglieder sperren, sollen sie unter Kontrolle gestellt werden."[74] Eucken rechnet damit, daß von der **Monopolkontrolle** stark **prophylaktische Wirkungen** auf die Unternehmungen und besonders auf die Oligopole ausgehen werden. Seines Erachtens wird es in der Regel ein Oligopol vermeiden, durch Kampf die anderen zu verdrängen und eine Monopolstellung zu erobern, weil es anderenfalls unter die strenge Monopolaufsicht gerät. Weicht das Verhalten von Oligopolen dennoch vom Wettbewerbsverhalten ab, so sollen auch hier Eingriffe des Monopolamtes ein wettbewerbsanaloges Markt- und Preisverhalten der betreffenden Oligopole erzwingen.

Zu 9: In der Wettbewerbsordnung erfolgt die **primäre Einkommensverteilung** nach der **Marktleistung**. Dabei teilt der Marktmechanismus die Einkommen zu, ohne die soziale Bedürftigkeit zu berücksichtigen. Gewinne und ein entsprechend hohes Einkommen erzielen jene, die zur Bedürfnisbefriedigung geeignete und nachgefragte Güter oder Dienst- und Arbeitsleistungen anbieten. Demgegenüber müssen mit Einkommenseinbußen jene rechnen, die am Markt vorbeiproduziert haben oder keine gefragte Dienst- und Arbeitsleistung erbringen können. Die Verteilungsmechanik des Marktes kann also nur **Leistungsgerechtigkeit** bei marktgängigen Waren und Leistungen, nicht aber volle soziale Gerechtigkeit garantieren. Selbst wenn man in der Garantie der Leistungsgerechtigkeit, die auf wettbewerblich strukturierten Märkten in hohem Maße erreicht wird, einen hohen sozialen Wert sieht, so bedarf es zur Erreichung einer umfassenden sozialen Gerechtigkeit in der Gesellschaft noch der Ergänzung durch eine **sozial motivierte Umverteilungspolitik**. So müssen auch die Kranken, Invaliden und Arbeitslosen, die ständig oder zeitweise keine marktgängigen Leistungen erbringen können, ein staatlich garantiertes Einkommen erhalten. Ferner müssen soziale Gesichtspunkte bei der Einkommensteuer, z. B. in der Steuerprogression, berücksichtigt werden.

---

[72] Ebendort, S. 291.

[73] Ebendort, S. 295.

[74] Ebendort, S. 295.

Allerdings darf die Progression nach Eucken nicht so gestaltet werden, daß sie Leistung bestraft und die Investitionsneigung erlahmen läßt.

Zu 10: Die sozialen und **umweltschutzmäßigen Folgekosten**, die durch Produktionsbetriebe und durch private Haushalte (z. B. durch Heizungen) entstehen, sollen den Verursachern angelastet werden. Ferner sollen Einzelwirtschaften verpflichtet werden, aus Gründen des Arbeits- und Umweltschutzes gewisse gewerberechtliche Auflagen zu erfüllen oder bestimmte umweltzerstörende Tätigkeiten zu unterlassen.

Zu 11: Bei **anomalem Verhalten des Arbeitsangebotes** auf den Arbeitsmärkten, d. h. wenn bei sinkenden Löhnen das Arbeitsangebot steigt, sollen zur Vermeidung von Fehllenkungen und sozialen Schäden Stützungsmaßnahmen, z. B. in Form von **Mindestlöhnen**, vorgesehen werden. Allerdings wird dieser Fall bei Auslastung der Produktionskapazitäten nur höchst selten eintreten, weil bei intensivem Wettbewerb die unternehmerische Konkurrenz um Arbeitskräfte einen Lohndruck, wie er von privaten und öffentlichen Nachfragemonopolen auf dem Arbeitsmarkt voraussichtlich ausgehen würde, in der Regel unterbinden wird.

Nach Eucken „(ist) richtig verstandene Sozialpolitik ... universaler Art. Sie ist identisch mit der Politik zur Ordnung der Wirtschaft“[75]. Demnach muß versucht werden, die Entstehung **sozialer Probleme** mittels der **allgemeinen Ordnungspolitik** zu verhindern. Da nur verteilt werden kann, was vorher erwirtschaftet wurde, muß auch die Sozialpolitik Ausschau halten nach der Wirtschaftsordnung mit dem höchsten ökonomischen Wirkungsgrad. In einer marktwirtschaftlichen Ordnung ist nicht die Tatsache problematisch, daß es **Einkommensdifferenzen** gibt, sondern anstößig kann nur sein, wenn sie aus **Machtstellungen auf den Märkten** resultieren. „Soziale Gerechtigkeit sollte man also durch Schaffung einer funktionsfähigen Gesamtordnung und insbesondere dadurch herzustellen suchen, daß man die Einkommensbildung den strengen Regeln des Wettbewerbs, des Risikos und der Haftung unterwirft.“[76] Obwohl Eucken glaubt, daß eine wohlfahrtssteigernde Marktwirtschaft im Rahmen der Wettbewerbsordnung die Entstehung vieler sozialer Probleme verhindert, hält er eine **spezielle Sozialpolitik** in bestimmten Fällen für notwendig. So weist er darauf hin, daß die Arbeiter neben den allgemeinen Lebensrisiken (wie z. B. Krankheit) auch noch von den besonderen Risiken des Berufslebens (wie z. B. Betriebsunfälle, Berufskrankheiten oder Arbeitslosigkeit) betroffen werden können. „Wenn Selbsthilfe und Versicherung nicht ausreichen, sind staatliche Wohlfahrtseinrichtungen notwendig. Aber der Akzent sollte, wo irgend angängig, bei der Stärkung der freien Initiative des einzelnen liegen.“[77]

Unterschiede zwischen Sachgüter- und Arbeitsmärkten sieht Eucken darin begründet, daß Arbeit keine Ware ist. Um Ausbeutung im Lohnarbeitsverhältnis zu verhindern, muß seines Erachtens der **Vermachtung auf den Arbeitsmärkten** entgegengewirkt werden. Dieses gilt nicht nur für die Arbeitgeberseite, sondern auch für Gewerkschaften als monopolartige Organisationen. „Wenn Gewerkschaften dazu beitragen, die nachfragemonopolistische Situation (der Arbeitgeberseite,

---

[75] Ebendort, S. 313.
[76] Ebendort, S. 317.
[77] Ebendort, S. 319.

H.-R. P.) auszugleichen und Löhne durchzusetzen, die den Wettbewerbslöhnen entsprechen ..., so tragen sie zur Realisierung der Wettbewerbsordnung bei. ... Aber Gewerkschaften werden zu Machtkörpern, welche die Wettbewerbsordnung gefährden, wenn sie die Löhne darüber hinaus zu treiben suchen oder die Beweglichkeit der Arbeiter beeinträchtigen. Damit gefährden sie den Aufbau einer freien Ordnung, die ja auch sie wollen."[78] Nach Eucken muß dem Ordnungsgedanken, d. h. wie eine freiheitliche Ordnung beschaffen sein muß und bewahrt werden kann, auch in der Sozial- und Arbeitsmarktpolitik Geltung verschafft werden.

Der ordnungstheoretische Ansatz von Eucken, der das **Denken in Ordnungen** in den Mittelpunkt stellt, schließt auch die Analyse der Interdependenzen verschiedener Ordnungen ein. So hat Eucken insbesondere auf die **wechselseitigen Beziehungen von Staats- und Wirtschaftsordnung** hingewiesen. „Ohne eine Wettbewerbsordnung kann kein aktionsfähiger Staat entstehen und ohne einen aktionsfähigen Staat keine Wettbewerbsordnung."[79] Da beide Ordnungen nur Teile einer Gesamtordnung sind, muß seines Erachtens ihr Ordnungsaufbau gleichzeitig erfolgen. Um den Staat als ordnende und gruppenneutrale Potenz aktionsfähig zu machen, müssen gemäß Eucken hauptsächlich zwei Grundsätze befolgt werden: Zum einen „(sollte) die Politik des Staates ... darauf gerichtet sein, wirtschaftliche Machtgruppen aufzulösen oder ihre Funktionen zu begrenzen" und zum anderen „(sollte) die wirtschaftspolitische Tätigkeit des Staates ... auf die Gestaltung der Ordnungsformen gerichtet sein, nicht auf die Lenkung des Wirtschaftsprozesses"[80]. Die **ordoliberale Grundidee** ist also der **von Machtgruppen unabhängige Staat**, der sich auf den Aufbau und den Schutz einer wettbewerbsorientierten freiheitlichen Wirtschaftsordnung konzentriert und sich aus der unmittelbaren Lenkung des Wirtschaftsprozesses heraushält.

6.2.2 Röpkes Wirtschaftshumanismus

Wie alle Vertreter des Ordoliberalismus befürwortet **Wilhelm Röpke** (1891-1966) einen starken, jedoch nicht mit Aufgaben überlasteten Staat, der sich auf die Errichtung und den **Schutz der Wettbewerbsordnung** konzentriert und konsequente **Antimonopolpolitik** betreibt. Neben dieser ordnungspolitischen Aufgabe und Rahmenpolitik bedarf seines Erachtens jedoch „auch der Ablauf der so eingerahmten und überwachten Marktwirtschaft bestimmter wohldosierter und wohlerwogener Eingriffe des Staates"[81]. Die leitbildhaften Vorstellungen Röpkes weichen also beträchtlich von dem Euckenschen Leitbild ab, das im wesentlichen durch die Ordnungspolitik geprägt ist und Eingriffe in den Wirtschaftsprozeß prinzipiell ablehnt. Röpke empfiehlt, **staatliche Eingriffe**, die er vor allem aus **strukturpolitischen Überlegungen** für zweckmäßig hält, vorab einer Prüfung auf Unbedenklichkeit anhand bestimmter Kriterien zu unterziehen. Die erste Orientierungsmarke soll die Unterscheidung zwischen **Erhaltungs- und Anpassungsinterventionen** liefern. Erhaltungsinterventionen lehnt Röpke „als reaktionär, gefährlich und irrational"

[78] Ebendort, S. 323.
[79] Ebendort, S. 338.
[80] Ebendort, S. 334, S. 336.
[81] W. Röpke, 1979, S. 76.

ab, dagegen befürwortet er Anpassungsinterventionen, „um die Härten und Reibungen der Umstellungen und Störungen im Wirtschaftsleben zu mildern und schwachen Gruppen in ihrem Existenzkampf ... zu helfen". Seines Erachtens „(gibt) es bestimmte Gebiete des Wirtschaftslebens ..., die wie die Landwirtschaft, das Handwerk und Kleingewerbe und der Kreis der Arbeiter und Angestellten als besonders schwach und gefährdet anzusehen sind und einer so gearteten Hilfe grundsätzlich besonders würdig erscheinen"[82]. Als weitere Orientierungsmarke bei der Prüfung über die Zulässigkeit von Interventionen schlägt er vor, zwischen **konformen und nichtkonformen Eingriffen** zu unterscheiden. Bei jedem Eingriff soll vorab geklärt werden, „ob er den Grundsätzen unseres marktwirtschaftlichen Systems noch gemäß und von ihm noch verdaut wird, oder ob das nicht der Fall ist. ... Die Konformität ist lediglich eine notwendige, nicht aber eine ausreichende Bedingung dafür, daß ein Eingriff vorgenommen wird; sie bezeichnet das zweckmäßige Instrument, nicht das Ziel selbst"[83].

Nach Röpke soll der Staat eine **Strukturpolitik** anstreben, welche „die sozialen Voraussetzungen der Marktwirtschaft - die Einkommens- und Besitzverteilung, die Betriebsgröße, die Bevölkerungsverteilung zwischen Stadt und Land, zwischen Industrie und Landwirtschaft und zwischen einzelnen Ständen - nicht länger als gegeben hinnimmt, sondern in einer bestimmten Absicht verändern will"[84]. Diesem Politikteil, den er als „**Wirtschaftshumanismus**" verstanden wissen will, räumt er einen überragenden Platz in seinem Leitbild ein. Als leitbildhafte Hinweise empfiehlt er eine Politik „zugunsten des Klein- und Mittelbetriebes in allen Wirtschaftszweigen, zugunsten alles Maßvollen, in sich selbst Ruhenden, Übersehbaren und den menschlichen Dimensionen Angepaßten, zugunsten der Mittelschichten, zugunsten der Wiederherstellung des Eigentums breitester Kreise, zugunsten jener Politik, die man unter den Schlagworten Entproletarisierung und der Dezentralisierung in der Volkswirtschaft zusammenfassen kann"[85]. Ferner darf seines Erachtens nicht übersehen werden, daß die Menschen nicht nur Wirtschaftssubjekte im Rahmen einer wettbewerbsorientierten Marktwirtschaft sind, sondern auch Bürger ihres Gemeinwesens, Angehörige von Kirchen, Mitglieder von Vereinen und vieles andere mehr. Das Engagement der Menschen in derartigen nichtökonomischen und überschaubaren Einrichtungen trägt zu einer als befriedigend empfundenen Existenz bei. Menschen, die nur als **homini oeconomici** betrachtet und behandelt werden, können sich veranlaßt sehen, die Reduktion auf nur eine Rolle und somit eine insgesamt **unnatürliche Existenz** abzuschütteln. Um die Gefahr der Abwendung der Menschen von der Marktwirtschaft zu bannen, empfiehlt Röpke eine **Gesellschaftspolitik** zur Stärkung des „anthropologisch-soziologischen Umfeldes" der Marktwirtschaft zu betreiben. Das Leitbild von Röpke geht in seinen soziologisch-sozialen Elementen also weit über den ökonomischen Rahmen hinaus und steht den Leitbildvorstellungen von Vertretern einer **Sozialen Marktwirtschaft** näher als den ökonomisch stringenten Leitbildvorstellungen Euckens und anderer neoliberaler Ordnungstheoretiker; denn letztlich laufen seine Vorstellungen auf ei-

[82] Ebendort, S. 77.
[83] Ebendort, S. 78.
[84] Ebendort, S. 79.
[85] Ebendort, S. 80.

ne **kombinierte Ordnungs- und Strukturpolitik** hinaus, die eine Art mittelständisch strukturierter und sozial gestalteter Marktwirtschaft schaffen soll.

6.2.3 Durchsetzungsproblem der Ordnungspolitik

Eucken und andere Vertreter des Ordoliberalismus erwarten von der Verwirklichung der konstituierenden und regulierenden Prinzipien optimale Voraussetzungen, um die hinter dem ordoliberalen Leitbild stehenden gesellschaftlichen und ökonomischen Ziele - nämlich **individuelle Freiheit, gütermäßigen Wohlstand und leistungsgerechte Verteilung** - zu erreichen. Erfahrungsgemäß werden aber im Wohlfahrtsstaat noch weitergehende Ansprüche, insbesondere sozialer und verteilungspolitischer Art, an eine Wirtschaftsordnung gestellt. Zwar sperren sich die Schöpfer der ordoliberalen Konzeption nicht prinzipiell gegen den ordnungspolitischen Einbau einer ergänzenden Sozialordnung, die sie allerdings strikt auf die Anwendung marktkonformer Mittel beschränkt sehen wollen, aber sie halten nach Verwirklichung der Wettbewerbsordnung die Anlässe für notwendige sozialpolitische Maßnahmen für relativ gering. Ihres Erachtens ist die Marktwirtschaft im Rahmen einer Wettbewerbsordnung eo ipso sozial, weil die Wettbewerbssteuerung die Anbieter zur Leistungssteigerung treibt und die Masse der Konsumenten vor preislicher Ausbeutung schützt. Zudem wird von der wettbewerbsgesteuerten Marktwirtschaft erwartet, daß sie soziales Elend weitgehend zum Verschwinden bringt und zu einem relativ hohen Lebensstandard aller Bevölkerungsschichten führt. Dabei stützt sich die Erwartung vor allem auf die allgemeine Leistungsstimulierung durch Erwerbsanreize und Wettbewerbsdruck, die sich in einem breiten Güterstrom, Produktivitätszunahmen sowie letztlich in Einkommens- und Lohnsteigerungen niederschlagen kann. Nur der verbleibende Rest an sozialer Bedürftigkeit muß dann durch spezielle sozialpolitische Maßnahmen abgedeckt werden.

Eine Wirtschaftsordnung, die nach ordoliberaler Konzeption aufgebaut wird, schafft kaum Spielräume für staatliche Privilegiengewährung an organisierte Gruppen und engt die Möglichkeiten zu Schaffung wettbewerblicher Ausnahmebereiche stark ein. Schon allein wegen der unterschiedlichen Interessenlage der Wähler sowie der organisierten Gruppen in einer Demokratie ist es unwahrscheinlich, daß alle an der Verwirklichung **privilegienfreier Rahmenbedingungen** gleichermaßen interessiert sind. Erfahrungsgemäß streben die organisierten Interessengruppen primär nach Sondervorteilen und Privilegien für ihre Mitglieder, die bei allgemeingültigen Ordnungsregeln durchweg unerreichbar wären. Da meist nur relativ wenige Wähler alle Vorteile des öffentlichen Gutes „Wirtschaftsordnung" richtig einzuschätzen vermögen und der größte Teil der Wähler mehr an konkreten Subsidien und sozialen Vergünstigungen als an allgemeinen Rahmenbedingungen interessiert ist, fehlt den Regenten oft der Anreiz zur Verwirklichung einer möglichst privilegienfreien Wirtschaftsordnung. Dieses hat auch in der Bundesrepublik Deutschland dazu geführt, daß sich das ordnungspolitisch „weiche" (sozial unbestimmte) Konzept der Sozialen Marktwirtschaft gegenüber dem ursprünglich verfolgten ordoliberalen Konzept, das harte Anforderungen an das Stehvermögen der Politiker gegenüber dubiosen Gruppenwünschen stellt, langfristig immer mehr durchgesetzt hat.

Die Schöpfer der ordoliberalen Konzeption haben die Frage nach der Umsetzbarkeit des Leitbildes in der Demokratie unbeantwortet gelassen. Erfahrungsgemäß bestehen in der pluralistischen Gruppengesellschaft erhebliche Widerstände gegen die strikte Anwendung einer Wettbewerbsordnung, was in der wirtschaftspolitischen Praxis nicht selten dazu führt, daß die Ordnungspolitik auf Sparflamme gesetzt wird. Deshalb reicht es nicht aus, wissenschaftlich abgestützte Konzeptionen zu erarbeiten, sondern es muß auch dem **Problem der Durchsetzbarkeit** im demokratischen Willensbildungsprozeß die nötige Beachtung zuteil werden. Insbesondere ist nach vorhandenen oder zu installierenden Anreizen zu suchen, welche die Durchsetzung ordnungspolitischer Konzepte in repräsentativen Demokratien (mit starker Stellung der politischen Parteien) erleichtern und fördern.

6.3 Konzeption des evolutionären Neoliberalismus

6.3.1 Spontane Marktordnung und gesetzte Wettbewerbsordnung

Versteht man unter einem **neoliberalen Ansatz** das Bemühen, die Grundprinzipien des klassischen Liberalismus in zeitgemäßer Form wieder zur Geltung zu bringen und weiterzuentwickeln, so ist der Nobelpreisträger **Friedrich A. von Hayek** (1899-1992) ein herausragender Vertreter des Neoliberalismus. Besonders mit seiner **„Theorie der kulturellen Evolution"**, welche die Wurzeln **spontaner Ordnungen** freilegt, knüpft v. Hayek an die Tradition der angelsächsischen Aufklärungsphilosophie an und erweitert das liberale Gedankengebäude. Die zentrale Rolle im Werk v. Hayeks spielt die **individuelle Freiheit**, die einen Zustand widerspiegelt, „in dem ein Mensch nicht dem willkürlichen Zwang durch den Willen eines anderen oder anderer unterworfen ist".[86] Im Wirtschaftsleben setzt individuelle Freiheit die **Selbstbestimmung** des einzelnen über die Verwendung seiner Ressourcen voraus. Bei arbeitsteiliger Produktion tauschen die Wirtschaftssubjekte auf dem Markt **in freier Vereinbarung** Güter und Leistungen aus. Der **Austausch auf dem Markt**, der nur bei Vorteilhaftigkeit für beide Tauschpartner sowie bei beiderseitiger freiwilliger Zustimmung zu den Tauschbedingungen zustande kommt, wird somit zum **Paradigma individueller Freiheit**. Dagegen führt **kollektives Handeln** von Gruppen und letztlich auch des Staates zur Unterwerfung des einzelnen unter **Mehrheitsbeschlüsse** oder Anordnungen, was **Zwang** durch andere und somit Unfreiheit bedeutet. Nach v. Hayek ist die individuelle Freiheit, die sich in der freien wirtschaftlichen Betätigung und im Markttausch realisiert, vor staatlichen Eingriffen zu schützen. Generell wird die **Freiheit** der Individuen durch **allgemeingültige Gesetze**, insbesondere durch verfassungsmäßige Grundrechte und eine strikte Trennung von Staat und Gesellschaft, bewirkt.

Von entscheidender Bedeutung für das Verständnis der zu erstrebenden freien Gesellschaft und liberalen Gesellschaftsordnung ist die Unterscheidung zwischen einer auf abstrakten Regeln basierenden **spontanen Ordnung** und einer **obrigkeitlichen Ordnung (Anordnung)**. Nach v. Hayek ist es „die zentrale Überzeugung des Liberalismus, daß sich eine spontane Ordnung menschlicher Handlungen

---

[86] F. A. v. Hayek, 1971, S. 14.

von weit größerer Komplexität, als sie je durch wohlbedachte Anordnung geschaffen werden könnte, ganz von selbst bildet, sobald allgemeingültige Verhaltensregeln durchgesetzt werden, die eine klar umrissene Privatsphäre für jeden einzelnen sichern - und daß deshalb die Zwangsmaßnahmen der Regierung auf die Durchsetzung solcher Regeln beschränkt werden sollten."[87] Im Gegensatz zu einer Ordnung in Form von **Organisation** dient die spontane Ordnung keinem bestimmten Zweck und strebt kein gemeinsam zu verfolgendes Ziel an. Die Teilnehmer, die eine spontane Ordnung - wie z. B. den Markt - nutzen, können höchst verschiedene Ziele verfolgen. „Speziell die marktwirtschaftliche Ordnung beruht nicht auf irgendwelchen gemeinsamen Zielsetzungen, sondern auf Reziprozität, d. h. auf dem Ausgleich verschiedener Interessen zum wechselseitigen Vorteil der Teilnehmer."[88] Erst die spontane Ordnung des Marktes ermöglicht die **große offene Gesellschaft** oder das, was jetzt als **Globalisierung** bezeichnet wird.

Nach der Theorie kultureller Evolution ist die **Bildung von Ordnungen, Regeln und Institutionen** in der Gesellschaft das **Resultat eines Evolutionsprozesses**, in dem verschiedene Alternativen in einem trial-and-error-Verfahren ausprobiert werden und sich diejenige Lösung durchsetzt, die sich für das Zusammenleben der Menschen und das Zusammenwirken der Wirtschaftssubjekte als die vorteilhafteste erweist. Ebenso wie andere gesellschaftliche Institutionen ist auch der **Markt** kein bewußt von Menschen konstruiertes Koordinierungsinstrument, sondern eine sich **spontan entwickelte Ordnung**, die im evolutorischen Selektionsprozeß erfolgreich geblieben ist und sich bewährt hat. Der Markt vermittelt unter Wettbewerbsbedingungen den Wirtschaftssubjekten über den **Preismechanismus** alle notwendigen **Informationen** aus dem komplexen Wirtschaftsgeschehen, wie es eine zentrale Wirtschaftsplanung erfahrungsgemäß niemals vermag. Nach v. Hayek ist der Markt eine geniale Einrichtung, welche das **verstreute Wissen und Können** der vielen Menschen zusammenführt. Da der Tausch im Rahmen der spontanen Ordnung des Marktes nicht voraussetzt, daß die Marktpartner aus denselben Motiven und nach gleichen Wertmaßstäben handeln, können auch Menschen mit **unterschiedlichen Wertvorstellungen** friedlich Tauschhandel zum gegenseitigen Nutzen miteinander treiben, was die individuellen Freiheitsspielräume erweitert. Der **Wettbewerb**, der nach v. Hayek ein **Entdeckungsverfahren** ist[89], stellt bei der Auslese von Wettbewerbsregeln strengere Anforderungen und beachtet mehr Erfahrungswissen im evolutorischen Selektionsprozeß als ein Gesetzgeber jemals bei gesetzlichen Regelungen des Wettbewerbs berücksichtigen kann. Auch der Versuch einer zentralen behördlichen Wettbewerbskontrolle erscheint dann als Anmaßung von Wissen, was v. Hayek stets angeprangert hat. Folgt man dieser Argumentation, so führt das zu der Schlußfolgerung, daß selbst die **Unvollkommenheit des Wettbewerbs** in der Realität für den Staat kein Anlaß sein sollte, den Wettbewerb von sich aus zu regeln und zu kontrollieren, weil dadurch nur die Funktionsfähigkeit des Prozesses wettbewerblicher **Regelevolution** beeinträchtigt wird. Hier offenbart sich scheinbar eine andere als die übliche ordoliberale Sicht, die dem Staat abverlangt, daß er Wettbewerbsregeln entwirft und eine Wettbewerbsordnung zum Schutz des Wettbewerbs errichtet. An Ausführungen in seinem

---

[87] Derselbe, 1969, S. 110.

[88] Ebendort, S. 111.

[89] Ebendort, S. 249 ff.

Hauptwerk „Die Verfassung der Freiheit“ wird jedoch deutlich, daß v. Hayek nicht gegen die Aufstellung **allgemeiner Handelnsregeln** in einem Wettbewerbsgesetz, sondern nur gegen die Erteilung von **Ermessensvollmachten** in der Wettbewerbspolitik der Regierung ist. So ist er der Ansicht, daß die Durchsetzung allgemeiner Regeln (wie etwa das Verbot der Diskriminierung) - sofern sie monopolistische Macht eindämmen kann - positiv wirkt. Seines Erachtens spricht vieles dafür, „daß Preisdiskriminierung verboten werden sollte, soweit das durch Anwendung allgemeiner Regeln möglich ist“.[90] Er ist jedoch skeptisch, „daß irgend welche Ermessensmaßnahmen der Regierung gegen einzelne Monopole vorteilhaft sind“, und er ist „beunruhigt über die Willkürlichkeit der ganzen Politik, die der Größe einzelner Unternehmungen Grenzen setzen will“.[91] Die Politik erkennt angeblich nicht, „daß das Schädliche nicht das Monopol als solches oder auch die Unternehmensgröße ist, sondern nur die Hindernisse gegen den Eintritt in eine Industrie oder einen Handelszweig und andere monopolistische Praktiken“.[92] Da es immer unvermeidliche Monopole gibt, hat es „keinen Sinn, diese Tatsache zu ignorieren und zu versuchen, Bedingungen zu schaffen, ‚als ob‘ Wettbewerb bestünde. Das Gesetz kann nicht Zustände verbieten, sondern nur Arten des Handels. ... Wo ein Monopol auf künstlich geschaffenen Hindernissen gegen den Eintritt in den Markt beruht, ist aller Grund gegeben, diese zu beseitigen.“[93] Er befürchtet jedoch, daß die Erteilung von Ermessensvollmachten an die Regierung die Hindernisse gegen den Markteintritt eher noch vermehrt. „Alle Länder haben die Erfahrung gemacht, daß Ermessensvollmachten für die Behandlung der Monopole bald dazu gebraucht werden, zwischen ‚guten‘ und ‚schlechten‘ Monopolen zu unterscheiden, und daß sich die Behörden viel mehr mit dem Schutz der vermeintlich guten als mit der Verhinderung der schlechten befassen.“[94] Er bezweifelt allerdings, „daß es ‚gute‘ Monopole gibt, die Schutz verdienen“.[95] Für besonders verwerflich hält er, daß Regierungen manchmal **bewußt Monopolbildungen gefördert** und sogar von Monopolen ausgehenden Zwang nicht verhindert haben, indem sie Ausnahmen von den allgemeinen Rechtsregeln gewährten. Es zeigt sich, daß v. Hayek - trotz des prinzipiell liberalen Mißtrauens gegenüber staatlicher Einmischung in Angelegenheiten der Wirtschaftssubjekte - eine **allgemeingültige Wettbewerbsordnung** samt einer auf allgemeinen Wettbewerbsregeln basierenden Wettbewerbspolitik ordnungspolitisch für akzeptabel hält. Allerdings traut er -im Gegensatz zu den Ordoliberalen im engeren Sinne - den **gesetzten Ordnungen** weniger **Problemlösungskompetenz** zu, als den **spontanen Ordnungen**, die sich auf breiterem Erfahrungswissen und ohne politische Sachverfälschungen entwickelt haben. Zudem können gesetzte Ordnungen, die mehr von den **Eigeninteressen der Politiker** als von sachlicher Kompetenz geprägt worden sind, die spontane Entwicklung sachorientierter Ordnungen blockieren. Wenn sich jedoch keine oder nur eine mangelhafte spontane Ordnung entwickelt, kann es eventuell unabdingbar sein, eine **Ord-**

[90] Derselbe, 1971, S. 338.

[91] Ebendort, S. 337.

[92] Ebendort, S. 337.

[93] Ebendort, S. 337 f.

[94] Ebendort, S. 338.

[95] Ebendort, S. 338.

nung zu setzen, um langandauerndes **Chaos** zu vermeiden oder **Mängel** zu beseitigen.

6.3.2 Gerechtigkeit und Verteilungsregeln des Marktes

Nach v. Hayek ruiniert die in westlichen Wohlfahrtsstaaten angeblich aus Gründen der **sozialen Gerechtigkeit** betriebene **Umverteilungspolitik** die Marktwirtschaft und bringt die finanzielle Basis der ausgeuferten Sozialsysteme zum Einsturz. Gemäß Artur Woll durchzieht alle Abhandlungen v. Hayeks „wie ein roter Faden, die Ansicht, das Streben nach sozialer Gerechtigkeit sei das subversive Konzept, um eine freiheitlich verfaßte Gesellschaft zu zerstören".[96] Der Begriff „**Gerechtigkeit**" impliziert gemäß v. Hayek immer, „daß eine Person oder Personen eine Handlung hätten verrichten sollen oder nicht sollen"[97]. Es geht also bei der Gerechtigkeit stets um die Behandlung von Menschen durch andere Menschen. Dagegen können **Institutionen** weder **gerecht noch ungerecht** genannt werden, weil es ihnen an der Subjekteigenschaft mangelt. Das gilt auch für den Markt, der als Institution nur einem unpersönlichen Geschehen dient. Wenn die Menschen die **Spielregeln des Marktes akzeptiert haben**, ist es **unsinnig, die Marktergebnisse ungerecht zu nennen** und korrigieren zu wollen. Der Begriff der **Verteilungsgerechtigkeit** ist für v. Hayek in einer Marktgesellschaft **inhaltslos und freiheitsgefährdend**, wenn darunter verstanden wird, daß die im Marktprozeß erzielte Einkommensverteilung sozial ungerecht sei und aufgrund irgendwelcher Gerechtigkeitsvorstellungen politischer Instanzen durch Einkommensumverteilung anders gestaltet werden müsse. Wenn die **Spielregeln des Marktgeschehens als fair anerkannt** und damit die Entscheidungsverfahren akzeptiert worden sind, müssen auch die **Ergebnisse des Marktgeschehens** von allen Marktbeteiligten hingenommen werden. Wenngleich als ungerecht empfunden werden kann, daß der Markt - anders als bei Geltung der Arbeitswertlehre - eventuell physische Mühen nicht oder nur mäßig honoriert, so kann dieses dennoch kein Anlaß für Umverteilungsforderungen sein; denn in einer marktwirtschaftlichen Ordnung wird **nach Marktleistung** - unabhängig von der dafür notwendigen oder individuell aufgewandten Arbeit - entlohnt. In der Regel schafft die Einhaltung der marktwirtschaftlichen Spielregeln für nahezu alle Wirtschaftssubjekte einen höheren Lebensstandard, als es durch Umverteilungsmaßnahmen jemals möglich ist.

Einkommensumverteilungen aus angeblichen Gründen der **sozialen Verteilungsgerechtigkeit** lehnt v. Hayek prinzipiell ab, weil sie dem Wesen einer Marktgesellschaft fremd sind und zudem nur kurzfristig - wenn überhaupt - die relative Armut der Subventionsempfänger mildern würden. Er glaubt, daß ohne Umverteilung die knappen Ressourcen der produktivsten Verwendung zugeführt und den Bedürftigen eher nutzen werden. Seine Begründung lautet: „Und es kann keinen Zweifel geben, daß die meisten derjenigen, die große Vermögen in Gestalt neuer Industrieanlagen und dergleichen aufgebaut haben, dadurch mehr Leuten genützt haben, indem sie Gelegenheiten für lohnendere Beschäftigung geschaffen haben, als wenn sie ihren Überfluß an die Armen verschenkt hätten. Die Unterstellung,

[96] A. Woll, 1989, S. 91.

[97] F. A. v. Hayek, 1981a, S. 55.

daß in diesen Fällen diejenigen, denen die Arbeiter tatsächlich am meisten verdanken, ihnen nicht nützen, sondern vielmehr unrecht tun, ist eine Absurdität."[98] Seines Erachtens ist es der falsche Weg, Sozialneid zu schüren und die **Vermögenden** und **Besserverdienenden** zu schröpfen, weil nur diese die Mittel für produktive Zwecke haben und - auch zum Vorteil der wenig begüterten Arbeitnehmer - nutzen. Desgleichen schreibt v. Hayek der **progressiven Besteuerung** größerer Gesamteinkommen eine **kontraproduktive Wirkung** zu, weil diese die Leistungsbereitschaft mindert, risikohafte Investitionen erschwert und letztlich auch zu weniger Steuereinnahmen führt. In der Tat wird diese Auffassung durch die sogenannte **Laffer-Kurve** (benannt nach dem amerikanischen Ökonom Arthur Laffer) bestätigt, der zufolge mit steigender Steuerbelastung ab einer bestimmten Höhe die Steuereinnahmen des Staates abnehmen. Zudem bemängelt v. Hayek, daß eine **progressive Besteuerung** gegen das **Prinzip der gleichen Entlohnung für gleiche Leistung** verstößt, was zur Folge hat, daß der Erfolgreichere für die gleiche Leistung letztlich weniger erhält als der weniger Erfolgreiche. Trotz seiner prinzipiellen Ablehnung von Umverteilungen kann v. Hayek **nicht sozialer Rigorismus** unterstellt werden; denn seine Ablehnung bezieht sich hauptsächlich auf die weithin zu beobachtende Umverteilungspraxis von den Erfolgreicheren zu den weniger Erfolgreichen und eigentlich überhaupt nicht Bedürftigen. Gleichwohl hält er ein **öffentliches Fürsorgesystem** für notwendig, „das für alle Fälle erwiesener Bedürftigkeit das gleiche Minimum vorsieht, so daß kein Mitglied der Gemeinschaft ohne Nahrung und Obdach sein muß".[99]

6.4 Konzeption der Sozialen Marktwirtschaft

6.4.1 Müller-Armacks Konzept

Das ordnungstheoretische **Leitbild der Sozialen Marktwirtschaft** wurde hauptsächlich von **Alfred Müller-Armack** (1901-1978) in den ersten Nachkriegsjahren nach dem Zweiten Weltkrieg entworfen. Dabei ging er von der Leitidee aus, „das Prinzip der Freiheit auf dem Markte mit dem des sozialen Ausgleichs zu verbinden"[100]. In dieser **anzustrebenden Synthese** sah er die Chance, sowohl eine breitgestreute Wohlfahrtssteigerung zu erreichen als auch eine den sozialen Frieden stiftende, also „irenische" Formel zu finden. Nach Müller-Armack kann die Konzeption der Sozialen Marktwirtschaft „als eine ordnungspolitische Idee definiert werden, deren Ziel es ist, auf der Basis der Wettbewerbswirtschaft die freie Initiative mit einem gerade durch die marktwirtschaftliche Leistung gesicherten sozialen Fortschritt zu verbinden"[101]. Hinsichtlich des sozialen Gehaltes dieser Wirtschaftsordnung war er der Auffassung, daß „auf der Grundlage einer marktwirtschaftlichen Gesamtordnung ... ein vielgestaltiges und vollständiges System sozialen Schutzes errichtet werden (kann)"[102]. Der **Sozialpolitik** wird also ein **weites Betätigungsfeld** eröffnet, wobei permanentes Wirtschaftswachstum und Produktivitäts-

---

[98] Ebendort, S. 136.

[99] Derselbe, 1971, S. 381.

[100] A. Müller-Armack, 1956, S. 390.

[101] Ebendort, S. 390.

[102] Ebendort, S. 390 f.

steigerungen in der Marktwirtschaft unterstellt werden. Unter dieser Prämisse wird gefolgert, „daß ein sich expandierendes Marktsystem erhebliche Lasten der Einkommensumleitung zu tragen vermag, so daß über die grundsätzliche Vereinbarkeit einer sozialen Einkommenssicherung mit einer Marktwirtschaft kein Zweifel bestehen sollte“[103]. Die Möglichkeit, daß auch Marktwirtschaften an Wachstums- und Produktivitätssteigerungsgrenzen stoßen und eventuell sogar schrumpfen können, wurde nicht ins Kalkül gezogen. Statt dessen wurde postuliert: „Eine Politik der sozialen Marktwirtschaft verlangt eine bewußte Politik des wirtschaftlichen Wachstums.“[104] Um dieses zu erreichen, soll „mit einer Politik der sozialen Marktwirtschaft ... eine Konjunkturpolitik verbunden werden, die im Rahmen der marktwirtschaftlichen Bewegungsmöglichkeiten den Beschäftigungsstand sichert“[105], wobei natürlich an eine Stabilisierung auf einem möglichst hohen Beschäftigungsstand bzw. auf Vollbeschäftigungsniveau gedacht war.

Nach Müller-Armack läßt die Soziale Marktwirtschaft **weitreichende Einkommensumverteilungen** zu. „Eine gesteuerte Marktwirtschaft bietet genügend Spielraum, bestimmte soziale Beeinflussungen wirkungsvoll durchzusetzen. Theoretisch gesehen, könnte der Staat durch scharfe Erfassung aller höheren Einkommen eine Kaufkraftumleitung ins Werk setzen, die die denkbar stärkste Nivellierung zur Folge hätte. ... Auf jeden Fall ließe sich auf dem Wege einer solchen Einkommensumleitung jeder gewünschte soziale Ausgleich durchsetzen, ohne mit den Spielregeln des Marktes in Widerspruch zu geraten.“[106] Obwohl Müller-Armack bei dieser Aussage ausdrücklich die Beantwortung der Frage ausklammert, ob eine solche weitreichende Einkommensumverteilung wünschenswert ist und ob sich dabei die Leistungsanreize erhalten lassen, ist sein Hinweis auf die prinzipiell großen **Umverteilungsmöglichkeiten** im Rahmen der Sozialen Marktwirtschaft häufig als Aufforderung zur beliebigen **Ausdehnung der Sozialleistungen** aufgefaßt oder mißverstanden worden. Zwar sah Müller-Armack durchaus die Gefahr, daß bei einer derart weiten Öffnung der Schleusen für Einkommensumverteilungen die marktwirtschaftliche Basis als Leistungsfundament erschüttert werden kann, aber er traf in seinem Konzept der Sozialen Marktwirtschaft keine Vorkehrungen dagegen. So heißt es in der leitbildhaften Beschreibung: „Gewiß kann bei der Einkommensumleitung für soziale Ausgaben leicht die Schwelle überschritten werden, an der die Störung des Marktes beginnt. Wann überhöhte Steuersätze dies tun, ist nicht vorweg zu entscheiden.“[107] Es wird also eingeräumt, daß **wachsende Ausgaben für Sozialleistungen** steigende Steuern bedingen. Die zentrale Frage jedoch, **ab welchem Niveau** weitere **Steueranhebungen** die marktwirtschaftliche **Leistungsfähigkeit und -willigkeit** beträchtlich schwächen, wird ex ante für nicht beantwortbar gehalten. Folglich erweist sich die steuerliche Belastbarkeit der Wirtschaft erst dann, wenn die Belastungsschwelle längst überschritten ist und die Steuereinnahmen infolge schrumpfender Wirtschaftstätigkeit merklich zurückgehen. Als Vorbeugung gegen steuerliche Überlastungen der Wirtschaftssubjekte und als Bremse gegen eine Ausgabenexplosion bei Sozialleistungen wäre es ei-

---

[103] Ebendort, S. 391.

[104] Ebendort, S. 391.

[105] Ebendort, S. 391.

[106] Derselbe, 1966, S. 144.

[107] Derselbe, 1956, S. 391.

gentlich erforderlich, bestimmte Grenzen für die Steuerbelastung (z. B. nur bis maximal x-Prozent des jeweils versteuerbaren Einkommens) und Begrenzungen für Sozialausgaben (z. B. nur bis maximal y-Prozent der Steuereinnahmen) in der Finanzverfassung festzuschreiben. Die Konzeption der Sozialen Marktwirtschaft beschränkt sich jedoch darauf, lediglich das regulative **Prinzip für Interventionen** sozialer oder anderer Art in der Marktwirtschaft festzulegen, indem Maßnahmen der Sozialpolitik und anderer Politikbereiche stets **marktkonform** - wie bereits von Wilhelm Röpke vorgeschlagen - zu gestalten sind. Es sollen demnach nur solche Mittel zulässig sein, welche die freie Marktpreisbildung nicht aufheben und die wettbewerbliche Marktsteuerung nicht lahmlegen. So wären beispielsweise statt eines Mietenstopps, der den Marktmechanismus auf dem Mietwohnungsmarkt außer Kraft setzen würde, Mietzuschüsse an einkommensschwache Mieter vorzuziehen. Allerdings können Mietbeihilfen, Branchensubventionen oder Zölle, die in geringem Maße das Marktgeschehen nur unwesentlich beeinflussen und deshalb noch als marktkonform gelten können, mit steigender Höhe und zunehmendem Gesamtumfang die Funktionsfähigkeit der Märkte aufheben und somit marktinkonform werden. Beispielsweise kann ein extrem hoher Zoll, der kaum übersprungen werden kann, nahezu wie ein Einfuhrverbot wirken. Ebenso kann ein ausuferndes Sozialsystem, dessen Sozialleistungen auf immer mehr anspruchsberechtigte Nichtbedürftige ausgedehnt werden, den Leistungsdruck auf arbeitsfähige Menschen und deren Willigkeit zur Erzielung eines Arbeits- und Leistungseinkommens so schwächen, daß letztlich die Arbeits- und Gütermärkte funktionsunfähig werden und die Marktwirtschaft zum Erliegen kommt, womit dann auch die finanzielle Basis für das Sozialsystem wegbricht. Das Prinzip der **Marktkonformität** bietet also den wirtschafts- und sozialpolitischen Entscheidungsträgern weder bei Einzelmaßnahmen noch bei komplexen Sozialsystemen irgendeinen Anhaltspunkt für die Dosierung der Mittel oder die Bemessung des Sozialleistungsumfangs.

Nach Müller-Armack „umfaßt die Soziale Marktwirtschaft nicht nur eine vom Markt her koordinierte Wirtschaftsordnung, sondern das Beiwort sozial gibt daneben den Hinweis darauf, daß diese Ordnung gesellschaftspolitische Ziele verfolgt“.[108] Hinsichtlich des gesellschaftspolitischen Leitbildes der Sozialen Marktwirtschaft merkt er an: „Abwegig ist sicher die dem Liberalismus zugeschriebene Auffassung, eine Marktwirtschaft sei gleichsam schon von sich aus ein Ersatz für eine Gesellschaftspolitik im Sinne der Gestaltung der sozialen Positionen und zwischenmenschlichen Beziehungen.“[109] Als Ziel der Gesellschaftspolitik der Sozialen Marktwirtschaft nennt er „das Dreieck der Spannung zwischen dem Wachstum, der persönlichen Freiheit und Initiative sowie dem sozialen Gleichgewicht, das den ganzen Komplex sozialer Sicherung von der Vollbeschäftigung bis zur individuellen Hilfe umfaßt, zu finden“.[110] Obwohl Müller-Armack die Gesellschaftspolitik der Sozialen Marktwirtschaft primär auf das Ganze der Gesellschaft gerichtet sieht, spricht er sich bei speziellen **Strukturproblemen** bestimmter Gruppen und Branchen für **Anpassungsinterventionen** aus. Die allgemeine Gesellschaftspolitik dürfe die konkrete Schichtung der Gesellschaft und deren spezifische Probleme nicht verkennen. Er findet „die Vorstellung, auch der Mittelstand oder die Bauern

[108] Derselbe, 1966, S. 301.
[109] Ebendort, S. 302.
[110] Ebendort, S. 303.

könnten gleichsam vom Wettbewerb her ihre ökonomische und soziale Position zugeordnet bekommen, ... ebenso verfehlt wie die Auffassung, Gesellschaftspolitik könne sich im Schutz solcher Gruppen erschöpfen".[111] Ihm erscheint „die Theorie der Sozialen Marktwirtschaft ... durchaus verträglich zu sein mit der Gewährung von Anpassungsinterventionen, um Teilen der Wirtschaft den Übergang in eine neue, tragbare Position zu sichern, wenn sie, wie die Landwirtschaft, der Bergbau, die Textilindustrie, in besonderem Maße dem Druck der wirtschaftlichen Dynamik ausgesetzt sind oder durch Konkurrenzprodukte oder größere Märkte bedrängt werden".[112] In solchen Fällen hält er die Gewährung von **Subventionen** und **Steuererleichterungen** für angebracht, um den Übergang in die neuen Wettbewerbssituationen zu erleichtern. Müller-Armack ist also ein geistiger **Wegbereiter** der **Strukturpolitik**, die ab den 60er Jahren eine geradezu exponentielle **Ausbreitung** erfahren hat. Während in der wettbewerbsgesteuerten Marktwirtschaft jedes Wirtschaftssubjekt auf den ökonomischen Strukturwandel mit Umstellungen und Anpassungen reagieren muß, wenn es nicht aus vom Markt verdrängt und seine wirtschaftliche Existenz verlieren will, wird nunmehr der Strukturpolitik die Aufgabe übertragen, die Strukturanpassung mit Subventionen und anderen Strukturhilfen zu unterstützen. Damit wurde ein **run** vieler Wirtschaftszweige und Regionen **auf staatliche Strukturhilfen** eröffnet, weil sie bei der Verteilung von Strukturhilfen nicht leer ausgehen wollten. Die **Strukturpolitik**, die Umstellungs- und Anpassungskosten teilweise oder ganz auf die Steuerzahler verlagert, ist demnach in ihrem Kern **Umverteilungspolitik**. Die strukturpolitische Umverteilungspolitik regte das **rent-seeking** der Wirtschaftssubjekte kräftig an, indem insbesondere die Verbände der Berufsgruppen, Wirtschaftszweige und Regionen permanent die Entscheidungen der Strukturpolitik zu ihren jeweiligen Gunsten zu beeinflussen versuchten. Das Leitbild der Sozialen Marktwirtschaft in der Version von Müller-Armack enthält - was häufig übersehen wird - manche **korporatistische Züge**. So „(wird) in der Sozialen Marktwirtschaft eine stilhafte Koordination erstrebt ... zwischen den Lebensbereichen des Marktes, des Staates und der gesellschaftlichen Gruppen."[113] An anderer Stelle heißt es: „Die Soziale Marktwirtschaft ist so eine Integrationsformel, durch die versucht wird, die wesentlichen Kräfte unserer heutigen Gesellschaft in eine echte Kooperation zu führen."[114] Dem Staat wird also aufgetragen, mit den sogenannten gesellschaftlich relevanten Gruppen zu kooperieren, um die in der pluralistischen Gesellschaft vorhandenen antagonistischen Interessen in einer dem sozialen Frieden dienenden Weise auszugleichen. Der angestrebte friedensstiftende Ausgleich im Rahmen einer **Konsensgesellschaft** wird jedoch oft verfehlt, weil in einer **korporatistisch strukturierten Verteilungsgesellschaft** die Verteilungskämpfe nie aufhören und allerhöchstens ein zeitweiser **Scheinfrieden** herrscht. Zudem geraten bei einer korporatistischen Politik die einzelnen Wirtschaftssubjekte völlig aus dem Blickfeld, indem z. B. nicht mehr der einzelne Bauer bzw. ein bäuerlicher Familienbetrieb, sondern die Landwirtschaft gefördert wird. Nicht mehr einzelne **Wirtschaftssubjekte**, sondern **Gruppen** sind die eigentlichen Subjekte und Adressaten der Wirtschaftsordnung. Der einzelne kommt

[111] Ebendort, S. 304.
[112] Ebendort, S. 304 f.
[113] Ebendort, S. 297.
[114] Ebendort, S. 300.

deshalb nicht mehr unmittelbar in den Genuß von bestimmten Schutzmaßnahmen der Wirtschaftsordnung oder Rechten der Wirtschaftsverfassung, sondern er kann nur noch als Angehöriger einer Interessengruppe an den Privilegien und Begünstigungen einer Gruppe teilnehmen. Ein Wirtschaftssubjekt, das eventuell nicht gewillt ist, einem Verband beizutreten, läuft Gefahr, daß seine spezifischen Interessen bei der Kooperation zwischen Staat und Interessenorganisationen nicht vertreten werden. Der im Konzept der Sozialen Marktwirtschaft eingeschlossene **Korporatismus** schränkt also die individuelle Freiheit der Wirtschaftssubjekte wesentlich ein.

Zur Abgrenzung vom Ordoliberalismus, der zwar als eine der geistigen Wurzeln auch des Konzeptes der Sozialen Marktwirtschaft genannt, aber inhaltlich und gesellschaftspolitisch nicht für ausreichend gehalten wird, führt Müller-Armack aus: „Während sich die neoliberale Theorie vor allem auf die Technik der Wettbewerbspolitik stützt, ist das Prinzip der Sozialen Marktwirtschaft ein umfassender Stilgedanke, der nicht nur im Bereiche des Wettbewerbs, sondern im gesamten Raum des gesellschaftlichen Lebens, in der Wirtschaftspolitik wie im Staate Anwendung findet. Es wird also ein neuer Wirtschaftsstil angestrebt, wobei unter Stil die gemeinsame Prägung zu verstehen ist, die alle Gebiete der Wirtschaftspolitik und des sozialen Lebens bestimmt. Insofern ist der Gedanke der Sozialen Marktwirtschaft wesentlich weniger technisch als die Idee des Neoliberalismus; er nimmt in seine weltanschaulichen Positionen soziale Vorstellungen mit auf, die in dem rein technischen Gefüge einer Wettbewerbsordnung noch nicht enthalten sind."[115] Das **Konzept der Sozialen Marktwirtschaft** in seiner Mischung aus marktwirtschaftlichen Elementen mit nicht näher bestimmten gesellschaftlichen Stilelementen bleibt jedoch **ziemlich nebulös** und erweckt stellenweise sogar den Eindruck von rein **gesellschaftlicher Lyrik** ohne praktikablen Anwendungsbezug. Zweifellos ist es gegenüber der **stringenten ordoliberalen Konzeption** der Wettbewerbsordnung weitaus **weniger operational**. Ob es überhaupt die Anforderungen eines Leitbildes erfüllt, ist zumindest zweifelhaft. Zwar ist der **Konzeptionsteil „Marktwirtschaft"** aufgrund der ausgereiften Markt- und Wettbewerbstheorie sowie des Rückgriffs auf die Vorleistung des Ordoliberalismus relativ **präzise bestimmt**, aber der **soziale Konzeptionsteil** entbehrt einer soliden theoretischen Fundierung und **bleibt weithin unbestimmt**. Zudem wurde das natürliche verteilungspolitische Spannungsverhältnis, das in einer marktwirtschaftlich orientierten Ordnung zwischen der Verteilung über den Markt nach Marktleistung und der Umverteilung nach sozialen Kriterien üblicherweise besteht, konzeptionell kaum berücksichtigt. Erfahrungsgemäß sind Politiker, die (wieder)gewählt werden wollen, sowie Interessengruppen, die Sozialleistungen und Subventionen erstreben, meist gleichermaßen an einer Ausdehnung der Sozialbudgets und der Subventionsfonds interessiert und streben diese in der Regel auch dann an, wenn dadurch die Leistungskraft und Wettbewerbsfähigkeit der Marktwirtschaft infolge notwendig werdender Steuererhöhungen geschwächt werden. Im Konzept der Sozialen Marktwirtschaft **mangelt** es an einer **ökonomischen Theorie des Sozialen**, „die darlegt, was in diesem Bereich und auf welche Weise es angestrebt werden kann, ohne mit anderen Zielen, etwa mit der wirtschaftlichen Effizienz und der Sicherung indivi-

---

[115] Ebendort, S. 252.

dueller Wahlfreiheit in Konflikt zu geraten".[116] Ferner verdeckt die **Integrationsformel** „Soziale Marktwirtschaft", die eigentlich Widersprüchliches zu vereinen sucht, **reale Interessengegensätze** in der Gesellschaft. So erweckt die Ambivalenz des Begriffes den Eindruck einer allseitigen Harmonie in der Gesellschaft, gleichsam als ob zwischen marktwirtschaftlichen Leistungsträgern und Steuerzahlern einerseits und Sozialleistungs- und Subventionsempfängern andererseits überhaupt keine Interessengegensätze bestehen. Auch läßt sich je nach Präferenz stärker der marktwirtschaftliche oder mehr der soziale Aspekt der Wirtschaftsordnung betonen. Dabei verlieren selbst wirtschaftspolitisch unterschiedliche **Grundsatzprogramme der politischen Parteien**, die weniger aus sachlichen Gründen als vielmehr aus wahlopportunistischen Erwägungen nahezu alle mit der Sozialen Marktwirtschaft für vereinbar erklärt werden, unter dem weitgeschnittenen Umhang dieses vagen Begriffs ihre **jeweilige Eigenkontur**.

6.4.2 Erhards Auffassung

Es darf nicht übersehen werden, daß sich hinter der populären Formel „Soziale Marktwirtschaft" manchmal sogar **gravierende Differenzen** im gleichen ideologischen und politischen Lager verbergen können. Selbst im Bundesministerium für Wirtschaft, das zu Zeiten Ludwig Erhards als ordnungspolitische Schaltzentrale fungierte, existierten gelegentlich beträchtliche Unterschiede zwischen den konzeptionellen Auffassungen und Handlungsmaximen der maßgebenden Wirtschaftspolitiker.[117] So waren sich Bundeswirtschaftsminister Erhard und sein Staatssekretär Müller-Armack zwar weitgehend einig über die Grundsatzfragen der Wettbewerbspolitik, aber hinsichtlich der Reichweite und der Art der **sozialen Aufgabenstellung** in der Marktwirtschaft waren durchaus auch **fundamentale Meinungsunterschiede** feststellbar. Vor allem hat Ludwig Erhard (1897-1977) das relativ starke Engagement Müller-Armacks für soziale Umverteilungen und den Ausbau der Sozialversicherungssysteme, das von der Denkweise der protestantischen Ethik mitgeprägt war, kaum geteilt. Von seinem liberalen Denkansatz her stand Erhard **Umverteilungen** und kollektiven **Zwangsversicherungen** skeptisch gegenüber, besonders dann, wenn die Individuen in der Lage waren, selbstverantwortlich und eigenständig für ihren Lebensunterhalt zu sorgen und für die Wechselfälle des Lebens vorzusorgen. In einem aufschlußreichen Beitrag mit dem Titel „Selbstverantwortliche Vorsorge für die sozialen Lebensrisiken" legte er seine prinzipielle Auffassung prägnant nieder. Es wird dort ausgeführt: „Wenn wir eine freiheitliche Wirtschafts- und Gesellschaftsordnung auf die Dauer aufrechterhalten wollen, ist es in der Tat ein Grunderfordernis, neben einer Wirtschaftspolitik, die dem Menschen wieder zu seiner persönlichen Freiheit verholfen hat, auch eine gleichermaßen freiheitliche Sozialpolitik zu betreiben. Es widerspricht der marktwirtschaftlichen Ordnung, die die Entscheidungen über Produktion und Konsum dem einzel-

---

[116] A. Gutowski, R. Merklein, 1985, S. 5.

[117] Während meiner Tätigkeit (von 1959 bis 1974) im Bundesministerium für Wirtschaft habe ich einige Jahre die Wirtschaftspolitik Ludwig Erhards vor Ort miterlebt und in begrenztem Maße mitgestaltet, was mir als Insider natürlich ermöglichte, die teilweisen Unterschiede zwischen den ordnungspolitischen Vorstellungen und den Handlungsmaximen der maßgeblichen Entscheidungsträger deutlicher als mancher Außenstehende erkennen zu können.

nen überläßt, die private Initiative bei der Vorsorge für die Wechselfälle und Notstände des Lebens auch dann auszuschalten, wenn der einzelne dazu fähig und gewillt ist, selbstverantwortlich und eigenständig vorzusorgen. Wirtschaftliche Freiheit und totaler Versicherungszwang vertragen sich nicht. Daher ist es notwendig, daß das Subsidiaritätsprinzip als eines der wichtigsten Ordnungsprinzipien für die soziale Sicherung anerkannt und der Selbsthilfe und Eigenverantwortung soweit wie möglich der Vorrang eingeräumt wird. Der staatliche Zwangsschutz hat demnach dort haltzumachen, wo der einzelne und seine Familie noch in der Lage sind, selbstverantwortlich und individuell Vorsorge zu treffen."[118] An anderer Stelle wird die Tendenz zum Versorgungsstaat beklagt, indem es dort heißt: „Die wachsende Sozialisierung der Einkommensverwendung, die um sich greifende Kollektivierung der Lebensplanung, die weitgehende Entmündigung des einzelnen und die zunehmende Abhängigkeit vom Kollektiv oder vom Staat ... müssen die Folgen dieses gefährlichen Weges hin zum Versorgungsstaat sein, an dessen Ende der soziale Untertan und die bevormundete Garantierung der materiellen Sicherheit durch einen allmächtigen Staat, aber in gleicher Weise auch die Lähmung des wirtschaftlichen Fortschritts in Freiheit stehen wird."[119] Das Credo seiner Wirtschafts- und Gesellschaftspolitik lautete „**Wohlstand für alle**" schaffen und dem Individuum soviel Freiheit wie möglich lassen. Dieses wird besonders an der folgenden Passage deutlich: „Das berechtigte Verlangen, dem Individuum größere Sicherheit zu geben, kann m. E. nur dadurch erfüllt werden, daß wir über eine Mehrung des allgemeinen Wohlstandes jedem einzelnen das Gefühl seiner menschlichen Würde und damit auch die Gewißheit vermitteln, daß er von jedweden Gewalten unabhängig ist. Das mir vorschwebende Ideal beruht auf der Stärke, daß der einzelne sagen kann: Ich will mich aus eigener Kraft bewähren, ich will das Risiko des Lebens selbst tragen, will für mein Schicksal selbst verantwortlich sein. Sorge du, Staat, dafür, daß ich dazu in der Lage bin. Der Ruf dürfte nicht lauten: Du, Staat, komm mir zu Hilfe, schütze mich und helfe mir, sondern umgekehrt: Kümmere du, Staat, dich nicht um meine Angelegenheiten, sondern gib mir soviel Freiheit und laß mir von dem Ertrag meiner Arbeit soviel, daß ich meine Existenz, mein Schicksal und dasjenige meiner Familie selbst zu gestalten in der Lage bin."[120] Es zeigt sich also, daß **Ludwig Erhard**, der üblicherweise als Vollstrecker der Sozialen Marktwirtschaft angesehen wird, ein wesentlich stärkeres **Engagement für die freiheitliche und marktwirtschaftliche Komponente** hatte als die Schöpfer des theoretischen Konzeptes der Sozialen Marktwirtschaft. Im Grunde war **Ludwig Erhard** in weit **größerem Maße ein ordoliberaler als ein sozialer Marktwirtschaftler**, weil er davon überzeugt war, daß marktwirtschaftlich geschaffener Wohlstand für alle die sozialen Probleme auf einen minimalen Rest schrumpfen läßt. Ludwig Erhard sah die primäre Aufgabe des Staates im Bereich der Sozialpolitik vor allem darin, die materiellen Möglichkeiten und **Anreize zur Selbsthilfe** der Individuen zu stärken. Das Solidaritätsprinzip im Rahmen kollektiver Sozialsysteme sollte erst nachrangig angewendet werden. Das Postulat nach **Eigenvorsorge** und **Selbsthilfe** stand jedoch von Anfang an in einem Spannungsverhältnis zum Anspruch auf solidarische Hilfe aus den bestehenden Sozialversicherungssystemen. Zu gering wurde von der Sozialpolitik die Versuchung

[118] L. Erhard, 1962, S. 303 f.

[119] Derselbe, 1957, S. 263.

[120] Ebendort, S. 262 f.

eingeschätzt, daß die Anspruchsberechtigten einer kollektiven Zwangsversicherung dazu neigen, auch ohne zwingenden Anlaß möglichst viele Leistungen aus den kollektiv gespeisten Kassen in Anspruch zu nehmen. Ferner war vorauszusehen, daß die organisierten Interessengruppen die unbestimmte soziale Komponente des Begriffes „Soziale Marktwirtschaft" hauptsächlich als Vorwand für die Erlangung von Subventionen und als Alibi bei der Verteidigung von Partialinteressen benutzen und mißbrauchen würden. Wegen mangelnder begrifflicher Klarheit **dient** dann das **„Soziale"** faktisch dazu, die **Marktwirtschaft auszuhöhlen**.

Ludwig Erhard sah deutlicher und erkannte eher als mancher andere die **Gefahren eines ausufernden Sozialstaates**, der die private Initiative und die eigenverantwortliche Vorsorge lähmt, wodurch die sozialen Probleme noch größer werden. Der Staat löst aber die teilweise erst von ihm selbst geschaffenen sozialen Probleme nur unzureichend, weil die **Sozialpolitik** erfahrungsgemäß viel **stärker auf politischen Druck** von organisierten Interessengruppen als auf wirkliche **Notlagen von Individuen** reagiert. Das „Konzept" der Sozialen Marktwirtschaft lädt aufgrund seiner **weitgehenden Konturlosigkeit** und Dehnbarkeit im sozialen Teil geradezu zum **sozialpolitischen Mißbrauch** für wahlopportunistische Zwekke und zum Wählerstimmenfang ein und kann damit zu einer **schleichenden Sozialisierung** führen, welche letztlich die Grundlagen der Marktwirtschaft zerstört. Im nachhinein zeigt sich, daß es sicherlich mehr Klarheit geschaffen hätte, wenn sich Ludwig Erhard den **populären Politikslogan** „Soziale Marktwirtschaft" für seine Ordnungspolitik nicht hätte aufdrängen lassen. Zu Recht ist darauf hingewiesen worden, daß „Soziale Marktwirtschaft im Sinne von Ludwig Erhard ... mit den Vorstellungen von sozialen Marktwirtschaften, bei denen Marktprozesse außer Kraft gesetzt oder Marktergebnisse korrigiert werden sollen, nichts gemein (hat). Soziale Marktwirtschaft zielt auf Realisierung einer marktwirtschaftlichen Ordnung ohne umverteilende Staatseingriffe".[121] In der Tat sah Ludwig Erhard die soziale Komponente der Marktwirtschaft dadurch verwirklicht, daß die Wettbewerbssteuerung die Anbieter zur Leistungssteigerung treibt und die Preise tendenziell auf die Kosten drückt, wodurch die Lebenshaltungskosten breiter Bevölkerungsschichten niedrig gehalten werden. Da das **Wettbewerbssystem** der Marktwirtschaft bereits die **soziale Funktion** einschließt, bedarf es nicht des schmükkenden Beiwortes „sozial", so daß die Wortverbindung „Soziale Marktwirtschaft" eigentlich ein Pleonasmus ist. Zum Verständnis dafür, warum sich Ludwig Erhard gegen die mißverständliche Bezeichnung „Soziale Marktwirtschaft" für seine ordnungspolitischen Vorstellungen nicht gewehrt hat, sei auf die zweifellos den politischen und den gesellschaftlichen **Konsens erhöhende Wirkung dieses politischen Schlagwortes** hingewiesen. Da nach dem Zweiten Weltkrieg breite Bevölkerungsschichten in Deutschland befürchteten, daß die Einführung einer Marktwirtschaft die Rückkehr zu frühkapitalistischen Verhältnissen bedeuten würde, trug die **Beschwichtigungsformel** „Soziale Marktwirtschaft" tatsächlich zur Reduzierung von politischen Widerständen und zu einer größeren gesellschaftlichen Akzeptanz dieser Wirtschaftsordnung bei. Der Preis für diesen vagen Begriff war jedoch das **vorprogrammierte Mißverständnis**, daß die Marktwirtschaft an und für sich unsozial ist und erst durch soziale Eingriffe und Umverteilungen sozial gestaltet werden müsse. Der Begriff „Soziale Marktwirtschaft" im weithin mißver-

---

[121] H. F. Wünsche, 1994, S. 161.

standenen Sinne spiegelt also gerade das nicht wider, was Ludwig Erhard unter einer freiheitlichen Wirtschaftsordnung marktwirtschaftlicher Prägung verstand. Trotz der mißverständlichen Begriffsbildung hat jedoch die Entwicklung in den ersten Nachkriegsjahren nicht dazu geführt, daß soziale Umverteilungen die marktwirtschaftlichen Leistungskräfte lahmlegten; denn in der **Wiederaufbauphase** gab es **nicht viel zu verteilen**. Erst nachdem das **Wirtschaftswunder** in der Bundesrepublik Deutschland, das im wesentlichen durch **marktwirtschaftliche Leistungsstimulierung** und kaum durch Umverteilungsmaßnahmen bewirkt worden ist, die Steuereinnahmen der öffentlichen Kassen anschwellen ließ und die **Begehrlichkeiten nach Sozialleistungen und Subventionen** weckte, ist im Namen der Sozialen Marktwirtschaft der **Sozialbereich ständig ausgeweitet** und die Gefahr der **Überforderung der Marktwirtschaft** immer größer geworden. Aus Sorge um die Leistungs- und Wettbewerbsfähigkeit der deutschen Volkswirtschaft versuchte Ludwig Erhard, die steigende Flut der Subventionen und Sozialausgaben mittels **Maßhalteappellen** einzudämmen. Dieses gelang jedoch nicht, obwohl infolge wachsenden Wohlstandes breiter Bevölkerungsschichten das Volumen notwendiger Sozial- und Transferausgaben eigentlich hätte schrumpfen müssen.

6.4.3 Unbestimmte Sozial- und Umverteilungsgrenze

Insofern der Begriff „Soziale Marktwirtschaft" nicht pleonastisch verstanden wird, schließt er zwei **Werturteile gegensätzlicher Art** ein: Zum einen wird konstatiert, daß diese Wirtschaftsordnung einen erstrebenswerten großen Freiheitsspielraum für die Wirtschaftssubjekte und einen beträchtlichen materiellen Wohlstand für breite Bevölkerungsschichten schafft. Zum anderen werden jedoch die sich im Marktprozeß bildenden unterschiedlichen Einkommen und Vermögen und somit die Streuung des Wohlstandes als ungerecht und korrekturbedürftig angesehen. Aus angeblichen Gründen der sozialen Gerechtigkeit und des sozialen Friedens wird gefordert, die als ungerecht beurteilte Einkommens- und Vermögensverteilung durch eine gewisse Umverteilung gleichmäßiger und damit angeblich gerechter zu gestalten. Warum jedoch eine im **Marktprozeß** unter Wettbewerbsbedingungen zustande gekommene **Einkommensverteilung**, die durch **Leistung und adäquate Gegenleistung** bewirkt worden ist, ungerecht sein soll, bleibt unerfindlich. Zudem setzt eine ungerechte Behandlung immer einen bewußten Willen und ein Motiv für ungerechtes Handeln einer Person gegenüber einer anderen Person voraus. Ein anonymer Marktmechanismus, der die Einkommen nach Marktleistung zuteilt, kann nicht als personifizierte Ungerechtigkeit angesehen werden; denn es besteht ein enger Zusammenhang zwischen individueller Marktleistung und Einkommenserzielung. Nur wer durch seine Marktleistung Bedürfnisse anderer befriedigt, kann einen angemessenen Gewinn bzw. ein adäquates Markteinkommen erzielen. Unstrittig ist, daß denjenigen **Personen** (wie z. B. Kranken, Behinderten und Arbeitslosen), **die keine Marktleistung erbringen können**, von der Gesellschaft ein **existenzsichernder Unterhalt** gewährt werden muß. Das Konzept der Sozialen Marktwirtschaft geht jedoch über die klassische **Sozialpolitik der Existenzsicherung** sozial Bedürftiger, die nicht am Marktprozeß teilnehmen können, hinaus und versucht, das Leistungs- und Wettbewerbsprinzip der Marktwirtschaft mit einem beträchtlichen Maß an **leistungsunabhängiger Umverteilung** zu kombinieren. Die Kardinalfrage, **wieviel Umverteilung eine Marktwirtschaft** verträgt, ohne einen Leistungsabfall der Marktwirtschaft zu riskieren und damit die Basis für soziale Umverteilungen zu schmälern, bleibt unbeantwortet. Erfahrungsgemäß verringern sozialpolitische Eingriffe die ökonomische Effizienz und jede Ausdehnung von kollektiven Sozialsystemen geht zu Lasten des Spielraumes für individuelle Entscheidungen und somit der Freiheit der Individuen.

Um das Leitbild der Sozialen Marktwirtschaft operational zu machen, sind ordnungspolitische Regelungen zur **Vorbeugung sozialpolitischer Interventionsspiralen** und zur **Begrenzung der öffentlichen Transferausgaben** vorzusehen, weil anderenfalls das ausufernde Sozial- und Transfersystem die Leistungskraft der Marktwirtschaft überfordert und letztlich die Soziale Marktwirtschaft ruiniert. Ohne diese dringend erforderliche **Nachbesserung** bleibt die **Worthülse „Soziale Marktwirtschaft“**, die mit beliebigem Inhalt gefüllt werden kann, ein **(wahl-)politisches Schlagwort** ohne effektive Leitbildfunktion.

6.5 Wettbewerbspolitische Konzeptionen

6.5.1 Markttheoretische Ansätze

In der Volkswirtschaftslehre besteht zwar Einigkeit darüber, daß der Wettbewerb das systemkonstitutive Prinzip der Marktwirtschaft ist, aber es herrscht Uneinigkeit hinsichtlich dessen, was unter **Wettbewerb** zu verstehen ist. Da man über das Wesen des vielschichtigen Phänomens „Wettbewerb“ verschiedener Meinung sein kann, gibt es keine allgemeingültige Wettbewerbstheorie, sondern wegen des normativen Gehalts unterschiedlicher Wettbewerbsvorstellungen allenfalls verschiedene wettbewerbspolitische Konzeptionen.

Da ökonomischer Wettbewerb regelmäßig Märkte voraussetzt, könnte man auf die Idee kommen, über Analysen des Marktes - dessen inhaltliche Begriffsbestimmung nicht umstritten ist - zu einer positiven Wettbewerbstheorie zu gelangen. In der Tat wurden schon früh wettbewerbspolitische Leitlinien aus **Marktstrukturkonzepten** abgeleitet, wobei bestimmte, als wettbewerbsintensiv angesehene Marktformen zum Maßstab für den anzustrebenden Wettbewerb erhoben wurden.

Bereits **Adam Smith** unterschied zwischen Wettbewerb und Monopol und beschrieb in seiner zentralen Theorie des Gleichgewichtspreises exakt die Preiswirkungen der beiden Formen auf den Märkten. Ausgangspunkt der Smithschen Markt- und Preistheorie ist die Unterscheidung zwischen dem natürlichen Preis und dem Marktpreis der Güter. Der natürliche Preis ist der Produktionskostenpreis, bei dem die Aufwendungen für die Produktionsfaktoren (Arbeit, Kapital, Boden) gerade gedeckt werden. Der **Marktpreis** ist der tatsächliche Preis, den eine Ware im Spiel von Angebot und Nachfrage auf dem Markt erzielt. Der Marktpreis kann entweder höher oder niedriger als der natürliche Preis oder ihm genau gleich sein (**Gleichgewichtspreis**). Nach Adam Smith bewirkt der freie und intensive Wettbewerb auf den Märkten, daß die Preise auf die Kosten gedrückt bzw. Tendenzen zum Gleichgewichtspreis wirksam werden. Mit der Entdeckung des Marktmechanismus, die zum bleibenden Verdienst von Adam Smith gehört, wurden auch die preislichen und wohlfahrtssteigernden Wirkungen des Wettbewerbs offenkundig.

So ist der natürliche (Gleichgewichts-)Preis, der sich bei freier Konkurrenz einstellt, der tiefste Preis, während der Monopolpreis der höchste ist, den ein Produzent erzielen kann. „Der Monopolist versorgt nämlich den Markt ständig mangelhaft und befriedigt die effektive Nachfrage niemals ganz, so daß er seine Ware weit über dem natürlichen Preis verkaufen kann."[122] Da das Monopolverhalten zu Wohlfahrtsverlusten für die Nation führt, plädiert Smith dafür, die im Merkantilismus mit Staatshilfe geschaffenen (Handels-)Monopole nach Auslaufen ihrer Pionierfunktion (wie z. B. Anbahnung von Handelsbeziehungen mit fremden Ländern) wieder abzuschaffen. Seine generelle wettbewerbspolitische Maxime lautet: Grundsätzlich freien Wettbewerb auf den Märkten zuzulassen, um die individuelle Freiheit der Wirtschaftssubjekte und die bestmögliche Versorgung der Bevölkerung mit Gütern zu gewährleisten.

In der Folgezeit sind zur Charakterisierung von Markt- und Wettbewerbsstrukturen verschiedene **Marktformenlehren** entwickelt worden. Die einfachste Form einer Markttypologie ergibt sich, wenn die Anzahl und Marktanteilsgröße der Marktteilnehmer zugrunde gelegt wird.

Marktformen

Struktur der Nachfrageseite des Marktes / Struktur der Angebotsseite des Marktes	viele kleine Haushaltungen	wenige mittlere Haushaltungen	eine große Haushaltung
viele kleine Unternehmungen	Polypol	Nachfrageoligopol	Nachfragemonopol
wenige mittlere Unternehmungen	Angebotsoligopol	Bilaterales Oligopol	Beschränktes Nachfragemonopol
ein großes Unternehmen	Angebotsmonopol	Beschränktes Angebotsmonopol	Bilaterales Monopol

Die Annahme eines **homogenen Marktanteils** der Wirtschaftseinheiten einer Marktseite (klein, mittel oder groß) ist natürlich **unrealistisch**. Oft werden neben einer großen oder neben wenigen mittleren Wirtschaftseinheiten noch eine Anzahl von kleineren Wirtschaftseinheiten auf einer oder beiden Seiten des Marktes vorhanden sein. Walter Eucken berücksichtigt deshalb in seiner Markttypologie als Elementarformen neben Monopol, Konkurrenz und Oligopol auch noch das Teiloligopol und das Teilmonopol. Zu den Marktformen gelangt er über das Kriterium der Plandaten, die in die Wirtschaftspläne der Wirtschaftseinheiten eingehen.[123]

Nach Eucken liegt ein **Monopol** dann vor, wenn ein Anbieter oder ein Nachfrager einen Markt besitzt, d. h. wenn die Nachfrager auf einen Anbieter oder die Anbieter auf einen Nachfrager angewiesen sind. Der Monopolist setzt das zu er-

---

[122] A. Smith, 1974, S. 54.

[123] Vgl. W. Eucken, 1950, S. 106 ff.

wartende Verhalten der Marktgegenseite in seinen Wirtschaftsplan als Datum ein und bestimmt entweder den Preis oder die anzubietende bzw. nachzufragende Menge.

Dagegen ist **Konkurrenz** gegeben, wenn bei einer großen Anzahl von Anbietern bzw. Nachfragern der einzelne infolge der Geringfügigkeit seines Marktanteils im Verhältnis zur Größe des Marktes den Preis aus dem anonymen Markt nimmt und als Plandatum in seinen Wirtschaftsplan einsetzt.

Ein **Oligopol** liegt vor, wenn die Zahl der Anbieter bzw. Nachfrager im Verhältnis zum Marktumfang gering ist und der einzelne einen so großen Marktanteil besitzt, daß er auf die Preisbildung einwirken kann. Der Oligopolist rechnet als Plandatum sowohl mit den voraussichtlichen Reaktionen der Marktgegenseite als auch mit den Reaktionen der Konkurrenten.

Ein **Teiloligopol** liegt vor, wenn neben mehreren mittelgroßen Anbietern bzw. Nachfragern noch eine Anzahl von kleinen Mitwettbewerbern vorhanden ist, welche die Preise der Mittelgroßen einfach übernehmen. Die Teiloligopolisten rechnen in ihren Wirtschaftsplänen nicht nur mit den voraussichtlich gegenseitigen Reaktionen und den Reaktionen der Marktgegenseite, sondern auch mit den Reaktionen der kleinen Mitwettbewerber. Während die Teiloligopolisten auf den Preis einwirken können, sind die kleinen Mitwettbewerber dazu nicht in der Lage.

Ein **Teilmonopol** ist gegeben, wenn neben einem großen Anbieter bzw. Nachfrager noch eine Reihe kleinerer Mitwettbewerber vorhanden sind, die einfach den Preis des Großen übernehmen. Der Teilmonopolist setzt die Reaktionen der Marktgegenseite sowie der kleinen Mitwettbewerber als Plandatum in seinen Wirtschaftsplan ein. Der Teilmonopolist kann auf den Preis einwirken, während die kleinen Mitwettbewerber als einzelne keine Marktstrategie betreiben können.

Ausgehend von den Überlegungen, daß für den Markt- und Wettbewerbsprozeß primär die Verhaltensweisen der Wirtschaftssubjekte, die nicht immer mit der morphologischen Struktur des Marktes korrespondieren müssen, entscheidend sind, hat Erich Schneider im Anschluß an Ragnar Frisch folgende **systematische Aufstellung der Verhaltensweisen** gegeben:[124]

a) **Mengenanpasser**
Die Unternehmung sieht den Preis als gegebene unbeeinflußbare Größe an, die Menge ist Aktionsparameter (d. h. eine Größe, die sie nach eigenem Ermessen festsetzen kann).

b) **Preisfixierer auf der Grundlage einer konjekturalen Preis-Absatz-Funktion**
Der Preis ist Aktionsparameter, die Absatzmenge ist Erwartungsparameter. Der Anbieter fixiert also den Preis, während die Käufer bestimmen, welche Menge sie bei diesem Preis zu kaufen bereit sind.

Bevor der Anbieter den Preis festsetzt, stellt er Überlegungen an, welche Absatzmenge er bei diesem oder jenem Preis voraussichtlich realisieren kann. Die sich hierbei ergebende funktionale Beziehung zwischen Preis und erwartetem

---

[124] Vgl. E. Schneider, 1949, S. 54 ff.

Absatz ist also nur in der Vorstellung des Anbieters vorhanden, d. h. konjektural.

c) **Mengenfixierer auf der Grundlage einer konjekturalen Preis-Absatz-Funktion**

d) **Optionsfixierer und Optionsempfänger**
Der Optionsfixierer fixiert sowohl den Preis als auch die Menge und überläßt dem Kontrahenten (Optionsempfänger) nur die Wahl zwischen Annahme oder Ablehnung.

e) **Kampf- und Verhandlungsstrategie**
Ein Oligopolist kann z. B. als Kampfstrategie eine rücksichtslose Preisunterbietung betreiben. Für ein bilaterales Monopol bietet sich dagegen eine Verhandlungsstrategie an, um zu einem für beide Marktparteien akzeptablen Preis zu kommen.

Für die vorstehende Systematik der Verhaltensweisen ist also entscheidend, welche Größen jeweils von einer Wirtschaftseinheit als **Aktionsparameter** und welche als **Erwartungsparameter** behandelt werden. Außerdem ist für das Verhalten von Unternehmungen noch entscheidend, von welchen Momenten sie ihre Erwartungsparameter beeinflußt glauben:

a) Demnach verhält sich ein Anbieter **monopolistisch**, wenn er bei der Aufstellung seines Wirtschaftsplanes damit rechnet, daß sein Erwartungsparameter allein von seinem eigenen Aktionsparameter, nicht dagegen von den Aktionsparametern anderer Anbieter abhängt.

b) Ein Anbieter verhält sich **oligopolistisch**, wenn er damit rechnet, daß sein Erwartungsparameter auch von den Aktionsparametern anderer Anbieter abhängt, und wenn er annimmt, daß andere Anbieter auf Änderungen seines eigenen Aktionsparameters reagieren werden.

c) Ein Anbieter verhält sich **polypolistisch (atomistisch)**, wenn er damit rechnet, daß sein Erwartungsparameter auch von den Aktionsparametern anderer Anbieter abhängt. Er nimmt jedoch nicht an, daß eine Änderung seines eigenen Aktionsparameters die anderen Anbieter ebenfalls zu Änderungen ihrer Aktionsparameter veranlassen wird.

Zwischen Anbietern besteht also immer eine Konkurrenzbeziehung - sei sie polypolistisch oder oligopolistisch -, wenn sie damit rechnen, daß ihre Erwartungsparameter außer vom Verhalten der Marktgegenseite auch von den Aktionsparametern anderer Anbieter abhängen.

In der Regel verfügen die miteinander in Wettbewerb stehenden Unternehmen über vielfältige Aktions- bzw. Wettbewerbsparameter - wie insbesondere Preis, Qualität, Warensortiment, Kundendienst -, mit denen sie ihre Wettbewerbsposition auf den Märkten verbessern können. Beispielsweise kann ein **Pionierunternehmer** Schumpeterscher Prägung mittels erfolgreicher Innovationen zeitweise eine Monopolstellung erringen und Vorsprungsgewinne realisieren. In der Regel gehen das zeitweilige Monopol und die Monopolrente dadurch wieder verloren, daß andere Unternehmen die Innovation imitieren und ihrerseits bessere Produkte anbieten, woraus sich im Endergebnis eine insgesamt verbesserte Versorgung der Nachfrager ergibt. Hieran wird deutlich, daß es wettbewerbspolitisch nicht sinnvoll sein kann, jede Monopolstellung - also auch die durch ein überlegenes Leistungsangebot zu erreichende und zu legitimierende - zu verhindern. Generell ist davon abzuraten, irgendeine analytisch gefundene oder konstruierte Marktform zur Leitfigur eines wettbewerbspolitischen Leitbildes zu erheben. Dieses gilt insbesondere auch für die Marktform der vollständigen Konkurrenz.

Das neoklassische **Gleichgewichtsmodell der vollständigen Konkurrenz**, das auf der Annahme eines stationären Zustandes der Wirtschaft basiert[125], weist folgende theoretischen Prämissen auf:

- Angebot und Nachfrage bestehen jeweils aus einer **Vielzahl von Marktteilnehmern**, die als einzelne keinerlei Einfluß auf den Marktpreis haben.
- Der **Marktzugang ist für alle offen**, da keinerlei rechtliche oder faktische Zutrittsbeschränkungen für Anbieter und Nachfrager bestehen.
- Es herrscht **völlige Markttransparenz** und es bestehen keine Friktionen auf dem Markt, wie etwa durch mangelnde Voraussicht der Marktteilnehmer.
- Es besteht **völlige Mobilität der Produktionsfaktoren** und die produzierten Güter sind beliebig teilbar.
- Alle Marktteilnehmer verfügen über eine **unendlich große Reaktionsgeschwindigkeit** sowie Anpassungsfähigkeit und -willigkeit.
- Das **Güterangebot ist in den Augen der Nachfrager völlig homogen**, d. h. die Nachfrager bringen keinerlei sachliche, persönliche, räumliche oder zeitliche Präferenzen bestimmten Anbietern oder deren Waren entgegen.
- **Anbieter und Nachfrager verhalten sich völlig rational** und verfolgen das Ziel der Gewinn- und Nutzenmaximierung.
- Selbst eine nur **minimale Preisabweichung** vom Marktpreis nach oben oder unten **bewirkt** für den Anbieter den **Verlust oder Gewinn der gesamten Marktnachfrage**.
- Der **Preisbildungsprozeß** auf dem Markt ist **völlig frei**, da weder der Staat noch private Machtgebilde (z. B. Kartelle) den Marktpreis beeinflussen.
- **Externe Effekte**, die sich in Ersparnissen oder Verlusten niederschlagen, **bleiben außer Ansatz**.

Gegen das Modell des vollständigen Wettbewerbs als Leitbild der Wettbewerbspolitik spricht hauptsächlich folgendes:

- Nach den strengen Anforderungen an die Homogenität der Güter und Leistungen wären **nur völlig gleichartige Güterangebote** auf jeweils einem Markt erstrebenswert, obwohl doch eine gewisse Produktdifferenzierung zur Befriedigung unterschiedlicher Verbraucherwünsche sinnvoll wäre. Reale Marktwirtschaften sind jedoch gerade dadurch charakterisiert, daß sie eine Fülle von unterschiedlichen Gütern und Dienstleistungen anbieten.
- Da für die im polypolistischen Wettbewerb miteinander stehenden Anbieter der Preis ein Datum ist und auch die Qualität der Produkte infolge der Homogenitätsbedingungen feststeht und unverändert ist, entfallen für die Polypolisten wesentliche Aktions- und Wettbewerbsparameter. Es **fehlen** deshalb **Gewinn- und**

---

125 Der stationäre Zustand der Wirtschaft spiegelt sich wider: in einer gegebenen Ausstattung mit Produktionsfaktoren, einem konstanten Niveau des technischen Wissens und einer gegebenen Bedürfnis- und Nachfragestruktur.

Innovationsanreize, wodurch sich eine Tendenz zur „Schlafmützenkonkurrenz“ herausbilden kann.
- Atomistische Konkurrenz bedeutet **Verzicht auf Massenproduktion** mit sinkenden Stückkosten (economies of scale).
- Infolge des **stationären Charakters** des Modells geht das eigentliche Wesen des Wettbewerbs als eines dynamischen Prozesses völlig verloren.

Das von der neoklassischen Markt- und Preistheorie entwickelte statische Modell der vollkommenen Konkurrenz mit seinen zahlreichen irrealen Prämissen setzt eine Vollkommenheit der Märkte voraus, die in der Realität kaum jemals existiert. Mit seinem bahnbrechenden Aufsatz „The Laws of Returns under Competitive Conditions“[126] aus dem Jahre 1926 rückt **Piero Sraffa** die **Marktunvollkommenheiten** ins Blickfeld. Er wendet sich gegen die Auffassung, daß die Marktunvollkommenheiten lediglich als Friktionen zu betrachten seien, welche die Wirkungen des Wettbewerbs nur verzögern. Seines Erachtens wird die Konkurrenz dadurch eingeengt, daß sich die Nachfrager gegenüber den einzelnen Anbietern nicht völlig indifferent verhalten. Da jeder Anbieter wegen der Präferenzen von seiten der Nachfrager einen besonderen Markt besitze, werde die Einheit des Marktes zerstört. Die Gedanken Sraffas wurden von **Joan Robinson** in ihrer **Theorie des unvollkommenen Wettbewerbs**[127] und von **Edward Chamberlin** in seiner **Theorie des monopolistischen Wettbewerbs**[128] weiterentwickelt. Joan Robinson sieht alle ökonomischen Güter der Volkswirtschaft als eine Kette von Substituten an, die aber manchmal durch Marktlücken unterbrochen ist. Diejenigen Produzenten, die ein Gut herstellen, das auf allen Seiten durch Marktlücken von anderen Gütern abgetrennt ist, werden zu einer Industrie zusammengruppiert. Nach Chamberlin liegt monopolistischer Wettbewerb vor, wenn die Produzenten aufgrund der Heterogenität der Waren zwar für ihr Produkt eine Monopolstellung besitzen, aber mit anderen Produzenten, die Substitute anbieten, im Wettbewerb stehen. Die Untersuchungen zeigten, daß der Markt eines bisher als identisch angesehenen Gutes aufgrund von Produktdifferenzierungen und Präferenzen quasi in Sondermärkte zerfällt, auf denen die Anbieter oft eine Monopolstellung einnehmen.

6.5.2 Konzeption gegengewichtiger Marktmacht

Das **Konzept der gegengewichtigen Marktmacht** (countervailing power), das von John Kenneth Galbraith entwickelt wurde[129], geht von einer unaufhaltsamen **Tendenz zur Konzentration** in der Wirtschaft aus. Da die Zahl der Wettbewerber immer kleiner wird, sieht Galbraith den entscheidenden Machtbegrenzungsfaktor nicht mehr in der Kontrolle durch den Wettbewerb auf der jeweils eigenen Angebots- oder Nachfrageseite. Die entstandenen wirtschaftlichen Machtgebilde werden vielmehr durch **gegengewichtige Marktmacht auf der Marktgegenseite**, die seines Erachtens vielfach zwangsläufig entsteht, in Schach gehalten. Bekannte Bei-

---

[126] Vgl. P. Sraffa, 1926.
[127] Vgl. J. Robinson, 1933.
[128] Vgl. E. Chamberlin, 1933.
[129] Vgl. J. K. Galbraith, 1952.

spiele für die Bildung von Gegenkräften als Reaktion auf Machtpositionen sind die Gewerkschaften und die Konsumgenossenschaften.

Die sich quasi automatisch vollziehende Bildung von Gegenmarktmacht erzeugt in weiten Bereichen der Wirtschaft **bilaterale Monopole** oder zumindest oligopolistische Strukturen auf beiden Marktseiten. Da die Konzentrationstendenz nach Galbraith unaufhaltsam ist und diese bisher zu keiner erkennbaren Verschlechterung der Güterversorgung, sondern vielmehr zu Wohlstandsmehrung geführt hat, ist es sinnlos, sich gegen die Konzentration zu stemmen und eventuell den einzig wirksamen Machtbegrenzungsfaktor - nämlich das Entstehen von countervailing power - zu verzögern. Die Konsequenz dieses Konzeptes läuft darauf hinaus, daß der Staat die Bildung von Gegenmarktmacht dort, wo diese zum Gleichgewicht der Kräfte notwendig erscheint und sich bisher nicht von selbst eingestellt hat, fördert und beschleunigt.

Gegen die Gegengewichtstheorie spricht vor allem die Erfahrung, daß kartellartige Machtgebilde auf den Sachgütermärkten in der Regel weniger zur Neutralisierung der Marktmacht auf der Marktgegenseite als vielmehr der **Ausschaltung der Außenseiterkonkurrenz** auf der eigenen Marktseite dienen. Fördert der Staat die Bildung von Gegenmarktmacht bis sich die Machtsalden beider Marktseiten ausgleichen, so wird er das erreichte Gleichgewicht möglichst nicht durch Außenseiterkonkurrenz gestört sehen wollen. Die staatlichen Instanzen werden also dazu neigen, die Abwehrmaßnahmen jedes Machtblocks gegen seine potentiellen Außenseiter zumindest zu tolerieren. Eine Wettbewerbspolitik zum Ausgleich der Machtsalden birgt die Gefahr in sich, zur **Marktschließungspolitik** auszuarten. Dieses ist um so gefährlicher, je weniger die gegenseitige Kontrolle der Machtgebilde auf vor- und nachgelagerten Wirtschaftsstufen gewährleistet ist. So können beispielsweise Allianzen zwischen Machtgebilden der Industrie und des Handels, die nicht mit Außenseiterkonkurrenz rechnen müssen, auf Kosten der weitgehend unorganisierten Verbraucher gehen.

Da Macht in vielfältiger Weise auftreten kann und sich **Machtsalden kaum exakt bestimmen** lassen, bleibt es im Ermessen des Staates, welches Machtdefizit er in welchem Umfang ausgleichen will. Eine „Wettbewerbspolitik" nach dem Konzept der gegengewichtigen Marktmacht führt voraussichtlich zu einer ziemlich willkürlichen, von politischen Opportunitäten bestimmten **Konzentrationspolitik**. Das Konzept ist deshalb nicht als ordnungspolitisches Leitbild für marktwirtschaftlich orientierte Systeme geeignet.

6.5.3 Konzeption des funktionsfähigen Wettbewerbs

Die Diskrepanz zwischen dem statischen Modell der vollständigen Konkurrenz (perfect competition) und der Realität des unvollkommenen Wettbewerbs (imperfect competition) führte zu der **Suche nach second-best-Lösungen**, die sich im **Konzept des funktionsfähigen Wettbewerbs (workable competition)** niederschlugen. In seinem grundlegenden Aufsatz „Toward a Concept of Workable Competition"[130] plädiert **John Maurice Clark** dafür, Kriterien zu entwickeln, die

[130] Vgl. J. M. Clark, 1940.

anzeigen, inwieweit auch vom angeblichen Wettbewerbsideal der vollständigen Konkurrenz abweichende Wettbewerbsverhältnisse als wettbewerbspolitisch akzeptabel angesehen werden können.

Der Kern des Konzeptes des funktionsfähigen Wettbewerbs ist der market-structure-performance-approach, in dem anhand der **Marktstruktur**, des **Marktverhaltens** und der **Marktergebnisse** die jeweiligen Wettbewerbsverhältnisse beurteilt werden. Es gilt also, jene Merkmale der Marktstruktur und des Marktverhaltens zu bestimmen, die den Wettbewerb fördern und Kriterien zu finden, die das Marktergebnis als wettbewerblich ausweisen.

Im folgenden Tableau sind Bestimmungsfaktoren für die Wettbewerbstests zusammengestellt.

Kriterien für Marktstruktur - Marktverhalten - Marktergebnis

Marktstruktur	Marktverhalten	Marktergebnis
• Zahl, Größe und Marktanteile der Marktteilnehmer • Höhe der Marktzutrittsbarrieren • Grad der Markttransparenz • Art der Produktionstechnologie (z. B. festkostenintensiv) • Ausmaß der Produktdifferenzierung • Verflechtungsgrad • Vorherrschende Marktphase (Einführungs-, Expansions-, Sättigungs-, Rückbildungsphase)	• Preis- und Absatzpolitik • Nachfragerverhalten • Produktverbesserungs- und Innovationsaktivitäten • Risikoneigung oder Sicherheitsorientierung • Werbe- und Informationsverhalten • Hang zu Fusionen und Konzentrationen • Neigung zu Wettbewerbsbeschränkungen	• Gewinnhöhe • Produkt- und Leistungsqualität • Innovationsleistung und technischer Fortschritt • Produktivitätssteigerung • Kapazitätsauslastung • Anpassungsflexibilität und Tempo der Marktversorgung • Beitrag zur Engpaß- oder Überkapazitätsbeseitigung

Nach dem wettbewerbspolitischen **Konzept des funktionsfähigen Wettbewerbs** sollen anhand der jeweiligen **Kriterien über Marktstruktur, Marktverhalten und Marktergebnis**, die bei Auftauchen neuartiger Marktstrukturen oder bisher unbekannter Verhaltensweisen ergänzt werden müßten, empirische Tests darüber entscheiden, ob und inwieweit wesentliche Wettbewerbsfunktionen als erfüllt oder nicht erfüllt gelten können. Im Falle, daß die Tests ein negatives Ergebnis hinsichtlich des Wettbewerbsgrades ergeben, werden wettbewerbspolitische Eingriffe notwendig.

Die wesentliche Schwäche des Konzeptes liegt darin, daß eine bestimmte Marktstruktur zwar berechtigte Vermutungen über ein bestimmtes Marktverhalten zuläßt, aber die Beziehung meist nicht so eindeutig und zwingend ist, um nur eine bestimmte Art von Wettbewerbsverhalten zuzulassen. Das gleiche trifft auf den

Zusammenhang von Marktverhalten und Marktergebnis zu. So kann beispielsweise eine Preissenkung, die ein Pionierunternehmer durch innovative kostensenkende Leistung vollzieht, die Wirksamkeit des Wettbewerbs am Markt steigern. Dagegen wird eine Preissenkung eines marktstarken Unternehmens, die nur dazu dient, einige lästige Konkurrenten durch Kampfpreise vom Markt zu verdrängen, die Funktionsfähigkeit des Wettbewerbs beeinträchtigen. Infolge der Vielzahl von Beurteilungskriterien und möglicher Fehldeutungen können kaum verbindliche Referenzsituationen für erstrebenswertes Wettbewerbsverhalten festgelegt werden. Deshalb ist zu befürchten, daß es zu einer **Vielzahl wettbewerbspolitischer Eingriffe** in den Markt- und Wettbewerbsprozeß kommt, die in ihrer Kumulation die Dynamik des Wettbewerbs schwächen. Um den Mangel der **fehlenden Eindeutigkeit von Wettbewerbssituationen** zu beseitigen und der Wettbewerbspolitik Anhaltspunkte für erstrebenswerte Markt- und Wettbewerbsverhältnisse zu geben, ist versucht worden, eine optimale Wettbewerbsintensität zu bestimmen.

6.5.4 Konzeption der optimalen Wettbewerbsintensität

Auf Erhard Kantzenbach geht die wettbewerbspolitische **Konzeption der optimalen Wettbewerbsintensität** zurück. Als geeigneten Maßstab für die Intensität von Wettbewerbsprozessen sieht Kantzenbach die Geschwindigkeit an, mit der innovativ bedingte Vorsprungsgewinne der Unternehmer von der Konkurrenz wieder zum Verschwinden gebracht werden.[131] Mit zunehmendem Grad der Existenzgefährdung werden die Konkurrenten veranlaßt, die vorauseilenden Pionierunternehmer durch eigene Anstrengungen einzuholen, so daß deren Vorsprungsgewinne aufgezehrt werden. Die Existenzgefährdung eines Unternehmens ist um so größer, je stärker sein Absatz durch die Handlungen anderer Unternehmen beeinträchtigt werden kann. Die **potentielle Wettbewerbsintensität** steigt also mit dem oligopolistischen Interdependenzgrad. Kantzenbach folgert, daß beim Fehlen von Wettbewerbsbeschränkungen die potentielle Wettbewerbsintensität „mit abnehmender Anbieterzahl vom Polypol über das weite bis zum engen Oligopol (im Extremfall bis zum Dyopol)“[132] ansteigt. Ferner erhöht sich die potentielle Wettbewerbsintensität mit der Nachfragebeweglichkeit, die im wesentlichen von der Substitutionsfähigkeit der angebotenen Güter und von der Markttransparenz abhängt.

Die potentielle Wettbewerbsintensität erreicht also im Duopol (zwei Anbieter) mit höchstem Grad der Marktvollkommenheit (homogene Güter, völlige Markttransparenz) ihr Maximum, während sie im Polypol (viele Marktteilnehmer) am geringsten ist. Allerdings muß beachtet werden: „Mit wachsender potentieller Wettbewerbsintensität nimmt das Ausmaß der Wettbewerbsbeschränkungen zu, und als deren Ergebnis nimmt die effektive Wettbewerbsintensität nach Überschreiten eines Maximalwertes wieder ab.“[133] Wettbewerbsbeschränkungen, welche die **effektive Wettbewerbsintensität** vermindern, werden also um so wahrscheinlicher, je geringer die Anzahl der Wettbewerber und je höher der Vollkommenheitsgrad des Marktes ist. Mit steigender oligopolistischer Interdependenz

---

[131] Vgl. E. Kantzenbach, 1967a, S. 38, S. 41.

[132] Ebendort, S. 48.

[133] Derselbe, 1967b, S. 226.

nimmt auch die Neigung zu Wettbewerbsbeschränkungen seitens der Oligopolisten zu, so daß die effektive unter die potentielle Wettbewerbsintensität sinken kann.

Demnach unterscheidet Kantzenbach **Märkte mit überoptimaler und mit unteroptimaler potentieller Wettbewerbsintensität**. Erstere weisen eine zu hohe oligopolistische Interdependenz auf, die auf einer zu geringen Zahl von Wettbewerbern und/oder einer zu hohen Nachfragebeweglichkeit beruht. Letztere sind durch eine zu große Zahl von Wettbewerbern und/oder zu geringe Nachfragebeweglichkeit gekennzeichnet. Kantzenbach knüpft also die Wettbewerbsintensität im wesentlichen nur an zwei Faktoren, nämlich die **Anbieterzahl** und den **Grad der Marktvollkommenheit**.

Die **optimale Wettbewerbsintensität** wird seines Erachtens weder im engen Oligopol, noch in der vollständigen Konkurrenz, sondern „vielmehr in der Regel im Bereich weiter Oligopole mit mäßiger Produktdifferenzierung zu finden sein“[134]. Damit entpuppt sich die Theorie der optimalen Wettbewerbsintensität also als ein **Marktformenkonzept**. Folgerichtig laufen die wettbewerbspolitischen Vorschläge von Kantzenbach letztlich darauf hinaus, zur Optimierung der Wettbewerbsintensität möglichst überall die **Marktform der weiten Oligopole** anzustreben. Im Bereich überoptimaler potentieller Wettbewerbsintensität - also im engen Oligopol - soll deshalb die Anbieterzahl - eventuell durch Entflechtung von Konzernunternehmen - vergrößert werden. Da Kantzenbach jedoch eine umfassende Dekonzentration aller Konzerne wegen möglicher Produktionsschwierigkeiten und Kostennachteile für undurchführbar hält, empfiehlt er, wenigstens die laufenden Konzentrationsprozesse durch Einführung einer staatlichen Genehmigung für Zusammenschlüsse von Großunternehmen zu begrenzen. Die Genehmigung soll erteilt werden, wenn die fusionswilligen Unternehmen nachweisen, daß die Funktionsfähigkeit des Wettbewerbs nicht wesentlich beeinträchtigt wird oder die Fusion überwiegend zu gesamtwirtschaftlichen Ersparnissen führt.

Kantzenbach befürchtet, daß bei überoptimaler effektiver Wettbewerbsintensität der Preiswettbewerb zum oligopolistischen Preiskampf ausartet, der letztlich nicht durch die ökonomische Leistungsfähigkeit, sondern durch Liquiditäts- und Kapazitätsreserven sowie andere Machtfaktoren entschieden wird. Deshalb hält er die Ausschaltung der funktionsunfähigen Preiskonkurrenz im engen Oligopol für erwünscht und plädiert dafür, „auf diesen Märkten reine Preiskartelle zuzulassen“[135].

Bei unteroptimaler potentieller Wettbewerbsintensität - die auf polypolistischen Märkten vorfindbar ist - empfiehlt Kantzenbach, die Konkurrentenzahl durch Förderung von Unternehmensfusionen zu senken. Um eine höhere Wettbewerbsintensität auf diesen Märkten zu erzielen, soll ferner die Nachfragebeweglichkeit zwischen den Konkurrenten durch Steigerung der Produkthomogenität und der Markttransparenz erhöht werden. Diesem Zweck soll die Förderung von Rationalisierungs-, Konditionen- und Rabattkartellen dienen.

Gegen das **Konzept der optimalen Wettbewerbsintensität** lassen sich verschiedene Einwände vorbringen:

---

[134] Derselbe, 1967a, S. 49.

[135] Ebendort, S. 143.

- Die Wettbewerbsintensität, definiert als Geschwindigkeit, mit der innovationsbedingte Vorsprungsgewinne von der Konkurrenz zum Verschwinden gebracht werden, ist operational nicht meßbar.
- Das Marktstrukturkonzept, in dem die Wettbewerbsintensität letztlich eine Funktion der Marktform ist, stützt sich nur auf die Zahl der Anbieter und den Grad der Marktvollkommenheit als Einflußgrößen und läßt andere wichtige Einflußfaktoren, wie z. B. den Marktzutritt oder die Marktphasen, unberücksichtigt.
- Wie bei allen Marktstrukturkonzepten tritt das Problem der Abgrenzung des relevanten Marktes auf. Dient - wie im vorliegenden Fall - das Ausmaß der Güterhomogenität als Marktabgrenzungskriterium und gleichzeitig als Gradmesser der Wettbewerbsintensität, so wird durch enge oder weite Marktabgrenzung der Grad der Wettbewerbsintensität automatisch - und u. U. wegen mangelhafter Homogenitätskriterien willkürlich - festgelegt.

6.5.5 Konzeption der Wettbewerbsfreiheit

Erich Hoppmann knüpft in seiner **Konzeption der Wettbewerbsfreiheit** an die Vorstellungen der ökonomischen Klassik vom freien Wettbewerb an und entwikkelt diese in zeitgemäßer Form weiter. Insofern läßt sich die Konzeption als neoklassisch bezeichnen.

Im Gegensatz zum Konzept der optimalen Wettbewerbsintensität, in dem die Wettbewerbsfunktionen vorwiegend instrumental zur Erreichung guter ökonomischer Ergebnisse (wie z. B. Vorantreiben des technischen Fortschritts, optimale Güterversorgung) gesehen werden, macht das Konzept der Wettbewerbsfreiheit die **Entscheidungs- und Handlungsfreiheit** der Wirtschaftssubjekte zur zentralen Wettbewerbsfunktion. Grundlegend für das Wettbewerbsverständnis ist die Annahme, daß es zwischen den Zielen Wettbewerbsfreiheit und gute Marktergebnisse prinzipiell keinen Zielkonflikt gibt. Dementsprechend taucht das Problem einer Entscheidung über den Vorrang des einen oder anderen Zieles („Dilemmathese") nicht auf. Wettbewerbsfreiheit in Verbindung mit unternehmerischer Initiative und Wettbewerbsgeist schafft nach Ansicht von Hoppmann stets gute Marktergebnisse.

Nach Hoppmann umfaßt **Wettbewerbsfreiheit** sowohl die Freiheit der Konkurrenten zur Initiative, zum Vorstoß in technisches, organisatorisches und ökonomisches Neuland, sowie zur Nachfolge und zur Imitation als auch die damit auf der Marktgegenseite korrespondierende Freiheit, zwischen mehreren Alternativen wählen zu können. „Ein wettbewerblicher Marktprozeß liegt vor, wenn diese Freiheiten auf beiden Marktseiten gegeben sind."[136] Diejenigen Marktprozesse, in denen sich Wettbewerbsfreiheit und die mit ihr verbundene ökonomische Vorteilhaftigkeit manifestieren, lassen sich nicht ein für alle Mal durch ein bestimmtes Marktformenmodell festschreiben. Hoppmann lehnt es deshalb ab, ein bestimmtes Modell der Markt-, Preis- oder Wettbewerbstheorie zur Norm der Wettbewerbspolitik zu erheben. Er konzentriert sich darauf, den Beschränkungen der Wettbewerbsfreiheit nachzuspüren. Dabei prüft er, „wann die Wettbewerbsfreiheit über

[136] E. Hoppmann, 1968, S. 15.

Gebühr beschränkt ist, d. h. wann ungebührliche Marktmacht (undue market power) vorhanden ist"[137].

Da die Wettbewerbsfreiheit des einzelnen nicht absolut, sondern nur relativ verstanden werden darf, müssen wettbewerbsbeschränkende Handlungen, die den Aktionsspielraum anderer Marktteilnehmer einschränken, unterbunden werden. Beschränkungen der Handlungsspielräume, die auf kompetitiven Wegen entstehen, bleiben dabei außer Betracht. Eine wettbewerbspolitisch relevante Wettbewerbsbeschränkung entsteht erst dann, wenn die Aktionsspielräume von Marktteilnehmern durch **unangemessene Marktmacht** oder unangemessene Beschränkungen der Handlungsspielräume seitens anderer Marktteilnehmer eingeengt werden.

Nach Hoppmann ist es Aufgabe der Wettbewerbspolitik, Spielregeln in Form globaler und abstrakter Normen aufzustellen. Die Wettbewerbsregeln sollen nicht vorschreiben, was die Wirtschaftssubjekte zu tun, sondern nur, was sie zu unterlassen haben. Zur Diagnose von Verstößen gegen die Spielregeln bedarf es eines adäquaten Tests, ob und inwieweit Wettbewerbsfreiheit realisiert ist. Ansatzpunkt ist zweckmäßigerweise die Prüfung, ob, inwieweit und in welcher Form Marktmacht, die die Wettbewerbsfreiheit anderer einengt, vorliegt. Der **Wettbewerbsfreiheits-Test** erstreckt sich sowohl auf den **Austauschprozeß**, der die Beziehungen der beiden Marktseiten umfaßt, als auch auf den **Parallelprozeß**, der das wettbewerbliche Nebeneinander auf jeder Marktseite beinhaltet.

Im Test der Freiheit des Austauschprozesses werden die Substituierbarkeiten und im Test der Freiheit des Parallelprozesses der potentielle, aktuelle, initiatorische und imitatorische Wettbewerbsspielraum geprüft. Letztlich ist die schwierige Frage zu beantworten, ob das durch den Wettbewerbsfreiheits-Test diagnostizierte Ausmaß an Marktmacht unangemessen oder noch tolerierbar ist. „Urteile über das genaue Ausmaß der noch tolerierbaren Freiheitseinschränkungen lassen sich jedoch, obwohl es auch grobe Fälle der Einschränkung von Wettbewerbsfreiheit gibt, über deren Beurteilung genereller Konsensus besteht, wissenschaftlich nicht sichern."[138] **Wettbewerbshemmnisse** sind jedoch nur dann zu beseitigen, wenn sie künstlicher Art, d. h. Folge von privaten oder staatlichen Wettbewerbsbeschränkungen sind. Wirtschaftsbereiche, in denen der Wettbewerb infolge natürlicher Hemmnisse versagt, werden dagegen zu wettbewerblichen Ausnahmebereichen, welche den fehlenden Wettbewerb durch andere Ordnungsprinzipien ersetzen müssen. Wettbewerbsversagen tritt in Wirtschaftssektoren auf, bei denen wettbewerbsverhindernde economies of scale gegeben sind, tatsächlich eine permanente Tendenz zu ruinöser Konkurrenz besteht oder die Nachfrager mit relativ hohen Transaktionskosten belastet sind.[139]

Das Hoppmannsche Konzept der Wettbewerbsfreiheit entspricht am ehesten einer freiheitlichen Wirtschaftsordnung marktwirtschaftlicher Prägung. Allerdings dürfen die Schwierigkeiten exakter Wettbewerbsfreiheits-Tests nicht unterschätzt werden, zumal es an eindeutigen Indikatoren noch mangelt. Es ist ferner fraglich, ob die **Wettbewerbsgesinnung (spirit of competition)** stets in ausreichendem

[137] Ebendort, S. 31.
[138] Ebendort, S. 47.
[139] Vgl. R. Olten, 1995, S. 73.

Maße bei den Marktteilnehmern vorhanden ist, so daß auf der Produzenten- und Konsumentenseite die Wettbewerbsfreiheit auch wirklich ausgeübt wird. Für die Wettbewerbspolitik besteht deshalb nach wie vor das Problem, den stets latent vorhandenen Hang zu Wettbewerbsbeschränkungen zu dämpfen und die Voraussetzungen für wettbewerbsorientiertes Handeln der Marktteilnehmer zu verbessern. Allerdings kann eine staatliche Wettbewerbspolitik den Wirtschaftssubjekten nicht gegen ihren Willen eine Wettbewerbsgesinnung quasi einimpfen, wenn Wettbewerbs- und Leistungsbereitschaft nicht vorhanden sind.

7. Kapitel Regulierungs- und deregulierungspolitische Konzeptionen

7.1 Theoretische Ansätze der Regulierungspolitik

Regulierung bedeutet im Wortsinn regeln, und zwar mit dem Ziel, etwas in die „richtige" oder gewünschte Ordnung zu bringen. Im weiten Sinn werden alle Wirtschaftszweige durch die Ordnungspolitik, die einen Ordnungsrahmen für marktwirtschaftliches Verhalten setzt, reguliert. Von Regulierung kann jedoch nur dann gesprochen werden, wenn die Tätigkeit in einem Wirtschaftsbereich **abweichend von der allgemeingültigen Norm** (z. B. von der allgemeinen Wettbewerbsordnung) **speziell geregelt wird**, indem der Ausnahmebereich z. B. eine wettbewerbsmindernde Sonderordnung enthält. Die theoretische Regulierungspolitik beschäftigt sich dementsprechend mit den von der **allgemeingültigen Ordnungspolitik abweichenden Regeln** und speziellen Normen, die für bestimmte Ausnahmebereiche gelten, und analysiert die Anlässe und Wirkungen derartiger Regulierungen. Der Art nach ist die Regulierungstheorie **strukturtheoretisch** ausgerichtet und im Bereich der Mesoökonomie angesiedelt. Strukturpolitisch werden sektorale Regulierungsmaßnahmen hauptsächlich **mit Markt- und Wettbewerbsversagen** begründet. Es gehört deshalb zu den wesentlichen Aufgaben der Regulierungstheorie, diese Phänomene zu bestimmen und zu analysieren.

Zum methodischen Vorgehen läßt sich feststellen, daß die Regulierungstheorie **nicht den unfruchtbaren Versuch** unternimmt, Fälle von Markt- und Wettbewerbsversagen durch eine **Messung realer Märkte** und konkreter Wettbewerbsverhältnisse **am wirklichkeitsfernen Modell des vollkommenen Marktes** und der kaum existierenden Marktform der vollständigen Konkurrenz zu bestimmen. Ein solches Vorgehen würde zu dem absurden Ergebnis eines **ubiquitären Markt- und Wettbewerbsversagens** führen, weil die Märkte und der Wettbewerb in der Realität nahezu überall unvollkommen im stringenten Sinn der Wirtschaftstheorie sind. Würde man das **Nirwana-Konzept der vollständigen Konkurrenz** zur Richtschnur für Regulierungen machen, so würde möglicherweise der technische Fortschritt und die optimale Allokation der Ressourcen gefährdet. Es ist nämlich nicht ausgeschlossen, daß die Herstellung einer polypolistischen Anbieterstruktur eventuell zu **„Schlafmützenkonkurrenz"** führen kann, weil die - gemessen am Marktumfang - unbedeutenden Anbieter den Wettbewerb einschlafen lassen. Sicher ist, daß bei einer zwangsweisen Rückverlagerung der heute in Großbetrieben erfolgenden **kostengünstigen Massenproduktion** (z. B. von Autos, Kühlschränken oder Fernsehern) auf zahlreiche kleine Handwerksbetriebe mit einem enormen Kosten- und Preisanstieg der Produkte und eventuellen Produktionsengpässen gerechnet werden müßte. Eine Rückkehr in das vorindustrielle Biedermeier einer Handwerksidylle ist deshalb ausgeschlossen.

Als **„echtes" Markt- und Wettbewerbsversagen** scheiden auch diejenigen Fälle aus, in denen das reale Markt- und Wettbewerbsgeschehen durch **marktwirtschaftswidriges Verhalten von Marktteilnehmern** beeinträchtigt worden ist. Hat beispielsweise ein Unternehmen aufgrund eines nicht leistungsbedingten Verdrängungswettbewerbs eine (meist nur vorübergehende) marktbeherrschende Stellung erlangt, so ist dieses noch kein Grund, ein prinzipielles Markt- und Wettbewerbsversagen zu diagnostizieren und staatliche Regulierungsmaßnahmen zu fordern. Meist genügt hier die konsequente Unterbindung regelwidrigen Verhaltens mittels der bereits vorhandenen Gesetze gegen Wettbewerbsbeschränkungen und gegen unlauteren Wettbewerb. Oft sorgen auch die nur vorübergehend beeinträchtigten Marktkräfte selbst für Abhilfe, indem dann wieder Mitwettbewerber auftreten, wenn der „Monopolist" den Gewinn seines Verdrängungswettbewerbs über hohe Marktpreise kassieren will. Entscheidend ist in solch einem Fall, daß der **Markteintritt** vor allem nicht durch staatliche Regulierung unmöglich gemacht ist. Erfahrungsgemäß halten sich **Monopole** auf **frei zugänglichen Märkten** kaum lange.

Es werden hauptsächlich fünf „echte" Fälle von **Markt- und Wettbewerbsversagen** in der Fachliteratur genannt. So scheint der Markt- und Wettbewerbsmechanismus zu versagen bzw. mit immanenten Mängeln behaftet zu sein, wenn

- **kein Marktangebot** erfolgt, weil das Ausschlußprinzip - wie im Fall öffentlicher Güter - nicht angewandt werden kann oder soll,
- bei bestimmten (insbesondere umweltbelastenden) Produktionen **negative externe Effekte** nicht den Verursachern angelastet werden können,
- aufgrund von Größenvorteilen bzw. Vorteilen der Massenproduktion (economies of scale) ein **„natürliches Monopol"** die nachgefragte Gütermenge kostengünstiger und zu niedrigeren Abgabepreisen bereitstellen kann, als es mehrere Unternehmen unter Wettbewerbsbedingungen vermögen,
- in bestimmten Wirtschaftszweigen aufgrund von Besonderheiten der Produktion eine ständige **Tendenz zu ruinösem Wettbewerb** besteht,
- es häufig zu **Strukturkrisen** in bestimmten Wirtschaftszweigen kommt und sich das Überangebot trotz Preisverfalls kaum vermindert.

Der Staat kann sich veranlaßt sehen, bestimmte Produktionen und Wirtschaftszweige zu regulieren, wenn eine oder mehrere Komponenten tatsächlichen oder vermeintlichen Markt- und Wettbewerbsversagens vorliegen. Erfahrungsgemäß sind auch **funktionsfähige Märkte** nicht vor **(unnötigen) Regulierungen geschützt**, insbesondere dann nicht, wenn die wirtschaftspolitischen Entscheidungsträger aus wahlpolitischer Opportunität und die regulierten Branchen zum Zwecke sie begünstigender Wettbewerbsreduzierungen gleichermaßen an der Errichtung oder Aufrechterhaltung spezieller Branchenordnungen interessiert sind.

7.2 Regulierungsanlässe: Markt- und Wettbewerbsversagen

7.2.1 Öffentliche Güter

Ein **öffentliches Gut** ist dadurch gekennzeichnet, daß

- niemand von der Nutzung des Gutes ausgeschlossen werden kann **(Nichtausschließbarkeit)**

- und mehrere Nutzer das Gut - ohne sich gegenseitig zu beeinträchtigen - nutzen bzw. konsumieren können **(Nichtrivalität)**.

Während bei **privaten Gütern** (z. B. Lebensmitteln) nur die Käufer zum Zuge kommen, steht das **öffentliche Gut** (z. B. äußere Sicherheit) allen zur Verfügung. Wenn jeder das öffentliche Gut konsumieren kann, ohne einen anderen im Konsum zu beeinträchtigen, dann kann sich die Zahl der Konsumenten beliebig erhöhen, und die Befriedigung der zusätzlichen Personen verursacht keine Grenzkosten. Die Frage, ob und gegebenenfalls inwieweit **Nichtrivalität** bei der Nutzung des Gutes gegeben ist, hängt natürlich von der Kapazität bzw. der Menge des Gutes ab. Eine öffentliche Straße kann von einer gewissen Menge Verkehrsteilnehmer ohne gegenseitige Beeinträchtigungen genutzt werden, schwillt jedoch das Verkehrsvolumen beträchtlich an, so können sich eventuell die Verkehrsteilnehmer gegenseitig beeinträchtigen. Ein öffentliches Gut kann aus der technischen Unteilbarkeit seiner Anlage (z. B. einer Infrastruktureinrichtung) resultieren, indem das Gut nur en bloc angeboten und gleichzeitig von mehreren Nachfragern konsumiert werden kann, ohne daß der Konsum des einen den der anderen ausschließt. Ist der Ausschluß einzelner Nutzungsinteressenten technisch unmöglich, so wird sich ein **Freifahrerverhalten** einstellen. Kaum jemand wird bereit sein, freiwillig ein Entgelt zu zahlen oder einen finanziellen Beitrag zur Herstellung des Gutes zu leisten. Normalerweise wird deshalb kein privates Wirtschaftssubjekt, insbesondere kein erwerbswirtschaftliches Unternehmen, das Gut anbieten. In solchen Fällen versagt also der Markt, weil keine Bereitschaft für ein Güterangebot besteht. In der Regel muß dann der Staat einspringen, um die Versorgung mit derartigen öffentlichen Gütern sicherzustellen. Ist Nichtrivalität beim Konsum gegeben, dagegen der Ausschluß vom gleichzeitigen Konsum technisch möglich, ökonomisch sinnvoll oder sozial erwünscht, so kann das Kollektivgut auch privat erstellt und angeboten werden.

Die Position des Freifahrers kann in der Regel bei einer überschaubaren Gruppe von Nutznießern (z. B. in einer Hausgemeinschaft) verhindert werden, weil sich die Gruppenmitglieder laufend gegenseitig kontrollieren und jeder Nutznießer des Kollektivgutes (z. B. einer Gemeinschaftsantenne) zur Finanzierung herangezogen werden kann. Das **Free-rider-Problem** ergibt sich meist erst bei einer beträchtlichen Gruppengröße, bei der die gegenseitige Kontrolle nicht mehr gewährleistet ist. In solchen Fällen werden auch die Einigungs- und Internalisierungskosten zu groß, so daß die private Anschaffung oder Erstellung eines Kollektivgutes unterbleibt. Dann muß entweder der Staat besondere Anreize schaffen, damit das Kollektivgut privatwirtschaftlich erstellt wird, oder er muß es selbst produzieren.

Erfahrungsgemäß beschränkt sich der Staat nicht darauf, nur Güter und Dienstleistungen selbst zu produzieren und anzubieten, die von der Privatwirtschaft wegen fehlender Gewinnanreize nicht bereitgestellt werden. Manchmal werden vom Staat auch Leistungen angeboten, die ebenso gut von Privaten erbracht werden könnten und auch erbracht würden, wenn das staatliche Angebot nicht durch Marktschließung oder Marktzugangsbeschränkungen für potentielle private Anbieter geschützt wäre. Die Gründe für eine derart „angemaßte" Produktion des Staates sind also nicht Markt- und Wettbewerbsversagen, sondern liegen hauptsächlich darin, daß der Staat und manchmal weite Teile der Gesellschaft die Ergebnisse des Marktmechanismus auf bestimmten Gebieten (wie z. B. dem Bildungswesen) nicht akzeptieren. Anwendungsfälle sind vor allem die **meritorischen Güter**, deren Nutzen für die Gesellschaft den individuellen Nutzen des einzelnen übersteigt, mit der Folge, daß die private unter der gesellschaftlich erwünschten Nachfrage bleibt. Dabei ist es jedoch nicht immer notwendig, daß der Staat das meritorische Gut selbst anbietet. Er kann das Angebot auch privaten Wirtschaftssubjekten und Einrichtungen überlassen und sich darauf beschränken, die Nachfrage (z. B. nach Versicherungsleistungen) zu fördern oder die Inanspruchnahme bestimmter Leistungen (z. B. von Impfleistungen) zur Pflicht zu machen.

7.2.2 Externe Effekte

Als **externe Effekte** gelten alle jene Handlungsfolgen in Form von Nachteilen oder Vorteilen, die der Handelnde nicht selbst zu spüren bekommt. Derartige **„externalities“ können als „social costs and benefits“** sowohl bei der Produktion als auch beim Konsum auftreten. Negative externe Effekte ergeben sich beispielsweise, wenn chemische Fabriken das Flußwasser für die Ableitung giftiger Abfälle bzw. Abwässer benutzen, wodurch anderweitige Nutzungen des Flußwassers (z. B. für die Trinkwasserversorgung) unmöglich oder erschwert werden. Negative externe Effekte können jedoch nicht nur von umweltbelastenden Produktionen ausgehen, sondern auch der Staat kann derartige Umweltschädigungen - z. B. durch mangelhafte Umweltschutznormen oder eine zu lasche Kontrolle von Umweltschutzauflagen - mitverursachen. Darüber hinaus können staatliche Fehlregulierungen auch auf dem Gebiet der Wirtschaftspolitik zu negativen externen Effekten führen, deren Kosten letztlich von Dritten getragen werden müssen. Man denke z. B. an die EU-Agrarpreispolitik, die zu negativen externen Effekten in Form riesiger unabsetzbarer Produktionsmengen geführt hat, deren enorme Kosten letztlich die Verbraucher und Steuerzahler tragen müssen. Wenn der Staat Preisregulierung betreibt und die Preise über Marktpreisniveau festsetzt, bleibt regelmäßig die Nachfrage hinter dem Angebot zurück, und es kommt zu unabsetzbaren Überschüssen. Der mangelnde Ausgleich von Angebot und Nachfrage beruht hier jedoch nicht auf einem Marktversagen, sondern auf verfehlter Politik.

Beim Auftreten externer Effekte kann die **Signal- und Lenkungsfunktion von Marktpreisen** erheblich gestört sein. Gelingt es beispielsweise den Unternehmungen bestimmter Wirtschaftszweige mit umweltbelastender Produktion, einen Teil der von ihnen verursachten Umweltschutzkosten als „social costs“ auf die Allgemeinheit bzw. die öffentlichen Haushalte abzuwälzen, so spiegelt der zu niedrige Marktpreis die relativen volkswirtschaftlichen Güterknappheiten nicht oder nur verzerrt wider. Als Folge kann es zu einer Überdimensionierung der Produktionskapazitäten dieser Branchen und damit zur Entwicklung einer **suboptimalen Produktionsstruktur** in der Volkswirtschaft kommen. Zur Vorbeugung von negativen externen Effekten muß deshalb versucht werden, das **Verursacherprinzip** durchzusetzen, damit die Umweltschutzkosten in die Wirtschaftsrechnungen der Verursacher internalisiert werden. Da das Verursacherprinzip aus mancherlei Gründen - wie z. B. wegen Nichtfeststellung der Verursacher oder mangelnder Schadenszurechnung - nicht immer angewandt werden kann, bleibt dem Staat manchmal nichts anderes übrig, als angefallene Umweltschutzkosten aus öffentlichen Mitteln zu begleichen. Insoweit aufgrund umweltbelastender Produktionen potentielle Umweltschädiger greifbar sind, kann der Staat mittels einer Steuer oder Gebühr auf die Eindämmung von Schadstoffen hinwirken oder mittels gewerberechtlicher Auflagen eventuelle Umweltschäden direkt unterbinden. Regulierungen bestimmter Wirtschaftszweige können also aus Gründen des Umweltschutzes und zur Vermeidung negativer Effekte erforderlich sein.

7.2.3 Natürliche Monopole

Ein **natürliches Monopol** ist dann gegeben, wenn ein Anbieter aufgrund von Größenvorteilen (economies of scale), die aus Vorteilen der Massenproduktion resultieren, jede Nachfragemenge kostengünstiger als eine Mehrzahl von Anbietern liefern kann. Generell entstehen economies of scale, wenn bei gegebener Kapazität oder mit steigender Betriebsgröße die Stückkosten infolge zunehmender Produktionsmenge sinken. Können miteinander konkurrierende Anbieter diese Größenvorteile nicht gleichzeitig im gleichen Umfang oder überhaupt nicht realisieren, so kommt es eventuell zu einem ruinösen Preiskampf, der im Extremfall dazu führt, daß nur noch ein natürliches Monopol übrigbleibt.

Bei der Prüfung, ob kostenmäßig ein natürliches Monopol gegeben ist, wird von Größenvorteilen bzw. der **Subadditivität** ausgegangen. „Subadditivität der Kostenfunktion ist dann gegeben, wenn keine Aufteilung der Gesamtproduktion auf zwei oder mehr Unternehmen existiert, die nicht zu höheren Gesamtkosten führt als bei monopolistischer Produktion.“[140] Größenvorteile treten insbesondere bei Versorgungsnetzen in der Elektrizitäts- und Gaswirtschaft sowie im Fernmeldewesen auf, bei denen das Leitungsaufkommen und damit die Absatzmenge bis zur absoluten Vollauslastung meist unter nur geringen zusätzlichen Betriebskosten vermehrt werden kann. Manchmal ist es sinnvoll, den zu analysierenden Gesamtbereich in Teilbereiche bzw. Produktionsstufen zu zerlegen, um jeweils die unterschiedlichen Größenvorteile der Teilbereiche ausfindig zu machen. So lassen sich beispielsweise bei der Elektrizitätswirtschaft drei Produktionsstufen unterscheiden, nämlich die Stromerzeugung, der Stromtransport und die Stromverteilung. Besonders im Bereich des Stromtransportes treten mit steigender Durchsatzmenge in den Stromleitungen abnehmende durchschnittliche Produktionskosten und damit zunehmende Skalenerträge auf. Allerdings haben Liberalisierungen der Strom- und Telekommunikationsmärkte in Form der jeweiligen Netzöffnungen für den Wettbewerb, die zu beträchtlichen Preissenkungen für die Stromverbraucher und Telefonkunden geführt haben, die früheren Annahmen von natürlichen Leitungsmonopolen mit kosten- und preisreduzierenden Wirkungen zumindest zweifelhaft werden lassen.

Als Regulierungsargument wird angeführt, daß sich ein natürliches Monopol - obwohl es die gesamtwirtschaftlich kostengünstigste Position hat - nicht stets automatisch am Markt durchsetzt. So wird es als Beeinträchtigung bzw. Verhinderung der kostengünstigsten Produktion angesehen, wenn Wettbewerber sich im preislichen Windschatten des natürlichen Monopols ansiedeln und durch **„Rosinenpikken“** diesem nur die verlustbringenden Leistungen überlassen. Diese Situation kann beispielsweise dann eintreten, wenn das natürliche Monopol zum Zweck des

---

[140] J. Kruse, 1985, S. 22.

internen Ertragsausgleichs für bestimmte Erzeugnisse aus dem Produktionssortiment relativ hohe Preise zum Ausgleich für ertragsschwache Produkte oder Dienstleistungen verlangen muß. Dieses kann Wettbewerber auf den Plan rufen, die dann durch Preisunterbietung die gewinnträchtige Nachfrage an sich ziehen. Die Folge kann sein, daß dem ursprünglich natürlichen Monopol, das zur Aufschließung der Gesamtnachfrage mittels Preisdifferenzierungen auch die wenig ertragsbringende oder sogar verlustbringende Nachfrage bedient hat, kaum noch ein ertragsbringender Teil des Absatzes verbleibt. Es besteht dann die Gefahr, daß das ursprünglich natürliche Monopol seine Produktion einstellen muß, ohne daß die („rosinenpikkenden") Wettbewerber die Gesamtversorgung sicherstellen können.

Als Bremse für das Aufkommen neuer Wettbewerber können manchmal die sogenannten **versunkenen Kosten (sunk costs)** wirken, die Neulinge beim Markteintritt investieren müssen und die bei einem späteren Marktaustritt als wertlos abzuschreiben sind. Allerdings ist der Schutz etablierter Marktanbieter infolge von versunkenen Kosten ständig durch Innovationen bedroht, die Außenseitern neue Chancen zum Markteintritt und zur Wiederverwendung von Investitionen beim eventuellen Marktaustritt eröffnen.

Ist es zweifelhaft, ob tatsächlich die Voraussetzungen für ein natürliches Monopol und damit eine monopolistische optimale Versorgung vorliegen, sollte sich der Staat mit voreiligen Regulierungen - insbesondere mit der Errichtung von administrativen Markteintrittsbarrieren für potentielle Wettbewerber - zurückhalten. Die Erfahrung lehrt, daß kaum ein Monopolunternehmen, das durch staatliche Marktschließung keinem potentiellen Wettbewerb mehr ausgesetzt ist, von sich aus große Anstrengungen zur ständigen Leistungsverbesserung unternimmt. Dieses ist auch ein wesentlicher Grund dafür, daß der Staat im Falle eines natürlichen Monopols auf ständige Leistungsverbesserung achten und diese notfalls erzwingen muß.

7.2.4 Ruinöse Konkurrenz

Unter **ruinöser Konkurrenz** wird eine Preisstellung unter Gestehungskosten verstanden, die zur Ausscheidung auch von Anbietern führt, die zur Befriedigung der Nachfrage noch gebraucht werden. Ruinöse Konkurrenz wird regelmäßig auf branchenspezifische Eigenarten und **Besonderheiten der Produktion** zurückgeführt. Derartige Besonderheiten und branchenspezifische Problemfaktoren werden z. B. in der Nichtlagerfähigkeit von Verkehrsleistungen, der Unmöglichkeit der Produktvariation bei homogenen Massengütern oder der Wetterabhängigkeit der landwirtschaftlichen Erzeugung gesehen. Vor allem Branchenverbände, die eine wettbewerbsmindernde Sonderordnung für ihren Wirtschaftszweig anstreben oder verteidigen, bauen meist folgende typische Argumentationskette auf: Der Wettbewerb werde bei bestimmten Gütern und Dienstleistungen (wie z. B. bei homogenen Massengütern, standardisierten Stoffen, genormten Verarbeitungsmaterialien oder Dienstleistungen verschiedener Art) in voller Schärfe mit dem Aktionsparameter Preis ausgetragen, weil kaum Möglichkeiten zur Produktdifferenzierung und zum Qualitätswettbewerb vorhanden seien. Die Marktgegenseite erhalte eine unverhältnismäßig starke Machtstellung, weil die Nachfrager aufgrund der nahezu völligen Substituierbarkeit der Erzeugnisse die Anbieter leicht gegeneinander ausspielen und im Preis drücken könnten. Der ausschließliche Preiskampf aller gegen alle lasse die Gewinnspannen schrumpfen, was im wesentlichen nur durch Umsatzsteigerungen ausgeglichen werden könne. Umsatzausdehnung sei aber bei der Art der Erzeugnisse und des Marktes nur über weitere Preissenkung möglich. So schaukele sich das Preisniveau der betreffenden Branche immer mehr herunter und lande schließlich auf einem Niveau, das die Selbstkosten der meisten Unternehmen nicht mehr decke. Der ruinöse Preiswettbewerb bewirke nicht nur, daß leistungsschwache Grenzanbieter, sondern auch unter normalen Verhältnissen lebensfähige Unternehmen zur Produktionsaufgabe gezwungen würden. Zu den Leidtragenden gehörten dann auch die Nachfrager, die ihren Bedarf an den betreffenden Gütern nicht oder nur noch in beschränktem Maße decken könnten.

Bei näherer Analyse entpuppt sich die beschworene zwangsläufige Tendenz zu ruinöser Konkurrenz meist lediglich als **Dramatisierung des allgemeinen Wettbewerbsprozesses**. Die Tatsache, daß der Wettbewerb seine Auslesefunktion in den einzelnen Wirtschaftszweigen in unterschiedlichen Maßen und Zeitspannen - insbesondere bei fehlenden Möglichkeiten zur Produktdifferenzierung weitreichender und schneller - erfüllt, ist kein stichhaltiges Argument für wettbewerbsbeschränkende Maßnahmen. Entgegen der behaupteten Tendenz zu ruinösem Wettbewerb aufgrund der Art der Erzeugnisse ist der Preisverfall meist auf ökonomische **Fehlinvestitionen** und dadurch entstandene **Überkapazitäten** zurückzuführen. Dieses wird auch daran deutlich, daß es kaum jemals im Zuge eines Preisverfalls zu dem prophezeiten Angebotsmangel auf den Sektoren homogener Güter (wie z. B. Zement, Kalk, Massenstahl) und Dienstleistungen (wie z. B. Güterverkehrsleistungen) gekommen ist. Umgekehrt zeigten sich gerade Branchenstrukturkrisen daran, daß die Produktionskapazitäten und das Angebot die jeweilige Nachfrage weit überstiegen.

Marktversagen infolge einer angeblichen Tendenz zu ruinösem Wettbewerb kann kaum auf die Hypothese von den **Branchenbesonderheiten** gestützt werden. Jeder Wirtschaftszweig in der Volkswirtschaft hat in der Regel arteigene natürliche oder spezifisch technische Produktionsbedingungen und -probleme, die jedoch in einer marktwirtschaftlich orientierten Ordnung allein kein Anlaß für eine wettbewerbsmindernde Sonderordnung sein können. Unterschiedliche Produktionsbedingungen lassen sich meist auch nicht durch Wettbewerbsbeschränkungen beseitigen. So wird beispielsweise auch kein wettbewerbsreduzierendes Kartell der Erzeuger witterungsabhängiger Pflanzen die Sonne nach Belieben scheinen lassen können. Allenfalls wird es durch Preisabsprachen und Hochhalten der Preise eine Zeitlang die Erzeugung zur Produktionsausdehnung anregen, und zwar erfahrungsgemäß so lange, bis das Überangebot das Preiskartell zusammenbrechen läßt oder es dazu zwingt, sich in ein produktions- und angebotsbeschränkendes Quotenkartell zu verwandeln.

7.2.5 Strukturkrisen

Üblicherweise versteht man unter einer **Strukturkrise** im Produktionsbereich die Absatzlage eines Wirtschaftszweiges, die dadurch gekennzeichnet ist, daß die Produktionskapazitäten längerfristig die Nachfrage erheblich übersteigen und trotz eines Preisverfalls das Angebot sich nicht wesentlich verringert. Dieser traditionelle Strukturkrisenbegriff, der lediglich auf unternehmerische Anpassungsschwierigkeiten und langanhaltende Produktionsüberkapazitäten abstellt, erfaßt jedoch nur einen Teil der Tatbestände, die sich als Strukturkrisen einstufen lassen. Strukturkrisen können auch andere Bereiche des ökonomischen Geschehens erfassen und zu volkswirtschaftlichen Fehlallokationen der Produktionsfaktoren sowie zur Beeinträchtigung des gesamtwirtschaftlichen Wachstumsziels oder des gesellschaftlichen Wohlfahrtsziels führen. Strukturkrisen auf dem Arbeitsmarkt äußern sich in **struktureller Arbeitslosigkeit**, wobei das Arbeitskräftepotential mit der Nachfrage nach Arbeitskräften strukturell, d. h. spartenmäßig wegen nicht bedarfsgerechter beruflicher und fachlicher Ausbildung von Arbeitnehmern, nicht übereinstimmt.

Bei Strukturkrisen lassen sich **exogene und endogene Ursachen** unterscheiden. So können beispielsweise bisher ausgelastete einheimische Produktionskapazitäten aus außerwirtschaftlichem Anlaß - z. B. durch politische Warenboykotts - zu Überkapazitäten werden. Politisch festgesetzte Preise über Marktpreisniveau - wie z. B. die Agrarerzeugerpreise in der EU - oder überdosierte staatliche Investitionsprämien und Subventionen können ebenfalls sektorale Überkapazitäten induzieren. Selbst Prämien, die eigentlich dem Kapazitätsabbau dienen sollen (wie z. B. Abwrack- oder Kuhabschlachtprämien), können bei unkontrollierter Verwendung für gleichartige Neuinvestitionen einen kapazitätserhaltenden oder sogar kapazitätserhöhenden Effekt haben. Hauptsächliche Ursachen von endogen bedingten Strukturkrisen sind zum einen Fehleinschätzungen der längerfristigen Wirtschafts- und Beschäftigungsentwicklung und daraus resultierendes Fehlverhalten der Wirtschaftssubjekte und zum anderen strukturelle Anpassungshemmnisse und -probleme.

Die **endogen bedingten Strukturkrisen** lassen sich nach ihren Hauptursachen wie folgt gliedern:

- **Strukturkrisen aufgrund von Fehleinschätzungen der Absatzerwartungen:** Zu optimistische Absatzerwartungen, die besonders in konjunkturellen Boomphasen genährt werden, können mehrere oder viele Unternehmen einer Branche im Inland und im Ausland gleichzeitig zu Kapazitätserweiterungen veranlassen, die sich nach ihrer Produktionsreife als sektorale Überkapazitäten erweisen.
- **Strukturkrisen aufgrund von Fehleinschätzungen der Berufsaussichten:** Mangelhafte Informationen können Arbeitnehmer veranlassen, die künftigen Beschäftigungsmöglichkeiten in den Wirtschaftszweigen und die Berufsaussichten falsch einzuschätzen. Die Folgen von unterlassener oder zu schmaler Aus- und Weiterbildung oder das Hineindrängen in bereits überlaufene Berufe führen dann oft zu struktureller Arbeitslosigkeit.
- **Strukturkrisen aufgrund von Hemmnissen der Kapazitätsanpassung:** Technologisch können Produktionsteile so miteinander verbunden sein, daß eine Reduzierung der Produktionsanlage diese völlig wertlos machen würde. Beispielsweise wäre es unsinnig, einen Hochofen in einem Stahlwerk zu einem Drittel zu demontieren. Ökonomische Gründe können dafür sprechen, eine unverkäufliche langlebige Anlage, die kaum Pflegekosten verursacht, nur bei technologischem Rückstand oder sogar erst am Ende ihrer materiellen Lebensdauer aufzugeben. Auch zu Schleuderpreisen verkaufte und in derselben Branche verbleibende Investitionsgüter belasten weiterhin eine überhöhte Produktionskapazität des betreffenden Wirtschaftszweiges.

- **Strukturkrisen aufgrund mangelnder Mobilität der Arbeitskräfte:** Strukturelle Arbeitslosigkeit kann durch mangelnde berufliche, branchenmäßige und regionale Mobilität der Arbeitskräfte bedingt sein. In der Regel ist die Flexibilität, den Beruf, die Branche oder den Wohnort je nach Wirtschaftslage zu wechseln, begrenzt.

Strukturkrisen bereinigen sich in marktwirtschaftlich orientierten Systemen in der Regel langfristig von selbst, wenngleich meist unter ökonomischen Wachstumseinbußen und sozialen Härten. Je länger in sich dahinquälenden Anpassungskrisen knappe Ressourcen in einzelwirtschaftlich unrentablen und volkswirtschaftlich unnützen Überkapazitäten gebunden bleiben, um so größer sind die ökonomischen Wachstumsverluste und die gesellschaftlichen Wohlfahrtseinbußen. Die Strukturpolitik muß deshalb versuchen, Strukturkrisen durch vorbeugende Maßnahmen zur **Verbesserung der Anpassungsflexibilität** erst gar nicht ausbrechen zu lassen. Bei dennoch eingetretenen schwerwiegenden Strukturkrisen im Produktionsbereich besteht meist die kartellrechtliche Möglichkeit, mit Hilfe von Strukturkrisenkartellen die Überkapazitäten abzubauen. Wenn trotz dieser rechtlichen Möglichkeiten in der Praxis nur selten ein Strukturkrisenkartell zustande kommt, so liegt dieses vor allem daran, daß die potentiellen Kartellmitglieder sich nicht auf einen Kapazitätsabbauplan und dementsprechende Produktionseinschränkungen einigen können.

7.3 Politikversagen statt Marktversagen

Manche **Regulierungen**, die weniger wegen Markt- und Wettbewerbsversagens als vielmehr aus **(wahl-)politischen Gründen** eingeführt wurden, haben in der praktischen Anwendung zu offensichtlicher **Fehlallokation der Ressourcen** und zu Schädigungen des Gemeinwohls geführt. In solchen Fällen, in denen nicht der Markt, sondern die Politik versagt hat, sind Deregulierungen notwendig.

In der sektoralen Wirtschaftspolitik sind häufig belanglose Unvollkommenheiten von Branchenmärkten, die von Interessengruppen zu Markt- und Wettbewerbsversagen aufgebauscht wurden, zum Anlaß für staatliche Regulierungen genommen worden. Insofern sich die wirtschaftspolitischen Instanzen von den ergriffenen Regulierungsmaßnahmen eine qualitativ und quantitativ bessere Versorgung der Bevölkerung erhofften, sind ihre Erwartungen oft enttäuscht worden. Dieses resultiert vor allem daraus, daß mit wettbewerbsreduzierender Regulierung oft auch die Anstrengungen zur Rationalisierung und die Innovationstätigkeit in den betreffenden Branchen erlahmen. Die Folge solcher staatlichen **Fehlregulierungen** war, daß die erwartete bessere Versorgung ausblieb. Dieses veranlaßte den Staat manchmal, die Produktion in eigener Regie zu übernehmen. Aber auch der Übergang zu staatlicher Produktion brachte oft nicht den gewünschten Erfolg, und zwar insbesondere dann nicht, wenn sich infolge staatlich errichteter Markteintrittsbarrieren und fehlender potentieller Konkurrenz bei den öffentlichen Unternehmen wirtschaftlicher Schlendrian ausbreitete. Bevor aber ernsthaft Maßnahmen zur Deregulierung und Reprivatisierung in Erwägung gezogen wurden, versuchten meist die staatlichen Entscheidungsträger, durch verstärkten Protektionismus den maroden öffentlichen Unternehmen zu einem besseren Wirtschaftsergebnis zu verhelfen. Jedoch führten erfahrungsgemäß derartige **Regulierungsspiralen** letztlich immer zu volkswirtschaftlichen Wachstumsschmälerungen und gesellschaftlichen Wohlfahrtseinbußen.

Politikversagen ist auch dafür verantwortlich, daß der wachstumsnotwendige Strukturwandel zu langsam voranschreitet. So werden manche Wirtschaftszweige in der Bundesrepublik Deutschland quasi mit Dauerhilfen unterstützt, wodurch die notwendige Strukturbereinigung nur immer weiter hinausgeschoben wird. Inzwischen wird der größte Teil aller vom Staat gewährten Finanzhilfen und Steuervergünstigungen zugunsten von Branchen eingesetzt, die nicht mehr rentabel produzieren können. Die geschützten Unternehmen, die in ihren Anstrengungen zur Effizienzsteigerung erlahmen, gewöhnen sich schnell an das Schonklima der staatlichen Protektion.[141] Die Folge ist, daß knappe Produktionsfaktoren zu lange in volkswirtschaftlich ineffizienten Wirtschaftszweigen festgehalten werden und der wachstumsnotwendige Strukturwandel unterbleibt oder zumindest verzögert wird.

Ein anschauliches Beispiel für ein außergewöhnlich **kostspieliges Politikversagen**, das zu einer ständigen Überproduktionskrise geführt hat, bietet die **Agrarpolitik** der Europäischen Union. Die Regulierung der bedeutendsten Agrarerzeugnisse erfolgt über Agrarmarktordnungen, die aber in ihrer politischen Handhabung vornehmlich zur „Unordnung" der Agrarmärkte in Form von ständigen Überschüssen geführt haben.

Das System dieser **Anbieterschutzordnungen** basiert auf drei Eckpfeilern:

- **Mindestpreisgarantien** (Preisfestsetzungen durch den EU-Ministerrat)
- **Abnahmegarantien** (aufgrund staatlicher Abnahmeverpflichtungen und Interventionskäufen)
- **Außenschutz** (durch Preisheraufschleusungen bei billigeren Agrarimporten aus Nicht-EU-Ländern und Exportsubventionen in Form von Erstattungen der Differenz zwischen hohen EU-Agrarpreisen und niedrigeren Exporterlösen auf Weltmarktniveau).

Der fast lückenlose Anbieterschutz mittels Interventionskäufen, variablen Importabschöpfungen und Exporterstattungen im Handel mit Drittländern hat zu einem überhöhten Binnenpreisniveau für Agrarerzeugnisse geführt. Von dem künstlich **überhöhten Preisniveau** gehen einerseits **permanente Anreize zu Produktionssteigerungen** aus, andererseits dämpfen die relativ hohen Verbraucherpreise die Nachfrage nach landwirtschaftlichen Erzeugnissen. Da bei diesem Regulierungssystem die Landwirte über (Welt-)Marktniveau liegende Verkaufspreise erzielen können und die staatliche Abnahme von nicht absetzbaren Mengen garantiert ist, lohnt es sich für die landwirtschaftlichen Betriebe, soviel wie nur irgend möglich zu produzieren. Oftmals wird am Markt vorbei direkt für die staatlichen Ankaufsstellen produziert. Die **systembedingte Produktionsfehlleitung** hat immer wieder zu Produktionsüberschüssen geführt, so daß die staatlichen Ankaufsstellen teilweise riesige Mengen von nicht am Markt absetzbaren Agrarerzeugnissen (insbesondere Butter, Magermilchpulver, Zucker, Weichweizen sowie Rind- und Kalbfleisch) unter Inkaufnahme hoher Interventionskosten einlagern mußten. Zeitweise haben die Interventionskosten - die Kosten der Lagerung, Wartung, De-

[141] Vgl. J. B. Donges, 1985, S. 128.

naturierung, Verwaltung sowie eventueller Ausfuhrerstattung - den Warenwert der eingelagerten Agrarerzeugnisse übersteigen. Es wäre also für den Staat billiger gewesen, die Landwirte zu **Agrarpensionären** zu machen und ihnen für die Nichtproduktion die ersparten Interventionskosten auszuzahlen. Dann wäre der **ökonomische Irrsinn** offenkundig geworden. Ferner sind die **einkommensmäßigen Diskrepanzen** in der Landwirtschaft nicht geringer, sondern systembedingt eher größer geworden, weil der kleinere bäuerliche Familienbetrieb von dem produktionsorientierten Stützungssystem weit weniger profitiert als der landwirtschaftliche Großbetrieb mit einer umfangreicheren Produktion. Die bereits begonnenen Beschränkungen der staatlichen Abnahmegarantien auf Teilgebieten - z. B. durch Einführung von Kontingenten bei der Abnahme von Milch sowie die Möglichkeit zur Aussetzung von staatlichen Interventionskäufen bei Überschreitung einer bestimmten Angebotsmenge von Butter - sind erste Schritte, die zwar produktionsmäßig in die richtige Richtung, aber überwiegend zu Lasten der kleineren bäuerlichen Familienbetriebe gehen. Soll am agrarpolitischen Ziel der Stützung bäuerlicher Familienbetriebe festgehalten und gleichzeitig die Fehlentwicklung der landwirtschaftlichen Produktion korrigiert werden, so bedarf es einer grundlegenden Umgestaltung des Fördersystems. So könnte der **Übergang zu personengebundenen und produktionsunabhängigen Einkommenstransfers** aus Steuermitteln dazu führen, daß in der europäischen Landwirtschaft nicht mehr am Markt vorbeiproduziert wird und tatsächlich nur die bäuerlichen Familienbetriebe gestützt werden. Zudem führt langfristig kein Weg daran vorbei, das - gemessen an den Weltmarktpreisen für Agrarprodukte - überhöhte Binnenpreisniveau in der EU zu senken, wenn ein Gleichgewicht zwischen Angebot und Nachfrage hergestellt werden soll.

Gemeinwohlschädigendes Politikversagen kann auf Fehlregulierungen und auf **Regulierungsmißbrauch** beruhen. Letzteres liegt beispielsweise vor, wenn wirtschaftspolitische Instanzen ohne sachliche Notwendigkeit und hauptsächlich zum Zwecke eigener Kompetenzerweiterung Regulierungsmaßnahmen zum Schutz eines bestimmten Wirtschaftszweiges ergreifen. Obwohl hier objektiv ein Regulierungsmißbrauch vorliegt, wird natürlich der begünstigte Wirtschaftszweig die Regulierungsmaßnahmen stillschweigend begrüßen und seine Begünstigung möglichst nicht ins öffentliche Bewußtsein dringen lassen. Es ist deshalb dringend geboten, die Transparenz von Regulierungen zu erhöhen.

7.4 Verhältnismäßigkeit der Regulierungsmittel

Nachdem die Entscheidung für die Regulierung eines bestimmten Wirtschaftsbereiches gefallen ist, bedarf es der Auffindung geeigneter, d. h. zieladäquater Regulierungsmittel. Dabei muß grundsätzlich das **Prinzip der Verhältnismäßigkeit** der Mittel beachtet werden. So dürfen in einer marktwirtschaftlich orientierten Ordnung regulierungsmäßige Eingriffe in die Markt- und Wirtschaftsprozesse **in keinem Mißverhältnis zum angestrebten Zweck** stehen. Es muß also nach Mitteln gesucht werden, mit denen sowohl das Regulierungsziel erreicht werden kann als auch der Markt- und Preismechanismus nicht oder notfalls am wenigsten eingeengt wird. Erfahrungsgemäß beachten die Regulierungsbehörden diesen Grundsatz häufig nicht und greifen auch dann **zu unverhältnismäßig starken Eingriffsin-**

strumenten, wenn sich der Regulierungszweck durchaus mit weniger einschneidenden Mitteln erreichen läßt. Sie werden dazu meist von den Interessenorganisationen der regulierten Wirtschaftsbereiche gedrängt, die ein starkes Interesse an möglichst weitgehenden und zugunsten ihrer Mitglieder wirkenden Wettbewerbsbeschränkungen haben. Da die Regulierungsbehörden sich in der Regel als Betreuer der von ihnen zu beaufsichtigenden Wirtschaftszweige fühlen, neigen sie dazu, deren Anliegen stets wohlwollend zu beachten und die Wünsche möglichst zu befriedigen, und zwar selbst dann, wenn dieses offensichtlich zu Lasten des Gemeinwohls oder anderer Gruppen geht. Zwar werden Regulierungen regelmäßig mit dem öffentlichen Interesse begründet, doch setzen sich in der Regulierungspraxis meist die Partialinteressen der von Regulierungen begünstigten Branchen und Gruppen durch. Da in der Bundesrepublik Deutschland als Regulierungsbehörden durchweg nachgeordnete Dienststellen im Zuständigkeitsbereich eines Ministers fungieren, können die Interessengruppen auch indirekt über die Politik die Regulierungspolitik beeinflussen.

Die Neigung der Regulierungsbehörden, das Prinzip der Verhältnismäßigkeit der Mittel unbeachtet zu lassen und wettbewerbsbeschränkende oder -ausschließende Regulierungsmaßnahmen zu bevorzugen, resultiert auch aus ihrem Bestreben, die aus der Dynamik von Wettbewerbsprozessen herrührenden ständigen Veränderungen und neuartigen Situationen auszuschalten. Die regulierenden Instanzen betrachten oft den **Wettbewerb als ständigen Unruheherd**, der ihre auf Überschaubarkeit der Marktverhältnisse und Konstanz der Verhaltensmuster ausgerichtete Politik immer wieder durcheinander bringt. Deshalb versuchen Regulierungsbehörden, den Wettbewerb so weit wie möglich auszuschalten oder eingedämmt zu halten, um zu einer weitgehend konstanten Regulierungspolitik zu gelangen oder eine eingefahrene (und behördlicherseits meist als bewährt klassifizierte) Regulierungsstrategie fortsetzen zu können.

Eine plausible Regulierungsbegründung sagt noch nichts darüber aus, ob und inwieweit ergriffene Regulierungsmaßnahmen zielkonform waren sowie organisatorisch rationell und kostengünstig durchgeführt worden sind. Oft mangelt es der Regulierungsbürokratie an den notwendigen Informationen, um die richtigen Eingriffe zum richtigen Zeitpunkt und in angemessener Dosierung durchführen zu können. Nicht selten lassen Kosten-Nutzen-Analysen offenkundig werden, daß ein **riesiger Kostenaufwand für den bürokratischen Regulierungsapparat** in keinem angemessenen Verhältnis zum eher spärlichen Nutzen der Regulierung steht. Es gibt also vielfältige Anlässe für Politikversagen, die eventuelle Deregulierungen in Form einer Auflockerung oder der gänzlichen Beseitigung von ergriffenen Regulierungsmaßnahmen zweckmäßig erscheinen lassen.

7.5 Aufgaben und Ansätze der Deregulierungspolitik

Unter **Deregulierung** wird oft Verschiedenes verstanden, indem der Begriff zum einen für den **Abbau staatlicher Regulierungen** und zum anderen als Synonym für **Entbürokratisierung und Verwaltungsvereinfachung** bei staatlichen Instanzen verwendet wird. Während beispielsweise für behördliche Baugenehmigungen Vereinfachungen von Antrags- und Genehmigungsverfahren bedeutungsvoll sind, geht es bei der Deregulierung auf wirtschaftspolitischem Gebiet um den Abbau staatlicher Regulierungen, die bestimmte Wirtschaftsbereiche der marktwirtschaftlichen Steuerung mehr oder weniger entzogen haben. Insbesondere sollen Wirtschaftssektoren liberalisiert werden, bei denen der Markteintritt durch **Mengenregulierung** beschränkt oder die marktwirtschaftliche Steuerung durch **Preisregulierung** unterbunden worden ist. Primäre Aufgabe der **Deregulierungspolitik** ist es, staatliche Regulierungen, die mittlerweile entbehrlich geworden sind, abzuschaffen und Regulierungen, deren Eingriffsintensität über das erforderliche Maß hinausgeht, zu reduzieren. Dementsprechend konzentriert sich die Deregulierungspolitik auf die **Überprüfung** der Stichhaltigkeit von Regulierungsargumenten sowie auf das Auffinden von **Wegen zur Deregulierung**. Dabei hat sich herausgestellt, daß sich die meisten Regulierungen weniger auf die typischen wirtschaftstheoretischen Argumente für einen jeweiligen Regulierungsbedarf stützen, als vielmehr auf wahl- und parteipolitischen Opportunitäten basieren. **Anlaß für Regulierungen sind** vielfach nicht Markt- und Wettbewerbsversagen, sondern **primär wahlpolitisch motivierte Gruppenbegünstigungen**. Im Rahmen einer parlamentarischen Demokratie und ausgeprägten Gruppengesellschaft wird vorwiegend deshalb reguliert, weil sich die Politiker von der Schaffung oder Aufrechterhaltung gruppenbegünstigender Sonderregelungen einen Zugewinn oder eine Erhaltung von Wählerstimmen versprechen. Dereguliert wird dagegen meist nur dann, wenn sich **breite Wählerschichten** gegen sie **belastende Regulierungen** zur Wehr setzen und dementsprechend Stimmenverluste bei den nächsten politischen Wahl drohen. Erfahrungsgemäß sind jedoch breite Wählerschichten ziemlich uninformiert über Regulierungsmaßnahmen, die sie nicht unmittelbar betreffen, aber dennoch letztlich als Steuerzahler und/oder Konsumenten belasten. Dieses ist ein wesentlicher Grund für das Phänomen der **Dauerhaftigkeit von Regulierungen**. Einmal ergriffene Regulierungsmaßnahmen bleiben oft über lange Zeiträume unangetastet, weil die Regenten wegen der Uninformiertheit und Uninteressiertheit breiter Wählerschichten kaum einen Wahlnutzen und auch keine nennenswerte persönliche Ansehenssteigerung von einem Abbau erwarten. Im Gegenteil, ein Abbau würde massive Auseinandersetzungen mit den privilegierten Gruppen heraufbeschwören und möglicherweise zum Verlust deren Stimmen bei der nächsten Wahl führen, während kaum ein Stimmengewinn aus dem Potential der uninformierten Masse zu erwarten ist. Nur wenn vielen Wählern bewußt wird, daß sie von Regulierungen zugunsten bestimmter Anbietergruppen belastet werden, erhält im Falle von dadurch ausgelösten Protesten die Politik Anstöße zum Abbau von Regulierungen. Eine wesentliche Schlußfolgerung für die **Deregulierungspolitik** läßt sich dahingehend ziehen, daß sich die Chancen für den Abbau oder die Auflockerung von Regulierungen mit zunehmender Transparenz und mit steigendem Bewußtsein über die Betroffenheit erhöhen.

Damit Deregulierungen überhaupt in Angriff genommen werden, ist es äußerst wichtig, Institutionen zu finden oder zu installieren, die Regulierungen **sachneutral überprüfen** sowie auch willens und durchsetzungsfähig sind, entbehrliche **Regulierungen abzubauen**. Von den Regulierungsbehörden zu erwarten, daß sie die Regulierungen ständig auf sachliche Notwendigkeit überprüfen und eventuell Bereiche ihres Betätigungsfeldes aufgeben, ist illusionär. Infolge der Neigung der Regulierungsbehörden zu **unheiligen Allianzen** mit den regulierten Wirtschaftszweigen und Berufsgruppen sind vielfach überflüssige und das Allgemeinwohl beeinträchtigende Regulierungen entstanden, die zur Deregulierung anstehen. Es ist deshalb dringend geboten, den **Regulierungsmißbrauch** durch eine effektive **Kontrolle der Regulierungsbehörden** zu unterbinden und diese zu veranlassen, sachlich unnötige Regulierungen aufzuheben. Schon allein die Erfassung und die Offenlegung der vielfältigen Regulierungsmaßnahmen - wie es in den Berichten der deutschen Deregulierungskommission geschieht - kann eine quasi kontrollierende und Regulierungsmißbrauch vorbeugende Wirkung entfalten. Die wirtschaftspolitischen Entscheidungsträger sind dann nämlich gezwungen, zu den Berichten öffentlich Stellung zu nehmen und gegebenenfalls bei Ablehnung von Deregulierungsvorschlägen stichhaltige Begründungen für die Aufrechterhaltung von Regulierungen zu liefern.

7.5.1 Strukturwandelbedingte Deregulierung

Häufig stellte sich bei Überprüfungen von Regulierungen heraus, daß diese infolge eines stattgefundenen **Strukturwandels** inzwischen entbehrlich geworden sind. Aufgrund des technischen und ökonomischen Strukturwandels rückten die traditionellen wettbewerblichen Ausnahme- und Regulierungsbereiche - insbesondere die Energiewirtschaft, das Verkehrswesen, die Telekommunikation sowie die Landwirtschaft - in das Zentrum der Deregulierungsdebatte. So führte beispielsweise der rasante Strukturwandel auf dem Gebiete der **Telekommunikation**, der durch die Entwicklung neuer Techniken (wie z. B. Kabelfernsehen, Bildfernsprechen) vorangetrieben worden ist, immer wieder zu Auseinandersetzungen über das Fernmeldemonopol und die alleinige Netzträgerschaft der nationalen Postverwaltungen. In zunehmendem Maße wurde in den westeuropäischen Ländern das absolute **Fernmeldemonopol der Post**, das sich oft auch auf die Bereitstellung und Vermietung der Endgeräte erstreckte, als Hemmschuh für eine ökonomisch optimale Nutzung der neuen und alten Telekommunikationsmittel angesehen. Insbesondere wurde dem staatlichen Fernmeldemonopol im Bereich der Bereitstellung und Installation von Endgeräten angelastet, daß es die wünschenswerte Produktvielfalt verhindere, lange Verzögerungen bei der Einführung von Innovationen heraufbeschwöre und zu überhöhten Anschaffungs- und Mietpreisen für Endgeräte führe. So wurden mit der **Poststrukturreform** von 1989 in der Bundesrepublik Deutschland zunächst einige Telekommunikationsdienste (z. B. Mobilfunk und Datenübertragung) und der **Endgerätemarkt** dem Wettbewerb geöffnet, während das Fernmeldenetz und der Telefondienst der damaligen Deutschen Bundespost (ab 1995 Deutsche Telekom AG) vorbehalten blieben. Entsprechend den Beschlüssen des Ministerrates der EU ist ab 1998 der Zugang zu den Telekommunikationsnetzen in der EU geöffnet worden. Seitdem müssen sich die bisherigen Monopolisten im öffentlichen Telefondienst der Konkurrenz, die auch eigene Telefonnetze errichten darf, stellen. Allerdings zeigen die Erfahrungen in verschiedenen Ländern, daß ein Fernmeldemonopol, auch wenn es gesetzlich nicht mehr geschützt ist, aufgrund seiner flächendeckenden Infrastruktur weiterhin als **marktbeherrschendes Unternehmen** fortbesteht. Insoweit die marktstarken Unternehmen im **alleinigen Besitz von Leitungsnetzen** sind, müssen sie daran gehindert werden, durch überzogene Preise für die Netzmitbenutzer potentiellen Konkurrenten den **Markteintritt** zu verwehren.

Insbesondere vom **Gemeinschaftsrecht der EU**, das die Märkte innerhalb der Gemeinschaft für den Wettbewerb öffnet, geht ein ordnungspolitisch heilsamer Zwang aus, Regulierungen in den Mitgliedsländern abzubauen. So hat auch die **europäische Stromrichtlinie**, welche auf die Deregulierung leitungsgebundener Energiemärkte (Strom und Gas) abzielt, dazu geführt, daß in der Bundesrepublik Deutschland das **Energiewirtschaftsgesetz** von 1935 neu gefaßt worden ist. Mit dem ab 1998 geltenden Deutschen Energierecht wurden die traditionellen **Gebietsmonopole bei Strom und Gas** beseitigt. Zentrales Instrument für den Wettbewerb ist die Öffnung der vorhandenen Netze auch für Dritte, welche die **Durchleitung von Energie** durch fremde Leitungsnetze gewährleisten soll. Dadurch soll die freie Wahl des günstigsten Energieproduzenten für jeden Abnehmer ermöglicht werden. Das neue Energierecht eröffnet jedem einen Rechtsanspruch auf Netzzugang, und zwar zu **diskriminierungsfreien Bedingungen**. So darf das geforderte Entgelt des Netzinhabers für die Energiedurchleitung anderer nicht höher als der für unternehmens- und konzerneigene Lieferungen in Rechnung gestellte sein. Die Möglichkeiten, im Einzelfall die Durchleitung zu verweigern, sind eng begrenzt und an strenge Voraussetzungen gebunden. Obwohl die ehemaligen regionalen Energiemonopolisten manchmal versuchen, die Durchleitung mit dem Argument des Kapazitätsengpasses zu verweigern, hat sich ein Wettbewerb entwickelt, der insbesondere die **Preise beim Industriestrom** verbilligt hat. Allerdings behielten die alten Energieversorger, die ihre ehemals durch Konzessions- und Demarkationsverträge abgesicherte regionale Monopolstellung verloren haben, bisher eine **überragende Marktstellung** insbesondere bei der Energieversorgung der Haushalte. Dagegen zeichnet sich bereits ein harter **Konkurrenzkampf** um neue **Groß-Kunden** außerhalb der ehemaligen Monopolgebiete ab, der meist über **Kampfpreise** ausgetragen wird.

In der Bundesrepublik Deutschland hat eine Verteidigungsallianz zwischen **verkehrspolitischen Entscheidungsträgern** und **Interessenvertretern der Verkehrswirtschaft** jahrzehntelang jede Deregulierungsabsicht im Keim erstickt. Dabei diente zur Abwehr von Deregulierungen vor allem die absurde **„Besonderheitentheorie des Verkehrs“**, der zufolge der gewerbliche Verkehr angeblich Besonderheiten (wie z. B. die Nichtspeicherfähigkeit der Verkehrsleistungen und eine geringe Preiselastizität der Verkehrsnachfrage) aufweist, welche angeblich insgesamt eine ausgeprägte **Tendenz zu ruinösem Wettbewerb** bedingen, die durch staatliche Preis- und Mengenregulierungen unterbunden werden müsse. Eine **wissenschaftliche Überprüfung**[142] kam zu dem Ergebnis, daß es sich bei den angeblichen Besonderheiten des Verkehrs in Wirklichkeit nur um Produktions- und Markteigenheiten handelt, wie sie in vielen anderen Produktionszweigen und besonders in Dienstleistungsgewerben vorkommen. Da keine der sogenannten Besonderheiten für sich ein Hindernis für die Anwendung marktwirtschaftlicher Ordnungsgrundsätze im Verkehr darstellt, kann auch eine Addition der Faktoren nicht eine Notwendigkeit zur Regulierung des Verkehrs bedingen. Obwohl somit **kein wissenschaftlich begründbarer Anlaß** bestand, wurde die noch aus der Zeit der **Weltwirtschaftskrise** der 30er Jahre stammende Verkehrsregulierung aufrechterhalten und ausgebaut. Allerdings unterminierte der technische und ökonomische **Strukturwandel** das System der Verkehrsregulierung sukzessive immer mehr. So

---

[142] Vgl. H.-R. Peters, 1966.

wurde der eigentliche Zweck der Verkehrsregulierung, der primär im **Schutz der Staatsbahn** vor der Konkurrenz des Personen- und Güterverkehrs der Straße bestand, nicht erreicht. Infolge der **Ausbreitung des Individualverkehrs** verloren die Bundesbahn sowie auch der öffentliche Personennahverkehr ihre einstmals dominierende Stellung auf dem Sektor der Personenbeförderung. Auch im **Güterverkehr** schrumpfte seit Jahrzehnten der **Marktanteil der Eisenbahn**, obwohl die Verkehrspolitik verschiedene Regulierungsmaßnahmen zur Eindämmung der Substitutionskonkurrenz ergriffen hatte. Es zeigte sich, daß die zugunsten der Staatsbahn erdachten Regulierungen des Straßengüterverkehrs - wie insbesondere die **Koppelung der Tarife des gewerblichen Güterfernverkehrs an den Eisenbahngütertarif** sowie die **Kontingentierung** der Genehmigungen für die Ausübung des Güterfernverkehrs mit Lastwagen - die erhofften Wirkungen nicht entfalteten. Paradoxerweise machten die Regulierungen, die den gewerblichen Straßengüterverkehr zur **geschlossenen Zunft** werden ließen, diesen Verkehrszweig unbeabsichtigt zum **stärksten Konkurrenten** der Staatsbahn. Zudem unterliefen **Umgehungspraktiken**, wie insbesondere die Bildung von **Leistungskombinationen** aus preisgebundenen und preisungebundenen Bestandteilen, die Preisregulierung im Güterverkehr, so daß das System der Verkehrsregulierung immer mehr zerfiel. Dennoch bedurfte es erst eines **Urteils des Europäischen Gerichtshofs**, in dem dieser 1985 die Durchsetzung der **Dienstleistungsfreiheit** auch im Verkehr forderte, um die längst fällige Deregulierung in der Verkehrswirtschaft in Gang zu setzen. Da eine **Liberalisierung** des **grenzüberschreitenden Verkehrs** zwischen den Mitgliedstaaten nicht ohne Auswirkung auf die nationale Verkehrsregulierung bleiben konnte, wurde in der Bundesrepublik Deutschland ein **Tarifaufhebungsgesetz** erlassen, das die **Preisbindungen** der **innerstaatlichen Verkehrsleistungsentgelte** aller Verkehrsträger zum 1.1.1994 aufhob. Inzwischen ist auch die **Angebotskontingentierung** im gewerblichen Straßengüterfernverkehr entfallen, weil seit 1998 **Kabotagefreiheit** für alle in der EU ansässigen Verkehrsunternehmen herrscht. Der Zugang zum Transportmarkt ist lediglich noch an EU-einheitliche **subjektive Zulassungsvoraussetzungen**, wie z. B. die Zuverlässigkeit des Transportunternehmers, geknüpft. Mit der Deregulierung, insbesondere der Tarifaufhebung, erfolgte ein **wettbewerbsinduzierter Preiseinbruch**, der die Transportunternehmen zu durchgreifenden **Rationalisierungen** und **Kostensenkungen** zwang. Jedoch trat die von den Vertretern der **„Besonderheitentheorie des Verkehrs“** behauptete ständige Tendenz zu ruinöser Konkurrenz nicht auf, sondern die Preiserholung folgte - wie in anderen Wirtschaftsbereichen - mit dem Konjunkturaufschwung. Die **Marktpreise** im Transportgewerbe **schwanken** je nach **Konjunkturlage** und **Transportnachfrage**, ohne daß gravierende Unterschiede zum übrigen Bereich der Wirtschaft feststellbar sind.

7.5.2 Deregulierung zur Eindämmung der Schattenwirtschaft

Ein weiterer Impuls zur Deregulierung wird vielfach aus dem rapiden Anwachsen der sogenannten **Schattenwirtschaft** abgeleitet. In den marktwirtschaftlich orientierten Industrieländern läßt sich ein Strukturwandel besonderer Art an dem Phänomen beobachten, daß immer mehr ökonomische Tätigkeiten aus dem Licht der fiskalisch und statistisch erfaßten regulären Wirtschaft in den Schatten der **privaten Untergrundwirtschaft** und der **bedarfsorientierten Selbstversorgungswirt-**

schaft verlagert werden. So entstanden mit zunehmender Regulierungsdichte sowie steigenden steuerlichen und sozialen Abgaben in der regulären Wirtschaft quasi parallel dazu Schattenwirtschaften, deren Wertschöpfungen bei der Berechnung des Bruttosozialproduktes wegen Nichterfaßbarkeit oder Verheimlichung außer Ansatz bleiben und deren Leistungen sich der Besteuerung sowie sozialer Abgabenverpflichtungen entziehen. Besonders die Wertschöpfungen aus **Schwarzarbeit** bleiben deshalb verborgen, weil die Wirtschaftssubjekte bestimmten Steuer- und Sozialabgaben oder unliebsamen bau- und gewerberechtlichen Anforderungen und Auflagen entgehen wollen. Der Schattenwirtschaft werden meist vorwiegend negative Auswirkungen zugeschrieben. So wird angeführt, daß bei Ausdehnung der Schattenwirtschaft Arbeitsplätze im regulären Sektor der Wirtschaft vernichtet werden und damit die Arbeitslosigkeit in der Volkswirtschaft ansteigt. Ferner würden Steuern und Sozialabgaben hinterzogen sowie Arbeitsschutzvorschriften und eventuelle Schadenersatzansprüche unterlaufen. Die Verbände der regulären Wirtschaft beklagen insbesondere, daß ihren Mitgliedsfirmen Umsätze entgehen. Nicht selten behaupten sie sogar, daß dadurch eine effektive Schmälerung des Bruttosozialproduktes bedingt ist. Nun dürfte jedoch zweifelsfrei sein, daß beispielsweise eine Selbstversorgung der Konsumenten und der damit verbundene Umsatzverlust einer Branche noch keine Schmälerung der volkswirtschaftlichen Wertschöpfung bedeuten muß. Allerhöchstens läßt sich konstatieren, daß die statistische Erfassung der Eigenleistung der Selbstversorger bei der Berechnung des Bruttosozialproduktes nicht gelingt. Eine Reduzierung der erwerbsmäßigen Untergrundwirtschaft kann sogar dazu führen, daß sich die volkswirtschaftliche Wertschöpfung und das Bruttosozialprodukt vermindern. Dieses ist immer dann der Fall, wenn aufgrund einer **sklerotisch gewordenen Marktstruktur** bestimmte Branchen der regulären Wirtschaft ihre Angebots- und Preisflexibilität verloren haben und sich kaum mehr dem Strukturwandel sowie veränderten Marktbedingungen anpassen können. Dann geht die ehemalige Wertschöpfung der eingedämmten Untergrundwirtschaft nicht auf die reguläre Wirtschaft über, sondern unterbleibt überhaupt.

Erfahrungsgemäß gedeihen die Selbstversorgungswirtschaft und die erwerbsmäßige Untergrundwirtschaft immer dann, wenn die reguläre Wirtschaft durch externe Hindernisse (z. B. durch Staatseingriffe) oder durch eigene Unbeweglichkeit an marktmäßiger und struktureller Anpassungsfähigkeit eingebüßt hat. Somit kann in einer Volkswirtschaft mit **Überregulierung** und verkrusteten Markt- und Produktionsstrukturen sogar eine flexible und **leistungsfähige Schattenwirtschaft als Korrektiv** wirken und zur Befriedigung einer sonst unerfüllt bleibenden Nachfrage dienen. Soll jedoch die Schattenwirtschaft - sei es aus Gründen der Rechtsgleichheit und der Steuergerechtigkeit oder zur Vermeidung von Wettbewerbsverzerrungen - eingedämmt werden, so sind neben adäquaten Kontrollmaßnahmen zur Verhinderung illegaler Praktiken vor allem Verbesserungen der Rahmenbedingungen und ein **Abbau belastender Regulierungen im Bereich der regulären Wirtschaft** angebracht. Ansatzpunkte für derartige Deregulierungen, welche die Attraktivität des Angebotes der regulären Wirtschaft (wieder) stärken können, sind vor allem Vereinfachungen und Entlastungen im Steuer-, Arbeits- und Sozialrecht sowie generell eine Reduzierung der den Unternehmungen auferlegten vielfältigen staatlichen Bürokratielasten.

8. Kapitel
Konjunktur- und stabilitätspolitische Konzeptionen

8.1 Keynesianische Konzeption

8.1.1 Theoretischer Ansatz von Keynes

Die von John Maynard Keynes (1883-1946) in seinem Hauptwerk „The General Theory of Employment, Interest and Money"[143] entwickelte Konzeption entstand auf dem Hintergrund der Weltwirtschaftskrise der Jahre 1929 bis 1932. In dieser weltweiten Wirtschaftskrise kam es zu einer nahezu vollständigen Lähmung der unternehmerischen Investitionstätigkeit, die zu einer bis dahin nicht gekannten Massenarbeitslosigkeit führte. Als trügerisch erwies sich die Annahme der klassisch-liberalen Theorie, das sich bei freier Konkurrenz einspielende Preis-, Lohn- und Zinsniveau führe stets zur Vollbeschäftigung der Produktionsfaktoren. Zweifelhaft wurde die Gültigkeit des **Sayschen Theorems**, dem zufolge das Angebot seine eigene Nachfrage schafft, indem alle produzierten Güter mit dem im Produktionsprozeß verdienten Einkommen aufgekauft werden.

Keynes bemängelte an der klassischen Theorie, daß sie die Vollbeschäftigung aller Produktionsfaktoren voraussetze und deshalb nur auf eine spezielle Wirtschaftssituation anwendbar sei. Er beabsichtigte dagegen, eine **allgemeine Theorie** zu schaffen, was ihm jedoch auch nicht gelang. So geht er bei seinem **short-run-approach** von der Annahme einer konstanten Produktionstechnik aus, weil nur so der volkswirtschaftliche Beschäftigungsgrad von der effektiven Güternachfrage und nicht auch vom technischen Fortschritt abhängt. Keynes stellt zwar nicht prinzipiell die Tendenz zum Gleichgewicht in der Marktwirtschaft, wohl aber die von der klassischen Theorie angenommene ständige Tendenz zum Gleichgewicht bei Vollbeschäftigung in Frage. Seines Erachtens existiert in marktwirtschaftlichen Systemen eine **Tendenz zum Gleichgewicht bei Unterbeschäftigung**, die es zu beseitigen gilt. Nach Keynes nimmt der Hang zum Verbrauch bei zunehmendem Einkommen relativ ab, so daß die Voraussetzungen des Sayschen Theorems zu einem mehr oder weniger großen Teil unerfüllt bleiben. Zwar vermehren die Haushaltungen mit steigendem Einkommen in der Regel ihren Verbrauch, aber nicht im vollen Maße dieser Steigerung. Es wird **gespart**, wodurch eine **Nachfragelücke** entsteht. Sinkende Nachfrage, die pessimistische Absatzerwartungen verstärkt, kann zur Arbeitslosigkeit führen. Bei der Annahme einer Nachfragelücke ging Keynes davon aus, daß keine Identität zwischen Sparen und Investieren besteht. Hierbei stützte er sich auf die Erfahrung, daß Sparer und Investoren meist nicht identisch sind und keineswegs alle Sparbeiträge zu Investitionen verwandt werden. Nach Keynes ist der **Zinsfuß** keine Belohnung für das Sparen oder den Konsumverzicht,

---

143 Vgl. J. M. Keynes, 1936. Die Bezeichnung „Allgemeine Theorie" soll die Allgemeingültigkeit der Keynesschen Theorie zum Ausdruck bringen, wogegen die klassische Theorie, die eine ständige Tendenz zur Vollbeschäftigung annimmt, nach Auffasung von Keynes nur in Spezialfällen gültig ist.

sondern primär die Belohnung für den zeitweisen Verzicht auf Liquidität. Für die Investitionsentscheidungen der Unternehmer spielen deren **Absatzerwartungen** und Beurteilungen der Ertragsaussichten die entscheidende Rolle, wobei als Maßstab die **Grenzleistungsfähigkeit des Kapitals** (d. h. des Verhältnisses zwischen dem voraussichtlichen Ertrag einer weiteren Kapitaleinheit und dem gegenwärtigen Preis der Kapitaleinheit) dient.

Pessimistische Ertragserwartungen werden insbesondere der **Abnahme des Hanges zum Verbrauch** bei relativ hohem Lebensstandard zugeschrieben. Zudem wird angenommen, daß bei hohem Stand der Kapitalausrüstung die Investitionsmöglichkeiten schrumpfen. Nach der Stagnationsthese bleiben in reifen Volkswirtschaften mit relativ hohem Einkommensniveau die Investitionen hinter dem Sparvolumen zurück. Somit sind die mangelnde Konsum- und Investitionsgüternachfrage letztlich der Grund für unausgelastete Produktionskapazitäten, mangelnde Neuinvestitionen und Arbeitslosigkeit.

Die **Hauptelemente der Keynesschen Theorie** stellen sich schematisch folgendermaßen dar:

Hauptelemente der Keynesschen Theorie

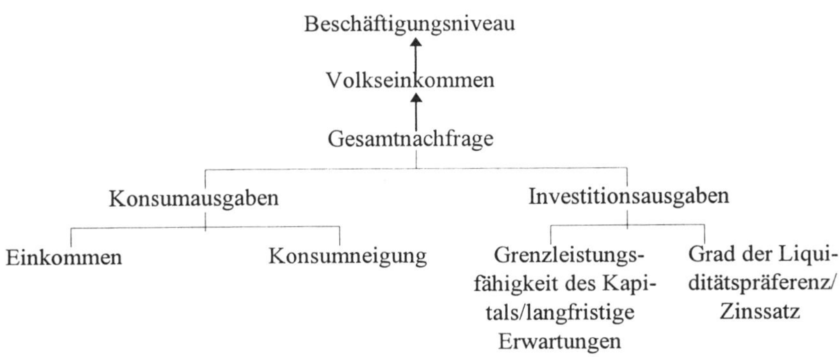

Das Beschäftigungsniveau hängt entscheidend von der Höhe des Volkseinkommens und dieses von der effektiven Gesamtnachfrage ab. Die Gesamtnachfrage setzt sich aus Konsum- und Investitionsausgaben zusammen. Der Konsum wird vom Einkommen und der Konsumneigung bestimmt. Die Investitionsentscheidungen sind maßgeblich abhängig von der Grenzleistungsfähigkeit des Kapitals in Verbindung mit den langfristigen Erwartungen und dem Grad der Liquiditätspräferenz, die u. a. vom Zinssatz mitbestimmt wird.

8.1.2 Investitionsmultiplikator

Wirtschaftspolitischer Dreh- und Angelpunkt der Keynesschen Lehre ist die staatliche Anregung der effektiven Gesamtnachfrage. Dabei wird mit einem Multiplikatoreffekt gerechnet.

Der Investitionsmultiplikator keynesianischer Prägung läßt sich wie folgt darstellen:

Es wird gefragt, um wieviel das Volkseinkommen Y zunimmt, wenn die Nettoinvestition I um den Betrag ΔI erhöht wird und der autonome Konsum Ca sowie die marginale Konsumquote c konstante Größen sind.

Wird das Volkseinkommen Y definiert als Summe der Konsumausgaben C und der Investitionsausgaben I, so gilt

(1) $$Y = C + I$$

Wird ferner eine lineare Konsumfunktion angenommen, so gilt

(2) $$C = Ca + cY$$ [144]

Wird C in Gleichung (1) durch Ca + cY aus Gleichung (2) ersetzt, so gilt

(3) $$Y = Ca + cY + I$$

Eine autonome, d. h. vom Volkseinkommen unabhängige Erhöhung der Nettoinvestition I um ΔI erhöht auch das Volkseinkommen und die Konsumausgaben. Es gilt

(4) $$Y + \Delta Y = Ca + cY + c\Delta Y + I + \Delta I$$

Zur Ermittlung der Volkseinkommenserhöhung ΔY muß die Gleichung (3) von Gleichung (4) abgezogen werden. Es ergibt sich dann:

(5) $$\Delta Y = c\Delta Y + \Delta I$$
oder $$\Delta Y - c\Delta Y = \Delta I$$
oder $$\Delta Y\ (1-c) = \Delta I$$
oder

(6) $$\Delta Y = \frac{1}{1-c}\Delta I$$

Die Erhöhung der Nettoinvestition um den Betrag ΔI führt also im Endeffekt zu einer Zunahme des Volkseinkommens, die ein Mehrfaches der Investitionserhöhung beträgt. Die Zunahme des Volkseinkommens ist gleich dem Multiplikator M mal dem Investitionszuwachs ΔI

$$\Delta Y = M\Delta I$$

---

[144] Die Gleichung bringt zum Ausdruck, daß der Konsum sich zusammensetzt aus der Summe des autonomen Konsums, d. h. des von der Höhe des Einkommens unabhängigen Mindestkonsums für das physische Existenzminimum, und des Konsums, der von der Höhe des Einkommens abhängt. Nach dem fundamental-psychologischen Gesetz von Keynes wird angenommen, daß bei steigendem Einkommen auch der Konsum wächst, aber in geringerem Maße als das Einkommen. Hierbei ist die marginale Konsumneigung bzw. -quote c - Keynes nennt das den Grenzhang zum Verbrauch - von entscheidender Bedeutung. Die marginale Konsumneigung gibt an, welcher Teil einer zusätzlichen Einkommenseinheit für Konsum ausgegeben wird. Es gilt also

$$c = \frac{\Delta C}{\Delta Y}$$

Unter der Annahme, daß alles, was nicht gespart, verbraucht wird, müssen sich marginale Konsumquote und marginale Sparquote zu 1 ergänzen

$$c + s = 1; \text{ wobei } s = \frac{\Delta S}{\Delta Y} \text{ ist.}$$

Da s = 1 - c ist, läßt sich die Gleichung (6) auch in der Form ausdrücken

$$\Delta Y = \frac{1}{s} \Delta I$$

Der Investitionsmultiplikator M ist also der reziproke Wert (Umkehrwert) der marginalen Sparquote

$$M = \frac{1}{s} = \frac{1}{\frac{\Delta S}{\Delta Y}}$$

Die folgende Tabelle zeigt den Volkseinkommenszuwachs bei einer einmaligen Erhöhung der autonomen Nettoinvestition von 100 Millionen DM und einer marginalen Konsumquote von 0,8 und dementsprechend einer marginalen Sparquote von 0,2.

Periode	ΔI	ΔC	ΔS	ΔY
1	100			100
2		80	20	80
3		64	16	64
4		51,2	12,8	51,2
5		41	10,2	41
6		32,8	8,2	32,8
↓				
n = ∞	0	0	0	0
Σ		400	100	500

Der einmalige Investitionsstoß erhöht in der ersten Periode das Volkseinkommen um den vollen Betrag der zusätzlichen Investition, also um 100 Millionen DM. Bei der angenommenen marginalen Konsumquote von 0,8 geben dann die Empfänger der aus dem Investitionsstoß resultierenden zusätzlichen Einkommen in der nächsten Periode 80 Millionen DM zusätzlich für den Konsum aus, wodurch sich das Volkseinkommen in der zweiten Periode immerhin noch um 80 Millionen erhöht. Der Endzustand ist dadurch charakterisiert, daß die Summe der aus dem zusätzlichen Einkommen gesparten Beträge gleich dem Betrag des einmaligen Investitionsstoßes ist. Im vorliegenden Fall ist der Multiplikator 5,

$$M = \frac{1}{s} = \frac{1}{0{,}2} = 5.$$

Das Volkseinkommen hat sich also um das Fünffache des einkommensverursachenden Investitionsstoßes, also um 500 Millionen, erhöht. Festzustellen ist, daß der Investitionsmultiplikator um so größer ist, je größer die marginale Konsumquote bzw. je kleiner die marginale Sparquote ist. Zu erkennen ist ferner, daß die einmalige Investitionserhöhung in ihrer einkommenserhöhenden Wirkung von Periode zu Periode schwächer und die Multiplikatorwirkung schließlich Null wird. Theoretisch verliert der einmalige Investitionszuwachs erst nach unendlich vielen, praktisch aber schon nach relativ wenigen Perioden seine einkommenserhöhende Wirkung. Eine dauerhafte Erhöhung des Volkseinkommens kann also durch einen einmaligen Investitionsstoß nicht erreicht werden. Dieses ist nur möglich, wenn **ständig neue Investitionsstöße** erfolgen.

Der hier beleuchtete modellhafte Investitionsmultiplikator spielt in der Konjunkturpolitik Keynesscher Prägung wegen seines Einkommenseffektes eine große Rolle. Dagegen rechnen strukturpolitische Maßnahmen vor allem mit den Kapazitätseffekten zusätzlicher Investitionen, die einen Zuwachs des Sachkapitals bewirken. Während die Multiplikatorwirkung einer zusätzlichen Ausgabe des Privat- oder Staatssektors multiplikative Einkommenssteigerungen erzeugt, regen nach dem **Akzeleratorprinzip**[145] die aus den Einkommenssteigerungen resultierenden Konsum - bzw. Absatzsteigerungen auch die Investitionstätigkeit der Unternehmer an. Keynes, der die Wirkungen zusätzlicher Nachfrage nach Kapitalgütern auf das Volumen des Volkseinkommens analysiert, stellt das Multiplikatorprinzip in den Mittelpunkt seiner Beschäftigungstheorie und expansiven Beschäftigungspolitik. Die langfristigen strukturellen Aspekte der Investitionstätigkeit werden von Keynes vernachlässigt, obgleich er die möglichen Ursachen und Folgen von Überkapazitäten und Produktionsengpässen beachtet. So rechnet er mit Verstärkereffekten der Investitionstätigkeit bzw. mit Akzeleratorwirkungen durch psychologische und produktionstechnische Faktoren. Die **Illusion des Aufschwungs**, die durch überoptimistische Erwartungen hinsichtlich der künftigen Erträge von Kapitalgütern genährt wird, führt zu Überkapazitäten und damit zu Fehlinvestitionen. „Wenn die Enttäuschung kommt, macht diese Erwartung einem entgegengesetzten ‚Irrtum aus Pessimismus' Platz"[146], der letztlich zur Lähmung der Investitionstätigkeit und zu größerer Arbeitslosigkeit führt. Produktionsengpässe können aus den unterschiedlichen Elastizitäten der Produktion verschiedener Wirtschaftszweige resultieren. Nach Keynes kann es in einzelnen Wirtschaftszweigen zu einer Überforderung der Produktionskapazitäten und damit zu „Flaschenhälsen" kommen, die Preissteigerungen auslösen und somit zur Ablenkung der Nachfrage in andere Richtungen beitragen. Da in der Realität konjunkturelle und strukturelle Phänomene und Folgen häufig miteinander verquickt sind, bietet die Keynessche Theorie auch nützliche Anhaltspunkte hinsichtlich möglicher psychologischer Ursachen und konjunkturbedingter Verstärkereffekte für strukturelle Probleme.

---

[145] Der Franzose Albert Aftalion (1874-1956) entdeckte, daß eine Zunahme der Konsumgüternachfrage, die sich in steigenden Konsumgüterpreisen niederschlägt, zu optimistischen Absatzerwartungen und zu verstärkter Investitionstätigkeit der Unternehmer führt. Das Akzeleratorprinzip drückt sich in Beschleunigungen der Expansion oder der Kontraktion im Investitionsgüterbereich aus, die durch Auftriebs- oder Schrumpfungstendenzen im Konsumgüterbereich induziert sind.

[146] J. M. Keynes, 1974, S. 272.

8.1.3 Konjunkturpolitische Aufgaben des Staates

Keynes sieht den Hauptgrund für mangelnde Beschäftigung und Arbeitslosigkeit in der Volkswirtschaft in der **unzureichenden Gesamtnachfrage**, die sich infolge Nachfrageausfalls bei überschüssiger Ersparnis über die Investitionsgüternachfrage ergibt. Somit wird bei Unterbeschäftigung die effektive Gesamtnachfrage zur strategischen Größe, die in staatliche Nachfrageimpulse umgesetzt werden muß. Wenn die Wirtschaftstätigkeit zu erlahmen droht, soll der Staat seine Investitionstätigkeit und die **öffentlichen Aufträge** an die Privatwirtschaft verstärken. Damit soll Beschäftigungsrückgängen vorgebeugt und die Vollbeschäftigung gesichert werden. Bei Beschäftigungseinbrüchen, die zu unausgelasteten Produktionskapazitäten geführt haben, sind zunächst Nachfrageimpulse ohne kapazitätserweiternden Effekt angebracht. Steht der Einkommenseffekt im Vordergrund, so sind selbst solche unproduktiven Investitionen, wie z. B. der Bau von Pyramiden, wohlstandsmehrend.

Keynes befürwortet eine Politik des billigen Geldes, der Kreditexpansion und des **deficit spending**. Obwohl seines Erachtens die Investitionstätigkeit in bestimmten Situationen durch einen niedrigen Zins gefördert werden kann, hält er die Beeinflussung des Zinssatzes bei weitem nicht für ausreichend, um eine volkswirtschaftlich optimale Investitionsrate zu erzielen. Zum einen können bei ausgeprägter Liquiditätsvorliebe geringfügige Zinsänderungen wirkungslos bleiben und zum anderen wird bei unausgelasteten Kapazitäten ein noch so niedriger Zins kaum Neuinvestitionen bewirken. Keynes gibt der **antizyklischen Fiskalpolitik** den Vorrang, weil durch Variation der Staatsausgaben die Nachfrage unmittelbar beeinflußt werden kann. Dagegen hält er die **Geldpolitik**, die nur mittelbar über eine Änderung der Zinssätze und der Geldmenge auf das Beschäftigungsniveau wirken kann, für weniger durchschlagskräftig.

Die Keynessche Theorie, die wegen ihrer Diagnose des gesamtwirtschaftlichen Gleichgewichts bei Unterbeschäftigung gelegentlich als **Depressionslehre** charakterisiert wird, hat nachhaltigen Einfluß auf die Aufgabenstellung der staatlichen Wirtschaftspolitik gehabt. Zur Erreichung der Vollbeschäftigung, die sich nach Ansicht von Keynes in der Regel nicht beim freien Spiel der Marktkräfte von selbst einstellt, muß die staatliche Wirtschaftspolitik durch **„demand management"** für Auslastung der Produktionskapazitäten und Sicherung der Arbeitsplätze sorgen. Im Gegensatz zum klassischen Liberalismus und auch zum ordoliberalen Leitbild wird dem Staat also auf ökonomischem Gebiet neben der Ordnungsfunktion auch eine aktive Rolle und **Gestaltungsfunktion im Wirtschaftsablauf** zugewiesen.

8.1.4 Schwachstellen der Keynesianischen Konzeption

Die Keynessche Theorie, die Arbeitslosigkeit makroökonomisch mit einem Mangel an Gesamtnachfrage in der Volkswirtschaft erklärt und Unterbeschäftigung mittels antizyklischer Fiskalpolitik verhindern will, geriet vor allem in die Kritik, als die Anwendung dieser Rezeptur ohne Erfolg blieb. Zwar gelang es mittels zusätzlicher öffentlicher Aufträge, die Wirtschaftstätigkeit - wenngleich nur selten bis zur Vollauslastung der Produktionskapazitäten - anzuregen, aber die so bewirkten Konjunkturaufschwünge waren oft nur von kurzer Dauer, brachten meist einen

Anstieg der Inflationsrate und der **Staatsverschuldung** mit sich und ließen regelmäßig einen **Sockel an Arbeitslosigkeit** bestehen. Die Keynessche Erklärung, der zufolge Unterbeschäftigung in der Volkswirtschaft allein durch Mangel an Güternachfrage bewirkt wird, wurde vor allem fragwürdig, weil häufig **selbst bei guter Konjunkturlage** beträchtliche **Arbeitslosigkeit fortbestand**. Als Erklärung wurde angeführt, daß es neben konjunktureller auch **strukturelle Arbeitslosigkeit** gibt, die insbesondere durch mangelnde Qualifikation der Arbeitskräfte verursacht wird. Zudem gewann die (neo-)klassische Erklärung von Arbeitslosigkeit durch zu hohe Arbeitskosten wieder an Glaubwürdigkeit, besonders als sich nach relativ hohen Lohnabschlüssen der Tarifvertragsparteien, die über Produktivitätssteigerungen hinausgingen, eine inverse Beziehung zwischen Lohnhöhe und Beschäftigungsvolumen zeigte.

Gegen das keynesianische Konzept der Konjunkturanregung und Beschäftigungssteigerung mittels zusätzlicher öffentlicher Aufträge und deficit spending werden hauptsächlich **drei Einwände** vorgebracht: Das **time-lag-Argument**, das **crowding-out-Argument** und das **Strohfeuer-Argument**. Erfahrungsgemäß beansprucht die Vorbereitung, politische Beratung und administrative Durchführung eines Konjunkturprogramms viel Zeit, so daß oft die konjunkturelle Wirkung erst einsetzt, wenn sich die Konjunktur bereits wieder im Aufschwung befindet oder sogar einem neuen Boom zustrebt. Im letzteren Fall wirken dann die Konjunkturmaßnahmen infolge des time-lag **nicht antizyklisch** - wie beabsichtigt -, **sondern prozyklisch**. Zudem kann die Mehrnachfrage des Staates, wenn diese Preiserhöhungen auf den Märkten bewirkt, zur **Verdrängung von privater Nachfrage** führen. Ein crowding-out-Effekt tritt auch ein, wenn die Finanzierung der öffentlichen Zusatzaufträge über **Steuererhöhungen** erfolgt, die den **Steuerzahlern Kaufkraft entziehen**. Der gleiche Effekt entsteht im Falle der Finanzierung der Staatsnachfrage durch **Kreditaufnahme**, wenn die **Kreditzinsen** steigen und deshalb **private Investitionen unterbleiben**. Manchmal verfehlen Konjunkturprogramme ihr Ziel, weil sie sachlich und zeitlich zu knapp bemessen sind und nur ein kurzes **konjunkturelles Strohfeuer** entfachen. Konjunkturmaßnahmen, die eine rezessionsbedingt niedrige Kapazitätsauslastung nur geringfügig erhöhen, haben kaum beschäftigungssteigernde Wirkung, weil häufig erst bei Vollauslastung und notwendigen Erweiterungsinvestitionen neue Arbeitskräfte eingestellt werden. Um einen kumulativen Prozeß auszulösen, müssen die **Impulse** der konjunkturpolitischen Maßnahmen **so groß sein**, daß sie einen **sich selbst verstärkenden Aufschwung** bewirken. Dabei muß allerdings bedacht werden, daß die Wirtschaftssubjekte einer beabsichtigten und voraussehbaren Konjunkturanregung nach keynesschem Muster durch **vorbeugende Verhaltensweisen** viel von ihrer Wirkung nehmen können. So führt erfahrungsgemäß eine mit Sicherheit **zu erwartende Investitionszulage** vor Beschlußfassung der politisch-staatlichen Entscheidungsträger **zur Investitionszurückhaltung** bei den Unternehmungen und nach Einführung der Investitionsprämie vielfach zu **Mitnahmeeffekten ohne zusätzliche Investitionsimpulse**. Eine weitere Problematik resultiert daraus, daß die politisch-staatlichen Instanzen zwar in der Rezession häufig Konjunkturanregung mittels deficit spending betreiben, aber es in der **Hochkonjunktur versäumen**, einen Teil der dann wieder reichlicher fließenden Steuereinnahmen für den Abbau der Verschuldung zu verwenden und einen weiteren Teil einer **Konjunkturausgleichsrücklage zuzuführen**. Die Folge ist, daß in der nächsten Rezessionsphase die Konjunkturmaßnahmen wieder über zusätzliche Kreditaufnahmen oder neuerliche Steueranhebungen finanziert werden müssen, woraus sich im Laufe der Zeit Schuldenspiralen und leistungsmindernde hohe Steuerlasten entwickeln können.

8.2 Monetaristische Konzeption

8.2.1 Theoretischer Ansatz der Chicagoer Schule

Im Gegensatz zur keynesianischen Theorie, die von einer systembedingten Instabilität des privaten Sektors und eines daraus resultierenden Trends zur Unterbeschäftigung in der Marktwirtschaft ausgeht, bestreitet die **monetaristische Theorie,** daß der private Sektor destabilisierend wirkt. Die Monetaristen, an der Spitze Milton Friedman und die Chicagoer Schule, gehen von der **Stabilität des privaten Sektors** aus und sehen im funktionsfähigen Marktmechanismus die Garantie, daß die Pläne der Wirtschaftssubjekte optimal koordiniert werden, mit der Folge eines permanenten Trends zur Vollbeschäftigung der Produktionsfaktoren. Störungen des Wirtschaftsablaufs bzw. extreme Beschäftigungsschwankungen werden ihres Erachtens primär durch den öffentlichen Sektor und hier insbesondere durch **Staatseingriffe** verursacht. Aus der Stabilitätsthese, der zufolge sich der private Sektor selbst stabilisiert, folgt, daß dieser vor exogenen Schocks aus dem öffentlichen Sektor bewahrt werden muß.

Friedman versucht, wesentliche Hypothesen der Keynesschen Theorie zu widerlegen. So bestreitet er die Aussagekraft der Keynesschen Konsumfunktion, der zufolge die Konsumausgaben von den laufenden Einkommen der privaten Haushalte abhängen und somit Einkommensänderungen direkt und sofort die Konsumnachfrage verändern. Statt dessen geht Friedman von der Vermögens- und **Dauereinkommens-Hypothese** aus, nach der die Konsumausgaben vom vorhandenen Vermögen und den dauerhaften Einkommen abhängig sind. Demnach wird eine kurzfristig angelegte Konjunkturanregung, z. B. durch einmalig zusätzliche öffentliche Aufträge, kaum erfolgreich sein, weil die Wirtschaftssubjekte das zusätzlich verfügbare Einkommen nur als transitorisch betrachten und auch aufgrund ihrer kaum veränderten Vermögenslage ihren Konsum nicht steigern werden.

8.2.2 Neoquantitätstheorie

Anknüpfend an die Vorstellungen der Klassiker entwickelten die Monetaristen eine **Neoquantitätstheorie**, wobei sie insbesondere den Transmissionsmechanismus, der den Zusammenhang zwischen Änderungen im monetären Bereich und deren Auswirkungen auf den Gütersektor sowie das Preisniveau herstellt, beschrieben haben.

Nach Vorstellung der Klassiker, die aufgrund des Sayschen Theorems von einer vollbeschäftigten Wirtschaft ausgehen, beeinflußt eine Geldmengenänderung in gleichem Maße das Preisniveau. Die klassische Quantitätstheorie erklärt jedoch nicht die Wirkungsweise des Transmissionsmechanismus, d. h. wie sich eine Geldmengenänderung auf das Preisniveau überträgt. **Irving Fisher** hat später die klassische Quantitätstheorie mit der Aufstellung der sogenannten **Verkehrsgleichung** verfeinert, die wie folgt lautet:

GxU = PxH.

Ein Kausalzusammenhang zwischen den Faktoren unterstellt, führt eine Zunahme der Geldmenge (G) im gleichen Umfang zu einer Steigerung des Preisniveaus (P), wenn das Handelsvolumen (H) und die Umlaufgeschwindigkeit des Geldes (U) ziemlich konstant sind, wie dieses im Fall einer vollbeschäftigten Wirtschaft häufig zutrifft.

Ansatzpunkt der monetaristischen Transmissionsanalyse sind die Bestimmungsfaktoren der Nachfrage nach Geld bzw. Realkasse. Danach ist die **Nachfrage nach Geld**, das als eine von mehreren Vermögensformen angesehen wird, abhängig von[147]

- **dem Gesamtvermögen**, das sich aus fünf Vermögensformen zusammensetzt: Geld, Obligationen, Aktien, Sachkapital und Human-Kapital (die Einbeziehung des Human-Kapitals wird für erforderlich gehalten, weil dieses für viele Menschen das wichtigste Vermögensgut ist);
- **den Präferenzen** der Wirtschaftssubjekte bezüglich der Vermögensaufteilung;
- **den erwarteten Erträgen** der Vermögensobjekte;
- **dem Nutzen** (nicht monetärem Vorteil) der Geld- bzw. Kassenhaltung (z. B. jederzeitige Liquidität).

Diese Geldnachfragetheorie gilt hauptsächlich für die vermögenbesitzenden Haushalte, während die Unternehmen das Geld primär als Produktionsfaktor (ebenso wie Produktionsanlagen) ansehen. Die Haushalte sind bestrebt, die Bestände an verschiedenen Vermögensformen so zu gestalten, daß Erträge und Nutzen des Gesamtbestandes maximiert werden. Nach monetaristischer Auffassung ist die Beziehung zwischen Kassenhaltung und den anderen Vermögensarten stabil, weil die Wirtschaftssubjekte (bei gegebenem Realeinkommen[148]) eine bestimmte reale Kasse zu halten wünschen.

Die Höhe der nominalen Geldmenge wird nach Friedman im wesentlichen von der Zentralbank - also exogen - festgelegt, während die reale Geldmenge (das ist die mit dem Preisniveau „deflationierte" nominale Geldmenge) von den Wirtschaftssubjekten - und somit endogen - bestimmt wird. Die Wirtschaftssubjekte entscheiden mit der Höhe der von ihnen gewünschten realen Kassenhaltung gleichzeitig auch über ihre Ausgaben und bestimmen dadurch (bei gegebenem Güterangebot) die Höhe des Preisniveaus. In der Volkswirtschaft herrscht **monetäres Gleichgewicht**, wenn bei gegebenem Preisniveau die reale Geldmenge der von den Wirtschaftssubjekten gewünschten realen Kassenhaltung entspricht. Änderungen der Geldmenge stören das monetäre Gleichgewicht und die zuvor erreichte optimale Vermögensstruktur, so daß Umschichtungen und Anpassungen bei den Wirtschaftssubjekten ausgelöst werden. Der Anpassungsprozeß wird von einem **Transmissionsmechanismus**, der die monetären Impulse in den realwirtschaftlichen Bereich überträgt, gesteuert.

---

[147] Vgl. M. Friedman, 1976, S. 106.

[148] Die reale Kassenhaltung pro Kopf der Bevölkerung ist eine Funktion des realen Pro-Kopf-Einkommens.

Zur Verdeutlichung sei angenommen, daß die Zentralbank die Mindestreservesätze senkt, wodurch sich die verfügbare Geldmenge der Geschäftsbanken erhöht. Die bei den Kreditinstituten entstandene Überschußkasse, die nicht mehr der optimalen Vermögensaufteilung entspricht, veranlaßt die Banken zu vermehrten Käufen von Wertpapieren. Die verstärkte Wertpapiernachfrage führt zu Kurssteigerungen mit der Folge, daß die Renditen der Wertpapiere sinken. Dieses veranlaßt wiederum die privaten Wertpapierbesitzer, ihre Vermögensbestände in der Weise umzuschichten, daß sie mehr Sachwerte erwerben. Die verstärkte Nachfrage nach Sachwerten führt auch hier zu Preissteigerungen und/oder Produktionsausdehnungen im Konsum- und Sachgüterbereich. Kommt es infolge der erhöhten Nachfrage vorwiegend zu Preissteigerungen, vermindert sich der Realwert der gegebenen nominalen Geldmenge. Löst dagegen die verstärkte Nachfrage hauptsächlich Produktionssteigerungen und damit eine Steigerung des realen Volkseinkommens aus, so erhöht sich die gewünschte reale Kassenhaltung. In beiden Fällen führt also der **Transmissionsmechanismus** zu Anpassungsvorgängen und letztlich zu einem **neuen Gleichgewicht**, das die Übereinstimmung zwischen realer Geldmenge und gewünschter Kassenhaltung gewährleistet.

Der **Transmissionsmechanismus** stellt sich demnach als eine Kette von Transaktionen dar, die durch eine Geldmengenvermehrung und überschüssige Kassenhaltungen ausgelöst werden und sich infolge Veränderungen der relativen Preise von finanziellen und realen Vermögensobjekten sowie eines neuen Optimierungskalküls der Wirtschaftssubjekte solange fortsetzt, bis ein neues monetäres Gleichgewicht und eine allseits optimale Vermögensstruktur entstanden sind.

Zusammenfassend läßt sich feststellen: Ausgangspunkt für die monetaristische Erklärung des Transmissionsprozesses ist das Streben aller Wirtschaftssubjekte nach einer **ertragsmaximierenden Vermögensstruktur**. Damit werden Anpassungsprozesse im Vermögensbestand zum entscheidenden Element für die Übertragung monetärer Impulse in den realwirtschaftlichen Bereich. Da in der Realität die Verhaltenshypothese, der zufolge alle Wirtschaftssubjekte jederzeit rational handeln und ihre Vermögensbestände ertragsmäßig maximieren und nutzungsmäßig optimieren, nicht für alle zutrifft, ist der unterstellte enge Zusammenhang zwischen monetären Impulsen und realwirtschaftlichen Folgewirkungen nicht exakt gesichert. „Erschwerend kommt noch hinzu, daß nicht für alle Vermögensbestandteile interne Zinssätze bestimmbar sind. Kalkulierbar sind Ertragssätze allenfalls für Finanzaktiva, Investitionsgüter und andere langlebige Sachaktiva. Für den größten Teil der Konsumgüter dürfte der interne Zinssatz als Entscheidungsgrundlage kaum eine Rolle spielen, sofern er sich überhaupt kalkulieren läßt."[149]

8.2.3 Stabilitätspolitische Aufgaben des Staates

Nach monetaristischer Auffassung werden Anregungen der volkswirtschaftlichen Aktivität hauptsächlich durch monetäre Impulse und weniger durch fiskalische Maßnahmen (sofern sie mit keiner Änderung der Geldmenge verbunden sind) ausgelöst. Die Monetaristen gehen von einem **Staatsversagen in der Fiskalpolitik** aus. Ihrer Ansicht nach schafft der Staat, wenn er die Staatsausgaben erhöht und

[149] H. Friedrich, 1983, S. 168.

deshalb als Nachfrager zusätzlich auf dem Geld- und Kreditmarkt auftritt, kaum eine Mehrnachfrage auf den Märkten. Im wesentlichen ersetzt er lediglich die vorher private durch eine staatliche Nachfrage, wodurch der private vom staatlichen Sektor verdrängt wird **(Crowding-out-Effekt)**.

Eine expansive Geldmengenpolitik kann die Wirtschaftstätigkeit ankurbeln und/oder das Preisniveau erhöhen. Herrscht in der Volkswirtschaft Vollbeschäftigung und lassen sich keine Produktionsausdehnungen mehr bewerkstelligen, so schlagen sich Änderungen der Geldmenge proportional im Preisniveau nieder. Nach monetaristischer Lehre bleibt das Preisniveau stabil, wenn die Geldmenge dem Produktionspotential entspricht. Deshalb plädieren die Monetaristen dafür, zur Wahrung der Preisniveaustabilität und zur Verstetigung des Wirtschaftswachstums die Geldmenge an der Wachstumsrate des realen Sozialprodukts auszurichten.

Die Monetaristen begreifen Inflation als ein längerfristiges monetäres Phänomen, dessen Ursache eine zu hohe Geldmengensteigerung im Verhältnis zum Wachstum der Güterproduktion ist. Deshalb kann man nach ihrer Meinung die **Inflation** langfristig nur mit einer strengen Regelbindung des Geldvolumens wirkungsvoll bekämpfen. Bemerkenswert ist, daß die Geldpolitik - trotz ihrer anerkannten monetären Impulse - als Mittel zur ständigen Konjunkturstabilisierung abgelehnt wird. Begründet wird dieses damit, daß die Geldpolitik häufig nur mit langen Verzögerungen wirksam wird, wodurch eine antizyklisch beabsichtigte Geldsteuerung u. U. prozyklisch wirken kann. Ferner besteht die Gefahr, daß kurzfristige und abrupte Änderungen der Geldpolitik negative Wirkungen auf das Investitionsverhalten und andere planungsrelevante Entscheidungen privater Wirtschaftssubjekte haben. Geldmengensteuerung bedeutet im monetaristischen Sinne also nur **Festlegung eines potentialorientierten Geldvolumens**. Von der Verstetigung der Geldangebotspolitik wird eine inflationsfreie gesamtwirtschaftliche Entwicklung erwartet, so daß die Fiskalpolitik keynesianischer Prägung als Konjunkturstabilisator entbehrlich wird.

Entsprechend der monetaristischen These von der Fähigkeit des privaten Sektors zur Selbststabilisierung resultieren Ungleichgewichte auf den Märkten und ökonomische Fehlentwicklungen primär aus Behinderungen des Marktmechanismus, und zwar vor allem durch Eingriffe des Staates. Die stabilitätspolitische Therapie besteht deshalb vorrangig im **Abbau institutioneller Hemmnisse und überflüssiger Regulierungen** sowie in Förderung der Anpassungsflexibilität der Wirtschaftssubjekte an die Marktgegebenheiten und den Strukturwandel, um die Funktionsfähigkeit des Marktmechanismus zu verbessern.

8.2.4 Schwachstellen der Monetaristischen Konzeption

Ein Schwachpunkt des monetaristischen Ansatzes liegt in der **einseitigen vermögenstheoretischen Ausrichtung**. Zwar dürfte es zutreffen, daß die Nachfrageentscheidungen privater Haushalte nach Geld und Gütern maßgeblich von den jeweiligen Vermögensbeständen (vor allem auch vom permanenten Einkommen) bestimmt werden, aber für Unternehmen ist eine solche ausschließliche Orientierung am Vermögen bei Entscheidungen über Geldnachfrage und Investitionen oftmals zweifelhaft. Die Wirtschaftsgeschichte kennt viele Neugründungen von Unternehmungen, die praktisch ohne Geld- und Sachvermögen nur aufgrund einer Idee (die dann konsequent vermarktet worden ist) entstanden sind und sich mit Hilfe von Fremdkapital entwickelt haben.

Probleme können sich aus der monetaristischen Geldmengenregelung ergeben, wenn es infolge unzutreffender Vorausschätzungen der künftigen Wirtschaftsentwicklung zu **Fehlbemessungen der nominalen Geldmenge** und dadurch eventuell zu ökonomischen Fehlentwicklungen kommt. Bei der Festlegung des Geldvolumens nach der Geldmengenregel, die sich nach dem erwarteten Produktionspotential richtet, müssen auf jeden Fall Veränderungen in der Kapazitätsauslastung des Produktionspotentials und Änderungen der Umlaufgeschwindigkeit des Geldes berücksichtigt werden. Ferner darf die meist unvermeidbare Preissteigerungsrate im Zuge des ökonomischen Wachstumsprozesses bei der Festsetzung der Geldmenge nicht unbeachtet bleiben. Wenn als Zielgröße die Zentralbankgeldmenge zugrunde gelegt wird, kann es geschehen, daß durch Geldtransaktionen und Finanzierungsformen, die nicht im Geldvolumen der Zentralbank berücksichtigt sind, die Geldmengenziele der Zentralbank unterlaufen werden.

Da die Monetaristen eine langfristig **konstante Umlaufgeschwindigkeit des Geldes** annehmen, wird verkannt, daß sich bei einer Geldmengenverknappung die Umlaufgeschwindigkeit erhöhen kann, wodurch eine restriktive Festlegung der Geldmenge stabilitätspolitisch wirkungslos wird.

8.3 Konzeption der Globalsteuerung

8.3.1 Theoretischer Ansatz von Schiller

Die **Konzeption der Globalsteuerung**, die in der Bundesrepublik Deutschland ihren rechtlichen Niederschlag im Stabilitäts- und Wachstumsgesetz (StWG) von 1967 gefunden hat, ist maßgeblich von **Karl Schiller** (1911-1994) als Wirtschaftswissenschaftler geprägt und später als Bundeswirtschaftsminister praktiziert worden. Das Konzept ist - in der Formulierung von Schiller - der Versuch „einer sinnvollen Synthese zwischen dem Freiburger Imperativ des Wettbewerbs und der keynesianischen Botschaft der Steuerung der effektiven Gesamtnachfrage“[150]. Mit anderen Worten, es soll die **wettbewerbszentrierte Ordnungspolitik der Freiburger Schule** der Nationalökonomie mit der prozeßpolitischen **Konjunktursteuerung keynesianischer Prägung** verbunden werden. Demnach liegt das theoretische Fundament, auf dem Schiller seine Konzeption aufbaut, im makroökonomischen Bereich vor allem in der **Theorie der antizyklischen Konjunktursteuerung** von John Maynard Keynes. Ob jedoch sein Konzept im mikroökonomischen Teil mit den Ordnungsvorstellungen der Freiburger Schule übereinstimmt, ist mehr als zweifelhaft. Schon allein die erstrebte Synthese zwischen Wettbewerbs- und Globalsteuerung distanziert das Schillersche Konzept vom Leitbild der Ordoliberalen, die aufgrund des Primats der Ordnungspolitik der Wettbewerbssteuerung den Vorzug geben. Entgegen der Skepsis der ursprünglichen Ordoliberalen gegenüber gemischten Steuerungssystemen hält Schiller eine **Kombination** von wettbe-

[150] K. Schiller, 1967, S. 49.

werblicher **Marktsteuerung und Globalsteuerung**, die sich auf eine quantitative Orientierungsplanung stützt, für möglich und zur Erreichung gesamtwirtschaftlicher Stabilitäts- und Wachstumsziele für notwendig. Mit Schillers Worten ist das Konzept folgendermaßen strukturiert: „Für die Regelung der einzelwirtschaftlichen Beziehungen ist der Wettbewerb das adäquate Mittel, damit die Kombination der Produktionsfaktoren tendenziell in Übereinstimmung mit den Konsumentenwünschen und in optimaler Kostenlage erfolgt. Die Steuerung über diese doppelte Rechenoperation genügt aber nicht, um gewisse gesamtwirtschaftliche Ziele (magisches Dreieck usw.) zu erreichen. Hierzu bedarf es der planvollen makroökonomischen Beeinflussung der Kreislaufgrößen. Die optimale Zuordnung der Lenkungsmittel besteht demnach in der kombinierten Anwendung des Prinzips der Selbststeuerung für die Mikrorelationen und der Globalsteuerung für die Makrorelationen. Hier ist also logisch kein Widerspruch gegeben; selbstverständlich kann es in der Realität Widersprüche geben."[151] Ist demnach das Konzept der globalgesteuerten Marktwirtschaft - so könnte man fragen - nur in der Theorie als Denkmodell widerspruchsfrei? Gerät eine Wirtschaftspolitik, die auf diesem Leitbild basiert, etwa in der Praxis in fortwährende Widersprüche?

Die Konzeption der **Globalsteuerung** enthält im wesentlichen folgende **Konzeptionselemente**:[152]

- **Eine quantitative Orientierungsplanung** makroökonomischer Kreislaufgrößen in Form von Zielprojektionen, die auf prognostischem Fundament ökonomisch realistische und wirtschaftspolitisch wünschbare Entwicklungslinien für Konjunktur und Wachstum aufzeigen sollen.
- **Eine permanente antizyklische Globalsteuerung** in Orientierung an der indikativen Makroplanung mit dem Ziel, die Wirtschaftsentwicklung zu verstetigen und die gesamtwirtschaftlichen Stabilitäts- und Wachstumsziele weitestmöglich und gleichzeitig zu erreichen.
- **Eine stärkere Instrumentalisierung des Wettbewerbs** für die Erreichung eines angemessenen Wirtschaftswachstums bei prinzipieller Aufrechterhaltung der Entscheidungsfreiheit der Wirtschaftssubjekte und der Marktkoordinierung im mikroökonomischen Bereich.
- **Eine Beteiligung gesellschaftsrelevanter Gruppen** an der Vorformung einer stabilitäts- und wachstumsorientierten Wirtschaftspolitik im Rahmen institutionalisierter Konzertierter Aktionen.

8.3.2 Markt- und Globalsteuerung

Nach dem **Leitbild der Globalsteuerung** soll die Steuerung der **einzelwirtschaftlichen Relationen** der **Selbststeuerung des Marktes** im Rahmen der Ordnungspolitik überlassen bleiben, während die **volkswirtschaftlichen Kreislaufgrößen** (wie z. B. Beschäftigungsgrad, Investitionsvolumen, Lohnquote, Volkseinkommen) mittels **Wirtschafts- und Finanzpolitik** beeinflußt und indirekt gesteuert werden sollen. Für die Beeinflussung der makroökonomischen Größen des gesamtwirtschaftlichen Prozesses bedarf es Orientierungsmarken, die in Form von **Ziel-**

---

[151] Derselbe, 1966, S. 21.

[152] Vgl. H.-R. Peters, 1976, S. 149 ff.

projektionen aufgestellt werden sollen. Die Orientierungsplanung bedient sich globaler Zielprojektionen, die Informationen über die mögliche und anzustrebende gesamtwirtschaftliche Entwicklung enthalten. Der Art nach sind **globale Zielprojektionen** quantitative Orientierungsdaten auf prognostischem Fundament, welche Zielvorstellungen hinsichtlich der Entwicklung des Beschäftigungsstandes, des Preisniveaus, des Wirtschaftswachstums und der außenwirtschaftlichen Bilanz widerspiegeln. Sie sind demnach keine vollzugsverbindlichen Plandaten. Wichtigste Aufgabe des globalsteuerpolitischen Instrumentes „Zielprojektion" ist es, die konjunkturbeeinflussenden Institutionen und gesellschaftsrelevanten Gruppen über die vom Staat für möglich gehaltene und anzustrebende Entwicklung der Gesamtwirtschaft im Planungszeitraum zu informieren. Zwar sollen die Zielprojektionen hauptsächlich der besseren Koordinierung der vielfältigen Aktivitäten der staatlichen Wirtschafts- und Finanzpolitik dienen, aber darüber hinaus sollen sie auch **Orientierungshilfen** für die Wirtschaft sein, um die unternehmerischen Entscheidungen rationaler zu gestalten.

Faktisch verlangt das Leitbild der Globalsteuerung, daß die Ergebnisse der Marktsteuerung durch den Wettbewerb nur dann ohne konjunkturpolitische Aktivitäten des Staates hingenommen werden sollen, wenn sie den gesetzten gesamtwirtschaftlichen Zielen, insbesondere der Vollbeschäftigung, einem angemessenen Wirtschaftswachstum, der Preisniveaustabilität und dem außenwirtschaftlichen Gleichgewicht entsprechen. Droht die Marktsteuerung zu Ergebnissen zu führen, die von den Zielsetzungen beziehungsweise erstrebten Zielerreichungsgraden abweichen, so ist das Wirtschaftsgeschehen global so zu beeinflussen, daß die volkswirtschaftlichen Kreislaufgrößen zieladäquat verändert werden. Da die **gesamtwirtschaftlichen Ziele** nur selten **alle gleichzeitig** völlig verwirklicht sind, muß eine **permanente Globalsteuerung** stattfinden.

Innerhalb der von der Globalsteuerung zu lösenden Aufgaben stellt die Kombination der **Ziele Stabilität und Wachstum** die Wirtschaftspolitik - in der von Schiller bevorzugten Sprache plastischer Vergleiche - „vor eine ähnliche Aufgabe wie die antiken Seeleute, die zwischen Scylla und Charybdis hindurchsegeln mußten, um ihre große Prüfung zu bestehen". Demnach besteht die Konjunkturpolitik dann ihren Test, wenn es ihr ohne Gefährdung eines hohen Beschäftigungsstandes und des außenwirtschaftlichen Gleichgewichts gelingt, das Schiff der Volkswirtschaft so zu steuern, „daß es weder hineingerät in den Abwärtssog einer ‚Stabilisierung um jeden Preis', noch in den Strudel einer ‚unkontrollierten Expansion'"[153].

Während die **Wettbewerbspolitik nach ordoliberalem Muster** den Wettbewerb primär als **generellen Ordnungsfaktor** zur Sicherung individueller Freiheitsspielräume und als Machtbegrenzungsfaktor betrachtet, hat die **Wettbewerbspolitik im Konzept der Globalsteuerung** mehr **instrumentellen Charakter**. Im letzteren Fall wird die Nützlichkeit des „Instrumentes" Wettbewerb vor allem nach dem voraussehbaren beziehungsweise vermuteten Beitrag zur Erreichung bestimmter wirtschaftspolitischer Ziele, insbesondere des Wachstums- und des Stabilitätszieles, beurteilt. Wo vermutet wird, daß das **Instrument Wettbewerb** hinsichtlich wachstums- und stabilitätspolitischen Zielen wenig oder nichts leistet, soll er durch andere, geeignet erscheinende Instrumente ersetzt werden. Dieser instrumentellen

[153] K. Schiller, 1967, S. 41.

Einordnung und Verwendung des Wettbewerbs liegt die Auffassung zugrunde, daß zwischen Wettbewerb und wirtschaftlichem Fortschritt ein Dilemma bestehen kann. Danach kann **polypolistischer Wettbewerb** zur **Schlafmützenkonkurrenz** führen, bei dem keine nennenswerten Innovationsanstrengungen unternommen werden und somit der ökonomische und technische Fortschritt gering bleiben. Dagegen wird vermutet, daß der technische Fortschritt und die qualitative Verbesserung der Produkte vor allem in weiten Oligopolen gedeihen, in denen sich große marktmächtige Unternehmungen mit ausgedehnten Forschungs- und Entwicklungsaktivitäten befinden. So kann nach Schiller die Dynamik des Marktes zur Verbesserung der wirtschaftlichen Effizienz „gerade von einem wagemutigen Oligopolisten oder einem wagemutigen Teiloligopolisten erzeugt werden“[154].

8.3.3 Konzertierte Aktion

Die **Konzertierte Aktion** soll als Instrument der Globalsteuerung dazu dienen, die Stabilitäts- und Wachstumspolitik des Staates mit den konjunkturrelevanten Handlungen autonomer Entscheidungsträger, insbesondere der Lohntarifparteien, auf freiwilliger Basis abzustimmen. Sie soll hauptsächlich als Mittel einer **indikativen Lohn- und Einkommenspolitik** die offene Flanke der Globalsteuerung, die infolge der Tarifautonomie der kollektiven Arbeitsmarktparteien vorhanden ist, abdekken. Die Notwendigkeit zur Abstimmung resultiert daraus, daß die ausgehandelten Lohntarife der Tarifvertragsparteien die gesamtwirtschaftliche Entwicklung beträchtlich beeinflussen können. So können beispielsweise relativ hohe Lohnabschlüsse, die über das Maß der Produktivitätssteigerungen weit hinausgehen, über eine Lohn-Preis-Spirale das konjunkturpolitische Ziel der Preisniveaustabilität gefährden und zu einer lohnkosteninduzierten Inflation führen. Im Rahmen der institutionalisierten Konzertierten Aktion sollen auf der Basis von gesamtwirtschaftlichen Orientierungsdaten, welche der Staat zur Verfügung stellt, die möglichen und anzustrebenden Entwicklungen der Volkswirtschaft diskutiert werden. Nach Schiller soll das **Orientierungstableau** bzw. die Globalrechnung über die Entwicklung volkswirtschaftlicher Kreislaufgrößen folgende Aufgaben erfüllen:[155]

- Es soll eine Quelle der **Information für alle Instanzen der Wirtschafts-, Finanz- und Sozialpolitik** sein, damit es als Hilfsmittel für die notwendige Koordination aller stabilitäts- und wachstumspolitischen Entscheidungen dienen kann.
- Es soll auch eine Quelle der **Information für die private Wirtschaft** sein, damit diese die Situation der Gesamtwirtschaft erkennen und ihre möglichen Entwicklungslinien besser einschätzen kann.

In der **Konzertierten Aktion** sieht Schiller den Versuch, sich im **sozialen Dialog** mit den autonomen Entscheidungsträgern insbesondere des Arbeitsmarktes auf gesamtwirtschaftliche Orientierungsdaten zu einigen. Dabei „sollen soziale Konflikte, die in einer mündigen Gesellschaft unvermeidbar sind, ... in keiner Weise überdeckt werden. Aber durch den Austausch von Informationen und die gemeinsame Erarbeitung von Orientierungsdaten sollen sie eingegrenzt, rational erkenn-

---

[154] Derselbe, o. J., S. 108.

[155] Vgl. derselbe, 1967, S. 51.

bar und damit lösbar werden"[156]. Von dem fortlaufenden Meinungsaustausch im Rahmen der institutionalisierten Konzertierten Aktion wird erwartet, daß dadurch das allseitige Verständnis über gesamtwirtschaftliche Zusammenhänge gestärkt und die Konsequenzen konjunkturrelevanter Verhaltensweisen deutlicher werden. Letztlich soll durch bessere Einsicht in konjunkturpolitische Fakten und Erfordernisse eine **freiwillige ex-ante Koordinierung** zwischen den Handlungen der **staatlichen Gebietskörperschaften** sowie der **Tarifvertragsparteien** des Arbeitsmarktes erreicht werden. Es wird angenommen, daß infolge der Abstimmung eventuelle konjunkturelle Spannungen geringer ausfallen und somit „harte" Eingriffe vermieden werden können. Deshalb sind die Abstimmungsbemühungen im Rahmen der Konzertierten Aktion auch als **„Einkommenspolitik der leichten Hand"** bezeichnet worden.

8.3.4 Schwachstellen der Konzeption der Globalsteuerung

Die **Globalsteuerung** will keine reaktive, sondern eine den Konjunkturausschlägen vorbeugende - also eine **antizyklische Konjunktursteuerung** - sein. Dazu bedarf sie zuverlässiger Informationen über die künftige Wirtschaftsentwicklung. Sie unterliegt gewissermaßen einem Prognosezwang, weil sie die künftige Wirtschaftsentwicklung vorausschätzen muß, um quantifizierte Globalziele aufstellen zu können. Obwohl der Prognostiker heute über ein reichhaltiges Arsenal von Analysewerkzeugen verfügt, stehen die konkreten Prognosen der Wirtschaftsentwicklung wegen der mannigfachen Unvorhersehbarkeit ökonomischen und außerökonomischen Geschehens (z. B. Wechselkursänderung, Ölkrise, Streiks) nach wie vor auf schwankendem Boden. Die **Globalsteuerung** kann **volkswirtschaftliche Kreislaufgrößen** (wie z. B. die Gesamtnachfrage oder das volkswirtschaftliche Investitionsvolumen), die eine gedankliche Zusammenfassung von mikroökonomischen Größen und letztlich statistische Summen sind, **nicht direkt steuern**. Derartige **Makrogrößen** können **nur indirekt** über die Beeinflussung von mikroökonomischen Größen (wie z. B. das Konsum- oder Investitionsverhalten von Wirtschaftssubjekten) verändert werden. Allein die **mikroökonomischen Relationen** bieten also Ansatzpunkte für die Globalsteuerung wie selbstverständlich auch für die Marktsteuerung.

Am logischen Kalkül des Konzeptes der globalgesteuerten Marktwirtschaft wären Zweifel angebracht, wenn man dessen scheinbaren Anspruch, daß die Mikrorelationen durch den Wettbewerb und die Makrorelationen direkt global gesteuert werden sollen, ernst nehmen würde. Sicherlich war dem Schöpfer des Konzeptes der Globalsteuerung und damaligen Bundeswirtschaftsminister Schiller bekannt, daß man volkswirtschaftliche Kreislaufgrößen nicht direkt, sondern nur indirekt über die Beeinflussung einer Vielzahl von mikroökonomischen Einheiten steuern kann. Wenn der **Tatbestand des mikroökonomischen Ansatzes** der Globalsteuerung nicht immer ausdrücklich in das Bewußtsein gehoben worden ist, so kann das auch auf eine gewisse Scheu zurückgeführt werden, ordnungspolitische Tabus zu verletzen.

---

[156] Ebendort, S. 54.

Möglicherweise hat das Orientierungstableau für die verschiedenen staatlichen Instanzen einen gewissen Informationswert. Es ist jedoch zu bezweifeln, ob dieses auch für den Bereich der Unternehmungen und die Lohntarifvertragsparteien gilt. Ein **Lohnorientierungsdatum** als Durchschnittszahl aller Branchen, eine prozentuale Pauschalzahl für (aus Investitionsgründen) wünschenswertes Unternehmereinkommen oder das für möglich gehaltene und gewünschte Gesamtnachfragevolumen sind den mikroökonomischen Entscheidungsträgern kaum eine Entscheidungshilfe bei ihren unternehmerischen oder haushaltungsmäßigen Dispositionen. Auch für die primären Adressaten, nämlich die Lohntarifvertragsparteien, sind diese unverbindlichen globalen „Orientierungsdaten" erfahrungsgemäß zu **keiner Orientierungshilfe**, geschweige denn zu einer akzeptierten **Forderungsbremse** geworden. Die Daten der Zielprojektionen wirken selten mäßigend im Interessengerangel des Verteilungskampfes, sondern sie dienen den Gewerkschaften und Arbeitgeberverbänden meist lediglich als publikumsträchtiges **Pressionsmittel**. Sind beispielsweise in einer Zielprojektion als durchschnittliches Lohnorientierungsdatum für alle Branchen 3 Prozent pro anno festgesetzt, so behaupten die Arbeitgeberverbände oft in der Öffentlichkeit, dieses sei die mit Staatssegen versehene obere Grenze für Lohnzugeständnisse, während die Gewerkschaften umgekehrt dieses als staatlich gebilligte Untergrenze für Lohnsteigerungen hinzustellen versuchen. Bei den konkreten **Abschlüssen** ignorieren die **Lohntarifvertragsparteien** dann nicht selten die **Lohnorientierungsdaten** völlig.

Obwohl die Konzertierte Aktion hauptsächlich zur Einbindung der Lohn- und Einkommenspolitik gedacht ist, müssen auch andere Fragen von stabilitäts- und wachstumspolitischer Relevanz, wie insbesondere die Preispolitik des privaten Unternehmenssektors zur Diskussion gestellt werden. Da an der Konzertierten Aktion nur Vertreter der Spitzenverbände der privaten Wirtschaft, die selbst keine unternehmerischen Preisentscheidungen treffen, beteiligt sind, beschränkt sich naturgemäß die **Preisdiskussion** auf allgemein gehaltene Gesichtspunkte des unternehmerischen Preisgeschehens. Generell mangelt es der Konstruktion der Konzertierten Aktion daran, daß sie das Problem der **Daten-Transmission**, d. h. der Weitergabe der erarbeiteten Orientierungsdaten und deren Umsetzung in mikroökonomisches Entscheidungsverhalten, kaum löst. Die an der Konzertierten Aktion beteiligten Vertreter der Spitzenverbände der Wirtschaft und der Gewerkschaften sind als Vermittler zur Durchsetzung der quantifizierten Zielvorstellungen überfordert, weil sie außer **Appellen** an ihre Mitglieder und Unterorganisationen keinen nennenswerten Einfluß auf die Preis- und Lohnentscheidungen der autonomen Entscheidungsträger haben. Letztlich erweist sich die **Konzertierte Aktion** als **stumpfes Instrument**, das ungeeignet ist, die erarbeiteten Zielvorstellungen in praktikable Handlungsweisen der mikroökonomischen Entscheidungsträger umzusetzen. Eine Selbstverwirklichung der Daten einer Zielprojektion zu erwarten - etwa, indem die ökonomischen Entscheidungsträger aus den globalen Orientierungsdaten die jeweils ihrer Situation angemessenen Entscheidungsgrundlagen entnehmen können und die Vielzahl von Entscheidungen der Wirtschaftssubjekte in ihrer Aggregation haargenau die Eckdaten der Zielprojektion erreicht - ist illusionär. Da es wegen des **mangelnden Informationswertes der globalen Zielprojektionen** für die mikroökonomischen Entscheidungsträger sogar unwahrscheinlich ist, daß die Eckdaten der Zielprojektionen zumindest angenähert erreicht werden (und wenn tatsächlich, dann rein zufällig!), ist die **Konzertierte Aktion** als Steuerungsinstrument für den privaten Sektor **ungeeignet und überflüssig**.

Von ordoliberalen Wettbewerbstheoretikern ist die konzeptionelle **Entthronung des Wettbewerbs** als alles überragendes Ordnungsprinzip und die Betrachtung des Wettbewerbs als ein Instrument neben anderen zur Erreichung gesamtwirtschaftlicher Prozeßziele kritisiert worden. In der Praxis der Wettbewerbspolitik hat sich jedoch der akademische Streit zwischen **ordnungsorientierten** und **instrumentellen Wettbewerbstheoretikern** weder niedergeschlagen zugunsten der einen Auffassung, die im Ordnungsprinzip „Wettbewerb" einen Wert an sich sieht und bei Sicherung der Wettbewerbsfreiheit quasi automatisch gute ökonomische Ergebnisse erwartet, noch zugunsten der anderen Meinung, die den Wettbewerb vor allem als ein Mittel zur Erreichung bestimmter ökonomischer Ziele betrachtet und ein mögliches Dilemma zwischen Wettbewerb und technischem Fortschritt vermutet. Die Kartellbehörden halten sich an das Gesetz gegen Wettbewerbsbeschränkungen, das wettbewerbliche Verbotstatbestände enthält und **keinen Ermessensspielraum** in Anlehnung an irgendeine interpretationsbedürftige Wettbewerbskonzeption gewährt.

Ordnungspolitisch bedenklich ist, daß von der Globalsteuerung antimarktwirtschaftliche Neben- und Fernwirkungen ausgehen können, welche die marktwirtschaftlichen Steuerungselemente verformen können. Beispielsweise kann die Erwartung, der Staat werde jede **Konjunkturflaute** verhindern oder mildern, zu **leichtfertigem Verhalten** führen. So können Unternehmer eventuell Investitionen in der Hochkonjunktur in der Hoffnung tätigen, der Staat werde auch im Konjunkturabschwung durch zusätzliche öffentliche Aufträge, Subventionen in Form von Investitionszulagen, Steuererleichterungen und sonstige Maßnahmen zur Nachfragesteigerung für eine angemessene **Verwertung des investierten Kapitals** sorgen. Eine permanente Globalsteuerung, die bestrebt ist, jede Abschwungphase zu vermeiden oder zumindest zu verkürzen, kann **antimarktwirtschaftliche Verhaltensweisen** der Wirtschaftssubjekte geradezu züchten. Zudem ist zweifelhaft, ob die Globalsteuerung - wie offiziell immer wieder behauptet worden ist - zu einer **Barriere** gegen **punktuelle Eingriffe** und **Branchenprotektionismus** wird, wodurch die Funktionsfähigkeit der Marktwirtschaft verbessert würde. Dagegen sprechen Fälle, in denen gewisse Härten globalsteuerpolitischer Maßnahmen für bestimmte Branchen - wie z. B. die negativen Wirkungen währungspolitischer Aufwertungen auf den Export der Schiffbauindustrie oder die Einkommen der Landwirtschaft - durch strukturpolitische Hilfen (also mittels Branchenprotektionismus) wieder zu neutralisieren versucht worden sind. Auch **globale prozeßpolitische Eingriffe** können also weitere **sektorspezifische Interventionen** erzeugen.

8.4 Konzeption der angebotsorientierten Wirtschaftspolitik

8.4.1 Theoretischer Ansatz der supply-side-economics

Die **angebotsorientierte Wirtschaftspolitik**, die sowohl die in Großbritannien als Thatcherismus und in den USA als Reagonomics bezeichnete Variante als auch die in der Bundesrepublik Deutschland vom Sachverständigenrat vertretene gemäßigtere Art umfaßt, basiert auf keinem geschlossenen theoretischen Konzept, sondern nur auf gewissen gleichen oder ähnlichen Grundelementen. Als Reaktion auf die nachfrageorientierte Konjunkturpolitik keynesianischer Prägung, die ziemlich erfolglos geblieben war, begann die angebotsorientierte Wirtschaftspolitik in Großbritannien mit dem Amtsantritt von Premierministerin Margaret Thatcher 1979 und in den USA mit der Präsidentschaft von Ronald Reagan 1981. In der Bundesrepublik Deutschland hat der Sachverständigenrat zur Begutachtung der gesamtwirtschaftlichen Entwicklung bereits in seinem Jahresgutachten 1981/1982 die von ihm präferierte angebotsorientierte Wirtschaftspolitik umfassend dargestellt.[157] Im Gegensatz zu der keynesianischen Nachfragesteigerung (demand management) konzentriert sich die angebotsorientierte Wirtschaftspolitik auf die **Bestimmungsfaktoren des gesamtwirtschaftlichen Angebots** und versucht, die Anreizmechanismen (incentives) der Marktsteuerung wieder stärker zur Geltung zu bringen. Während die keynesianische Konjunkturpolitik von einem gegebenen und durch Nachfragebelebung auszulastenden Produktionspotential ausgeht, sehen die Vertreter einer angebotsorientierten Wirtschaftspolitik die Veränderungen des Produktionspotentials als zu beeinflussende Größe an. Die Angebotstheoretiker führen die Wachstumsschwäche und die daraus resultierende Arbeitslosigkeit vor allem auf **angebotsseitige Hemmnisse** und die konjunkturellen Schwankungen primär auf das ständige Wechseln zwischen anregenden und dämpfenden Konjunkturmaßnahmen **(stop-and-go-Politik)** zurück. Demnach ist es die Konjunkturpolitik selbst, die den privaten Sektor der Wirtschaft destabilisiert. Zudem können konjunkturelle Störungen durch **Angebotsschocks** - wie z. B. durch extreme Ölpreissteigerungen - hervorgerufen werden, denen auch nur mit angebotsgerichteten Maßnahmen begegnet werden kann.

Im Unterschied zur keynesianischen Theorie, in der die Gesamtnachfrage und der Konsum die zentrale Rolle spielen, kommt in der Angebotsökonomik den Ersparnissen und damit dem Konsumverzicht die größere Bedeutung zu, weil produktivitätssteigernde Investitionen die Kapitalbildung voraussetzen. Wird die Besteuerung der Einkommen in die Höhe getrieben, so daß die Sparrate sinkt, kommt es eventuell auch zur Beeinträchtigung der Investitionsrate mit negativen Folgen für Wachstum und Beschäftigung.

Als hauptsächliche theoretische Elemente dienen dem Konzept der angebotsorientierten Wirtschaftspolitik:

- Die **Stabilitätsthese**, der zufolge die Selbstheilungskräfte des Marktes temporäre Gleichgewichtsstörungen beseitigen, vorausgesetzt der Staat hindert sie nicht daran.
- Die prinzipielle **Gültigkeit des Sayschen Theorems**, jedoch nicht als jederzeit Identität zwischen Angebot und Nachfrage schaffender Mechanismus, sondern nur als Tendenzwirkung.
- Die **Dynamik-These** gemäß dem Schumpeterschen Pionierunternehmer.

Wie die klassischen Gleichgewichtsökonomen vertreten auch die Angebotstheoretiker die These von der inhärenten **Stabilität marktwirtschaftlicher Systeme**.

[157] Vgl. Sachverständigenrat zur Begutachtung der gesamtwirtschaftlichen Entwicklung, 1980.

Das **Saysche Theorem**, dem zufolge sich das Angebot seine Nachfrage schafft, basiert auf der Annahme eines Naturaltausches in Form eines Austausches von Gütern gegen Güter, wodurch monetäre Störungen ausgeschlossen bleiben. In Geldwirtschaften, in denen Sparvorgänge stattfinden, ist jedoch die ständige Identität von Angebot und Nachfrage nicht automatisch gegeben. Die Angebotstheoretiker interpretieren deshalb das Saysche Theorem lediglich als **Tendenz zum Gleichgewicht auf makroökonomischer Ebene**, wobei allerdings noch die **Dynamik-These** in Form des Schumpeterschen Pionierunternehmers ins Spiel gebracht wird. Während aus keynesianischer Sicht die Unternehmer nur bei ausreichender Nachfrage und günstigen Ertragserwartungen investieren, wagen nach Ansicht der Angebotstheoretiker die **Pionierunternehmer** Schumpeterscher Prägung auch oder sogar wegen einer schlechten Absatzlage etwas Neues und bringen die Dynamik des Wirtschaftsprozesses und damit den Konjunkturaufschwung in Gang.

Während die keynesianische Theorie makroökonomisch geprägt ist, setzt die **Angebotsökonomik mikroökonomisch** an. Sie geht davon aus, daß die nach Gewinn- bzw. Nutzenmaximierung strebenden Wirtschaftssubjekte ihre Nachfrage nach den Produktionsfaktoren Arbeit, Kapital und Boden an den jeweiligen Faktorkosten ausrichten. Dementsprechend findet auf dem Arbeitsmarkt eine um so geringere Nachfrage nach dem Produktionsfaktor Arbeit statt, je höher die Kosten der Beschäftigung einer Arbeitseinheit sind. Da die Kosten des Faktors Arbeit nicht nur durch die Lohntarifvereinbarungen der Gewerkschaften und Arbeitgeberverbände, sondern auch durch staatlich veranlaßte soziale Nebenkosten bestimmt werden, sind „marktgerechte" Entgelte für die Arbeitsleistungen eher selten. **Über die Arbeitsproduktivität hinausgehende Löhne führen zur Arbeitslosigkeit**. Eine nach Gewinnmaximierung strebende Unternehmung wird diejenige Beschäftigungsmenge anstreben, die Grenzprodukt und Lohnsatz zum Ausgleich bringt. Bei Lohnsätzen oberhalb des Gleichgewichtslohnsatzes werden Arbeitskräfte entlassen. Im Gegensatz zur Keynesschen Ökonomik, in der Arbeitslosigkeit eine Folge mangelnder Güternachfrage und einer Reduzierung der Produktion ist, wird in der **Angebotsökonomik** das Phänomen **Arbeitslosigkeit** (im Einklang mit der klassischen Sicht) als **Folge zu hoher Löhne** gesehen. Überhöhte Sozialtransfers können nach angebotspolitischer Kritik zur Zementierung sozialer Mißbräuche und zur Abnahme der Leistungsbereitschaft führen, da sie eventuell Wahlmöglichkeiten zwischen Arbeit und bezahlter Freizeit eröffnen.

8.4.2 Aufgaben angebotsorientierter Wirtschaftspolitik

Im Gegensatz zu Anhängern der keynesianischen Theorie, die Wachstumsschwäche und Beschäftigungsrückgänge primär auf eine mangelnde Gesamtnachfrage zurückführen, sehen die Vertreter der angebotsorientierten Wirtschaftspolitik in der Einwirkung des Staates einschließlich der staatlichen Konjunktursteuerung die wesentlichen Ursachen für ökonomische Fehlentwicklungen und volkswirtschaftliche Krisenerscheinungen. Während die keynesianische Nachfragesteigerung die staatliche Aufgabenstellung erweitert, zielt die **ordnungspolitisch zentrierte Angebotsökonomik** auf einen **Abbau von angemaßten Staatsfunktionen** und eine Reduzierung des ausgeuferten Staatssektors ab. Die hauptsächlichen Mängel der keynesianisch ausgedehnten Staatsfunktionen werden darin gesehen, daß konjunkturpolitisch verfälschte Preissignale die Wirtschaftssubjekte zu Fehlentscheidungen veranlassen und diese wiederum zu erneuten konjunktur- und strukturpolitischen Eingriffen des Staates geführt haben. Zudem wird konstatiert, daß durch die Ausdehnung des Staatssektors die Eigeninitiative und Eigenverantwortung der Bürger beschränkt und die private Investitionstätigkeit als Folge der verstärkten Inanspruchnahme der Kreditmärkte durch den Staat behindert worden ist. Die kreditfinanzierte Steigerung der Staatsausgaben verdrängt potentielle private Investoren sowohl unmittelbar durch ein vermindertes Kreditangebot als auch mittelbar durch steigende Zinssätze.

Staatliche Regulierungen beeinflussen Preise, Produktions- und Absatzmengen, Investitionen, Marktzutritt und andere wichtige Elemente auf der Angebotsseite, was die Angebotsökonomik veranlaßt, eine **regulierungskritische Haltung** einzunehmen, die sich auf das vielfach zutage getretene Politikversagen in diesem Bereich stützt. Nach Auffassung der Vertreter der Angebotsökonomik sind die zutage getretenen Instabilitäten im privaten Sektor nicht auf Markt-, sondern auf **Politikversagen** zurückzuführen. Ebenso wie die Monetaristen sehen sie die Hauptursachen unzureichender Marktkoordinierung in **staatlichen Eingriffen**, welche die vorhandene Fähigkeit zur Selbststabilisierung im privaten Sektor beeinträchtigen. Staatliche Interventionen in den Wirtschaftsprozeß, die angebliches Markt- und Wettbewerbsversagen beheben wollen, verursachen oft gerade das, was sie bekämpfen wollen. Generell plädieren die Angebotsökonomen deshalb für eine **radikale Durchforstung des Regulierungs- und Subventionsdschungels**. Der Kern ihrer ordnungspolitischen Therapievorschläge besteht darin, die Rahmenbedingungen der Wirtschaft einschließlich der Steuergesetzgebung so zu gestalten, daß die Quantität und die Qualität an dauerhaften rentablen Produktionsmöglichkeiten vergrößert und verbessert werden. Der Staat soll auf der Basis einer konsequenten Politik zur Stabilisierung des Geldwertes die mannigfachen Hemmnisse - insbesondere auch im wirtschaftsrelevanten Recht - abbauen und die unternehmerische Risikobereitschaft durch mehr Konstanz der Wirtschaftspolitik stärken. Es wird erwartet, daß eine angebotsorientierte Wirtschaftspolitik letztlich die Nachfrage auf indirektem Wege (hauptsächlich durch verstärkte Investitionstätigkeit und die damit einhergehende Steigerung der Einkommen) stärker und dauerhafter stimuliert als die direkte und schnell verpuffende Nachfragesteigerung durch die Fiskalpolitik. Dieses bedeutet, daß prozeßpolitische Eingriffe des Staates punktueller und sektoraler Art (Regulierungsmaßnahmen) in den privatwirtschaftlichen Sektor zu unterbleiben haben und auch auf eine **diskretionäre Stabilisierungspolitik** zu verzichten ist. Somit ist also die theoretische Wirtschaftspolitik fast wieder beim ordoliberalen Konzept Euckens angelangt. Eine gänzlich neue Sicht ist nicht erkennbar. Allerdings sind - nicht zuletzt unter dem Einfluß der angelsächsischen Literatur - manche Aussagen und Formulierungen der Angebotsökonomik präziser (weil mehr der positiven Ökonomik entstammend) als in der überwiegend normativen Ökonomik Euckens.

Obwohl nicht alle Vertreter einer angebotsorientierten Wirtschaftspolitik auch Monetaristen sind, gibt es grundsätzliche Gemeinsamkeiten hinsichtlich der Beurteilung der ökonomischen Effizienz von Staatsaktivitäten und der Stabilitätswirkungen von staatlichen Interventionen. So wird grundsätzlich jede **angemaßte Betätigung von Staatsfunktionären** im Bereich der privaten Güter- und Dienstleistungsproduktion als effizienzmindernd für die Volkswirtschaft angesehen, weil

Staatsbedienstete nie der vollen unternehmerischen Haftung ausgesetzt sind und immer die Gefahr besteht, daß in Erwartung jederzeitigen Verlustausgleichs durch den staatlichen Eigentümer nicht sorgfältig genug geplant und gewirtschaftet wird. Gleichfalls werden die **Stabilitätswirkungen einer permanenten Konjunktursteuerung** nicht hoch eingeschätzt, weil kaum je der optimale Zeitpunkt und die optimale Dosierung gefunden werden. Es wird befürchtet, daß statt der beabsichtigten antizyklischen vielfach **prozyklische Wirkungen** von (zu früh oder zu spät ergriffenen) Konjunkturmaßnahmen ausgehen. Die monetaristische **Geldmengenregel** sehen Angebotsökonomen meist unter dem Gesichtspunkt einer Verstetigung der monetären Rahmenbedingungen als positiv an, ohne ihr jedoch eine solche zentrale Bedeutung wie die Monetaristen zuzumessen. Sicherlich kann die Begrenzung des Geldvolumens bei der Vorbeugung bzw. der Bekämpfung einer Inflation hilfreich sein, aber sie trägt in der Regel wenig zur Überwindung von Rezessionen bei; denn ein stabiler Geldwert allein führt noch keine darniederliegende Wirtschaft aus der Rezession oder der Konjunkturflaute.

Während sich die keynesianische Konzeption darauf konzentriert, konjunkturell bedingte und relativ kurzfristige Beschäftigungsdefizite durch antizyklische Fiskalsteuerung zu beseitigen, schließt die angebotsorientierte Wirtschaftspolitik auch **strukturwandelbedingte längerfristige Anpassungsprozesse** ein. Um konjunkturelle Ungleichgewichte zu beseitigen, genügt es nach Keynesscher Lehre, die Gesamtnachfrage - und zwar ziemlich gleichgültig, an welcher Stelle - durch zusätzliche öffentliche Aufträge zu steigern und dann darauf zu vertrauen, daß sich infolge der Interdependenz der Märkte die Nachfrageimpulse über die ganze Wirtschaft ausbreiten. Insofern die angebotsorientierte Wirtschaftspolitik darauf abzielt, strukturwandelbedingte Probleme lösen zu helfen, muß sie bei den verschiedenen Ursachen - wie z. B. unzureichende Mobilität der Produktionsfaktoren oder Anpassungshemmnisse im wirtschaftsrelevanten Recht - direkt ansetzen und diese beseitigen. Die angebotsorientierte Wirtschaftspolitik ist also zu einem **wesentlichen Teil auch Strukturpolitik**, die versucht, den Marktmechanismus durch Beseitigung von Strukturanpassungs- und Mobilitätshemmnissen zu verbessern.

8.4.3 Schwachstellen der Konzeption der angebotsorientierten Wirtschaftspolitik

Die **zentrale Schwachstelle** der angebotsorientierten Wirtschaftspolitik besteht darin, daß unverständlich bleibt, warum aufgrund verbesserter Angebotsbedingungen **Investitionen und Produktionen** zunehmen sollen, wenn in der Volkswirtschaft ein **Nachfragemangel herrscht**. Es ist nicht ersichtlich, wie Unternehmen, deren **Produktionskapazitäten** wegen Absatzmangels **unausgelastet** sind, zu **Investitionen** veranlaßt werden können. Den Pionierunternehmer Schumpeterscher Prägung quasi als „Deus ex machina" einzuführen und darauf zu hoffen, daß dieser den Konjunkturaufschwung in Gang setzen wird, erscheint allzu optimistisch gedacht. Vielfach wird nämlich vermutet, daß der Pionierunternehmer Schumpeterscher Prägung nur ein Dasein als Fabelwesen in der ökonomischen Theorie führt und in der Realität kaum vorkommt. Natürlich hat es im Laufe der Wirtschaftsgeschichte Erfinder und Innovatoren gegeben, die maßgeblich den technischen Fortschritt beeinflußt und die wirtschaftliche Entwicklung vorangebracht haben. Dennoch ist es selbst in Zeiten der industriellen Revolution und im Computerzeitalter immer wieder zu Konjunktureinbrüchen gekommen. Gegen die Botschaft der angebotsorientierten Wirtschaftspolitik, die Rahmenbedingungen für Investitionen zu verbessern und ein innovationsfreundliches Klima zu schaffen, wird sicherlich kein Ökonom Einwände erheben.

Ebenso wie eine ausschließlich nachfrageorientierte Globalsteuerung die ökonomische Interdependenz der Angebots- und Nachfrageseite in einer Marktwirtschaft nicht genügend beachtet, so läuft auch eine rein angebotsorientierte Wirtschaftspolitik Gefahr, allzu optimistisch nur auf die Verbesserung der Angebotsbedingungen sowie die Konjunkturanregung und die Investitionstätigkeit dynamischer Pionierunternehmer zu setzen. Erfahrungsgemäß kommt jedoch ein Konjunkturaufschwung nur zustande, wenn die Absatzerwartungen nicht nur einzelner Unternehmer, sondern zahlreicher Produzenten in vielen Wirtschaftszweigen die Investitionstätigkeit anregen und das Beschäftigungsvolumen ansteigen lassen. Deshalb kann in bestimmten Wirtschaftslagen eine **Strategie** mit gemischten Elementen **aus angebots- und nachfrageorientierter Wirtschaftspolitik** angebracht sein. So läßt sich beispielsweise eine Anregung der Wirtschaftstätigkeit auf breiter Front dadurch bewirken, daß die Rahmenbedingungen für die Investitionstätigkeit verbessert werden und gleichzeitig die Beschäftigung durch nachfragestützende Fiskalpolitik gesteigert wird.

9. Kapitel
Strukturpolitische Konzeptionen

9.1 Theoretische Ansätze der regionalen Strukturpolitik

Relativ lange Zeit beachtete die Wirtschaftstheorie die **Raumdimension** der ökonomischen Aktivitäten kaum, wie die Dominanz punktwirtschaftlicher Marktmodelle zeigt. Man nahm an, daß bei Realisierung des vollständigen Wettbewerbs ein **Wohlfahrtsoptimum (Pareto-Optimum)** erreicht und auch der Raum ökonomisch ziemlich gleichmäßig entwickelt werde. Dabei wurde unterstellt, daß bei intensivem Wettbewerb in den städtischen Zentren die Produzenten und Arbeiter in das weniger entwickelte Umland ausweichen und dieses ökonomisch erschließen würden. Allerdings zeigte sich, daß die Prämisse einer vollständigen **Mobilität** von Kapital und Arbeit unrealistisch ist. Zudem beachtete man keine raumdifferenzierenden Faktoren, wie z. B. die unterschiedliche Verteilung der natürlichen Ressourcen, die verschiedenen Bodenqualitäten oder effektive Agglomerationsvorteile oder -nachteile. Auch die späteren neoklassischen Modelle, die den Raum als Entfernung zwischen zwei Punkten definieren und nur den **Transportkostenaspekt** der Raumüberwindung betrachten, leuchten die Raumdimensionen kaum aus. Allerdings war auch nicht ihr eigentliches Ziel, regionale Entwicklungstheorien zu konzipieren, sondern sie wollten die klassische Markt- und Preistheorie durch Einbezug der entfernungsmäßigen Produktionskosten abstützen. So mußte z. B. erklärt werden, warum materiell homogene Güter am Ort der Produktion und an anderen Orten der produktiven oder konsumtiven Verwendung unterschiedliche Preise aufweisen können. Abgesehen von den unterschiedlichen Nachfrageverhältnissen für materiell homogene Güter an verschiedenen Orten spielen für das effektive Angebot naturgemäß auch die Transportkosten eine Rolle. Betrachtet man den **Transport als wertschöpfende Produktion**, so werden aus den materiell homogenen Gütern durch Hinzufügung von Transportleistungen höherwertige Güter, die auch einen höheren Preis rechtfertigen. Der Preiswettbewerb, der die Preise in Marktwirtschaften tendenziell auf die Kosten drückt, erzwingt letztlich auch eine Minimierung der Transportkosten. Dieses kann jedoch zur **ungleichen ökonomischen Entwicklung des Raumes** beitragen, weil sich die Wirtschaftszweige mit rohstoffarmer bzw. mit arbeitsintensiver Produktion zwecks Einsparung von Transportkosten beim Produktabsatz eventuell vorwiegend in Ballungsgebieten mit großer Konsumkraft ansiedeln.

Beginnend mit der frühen **Standorttheorie** von **Johann Heinrich von Thünen** ist in der Folgezeit die Erforschung der Standortfaktoren, die für Ansiedlungen von Wirtschaftszweigen in bestimmten Regionen maßgeblich sind, vorangetrieben worden. Zudem werden in der neueren Wachstumstheorie neben makroökonomischen und sektoralen Variablen auch regionale Wachstumskomponenten beachtet. Gegenwärtig gehört die **regionale Entwicklungstheorie** zu den am weitesten fortgeschrittenen Theorien auf tragfähigem ökonomischen Fundament. Sie verfügt auch über ausbaufähige Ansätze für eine umfassende **mesoökonomische Entwicklungstheorie**, die sowohl regionale als auch sektorale Entwicklungsimpulse und daraus resultierende multiplikative Verstärkereffekte im Wachstums- oder Schrumpfungsprozeß berücksichtigt. Als theoretische Bezugsgrundlage der regionalen Entwicklungsstrategie des Staates in marktwirtschaftlich orientierten Systemen fungiert häufig ein Mixtum aus Elementen der **Theorie der zentralen Orte**, der **Wachstumspol-Theorie** und der **economic-base-theory**, die - obwohl vorwiegend regionaltheoretisch strukturiert - sämtlich auch sektorale Theorieelemente und branchenmäßige Aspekte einschließen. Eine kombinierte strukturpolitische Entwicklungsstrategie, deren sektorale und regionale Komponenten aufeinander abgestimmt sind, ist besonders dann notwendig, wenn **sektorale Strukturanpassungs- und regionale Umstrukturierungsprobleme** in ökonomisch **monostrukturierten Regionen** auftreten. In solchen Fällen muß insbesondere sichergestellt werden, daß die regionale Industrieansiedlungspolitik durch eine sektorale Strukturanpassungspolitik unterstützt und nicht durch eine sektorale Strukturerhaltungspolitik konterkariert wird, da anderenfalls das Ziel des Abbaus der ökonomischen Monostruktur in der betreffenden Region nicht erreicht wird.

9.1.1 Standorttheorien

Für die drei großen Sektoren der Wirtschaft sind spezielle Standorttheorien entwickelt worden, und zwar

a) Standorttheorie des primären Sektors (Johann Heinrich von Thünen)
b) Standorttheorie des sekundären Sektors (Alfred Weber)
c) Standorttheorie des tertiären Sektors (Walter Christaller).

zu a) Standorttheorie des primären Sektors

Die Frage, welche Bestimmungsfaktoren für die räumliche Entwicklung von Produktionsstandorten im primären Sektor maßgebend sind, wurde zuerst von **Johann Heinrich von Thünen** (1783 bis 1850) aufgegriffen. In seinem 1826 erschienenen Hauptwerk „Der isolierte Staat“[158] entwickelte er eine **Standorttheorie für die landwirtschaftliche Produktion**. In seinem Modell liegt eine große Stadt in der Mitte einer gleichmäßig fruchtbaren Ebene, die in einer unkultivierten Wildnis endet. Da die Stadt durch keine Verkehrsverbindungen mit anderen Handelszentren verbunden ist und somit die Austauschbeziehungen von handwerklichen und agrarischen Erzeugnissen ausschließlich zwischen der Stadt und ihrem Umland erfolgen, handelt es sich quasi um einen von der übrigen Welt **„isolierten Staat“**. Es wird angenommen, daß in diesem isolierten Staat überall gleiche Boden-, Anbau- und klimatische Verhältnisse gegeben sind. Zudem wird unterstellt, daß die Transportkosten der Agrar- und Forsterzeugnisse ausschließlich vom Gewicht bzw. Volumen der Erzeugnisse und von der Entfernung zwischen Anbauort und städtischem Marktzentrum abhängen. Unter diesen Verhältnissen bilden sich nach v. Thünen sieben konzentrische Kreise um das Marktzentrum der Stadt, in denen je nach Entfernung vom städtischen Marktplatz verschiedene agrarische Erzeugnisse angebaut bzw. unterschiedliche Tätigkeiten in der Natur ausgeübt werden. In der Nähe der Stadt werden neben leicht verderblichen Erzeugnissen solche Pro-

[158] Vgl. J. H. v. Thünen, 1966.

dukte angebaut, deren Gewicht und/oder Volumen im Verhältnis zu ihrem Marktwert groß ist. Diese schwergewichtigen bzw. großvolumigen und deshalb transportkostenintensiven Produkte werden nicht in entfernteren Gegenden angebaut, weil bei großen Transportweiten die Gesamtkosten den erzielbaren Preis übersteigen würden. Mit steigender Entfernung von der Stadt werden solche Erzeugnisse angebaut, die im Verhältnis zu ihrem Marktwert relativ niedrige Transportkosten verursachen. Ferner wird mit zunehmender Entfernung vom städtischen Absatzzentrum die Bodennutzung immer extensiver, weil die steigenden Transportkosten durch möglichst niedrige Arbeitskosten für die konsumreifen Erzeugnisse ausgeglichen werden müssen. Im ersten stadtnahen Kreis werden Gartenbauerzeugnisse (Gemüse), die frisch auf den Tisch kommen müssen, sowie die leicht verderbliche Milch produziert. Ferner werden hier Kartoffeln, Rüben und Kohl erzeugt, die wegen ihres geringen Handelswertes keine höheren Transportkosten vertragen. Im zweiten Kreis wird Forstwirtschaft betrieben, wobei im stadtnäheren Teil das geringwertige Brennholz und im stadtferneren Teil das höherwertige Bauholz gewonnen wird. Sodann folgen drei Kreise des Getreideanbaus mit unterschiedlicher Bewirtschaftungsweise und abnehmend intensiver Bodenbearbeitung, und zwar Fruchtwechselwirtschaft, Koppelwirtschaft (Fruchtwechsel mit Weidegang), Dreifelderwirtschaft (mit periodischer Brache). Im sechsten Kreis herrscht Viehzucht, die eine noch weitergehende extensive Bodennutzung ermöglicht. Außerdem verursachen die tierischen Erzeugnisse (Fleisch, Felle) bei großem Marktwert nur relativ geringe Transportkosten. Im siebten, stadtfernsten Kreis, lohnt nur noch die Jagd.

Die Wirklichkeit mag dem Thünenschen Modell bis in das Mittelalter hier und da entsprochen haben. Die spätere Wirtschaftsentwicklung, die durch zunehmende interregionale und internationale ökonomische Verflechtungen gekennzeichnet ist, weist jedoch zumindest eine **Vielzahl von interdependenten Produktions- und Konsumzentren** und damit Verformungen der Thünenschen Kreise auf. Bei dem heutigen Stand der Verkehrstechnik, die es ermöglicht, nahezu alle Agrarerzeugnisse schnell, pfleglich und unversehrt zu transportieren, spielen die einstmals durchaus plausiblen Gründe für die Wahl eines Agrarstandortes zumindest in den entwickelten Landwirtschaften Europas kaum noch eine wesentliche Rolle.

zu b) Standorttheorie des sekundären Sektors

Während v. Thünen eine Standortlehre des primären Sektors entwickelte, schuf **Alfred Weber** eine **Standorttheorie des sekundären Sektors**. Zentraler Begriff in der Weberschen industriellen Standorttheorie sind die „Produktionsfaktoren", die als Kostenvorteile bestimmte Industriezweige hierhin und dorthin ziehen.[159] Nach Weber sind für die Standortwahl von Industriebetrieben hauptsächlich drei Standortfaktoren bestimmend: die **Materialpreise**, die **Transportkosten** und die **Arbeitskosten**. Gedanklich lassen sich die regionalen Unterschiede der Rohstoffpreise auch in Transportkosten, deren Höhe dann jeweils nach der geographischen Entfernung von den Bezugsquellen bestimmt wird, ausdrücken. Demnach werden teurere Materialien als weiter entfernt bezogene Rohstoffe aufgefaßt. Somit reduziert Weber die Standortfaktoren auf die Transportkosten und die Arbeitskosten. Zu den vorgenannten Standortfaktoren kommen jedoch als weitere standortrele-

[159] Vgl. A. Weber, 1909.

vante Faktoren noch die Agglomerationsvorteile hinzu. Die Agglomerationsvorteile, die als betriebswirtschaftliche Kostenvorteile bei räumlicher Zusammenballung der Produktion auftreten können, bewirken eine Modifizierung der Transportkosten- oder der Arbeitskostenorientierung bei der industriellen Standortwahl. Die Transportkosten werden nach Weber ausschließlich durch die geographische Entfernung und das Gewicht der zu transportierenden Rohstoffe bestimmt. Dabei unterscheidet er zwischen Reingewichtsmaterial, das mit seinem ganzen Gewicht in das Fertigprodukt eingeht, und Gewichtsverlustmaterial, das gewichtsmäßig nur teilweise in das Fertigprodukt eingeht. Während bei Gewichtsverlustmaterialien die Verarbeitung am Förderort der Rohstoffe kostengünstig ist, erweist sich bei Reinmaterialien die Wahl eines konsumnahen Standortes als vorteilhaft. Der optimale Standort der industriellen Produktion ist an dem Ort gegeben, an dem die Summe der Transportkosten (Transportkosten der Rohstoffbeschaffung und des Fertigproduktabsatzes) das Minimum erreicht. Eine Ablenkung vom Ort des Transportkostenminimums kann die Standortentscheidung durch unterschiedliche örtliche Arbeitskosten erfahren, die eine Verlagerung (Deviation) an einen Verarbeitungsort mit den niedrigeren Arbeitskosten bewirkt.

Das Verdienst der Weberschen Standorttheorie liegt vor allem in der **Differenzierung der Transportkosten**, wodurch die Standorte der mit Gewichtsverlustmaterial (wie z. B. Erz) arbeitenden Schwerindustrie (z. B. Eisen- und Stahlindustrie) zutreffend erklärt werden können. Eine fundamentale Schwäche der Weberschen Standorttheorie liegt darin, daß sie die Bestimmung des optimalen Absatzortes nicht problematisiert. Der Hinweis, daß sich Industriebetriebe gegebenenfalls in Konsumnähe ansiedeln, besagt noch nichts hinsichtlich der Bestimmungsfaktoren des günstigsten Absatzortes. Somit bleiben die Einflüsse, die von den Nachfrageverhältnissen und den Absatzmöglichkeiten auf die Standortwahl der Industriebetriebe ausgehen, unerörtert.

zu c) Standorttheorie des tertiären Sektors

Das Fundament für eine **Standorttheorie des tertiären Sektors** legte **Walter Christaller** mit seiner Theorie der zentralen Orte[160]. Christaller ging von der Fragestellung aus, ob es Gesetzmäßigkeiten gibt, welche die Verbreitung und Entwicklung von Orten mit zentralen Funktionen bestimmen. Dementsprechend konzentriert er seine Untersuchung auf städtische Siedlungen bzw. zentrale Orte, die Mittelpunkt ihrer ländlichen Umgebung sind und zentrale Funktionen im menschlichen Gemeinschaftsleben erfüllen. Zur Abgrenzung von den zentralen Orten unterscheidet Christaller die „dispersen Orte“, die nicht Mittelpunkt für ein Umland sind. Zentrale Güter und Dienstleistungen werden an einigen wenigen zentralen Orten produziert bzw. angeboten, um an vielen zerstreuten Orten verbraucht zu werden. Dabei wird unterschieden zwischen Gütern höherer Ordnung, die nur an zentralen Orten höherer Ordnung produziert und/oder angeboten werden, und zentralen Gütern niederer Ordnung, die sowohl an zentralen Orten niederer Ordnung als auch an allen zentralen Orten höherer Ordnung erworben werden können. Nach Christaller ergibt sich die **Zentralität eines Ortes** aus seinem **„Bedeutungsüberschuß“**, den seine zentralen Einrichtungen (wie z. B. Krankenhäuser, Gymnasien, Theater sowie spezielle Handels- und Dienstleistungsgewerbe) nach Abzug der

---

[160] Vgl. W. Christaller, 1968.

von der Ortsbevölkerung beanspruchten Güter und Dienstleistungen für die Versorgung des Umlandes haben. Ein hierarchisches System von zentralen Orten höherer und niederer Rangordnung bildet sich vor allem dadurch, daß die einzelnen zentralen Güter und Dienstleistungen unterschiedliche „Reichweiten" haben. Unter der Reichweite eines Gutes versteht Christaller die weiteste Entfernung, bis zu welcher die zerstreut wohnende Umlandbevölkerung das in einem zentralen Ort angebotene zentrale Gut noch erwirbt. Dahinter steht etwa folgender Gedankengang: Die Umlandbewohner decken ihren täglichen Bedarf in der Regel am Wohnort und im Unterzentrum, den gelegentlichen und gehobenen Bedarf dagegen manchmal im Mittelzentrum und den speziellen und luxuriösen Bedarf oft im Oberzentrum. Die Entwicklung zentraler Orte hängt wesentlich von dem Ertrag aus dem Verkauf der zentralen Güter ab. Erwirtschaften die Bewohner zentraler Orte, die - wie Christaller unterstellt - ausschließlich vom Verkauf zentraler Güter leben, ein hohes Nettoeinkommen, so sind die Bedingungen für eine Aufwärtsentwicklung des betreffenden zentralen Ortes gegeben. Sind die Erträge aus dem Verkauf zentraler Güter gering, so finden nur wenige Bewohner ein dürftiges Auskommen, und der zentrale Ort siecht dahin. Die Theorie der zentralen Orte, die von ihren Prämissen her eine Standorttheorie des tertiären Sektors ist, kann die Standortstrukturen von Wirtschaftsunternehmen in Industriegegenden nicht erklären. Ihr Erklärungswert liegt darin, die typischen Dienstleistungsfunktionen zentraler Orte für ihr Umfeld deutlich zu machen. Strukturpolitisch bietet sie Ansatzpunkte, wie die Bedarfsdeckung und Einkaufsmöglichkeiten in einer Region verbessert werden können. Ferner lassen sich auch bei strukturpolitischen Strategien der Industrieansiedlung einige Elemente der zentralörtlichen Theorie nutzbringend anwenden. So kann beispielsweise der notwendige „Bedeutungsüberschuß" bzw. Funktionsüberschuß zentraler Infrastruktureinrichtungen einer Stadt, der manchmal für die Industrieansiedlung im benachbarten Umland mitbestimmend ist, ermittelt werden.

9.1.2 Regionale Entwicklungstheorien

Für die praktizierende regionale Strukturpolitik haben insbesondere folgende **Entwicklungstheorien** Bedeutung erlangt:

a) **Theorie raumdifferenzierender Entwicklungsfaktoren**
b) **Theorie der Wachstumspole**
c) **economic-base-theory**.

zu a) Theorie raumdifferenzierender Entwicklungsfaktoren

In der Regel sind die Regionen einer Volkswirtschaft ökonomisch ungleichmäßig entwickelt. Um für die regionale Strukturpolitik geeignete Ansatzpunkte zur Verringerung räumlicher Entwicklungsgefälle zu finden, müssen die **raumdifferenzierenden Entwicklungsfaktoren** ausfindig gemacht werden. Dabei muß vor allem geklärt werden, welche Faktoren die Konzentration von Betrieben oder Wirtschaftszweigen in bestimmten Orts- oder Regionstypen begünstigen oder hemmen.

Bereits **August Lösch** hat den Bestimmungsfaktoren der Raumstruktur und regionaler Konzentrationsprozesse nachgespürt. In seiner **Theorie der räumlichen**

Ordnung der Wirtschaft[161] geht Lösch von der Fragestellung aus, wie sich die räumliche Struktur der Wirtschaft unter Annahme einer homogenen Fläche bzw. bei Ausklammerung von natürlichen Ungleichheiten der Produktionsbedingungen entwickeln würde. Auf dieser Grundlage zeigt er „Gesetzmäßigkeiten" auf, die für eine punkt- oder flächenmäßige Konzentration von Produktionsstandorten einer Branche oder verschiedener Wirtschaftszweige bestimmend sind. Ein besonderes Verdienst von Lösch liegt darin, daß er die konzentrationsfördernden Wirkungen interner und externer Ersparnisse in das Blickfeld rückt. Nach Lösch kommt es vor allem zur punktförmigen Konzentration von nichtlandwirtschaftlichen Betrieben in Städten infolge von Vorteilen der Masse (z. B. billigere Versorgung von Wasser und Elektrizität) und Vorteilen der Mischung (z. B. stärkere Nachfrage durch vielfältige Einkaufsmöglichkeiten). Dagegen spielen seines Erachtens für die flächenmäßige Konzentration besonders die Transportkosten und/oder die Höhe der Bodenrente die wesentliche Rolle. Nach Edwin von Böventer sind **raumdifferenzierende Faktoren** jene „rein ökonomische Faktoren, die einzeln oder gemeinsam auch auf einer völlig homogenen Fläche eine starke Differenzierung des Raumes mit Arbeitsteilung und Austausch zwischen verschieden großen Städten und Dörfern herbeiführen"[162]. Zu ihnen zählt von Böventer die Nachfrage nach Land, interne und externe Vorteile und Nachteile (hier solche der Agglomeration) sowie Transportkosten.

Der Faktor Boden, der in der Regel nicht vermehrbar ist, und steigende Bodenpreise bei drängender Nachfrage können als Konzentrationsbremse für die Ansiedlung in Städten wirken und zur Zersiedlung des städtischen Umlandes führen. Dagegen fördern interne und externe Ersparnisse in der Regel die räumliche Konzentration gewerblicher Betriebe und privater Haushaltungen.

Interne Ersparnisse ergeben sich für einen Betrieb, wenn durch Vergrößerung der Produktionskapazitäten die Durchschnittskosten pro Produkteinheit gesenkt werden können. Manchmal wächst ein Unternehmen durch Ausdehnung seiner Kapazitäten an einem Ort erst in seine optimale Betriebsgröße hinein, weil dann die innerbetriebliche Arbeitsteilung besser organisiert und die Möglichkeiten der Rationalisierung voll ausgeschöpft werden können. Empirische Regionalanalysen lassen den Schluß zu, daß bei großbetrieblicher Unternehmensstruktur die **Tendenzen zur Agglomeration** größer als bei kleinbetrieblicher und mittelständischer Struktur sind. Allerdings kann sich ab einer bestimmten Kapazitätsausdehnung in überlasteten Stadtkernen und Verdichtungsräumen wieder eine Tendenz zu Dispersion bei Großbetrieben durchsetzen. Je umfangreicher und differenzierter die Produktion von Großbetrieben geworden ist, desto leichter und eher kommt es zu Standortspaltungen durch Zweigwerksgründungen an anderen Orten, die für die einzelne Teilproduktion noch bessere Produktionsbedingungen als die zentrale Produktionsstätte aufweisen.

Externe Effekte (Vor- und Nachteile) treten als **Lokalisations- und Urbanisierungseffekte** auf. Vorteile der **Branchenagglomeration**, die von E. M. Hoover und später auch von W. Isard als **„localization economies"** bezeichnet worden sind, führen zu Ersparnissen, die allen Betrieben eines bestimmten Wirtschafts-

---

[161] Vgl. A. Lösch, 1962.

[162] E. v. Böventer, 1979, S. 10.

zweiges mit der Expansion der betreffenden Branche an einem Standortkomplex zuwachsen. Dagegen führen **Verstädterungsvorteile** („urbanization economies“) zu Ersparnissen bei den Betrieben aller ortsansässigen Wirtschaftszweige mit der allgemeinen Ausdehnung der Wirtschaftstätigkeit am betreffenden Standort.

Localization economies können für die Betriebe eines mittelständischen Wirtschaftszweiges (z. B. Ziegeleien), die sich in einer Teilregion angesiedelt haben, daraus resultieren, daß ihnen die gemeinsamen Rohstofflieferanten infolge der konzentrierten und größeren Absatzmenge preisgünstige Angebote machen können. Allerdings kann die regionale Konzentration von Betrieben eines stark konjunkturabhängigen Wirtschaftszweiges auch zu schwerwiegenden negativen Lokalisationseffekten führen, wenn mit periodischen Konjunkturschwankungen die regionale Arbeitslosigkeit häufig anschwillt. Urbanization economies basieren hauptsächlich auf Fühlungsvorteilen der Geschäftstätigkeit in geographischer Nähe, der massiven Nutzung städtischer Infrastruktureinrichtungen (z. B. gut ausgebauter Verkehrsnetze) und den Vorzügen bei der betrieblichen Arbeitskräfteauswahl infolge großer und differenzierter Arbeitsmärkte. Ein großes Potential an externen Ersparnissen steckt meist in der kostenfreien und kostengünstigen Nutzung öffentlicher Infrastrukturinvestitionen und -leistungen, die in Form öffentlicher Güter unentgeltlich und ohne Benutzerausschluß oder oft zu geringen Gebühren angeboten werden. Maßnahmen der Infrastrukturpolitik, die manchmal gewollt und oft ungewollt die räumliche Verdichtung (zumindest bis zur Übernutzung des Raumes) fördern, haben also gleichfalls raumdifferenzierende Wirkungen. Desgleichen kann eine sektoral und/oder regional unterschiedliche Anlastung von Umweltschutzkosten die Entwicklung der Regionen raumdifferenzierend beeinflussen. Eine Strukturpolitik aus einem Guß muß deshalb die Interdependenzen und Wirkungen von Maßnahmen sowohl der sektoralen und regionalen Strukturpolitik im engeren Sinne als auch der Infrastruktur- und Umweltschutzpolitik beachten.

zu b) Theorie der Wachstumspole

Die Theorie der Wachstumspole, die insbesondere von François Perroux entwickelt[163] und später von anderen weiterentwickelt worden ist[164], vereinigt in sich sowohl Elemente der regionalen als auch der sektoralen Strukturentwicklungstheorie. Erfahrungsgemäß geht das Wirtschaftswachstum räumlich meist von **Wachstumspolen** aus, die sowohl in Form von Industriekomplexen als auch regionalen Agglomerationszentren auftreten. Für das Wirtschaftswachstum ist es also bedeutungsvoll, wie die Produktivkräfte im Raum verteilt sind. Je nach ihrer räumlichen Allokation tragen sie in unterschiedlichem Maße zum Bruttosozialprodukt bei. Motorische Kräfte, die den ökonomischen Entwicklungsprozeß vorantreiben, werden oft bei der räumlichen Konzentration von Unternehmungen, Haushaltungen oder Industriezweigen freigesetzt. Allerdings ist die räumliche Konzentration häufig von einer Verschlechterung der Umweltbedingungen begleitet.[165] Wachstumsimpulse bei räumlicher Konzentration können z. B. aus konzentrierter Nachfrage, Kostensen-

[163] Vgl. F. Perroux, 1955.

[164] So von F. Buttler, 1973.

[165] In diesen Fällen ergibt sich ein Zielkonflikt zwischen der angestrebten Steigerung des Wirtschaftswachstums und der Bewahrung der natürlichen Umwelt, der meist nur auf dem Kompromißwege durch Abstriche an den Zielerreichungsgraden zu lösen ist.

kung durch Fühlungsvorteile oder aus wettbewerblich bedingtem Rationalisierungszwang herrühren. Nach Buttler „ist gesamtwirtschaftliches Wachstum das Ergebnis aufeinanderfolgender Entwicklungsschübe innerhalb sektoral/regional identifizierbarer Zusammenballungen wirtschaftlicher Aktivitäten (d. h. Entwicklungspolen), von denen aus Impulse zu Anpassungsbewegungen im übrigen gesamtwirtschaftlichen System diffundieren“[166]. Dabei setzen sich **sektorale Pole** aus Bündeln von Branchenaktivitäten zusammen, die durch bedeutende Input-Output-Beziehungen verflochten sind. Tendieren Elemente eines sektoralen Pols zur nachbarschaftlichen Ansiedlung, so entsteht ein sektoral/regionaler Pol, der zumeist wegen ersparter Kommunikationskosten zwischen sonst weiter entfernten Polen stärker wachstumsfördernd sein kann. Die Erfahrung zeigt, daß wirtschaftliche Wachstumsimpulse nicht ständig überall zur gleichen Zeit auftreten. Hirschman folgert daraus: „Wenn eine Volkswirtschaft höhere Einkommensniveaus erreichen will, so scheint es ... kaum zweifelhaft, daß sie zunächst in ihrem eigenen Bereich ein oder mehrere regionale wirtschaftliche Kraftzentren entwickeln muß und wird. Dieses notwendige Auftreten von ‚Wachstumspunkten' oder ‚Wachstumspolen' im Verlaufe des Entwicklungsprozesses bedeutet, daß international und interregional ungleichmäßiges Wachstum eine unvermeidliche Begleiterscheinung und Bedingung des Wachstums selbst ist.“[167] Die Theorie der Wachstumspole geht also von einem sektoral und regional **ungleichgewichtigen Wirtschaftswachstum** aus. Die wachstums- und strukturpolitische Schlußfolgerung daraus lautet jedoch nicht, die Ungleichgewichte zu verstärken, sondern es wird im Gegenteil empfohlen, gegengewichtige Zentren zu schaffen. Für regionale strukturpolitische Strategien wird dementsprechend von den Vertretern der Theorie der Wachstumspole die **„dezentrale Konzentration“** gefordert.

zu c) economic-base-theory

Auch die economic-base-theory, die besonders im angelsächsischen Sprachraum ausgeprägt ist, verbindet Elemente der regionalen und sektoralen Struktur-Entwicklungstheorie miteinander. Es wird davon ausgegangen, daß sich in einer Region regelmäßig zwei einkommenschaffende Wirtschaftssektoren finden lassen. Zum einen existiert ein Leistungssektor, der Güter und Dienstleistungen nur für den eigenen lokalen bzw. intraregionalen Markt schafft, und zum anderen gibt es einen Leistungssektor, der Güter und Leistungen für den außerregionalen Absatz erzeugt. Nach der economic-base-theory kommt den über die eigenen Regionsgrenzen hinausreichenden **„Export“-Aktivitäten die Basisfunktion für die Entwicklung der Region** zu, weil die Exportströme aus diesem dynamischen Leistungsbereich zusätzliche Einkommensströme in die Region bringen und die Voraussetzungen für die Entfaltung der Wachstumskräfte entscheidend verbessern. Strukturpolitisch wird daraus gefolgert, daß vor allem die industriellen Produktionsbetriebe mit überregionalem Absatz gefördert werden müssen. Von der **Stimulierung der fernabsatzorientierten Aktivitäten (basic oder primäre Aktivitäten)** werden Ausstrahlungen auch auf die lokalen Wirtschaftskräfte (nonbasic oder sekundäre Aktivitäten) erwartet. Es wird davon ausgegangen, daß die Schaffung industrieller Arbeitsplätze in fernabsatzorientierten Branchen quasi automa-

---

[166] F. Buttler, 1973, S. 4.

[167] A. O. Hirschman, 1967, S. 172.

tisch die Erweiterung des lokalen Dienstleistungsgewerbes nach sich zieht. Die sich eng an das economic-base-Konzept anlehnenden strukturpolitischen Entwicklungsstrategien schließen die Dienstleistungszweige und das Baugewerbe, die meist nur Leistungen für den lokalen bzw. innerregionalen Markt erzeugen, regelmäßig von der Förderung aus. Ein solches Förderungskonzept läuft jedoch Gefahr, die auch in diesen Wirtschaftszweigen vorhandenen Wachstumskräfte für die Entwicklung der Region nicht zu mobilisieren. Zum einen gibt es im tertiären Sektor - wie z. B. im Versandhandel, Importhandel sowie Bank-, Kredit- und Versicherungsgewerbe - gleichfalls fernabsatz- bzw. überregional orientierte Betriebe, die ebenso wie die industriellen Produktionsbetriebe mit Fernabsatz zusätzliches Einkommen in die Regionen bringen können. Zum anderen ist auch ohne interregionale Arbeitsteilung allein durch Veränderung der intraregionalen Wachstumsdeterminanten in einer quasi geschlossenen Region regionales Wachstum möglich. Manchmal sind einer Verstärkung der interregionalen Arbeitsteilung durch die geographische Randlage einer Region und räumliche Hindernisse (wie z. B. Gebirgsmassive), die den Rohstoffbezug aus und den Absatz an andere Regionen erschweren, Grenzen gesetzt. In solchen Fällen bleibt nichts anderes übrig, als die regionsbezogene Wirtschaftstätigkeit anzuregen und die interregionale Arbeitsteilung zu intensivieren. Gelingt es, einen intraregionalen Multiplikatorprozeß in Gang zu bringen, so kann dieses zu einer fühlbaren Verbesserung der Einkommenssituation der Bevölkerung in der betreffenden Region führen.

9.2 Konzeptionen der regionalen Strukturpolitik

Fast alle Maßnahmen der Wirtschaftspolitik beeinflussen direkt oder indirekt das volkswirtschaftliche Standortgefüge. Daher gibt es **kaum eine standortneutrale Wirtschaftspolitik**. Das wesentliche Charakteristikum regionaler Strukturpolitik ist, daß sie bewußt und gewollt auf das Standortgefüge von Regionen und damit der Volkswirtschaft einwirkt. Alle wirtschaftspolitischen Maßnahmen, die primär anderen Zwecken dienen und ungewollt nur als Begleiterscheinung das regionale oder volkswirtschaftliche Standortgefüge beeinflussen, sind demnach nicht zur regionalen Strukturpolitik zu rechnen. Allerdings gehört es zu den Aufgaben der regionalen Strukturpolitik, alle beabsichtigten Maßnahmen der Wirtschafts- und Gesellschaftspolitik auf voraussichtlich regionalpolitische Auswirkungen zu prüfen, um schädliche Nebenwirkungen rechtzeitig zu erkennen und eventuell zu verhindern.

Die **regionale Strukturpolitik** umfaßt sowohl Ordnungsgrundsätze, welche das Standortgefüge von Regionen ordnen **(regionale Strukturordnungspolitik)** als auch prozeßpolitische Maßnahmen, welche die strukturelle Entwicklung von Regionen mittelbar beeinflussen oder unmittelbar gestalten **(regionale Strukturpolitik)**.

Für eine Wirtschaftspolitik sui generis, die auf die Entwicklung bestimmter Regionen gerichtet ist, werden hauptsächlich zwei unterschiedliche Begründungen angeführt, die sich in folgenden Forderungen niederschlagen:

- Das Wirtschaftsgefälle zwischen armen und reichen Regionen, das zu ungleichen Lebens- und Arbeitsbedingungen der Bevölkerung im Staatsraum führt, muß durch spezifisch regionalpolitische Maßnahmen dahingehend abgebaut werden, daß die wirtschafts- und einkommensschwachen Regionen an die Standards der Volkswirtschaft herangeführt werden **(Angleichungsorientierte regionale Strukturpolitik)**.

- Das regionale Wirtschaftswachstum muß durch Erschließung des latent vorhandenen regionalen Entwicklungspotentials mit staatlicher Hilfe gesteigert werden, so daß sich auch das gesamtwirtschaftliche Wachstum erhöht **(Wachstumsorientierte regionale Strukturpolitik)**.

Entsprechend den beiden unterschiedlichen Begründungen läßt sich demnach prinzipiell zwischen einer angleichungsorientierten und einer wachstumsorientierten Konzeption unterscheiden, wobei in der **Praxis** der regionalen Strukturpolitik meist eine **Mischung** aus Elementen beider Konzeptionen zur Anwendung kommt.

9.2.1 Angleichungsorientierte Regionalkonzeption

Die angleichungsorientierte Konzeption der regionalen Strukturpolitik basiert auf der **ungleichen ökonomischen und infrastrukturellen Entwicklung** der Regionen in der Volkswirtschaft. So wurden in Mitteleuropa die **Städte**, die im vorigen Jahrhundert vor allem überörtliche Zentren der Versorgung mit Handelswaren und Gewerbeprodukten für eine überwiegende Agrargesellschaft gewesen waren, im Laufe der Industrialisierung vorwiegend zu **Kristallisationskernen** der ökonomischen Entwicklung. Es bildeten sich aufgrund natürlicher Standortvorteile (z. B. Rohstoffvorkommen, Wasserwege) industrielle **Ballungsgebiete** von großer Wirtschafts- und Finanzkraft, die sich auch eine gut ausgebaute Infrastruktur leisten konnten. Gegenüber diesen hochindustrialisierten Verdichtungsräumen fielen größere Teile ländlicher Regionen mit vorwiegender Agrarproduktion, die ständig Arbeitskräfte an die Industrie abgaben, in ihrer Entwicklung zurück. Manche **Agrarregion** wurde zum ständigen **Rückstandsgebiet**, weil sie aufgrund ihrer Finanzschwäche die allernotwendigsten Infrastrukturinvestitionen, wie den Ausbau des Verkehrswegenetzes und der Wasser- und Energieversorgung, oft nicht aus eigener Kraft vornehmen konnte und häufig auch vom Staat nur mangelhaft mit Finanzierungsmitteln zum Ausbau der Infrastruktur ausgestattet wurde. Es lag also nahe, daß sich die regionale Strukturpolitik - gestützt auf das Postulat nach Schaffung angenähert gleichwertiger Lebensbedingungen in allen Landesteilen - zunächst auf die wirtschaftsschwachen **ländlichen Problemgebiete** konzentrierte, die durch eine geringe Bevölkerungsdichte, ein niedriges Bruttoinlandsprodukt pro Kopf der Erwerbstätigen und eine geringe Realsteuerkraft gekennzeichnet waren. Zu der traditionellen **Aufgabe der Entwicklung zurückgebliebener ländlicher Gebiete** kam später als neuer Aufgabenbereich hinzu, **monostrukturierten alten Industrieregionen** - wie z. B. den Bergbaugebieten - bei der notwendigen Umstrukturierung zu helfen. In der Bundesrepublik Deutschland erweiterte sich nach der Wiedervereinigung im Jahre 1990 das Aufgabenspektrum der regionalen Strukturpolitik beträchtlich, weil nicht mehr nur einzelne Problemgebiete einiger westdeutscher Bundesländer, sondern auch das **gesamte Territorium der ehemaligen DDR** bzw. der jetzigen neuen Bundesländer zur Sanierung und zur ökonomischen Entwicklung anstand. Prioritätsmäßig hätte sich nach der Wiedervereinigung die regionale Wirtschaftsförderung eigentlich auf Ostdeutschland konzentrierten müssen, weil es in Westdeutschland - verglichen mit dem desolaten Zustand der ostdeutschen Wirtschaft - kaum noch akute Notstandsgebiete gab. Jedoch haben die politisch-staatlichen Entscheidungsträger der westdeutschen Bundesländer ihren **regional-politischen Besitzstand** so massiv verteidigt, daß es nicht zu der sachlich gebotenen regionalen Umschichtung der Fördermittel im erforderlichen Ausmaß gekommen ist. Eine regionale Wirtschaftsförderung, die sich über die wirklichen Problemgebiete hinaus weiterhin auf bereits sanierte Gebietsteile einer Volkswirtschaft erstreckt, verfehlt jedoch erfahrungsgemäß ihr Ziel; denn nach dem **Gießkannenprinzip** verteilte Regionalsubventionen helfen den strukturschwächsten Regionen am wenigsten.

Ein beschränktes Maß an **angleichungsorientierter regionaler Strukturpolitik** wird auch in einer - meist nicht gleichmäßig entwickelten - Marktwirtschaft für notwendig und auch ordnungspolitisch für unbedenklich gehalten. Dieses hat der Wissenschaftliche Beirat beim Bundesministerium für Wirtschaft schon in einer frühen Phase wie folgt begründet: „Der Ablauf einer Wettbewerbswirtschaft hängt von den jeweils vorliegenden Standortbedingungen ab, die nicht nur natural gegeben, sondern auch das Resultat historischer und teilweise zufälliger Entwicklungen sind. Infolgedessen bleibt im Rahmen einer Wettbewerbsordnung ein Spielraum und auch die Notwendigkeit für die bewußte Setzung von Standortbedingungen. Bei richtiger Auswahl vermögen diese dann ihrerseits dem Wettbewerb sogar verbesserte Wirkungsmöglichkeiten zu geben."[168] Dabei wird davon ausgegangen, daß in einer dynamischen Marktwirtschaft die Impulse zur Erschließung neuer Märkte und Standorte weithin auch zu einer ökonomischen Entwicklung des Raumes führen und daß diese nur vor einigen wenigen benachbarten Gebieten haltmachen. Die regionale Strukturpolitik kann sich also bei funktionierendem Marktmechanismus auf die regelmäßig geringe Zahl entwicklungsbedürftiger Gebiete - die jedoch auch entwicklungsfähig sein müssen - konzentrieren. Sind allerdings in einer entwicklungsbedürftigen Region keinerlei latente Produktivkräfte vorhanden und ist auch kein Import von Entwicklungspotential möglich, so bleibt nur eine **passive Sanierung** übrig, d. h. eine Erhöhung des Pro-Kopf-Einkommens dieses Gebietes muß vor allem durch geförderte Abwanderung von Menschen aus dieser Region angestrebt werden.

Nach Auffassung des Wissenschaftlichen Beirats beim Bundesministerium für Wirtschaft „ist regionale Wirtschaftspolitik nicht mit Berufung auf ein angeblich autonomes Ziel, wie etwa einer gleichmäßigen Verteilung der Bevölkerung und der Arbeitsstätten nach Art und Zahl im Raum oder eines durch deren immanente Struktur vorgegebenen oder anzustrebenden Gleichgewichts zwischen verschiedenen Wirtschaftszweigen, zwischen Stadt und Land und zwischen verschiedenen Regionen, zu begründen. Schon die naturalen Gegebenheiten, die niemals außer acht gelassen werden dürfen, widersprechen einer solchen Zielsetzung".[169] Eine **regionale Angleichungspolitik**, die rigoros - ohne Rücksicht auf die natürlichen und ökonomischen Gegebenheiten - eine völlig gleichmäßige Verteilung der Bevölkerung und der Arbeitsstätten im Raum anstrebt, könnte dieses nur mit Hilfe von Geboten und Verboten erreichen, was letztlich die Freiheit der Standort- und Arbeitsstättenwahl aufheben würde. Die Instanzen der regionalen Strukturpolitik in

---

[168] Wissenschaftlicher Beirat beim Bundesministerium für Wirtschaft, 1957, S. 14.

[169] Ebendort, S. 13 f.

der Bundesrepublik Deutschland haben zu keiner Zeit ein solches planwirtschaftliches Ziel anvisiert. Eine derartige **Schematisierung der Arbeits- und Lebensverhältnisse** - gleichsam vom Reißbrett - hätte einen verbindlichen volkswirtschaftlichen Plan erfordert und zu einer Transformation der marktwirtschaftlichen Ordnung in eine zentralgeleitete Planwirtschaft geführt. Zwar kann und soll die regionale Strukturpolitik zur „Herstellung gleichwertiger Lebensverhältnisse im Bundesgebiet" (Art. 72 GG) und darüber hinaus zur „Verbesserung der Lebensverhältnisse" (Art. 91a GG) beitragen, aber daraus kann nicht gefolgert werden, daß in allen Regionen gleiche oder ähnliche Produktions-, Arbeits- und Versorgungsstrukturen zu errichten sind. Statt dessen nimmt im Konzept der angleichungsorientierten regionalen Strukturpolitik das **Ziel des Abbaus räumlicher Disparitäten** in der ökonomischen und infrastrukturellen Entwicklung den zentralen Platz ein. Danach sollen die strukturschwachen Regionen durch Ausgleich ihrer Standortnachteile (wieder) Anschluß an die allgemeine wirtschaftliche Entwicklung gewinnen. Zum Ausgleich bestimmter Standortnachteile, die - wie z. B. auf infrastrukturellem Gebiet - manchmal historisch bedingt sind, stellt die regionale Strukturpolitik eine Palette von Förderungsmöglichkeiten bereit, von denen die regionale Wirtschaft und die Kommunen Gebrauch machen können. Die wirtschaftsstrukturelle Entwicklung der Regionen bleibt also das Ergebnis der Entscheidungen einer Vielzahl von autonomen Wirtschaftssubjekten.

Fördermaßnahmen der regionalen Strukturpolitik werden in der Regel angeboten für

- Regionen, deren Wirtschaftskraft erheblich unter dem Durchschnitt der betreffenden Volkswirtschaft liegt oder beträchtlich darunter abzusinken droht und
- in industriell oder agrarisch monostrukturierten Regionen, in denen vom Strukturwandel bedrohte Wirtschaftszweige vorherrschen.

Sektoraler Strukturwandel, der regional konzentriert auftritt und manchmal bruchartig verläuft, kann die Anpassungsfähigkeit einer ganzen Region überfordern. In solchen Fällen ist es strukturpolitisch sinnvoller, statt dem bedrohten Wirtschaftszweig (z. B. der Eisen- und Stahlindustrie) Erhaltungssubventionen zu gewähren, der **monostrukturierten Region** einen **Hilfsfonds** zur **Umstrukturierung der Wirtschaft** und zur **Verbesserung der Infrastruktur** einzuräumen. Dabei können die Maßnahmen der regionalen Strukturprozeßpolitik von der mittelbaren Beeinflussung des Standortgefüges durch Investitionsanreize für die gewerbliche Wirtschaft bis zu unmittelbar standortprägenden Infrastrukturmaßnahmen reichen.

9.2.2 Wachstumsorientierte Regionalkonzeption

Obwohl sich die regionale Strukturpolitik in der Praxis kaum jemals an einer rein wachstumsorientierten Regionalkonzeption orientiert, versäumen die Regierungen meist nicht, das Wachstumsziel in den Vordergrund zu rücken. Auch in der Bundesrepublik Deutschland haben bisher alle Bundesregierungen grundsätzlich eine **wachstumsorientierte regionale Strukturpolitik** angekündigt, aber eine **vorwiegend angleichungsorientierte Regionalpolitik** betrieben.

In den **„Grundsätzen der regionalen Wirtschaftspolitik“**, die 1968 von der damaligen Bundesregierung der Großen Koalition gebilligt wurden und die auch Richtschnur für alle nachfolgenden Bundesregierungen waren, heißt es: „Allgemeines Ziel der regionalen Wirtschaftspolitik ist es, eine optimale regionale Wirtschaftsstruktur zu schaffen und in allen Gebieten dafür zu sorgen, daß ungenutzte bzw. schlecht genutzte Produktionsfaktoren für das allgemeine Wirtschaftswachstum mobilisiert werden. Durch die regionale Wirtschaftspolitik, die sich in die Zielsetzungen der allgemeinen Wirtschaftspolitik einfügt, wird die Wirtschaftskraft in den zu begünstigenden Räumen gesteigert. Es werden bessere Arbeits- und Einkommensmöglichkeiten geschaffen und dadurch auch soziale Härten dauerhaft beseitigt, die nicht nur in den wirtschaftsschwachen Räumen, sondern auch in Verdichtungsgebieten auftreten können.“[170]

Diese Zielsetzung ist sehr allgemein gehalten und enthält hinsichtlich des Aspektes der Schaffung einer **„optimalen regionalen Wirtschaftsstruktur“** eine **reine Leerformel**, weil dieser Zielaspekt **nicht operational** bestimmt wird. Konkrete, d. h. operational definierte Zielsetzungen verlangen neben einer genauen Bezeichnung des zu verändernden Objektes auch die Angabe der Änderungsrichtung und des gewünschten Veränderungsgrades. Im vorliegenden Falle werden weder die Mängel der gegenwärtigen regionalen Wirtschaftsstruktur - also die Ausgangssituation - noch die anzustrebende Änderungsrichtung und der gewünschte Veränderungsgrad aufgezeigt. Dennoch bietet die Gesamtzielformulierung bei anderen Zielaspekten einige Anhaltspunkte zumindest für die Zielrichtung der staatlichen Aktivität. So kommt die **Wachstumsorientierung** dadurch deutlich zum Ausdruck, daß in allen Regionen ungenutzte bzw. schlecht genutzte Produktionsfaktoren für das allgemeine Wirtschaftswachstum mobilisiert werden sollen. Speziell soll die Wirtschaftskraft in den zu begünstigenden Räumen - also vornehmlich in den wirtschaftsschwachen oder einseitig strukturierten Regionen - gesteigert und bessere Arbeits- und Einkommensmöglichkeiten geschaffen werden.

Der wesentliche Unterschied zwischen einer angleichungs- und einer wachstumsorientierten Regionalpolitik liegt darin, daß bei der reinen Wachstumskonzeption nur solche regionalen Entwicklungsprozesse speziell gefördert werden, die das **gesamtwirtschaftliche Wachstum steigern**. Da die Wachstumsbedingungen der Verdichtungsräume mit gut ausgestatteter materieller und personeller Infrastruktur auf kurze oder mittlere Sicht - die für politische Entscheidungen meist ausschlaggebend sind - häufig am besten sind, würde jedoch die strikte **Verfolgung des Wachstumszieles** zu einer **Verstärkung des interregionalen Wohlstandsgefälles** und zu einer notwendigen passiven Sanierung entwicklungsschwacher Regionen führen. Eine ausschließlich wachstumsorientierte Regionalpolitik ist deshalb gesellschaftspolitisch kaum realisierbar. Die politisch-staatlichen Instanzen betreiben heute die regionale Wirtschaftspolitik vorwiegend als **Wachstumspolitik für Problemgebiete**. Eine solche **„regionalisierte Wachstumspolitik“** kann jedoch u. U. gesamtwirtschaftlich wachstumshemmend sein, wenn sie knappe Produktionsfaktoren davon abhält, zum besten Wirt zu wandern.

Die **Strukturpolitik als regionalisierte Wachstumspolitik** soll nicht nur das Wirtschaftswachstum bestimmter Regionen anregen und steigern, sondern gleich-

---

170 Bundesregierung, 1968a, S. 5.

zeitig zu einem stetigen und angemessenen Wachstum der Volkswirtschaft und zur Stabilität des Preisniveaus beitragen. Unter **gesamtwirtschaftlichen Stabilitätsaspekten** dürfen die Maßnahmen regionaler Strukturpolitik also nicht den konjunkturpolitischen Stabilitätsbemühungen entgegenwirken. Eine massive **regionale Wirtschaftsförderung** kann jedoch eine **überhitzte Konjunktur** weiter anheizen. Gegenüber der amtlicherseits ausgegebenen Parole, die Hochkonjunktur sei die Stunde der regionalen und sektoralen Strukturpolitik, ist also eine gewisse Reserve angebracht. Sicherlich lassen sich manche langfristigen Strukturprobleme der Regionen und Wirtschaftszweige bei günstigen konjunkturellen Lagen - vor allem wegen der dann regelmäßig großen Investitionsneigung der Unternehmen und nicht zuletzt auch wegen der stärker fließenden Steuereinnahmen - leichter lösen. Doch wird eine Hochkonjunktur künstlich durch staatliche Investitionsförderung großen Ausmaßes übersteigert, so trifft eine sich nicht selten anschließende Rezession erfahrungsgemäß die förderungsbedürftigen Gebiete am härtesten. Die **Interdependenzen zwischen Konjunktur- und Strukturpolitik** lassen die **Problematik einer konjunkturunabhängigen Wirtschaftsförderung** deutlich werden. Soll verhindert werden, daß die regionale Wirtschaftspolitik stabilitätsgefährdend wirkt, so muß für eine Koordinierung zwischen struktur- und konjunkturpolitischen Maßnahmen - insbesondere in der Hochkonjunktur gesorgt werden. In der **Rezession** sind manchmal **Maßnahmen der Konjunktur- und Strukturpolitik identisch**, so daß sich die Koordination von selbst versteht. Dieses kann auch in kombinierten **Konjunktur- und Strukturprogrammen** zum Ausdruck kommen, in denen für strukturschwache Regionen stärkere Konjunkturspritzen vorgesehen werden. Das **Kardinalproblem** der regionalen Wirtschaftspolitik **in einer Rezession** besteht darin, daß die traditionellen **Instrumente der Industrieansiedlungs- und Gewerbeerweiterungspolitik** wegen **fehlender Investitionsneigung** der Unternehmer stumpf werden. Die Privatwirtschaft macht in der Konjunkturflaute von den angebotenen staatlichen Investitionshilfen keinen Gebrauch. In dieser Situation ist es zweckmäßig, die Förderungsmittel verstärkt in den **Ausbau der Infrastruktur** zu stecken, wo sie die Voraussetzungen und Chancen für spätere neue gewerbliche Investitionen verbessern.

Die **regionalisierte Wachstumspolitik stützt sich auf die economic-base-theory**, der zufolge hauptsächlich die Schaffung von **Arbeitsplätzen in fernabsatzorientierten Produktionsbereichen** zusätzliches Einkommen in die Region bringt und somit das regionale Wachstum anregt. Es sind jedoch begründete Zweifel angebracht, ob nur Produktionsbetriebe mit Fernabsatz das regionale Wirtschaftswachstum tragen. Fest steht, daß Wirtschaftswachstum in einer Region auch ohne interregionale Arbeitsteilung allein durch Veränderung der Wachstumsdeterminanten möglich ist. Damit wird zwar nicht die Theorie erschüttert, daß durch Förderung von fernabsatzorientierten Wirtschaftszweigen das regionale Einkommen erhöht werden kann, aber zumindest deutlich gemacht, daß die **Verstärkung der interregionalen Arbeitsteilung** nicht die einzige Möglichkeit ist, um das Einkommen und den Lebensstandard in einer Region zu erhöhen. Es kann durchaus regionalpolitisch zweckmäßig sein, die **intraregionale Arbeitsteilung** zu verstärken, z. B. wenn infolge unverhältnismäßig hoher Transportkosten bei der Rohstoffbeschaffung und dem Warenabsatz eine interregionale Arbeitsteilung kaum möglich ist. Die Intensivierung der intraregionalen Arbeitsteilung kann in diesen

Fällen manchmal zu einer Verbesserung der Einkommenssituation und der Bedürfnisbefriedigung der Bevölkerung in der betreffenden Region beitragen.

Zweifelhaft ist auch, ob die Annahme in jedem Fall zutrifft, daß die Schaffung export-orientierter industrieller Arbeitsplätze quasi automatisch über den Markt neue Arbeitsplätze im lokalen Güter- und Dienstleistungsgewerbe nach sich zieht. Nicht immer wird sich der **Dienstleistungsbereich** an einem bestimmten Ort - selbst bei vorhandener Nachfrage - entwickeln. Wird unter Wirtschaftswachstum eine Zunahme des Produktionspotentials verstanden, so ist zu beachten, daß dieses auch durch das verfügbare Angebot an Produktionsfaktoren begrenzt wird. Ist beispielsweise der Wohn- und Freizeitwert eines Ortes wegen fehlender Ausbildungsstätten, Krankenhäuser, Kindergärten, Theater usw. gering, so kann es bei allgemein guter Beschäftigungslage schwierig sein, das notwendige Personal für neue Dienstleistungsbetriebe zu bekommen. Die mit staatlichen Hilfen angesiedelten Industriebetriebe ziehen eventuell keine oder zu wenig Neugründungen von Dienstleistungsbetrieben nach sich, so daß die Industriebeschäftigten u. U. ihr Geld für Gebrauchs- und Verbrauchsgüter in einer Großstadt, die nicht in einer förderungsbedürftigen Region liegt, ausgeben.

In föderativ aufgebauten Gemeinwesen führt eine regionalisierte Wachstumspolitik meist dazu, daß die Städte und Gemeinden jeweils bestrebt sind, Unternehmen aus Wachstumsindustrien anzusiedeln. Im Hinblick auf das ihnen zugute kommende Gewerbesteueraufkommen sind die Kommunen oft bereit, den **ansiedlungswilligen Betrieben hohe Vergünstigungen** (z. B. bei der Beschaffung von Baugelände) einzuräumen. Werden jedoch die natürlichen Standortbedingungen für Gewerbe- und Industrieansiedlungen durch massive kommunale Förderungsmaßnahmen verfälscht, so kann dieses negativ auf das gesamtwirtschaftliche Wachstum wirken.

In einer dynamischen Marktwirtschaft ist in der Regel die ökonomische Entwicklung und das gesamtwirtschaftliche Wachstum von ständigen sektoralen und regionalen Strukturwandlungen begleitet. Wachstumssteigerung setzt manchmal voraus, daß dem Strukturwandel - der durch ökonomische, rechtliche oder psychologische Hemmnisse beeinträchtigt sein kann - durch wirtschaftspolitische Maßnahmen zum Durchbruch verholfen werden muß. Stemmt sich die Wirtschaftspolitik gegen den Strukturwandel, der knappe Produktionsfaktoren in die volkswirtschaftlich ergiebigsten Verwendungen lenkt, so führt dieses regelmäßig zu einem Verzicht auf potentielles Wirtschaftswachstum. Die regionale Strukturpolitik muß also in der Regel bestrebt sein, den Strukturwandel in den Fördergebieten voranzutreiben, um **einen sich selbst tragenden ökonomischen Entwicklungsprozeß** in Gang zu setzen. Diesen Bemühungen der regionalen Wirtschaftspolitik wirken jedoch manchmal Maßnahmen der sektoralen Strukturpolitik, wie z. B. Erhaltungssubventionen für bestimmte Wirtschaftszweige, entgegen. Wegen der engen Verflechtung von regionalem und sektoralem Strukturwandel kommt es nur zu einer Wachstumsstimulierung in den Regionen, wenn eine wachstumsorientierte Regionalpolitik nicht von strukturkonservierenden Sektoralpolitiken konterkariert wird.

9.2.3 Schwerpunktorientierte Regionalkonzeption

Die schwerpunktorientierte Regionalkonzeption stützt sich insbesondere auf die **Theorie der zentralen Orte und die Wachstumspol-Theorie**. Da beide Theorien bereits inhaltlich dargestellt worden sind, wird vor allem die Problematik der schwerpunktorientierten Konzeption aufgewiesen.

Die regionale Strukturpolitik nach dem Schwerpunktkonzept kann **Wettbewerbsverzerrungen** zwischen den Unternehmen innerhalb einer Region und in der Volkswirtschaft heraufbeschwören. Investitionssubventionen, die Unternehmen an bestimmten Standorten gewährt werden, führen zu Wettbewerbsnachteilen der Konkurrenten an nichtbegünstigten Orten. Sollen bestimmte Standorte mit Hilfe regionalpolitischer Instrumente eine Präferenz erhalten, so müssen künstliche, d. h. nicht marktmäßig bedingte Verschiebungen der Wettbewerbsbedingungen in Kauf genommen werden. Die staatlichen Instanzen müssen in solchen Fällen jedoch versuchen, die Verzerrungen des Wettbewerbs - also die schädlichen Nebenwirkungen - zu minimieren.

Die **zentrale Problematik** der regionalen Strukturpolitik mit Schwerpunktprinzip und gestaffelten Investitionsanreizen besteht in der Ungewißheit darüber, ob und gegebenenfalls inwieweit den Investitionssubventionen überhaupt ein **Lenkungseffekt** zukommt. Die politisch-staatlichen Instanzen gehen davon aus, daß sie Unternehmen durch Investitionszuschüsse, Darlehen zu günstigen Konditionen und steuerliche Vergünstigungen dazu veranlassen können, sich an den staatlicherseits ausgewählten Förderorten anzusiedeln. Dieses setzt jedoch voraus, daß die staatlichen Vergünstigungen, die in der Regel nur einmalig als Starthilfe gewährt werden, ausschlaggebend für die Standortentscheidungen von Unternehmungen sind.

Falls jedoch für ansiedlungswillige Unternehmen andere wichtigere Faktoren - wie z. B. eine gut ausgebaute Infrastruktur, qualifizierte Arbeitskräfte, niedrige Transportkosten und günstige Absatzmärkte - am Förderort nicht vorhanden sind, wird sich bei rationaler Standortentscheidung kaum ein Betrieb dort ansiedeln. Signifikante Ansiedlungsfälle und Betriebserweiterungen, die ich während meiner Tätigkeit im Bundeswirtschaftsministerium erlebt habe, deuten darauf hin, daß - wenngleich nicht bewußt und nicht gewollt - manchmal auch Investitionen subventioniert worden sind, die sowieso in dem betreffenden Fördergebiet oder dem Schwerpunktort geplant waren. In der Förderpraxis ist es kaum möglich, diejenigen Investitionen, die auch ohne Staatshilfe in den Fördergebieten getätigt würden, auszusondern. Manches spricht dafür, daß insbesondere **finanzstarke und gewinnträchtige Unternehmen aus Wachstumsbranchen** ihre betriebsinternen Entscheidungen über Filialgründungen und Erweiterungsinvestitionen **nur selten** von der staatlichen **Förderung** abhängig machen, aber bei ihren Investitionen in den Fördergebieten natürlich die **Investitionszulage** als willkommene **Zugabe** mitnehmen. Dagegen sehen **Unternehmen aus wenig zukunftsträchtigen Wirtschaftszweigen**, deren Finanzsituation angespannt ist, in den staatlichen Hilfen bei Erweiterungsinvestitionen oft eine **letzte Chance**, ungünstige Betriebsergebnisse zu korrigieren. Im ersteren Fall kann angenommen werden, daß öffentliche Gelder ohne Notwendigkeit gewährt und somit verschwendet worden sind. Im letzteren Fall erfüllt die regionale Wirtschaftsförderung die ihr zugedachte Funktion einer regionalisierten Wachstumspolitik kaum, sondern wirkt eher wachstumshemmend, weil sie die Wanderung der knappen Produktionsfaktoren zu den volkswirtschaftlich ergiebigsten Verwendungen verhindert oder zumindest verzögert.

Um die vermuteten **hohen Mitnahmeeffekte** - insbesondere bei Umstellungs- und Erweiterungsinvestitionen - zu unterbinden, ist gelegentlich vorgeschlagen worden, die Investitionsförderung auf die Neuerrichtung von Betrieben zu beschränken. Dagegen ist jedoch eingewendet worden, daß infolge der relativ hohen Standorttreue der Betriebe das voraussichtliche Ansiedlungspotential nur gering ist und die Schaffung neuer Arbeitsplätze dann unterbleiben würde. Die Streitfrage, ob und gegebenenfalls inwieweit den **Investitionszuschüssen** ein Lenkungseffekt zukommt, ist bisher nicht entschieden. Die strukturpolitischen Instanzen schätzen den Lenkungseffekt nach wie vor hoch ein, während Wirtschaftswissenschaftler diesbezüglich eher skeptisch sind. Da die Zahl der zu fördernden Schwerpunktorte relativ hoch ist und sich deshalb die Förderpräferenzen manchmal gegenseitig aufheben, liegt vermutlich das ursächlich auf die Förderung zurückzuführende Investitionsvolumen nicht weit über der Fördersumme, so daß der **Lenkungseffekt nur gering** ist. Bei dem vermuteten geringen Lenkungseffekt der finanziellen Investitionsanreize - der durch Unternehmerbefragungen erhärtet worden ist - wäre es strukturpolitisch effektiver, sich auf eine Verbesserung der regionalen Rahmenbedingungen durch **Infrastrukturausbau** zu beschränken.[171]

9.3 Theoretische Ansätze der sektoralen Strukturpolitik

9.3.1 Theorie des Strukturwandels

Zentrales Phänomen und politisches Handeln auslösendes Moment für die sektorale Strukturpolitik ist der Strukturwandel. In der Regel ist die Entwicklung einer Volkswirtschaft von Wandlungen ihres inneren Gefüges (insbesondere ihrer Branchenstruktur) sowie ihrer außenwirtschaftlichen Verflechtungen begleitet. Strukturwandlungen sind aber nicht nur eine **Begleiterscheinung des ökonomischen Entwicklungsprozesses**, sondern in der Regel auch eine **Voraussetzung des Wirtschaftswachstums**, bei dem sich die Relationen der ökonomischen Teilbereiche verschieben. Strukturwandlungen können beispielsweise infolge des technischen Fortschritts auftreten, und diese Strukturänderungen können wiederum den technischen Fortschritt vorantreiben. Weitere Ursachen für Strukturwandlungen können z. B. Geschmacksänderungen und Wandlungen der Güternachfrage oder Änderungen im Produktionsfaktorenangebot sein. Sichtbar wird der Strukturwandel im Produktionsbereich meist am Wachstum oder der Schrumpfung von Wirtschaftszweigen. Auf dem Arbeitsmarkt werden Strukturänderungen oft durch einen Wandel der Qualifikationsanforderungen angezeigt.

Mit Strukturwandel wird gewöhnlich zum einen etwas **Positives**, wie z. B. technischer Fortschritt oder soziale Errungenschaften, assoziiert, zum anderen aber auch etwas **Negatives**, wie z. B. belastende Umstellungen, stärkere Mobilitätser-

---

[171] Vgl. H.-R. Peters, 1971a, S. 25 f.

fordernisse und eventuelle Verdrängung aus dem Markt oder vom angestammten Arbeitsplatz. Beispielsweise wird der Produzent, dessen Waren infolge einer revolutionären Erfindung reißenden Absatz finden, in dem von ihm selbst ausgelösten Strukturwandel etwas Positives sehen, während seine ehemaligen Konkurrenten, die wegen veralteter Produkte absatzlos werden, sicherlich den sich über das Käuferverhalten äußernden Strukturwandel beklagen werden. Auch der Arbeitnehmer, der infolge des Strukturwandels im Beschäftigtensystem seines Wohnortes einen neuen und besseren Arbeitsplatz gefunden hat, wird den Strukturwandel begrüßen. Dagegen wird der Arbeitnehmer, der aufgrund struktureller Schrumpfung eines Gewerbes in der Region seine Tätigkeit dort aufgeben und nun als umgeschulter Arbeiter in einem anderen (eventuell schlechter bezahlten) Beruf als Pendler in einem weiter entfernten Ort sein Brot verdienen muß, sicherlich den Strukturwandel beklagen. Aus gesamtwirtschaftlicher Sicht und unter **wachstumspolitischem Aspekt** wird der Strukturwandel durchweg als **positiv beurteilt**, weil ohne Strukturwandlungen in Form von Wanderungen der Produktionsfaktoren „zum besten Wirt" kaum Wirtschaftswachstum stattfindet. Allerdings kann **wachstumsfördernder Strukturwandel** in Verdichtungsräumen auch in ökologischer Hinsicht negativ wirken, wenn das forcierte Wirtschaftswachstum mit Umweltschäden verbunden ist. Die sektorale Strukturpolitik kommt also um eine Bewertung des Strukturwandels sowie eine Abwägung seiner positiven und negativen Effekte im Einzelfall nicht herum.

Strukturwandlungen können entweder plötzlich eintreten, wie z. B. als Entwicklungseinbruch aufgrund von Naturkatastrophen oder stetig vor sich gehen und sich dann in der Entwicklung als Wachstum oder Rückbildung abzeichnen. Man kann demnach zwischen **diskontinuierlichen und kontinuierlichen Strukturwandlungen** unterscheiden. Oft ist schwer zu erkennen, ob es sich um dauerhafte und trendmäßig nicht umkehrbare (irreversible) Strukturwandlungen oder um kurzfristige und jederzeit umkehrbare (versible) Verschiebungen im Zuge eines Konjunkturzyklus handelt.

Kennzeichnend für **Strukturwandlungen** sind dauerhafte Veränderungen, die entweder plötzlich oder stetig vor sich gehen und deren Trend stabil ist. Auch eine kontinuierliche Strukturänderung, die sich entwicklungsmäßig als Wachstum oder Rückbildung erweist, birgt keine Kräfte in sich, die den Trend der Aufwärts- oder Abwärtsbewegung umkehren.

Strukturwandlungen lassen sich auf quantitative und/oder qualitative Änderungen von Strukturkomponenten zurückführen. So können beispielsweise Strukturwandlungen in der Beschäftigtenstruktur sowohl durch die quantitativ bestimmbare Zu- und Abnahme der Erwerbsbevölkerung als auch durch die qualitative Verbesserung oder Verschlechterung der beruflichen Ausbildung bedingt sein. In der Regel läßt sich ein Strukturwandel an **dauerhaften mengenmäßigen Veränderungen**, aber auch an **langfristigen Verschiebungen der Preis- und Wertgrößenrelationen** erkennen. So wird z. B. ein Strukturwandel auf dem Energiemarkt daran sichtbar, daß der Anteil der Steinkohle am Gesamtenergieverbrauch ständig schrumpft, während sich der Anteil des Heizöls fortlaufend vergrößert. Ein Strukturwandel, der auf Änderungen von qualitativen Strukturkomponenten zurückzuführen ist, kann sich ebenfalls in mengenmäßigen Verschiebungen niederschlagen. Nimmt der Anteil der Unternehmer zu, die von einer übertrieben sicherheitsbestimmten Verhaltensweise auf ein mehr unternehmerisch wagemutiges Verhalten übergehen, so bleibt dieses sicher nicht ohne Wirkung auf die Produktion, den Absatz und andere ökonomische Faktoren des betreffenden Wirtschaftszweiges. Pionierunternehmer, die den Prozeß der schöpferischen Zerstörung - wie es Schumpeter ausdrückt - vorantreiben, indem sie hemmende Barrieren ökonomisch überholter Traditionen niederreißen, neue Produktions- und Absatzverfahren entwickeln und neuartige Erzeugnisse auf den Markt bringen, können einen nachhaltigen Strukturwandel bewirken.

Bei exakten Strukturanalysen setzt die Bestimmung von Mengenstrukturen die **Homogenität der Massen** voraus. Manchmal lassen sich heterogene Massen durch Äquivalenzziffern vergleichbar machen. So kann man die Anteile verschiedener Energiearten - wie Steinkohle, Koks, Braunkohle, Torf, Erdöl, Erdgas und Kernenergie - am Gesamtenergieverbrauch in einem einheitlichen Maß, nämlich in Tonnen Steinkohleneinheiten (SKE), ausdrücken. Die Meßeinheit „Tonne Steinkohleneinheit" ist die Energiemenge, die erforderlich ist, um aus einer beliebigen Energieart einen Heizwert zu bekommen, der dem einer Tonne Steinkohle entspricht.

Anhaltende Verschiebungen in den Preisrelationen vergleichbarer Substitutionsgüter, die häufig durch Verlagerungen der Verbrauchernachfrage bewirkt werden, können einen Strukturwandel offenbaren. Anhaltspunkte für einen sich anbahnenden Strukturwandel im Handelsverkehr lassen sich unter Umständen aus den Änderungen der Preisverhältnisse von Gütern, die im Außenhandel zwischen Ländern ausgetauscht werden - den **terms of trade** - gewinnen. Wertgrößenangaben, wie z. B. die in Geldeinheiten ausgedrückten Beiträge der Wirtschaftsbereiche zum Sozialprodukt, können ebenfalls einen Strukturwandel sichtbar werden lassen. Ein Strukturwandel auf dem Sektor der industriellen Forschung kann gegebenenfalls an der Patent- und Lizenzbilanz eines Landes offenkundig werden. Gehen die Einnahmen im **Patent- und Lizenzverkehr** mit dem Ausland außerordentlich stark zurück, so kann dieses unter Umständen[172] ein Zeichen für das Nachlassen der Forschungsanstrengungen im eigenen Land sein, was möglicherweise eine strukturpolitische Aktivität des Staates zur Beeinflussung der industriellen Forschung auslöst. Ein Strukturwandel auf dem Beschäftigungssektor kann daran deutlich werden, daß ein ständiger Mangel an qualifizierten Facharbeitern herrscht, während andererseits ungelernte Arbeiter auch bei guter Konjunkturlage keine Beschäftigung finden und somit die strukturelle Arbeitslosigkeit vergrößern.

Bei einer Gliederung der Wirtschaft in große Bereiche werden sektorale Strukturwandlungen sichtbar, wenn sich im langfristigen Beobachtungszeitraum Verschiebungen der Sektorenanteile beispielsweise an der Gesamtproduktion, der Gesamtzahl der Beschäftigten oder an einer anderen wichtigen Meßgröße der Gesamtwirtschaft registrieren lassen. Um den Strukturwandel in großen Zügen sichtbar zu machen, kann es deshalb nützlich sein, die Gesamtwirtschaft in wenige Sektoren zu gliedern und die Bereichsentwicklung zu analysieren. Von der Art und der Anzahl der Sektorenbildungen hängt es dann ab, wie sich der Aufbau bzw. die

---

[172] Eine negative Patent- und Leistungsbilanz ist jedoch nicht in jedem Fall ein sicheres Zeichen für mangelnde Forschung und rückständige technische Entwicklung. Manchmal werden Patente und Lizenzrechte an ausländische Interessenten nicht verkauft, um den Export eigener Erzeugnisse nicht zu gefährden.

Struktur einer Gesamtwirtschaft darstellt sowie welcher sektorspezifische und intersektorale Strukturwandel sichtbar wird. Um die großen Trends ökonomischen Strukturwandels aufzuzeigen, ist die Struktur der Wirtschaft manchmal durch nur drei Sektoren charakterisiert worden.

Relativ einfache Methoden der Strukturwandelanzeige, wie sie beispielsweise von Colin Clark und Jean Fourastié in Form einer **Dreisektoren-Entwicklungsanalyse** der Wirtschaft vorgenommen worden sind, können gewisse große Trends des Strukturwandels sichtbar machen. Meist jedoch genügt ein solcher globaler Überblick über den ökonomischen Strukturwandel für spezifische strukturpolitische Maßnahmen nicht. Systematische wissenschaftliche Diagnosen und Prognosen von Strukturwandlungen in der notwendigen Feinaufgliederung und im Systemzusammenhang stehen im Vergleich zu den Fortschritten auf dem Gebiete der Konjunkturdiagnose und -prognose noch ziemlich am Anfang ihrer Entwicklung. Zwar gibt es Ansätze und Vorschläge für strukturrelevante Indikatoren, die beispielsweise inländische Nachfrageverschiebungen oder Änderungen des Faktorangebotes anzeigen, aber bisher gibt es **noch kein umfassendes Indikatorensystem**, das Strukturwandlungen zuverlässig ex post registriert oder sogar sich anbahnende **Strukturwandlungen ex ante** anzeigt. Allerdings liegen bereits einzelne brauchbare Bausteine für ein strukturelles Informations- und Indikatorensystem vor, wie z. B. die erstmalig von Wassily Leontief entwickelten **Input-Output-Tabellen**. Durch Einbau von Verflechtungs- bzw. Input-Output-Tabellen in Schemata der volkswirtschaftlichen Gesamtrechnung ist es bereits gelungen, die Entstehungs- und Verwendungsseite des volkswirtschaftlichen Produktionsprozesses und des Sozialproduktes sektoral aufzuschlüsseln und analysemäßig für Prognosezwecke zu verwenden.

Der **Strukturwandel kann endogen**, d. h. aus dem Wirtschaftsgeschehen heraus, bedingt sein oder **exogene Ursachen**, insbesondere politischer Art, haben. Endogene Ursachen sind z. B. Einkommensänderungen, Bedarfssättigungen, Geschmacksänderungen, Schaffung neuer oder Veränderung alter Produkte und rationellere Produktionsverfahren. Zu den exogenen, d. h. nicht unmittelbar aus dem Wirtschaftsgeschehen resultierenden Ursachen gehören nicht nur jene immer wieder in der Literatur genannten relativ seltenen Anlässe, wie z. B. Naturkatastrophen, sondern insbesondere all jene Regulierungen und andere strukturrelevante Maßnahmen des Staates, die den Strukturwandel bewußt oder unbewußt beeinflussen.

Der **endogen bedingte Strukturwandel** läßt sich nach seinen Hauptursachen wie folgt gliedern:

- **Nachfragebedingter Strukturwandel:** Dieser zeigt sich u. a. daran, daß einzelne Wirtschaftszweige infolge unterschiedlicher Einkommenselastizitäten der Nachfrage[173] nach ihren jeweiligen Produkten im Zuge von Einkommenssteigerungen entweder schneller oder langsamer als im gesamtwirtschaftlichen Durch-

[173] Die Einkommenselastizität spiegelt die quantitative Wirkung einer Einkommensänderung auf die Nachfrage wider. Lebensnotwendige Güter haben niedrigere Einkommenselastizitäten als entbehrliche Güter, und dementsprechend nimmt bei steigendem Einkommen und gleichbleibendem Preis die Nachfrage im ersteren Fall kaum, im letzteren Fall stärker zu.

schnitt wachsen. Nachfrageverschiebungen resultieren daraus, daß entweder Geschmacksänderungen bzw. Modetrends die Nachfragerpräferenzen ändern oder bei Einkommensänderungen andere Güterbündel nachgefragt werden. So haben bereits Ernst Engel und Hermann Schwabe nachgewiesen, daß bei steigendem Realeinkommen die Ausgaben der Haushaltungen für lebensnotwendige Nahrungs- und Genußmittel relativ abnehmen.

- **Angebotsbedingter Strukturwandel:** Im harten Konkurrenzkampf versuchen sich die Unternehmungen bestimmter Branchen mit heterogener Güterproduktion oft durch Produktvariation und Sortimentsausweitung zu behaupten. Dabei werden meist keine grundlegend neuen Produkte geschaffen und angeboten, sondern in der Regel nur einzelne Komponenten des Produktes verändert. Manchmal erreicht eine, vom Produzentenstandpunkt aus gesehen, erfolgreiche Werbung, daß die technisch kaum veränderten Erzeugnisse von den Nachfragern dennoch als quasi neue, eventuell wegen eines Prestigenutzens begehrenswerte Güter angesehen werden. So können sowohl dauerhafte Umschichtungen der Nachfrage, beispielsweise zu bestimmten Markenprodukten, als auch Wandlungen der Angebotsstruktur, z. B. durch den Trend zu Spezialisierungen auf Markenerzeugnisse, ausgelöst werden.

- **Technologisch bedingter Strukturwandel:** Technisch verbesserte und arbeitsmäßig rationellere Herstellungsverfahren, die Erfindung materialsparender Verpackungsmethoden und rationellerer Transportketten, die Erschließung neuer Anwendungsgebiete für kostengünstige Substitutionsprodukte (z. B. Kunststoffe) oder die Schaffung technologisch grundlegend neuer Produkte können zu vielfältigen Strukturwandlungen führen. So können sich beispielsweise die Berufsstrukturen durch Wegfall von gewissen manuellen Tätigkeiten ändern, dauerhafte Rückgänge der Nachfrage nach bestimmten Roh- und Hilfsstoffen, Verpackungsmaterial oder Transportleistungen durch Rationalisierungseffekte ergeben oder Verdrängungen bestimmter Naturprodukte durch Kunststoffe und technisch veralteter Produkte durch qualitativ höherwertige Gebrauchsgegenstände stattfinden.

Der **exogen bedingte Strukturwandel** läßt sich nach seinen Hauptursachen folgendermaßen gliedern:

- **Ordnungspolitisch bedingter Strukturwandel:** Ordnungspolitische Maßnahmen zur Stärkung des Wettbewerbs beeinflussen meist die Marktformenstruktur und lösen möglicherweise Strukturwandlungen in der Einkommens- und Absatzstruktur von Wirtschaftszweigen aus. Beispielsweise kann die Einführung eines Kartellverbotes und einer Fusionskontrolle, verbunden mit einer konsequenten Wettbewerbspolitik, nicht nur zu Änderungen der Marktformenstrukturen durch Auflösung von Kollektivmonopolen, sondern durch die Intensivierung des Wettbewerbs auch zu mannigfachen Strukturwandlungen, beispielsweise im Güterangebot (breitere Güterpalette) und in der Produktionstechnik (stärkerer Rationalisierungszwang) führen.

- **Regulierungsbedingter Strukturwandel:** Regulierungen in Form von wettbewerbsreduzierenden Sonderordnungen für bestimmte Wirtschaftszweige und Ausnahmebereiche können dazu führen, daß infolge des Erlahmens der Innovationstätigkeit ein ökonomischer Abwärtstrend in diesem Sektor und damit ein negativ zu beurteilender Strukturwandel ausgelöst wird.

- **Strukturpolitisch bedingter Strukturwandel:** Beispielsweise können strukturpolitische Maßnahmen, welche die sektorale und berufliche Mobilität der Produktionsfaktoren steigern, oder Förderungsmaßnahmen der Forschungs- und Technologiepolitik, welche die Forschungs- und Innovationstätigkeit in bestimmten Wirtschaftszweigen anregen, wachstumsfördernden Strukturwandel bewirken.

- **Naturbedingter Strukturwandel:** Das Versiegen von Rohstoffquellen (z. B. Rohöl) kann zu enormen ökonomischen Strukturwandlungen auf vielen Sektoren (Verkehrswirtschaft, Automobilbau, Luftfahrzeugbau, Mineralölindustrie, Petrochemie usw.) führen. Desgleichen können Naturkatastrophen mit bleibenden Folgen, wie z. B. Fischartenvernichtung, Bodenverschlechterungen oder Baumbestandszerstörung, in den betroffenen Bereichen Strukturwandlungen bewirken. So kann sich beispielsweise die Angebotsstruktur im Fischhandel durch Wegfall vernichteter Fischarten, die landwirtschaftliche Produktionsstruktur durch Anbau bodenmäßig genügsamerer Getreideerzeugnisse oder die spätere Holz-Angebotsstruktur der Forstwirtschaft durch Anpflanzung schädlingssicherer Baumarten ändern.

- **Ideenbedingter Strukturwandel:** Die strukturändernde Kraft gesellschaftlicher Ideen kann Strukturwandel auslösen und hat ökonomische Strukturen oftmals geprägt. Im Laufe der Wirtschafts- und Sozialgeschichte sind durch gesellschaftliche Ideen manchmal weitreichende Strukturumbrüche ausgelöst worden. So beispielsweise in Westeuropa durch die Naturrechtsphilosophie und das Individualprinzip des klassischen Liberalismus sowie in Osteuropa zunächst durch das Kollektivismusprinzip des Marxismus und später durch die Abwendung von diesem Prinzip. Auch in unseren Tagen regen sich Neuansätze gesellschaftlicher Ideen (wie z. B. die Ideen von stärker ökologisch geprägten Lebensnormen), die durchaus strukturverändernd wirken können.

Besonders zur Gewinnung plausibler Prämissen für Strukturprognosen ist die Klärung der Frage wichtig, ob sich der **Strukturwandel** gegenüber früheren Epochen **beschleunigt oder verlangsamt** und welche Schlußfolgerungen daraus gezogen werden können. Häufig wird die Ansicht vertreten, daß sich der Strukturwandel infolge des technischen Fortschritts der Neuzeit - der sich z. B. in der Automatisierung, der elektronischen Datenverarbeitung und der Kernenergieerzeugung zeigt - beschleunige. Die Gegenthese von einem schleppender werdenden Strukturwandel wird dagegen manchmal damit begründet, daß die wirklich umwälzenden Erfindungen - wie z. B. die von Dampfmaschinen, Eisenbahn, Elektrizität, Glühbirne und die des Telefons - bereits im 19. Jahrhundert gemacht worden sind. Um es nicht bei subjektiven Wertungen zu belassen, muß nach objektiven Kriterien gesucht werden, die eine Messung der Geschwindigkeit von Strukturveränderungen möglich machen. So könnten empirische Untersuchungen, bei denen Geschwindigkeitsreihen des Strukturwandels bezogen auf verschiedene Bereiche und unterschiedliche Aggregatstufen errechnet werden, zur Klärung beitragen.

Unabhängig vom Tempo des Strukturwandels werden jedoch die von negativen Auswirkungen struktureller Änderungen Betroffenen notwendige Produktionsumstellungen, Umsetzungen an schlechtere Arbeitsplätze und Einkommenseinbußen sicherlich nicht als weniger einschneidend als die Wirtschaftssubjekte früherer Epochen empfinden. Eher trifft es zu, daß in einer stark **sicherheitsorientierten Gruppengesellschaft**, in der die Gruppenangehörigen ein hohes Maß an sozialer Sicherheit als Selbstverständlichkeit empfinden, schon relativ **gering belastende Strukturveränderungen** zu empfindlichen und massiven Reaktionen der betroffenen Gruppen und ihrer Interessenorganisationen führen. Die ökonomische Strukturtheorie ist deshalb aufgerufen, insbesondere auch die Verhaltensmuster der Gruppen und ihre verbandspolitischen Reaktionen auf belastende Strukturänderungen zu analysieren.

Ein Strukturwandel kann sich so vollziehen, daß sich zwar die Produktionsanteile einzelner Wirtschaftszweige ändern, aber das Volumen der Gesamtproduktion gleich bleibt. Es handelt sich dann um eine **wachstumslose Volkswirtschaft**, in der lediglich **sektorale Strukturverschiebungen** stattfinden. Umgekehrt ist auch eine wachsende Volkswirtschaft ohne sektorale Strukturwandlungen denkbar, aber in der Realität unwahrscheinlich, weil dann alle Wirtschaftszweige gleichmäßig wachsen müßten. Dieses würde den irrealen Fall voraussetzen, daß sich eine steigende Güternachfrage gleichmäßig auf die einzelnen Wirtschaftszweige verteilt sowie die sachlichen und zeitlichen Realisierungsmöglichkeiten für Produktionserweiterungen in allen Branchen gleich sind und auch gleichzeitig und in gleichem Umfang genutzt werden. In der Realität vollzieht sich jedoch das Wirtschaftswachstum häufig in **Wachstumsschüben**, die sich ungleichmäßig auf die einzelnen Wirtschaftszweige verteilen. Ferner bringen es die einen Wachstumsprozeß begleitenden Strukturwandlungen mit sich, daß es sowohl expandierende als auch schrumpfende Produktionsbereiche gibt.

9.3.2 Theorie der optimalen Strukturflexibilität

a) Theoretischer Ansatz

Im folgenden wird ein Ansatz zu einer Theorie der optimalen Strukturflexibilität vorgestellt, der insbesondere als theoretisches Fundament einer entsprechenden strukturpolitischen „Konzeption der optimalen Strukturflexibilität" vom Verfasser entwickelt worden ist.

Ausgangsthese ist: In einer dynamischen Marktwirtschaft läuft der ständige Strukturwandel und die notwendige **Strukturanpassung** auf den Güter- und Faktormärkten sowie in und zwischen den Wirtschaftszweigen um so reibungsloser und ökonomisch effizienter ab, je näher die **strukturellen Flexibilitäten** ihrem Optimum kommen oder mit strukturpolitischer Unterstützung dahin geführt werden.

Strukturflexibilitäten spiegeln sich vor allem im Tempo und Umfang von Strukturänderungen sowie im Zeitraum und Ausmaß von Strukturanpassungen wider. Die Geschwindigkeit, mit der Strukturveränderungen erfolgen und sich auf breiter Front durchsetzen und das Tempo, mit dem Produktionsumstellungen vorgenommen oder zeitweise Ungleichgewichte (Überkapazitäten oder Engpässe) voll oder teilweise abgebaut werden, sind wichtige Anhaltspunkte für das Maß der Strukturflexibilität. Demnach können relativ langsame Strukturänderungen und/

oder langanhaltende Überkapazitäten oder Engpässe signifikante Zeichen für Strukturinflexibilitäten sein.

b) Varianten von Strukturflexibilitäten

Als terminologisches Gerüst einer Theorie der Strukturflexibilität dienen folgende **Begriffspaare**:

- **volkswirtschaftliche und sektorale Strukturflexibilität**
- **potentielle und effektive Strukturflexibilität**
- **quantitative und qualitative Strukturflexibilität**
- **vollkommene und optimale Strukturflexibilität**
- **unteroptimale und überoptimale Strukturflexibilität.**

Während die **volkswirtschaftliche Strukturflexibilität** den tempo- und umfangmäßigen Grad der Strukturänderung in der Volkswirtschaft sowie den Anpassungsgrad der gesamtwirtschaftlichen Produktionsstruktur an den Strukturwandel anzeigt, spiegelt die **sektorale Strukturflexibilität** den Grad der sachlichen, zeitlichen und räumlichen Strukturänderung und der Anpassung der Wirtschaftssubjekte eines bestimmten Wirtschaftszweiges an den ökonomischen Strukturwandel wider.

Die **potentielle Strukturflexibilität** ist der Grad der möglichen Strukturänderung und strukturellen Anpassung, wenn künstliche Strukturwandelhindernisse und Anpassungshemmnisse nicht bestehen. Die **effektive Strukturflexibilität** ist der Grad der tatsächlich erfolgten Strukturänderung und strukturellen Anpassung, der häufig durch künstliche, von bestimmten Staatseingriffen ausgehenden Strukturänderungssperren und Anpassungshemmnissen beeinträchtigt wird und dann unterhalb des Grades der potentiellen Strukturflexibilität liegt.

Während die **quantitative Strukturflexibilität** den Umfang der Strukturänderung und das Ausmaß der mengenmäßigen Kapazitätsanpassung anzeigt, spiegelt die **qualitative Strukturflexibilität** die im Zuge von Produktionsumstellungen auftretenden Steigerungen der Produktqualität und Verbesserungen der Produktionsverfahren wider.

c) Unterschiedliche sektorale Strukturflexibilitäten

Die Wirtschaftszweige weisen meist einen **unterschiedlichen Grad an quantitativer und qualitativer Strukturflexibilität** auf. So verfügen beispielsweise **Unternehmen der Versicherungswirtschaft** regelmäßig über einen relativ hohen Grad an qualitativer und quantitativer Strukturflexibilität, weil sie ihre Versicherungsleistungen - vorausgesetzt, die Kostenlage läßt dieses zu - fast jederzeit verbessern und die Angebotsmenge an Versicherungsverträgen fast beliebig und kurzfristig steigern können. Dagegen weisen **Unternehmen der Grundstoffindustrie mit fixkostenintensiver Massengutproduktion** meist relativ niedrige qualitative und quantitative Strukturflexibilitäten auf, weil sich die Massengüter kaum qualitativ verbessern und sich auch die Kapazitäten infolge von häufiger Unteilbarkeit der Produktionsanlagen nur äußerst schwer und langfristig an strukturelle Nachfrageänderungen anpassen lassen. So kann z. B. bei einer längerfristigen Absatzschrumpfung für standardisierten Massenstahl nicht einfach ein Hochofen halbiert und die eine Hälfte stillgelegt werden. Auch die Umstellung auf die Produktion höherwertiger Stahlsorten ist mit den vorhandenen Produktionsanlagen nicht immer möglich. Aus der Beobachtung, daß Grenzbetriebe - insbesondere fixkostenintensiver Produktionszweige - allen Marktgegebenheiten scheinbar zum Trotz nicht oder erst relativ spät aus dem Markt ausscheiden, ist gelegentlich auf schwerwiegende Mängel der Marktsteuerung und eine ständige Tendenz zu Strukturkrisen in diesen Wirtschaftsbereichen geschlossen worden. Es kann jedoch betriebswirtschaftlich durchaus rational sein, wenn fixkostenintensive Betriebe unter Umständen zwecks Eindämmung von Verlusten weiterproduzieren, solange neben den variablen Kosten wenigstens noch ein Beitrag zur Deckung der fixen Kosten erwirtschaftet wird. **Modelltheoretisch** lassen sich die **Kosten-Preis-Relationen, die Betriebe veranlassen, trotz der Teilverluste weiter zu produzieren**, ziemlich genau bestimmen.

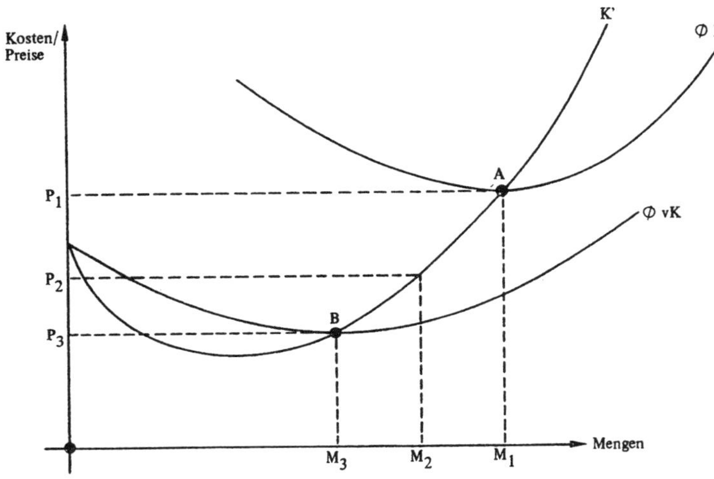

K' = Grenzkostenkurve
ØK = Kurve der gesamten Durchschnittskosten (feste + variable)
ØvK = Kurve der variablen Durchschnittskosten
A = Gewinnschwelle (Betriebsoptimum)
B = Produktionsschwelle (Betriebsminimum)

Beim Preis P_1 (Gewinnschwelle) ist der Gewinn gleich Null. Es werden bei diesem Preis und bei der Ausbringungsmenge OM_1 aber alle Kosten, d. h. fixe und variable, gedeckt. Die Gesamtkosten sind gleich dem Gesamterlös. Der Betrieb wird weiterarbeiten, weil er bei Einstellung der Produktion einen Verlust in Höhe der gesamten festen Kosten erleiden würde. Beim Preis P_2 und der Ausbringungsmenge OM_2 erleidet der Betrieb einen Verlust. Es werden die durchschnittlichen variablen Kosten und nur noch ein Teil der durchschnittlichen festen Kosten gedeckt. Trotzdem lohnt es sich, weiter zu produzieren, weil bei Stillstand die gesamten durchschnittlichen festen Kosten ungedeckt bleiben würden, während jetzt noch ein Teil von ihnen gedeckt wird. Beim Preis P_3 (Produktionsschwelle) und der Ausbringungsmenge OM_3 werden keine fixen Kosten mehr, sondern nur noch die durchschnittlichen variablen Kosten gedeckt. Es ist deshalb für den Betrieb gleichgültig, ob er die Produktion in dieser Höhe durchführt oder stillegt. Ist der Preis kleiner als das Minimum der variablen Stückkosten, dann führt die Produktion jeder Ausbringungsmenge zu einem Verlust, der größer ist als der Verlust bei Stillstand; denn neben den ungedeckten durchschnittlichen fixen Kosten wird auch ein Teil der durchschnittlichen variablen Kosten nicht mehr gedeckt.

Die durchschnittlichen Gesamtkosten erhält man durch Addition der durchschnittlichen festen und der durchschnittlichen variablen Kosten. Der Abstand zwischen Betriebsoptimum und Betriebsminimum wird um so größer, je fixkostenintensiver der Betrieb ist. Das bedeutet aber, daß der Preis relativ tief sinken kann, ohne den Betrieb kurzfristig zum Ausscheiden aus dem Markt zu bewegen. Daraus kann jedoch nicht gefolgert werden, daß der Marktmechanismus in fixkostenintensiven Wirtschaftsbereichen prinzipiell versagt. Auch hier sind die Marktgegebenheiten zwingend, lediglich die Anpassungsphasen verlaufen zeitlich anders. Da die fixkostenintensiven Betriebe in der Regel erst dann ihre Produktion und ihr Angebot merklich einschränken, wenn der Marktpreis tief gesunken ist, besteht bis zum Preistiefpunkt ein ständiger Angebotsdruck. Dieser bewirkt wiederum, daß der Preistiefpunkt relativ schnell erreicht wird. Damit wird auch sehr bald die Möglichkeit zur Auslösung der marktmäßigen Auftriebskräfte geschaffen. Wenn dennoch beobachtet wurde, daß die marktmäßige Preiserholung oft ausblieb oder lange auf sich warten ließ, so liegt das vornehmlich an den Staatseingriffen, welche die Marktkräfte an ihrer Entfaltung hinderten. Die Instanzen der Wirtschaftspolitik gaben oft den vom Strukturwandel bedrohten Wirtschaftszweigen massive Erhaltungssubventionen oder ergriffen andere Maßnahmen mit primär strukturkonservierender Wirkung, wodurch eine Reduzierung von Überkapazitäten vereitelt wurde. Da das künstlich am Markt gehaltene Überangebot alle marktmäßigen Selbstheilungsimpulse unterband, dauerte der Preisverfall meist sehr lange. Besonders bei Anpassungsproblemen fixkostenintensiver Produktionszweige muß die Strukturpolitik primär die Anpassungsfähigkeit dieser Branchen - z. B. durch Abbau von Mobilitätshemmnissen und eventuell mittels Umstellungshilfen - verbessern, statt die strukturellen Anpassungsschwierigkeiten durch strukturerhaltende Maßnahmen nur aufzustauen.

Die quantitative und qualitative Strukturflexibilität hängt auch wesentlich vom Wettbewerbsgrad und der Marktstellung ab, die es Wirtschaftssubjekten erlauben oder verwehren, ökonomische Strukturen zu beeinflussen oder zu gestalten. Der reine **Strukturanpasser**, der sich - um ökonomisch zu überleben - dem Strukturwandel anpassen muß, verfügt über keine Aktionsparameter zur Strukturbeeinflussung. Dagegen können **Strukturfixierer** mit monopolistischer oder oligopolistischer Strukturgestaltungsmacht ökonomische Strukturen und den Strukturwandel beeinflussen. **Monopolistische Strukturfixierer** können ihre Aktionsparameter sowohl zur Strukturerhaltung als auch zur Beschleunigung des Strukturwandels einsetzen. So kann beispielsweise ein Pionierunternehmer, der aufgrund des Patentrechts ein zeitlich befristetes Produktionsmonopol für ein bestimmtes Gut besitzt, einen radikalen Strukturwandel in einem Wirtschaftsbereich auslösen. Auch **oligopolistische Strukturfixierer** können den Strukturwandel sowohl durch gleichförmiges Verhalten verzögern als auch durch gezielten Verdrängungswettbewerb beschleunigen.

Herrschen in einer Volkswirtschaft Monopole oder Marktformen mit geringer Wettbewerbsintensität vor bzw. ist die Wettbewerbsfreiheit auf den Märkten wesentlich eingeschränkt, so kann damit eine suboptimale Produktionsstruktur und eine relativ schlechte Versorgung der Bevölkerung verbunden sein. So ist ein monopolistischer Strukturfixierer in der Regel nicht gewillt, die Produktion der jeweiligen Nachfrage anzupassen, weil er zwecks Hochhaltung des Verkaufspreises sein alleiniges Marktangebot bewußt unterdimensioniert. Auf monopolistisch strukturierten Märkten herrscht also beim Alleinanbieter eine äußerst niedrige quantitative Strukturflexibilität bzw. eine Strukturstarrheit vor. Derartige Wirkungen lassen sich vor allem beobachten, wenn auf einem Wirtschaftssektor der Wettbewerb durch **Schaffung eines Kollektivmonopols** ausgeschaltet wird. Der Zusammenhang läßt sich **modelltheoretisch** dadurch verdeutlichen, daß die jeweiligen **Preis-Mengen-Relationen vor und nach der Bildung des Kollektivmonopols** auf dem betreffenden Gütermarkt miteinander verglichen werden.

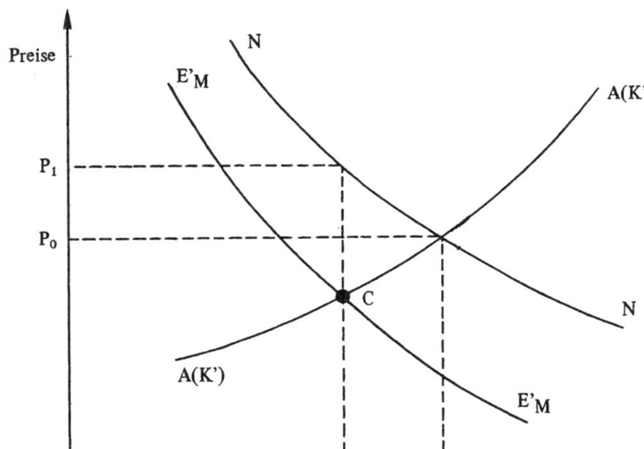

AA = Angebotskurve
K'K' = Grenzkostenkurve
NN = Nachfragekurve
$E'_M E'_M$ = Grenzerlöskurve des Angebotsmonopolisten
C = Cournotscher Punkt

Die Ausgangssituation des Marktes ist also dadurch charakterisiert, daß viele Anbieter mit jeweils geringem Marktanteil miteinander konkurrieren. Der Polypolist, für den der Marktpreis ein Datum ist, legt zwecks Gewinnmaximierung seine Ausbringungsmenge so fest, daß seine Grenzkosten gleich dem Grenzerlös sind.

Da der Mengenanpasser bei jeder zusätzlich abgesetzten Mengeneinheit als Grenzerlös den vom Markt diktierten Preis erhält und sich bei Preisänderungen entlang seiner Grenzkostenkurve anpaßt, gilt für ihn als Gewinnmaximierungsprinzip „Grenzkosten = Preis“ (K'= P). Graphisch ist also die Grenzkostenkurve die individuelle Angebotskurve des einzelnen Betriebes. Die Gesamtangebotskurve (AA) ergibt sich durch Addition der Angebotskurven der Einzelbetriebe. Die Höhe des Marktpreises wird determiniert durch Angebot und Nachfrage und die Formen, in denen sie auftreten. Unter der Annahme, daß die Marktform vollständiger Konkurrenz gegeben ist, liegt der Gleichgewichtspreis (P_0) im Schnittpunkt der Gesamtangebotskurve (AA) mit der Gesamtnachfragekurve (NN).

Während bei vollständiger Konkurrenz der einzelne Anbieter den Preis als Datum in seine Wirtschaftspläne einsetzt, bestimmt der Angebotsmonopolist entweder den Preis oder die Angebotsmenge, wobei er mit einem bestimmten Verhalten der Marktgegenseite rechnet. Da der Preis für den Angebotsmonopolisten eine Funktion der Menge ist, muß er damit rechnen, daß eine Erhöhung des Preises einen Rückgang der Absatzmenge bzw. eine Erhöhung der Absatzmenge einen Rückgang des Preises bewirkt. Die Gesamtnachfragekurve (NN) wird also zur Preis-Absatz-Kurve für den Angebotsmonopolisten. Der Angebotsmonopolist, der seinen Gewinn maximieren will, erreicht seine günstigste Absatzmenge, wenn seine Grenzkosten gleich seinen Grenzerlösen werden; denn dann erhält er für die letzte Einheit soviel zusätzlich, wie er für sie aufwenden muß.

Für den Angebotsmonopolisten liegen die Grenzerlöse unter dem Preis, da er bei Erhöhung der Absatzmenge um eine Einheit zwar zusätzlich den Preis - der allerdings nach dem Verlauf der Nachfragekurve unter dem vorher geltenden liegt - für diese Einheit erhält, gleichzeitig muß er aber auch alle anderen Einheiten zu dem niedrigeren Preis verkaufen. Grenzkosten und Grenzerlös des Angebotsmonopolisten sind im Schnittpunkt C beider Kurven gleich. Dem Cournotschen Punkt C entspricht die Absatzmenge OM_1. Diese Menge wird zum Preis P_1, der ihr auf der Nachfragekurve (Preis-Absatz-Kurve des Angebotsmonopols) entspricht, abgesetzt.

Da sich die Angebotskurven (Grenzkostenkurven) der einzelnen Betriebe durch den Zusammenschluß im Kollektivmonopol zumindest im Anfangsstadium kaum verändern werden, kann die Gesamtangebotskurve der Konkurrenzsituation auch als Angebots- und damit Grenzkostenkurve des Kollektivmonopols gelten. Dadurch wird es möglich, die Preis-Mengen-Relation des Kollektivmonopols mit der bei vollständiger Konkurrenz zu vergleichen. Es zeigt sich, daß ein nach Gewinnmaximierung strebendes Monopol die geringere Gütermenge OM_1 zu dem höheren Preis P_1 als die vergleichbare Preis-Mengen-Relation im Konkurrenzfall (P_0; OM_0) verkaufen wird. Damit ist die Versorgungslage der Nachfrager schlechter und die volkswirtschaftliche Produktionsstruktur ungünstiger geworden.

Ein Wirtschaftszweig kann nur dann seine Gesamtproduktion unter Minimierung der Gesamtkosten erzeugen, wenn die Güterpreise gleich den Grenzkosten bzw. alle individuellen Grenzkosten gleich dem gemeinsamen Marktpreis sind. **Herrschen monopolistische Marktformen** in der Volkswirtschaft vor, so ist die **Produktions- und Angebotsstruktur suboptimal**, weil die vorhandenen Ressourcen nicht voll genutzt werden und der Gesamtbedarf infolge beschränkten Marktangebotes und überhöhter Monopolpreise nicht befriedigt wird. Die Marktformenstruktur muß also durch Verhinderung der Bildung von Kollektivmonopolen oder Auflösung von Monopolen geändert werden. Ist dieses nicht möglich, sollte im Rahmen der kartellrechtlichen Mißbrauchsaufsicht versucht werden, marktbeherrschende Unternehmen zu einem quasi wettbewerbsanalogen Verhalten zu zwingen.

Hieran zeigt sich die enge Beziehung zwischen Wettbewerbs- und Strukturpolitik. Zielt die sektorale Strukturpolitik darauf ab, daß sich der marktmäßig und technologisch bedingte Strukturwandel ungehindert durchsetzen kann, so hat sie gemeinsam mit der Wettbewerbspolitik die ordnungs- und strukturpolitischen Rahmenbedingungen möglichst wettbewerbsfreundlich zu gestalten. Ferner sind im Rahmen der Deregulierungspolitik diejenigen strukturpolitischen Regulierungen abzubauen, die den Strukturwandel auf den Märkten blockieren und infolge von künstlichen Anpassungshemmnissen zu sektoralen Strukturkrisen führen.

d) Prämissen vollkommener Strukturflexibilität

Geht man von der Annahme aus, daß Strukturflexibilität eine wesentliche Voraussetzung für wachstums- und produktivitätssteigernden Strukturwandel ist, so stellt sich die Frage, ab welchem Grad die Strukturflexibilität die günstigsten Bedingungen für höchstmögliches Wachstum und maximale Produktivitätssteigerungen schafft. Auf den ersten Blick könnte man versucht sein, eine **„vollkommene Strukturflexibilität“** anzuvisieren. Hierbei finden Strukturwandel und Strukturanpassung synchron statt, indem die Faktorfreisetzung in den weniger produktiven Schrumpfungsbereichen im gleichen Zuge wie die Faktorbedarfsdeckung in den produktiveren Wachstumsbereichen erfolgt. Der Strukturwandel vollzieht sich also mit unendlich hoher Geschwindigkeit und ohne jedwede Behinderung durch Transformationskosten. Anpassungshindernisse und -verzögerungen existieren nicht. Dem schöpferischen Innovationsprozeß, der neue Güter und eventuell umweltschonendere Produktionsverfahren hervorbringt, folgt unmittelbar der Diffusionsprozeß zur Durchsetzung der Produktinnovation auf den Märkten und zur Umsetzung der Verfahrensinnovation in der Produktion. Abweichungen von der optimalen Faktorallokation sind bei unendlich großem Anpassungstempo nicht zu erwarten. Strukturanpassungsprozesse, die meist eine gewisse Zeit brauchen, finden nicht statt, allenfalls kommt es zu sprunghaften Strukturverschiebungen von einer Gleichgewichtssituation zur anderen. Es ist unschwer zu erkennen, daß die Modellannahme „vollkommener Strukturflexibilität“ letztlich zu einer komparativ-statischen Analyse und einer **Argumentation im Rahmen der allgemeinen Gleichgewichtstheorie** führt. Dabei läßt insbesondere die Zugrundelegung der **Marktform der vollständigen Konkurrenz** keine realistischen Aussagen erwarten. Unter den stringenten Prämissen dieses Marktformenmodells, zu denen auch unendlich schnelle Anpassungsreaktionen auf Strukturwandlungen gehören, können begrenzte Mobilitäten der Produktionsfaktoren - wie sie fast überall in der Realität bestehen - nicht vorkommen. Zudem wirkt die vollkommene Strukturflexibilität im Rahmen des Marktformenmodells der vollständigen Konkurrenz keineswegs wachstumsoptimal, weil die mit dem Modell verbundene Gewinneliminierung den Innovationsprozeß beeinträchtigt. Dieses tritt ein; denn nach Clark ist die Marktform vollständiger Konkurrenz „ein Modell, dessen Eigenschaften durch die Bedingung fixiert werden, daß der Preis gleich den Kosten ist und daß alle Gewinne eliminiert werden“[174]. Es ist jedoch unwahrscheinlich, daß sich bei stetiger **Gewinnlosigkeit in der Gleichgewichtssituation** potentielle Pionierunternehmer finden, die ohne Aussicht auf marktliche Vorsprungssituationen und ohne Gewinnrealisierung kostenträchtige Entwicklungen und Innovationen tätigen. Ohne technischen Fortschritt fehlen jedoch wesentliche Wachstumsimpulse. Es zeigt sich, daß die vollkommene Strukturflexibilität eine modelltheoretische Konstruktion ohne reale Anwendungsmöglichkeit ist. Die Strukturpolitik kann deshalb nur dazu beitragen, eine optimale Strukturflexibilität herzustellen.

e) Definition optimaler Strukturflexibilität

Eine **optimale volkswirtschaftliche Strukturflexibilität** liegt vor, wenn

- der markt- und technologiebedingte Strukturwandel zu Strukturänderungen führt, die das Wirtschaftswachstum und die Produktivität kontinuierlich und eventuell gelegentlich sprunghaft auf ein höheres Niveau in der Volkswirtschaft heben

und

- sich dieser Strukturwandel so entfaltet, daß sich die Wirtschaftssubjekte an die quantitativen und qualitativen Strukturänderungen in angemessener Zeit anpassen können und somit langfristige Ungleichgewichte (Überkapazitäten oder Engpässe) vermieden werden.

Um z. B. von einer **Ausgangssituation unteroptimaler Strukturflexibilität** zu einer Situation **optimaler Strukturflexibilität** zu gelangen, müssen demnach

- mit dem Ziel der Produktivitäts- und Wachstumssteigerung vorhandene Strukturstarrheiten gelöst und Strukturwandelprozesse in Gang gesetzt oder zu schwacher Strukturwandel verstärkt werden

sowie

- ein sachliches Gleichgewicht und ein zeitliches Gleichmaß zwischen einerseits dem Umfang und der Geschwindigkeit des Strukturwandels und andererseits den Möglichkeiten der Anpassung an den Strukturwandel angestrebt werden.

Optimale Strukturflexibilität wird also nicht um ihrer selbst willen angestrebt, sondern dient vor allem der Erreichung von Wachstums- und Produktivitätszielen sowie der möglichst reibungslosen Anpassung an den Strukturwandel.

f) Strukturwandel und Wachstumsprozeß

Der **Strukturwandel im Wachstumsprozeß** ist - entsprechend einer Neigung der Volkswirtschaftslehre, bestimmte Phänomene mit Analogien und Termini aus der Biologie zu erfassen - manchmal **als organischer Wachstumsprozeß** gedeutet worden. Dabei wurde davon ausgegangen, daß wirtschaftliches Wachstum in etwa ähnlich erfolgt wie das Wachstum von Pflanzen, Tieren und Menschen. Beim organischen Wachstumsprozeß wachsen die einzelnen Organe des Körpers, die von vornherein in bestimmten harmonischen Proportionen zueinander stehen, in einem

---

[174] J. M. Clark, 1975, S. 270.

ausgewogenen, gleichmäßigen Verhältnis. Aufgrund der vom organischen Wachstum herrührenden Assoziation von Harmonie, Gleichmäßigkeit und Ausgewogenheit erscheinen Strukturwandlungen dann als unnormale Verschiebungen in den Proportionen der einzelnen Glieder, die unerwünschte Abweichungen von der ausgewogenen, gleichmäßigen Entwicklung aller Teile bewirken.

Würde auf diesem ökonomisch irrealen Hintergrund ein völlig **gleichmäßiges Wirtschaftswachstum** in allen Wirtschaftszweigen zum erstrebenswerten Ziel erhoben, so müßten sektorale Strukturwandlungen überall in der Volkswirtschaft bekämpft werden. Eine solche strukturpolitische Strategie wäre jedoch nur dann sinnvoll, wenn einwandfrei feststeht, daß die betreffende Volkswirtschaft bereits auf der Basis der gegenwärtigen Gegebenheiten und auch künftig bei gleichbleibender und nicht veränderbarer Basis über die denkbar **beste sektorale Struktur** verfügt. Da jedoch die ökonomisch beste Branchenstruktur auf der Grundlage der jeweiligen wirtschaftlichen Gegebenheiten (Produktionsfaktoren- und Infrastrukturausstattung etc.) sich immer wieder dynamisch als Ergebnis des regelmäßig mit Strukturwandel einhergehenden wettbewerblich bestimmten Markt- und Wirtschaftsgeschehens herausbildet, würde eine ausschließliche Strukturpolitik zur Unterdrükkung von sektoralen Strukturwandlungen (sektorale Strukturerhaltungspolitik) zu suboptimalen Strukturbildungen führen. Mit dem **Wandel der Produktionsstruktur** ist jedesmal dann ein **positiver Wachstumseffekt** verbunden, wenn der Wettbewerb um die knappen Ressourcen bewirkt, daß Produktionsfaktoren aus Wirtschaftszweigen mit keinen oder niedrigen Produktivitätsfortschritten zu solchen mit höheren Produktivitätssteigerungen abwandern. Strukturpolitisch betriebene **Strukturerhaltung** führt meist zu gesamtwirtschaftlichen **Wachstumsverlusten**, weil dadurch Produktionsfaktoren in volkswirtschaftlich weniger ergiebigen Verwendungen gebunden werden und damit eine optimale Allokation der Ressourcen verhindert wird. Zudem zeigt die Erfahrung, daß sogar mit forciertem Strukturwandel in bestimmten ökonomischen Schlüsselbereichen, wie z. B. der elektronischen Datenverarbeitung, Wachstumsimpulse auf breiter Front ausgelöst werden können. Strukturwandlungen sind also nicht nur eine Begleiterscheinung, sondern auch eine Voraussetzung des wirtschaftlichen Wachstums. Heute herrscht deshalb in der Wirtschaftswissenschaft die Ansicht vor, daß sektorale Strukturwandlungen unumgänglich und als Signale einer dynamischen Wirtschaft im Wachstumsprozeß anzusehen sind. Aus dieser Sicht heraus wird der Strukturpolitik empfohlen, sektorale Strukturwandlungen möglichst nicht zu behindern. Sollte dieses dennoch ausnahmsweise - z. B. aus sozialen Gründen - notwendig werden, so ist der Strukturwandel in dem betreffenden Wirtschaftssektor nur so lange zu verzögern, bis eine ausreichende Anpassungsfähigkeit der Wirtschaftssubjekte hergestellt ist.

Hypothesen, die einen engen Zusammenhang zwischen sektoralen Strukturänderungen und ökonomischem Wachstum annehmen, würden es im Falle einer empirisch bestätigten positiven Korrelation zwischen diesen Variablen eventuell sogar ratsam erscheinen lassen, strukturpolitische Maßnahmen zur **Steigerung der Flexibilität** der volkswirtschaftlichen Produktionsstruktur zu ergreifen. Die empirischen Überprüfungen, ob und inwieweit zwischen der Höhe der Wachstumsrate der Industrie und dem Ausmaß der branchenmäßigen Strukturverschiebungen ein Zusammenhang besteht, lassen den Schluß zu, daß „das Ausmaß des Strukturwandels um so größer (ist), je höher die Wachstumsgeschwindigkeit ist"[175]. Daraus läßt sich folgern: „Je zahlreicher strukturverändernde Komponenten auftreten, desto schwerer wiegt, vom Ziel möglichst hoher Produktivität her gesehen, eine unvollkommene Mobilität der Produktionsfaktoren, und desto mehr wird die Forderung nach hoher Strukturflexibilität wirtschaftspolitisch beachtet werden müssen."[176] Generell hat die **sektorale Strukturpolitik** für eine **optimale Strukturflexibilität** in der Volkswirtschaft zu sorgen, was hauptsächlich dadurch geschehen kann, daß Hemmnisse des Strukturwandels beseitigt sowie die strukturelle Anpassungsfähigkeit und -willigkeit der Wirtschaftssubjekte gestärkt werden.

Eine sektorale Strukturpolitik, die **partielle Ungleichgewichte** gänzlich verhindern wollte, wäre jedoch überfordert; denn die **Dynamik des Wirtschaftsprozesses** in der Marktwirtschaft **schafft ständig strukturelle Ungleichgewichte**, die sich in Überkapazitäten in diesem Bereich und Engpässen in jenem Sektor sowie in struktureller Arbeitslosigkeit hier und offenen Stellen dort niederschlagen. Meistens **vollzieht sich das Wirtschaftswachstum** über eine Abfolge von unendlich **vielen partiellen Gleichgewichtsstörungen**, die daraus resultieren, daß ständig Produktionsfaktoren und andere Ressourcen zu neuen Verwendungen fließen sowie veraltete Produktionsverfahren von fortschrittlicheren Produktionstechniken abgelöst werden. Erfahrungsgemäß funktioniert der Marktmechanismus trotz der unzähligen partiellen Ungleichgewichte, die er langfristig immer wieder zum Verschwinden bringt. Bisher ist noch jede Art von partiellem Ungleichgewicht durch die Marktkräfte beseitigt worden, wenn diese nicht durch Staatseingriffe daran gehindert worden sind. Das Problem liegt weniger in einem nur selten vorkommenden Marktversagen als vielmehr darin, daß sich die Anpassungsreaktionen der Wirtschaftssubjekte nicht mit unendlicher Geschwindigkeit und die Strukturwandlungen häufig nicht ohne soziale Verwerfungen vollziehen. Die strukturelle Anpassung wird zwar im Bereich der privaten Güterproduktion letztlich über den Markt erzwungen, aber auf dem Wege zum Anpassungsvollzug können derartig schwerwiegende **Anpassungshemmnisse** liegen, daß die Selbstheilungskräfte des Marktes erst relativ spät und eventuell nur unvollkommen wirken. Es sind also die **Anpassungsprobleme**, die **strukturpolitisches Handeln erfordern**. In einer **marktwirtschaftlich orientierten Volkswirtschaft** muß deshalb die Strukturpolitik **vorwiegend als Strukturanpassungspolitik** betrieben werden, wobei diese sich hauptsächlich am Ziel der optimalen Strukturflexibilität zu orientieren hat.

Strukturwandel in der Volkswirtschaft resultiert hauptsächlich aus der unterschiedlichen Produktivitätsentwicklung der Unternehmen in den einzelnen Wirtschaftszweigen und aus den verschiedenen Wachstumsraten der Wirtschaftssektoren. Die Unterschiede in der sektoralen Produktivitätsentwicklung sind vor allem eine Folge von Erfolgen und Mißerfolgen der **Entwicklungs- und Innovationsanstrengungen** von Unternehmen in den Wirtschaftszweigen. Allerdings muß dem **Kreationsprozeß** auch ein **Diffusionsprozeß** folgen, wenn die Produktivitätssteigerungen wachstumswirksam werden sollen. **Produkt- und Prozeßinnovationen** müssen markt- bzw. anwendungsreif gemacht werden und die produktiveren Wachstumsbereiche müssen sich zu Lasten der weniger produktiven Schrumpfungsbereiche ausdehnen können, was ein beträchtliches Maß an Strukturflexibili-

---

[175] E. Görgens, 1975, S. 26.

[176] S. Clasen, 1966, S. 115 f.

tät in allen Bereichen voraussetzt. Ein gewisses Dilemma ergibt sich daraus, daß einerseits eine relativ hohe Strukturflexibilität unabdingbare Voraussetzung für den Wachstumsprozeß ist, andererseits aber eine zu hohe Strukturflexibilität auch die für Produktivitätssteigerungen wichtigen unerläßlichen Entwicklungs- und Innovationsanstrengungen beeinträchtigen kann. Bestehen nämlich nicht **gewisse Imitationsbarrieren** (z. B. patentrechtlicher Art) für Innovationen und **Anpassungsverzögerungen für Innovationsverwertungen** auf breiter Front, so können potentielle Innovatoren auch keine Vorsprungspositionen gewinnen und **keine Pioniergewinne** erwirtschaften. Ohne diese Aussichten wird das Interesse an technologischen Entwicklungen und Innovationen, die in der Regel Forschungs- und Entwicklungskosten verursachen, beträchtlich sinken. Erlahmt jedoch der technische Fortschritt, so wird auch eine wesentliche Determinante des Wirtschaftswachstums beeinträchtigt.

g) Über- und unteroptimale Strukturflexibilität

Die Annahme, daß es eine **„überoptimale Strukturflexibilität"** gibt, ist also nicht aus der Luft gegriffen. Theoretisch denkbar sind auch noch andere Situationen, in denen eine überoptimale Strukturflexibilität eventuell zu Wachstumseinbußen führen kann. Eine solche Situation kann gegeben sein, wenn sich die Wirtschaftssubjekte plötzlich und unvorbereitet einem unvorhersehbaren Strukturwandel ausgesetzt sehen und sich dem übergroßen Druck zur sofortigen Strukturanpassung beugen müssen, mit der Folge von unverzüglichem Kapazitätsabbau, der unter Umständen über das langfristig erforderliche Versorgungsniveau der Bedürfnisbefriedigung hinausgehen kann. Während der **Markt** in der Regel auf **kurzfristige Änderungen von Güterknappheiten** (z. B. bei Rohstoffen) sogleich und zuverlässig reagiert, kann er gelegentlich **langfristige Veränderungen der Knappheits-Bedürfnis-Relationen** (z. B. infolge einer zeitlich unbestimmten Erschöpfung von Rohstoffvorräten), die sich noch nicht in gegenwärtigen Kosten oder erzielbaren Preisen niederschlagen, nicht erkennen und vermag diese deshalb auch **nicht zu antizipieren**. Zu niedrige Marktpreise für erschöpfbare Rohstoffe, die von den langfristigen Knappheitsverhältnissen extrem abweichen, können zu nicht sparsamem und damit übermäßigem Rohstoffverbrauch in der Gegenwart und zu Rohstoffengpässen in der Zukunft führen, wodurch das Wirtschaftswachstum der Volkswirtschaft beeinträchtigt werden kann. Während in **Marktwirtschaften** die Fälle **überoptimaler Strukturflexibilität**, die langfristig zu suboptimal niedrigen Produktionskapazitäten und dauernden Versorgungsengpässen führen können, **selten** vorkommen, sind die **Phänomene unteroptimaler Strukturflexibilität** schon allein aufgrund beschränkter Mobilität der Produktionsfaktoren meist weit **verbreitet**. Mangelnde Mobilität der Produktionsfaktoren, welche die Wachstumschancen der Expansionsbereiche einschränken und den notwendigen Kontraktionsprozeß überholter Produktionen aufhalten, erschweren den Strukturwandel und bringen Wachstumseinbußen mit sich. Herrschen auf den Gütermärkten **immobile Unternehmer** und auf den Arbeitsmärkten **mobilitätsscheue Arbeitnehmer** vor, so resultieren Strukturanpassungsprobleme häufig weniger aus begrenzter Anpassungsfähigkeit als aus **mangelnder Anpassungswilligkeit**. Nicht selten trägt eine Strukturpolitik, die jede winzige Anpassungsbeschwernis durch Subventionen oder großzügige Sozialleistungen zu Lasten der Steuerzahler bzw. der Sozialabgabenpflichtigen aus dem Wege zu räumen bestrebt ist, geradezu zur Züchtung immobiler Verhaltensweisen der Wirtschaftssubjekte bei.

9.4 Konzeptionen der sektoralen Strukturpolitik

9.4.1 Konzeptionsprägende Faktoren

Wie alle wirtschaftspolitischen Konzeptionen basieren auch strukturpolitische Leitbilder auf bestimmten Grundannahmen ordnungstheoretischer Art und können durch Präferenzen der Politik für ein bestimmtes Lenkungs- und Koordinierungssystem - wie z. B. Markt- oder Plansteuerung - (mit-)geprägt sein. Inhaltlich werden strukturpolitische Konzeptionen vor allem durch die Art und den Umfang der Aufgabenbereiche, die der Strukturpolitik zugedacht werden, bestimmt. Während die Aufgabenfelder und Grenzen der Ordnungs- und der Konjunkturpolitik in der Regel klar umrissen sind, werden häufig die **Problembereiche und Grenzlinien der Strukturpolitik** - je nach wirtschaftstheoretischer Fundierung und wirtschaftspolitischer Grundüberzeugung - unterschiedlich weit abgesteckt und verlaufen in der strukturpolitischen Praxis meist unbestimmt im Niemandsland pragmatischer Wirtschaftspolitik. Weitgehende Übereinstimmung herrscht heute darüber, daß auch in funktionierenden Marktwirtschaften **gravierende Strukturprobleme** auftreten können, die staatliches Handeln unumgänglich machen. Kaum ein Ökonom folgt noch dem paläoliberalen Credo, dem zufolge der Staat sich jedweden Eingriffes in das Wirtschaftsgeschehen enthalten müsse und dementsprechend auch die Wirtschaftsstrukturen weder direkt noch indirekt beeinflussen dürfe. Selbst das ursprüngliche ordoliberale Dogma, dem zufolge die Ordnungspolitik fast alle wirtschaftspolitischen Probleme lösen könne und diese somit die beste Strukturpolitik sei, findet nur noch selten überzeugte Anhänger. Die Erfahrung hat allgemein zu der Erkenntnis geführt, daß die Marktsteuerung - selbst bei optimalen Funktionsbedingungen - in der Praxis zu Strukturproblemen mit nur schwer zu bewältigenden ökonomischen und sozialen Folgen führen kann. Ein wesentlicher Grund, daß auch bei konsequenter Ordnungs- und Wettbewerbspolitik sowie bei erfolgreicher Konjunktur- und Stabilitätspolitik manchmal strukturpolitischer Handlungsbedarf besteht, liegt vor allem in der oft **mangelnden Anpassungsfähigkeit der Wirtschaftssubjekte an den Strukturwandel.**

Kontrovers in der wirtschaftspolitischen Diskussion ist weiterhin, welche Strukturprobleme der ökonomischen Selbststeuerung durch die Märkte zu überlassen und welche Strukturprobleme nur mit Staatshilfe und mit welchen strukturpolitischen Instrumenten zu bewältigen sind. Die strukturpolitischen Empfehlungen divergieren vor allem nach jeweiliger Einschätzung von Art und Ausmaß der Funktionsfähigkeit marktwirtschaftlicher und anderer Steuerungselemente, wobei die Rückführung von Strukturproblemen entweder auf **Markt- oder Politikversagen** eine wesentliche Rolle spielt. **Anhänger neoklassischer und monetaristischer Theorien sowie ordoliberaler Wirtschaftskonzeptionen** gehen regelmäßig von der Fähigkeit marktwirtschaftlich orientierter Systeme aus, jeweils flexibel auf markt- und technologiebedingten Strukturwandel reagieren zu können, so daß sich quasi automatisch neue optimale, den jeweiligen Knappheits- und Produktionsverhältnissen entsprechende Wirtschaftsstrukturen durchsetzen. Als Ziel einer eigenständigen Strukturpolitik bleibt dann nur noch übrig, eventuelle **Strukturrigiditäten und Strukturanpassungshemmnisse**, die aus Staatseingriffen resultieren und damit auf Staatsversagen zurückzuführen sind, zu beseitigen. In diesem Fall ist **Strukturpolitik vorwiegend Deregulierungspolitik**. Auftretende soziale Anpassungshärten an neue Strukturbedingungen werden dann meist der Beseitigung oder Milderung durch die Sozialpolitik überantwortet.

Anhänger prozeßpolitischer Steuerungstheorien, die sektorale Regulierungen und Staatseingriffe wegen angeblichen Marktversagens für unabdingbar halten und dem staatlichen Problemlösungspotential viel zutrauen, stecken naturgemäß die Grenzpfähle für das Feld der Strukturpolitik weiter. Nicht selten gesellen sich zu dieser Gruppe auch **Anhänger keynesianischer Theorieansätze** und Politikempfehlungen, obwohl deren hauptsächliches Augenmerk meist auf konjunkturelle Phänomene gerichtet ist. Vordergründig beschränkt sich der Keynesianismus zwar auf die makroökonomische Globalsteuerung und scheint Beeinflussungen mesoökonomischer Relationen abzulehnen, aber faktisch kann die empfohlene **antizyklische Fiskalpolitik** auch mit einer massiven **Beeinflussung von Wirtschaftsstrukturen** verbunden sein. Dieses ist dann der Fall, wenn konjunkturelle Rezessionsphasen mittels Konjunkturprogrammen, die sich stets vorrangig auf Infrastrukturmaßnahmen konzentrieren und hauptsächlich der Bauindustrie zusätzliche öffentliche Aufträge bescheren, überwunden werden sollen und durch den selektiven Ansatz der Fiskalpolitik auch intersektorale Verschiebungen in den Produktionsstrukturen der Volkswirtschaft stattfinden. Da erfahrungsgemäß eine konjunkturpolitische Globalsteuerung - selbst dann, wenn sie in ihrem Zielbereich erfolgreich ist - die Entstehung struktureller Ungleichgewichte und langandauernder Strukturkrisen manchmal nicht verhindern kann, ist als Ergänzung gelegentlich eine **permanente Struktursteuerung** auf Basis einer **sektoralen Programmierung** empfohlen worden. Eine derartige **indikative Strukturplanung** soll für die strukturelle Entwicklung der Wirtschaftszweige richtungweisend sein und - obgleich nicht vollzugsverbindlich - dennoch faktische Steuerungswirkungen aufgrund von freiwilliger Orientierung einzelwirtschaftlicher Entscheidungen an sektoralen Zielprojektionen entfalten. Nach Auffassung ihrer Befürworter vereinigt eine indikative Strukturplanung die Vorteile einer zentralen Leitplanung, die in der Verbreiterung der Informationsbasis und der möglichen Ex-ante-Koordination mittels sektoraler Zielprojektionen gesehen wird, mit den Vorzügen freier dezentraler Investitions-, Produktions- und Konsumentscheidungen. Davon wird erwartet, daß die Quote der Fehlentscheidungen erheblich zurückgeht und manche strukturellen Disproportionen (Überkapazitäten oder Produktionsengpässe) erst gar nicht entstehen. Ob eine derartige richtungweisende Strukturplanung - trotz unlösbarer Informations-, Prognose- und Planungsprobleme - in der Lage ist, volkswirtschaftlich optimale Produktions- und Versorgungsstrukturen sowie produktive Beschäftigungsstrukturen aufzubauen und ständig den weltweiten Strukturwandlungen anzupassen, wird nachfolgend überprüft.

9.4.2 Konzeption der indikativen Strukturplanung

Die **Konzeption indikativer Strukturplanung** umfaßt ein Planungssystem, das unter Bewahrung der Entscheidungsdezentralisierung im einzelwirtschaftlichen (mikroökonomischen) Bereich eine Informationszentralisierung und Informationsverarbeitung auf gesamtwirtschaftlicher (makroökonomischer) Ebene und eine Informationsweitergabe in Form sektoraler Zielprojektionen an den branchenmäßigen (mesoökonomischen) Bereich anstrebt, wobei eine freiwillige Plankoordinierung der Einzelwirtschaften in Orientierung an den sektoralen Zielprojektionen[177] erwartet wird. Die Konzeption der reinen (also in keiner Weise staatlich beeinflußten) indikativen Strukturplanung - wie sie insbesondere in Frankreich entwickelt wurde - geht von einer **„Logik des Planes"** aus, die angeblich eine **gewisse Selbstverwirklichungskraft** des indikativen Planes schafft. Es wird nämlich fest damit gerechnet, daß die Einzelwirtschaften auch bei Fehlen von administrativem Zwang ihre Entscheidungen am richtungweisenden Plan bzw. an dessen **sektoralen Zielprojektionen** orientieren werden, weil sie von der Vorteilhaftigkeit der erstrebten Ex-ante-Koordinierung auf freiwilliger Basis überzeugt sind.

Die indikative Strukturplanung benötigt eine Fülle von Informationen, die größtenteils von den Wirtschaftssubjekten dem zentralen Informationspool zufließen müssen. Die Befürworter der indikativen Planung stellen sich dies so vor, daß die Wirtschaftssubjekte über ihre Verbände und Gewerkschaften sowie größere Wirtschaftseinheiten direkt dem Planungsgremium **relevante Planungsinformationen** (z. B. über Investitionsvorhaben, betriebliche Produktionsplanungen, Konsumentenwünsche, Verbrauchergewohnheiten) nach bestem Wissen und Gewissen, d. h. wahrheitsgetreu, übermitteln. Das zentrale Planungsgremium stellt nach Vorarbeit branchenmäßig und anders gegliederter Unterausschüsse dann die Daten der Angebots- und Nachfrageseite zusammen. Aus der Gegenüberstellung der branchen- oder marktspezifisch aufgeschlüsselten Angebots- und Nachfragevolumina erhofft man sich eine **Sichtbarmachung von Marktungleichgewichten** und eventuell Hinweise für drohende Strukturkrisen. Es wird unterstellt, daß die einzelnen Wirtschaftssubjekte darin allgemein einen kollektiven und gleichzeitig auch für sie individuellen **Nutzen sehen** und deshalb die Mühe auf sich nehmen, die zentrale Informationsstelle direkt oder über ihre Verbände mit den „richtigen" Informationen zu versorgen. Es fragt sich, ob die Annahme einer **Informationsabgabe aus Eigeninteresse** der einzelnen Wirtschaftssubjekte in einer marktwirtschaftlich orientierten Ordnung zutreffend bzw. realistisch ist. Zunächst läßt sich feststellen, daß es kaum durchführbar ist, alle Verbraucher ständig nach ihren Kaufwünschen und Kaufabsichten zu befragen. Für die Nachfrage nach Konsum- und Gebrauchsgütern wird man sich also auf Repräsentativbefragungen beschränken müssen. Allerdings ist nicht ersichtlich, welches Eigeninteresse die ausgewählten Verbraucher daran haben können, die Mühe und eventuelle Peinlichkeit einer Befragung nach ihren Kaufwünschen und der Offenlegung ihrer Kaufkraft auf sich zu nehmen. Voraussichtlich wird die Planungsstelle schon bald dazu übergehen, die **künftigen Verbrauchstrends** anhand statistischer Vergangenheitswerte und aufgrund ihr plausibel erscheinender Entwicklungshypothesen zu bestimmen. Auch ein Anbie-

---

[177] Sektorale Zielprojektionen enthalten quantitative Zielvorstellungen über regierungs- bzw. planungsgremienseitig gewünschte Entwicklungen der sektoralen Wirtschaftsstruktur auf prognostischer Basis. Die Wunschvorstellungen im Planungsstadium können sich also nicht allzu weit von den prognostizierten Realisierungsmöglichkeiten entfernen. Im nachhinein kann sich aber herausstellen, daß die auf eventuellen Fehlprognosen basierenden Wunschvorstellungen weit von der Wirklichkeit abgewichen sind.

terinteresse an der Informationsübermittlung ist eo ipso nicht gegeben, eher gibt es Gründe für die Informationszurückhaltung. So können beispielsweise Wettbewerbsvorsprünge darauf beruhen, daß der Pionierunternehmer die Schaffung neuer Produkte oder Produktionsverfahren zunächst für sich behält, bis er sie adäquat verwerten kann. **Informationsvorteile sind strategische Wettbewerbsparameter**, die der Unternehmer zum eigenen Nutzen einsetzt und nicht zur Sozialisierung preisgibt. Werden Unternehmen dennoch zur Abgabe von Betriebsdaten, deren Horten für sie von Nutzen ist, veranlaßt, so werden sie gegebenenfalls Falschmeldungen abliefern. Selbst wenn sich die Unternehmen bemühen, wahrheitsgetreue und für die künftige Planperiode zutreffende Informationen zu liefern, so bleiben diese in der Regel mit den **Unvorhersehbarkeiten und Unstimmigkeiten künftiger Entwicklungen** behaftet. Beispielsweise kann ein heute potentieller Investor von seinem Investitionsvorhaben in der Planperiode Abstand nehmen, weil sich seine im Auskunftszeitpunkt optimistischen Erwartungen nicht zu erfüllen scheinen.

Nach der Analyse der informationsbedingten Planungsproblematik steht fest, daß die sektoralen Zielprojektionen schon allein aufgrund des zugelieferten **fragwürdigen Prognosematerials** der Einzelwirtschaften erhebliche Verzerrungselemente enthalten. Sowohl die Unternehmen, die nur „Spielmaterial" geliefert haben, als auch jene Wirtschaftssubjekte, die lediglich solche Manipulationen anderer Wirtschaftseinheiten befürchten, werden die **Branchenprognosen** anzweifeln und die darauf basierenden sektoralen Zielprojektionen nicht ernst nehmen. Diejenigen Wirtschaftssubjekte, die ihre Handlungen an den prognostisch verzerrten Zielprojektionen tatsächlich orientieren, können Enttäuschungen erleben. Die Folge kann sein, daß auch sie die Zielprojektionen der nächsten Planperiode von vornherein als unrealistisch ansehen. Erweisen sich die Zielprojektionen von Periode zu Periode als unrealistisch, so können die Projektionen allerdings wieder „Orientierungswirkung" erhalten, indem sich die Wirtschaftssubjekte dann bewußt **konträr zur amtlichen Zielprojektion verhalten**, und zwar in der Hoffnung, dann „richtig" zu liegen.

Die indikative Strukturplanung soll hauptsächlich Unsicherheiten bei den einzelwirtschaftlichen Planaufstellungen und Dispositionen verringern helfen. Es erhebt sich sogleich die Frage, welcherart Unsicherheiten sich überhaupt durch eine indikative Planung vermindern lassen. Mit Sicherheit werden die Planifikateure weder Naturereignisse, wie z. B. Mißernten infolge Hagels, noch gewerkschaftliche Streiks oder gar zufallsbedingte Erfindungen voraussagen können. Praktisch kann sich die indikative Planung nur darum bemühen, gewisse Unsicherheiten für individuelle Planungsentscheidungen, die eventuell aus Unkenntnis sektoraler Entwicklungstrends herrühren, abzubauen. Im wesentlichen geht es also um den Versuch, **durch bessere Informationen und treffsichere Prognosen** das Investitions-, Markt- und Berufsrisiko der Wirtschaftssubjekte verringern zu helfen. Da viele Unternehmungen eigene Marktforschungen betreiben und wissenschaftliche Institutionen fortlaufend Ergebnisse der Berufsforschung veröffentlichen, erscheint es mehr als zweifelhaft, daß eine indikative Strukturplanung, die auf hohem Abstraktionsgrad erfolgt und deren sektoral aggregierte Planpositionen für die meisten Wirtschaftssubjekte kaum einen Aussagewert haben, eine bessere Informations- und Entscheidungsbasis für einzelwirtschaftliche Dispositionen schaffen kann. Kaum etwas deutet darauf hin, daß in das Planungsgremium gesandte Staatsbeamte und andere berufene Planifikateure den Strukturwandel früher als die Marktbeteiligten erkennen, treffender als wirtschaftswissenschaftliche Institute einschätzen und dementsprechend bessere Vorkehrungen zur Strukturanpassung empfehlen können. Deshalb ist eine **indikative Strukturplanung bestenfalls überflüssig, schlechtenfalls ist sie sogar strukturpolitisch schädlich**, wenn sie durch Festlegung unrealistischer Ziele den marktmäßigen Strukturwandel verdeckt und eventuell sektorale Strukturkrisen damit quasi vorprogrammiert.

Umstritten ist, ob und gegebenenfalls inwieweit die indikative Strukturplanung mit dem Leitbild der marktwirtschaftlichen Ordnung kompatibel ist und die Funktionsfähigkeit der marktwirtschaftlichen Steuerung verbessert oder den ordnungspolitischen Rahmen der Marktwirtschaft sprengt. Aus der bisherigen Diskussion lassen sich zwei gegensätzliche Auffassungen herauskristallisieren. **Zugunsten ihrer Ordnungskonformität** wird ins Feld geführt, daß die indikative Wirtschaftsplanung als Orientierungshilfe die freie Entscheidung der Wirtschaftssubjekte grundsätzlich unangetastet lasse. Die quantitativen Zielprojektionen, die unverbindlich nur die Zielrichtung der sektoralen Strukturentwicklung markieren, überließen die Koordinierung der einzelwirtschaftlichen Pläne und die endgültige Prägung der Wirtschaftsstruktur den Marktkräften. Die Gegenposition sieht bereits im **behördlichen Prognostizieren** und der darauf basierenden **sektoralen Programmierung** einen Eingriff in die einzelwirtschaftliche Entscheidungsfreiheit und eine Beeinträchtigung der Marktkoordinierung. Es wird betont, daß die Marktwirtschaft dezentrales Prognostizieren, das nicht durch amtliche Prognosen und Zielprojektionen zurückgedrängt oder verfälscht werden dürfe, voraussetze. Nur bei vielfältigen Prognosen der Einzelwirtschaften über ihre jeweiligen wirtschaftlichen Aussichten sei die Chance gegeben, daß eventuelle Fehlprognosen durch treffsichere Prognosen anderer Wirtschaftssubjekte ausgeglichen und damit Marktungleichgewichte und sektorale Strukturkrisen vermieden würden.

In der Tat wird durch die indikative Wirtschaftsplanung die Gefahr heraufbeschworen, daß im Falle der Ausrichtung der einzelwirtschaftlichen Pläne an sektoralen Zielprojektionen, die auf fehlerhaften Prognosen basieren, die marktwirtschaftlichen Tendenzen zum Marktgleichgewicht und zur Bildung proportionaler Branchenstrukturen beeinträchtigt werden. Zudem können von der indikativen Strukturplanung **dirigistische und wettbewerbsbeschränkende Impulse ausgehen**, welche die marktwirtschaftlich orientierte Ordnung beeinträchtigen. So werden sich die Planifikateure voraussichtlich nicht mit der Aufstellung von sektoralen Zielprojektionen begnügen, an die sich niemand hält. Sie werden sicherlich nicht tatenlos zusehen, wenn sich das Ist-Ergebnis von der Sollplanung immer weiter entfernt. Deshalb werden besonders die Staatsvertreter in den Planungsgremien, die sich meist den Regierungsparteien verpflichtet fühlen und Planungserfolge brauchen, ihren Dienstherrn „Staat“ zu Interventionen zu bewegen suchen. So wird es kaum ausbleiben, daß mit mehr oder weniger **Druck oder Subventionsanreizen** des Staates **die Wirtschaftssubjekte zu plankonformem Verhalten gedrängt werden**. Hier tritt deutlich die ordnungspolitische Problematik ins Blickfeld, welche die Frage aufwirft, ob - entgegen der Konzeption der rein indikativen Planung - die sektorale Programmierung in der Realität nicht doch **normative Züge annimmt**. Wie die früheren Erfahrungen mit der formal indikativen Strukturplanung in Frankreich zu Zeiten ihrer Anwendung zeigen, führt diese von der

Marktwirtschaft weg, weil sie sowohl marktwirtschaftswidrige Eingriffe zwecks Annäherung der Wirtschaftsentwicklung an die festgelegten Sektorziele verstärkt als auch die **Tolerierung von Kartellbildungen** und somit von Gruppenmacht begünstigt. Letzteres resultiert vor allem daraus, daß die festgelegten Branchenziele meist nur nach Absprachen im Verband oder durch ein Kartell erreichbar sind. Dieses gibt den immer **latent vorhandenen Kartellierungsbestrebungen** in der Wirtschaft Auftrieb, was von einer an plankonformem Verhalten interessierten Planbehörde zumindest toleriert oder sogar aktiv gefördert wird. Die erfahrungsgemäß von einer indikativen Strukturplanung ausgehenden Beeinträchtigungen des Wettbewerbs schwächen die Funktionsfähigkeit einer marktwirtschaftlich orientierten Ordnung und verstärken damit die strukturpolitischen Probleme.

9.4.3 Konzeption der Strukturwandel- und Anpassungsförderung

Das **Grundgerüst** für eine Konzeption der Strukturwandel- und Anpassungsförderung ist bereits Mitte der 60er Jahre in der Bundesrepublik Deutschland vom Bundesministerium für Wirtschaft entwickelt worden. Die im Bundeswirtschaftsministerium erarbeiteten **„Grundsätze der sektoralen Strukturpolitik"** wurden 1966 durch Kabinettsbeschluß zum strukturpolitischen Leitbild der Bundesregierung erklärt.[178] Alle nachfolgenden Bundesregierungen haben diese 1968 nochmals redaktionell überarbeiteten Grundsätze der sektoralen Strukturpolitik[179] inhaltlich unverändert übernommen, so daß sie bis heute als **Konzeption der sektoralen Strukturpolitik** gelten. Bemerkenswert ist, daß die sektorale Strukturpolitik - im Gegensatz zur Wettbewerbs- und Konjunkturpolitik - bisher ohne gesetzliche Ordnungsmaßstäbe geblieben ist, obwohl sie nach Umfang und Eingriffsintensität alle anderen Bereiche der Wirtschaftspolitik übertrifft. Für diese Abstinenz sind im wesentlichen zwei Gründe ausschlaggebend gewesen: Zum einen ist die Erforschung der ökonomischen Strukturphänomene vernachlässigt worden, so daß eine Zeitlang für ein Strukturgesetz die theoretischen Grundlagen fehlten, und zum anderen neigten die **strukturpolitischen Entscheidungsträger** dazu, sich ihren **weiten Spielraum** für die eigene Gestaltung struktureller Maßnahmen nicht durch eine gesetzliche Bindung an bestimmte Eingriffsintensitäten einengen zu lassen. Auch die Wirtschaftsverbände hatten kein Interesse an gesetzlichen Regelungen der strukturpolitischen Rahmenbedingungen, weil sie befürchten mußten, daß dann die Gewährung staatlicher **Strukturhilfen** an **strengere Maßstäbe** geknüpft würde.

Ferner blieben in der Anfangsphase der Bundesrepublik Deutschland manche ökonomischen **Strukturprobleme** unter den kräftigen Wachstumsimpulsen, die vor allem von dem großen **Nachholbedarf** auf fast allen Gebieten der Investitions- und Konsumgüternachfrage ausgingen, verdeckt. Erst nachdem sich Mitte der 60er Jahre die Wachstumsbedingungen auf breiter Front merklich und in bestimmten Branchen beträchtlich verschlechterten, traten auch die mit dem Strukturwandel verbundenen Probleme stärker hervor. In Erwartung verstärkter Hilfsbegehren seitens vom Strukturwandel betroffener Wirtschaftszweige begannen wir damals im

[178] Vgl. Bundesministerium für Wirtschaft, 1966.
[179] Vgl. Bundesregierung, 1968b.

Bundeswirtschaftsministerium, nach **Leitregeln** zu suchen, die einerseits den verschiedenen strukturpolitischen Instanzen eine Orientierung bei notwendigen Strukturmaßnahmen geben und andererseits eine **Ausuferung von Strukturhilfen** verhindern sollten. Dieses Vorhaben stieß erwartungsgemäß auf erhebliche Widerstände bei allen jenen mitbeteiligten Bundesministerien, die ihre sektorspezifischen Strukturpolitiken durch allgemeingültige Leitlinien bedroht sahen. Vor allem waren die Fachressorts nicht bereit, **bestehende Schutzmaßnahmen** zugunsten der von ihnen „betreuten" Wirtschaftszweige abzubauen, und zwar selbst dann nicht, wenn diese offensichtlich den Strukturwandel unnötig hemmten. Um die Leitlinien konsensfähig zu machen, sind letztlich die **Grundsätze der sektoralen Strukturpolitik** so **allgemein** und weitgehend **interpretationsfähig** gehalten worden, daß auch die Maßnahmen mit vorwiegend strukturkonservierender Wirkung - obgleich prinzipiell als unerwünscht bezeichnet - fortbestehen konnten. Hierin liegt ein **schwerwiegender Mangel** der strukturpolitischen Grundsätze, der in der Folgezeit dazu geführt hat, daß **Konzeption und Wirklichkeit** der sektoralen Strukturpolitik weit **auseinanderklaffen.**

Wie sich eine strukturpolitische Konzeption der Strukturwandel- und Anpassungsförderung ausgestalten läßt, wird nachfolgend anhand der Grundsätze der sektoralen Strukturpolitik sowie an weiteren leitbildhaften Äußerungen der Bundesregierungen in der Bundesrepublik Deutschland verdeutlicht.

Aufgrund der in der Realität auftretenden Strukturprobleme haben sich in der sektoralen Strukturpolitik hauptsächlich zwei Aufgabenkomplexe herausgebildet, die sich einerseits um **wachstumsfördernden Strukturwandel** und andererseits um **Anpassung an den Strukturwandel** gruppieren. Zum einen soll die sektorale Strukturpolitik produktivitäts- und wachstumssteigernden Strukturwandel erleichtern und das sektorale Entwicklungspotential für das volkswirtschaftliche Wachstum mobilisieren, zum anderen soll sie die Fähigkeit und Willigkeit der Wirtschaftssubjekte zur Anpassung an den markt- und technologiebedingten Strukturwandel stärken.

Zur Erfüllung dieser Aufgaben stehen der sektoralen Strukturpolitik sowohl die **rahmengestaltende Strukturordnungspolitik** als auch die **ablaufsbeeinflussende Strukturprozeßpolitik** zur Verfügung. Die **Strukturordnungspolitik** hat die ordnungspolitischen Rahmenbedingungen so zu setzen und derartige normative Vorgaben zu machen, daß die Marktkräfte tendenziell auf ein innovatives Verhalten der Unternehmen und somit auf einen produktivitäts- und wachstumssteigernden Strukturwandel hinwirken können sowie die Fähigkeit und Beweglichkeit von Unternehmen und Arbeitskräften bei strukturwandelbedingten Produktionsumstellungen gestärkt werden. Die **Strukturprozeßpolitik** hat einerseits mit dem Ziel der Produktivitäts- und Wachstumssteigerung bisher unterbliebene oder zu schwache Strukturwandlungen innerhalb von und zwischen Wirtschaftszweigen in einer Gesamtwirtschaft mit prozeßpolitischen Mitteln auszulösen bzw. zu verstärken und andererseits mit dem Ziel einer verbesserten Strukturanpassung die Übergänge zu neuen Produktionen zu erleichtern sowie im Falle einer drohenden Überstürzung des Strukturwandels mit gravierenden sozialen Folgen den strukturellen Wandel zeitweise abzuschwächen und damit den Anpassungszeitraum zu verlängern. Allgemeine **Rahmenbedingungen der Strukturordnungspolitik**, welche die Chancen zur Durchsetzung wachstumsoptimalen Strukturwandels und die Möglichkeiten zu reibungsloser Anpassung an strukturelle Änderungen verbessern, stärken die Funktionsfähigkeit der marktwirtschaftlichen Steuerung und werden allgemein als erstrebenswert angesehen. Meist werden auch **Maßnahmen der Strukturprozeßpolitik**, welche gezielt zur Beseitigung von Hemmnissen des Strukturwandels und zur Förderung der Mobilität der Produktionsfaktoren eingesetzt werden, strukturpolitisch als erwünscht und ordnungspolitisch als unbedenklich eingestuft. Dagegen stoßen strukturpolitische **Maßnahmen der Strukturwandelverzögerung**, die erfahrungsgemäß leicht durch ständige Verlängerung ausarten und zu dauerhafter Strukturerhaltung führen können, regelmäßig auf ordnungspolitische Bedenken.

Nach Auffassung der politisch-staatlichen Entscheidungsträger in der Bundesrepublik Deutschland hat sich die sektorale Strukturpolitik prinzipiell in den Ordnungsrahmen der Marktwirtschaft einzufügen. **Grundsätzlich** soll die **Steuerung der Wirtschaftsstruktur durch den Markt** im Rahmen staatlicher Ordnungsbedingungen erfolgen. Die Strukturpolitik darf also die Marktsteuerung, die im Ergebnis strukturbildend wirkt, nicht außer Kraft setzen, sondern sie soll im Gegenteil die marktwirtschaftlichen Funktionsbedingungen durch Erhöhung der Mobilität der Produktionsfaktoren und Förderung der strukturellen Anpassungsfähigkeit verbessern. Der **subsidiäre Charakter der sektoralen Strukturpolitik** wird betont, indem es nach wie vor zu den Aufgaben der Unternehmen in der marktwirtschaftlichen Ordnung gehören soll, „Strukturveränderungen rechtzeitig zu erkennen und sich durch rasche Produkt- oder Verfahrensinnovationen darauf einzustellen. Aufgabe des Staates ist es, die für einen modernen Investitionsstandort unerläßlichen infrastrukturellen Voraussetzungen zu schaffen, durch günstige und verläßliche Rahmenbedingungen und den Abbau von Investitionshemmnissen die Entfaltung unternehmerischer Aktivitäten zu fördern und damit den Strukturwandel zu erleichtern“[180].

Nach den ursprünglichen **Zielbestimmungen**, die sich bis heute inhaltlich nicht geändert haben „(ergeben sich) die Ziele der Strukturpolitik im Bereich der sektoralen Struktur der gewerblichen Wirtschaft aus der Notwendigkeit, dazu beizutragen, daß

- die Wirtschaftszweige an unumgängliche Strukturwandlungen angepaßt und damit freiwerdende Produktionsfaktoren in günstigere Verwendungen überführt werden (Anpassung),
- für den gesamtwirtschaftlichen Fortschritt wichtige zukunftssichernde Produktionen entwickelt werden (Zukunftssicherung)“[181].

Es sollen also **sowohl Ziele der Strukturanpassung als auch der Strukturwandelbeschleunigung** angestrebt werden. Nach den Grundsätzen der sektoralen Strukturpolitik „(muß) von der staatlichen Politik erwartet werden, daß sie den Strukturwandel erleichtert und fördert. Unvermeidliche Anpassungen aufzuhalten bedeutet, auf Wachstumsmöglichkeiten zu verzichten ... . Die Mobilität der Produktionsfaktoren muß auch dann sichergestellt sein, wenn dies für einzelne Unternehmen oder ganze Wirtschaftszweige mit großen Anstrengungen oder sogar mit

---

[180] Bundesregierung, 1993, S. 40 f.
[181] Dieselbe, 1969, S. 4.

dem Ausscheiden auf Dauer unrentabler Betriebe verbunden ist"[182] **Strukturerhaltungsziele** sollen grundsätzlich nicht verfolgt werden. Eine der Begründungen dafür lautet: „Behinderung des Strukturwandels und konservierende Eingriffe des Staates bedeuten einen Verzicht auf künftiges Wirtschaftswachstum und damit auch auf Einkommensverbesserungen und Beschäftigungschancen für alle. Außerdem zeigen die Erfahrungen, daß subventionierte Arbeitsplätze wegen begrenzter Finanzierungsspielräume der öffentlichen Haushalte und Belastungsgrenzen der Steuerzahler und Verbraucher längerfristig unsicher bleiben. Konservierende Subventionen führen zudem zur Erhöhung und zu Umschichtungen in den öffentlichen Haushalten zu Lasten wachstumsfördernder investiver Ausgaben"[183]. Jede Bundesregierung hat bisher betont, daß sie eine Politik der Konservierung überkommener Strukturen ablehnt und ihre primäre Aufgabe darin sieht, den Strukturwandel zu fördern. Der sektoralen Strukturpolitik ist also im Kern die Rolle einer **Wachstumsstützungs- und Strukturanpassungspolitik** zugedacht.

Wenngleich keine Strukturkonservierung angestrebt werden soll, so können jedoch gemäß den „Grundsätzen der sektoralen Strukturpolitik"[184] Anpassungsvorgänge verlangsamt werden, „wenn ein sich selbst überlassener Vorgang zu überstürzten und damit zu krisenhaften Entwicklungen zu führen droht". In den Grundsätzen wird sodann empfohlen, den Anpassungsprozeß zu verlangsamen, „wenn sonst mit sozialpolitischen Nachteilen größeren Umfangs gerechnet werden müßte, oder wenn Unternehmen in Mitleidenschaft gezogen würden, die bei einem gemäßigteren Ablauf ihre Wettbewerbsfähigkeit bewahren oder wiedererlangen könnten". Hier ist ein **Einfallstor** aufgestoßen worden, durch das eventuell **alle möglichen Strukturerhaltungsziele** - getarnt als zeitlich gestreckte Anpassungsziele - anvisiert werden können; denn es dürfte nicht allzu schwer sein, nahezu jedes verkappte Strukturerhaltungsziel der Gegenwart als zeitlich begrenzte Etappe zum Strukturanpassungsziel der Zukunft zu deklarieren.

In den Grundsätzen der sektoralen Strukturpolitik werden die **Instrumente und Methoden** in zwei Gruppen eingeteilt, und zwar in die **Mittel zur allgemeinen Förderung des Strukturwandels** und in **besondere staatliche Anpassungshilfen**. Bei der ersten Gruppe wird davon ausgegangen, daß der Staat die Strukturwandlungen fördert, indem er „die Rahmenbedingungen für den Wirtschaftsablauf transparent macht, Anpassungshemmnisse abbaut und das wirtschaftlich relevante Recht entsprechend gestaltet". So sollen die staatlichen Instanzen die Wirtschaftssubjekte so frühzeitig und soweit wie möglich über vorgesehene Datenänderungen informieren, wozu die Offenlegung der beabsichtigten mittelfristigen Wirtschaftspolitik und der mehrjährigen Finanzplanung dienen kann. Ferner hat der Staat dafür zu sorgen, daß auch die kleinen und mittleren Unternehmer genauere Marktinformationen und bessere Fachkenntnisse erlangen können, wozu die Betriebsberatung, die Fortbildung und spezielle Marktuntersuchungen in mittelständischen Branchen gefördert werden sollen. Im wirtschaftsrelevanten Recht sind Anpassungshemmnisse zu beseitigen und die intersektorale und berufliche Mobilität zu stärken. Beispielsweise sollen in der Außenwirtschaft administrative Hemmnisse

---

[182] Dieselbe, 1968b, S. 2.

[183] Dieselbe, 1978, S. 215.

[184] Quelle der folgenden Zitate: Bundesregierung, 1968b.

abgebaut und im Gewerberecht die hohe Zahl der erlaubnispflichtigen Gewerbe sowie der Sachkundenachweis eingeschränkt werden. Die arbeits- und sozialrechtlichen Bestimmungen sollen mobilitätsfreundlicher gestaltet und die teilweise noch zu enge fachliche Berufsausbildung der Arbeitnehmer auf eine breitere Basis gestellt werden. Von diesen allgemeinen Maßnahmen erhoffen sich die strukturpolitischen Entscheidungsträger eine vorbeugende Wirkung, so daß es erst gar nicht zu krisenhaften Anpassungsproblemen im Zuge des Strukturwandels kommt. Problematisch wird es dann bei den besonderen staatlichen Anpassungshilfen, mit denen strukturelle Anpassungsvorgänge verlangsamt werden sollen. Die altbekannten außenhandelspolitischen Mittel des Protektionismus, wie Einfuhrkontingente, Zölle und Selbstbeschränkungsabkommen mit Exportländern, werden in befristeter Form für geeignet gehalten, Anpassungsvorgänge zu verlangsamen. Dem gleichen Zweck sollen steuerliche Vergünstigungen während der Streckung des Anpassungszeitraumes und staatliche Bürgschaften für Kredite zur Rationalisierung und Modernisierung von Betrieben dienen. Gemäß den Grundsätzen gilt es, einen Strukturwandel zu beschleunigen, wenn „ein notwendiger Anpassungsprozeß durch Beharrungskräfte so behindert (wird), daß der wachstumsorientierte Strukturwandel nicht so oder nur in zu geringem Umfange eintritt". Zu diesem Zweck sollen bestehende Einfuhrhemmnisse und Subventionen abgebaut sowie Finanzierungshilfen zur Umstellung der Produktionsprogramme gewährt werden. Ferner werden zur Beschleunigung des Strukturwandels Finanzierungshilfen als Anreiz zum Aufbau besonders zukunftsträchtiger Produktionszweige offeriert, wobei auf die Hilfen für die Luft- und Raumfahrtindustrie und für Kernkraftwerke hingewiesen wird.

Die staatlichen **Hilfen und Eingriffe**, die der Anpassung von Wirtschaftszweigen an den Strukturwandel dienen sollen, sind gemäß den Grundsätzen **an folgende Bedingungen zu binden**:

- Anlaß für grundlegende Strukturveränderungen müssen volkswirtschaftliche Datenänderungen sein, die dazu führen, daß der ganze Wirtschaftszweig in Schwierigkeiten kommt. Damit soll ausgeschlossen werden, daß der normale wettbewerbliche Ausleseprozeß, der schlecht wirtschaftende Unternehmen in Schwierigkeiten bringt und zur Ausscheidung von Grenzanbietern führt, schon zum Anlaß für staatliche Hilfen und Eingriffe genommen wird. Eingegriffen werden soll erst dann, „wenn sich die gesamtwirtschaftlichen Rahmenbedingungen für einzelne Sektoren besonders rasch und einschneidend ändern und ein sich selbst überlassener Prozeß zu unerwünschten volkswirtschaftlichen und sozialpolitischen Konsequenzen führen würde".
- Die staatliche Unterstützung soll prinzipiell nur Hilfe zur Selbsthilfe sein und nur dann gewährt werden, wenn Aussicht besteht, daß die Wettbewerbsfähigkeit des betroffenen Wirtschaftszweiges damit erreicht wird. „Sie darf auf keinen Fall der Erhaltung dienen." Hilfebegehrende Unternehmen haben nachzuweisen, daß sie zuvor ihre eigene finanzielle Leistungsfähigkeit und alle Möglichkeiten der Kapital- und Kreditbeschaffung - auch unter Nutzung eventuell bestehender Konzernverflechtungen - in zumutbarem Umfang ausgeschöpft haben.
- Die staatlichen Hilfen sollen zeitlich befristet und degressiv gestaltet werden und dürfen die Funktionsfähigkeit des Wettbewerbs nicht beeinträchtigen. Da nicht definiert wird, was funktionsfähiger Wettbewerb ist, hängt das Postulat,

dem zufolge die Funktionsfähigkeit des Wettbewerbs gewahrt bleiben muß, quasi in der Luft.

Konzeption und praktizierte sektorale Strukturpolitik in der Bundesrepublik Deutschland **stimmen nicht überein**, was sich daran zeigt, daß statt der konzeptionell angekündigten und primär zu betreibenden **wachstums- und mobilitätsfördernden Strukturwandel- und Strukturanpassungspolitik** faktisch überwiegend eine **wachstumshemmende Strukturwandelverzögerungs- und neomerkantilistische Branchenschutzpolitik** betrieben worden ist. Sowohl unter dem permanenten Druck von Branchenverbänden und Branchengewerkschaften als auch offensichtlich aus wahlopportunistischen Erwägungen haben die entscheidungsbefugten Strukturpolitiker weitgehend eine **strukturpolitische Gruppenbegünstigungspolitik zu Lasten Dritter** - vor allem der Steuerzahler und Konsumenten - präferiert. Da die „Grundsätze der sektoralen Strukturpolitik“, die bisher alle Bundesregierungen als Konzeptionsgrundlage betrachtet haben, nur in die lose Form eines früheren Kabinettsbeschlusses gekleidet sind, wurden sie von manchen strukturpolitischen Instanzen nicht ernst und nicht zur Richtschnur ihres Handelns genommen. Der **regierungsseitigen Konzeption** der sektoralen Strukturpolitik in der Bundesrepublik Deutschland **mangelt** es sowohl an einer **wirtschaftstheoretischen Fundierung** als auch an **institutionellen Sicherungen**, welche die rechtliche Verbindlichkeit garantieren und die Durchsetzung der konzeptionellen Grundsätze in der praktizierenden Strukturpolitik erleichtern.

9.4.4 Konzeption der optimalen Strukturflexibilität

a) Wirtschaftstheoretisches Fundament

Das wirtschaftstheoretische Fundament dieser Konzeption bildet der vom Verfasser entwickelte und bereits vorgestellte Ansatz zu einer **Theorie der optimalen Strukturflexibilität**, der somit in vollem Umfang **Bestandteil und operationale Basis der Konzeption** ist. Zur Komplettierung der Konzeption der optimalen Strukturflexibilität bedarf es an dieser Stelle nur noch der Skizzierung der instrumentellen und institutionellen Konzeptionselemente.

b) Instrumentelle Konzeptionselemente

Aufgrund der vorgenannten wirtschaftstheoretischen Überlegungen und den daraus abgeleiteten strukturpolitischen Folgerungen kann die **primäre Aufgabe der sektoralen Strukturpolitik** darin gesehen werden, **zur Herstellung optimaler Strukturflexibilitäten auf den Güter- und Faktormärkten sowie in und zwischen den Wirtschaftszweigen beizutragen**. Es ist deshalb das konzeptionell zu verfolgende Leitbildziel, dem produktivitäts- und wachstumssteigernden Strukturwandel zum Durchbruch zu verhelfen und die notwendigen Anpassungen der Wirtschaftssubjekte an den Strukturwandel zu unterstützen. Dieses kann geschehen, indem die **ordnungspolitischen Rahmenbedingungen** so gestaltet werden, daß sich optimale Strukturflexibilitäten quasi von selbst im ökonomischen Strukturwandlungsprozeß herausbilden. Dagegen muß in den Wirtschaftsbereichen, in denen sich **wegen Markt- und Wettbewerbsversagens** optimale Strukturflexibilitäten nicht bilden können, versucht werden, diese durch regulierende Eingriffe zu schaffen. Umgekehrt müssen in Wirtschaftssektoren, deren mangelnde Strukturflexibilitäten erst durch sachlich **unnötige Regulierungen** entstanden sind, die Ursachen der strukturellen Inflexibilitäten durch **Deregulierungen** beseitigt werden. In der strukturpolitischen Praxis zielen staatliche Regulierungen häufig nicht auf die Schaffung optimaler Strukturflexibilitäten ab, sondern dienen primär als Mittel der (partei-) politischen Gruppenbegünstigungspolitik, um bestimmte (wahlrelevante) Berufsgruppen und Wirtschaftszweige gegen den Wettbewerbsdruck aus den eigenen Reihen und/oder gegen die Substitutionskonkurrenz abzuschirmen. Inzwischen ist in manchen Volkswirtschaften durch die kaum noch überschaubare Vielfalt von sektoralen Regulierungen ein nahezu unentwirrbares Gemenge teils kumulierender und teils **widersprüchlicher Dirigismen und Protektionismen** entstanden, das den Strukturwandel enorm erschwert und die Innovationstätigkeit gravierend beeinträchtigt. In den betroffenen Volkswirtschaften wird sich ohne eine **konsequente Deregulierungspolitik**, welche das wildwuchernde Regulierungsgeflecht radikal zurückschneidet, keine volkswirtschaftlich optimale Strukturflexibilität erreichen lassen.

Wenn ein gruppenkorrumpierter Gefälligkeitsstaat immer öfter Gewinneinbußen von Branchen oder Veränderungsbeschwernisse von Berufsgruppen zum Anlaß für Schutzmaßnahmen und Strukturhilfen für die Betroffenen nimmt, wird der Funktionsmechanismus der Marktwirtschaft, der auf Gewinnchancen und Verlustrisiko basiert, gestört. Aber die protektionistische Regulierung bringt nicht nur ordnungspolitische, sondern auch beschäftigungspolitische Probleme mit sich; denn erfahrungsgemäß **schafft Protektionismus** langfristig nicht weniger, sondern - insbesondere wegen meist nachlassender Rationalisierungs- und Innovationstätigkeit und damit absinkender Wettbewerbsfähigkeit der geschützten Branchen - **mehr Arbeitslosigkeit**.

In den **seltenen** und nur sektoral vorkommenden **Fällen überoptimaler Strukturflexibilität**, die zu überstürztem Abbau auch teilweiser noch benötigter Produktionskapazitäten und zu vorschneller Freisetzung aller Arbeitskräfte in dem Schrumpfungsbereich führt, kann es aus Gründen der kontinuierlichen Güterversorgung und der Beschäftigungsstabilisierung strukturpolitisch geboten sein, den sektoralen **Strukturwandel zeitweise zu bremsen**. Allerdings ist die Strukturwandelverzögerung nur solange vertretbar, bis die Voraussetzungen für eine versorgungs- und beschäftigungsmäßige Strukturanpassung gegeben sind. Diese Situation ist dann erreicht, wenn die Befriedigung der Marktnachfrage voll (beispielsweise durch qualitativ bessere und eventuell preiswertere Substitutionsprodukte) gewährleistet ist und die freigesetzten Arbeitskräfte der Schrumpfungsbereiche von den Wachstumsbereichen aufgenommen werden können.

Die seltenen Fälle, in denen es geboten erscheint, eine ausnahmsweise übersteigerte Strukturflexibilität in einem Wirtschaftssektor auf ein versorgungs- und beschäftigungsoptimales Niveau zu reduzieren, **rechtfertigen** jedoch **nicht die Ausstellung eines allgemeinen Freibriefes für strukturpolitische Strukturwandelverzögerungen**, unabhängig vom jeweiligen Anlaß und gleichgültig mit welcher Zielrichtung. Die in der strukturpolitischen Praxis zu beobachtenden vielfachen Versuche, sektoralen Strukturwandel mit protektionistischen und dirigistischen Mitteln zu unterbinden oder zu verzögern, geschehen jedoch kaum jemals mit dem Ziel, die Güterversorgung der Bevölkerung quantitativ und qualitativ zu verbessern sowie preiswerter zu machen. Das primäre Ziel derartiger Strukturwandelverzögerungen mittels sektoralen Protektionismus ist meist die aus wahlopportunistischen oder anderen Gründen gewollte Gruppenbegünstigung zu Lasten Dritter, und zwar in der Regel auf Kosten der Konsumenten und Steuerzahler. Derartige **protektionistische Strukturwandelverzögerungen dämpfen** jedoch erfahrungsgemäß **den technischen Fortschritt, schmälern das Wirtschaftswachstum und reduzieren die Beschäftigungschancen** in der Volkswirtschaft.

Die **Hauptprobleme der sektoralen Strukturpolitik** resultieren meist aus **unteroptimalen Strukturflexibilitäten**, die wegen regelmäßig begrenzter Mobilität der Produktionsfaktoren und häufig mangelnder Anpassungsfähigkeit der Wirtschaftssubjekte an den Strukturwandel weit verbreitet sind. Zur Beseitigung oder zumindest **Eindämmung unteroptimaler Strukturflexibilitäten** kann die Strukturpolitik eine breite Palette von Instrumenten einsetzen, die von einer Verbesserung der Rahmenbedingungen für die Mobilität der Produktionsfaktoren über spezielle Umstrukturierungshilfen für die gewerbliche Wirtschaft bis zu staatlichen Beihilfen zur Weiterbildung und Umschulung von Arbeitnehmern reicht. Ist die gesamte Produktionsstruktur einer Volkswirtschaft über einen längeren Zeitraum starr, weil sich aufgrund von Strukturinflexibilitäten in allen Wirtschaftszweigen kein Strukturwandel durchsetzt, so kann dieses sowohl an mangelndem Wettbewerb als auch an erlahmtem technischen Fortschritt in der betreffenden Volkswirtschaft liegen. Ausreichend sind möglicherweise schon **Maßnahmen zur Intensivierung des Wettbewerbs**, die einen Druck zur Entwicklung neuer Produkte und Produktionsverfahren erzeugen, um einen produktivitäts- und wachstumssteigernden Strukturwandel in Gang zu setzen. Eventuell bedarf es aber noch spezieller Anreize (beispielsweise in Form von allgemeinen **Steuererleichterungen**), um die **technologische Entwicklung und Innovationstätigkeit auf breiter Front anzuregen**. Bestehen dagegen suboptimale Strukturflexibilitäten nur in bestimmten Regulierungsbereichen, so kann dieses sowohl an unsachgemäßen als auch an überflüssigen Regulierungen liegen. Häufig lassen sich mangelnde Strukturflexibilitäten in ordnungspolitischen Ausnahmebereichen, in denen der Wettbewerb regulierungsmäßig ausgeschaltet oder gedämpft wurde, durch **Deregulierung oder Auflockerung wettbewerbsdämpfender Regulierungen** und Wiederzulassung von Wettbewerbsimpulsen beseitigen. Beispielsweise kann durch die Aufhebung administrativ verordneter Fest-, Mindest- oder Höchstpreise, welche sich als Hauptursache für mangelnde Strukturflexibilität in einem Wirtschaftssektor erwiesen haben, ein strukturelles Ungleichgewicht zwischen Angebot und Nachfrage und damit eine langandauernde Strukturkrise beseitigt werden; denn bei grundsätzlicher Funktionsfähigkeit des Marktmechanismus gleichen sich Angebot und Nachfrage nur dann aus, wenn der Staat die institutionellen Rahmenbedingungen der **freien Marktpreisbildung nicht behindert** oder gar außer Kraft setzt und die Preise nach unten und oben flexibel sind. Manchmal kann der Abbau von Regulierungen in einem Bereich auch die damit verflochtenen Regulierungen in weiteren Bereichen überflüssig und abbaureif machen. Werden derart bereichsübergreifende **Regulierungsspiralen**, die fast immer den Strukturwandel und die Strukturanpassung erschweren, abgebaut, so trägt dieses wesentlich zur Optimierung der volkswirtschaftlichen Strukturflexibilität mit den daraus resultierenden wachstums- und produktivitätssteigernden Wirkungen bei.

c) Institutionelle Konzeptionselemente

Erfahrungsgemäß werden **unverbindliche Leitbilder**, die nicht rechtlich abgesichert sind, von manchen strukturpolitischen Instanzen nicht ernst und nicht zur Richtschnur ihres Handelns genommen. Dieses zeigt sich z. B. an den Grundsätzen der sektoralen Strukturpolitik, die als strukturpolitische Konzeption der Bundesregierungen in der Bundesrepublik Deutschland gedacht und nur in die lose Form von Kabinettsbeschlüssen gekleidet sind. Deshalb ist zur Verbindlichkeit und Durchsetzung der Handlungsorientierung am strukturpolitischen Leitbild ein **Rahmengesetz zur Strukturpolitik** notwendig. Wie im mikroökonomischen Bereich Gesetze zum Schutz des Wettbewerbs (in Form von Gesetzen gegen Wettbewerbsbeschränkungen oder Antitrustgesetze) und im makroökonomischen Bereich Gesetze zur Konjunktursteuerung (in Form von Gesetzen zur Förderung der Stabilität und des Wachstums der Wirtschaft) gewisse Ordnungsmaßstäbe setzen und den staatlichen Entscheidungsträgern bestimmte Handlungsweisen vorschreiben, so muß auch für den mesoökonomischen Bereich ein Rahmengesetz zur Strukturpolitik den strukturpolitischen Instanzen Ordnungsmaßstäbe geben und ihre Handlungen an bestimmte Mindesterfordernisse und Eingriffsgrenzen binden. Ein allgemeines Strukturgesetz kann nicht auf die speziellen Verhältnisse einzelner Wirtschaftszweige, die sich zudem im Konjunkturverlauf und in der längerfristigen Strukturentwicklung ändern können, abgestellt werden, sondern kann nur den allgemeinverbindlichen Rahmen für strukturpolitisches Handeln setzen. Das Gesetz muß vor allem so konzipiert werden, daß die heute nahezu schrankenlosen **Eingriffsmöglichkeiten des Staates begrenzt** und an eindeutige **Mindesterfordernisse gebunden werden**. Dieses ist erforderlich, um die besonders in der sektoralen Strukturpolitik ständig bestehende Gefahr der staatlichen **Gruppenbegünstigung zu Lasten Dritter** - insbesondere der Verbraucher und der Steuerzahler - **zu bannen** oder zumindest zu mindern.

Als **Grund- und Regelziel** sollte gesetzlich verankert werden, daß zur Stärkung der Funktionsfähigkeit der Marktwirtschaft sowie zur Förderung des technischen Fortschritts und des Wirtschaftswachstums die **Strukturflexibilität** in den Wirtschaftszweigen und in der Volkswirtschaft zu verbessern ist, wobei insbesondere die weitverbreiteten unteroptimalen Strukturflexibilitäten zu beseitigen bzw. einzudämmen sind. Ferner wären die Ausnahmefälle überoptimaler Strukturflexibilität zu umreißen, in denen zeitlich begrenzt Ziele der Strukturwandelverzögerung angestrebt werden dürfen. Sodann ist eine überschaubare Anzahl von Instrumenten, die erfahrungsgemäß zielkonform wirken oder so gestaltet werden können, bereitzustellen. Für die im Mittelpunkt stehende **Beseitigung unteroptimaler Strukturflexibilitäten** sind neben Verbesserungen der Rahmenbedingungen für die **Mobilität der Produktionsfaktoren** (vor allem durch Abbau von Mobilitätshemmnissen im wirtschaftsrelevanten Recht) insbesondere **Umstrukturierungshilfen** aus einem zu bildenden **„Strukturfonds“** der gewerblichen Wirtschaft sowie staatliche **Beihilfen zur Weiterbildung und Umschulung** von Arbeitnehmern vorzusehen. Zudem können direkte **Anreize** zur Stimulierung von **Forschung und technologischer Entwicklung** in Form von Forschungsprämien oder -zulagen zweckmäßig sein. Während **Forschungsprämien** im Wege eines Abzugs des Forschungsaufwandes von der Einkommen- oder Körperschaftsteuer gewährt werden könnten, müßten gewinnunabhängige **Forschungszulagen** bar ausgezahlt werden. Das Instrumentarium zur Reduzierung überoptimaler Strukturflexibilitäten, das vor allem der Milderung von sozialen Anpassungshärten im Zuge von überstürzten Strukturwandlungen dient, ist meist mit **Instrumenten der Arbeitsmarkt- und Beschäftigungspolitik** kombiniert. In diesen Bereich fallen beispielsweise die Gewährung von **Kurzarbeitergeld** bei vorübergehendem Arbeitsausfall an die Arbeitnehmer und die zeitweise Gewährung von Lohnsubventionen im Rahmen von Arbeitsbeschaffungsmaßnahmen an die Betriebe.

In dem Strukturgesetz ist unbedingt die Verpflichtung zu verankern, daß alle sektoralen **Regulierungen auf ihre Notwendigkeit und Zielkonformität zu überprüfen** und die überflüssig gewordenen oder zielinkonform wirkenden Regulierungsmaßnahmen aufzuheben sind. Zudem sind in dem Gesetz Kriterien zu nennen, anhand derer bestimmt werden kann, ob eine **Strukturkrise** in einem Wirtschaftszweig vorliegt, die strukturpolitisches Eingreifen erforderlich macht. Beispielsweise könnte festgelegt werden, daß eine Strukturkrise nur dann vorliegt, wenn ausnahmslos alle Unternehmen einer Branche betroffen sind und entstandene Überkapazitäten voraussichtlich über den Markt nur in einem langwierigen und sozial unverträglichen Prozeß abgebaut werden.

Festzulegen sind die **Bedingungen**, an die eventuelle **strukturpolitische Hilfsmaßnahmen** zu knüpfen sind. So sollten sektorale Strukturhilfen zugunsten bestimmter Wirtschaftszweige grundsätzlich an folgende Bedingungen gebunden werden:

- **Vorlage eines Sanierungsplanes** mit Angabe der privaten und öffentlichen Sanierungskosten und des Zeitraumes des Abbaus der sektoralen Schwachstellen. Bei den selbst aufzubringenden (privaten) Sanierungskosten sollten auch die Finanzierungsmöglichkeiten durch das Bankensystem offengelegt werden, um voreilige und kostenaufwendige Sanierungen durch die öffentliche Hand zu Lasten der Steuerzahler auszuschließen.
- Der Grundsatz **„Hilfe zur Selbsthilfe“** sollte bei allen Strukturhilfen beachtet werden.
- Bei längerfristigen Strukturhilfen sollte umfangmäßig eine **degressive Gestaltung** vorgenommen werden.
- Grundsätzlich sollten die **Strukturhilfen zurückgezahlt werden**, z. B. an einen einzurichtenden Strukturfonds.
- Bei unumgänglichen Eingriffen bzw. Regulierungsmaßnahmen sollten die am wenigsten den Wettbewerb reduzierenden Maßnahmen den unbedingten Vorzug vor stärker wettbewerbsbeschränkenden oder gar wettbewerbsausschließenden Maßnahmen haben. Die Verankerung des Postulats **„weitestmögliche Wahrung des Wettbewerbs“** ist unbedingt erforderlich, um vorschnellen und unverhältnismäßigen Regulierungsmaßnahmen des Staates zur Ausschaltung oder Dämpfung des Wettbewerbs zugunsten bestimmter Branchen oder Gruppen einen Riegel vorzuschieben.
- Strukturhilfen sollten stets **zeitlich befristet** werden, und zwar regelmäßig auf drei Jahre. In sachlich begründeten Fällen sollte die Gewährung der Strukturhilfe um weitere zwei Jahre verlängert werden können. Ausnahmsweise sollten in weiteren Kurzintervallen noch Verlängerungen möglich sein, wobei die Gesamtdauer einer Strukturhilfe zehn Jahre nicht überschreiten darf. Danach ist ausnahmslos jede Strukturhilfe einzustellen, weil sich erwiesen hat, daß der un-

terstützte Wirtschaftszweig nicht fähig oder willens ist, sich dem Strukturwandel anzupassen und aus eigener Kraft zu existieren.

Es dürfte gerechtfertigt sein, Strukturhilfen für Wirtschaftszweige nicht mehr aus dem allgemeinen Steueraufkommen zu finanzieren, sondern diese speziellen Begünstigungen quasi als Solidarhilfe der Wirtschaft zur Behebung gesamtwirtschaftlich schädlicher Strukturkrisen und -probleme zu gestalten. Deshalb sollte in dem Strukturgesetz die **Bildung eines „Strukturfonds"** vorgesehen werden, dessen Finanzierung im Umlagewege - eventuell nach dem Kriterium des Umsatzes und ausgerichtet am jeweiligen Förderungsbedarf - hauptsächlich von den Branchen selbst aufzubringen wäre. Ein solches Sondervermögen „Strukturfonds" würde die öffentlichen Haushalte vom Ballast ausgabenwirksamer Branchensubventionen befreien und die Finanzpolitik in die Lage versetzen, den Wirrwarr von Steuervergünstigungen für strukturschwache Wirtschaftszweige abzubauen. Dadurch würde es dem Staat möglich, eine allgemeine Steuersenkung - auch als Ausgleich für die Erhebung der Strukturabgabe - vorzunehmen.

Auch wenn nicht ausgeschlossen werden kann, daß die Unternehmungen die **Strukturabgabe** in die Preise ihrer Produkte und Dienstleistungen einkalkulieren und - vorausgesetzt, die Marktlage gestattet es - auf die Nachfrager und Verbraucher abwälzen, so bleibt doch der nicht zu unterschätzende Vorteil der Kontrolle der strukturpolitischen Förderung durch die Abgabepflichtigen. Die Produzenten werden aus Wettbewerbsgründen - schon gegenüber der Auslandskonkurrenz - ständig ihr Interesse und ihren Einfluß darauf konzentrieren, daß der **Hebesatz der Strukturabgabe** möglichst gering festgesetzt wird. Heute stellt jeder Wirtschaftszweig, der Staatshilfe fordert, weitgehend unangefochten von anderen Branchen, Maximalforderungen und versucht, aus den öffentlichen Budgets möglichst viele und hohe Branchensubventionen herauszuholen. Bei dem Modell des selbstfinanzierten Strukturfonds würden die Wirtschaftszweige, denen bei Entscheidungen des staatlich verwalteten Fonds ein Mitspracherecht einzuräumen ist, aus Eigeninteresse darauf achten, daß die **Maßstäbe für die Förderungswürdigkeit streng sind** und der Mittelbedarf des Strukturfonds möglichst gering gehalten wird.

Um die **Subventions-Altlasten** der öffentlichen Haushalte nach und nach abzubauen, sollten alle zum Zeitpunkt des Inkrafttretens des Strukturgesetzes bestehenden Subventionen linear und fortlaufend jährlich um 10 Prozent gekürzt werden. Der durch **Subventionskürzungen** jeweils eingesparte Ausgabenbetrag sollte zur Anschubfinanzierung des Strukturfonds verwendet werden. Spätestens nachdem die öffentlichen Haushalte von allen Branchensubventionen entlastet sind, müßten auch alle speziellen **Steuervergünstigungen** für strukturschwache Wirtschaftszweige **beseitigt werden**, weil bei Aufrechterhaltung steuerlicher Branchenprivilegien das Prinzip der Solidarhilfe durchbrochen würde.

Erfahrungsgemäß versuchen ständig zahlreiche Interessengruppen, die Entscheidungen der strukturpolitischen Instanzen zu ihren Gunsten zu beeinflussen. Nicht selten neigen auch Strukturpolitiker **aus wahlopportunistischen Gründen** dazu, sich der oft recht dubiosen **Partialinteressen der Verbände und Berufsgruppen** anzunehmen. Solche unheiligen Allianzen führen häufig zu strukturpolitischen Umverteilungen, deren finanzielle Lasten meist unbeteiligte Dritte - insbesondere die Steuerzahler - aufgebürdet bekommen. Außerdem setzen sich die Partialinteressen zu Lasten der Allgemeinheit um so leichter durch, je weniger Sachverstand bei den strukturpolitischen Instanzen vorhanden ist und je stärker sich die Beeinflussungen strukturpolitischer Entscheidungen der Kontrolle durch die Öffentlichkeit entziehen können.

Zur Zurückdämmung interessendurchwobener Informationsvermittlung durch Verbände und zwecks verstärkter allgemeinwohlbezogener Beratung sollte ein **„Wissenschaftlicher Strukturrat"** geschaffen werden. In dieses Beratungsgremium sollten Wirtschaftswissenschaftler, die sich besonders mit strukturpolitischen Fragen beschäftigen, berufen werden. Aufgabe des Wissenschaftlichen Strukturrates wäre es vor allem:

- Zunächst systematisch alle offenen und verdeckten strukturpolitischen Förderungsmaßnahmen, die in Gesetzen, Verordnungen, Ausführungsrichtlinien und Strukturprogrammen verankert sind, darzustellen und auf Ziel- und Ordnungskonformität zu überprüfen.
- Vorschläge für den Abbau oder die Änderung zielinkonformer Strukturhilfen und die Ersetzung ordnungsinkonformer durch ordnungskonforme oder notfalls ordnungspolitisch weniger einschneidende Maßnahmen zu machen.
- Lösungsvorschläge für aktuelle Strukturprobleme aufgrund empirischer Situationsanalysen sowie unter Verwendung von Daten der institutionellen Strukturberichterstattung zu erarbeiten.
- Strukturpolitische Erfolgskontrollen anhand von Wirkungsanalysen über die eingesetzten Mittel und aufgrund von Kosten-Nutzen-Analysen durchzuführen.

Dieses ist eine umfangreiche und arbeitsintensive Aufgabenstellung. Schon allein die Auffindung und die systematische Auflistung der unüberschaubaren Regulierungsmaßnahmen, die in mehreren Hunderten von Gesetzen, Rechtsverordnungen und Ausführungsrichtlinien enthalten und teils verborgen sind, werden viel Arbeitsaufwand beanspruchen. Deshalb sollte dem Wissenschaftlichen Strukturrat ein ständiger **„Arbeitsstab Deregulierung"** zugeordnet werden. Hier könnten sich junge Volkswirte im Verein mit Nachwuchsjuristen bewähren, um eventuell später in ein strukturrelevantes Ministerium übernommen zu werden. Möglicherweise entwickelt sich durch die Deregulierungs-Schulung in gewisser Weise ein neuer Beamtentyp, der seine Hauptaufgabe in der Verteidigung des Allgemeinwohls gegen dubiose Gruppenforderungen sieht.

Die Bundesregierung sollte gesetzlich verpflichtet werden, zu den strukturpolitischen Gutachten und Erfolgskontrollen des Wissenschaftlichen Strukturrates Stellung zu nehmen. Der **Begründungszwang** für die eventuelle Nichtbeachtung von Empfehlungen des Strukturrates würde bewirken, daß den strukturpolitischen Instanzen der Weg verstellt wird, Änderungsvorschläge nur stillschweigend zu registrieren und ansonsten ohne jede Rechtfertigung alles unverändert zu lassen.

Teil 3
Wirtschaftspolitisch relevante Theorien der Neuen Politischen Ökonomie

10. Kapitel Ökonomische Theorie politisch-staatlicher Institutionen

10.1 Kerngedanken

Eine **Renaissance** erlebt gegenwärtig die **Institutionentheorie**, die neuerdings versucht, mit Hilfe der Wirtschaftstheorie die Entstehung, den Wandel und die Wirkungen von Institutionen zu erklären. Damit erübrigt es sich, politisch-staatliche Institutionen aus politischen Zielen und gesellschaftlich übergeordneten Werten zu begründen. Es wird statt dessen möglich, die Institutionen aus ihrer ökonomischen Funktion heraus zu erklären und ihre Wirkungen zu bestimmen. Wurden Institutionen vorher als exogene, d. h. außerökonomische Größen betrachtet, so erfolgt jetzt eine **Endogenisierung** institutioneller Prozesse in ökonomischen Modellen.

Als **Institutionen** gelten nicht nur regelsetzende Einrichtungen des Staates und der Gesellschaft, sondern alle **normativen Regelwerke** und **dauerhaften Muster**, die Steuerungswirkungen auf das Verhalten von Individuen im Rahmen ihrer sozialen Beziehungen zu anderen ausüben. In diesem Sinne können Institutionen als knappe Güter, die unter bestimmten Bedingungen die Charakteristika **öffentlicher Güter** haben, aufgefaßt werden. Da die Bereitstellung von knappen Gütern in der Regel von Kosten-Nutzen-Kalkülen bestimmt wird, können die Entstehung und der Wandel von Institutionen letztlich auf ökonomisch rationale Verhaltensweisen von privaten und öffentlichen Entscheidungsträgern zurückgeführt werden. Ein Schlüssel zur Institutionenanalyse sind die **Transaktionskosten**, die bei privaten und öffentlichen Austauschprozessen entstehen. Transaktionskosten im privatwirtschaftlichen Bereich sind z. B. die Kosten für die Anbahnung von Verträgen (Such- und Informationskosten), für Vertragsabschlüsse (Verhandlungs- und Entscheidungskosten) oder zur Durchsetzung von Vertragsansprüchen in Streitfällen (Vertragsdurchsetzungskosten). Als Transaktionskosten im öffentlichen Bereich können alle Kosten angesehen werden, die für die Bereitstellung öffentlicher Güter und infrastruktureller Investitionen sowie für die Schaffung und Unterhaltung politisch-staatlicher Institutionen erforderlich sind. Gemäß der **„Neuen Institutionenökonomik"** haben Institutionen die Funktion, **Transaktionskosten zu minimieren**. Wo immer es aber Kosten zu minimieren gilt, kann das ökonomische Instrumentarium angewandt werden. Aufstieg und Niedergang von Nationen lassen sich unter bestimmten Bedingungen am Erfolg bzw. Mißerfolg hinsichtlich der Minimierung von Transaktionskosten und der Maximierung ökonomischer Effizienz ablesen und erklären. Damit werden die traditionellen Erklärungsmuster für den Wandel von Institutionen, die auf Erringung oder Verfall von Macht, Herrschaft oder Tradition zurückgreifen, zwar nicht überflüssig, aber in ihren meist unpräzisen Aussagen wissenschaftlich abgewertet.

Die **Neue Institutionenökonomik** geht bei ihren Analysen vom **methodologischen Individualismus** aus. Demnach werden den Untersuchungen über die Bildung und den Wandel von Institutionen im Staat und in der Gesellschaft jeweils die Verhaltensweisen der betreffenden Mitglieder und nicht ein fiktives Verhalten der Gesamtorganisation zugrunde gelegt. Institutionen können sich aus den Eigeninteressen der Individuen spontan entwickeln oder staatlicherseits zwangsweise organisiert werden.

Im Rahmen der Neuen Institutionenökonomik spielt auch die **Theorie der property rights** eine zentrale Rolle. Property rights sind rechtlich garantierte oder gesellschaftlich anerkannte Verfügungsrechte, welche die Verhaltensbeziehungen von Individuen zu anderen Institutionen hinsichtlich der Nutzung von materiellen und immateriellen Gütern bestimmen. Die **Verfügungsrechte**, die sich auf Nutzungen sowohl von materiellen Gütern als auch des geistigen Vermögens beziehen, drücken immer personelle Verhaltensbeziehungen aus. Die Ansicht, es handele sich bei den Verfügungsrechten um dingliche Beziehungen, also um Personen-Sach-Beziehungen, ist unzutreffend, da der Mensch ein Recht nur gegenüber anderen Menschen, nicht aber gegen eine Sache besitzen kann. Da im arbeitsteiligen Wirtschaftsprozeß die Produktion und Nutzung von Gütern und Leistungen aller Art stets im gesellschaftlichen Kontext erfolgen, lassen sich property rights auch als gesellschaftlich sanktionierte Verhaltensbeziehungen zwischen Menschen bezeichnen.[185] Ferner lassen sich property rights als **gesellschaftlich sanktionierte Handlungsrechte** auffassen, weil in der Regel wirtschaftliches Handeln die Verfügung über knappe Ressourcen und Güter voraussetzt und die Handlungsspielräume durch rechtliche und gewachsene Regeln bestimmt werden. Die Handlungsrechte vermitteln auch den Gütern einen Wert, der um so höher ist, je begehrter die mit dem Güterbesitz verbundenen Rechte sind. Die Kernidee der property-rights-Theorie besteht darin, die Verfügung über Güter als Rechte zu betrachten und den Gütertausch gleichsam als **Tausch von Rechten** aufzufassen. Property rights vermitteln das exklusive Recht, ein Gut oder eine Ressource zu nutzen, ihre Form und Substanz zu verändern, sich die Erträge anzueignen und sie samt den an ihr bestehenden Rechtsbündeln auf andere zu übertragen. Verfügungsrechte können nicht nur an Sachen bestehen, sondern sich auch auf andere Rechte erstrecken, wie z. B. auf Lohnforderungen (aus Arbeitsvertrag), Mietforderungen (aus Mietvertrag), Geldforderungen (aus Darlehensvertrag). Unter der Annahme, daß der Wert der gehandelten Güter von den mit ihnen verbundenen Verfügungsrechten abhängt und die Wirtschaftssubjekte nach individueller Nutzenmaximierung streben, wird sich bei Änderungen des Systems der property rights auch die Struktur von Produktion und Verteilung sowie die Allokation der Ressourcen in der Volkswirtschaft verändern. Da nicht nur Unternehmer und Konsumenten, sondern auch Mitglieder anderer Institutionen (wie z. B. Behörden, Universitäten, Schulen) Träger von Verfügungsrechten sind, kann eine partielle Änderung im System der Verfügungsrechte u. U. weitreichende Folgen haben.

In der traditionellen Mikroökonomie neoklassischer Prägung blieb der Einfluß rechtlich-institutioneller Bedingungen auf die Verhaltensweisen der Wirtschaftssubjekte weitgehend unberücksichtigt. Der property-rights-Ansatz in Verbindung mit der Transaktionskostentheorie macht dagegen sichtbar, daß bei Transaktionen von Gütern und Leistungen zugleich auch Verfügungsrechte übertragen werden und Transaktionskosten anfallen. Mit der **Berücksichtigung** derartiger **Rechte und Kosten** werden die **rechtlich-institutionellen Rahmenbedingungen** in die

---

[185] Vgl. E. G. Furubotn, S. Pejovich (eds.), 1974, S. 3.

ökonomische Analyse einbezogen. Zudem werden die wirtschaftswissenschaftlichen Analysebereiche beträchtlich erweitert. Gleichfalls erfolgt eine Rückbesinnung auf jene nationalökonomischen Erkenntnisse, welche die Volkswohlfahrt stets auch als eine Funktion der in Staat und Gesellschaft wirkenden Institutionen angesehen hat.

10.2 Vertragstheoretische Erklärung politisch-staatlicher Institutionen

Die **Neue Institutionenökonomik** versucht, das Entstehen politisch-staatlicher Institutionen als **Resultat eines gesellschaftlichen Konsenses**, der durch das Eigennutzstreben der Gesellschaftsmitglieder bedingt ist, zu erklären. Irgendwann erkennen die Menschen, daß ein ungeregeltes Zusammenleben zu Chaos, Gewalttätigkeiten und räuberischen Handlungen führt. Ökonomisch müssen knappe Ressourcen für die Verteidigung von Leben und Eigentum sowie für Friedensverhandlungen eingesetzt werden. Im Wirtschaftsleben steigen die Informations- und Transaktionskosten infolge des **Mangels an Rechtssicherheit**. In einer solchen Situation fangen die Menschen an, nach einer ordnungschaffenden Institution zu suchen. Eine entsprechende Ordnungskraft kann dadurch entstehen, daß sich alle Gesellschaftsmitglieder vertraglich auf eine Instanz einigen, die mit Zwangsmitteln das Leben und das Eigentum aller schützt. Die Idee ist nicht neu und erinnert - wenngleich entfernt - an die **Staatstheorie von Thomas Hobbes**, der zufolge die von Natur aus bösen Menschen („Der Mensch ist des Menschen Wolf") aus Selbsterhaltungstrieb ihre natürlichen Rechte in einem Gesellschaftsvertrag an einen absoluten Herrscher übertragen.

Die Theorie vom Gesellschaftsvertrag basiert auf der fiktiven Vorstellung, der zufolge Individuen freiwillig übereinkommen, ihre Freiheit zu beschränken und einer Institution (Herrscher, Staat) das alleinige Gewaltmonopol über die Mitglieder der Gemeinschaft (Stamm, Volk) zu übertragen, weil sie davon den wirksamsten Schutz ihrer Interessen erwarten. Da die Gesellschaft ein Kollektiv ist, das aus der Summe der Gesellschaftsmitglieder besteht, ist der Gesellschaftsvertrag prinzipiell nur durch Rückgriff auf die Zustimmung aller Individuen der Gemeinschaft zu legitimieren. In dem Gesellschaftsvertrag lassen sich allgemeingültige Regeln für das Zusammenleben und die wirtschaftlichen Tätigkeiten der Gesellschaftsmitglieder verankern, für deren Einhaltung die beauftragte Gesellschaftsinstitution zu sorgen hat. Dieses gilt auch für die Wirtschaftsordnung, deren materieller Gehalt aus den Interessen und Vorstellungen der Individuen resultiert. Hier zeigt sich ein fundamentaler Unterschied der Neuen Institutionenökonomik zur altliberalen Ordnungstheorie, die das Erfordernis und die Ausgestaltung der Wirtschaftsordnung letztlich naturrechtlich zu begründen suchte.

Im Gegensatz zur Hobbeschen Staatstheorie, der zufolge die Menschen ihre Freiheitsrechte einschränken und Handlungsrechte auf eine Instanz mit absoluter Herrschaftsmacht übertragen, sind gemäß der Neuen Institutionenökonomik die Gesellschaftsmitglieder zunächst nur an einer **minimalen Ordnungsinstanz** interessiert, die sich faktisch auf die Garantie der vereinbarten Rechtsordnung beschränkt. Diese rechtsschützende Instanz läßt sich als **Rechtsschutzstaat** (protective state) bezeichnen.[186] Sind Eigentums- und Verfügungsrechte der Individuen mittels einer **Privatrechtsordnung** festgelegt und durch die Staatsgewalt gesichert, so entwickeln sich in der Regel **spontan Märkte** und vielfältige **Vertragsbeziehungen.** Soweit es sich um private Güter handelt, kann eine effiziente marktwirtschaftliche Koordination stattfinden.

Im Fall öffentlicher Güter, bei denen das Ausschlußprinzip nicht gilt und somit auch kein Anreiz für privatwirtschaftliche Produktion besteht, bedarf es kollektiver Entscheidungen über die Produktion und Verteilung sowie deren Kostentragung. Bei einer Vielzahl von Personen innerhalb eines größeren Gemeinwesens bzw. einer Volkswirtschaft können enorm hohe Entscheidungskosten entstehen, wenn eine allseits freiwillige Vereinbarung zustande kommen soll. Das zeit- und kostenaufwendige Einstimmigkeitsprinzip kann in der Praxis die Bereitstellung öffentlicher Güter im erforderlichen Maße und zu tragfähigen Kosten verhindern. Deshalb ist es denkbar, daß die Mitglieder des Gemeinwesens durch einen **Vertretervertrag** oder eine andersartige Regelung bestimmten Personen oder Gremien die Entscheidungen übertragen. In parlamentarischen Demokratien werden in der Regel die Entscheidungen über öffentliche Güter und infrastrukturelle Investitionen von gewählten Abgeordneten oder rechtlich ermächtigten Beamten getroffen. Insoweit die Volksvertreter nicht durch rechtliche Bestimmungen gebunden sind und nach freiem Ermessen entscheiden können, bleibt offen, ob sie immer die Interessen der von ihnen Vertretenen wahrnehmen werden. Während beim Vertreterauftrag zwischen zwei Personen der **Stellvertreter (Agent)** bei mehreren Entscheidungsalternativen in der Regel diejenige wählen wird, die sowohl seine eigene Wohlfahrt als auch diejenige des von ihm **Vertretenen (Prinzipal)** fördert, wird das Abstimmungsverhalten in parlamentarischen Gremien manchmal kaum vom Volkswillen bestimmt. Ein Abgeordneter, der im Parlament eine große Anzahl von Wählern oder (formal) sogar das ganze Volk vertritt, wird kaum allen Interessen seiner Wähler und schon gar nicht den meist heterogenen Interessen der gesamten Bevölkerung gerecht werden können. Folgt man dem vertragstheoretischen Ansatz, so müßten die Aufgaben der Volksvertreter in einem neuen Gesellschaftsvertrag - der auch die Form einer Verfassung haben kann - präzise festgelegt und auch effektive Kontrollinstrumente zwecks Einhaltung des Vertreterauftrags installiert werden.

10.3 Funktionen politisch-staatlicher Institutionen

Nach **Adam Smith** hat der Staat drei Aufgaben, deren Kosten die Gesellschaft tragen muß, nämlich die Aufstellung von Streitkräften zur Landesverteidigung, die Schaffung eines funktionsfähigen Justizwesens sowie die Unterhaltung öffentlicher Einrichtungen und Anlagen. „Die dritte und letzte Aufgabe des Staates besteht darin, solche öffentlichen Anlagen und Einrichtungen aufzubauen und zu unterhalten, die, obwohl sie für ein großes Gemeinwesen höchst nützlich sind, ihrer ganzen Natur nach niemals einen Ertrag abwerfen, der hoch genug für eine oder mehrere Privatpersonen sein könnte, um die anfallenden Kosten zu decken, weshalb man von ihnen nicht erwarten kann, daß sie diese Aufgabe übernehmen.“[187] Während die

---

[186] Vgl. J. M. Buchanan, 1975, S. 68.

[187] A. Smith, 1974, S. 612.

klassische Ökonomie, allen voran Adam Smith, weitergehende Eingriffe des Staates in den Wirtschaftsprozeß strikt ablehnt, werden heute vielfach dem Staat beim Vorliegen von **Marktversagen** spezifische Regulierungsaufgaben zugebilligt. Demnach lassen sich die **wesentlichen Staatsaufgaben**, soweit sie die Wirtschaft betreffen, wie folgt umgrenzen:

- **Schutz von Eigentums- und Verfügungsrechten**
- **Bereitstellung öffentlicher Güter**
- **Regulierung bei Marktversagen**.

Mit dieser Bestimmung der Staatsfunktionen ist auch das Verhältnis von Markt und Staat bzw. von ökonomischer und administrativer Allokation der Ressourcen geregelt. Demnach kommt dem Markt prinzipiell das Primat zu. Die marktwirtschaftliche Koordination ist der zentrale Allokationsmechanismus, der vom politisch-staatlichen Allokationssystem nur insofern zu ergänzen ist, wie vom Staat öffentliche Güter bereitgestellt oder Regulierungen zwecks Beseitigung der Folgen von Marktversagen vorgenommen werden müssen.

Die Praxis des **Leistungsstaates** (productive state)[188] zeigt jedoch, daß sowohl die Eigeninteressen der politisch-staatlichen Entscheidungsträger als auch die Interessen der Nutzer von öffentlichen Gütern sowie der Empfänger von Staatshilfen gleichgerichtet zur **Ausweitung der Staatstätigkeit** weit über das gesellschaftlich und sozial erforderliche Maß hinausführen. In den Gruppengesellschaften parlamentarischer Demokratien existieren erfahrungsgemäß keine effektiven institutionellen Regelmechanismen, die verhindern, daß marktwirtschaftlich lösbare Probleme dennoch aus der Sphäre des Marktes in die des Staates versetzt und somit politisiert werden.

Die Politiker als politische Unternehmer haben wenig Neigung, sich der allokationstheoretisch begründbaren Ordnungspolitik anzunehmen und für die Kollektivgüter „marktwirtschaftliche Ordnungsregeln“ bereitzustellen und weiter zu entwikkeln. Da mit marktwirtschaftlicher Ordnungspolitik, die nicht auf bestimmte wahlrelevante Gruppen gerichtet werden kann, kaum direkt Wählerstimmen zu gewinnen sind, präferieren die Politiker **wohlfahrtsstaatliche Interventionen** und verschaffen vorrangig ihrer politischen Klientel gruppenspezifische Sonderrechte.

Eigentums- und Verfügungsrechte bestimmen und begrenzen den Handlungsspielraum von Wirtschaftssubjekten innerhalb des sozialen Beziehungsgeflechtes. Da mit dem Güteraustausch im Wettbewerbsprozeß des Marktgeschehens ständig **Eigentums- und Verfügungsrechte bewertet** und umbewertet werden, drängen die wertmäßigen Verlierer häufig den Staat dazu, den Wert ihrer Verfügungs- und Nutzungsrechte durch staatliche Regulierungen zu ihren Gunsten zu sichern. Statt ihre Eigentums- und Verfügungsrechte durch Verbesserung ihrer Marktleistung wertmäßig zu steigern, bevorzugen sie ein **rentensuchendes Verhalten (rent seeking)**. Besonders die Verbände versuchen, den Staat dahin zu bringen, den Verbandsmitgliedern bzw. den betreffenden Branchenangehörigen über politisch einzuräumende spezielle Rechte zu einem zusätzlichen Einkommen zu verhelfen. Für organisierte Interessengruppen lohnt sich die Strategie der Rentensuche beim Staat solange wie der Aufwand für die Beeinflussung der staatlichen Entscheidungsträ-

---

[188] Vgl. J. M. Buchanan, 1975, S. 68.

ger geringer als die zu erwartende Rente aus erlangten Wettbewerbsvorteilen und sonstigen Privilegien ist. Da in der Regel die Kosten für den Unterhalt einer Verbandsorganisation im Vergleich zu den potentiellen Einkommensvorteilen für die Verbandsmitglieder relativ gering erscheinen, besteht ein permanenter **Anreiz** für **staatsbeeinflussende Verbändeaktivitäten** und für **rentensuchendes Verhalten** von **Wirtschaftszweigen**.

Da im Leistungsstaat politisch-staatliche Gremien anstelle der Bürger die Entscheidungen über die Bereitstellung und Verteilung öffentlicher Güter treffen, und zwar im parlamentarischen Prozeß meist nach der Mehrheitsregel, wird es immer „Verlierer" geben. Die überstimmte Minderheit, die nach der Entscheidung einen Opportunitätsverlust durch Wegfall der von ihr präferierten Alternative erleidet, stellt häufig neue Forderungen. Nicht selten schließt sie sich mit anderen Gruppen zu einer neuen **Verteilungskoalition** zusammen, um mit vereinter Kraft ihre Wünsche nach Erlangung bestimmter öffentlicher Güter durchzusetzen. So wird der Leistungsstaat ständig von verteilungsmäßig zu kurz gekommenen und unzufriedenen Gruppen in wechselnden Verteilungskoalitionen bedrängt, mehr und neue öffentliche Güter - möglichst preiswert und kostenlos bereitzustellen.

Die Folge ist, daß allein schon wegen der Finanzierung der rapide ansteigenden Sozialleistungen und gruppenbegünstigenden Umverteilungen immer häufiger die Steuern und Abgaben erhöht werden müssen. Damit wird jedoch der Zwangscharakter der Gemeinschaftsinstitution „Staat" verstärkt. Indem der Staat hauptsächlich zur **Verteilungsagentur** wird, verliert er als **Ordnungsinstanz** an Bedeutung. Der Marktmechanismus als zentrales institutionelles Regelwerk wird durch den **umverteilungspolitischen Interventionismus** auf weiten Strecken lahmgelegt. Insoweit die Spielräume für den Interessenausgleich auf den Märkten eingeschränkt werden, macht sich der Staat selbst zum Austragungsort widerstreitender Gruppeninteressen. Er verliert die Rolle eines **gruppenneutralen Schiedsrichters**, ohne in die Position eines Beschützers der Schwachen hineinzuwachsen; denn bei der ungeregelten Konfrontation der organisierten Interessen im staatlichen Gehege von Subventionen und gruppenbegünstigenden Regulierungen gilt meist das **Gesetz der Stärke**. Diejenigen Interessengruppen, die über ein wahlrelevantes Mitgliederpotential und ein jederzeit einsetzbares gesellschaftliches Störpotential verfügen, sind im Verteilungskampf begünstigt und erhalten die umfangreichsten Staatshilfen. Auch im Bereich der Wettbewerbspolitik, in dem eigentlich die Stärke des (Wettbewerbs-)Gesetzes das Gesetz der Stärke aufheben oder zumindest eindämmen soll, setzt sich in der Praxis infolge einer laschen Antikonzentrations- und inkonsequenten Antikartellpolitik häufig die Marktmacht zu Lasten des Wettbewerbs durch. Der Staat, der aufgerufen ist, den Wettbewerb zum Wohle aller zu schützen, kapituliert nicht selten vor der Markt- und Gruppenmacht und entmachtet sich damit selbst. Deshalb entspricht die Ansicht vom starken Staat, die aufgrund der ausgedehnten Staatstätigkeit entstehen kann, nicht der Wirklichkeit. Die ungeregelte und steigende Verlagerung von Verteilungsentscheidungen vom Markt zur Politik führt immer mehr dazu, den Staat und die Demokratie als Institutionen zur Konfliktregelung zu überfordern. Verteilungsentscheidungen, die der **Markt** prinzipiell **leistungsorientiert** und deshalb weitaus **gerechter** als alle pseudodemokratischen Verfahren treffen kann, werden bei zunehmender Politisierung immer weniger berechenbar und schmälern infolge ihrer leistungsmindernden Wirkung die Verteilungsmasse.

10.4 Theorie der Staatsbürokratie

10.4.1 Kerngedanken

Die Vorbereitung und Durchführung wirtschaftspolitischer Maßnahmen obliegt üblicherweise der Staatsbürokratie. **Staatsbürokratien** umfassen hierarchisch aufgebaute Verwaltungsorganisationen, deren Tätigkeit nicht auf Gewinnerzielung gerichtet ist und deren Existenz durch öffentliche Mittel in Form eines Budgets finanziert wird.[189] Im Unterschied zu Bürokratien der privaten Wirtschaft, die sich im Rahmen der Geschäftstätigkeit von Unternehmungen durch den Verkauf von Waren auf den Märkten finanzieren müssen, haben Staatsbürokratien einen Rechtsanspruch auf staatliche Alimentation.

Im 20. Jahrhundert hat der Umfang der Staatstätigkeit in den westlichen Demokratien infolge der Verknüpfung von Marktwirtschaft und Wohlfahrtsstaat beträchtlich zugenommen. Da die gesellschaftlichen Gruppen vielfach nicht mehr bereit sind, die aus Marktprozessen hervorgegangenen Einkommensergebnisse zu akzeptieren, hat sich der Staat zu einer ausgedehnten **Umverteilungspolitik** gedrängt gesehen. In den meisten marktwirtschaftlich orientierten Volkswirtschaften Westeuropas pendelte die **Staatsquote**, die das Verhältnis der Staatsausgaben zum Bruttosozialprodukt ausdrückt, Ende des 20. Jahrhunderts um die 50 Prozentmarke. Die von Adolph Wagner aufgrund empirischer Befunde bereits 1861 gewagte Behauptung , es existiere ein **ökonomisches Gesetz wachsender Staatstätigkeit**, hat sich tendenziell als zutreffend erwiesen. Wenngleich in der Wirtschaftsgeschichte Deutschlands auch Reformperioden feststellbar sind, in denen die ausgedehnte Staatstätigkeit zugunsten privater Aktivitäten und somit des Marktes zurückgedrängt worden ist, stiegen aufgrund der wachsenden Ansprüche der Bevölkerung die Staatsausgaben von Jahr zu Jahr und damit auch die Budgetverwaltungen der Staatsbürokratie. Eine wesentliche Aufgabe der Theorie der Staatsbürokratie besteht somit darin, nach den Bestimmungsfaktoren für die Staatstätigkeit und den wachsenden Einfluß der öffentlichen Verwaltung zu forschen. Dabei sind nicht nur der Umfang und die Qualität des öffentlichen Angebotes an Gütern und Dienstleistungen zu untersuchen (Allokationsfunktion), sondern auch die Ursachen für die gewandelte Stellung der Staatsbürokratie im demokratischen Gewaltenteilungs- und politischen Willensbildungsprozeß aufzuspüren.

Während nach der klassischen Bürokratietheorie - wie sie insbesondere von Max Weber vertreten wird - die Staatsbürokratie als zweckrationales Instrument zur Erreichung politisch vorgegebener Ziele betrachtet wird, gehen die Ansätze der Neuen Politischen Ökonomie - wie insbesondere die von Anthony Downs und William A. Niskanen - von einem **eigennutzorientierten Verhalten** der Bediensteten innerhalb der Staatsbürokratien und deren Möglichkeiten zur Zielbeeinflussung im Rahmen von Ermessensspielräumen aus. Im letzteren Fall werden somit die **Eigenziele der Staatsbürokratien**, die in der klassischen Bürokratietheorie ausgeblendet waren, in den Vordergrund gerückt.

---

[189] Niskanen definiert: „Bureaus are nonprofit organizations which are financed, at least in part, by a periodic appropriation or grant." W. A. Niskanen, 1974a, S. 15.

Die Theorie der Staatsbürokratie analysiert sowohl die Verhaltensweisen und Entscheidungsstrukturen im Innenbereich als auch die Beziehungen und das Handeln im Außenbereich von öffentlichen Verwaltungen. Entsprechend dem methodologischen Individualismus wird vom eigennützigen Verhalten der Verwaltungsangehörigen ausgegangen, wobei in Analysen über das Innenverhältnis eines Amtes mit unterschiedlichen Nutzenfunktionen einzelner Amtsträger oder Funktionsträgergruppen operiert wird. Dagegen unterstellt man bei Analysen über das **Außenverhältnis einer Behörde** (wie z. B. eines Ministeriums zum Parlament) in der Regel **eine einheitliche Nutzenfunktion** der betreffenden Institution, die meist mit jener des Chefbürokraten gleichgesetzt wird.

10.4.2 Staatsbürokratie als Idealtypus

Die von **Max Weber** entwickelte Bürokratietheorie geht von der Grundannahme aus, daß jede legale Herrschaft in der Gesellschaft eines Verwaltungsstabs bedarf. Seines Erachtens ist die rein bürokratische Verwaltung **die rationale Form legaler Herrschaftsausübung** aufgrund ihrer „Präzision, Stetigkeit, Disziplin, Straffheit und Verläßlichkeit"[190]. Dementsprechend entwirft Weber ein **idealtypisches Modell** einer bürokratischen Verwaltung von höchster Zweckmäßigkeit und optimaler Funktionsfähigkeit, das die wirksamste Form legaler Herrschaftsausübung widerspiegelt.

Nach Weber sind die Merkmale legaler Herrschaft mit bürokratischem Verwaltungsstab folgende:[191]

- Bindung des Verwaltungshandelns der Bürokraten an Normen, Regeln und Amtsdisziplin.
- Amtsausübung im Rahmen von zugewiesenen Kompetenzen gemäß behördlicher Arbeitsteilung.
- Hierarchischer Behördenaufbau.
- Strikte Trennung des Behördenvermögens vom Privatvermögen der Amtsträger.
- Hauptberufliche Tätigkeit und lebenslängliche Stellung der Beamten.
- Amtübertragung und Beförderung nur aufgrund der Fachqualifikation des Amtsbewerbers.
- Aufstiegsmöglichkeiten der Bediensteten gemäß Laufbahngliederung und -vorschriften.
- Aktenmäßige Verwaltungstätigkeit.

Nach Weber waltet der ideale Beamte seines Amtes „sine ira et studio, ohne Haß und Leidenschaft, daher ohne ‚Liebe' und ‚Enthusiasmus', unter dem Druck schlichter Pflichtbegriffe; ‚ohne Ansehen der Person', formal gleich für ‚jedermann', d. h. jeden in gleicher faktischer Lage befindlichen Interessenten"[192]. **Weisungsgebundenheit** und **Gehorsamspflicht** für die Beamtenschaft sollen sicherstellen, daß die politischen Entscheidungen unverfälscht und reibungslos in administrative Durchführung umgesetzt werden. Deshalb muß der Beamte prinzipiell

---

[190] M. Weber, 1972, S. 128.
[191] Vgl. ebendort, S. 124 ff., S. 551 ff.
[192] Ebendort, S. 129.

auch dann weisungsgemäß handeln, wenn dieses seiner eigenen Überzeugung widerspricht.

Die Machtstellung der Staatsbürokratie sieht Weber vor allem darin begründet, daß die Beamten den Politikern und Parlamentariern an **Fachwissen** weit überlegen sind „Diese Überlegenheit des berufsmäßig Wissenden sucht jede Bürokratie noch durch das Mittel der Geheimhaltung ihrer Kenntnisse und Absichten zu steigern. Bürokratische Verwaltung ist ihrer Tendenz nach stets Verwaltung mit Ausschluß der Öffentlichkeit. Die Bürokratie verbirgt ihr Wissen und Tun vor der Kritik, soweit sie irgend kann."[193] Übertroffen wird die Sachkenntnis der Staatsbürokratie gemäß Weber nur noch vom ökonomischen Sachverstand der Privatwirtschaft, für die eine Unkenntnis wichtiger Fakten zur Existenzgefährdung führen kann. „Irrtümer in einer amtlichen Statistik haben für den schuldigen Beamten keine direkten wirtschaftlichen Folgen, - Irrtümer in der Kalkulation eines kapitalistischen Betriebes kosten diesem Verluste, vielleicht den Bestand."[194]

Einerseits soll die Staatsverwaltung - ohne eigene Interessenverfolgung - ausschließlich den ihr politisch vorgegebenen Zielen und Aufgaben dienen. Andererseits wird jedoch nicht ausgeschlossen, daß die Staatsbürokratie aufgrund ihres überlegenen Fachwissens zumindest bei Ermessensentscheidungen eigene Auffassungen und Interessen verfolgen kann. Besonders in Rechtsverordnungen mit vielen Detailregelungen, die sich meist dem Beurteilungsvermögen der politischen Führung entziehen, können sich häufig **spezifische Eigeninteressen** des Verwaltungsapparates durchsetzen. Im Typus der Staatsbürokratie vermischen sich demnach zwei potentielle Handlungsweisen, indem die öffentliche Verwaltung zum einen als Präzisionsinstrument in der Hand verantwortlicher Politiker zur Durchsetzung politischer Entscheidungen und zum anderen aufgrund von monopolisiertem Fachwissen dem Beamtenapparat zur Verwirklichung eigener Interessen dienen kann.

10.4.3 Staatsbürokratie als Nutzenmaximierer

Fruchtbare Ansätze zu einer Theorie staatsbürokratischer Entscheidungen, die auch Voraussagen über das Handeln von wirtschaftspolitischen Entscheidungsträgern ermöglichen, finden sich bei Anthony Downs.[195] Bei seinen Überlegungen geht er von der zentralen Hypothese aus, daß Amtsinhaber ebenso wie Wirtschaftssubjekte vom Eigeninteresse motiviert sind. Seines Erachtens orientieren sich Amtsinhaber an **komplexen Zielbündeln**, zu denen insbesondere folgende Einzelziele gehören: „Macht, Einkommen, Prestige, Sicherheit, Bequemlichkeit, Loyalität (einer Idee, einer Institution, der Nation gegenüber), Stolz auf ausgezeichnete Arbeit und den Wunsch, dem öffentlichen Wohl zu dienen (wie der Amtsinhaber es versteht)"[196]. Je nachdem, welche Ziele bzw. Zielbündel präferiert werden, unterscheidet Downs verschiedene Typen von Amtsinhabern:

---

[193] Ebendort, S. 572.

[194] Ebendort, S. 574.

[195] Vgl. A. Downs, 1965, S. 439-446.

[196] Derselbe, 1974, S. 201.

a) **Rein eigennützige Amtsinhaber**
Sie orientieren sich an Zielen, die für sie, nicht aber unbedingt für ihr Ressort oder die Gesellschaft nützlich sind. Bei diesem Amtsträgertyp wird zwischen Aufsteigern und Bewahrern unterschieden. Während die Aufsteiger versuchen, durch Beförderung oder Statusaufwertung ihrer bestehenden Positionen mehr Macht, Prestige und Einkommen zu erlangen, suchen die Bewahrer ihr vorrangiges Sicherheitsbedürfnis durch Innovationsfeindlichkeit und Veränderungssperren zu befriedigen.

b) **Gemischt motivierte Amtsinhaber**
Sie verfolgen gemischte Zielbündel, die sich sowohl aus eigennützigen Zielelementen als auch aus übergeordneten Wertvorstellungen zusammensetzen. Je nach Art und Umfang der höheren Werte, denen sie anhängen, werden als Typen die Eiferer, die Anwälte und die Staatsmänner unterschieden. Die Eiferer orientieren sich an relativ engen politischen Konzepten, die sie fanatisch verfolgen. Die Anwälte orientieren sich an größeren politischen Leitlinien und sind ziemlich neutral bei der Beurteilung verschiedener Vorschläge innerhalb ihrer Organisation. Sie sind loyale Anhänger der Ziele ihrer Behörde und verteidigen diese bei Konflikten mit Außenstehenden oder fremden Ämtern. "Die Loyalität der Staatsmänner gilt der gesamten Nation oder Gesellschaft; sie ähneln deshalb den idealen Amtsinhabern der Lehrbücher für ‚Public Administration'. Wie Anwälte und Eiferer streben aber auch sie nach Macht und Prestige aus persönlichen wie auch altruistischen Motiven, da sie gern Einfluß auf wichtige politische Entscheidungen ausüben."[197]

Alle **Amtsträger** gelten als **Nutzenmaximierer**, die ihre Ziele auf rationale Weise zu erreichen suchen. Für das Erreichen von Zielen müssen in der Regel Zeit, Mühe und Kosten aufgewendet werden. Dieses hat zur Folge, daß bei einem Anwachsen der Aufwendungen Abstriche vom Zielerreichungsgrad gemacht oder bestimmte Ziele fallengelassen werden müssen.

Größere Ämter, wie z. B. Ministerien, benötigen für die Entscheidungsfindung zumeist eine Fülle von Informationen, die von den einzelnen Amtsträgern selbst erstellt oder beschafft werden müssen. Geht man von der Eigennutzhypothese aus, so besteht Anlaß zu der Annahme, daß Amtsinhaber aus Eigeninteresse die **Informationen** an ihre Vorgesetzten eventuell **bewußt verzerren**. Beispielsweise gibt ein auf Bequemlichkeit bedachter Amtsträger der Behördenspitze nur solche Informationen, denen zufolge keine Inangriffnahme neuer Aufgaben erforderlich erscheint. Er **erspart** sich vielleicht dadurch, neue **arbeitsintensive Aufgaben** übertragen zu bekommen. Es besteht oft auch die Möglichkeit, daß Amtsinhaber globale Anweisungen, die sie von der Behördenspitze erhalten, zu ihrem Vorteil interpretieren. „Wenn kumulative Verzerrungen dieser Art in einer vielstufigen Hierarchie stattfinden, kann es sein, daß das Verhalten niedriger Amtsinhaber weitgehend aus Handlungen besteht, die in keinerlei Beziehung zu den Zielen der Amtsinhaber an der Spitze oder den formalen Zwecken des Amtes stehen."[198] Verzerrungen bei der Kommunikation innerhalb der Behördenhierarchie resultieren also meist daraus, daß die einzelnen Amtsträger nur selektive Informationen, die auch ihre eigenen Interessen begünstigen, an höhere Instanzen geben. Dabei zählen zu

---

[197] Ebendort, S. 202.
[198] Ebendort, S. 204 f.

den eigennützigen Interessen auch Versuche von Amtsträgern, sich bei Vorgesetzten durch „nach dem Munde reden“ beliebt zu machen. So kann es geschehen, daß der Amtsleiter in seiner vorgefaßten Auffassung bestärkt und eventuell zu Fehlentscheidungen veranlaßt wird, weil ihm statt alternativer Sachlösungen nur seine **eigene Präferenzlösung** vorgeschlagen wird. Da sich die Leitung einer großen Behördenorganisation meist bewußt ist, daß sie nur gefilterte und in gewisser Weise verzerrte Informationen erhält, versucht sie manchmal durch Schaffung paralleler und auch informeller Informationskanäle den üblichen **Verzerrungseffekten** auf die Spur zu kommen. Je größer und heterogener eine Behörde ist, um so schwieriger wird jedoch das Kontrollproblem. Wegen der meist lückenhaften Eigenkontrolle innerhalb großer Staatsbürokratien und der oft nur schwachen oder gar nicht vorhandenen Außenkontrolle (z. B. durch übergeordnete Behörden oder das Parlament) besitzen die Amtsträger oft einen beträchtlichen **diskretionären Spielraum**, den sie zur Steigerung ihres eigenen Nutzens ausschöpfen können. So streben nicht selten sowohl ehrgeizige Aufsteiger als auch sicherheitsorientierte Bewahrer nach einem größeren Mitarbeiterstab als für die Aufgabenstellung notwendig ist. Die Erstgenannten erwarten dadurch einen Prestigezuwachs und eine Verbesserung ihrer Beförderungschancen, die Letztgenannten erhoffen sich davon mehr Möglichkeiten zur Delegation von Arbeit und somit ein bequemeres Berufsleben. Die Tendenz zu unnötigen Personalvermehrungen, die nach dem **Parkinsonschen Gesetz** bürokratischen Verwaltungen innewohnt, führt dazu, daß die staatlichen Dienstleistungen zu überhöhten Kosten erstellt und somit ineffizient werden. Da in der Regel aussagefähige Indikatoren für die Standard- oder Minimalkosten der Aktenbearbeitung in Behörden fehlen, können die Rechnungshöfe meist nur offensichtliche Vergeudungen von Mitteln (z. B. bei unnötigen Beschaffungen oder Fehlinvestitionen) aufdecken. Zudem bestehen für die Behördenbediensteten infolge des relativ starren Besoldungssystems, das nur geringe Belohnungen für besondere Leistungen vorsieht, kaum finanzielle Anreize zur Kostensenkung. Auch die Praxis der leistungsunabhängigen Regelbeförderung wirkt dem Interesse der Amtsträger an Effizienzsteigerung entgegen.

Nach Downs besteht ein enger Zusammenhang zwischen dem **personellen Fähigkeitspotential** eines Amtes und seiner **Wachstumsrate** bzw. seines **Verfallgrades**. Aufsteiger streben zu expandierenden Bürokratien mit guten Beförderungschancen und bereichern dort das Fähigkeitspotential, wodurch die Qualität und die innovative Wachstumsrate weiter steigen. Verlassen die fähigsten Amtsträger eine Behörde und bleiben letztlich nur noch durchschnittlich befähigte Amtsträger zurück, so verringern sich die Qualität und die Wachstumsimpulse innerhalb der Organisation. Nimmt die Bevölkerung wahr, daß ein Amt hinter den Erwartungen seiner Umwelt zurückbleibt, so beginnt meist ein Verfallprozeß. Unter dem Druck der Öffentlichkeit raffen sich manchmal die politischen Entscheidungsträger zu einer Verkleinerung der offensichtlich ineffektiven Behörde auf, wobei das freiwerdende Personal dann in der Regel anderen Behörden zugeführt wird. Da sich durch die Umschichtung des Personals zwar der Umfang, kaum aber das Fähigkeitspotential der aufnehmenden Behörde erhöht, können auch dort Qualitätsminderungen im verbreiterten Dienstleistungsangebot und innovative Wachstumsschmälerungen wirksam werden.

10.4.4 Staatsbürokratie als Budgetmaximierer

Niskanen betrachtet die staatlichen Bürokratien (Ämter) als **Budgetmaximierer.** Dabei geht er von der Grundannahme aus, daß alle individuellen Interessen der Amtsträger - wie Macht, Prestige, Besoldung, Aufstiegschancen - mit der Höhe des Gesamtbudgets der betreffenden Amtsorganisation positiv korrelieren. Deshalb sind alle Ämter bestrebt, ihr Budget zu maximieren. Ferner wird unterstellt, daß die Ämter ihren gesamten Output an bestimmten öffentlichen Leistungen gegen ein Gesamtbudget (und nicht gegen eine Pro-Stück-Rate) eintauschen.[199] Tauschpartner sind also einerseits die Ämter (z. B. Ministerien, nachgeordnete Behörden), die spezifische öffentliche Leistungen anbieten und dafür eine pauschalierte Finanzierung in Form eines Budgets nachfragen, und andererseits bestimmte Finanzierungsagenturen (insbesondere das Parlament und gegebenenfalls übergeordnete Behörden), die bestimmte öffentliche Leistungen nachfragen und dafür eine Budgetfinanzierung anbieten. Beide Tauschpartner sind aufeinander angewiesen, da das Amt keine Finanzierungsalternative hat und die Finanzierungsagentur die spezifische Leistung nur von dem betreffenden Amt erhalten kann. Das Amt ist also mit seiner Finanzierungsagentur im Rahmen eines bilateralen Monopols verbunden.[200] Trotz des beiderseitigen Monopols hat das betreffende Amt meist eine stärkere Position inne, da es seine eigene Kosten- und Produktionsfunktion - im Gegensatz zur Finanzierungsagentur - genau kennt und von der Zahlungsbereitschaft des Geldgebers ausgehen kann. Das betreffende Amt tritt hier als **monopolistischer Optionsfixierer** [201] auf, indem es der Finanzierungsagentur als Optionsempfänger nur die Möglichkeit überläßt, das unteilbare Leistungsangebot zu dem von ihm ebenfalls bestimmten „Preis" in Form budgetärer Kosten anzunehmen oder abzulehnen. Parlamente, die wegen Unkenntnis der Kostenfunktionen der öffentlichen Verwaltung kaum die Angemessenheit der Preisforderung in Form einer bestimmten Budgethöhe beurteilen können, neigen dazu, das angebotene Leistungspaket zu dem geforderten Preis zu akzeptieren. Wenn dennoch unter dem Zwang begrenzter Staatsfinanzen von den Parlamenten Abstriche an den Budgetforderungen der Ministerien und deren nachgeordneten Behörden vorgenommen werden, dann geschieht dieses in der generellen Annahme, daß die Staatsbürokratie stets mit **überhöhten Budgetforderungen** in die Etatberatungen von Regierung und Parlament geht. Erfahrungsgemäß kalkulieren nämlich die Ämter die vermuteten Kürzungen schon in ihre (überzogenen) Budgetforderungen ein, um im Endeffekt auf die von ihnen tatsächlich für notwendig gehaltene Budgethöhe zu kommen.

Während das Interesse der Ämter auf eine Maximierung ihrer Budgets gerichtet ist, besteht das Hauptinteresse der **Finanzierungsagentur** darin, das **Leistungsangebot der Ämter** zu möglichst **geringen Kosten** zu erhalten. Deshalb ist die Fi-

---

199 Vgl. W. A. Niskanen, 1968, S. 293 ff.

200 „The sponsoring organization is usually dependent on a specific bureau to supply a given service, and the bureau usually does not have a comparable alternative source of financing. In the jargon of economics, the relation between the bureau and its sponsor is that of a bilateral monopoly." W. A. Niskanen, 1974a, S. 24.

201 Ein Optionsfixierer, der sowohl den Angebotspreis als auch die zu diesem Preis angebotene Gütermenge fixiert, überläßt dem Optionsempfänger auf der anderen Marktseite nur die Wahl, das Angebot anzunehmen oder abzulehnen.

nanzierungsagentur bestrebt, die Budgets der Ämter möglichst niedrig zu halten, ohne jedoch deren Leistungserstellung zu beeinträchtigen. Die optimale Strategie zu einer Budgetmaximierung besteht demnach für die Ämter darin, ihren Leistungsumfang tatsächlich (oder auch nur vorgetäuscht) auszuweiten, um zu einer **Budgeterhöhung** zu gelangen. Da die Finanzierungsagentur in der Regel nicht die Grenzkosten kennt, kann sie auch nicht den Nutzen eines zusätzlichen Outputs mit dessen Kosten vergleichen und somit auch nicht das **optimale Budget** ermitteln.[202] Sie wird deshalb Leistungsausweitungen der Ämter in der Regel mit einem höheren Budget belohnen, was diese zu weiteren Produktionsausweitungen (z. B. in Form von neuen Gesetzesvorlagen oder zusätzlichen Strukturprogrammen) - auch unabhängig vom Sachbedarf bzw. der Nachfrage - anreizen wird. Im Bereich der Staatsbürokratie erreichen somit Ämter mit monopolistischer Produktion die angestrebte Budgetmaximierung am ehesten durch **Überproduktion**, ganz im Gegensatz zu gewinnorientierten Monopolen auf den Gütermärkten, die zwecks Gewinnmaximierung eine Politik der Unterproduktion betreiben und bewußt ihr Angebot unter der effektiven Nachfrage halten.

In der Regel schöpfen die Ämter ihre Budgets restlos aus, weil meist am Ende eines Rechnungsjahres vorhandene Budgetüberschüsse an den allgemeinen Staatshaushalt zurücküberwiesen werden müssen. **Budgeteinsparungen** lohnen nicht, weil der Budgetüberschuß nicht auf das nächste Rechnungsjahr übertragen werden darf und somit dem Amt verloren geht. Zudem fürchten die Ämter, daß die budgetbewilligende Stelle Ausgabenreste zum Anlaß nimmt, ihnen im nächsten Rechnungsjahr nur ein niedrigeres Budget einzuräumen. Deshalb bricht in den Beschaffungsstellen von Behörden oft gegen Jahresende das sogenannte „Dezemberfieber“ aus, indem diese sich fieberhaft bemühen, die noch vorhandenen Budgetmittel - und sei es auch für unnötige Anschaffungen - auszugeben.

10.4.5 Zum Aussagewert

Die Webersche Bürokratietheorie scheint zunächst der klassischen Auffassung von der nur dienenden Rolle der Staatsbürokratie im Rahmen rechtsstaatlicher Gewaltenteilung verhaftet zu sein. Demnach fungiert die Staatsbürokratie lediglich als exekutives Organ, das die politischen Entscheidungen der legislativen Institutionen in die Verwaltungspraxis umzusetzen hat. Dabei wird unterstellt, daß die öffentliche Verwaltung ihr Handeln ausschließlich an den vorgegebenen politischen Zielen des Staates, die ihrer Beeinflussung entzogen sind, ausrichtet. Das setzt jedoch Staatsdiener voraus, die ohne Rücksichtnahme auf Eigenansichten und Eigeninteressen nur den vom Staat gesetzten (als gemeinwohlorientiert geltenden) Zielen dienen. Nach Weber ist die Staatsbürokratie das organisationstechnisch höchstentwickelte Instrument, mit dem die Staatsführung ihre politischen Ziele möglichst rationell und effizient erreichen kann. Allerdings billigt Weber der Staatsbürokratie über ihre rein instrumentelle Funktion im Dienste der Staatsführung auch Möglichkeiten zur Einflußnahme auf die politischen Entscheidungsprozesse zu, wobei er die **Machtbasis der Staatsbürokratie** in deren **überlegenem Fachwissen** sieht. Damit rückt Weber das zunächst unrealistisch erscheinende

[202] Vgl. U. Fehl, 1993a, S. 355 f.

Bild von einer völlig uneigennützigen Dienerfunktion der öffentlichen Verwaltung ins rechte Licht. Unbestritten ist heute, daß im modernen Wohlfahrtsstaat mit seinen vielfältigen und kaum noch überschaubaren Funktionen die Staatsbürokratie aufgrund ihres spezialisierten Fachwissens eine ihr prinzipiell verfassungsrechtlich nicht zugedachte **Machtstellung** errungen hat. Wie schon Weber erkannte, befindet sich die entscheidungsbefugte Staatsführung gegenüber der entscheidungsvorbereitenden Staatsbürokratie oft in der schwächeren Position. Diese Erfahrung macht fast jeder Politiker in Regierungsverantwortung und auch jeder gewählte Abgeordnete im Parlament; denn „stets befindet er sich den im Betrieb der Verwaltung stehenden geschulten Beamten gegenüber in der Lage des ‚Dilettanten' gegenüber dem ‚Fachmann'".[203]

Die **Bürokratietheorie von Downs** beschäftigt sich hauptsächlich **mit den internen Strukturen** von Bürokratien und konzentriert sich auf deren Informations-, Entscheidungs- und Kontrollprozesse. Dabei werden die Wirkungen der externen Verflechtung der Behörde und ihrer Umweltbedingungen zwar angesprochen, bleiben aber weitgehend unanalysiert. Hinsichtlich der Umweltfaktoren, mit denen die Amtsträger rechnen müssen, verweist Downs vor allem auf die Kostspieligkeit der Informationsbeschaffung, die meist äußerst knappe Zeit und die nur in begrenztem Maße verarbeitbare Datenmenge für die Entscheidungsfindung sowie das in der Regel beträchtliche Ausmaß an Unsicherheit bei jeder Entscheidung. Ein entscheidender **Mangel** der Downsschen Bürokratietheorie besteht darin, daß die behördlichen **Außenbeziehungen**, insbesondere die Interaktionen der Staatsbürokratie mit den Interessenverbänden, **kaum problematisiert** werden. So bleibt der Hinweis von Downs, bei der Erklärung von bürokratischen Verhaltensweisen auch die Interaktionen mit der äußeren Umwelt zu beachten, nur bloßes Postulat. Erfahrungsgemäß sind Staatsbürokratien besonders auf dem Gebiet der technischen und ökonomischen Beratung häufig auf die freiwillige Mitwirkung von Fachverbänden der Wirtschaft angewiesen, wofür diese ihnen manchmal bestimmte Gegenleistungen (z. B. Berücksichtigung von Verbandsinteressen bei behördlichen Entscheidungen) abverlangen. Nicht selten entwickeln sich aus solchen Kooperationen feste Beziehungsgeflechte, die zu einer beträchtlichen **Verbändeaffinität des Behördenhandelns** führen können. Besonders Fachministerien, die nur für einen bestimmten Wirtschaftszweig oder eine bestimmte Berufsgruppe zuständig sind, verbünden sich oft mit den korrespondierenden Branchen- und Berufsverbänden, um gemeinsame Interessen hinsichtlich ressortmäßiger Kompetenz- und branchenmäßiger Bestandssicherung in der Politik durchzusetzen. Auch im Falle einer Politik der **Budgetmaximierung** kann es für ein Ministerium nützlich sein, sich der Einflußnahme eines am Budgetvolumen partizipierenden Verbandes auf die budgetbewilligende Stelle zu versichern. So versuchen die Landwirtschaftsministerien stets mit Hilfe der Bauernverbände, den Finanzministern und den Parlamenten ein höheres Budget zugunsten ihres Ressorts und der Landwirtschaft abzuringen.

Die Theorie der Staatsbürokratie von **Niskanen**, in deren Mittelpunkt die Hypothese der Budgetmaximierung steht, liefert wertvolle Erkenntnisse über typische Verhaltensweisen von Ämtern und deren Amtsträger. Aus meiner eigenen Erfahrung im Bundesministerium für Wirtschaft kann ich nur bestätigen, daß fast alle Fondsverwalter von sogenannten Strukturhilfen für bestimmte Branchen bestrebt

---

[203] M. Weber, 1972, S. 572.

waren, die Fonds von Rechnungsjahr zu Rechnungsjahr in die Höhe zu treiben. Bei ihren Bemühungen zur **Fondsausweitung** wurden die Fachabteilungen des Ministeriums von den Verbänden der „betreuten" Wirtschaftszweige stets tatkräftig unterstützt. Nicht selten gelang es den „unheiligen Allianzen" zwischen ministeriellen Fachreferaten und Branchenverbänden - trotz ordnungspolitischer Einwände der wirtschaftspolitischen Grundsatzabteilung - die Fonds auszuweiten. Die tieferen Gründe dafür, daß selbst ordnungspolitisch höchst bedenkliche und sachlich kaum berechtigte Strukturhilfen nicht abgebaut, sondern manchmal sogar aufgestockt wurden, liegen vor allem in der politischen Verformung der Strukturpolitik zu einer weitgehenden **Gruppenbegünstigungspolitik**. Unter dem Druck von Parteipolitikern in Regierung und Parlament, die vorrangig wahlpolitisch denken und handeln, werden häufig wahlrelevanten Gruppen Strukturhilfen in Form von Subventionen oder Steuervergünstigungen eingeräumt. Dadurch erhöhen sich die **Strukturfonds** bei den strukturpolitischen Institutionen und insgesamt natürlich auch die Ausgabenseite im Staatsbudget.

Wegen der zentralen Hypothese der Budgetmaximierung geraten in der Bürokratietheorie von Niskanen **andere Verhaltensstrategien** der Amtsträger kaum ins Blickfeld. So können beispielsweise Ministerien oder Ministerialbeamte ihre Interessen an **Kompetenzerweiterung, Machtfülle und Ressortbedeutung** - auch **ohne Budgeterhöhung** - verwirklichen, indem sie die staatliche **Regulierungspolitik** ausbauen. Da Regulierungen häufig mit Wettbewerbsbeschränkungen zugunsten bestimmter Branchen und zu Lasten Dritter (meist der Konsumenten) verbunden sind, werden derartige Maßnahmen und Regelungen natürlich von den Begünstigten begrüßt und meist massiv angestrebt. Derartigen Ausdehnungen der Staatstätigkeit sind kaum Grenzen gesetzt, da sie infolge ihrer nicht direkten Budgetwirkungen vielfach ohne Mitwirkung des Parlaments von der Regierung und der Ministerialbürokratie vorgenommen werden können und zudem von einer breiten Öffentlichkeit oft kaum wahrgenommen werden. Die Zunahme der **Staatstätigkeit** läßt sich also keineswegs allein an der **Höhe des Staatsbudgets** ablesen.

11. Kapitel Ökonomische Theorie der Politik in der Demokratie

11.1 Kerngedanken

Die **Ökonomische Theorie der Politik** will im Rahmen der repräsentativen Demokratie allgemeingültige Aussagen über die **wahlpolitischen Willensbildungs- und politischen Entscheidungsprozesse** unter Verwendung von Denkmustern und **Instrumenten der Wirtschaftstheorie** machen. Erste Ansätze einer solchen Theorie finden sich bereits bei Joseph A. Schumpeter in seinem 1942 veröffentlichten Werk „Capitalism, Socialism and Democracy"[204]. **Anthony Downs** baute dann in seinem 1957 erschienenen Werk **„An Economic Theory of Democracy"**[205] den theoretischen Ansatz systematisch und richtungweisend aus.

In der Ökonomischen Theorie der Politik wird davon ausgegangen, daß zwischen den Strukturelementen des ökonomischen und politischen Systembereiches **wesentliche Analogien** bestehen:

- So entspricht dem **Konsumenten** im Wirtschaftssystem der **Wähler** im politischen System, der seine Stimme quasi gegen ihn befriedigende (wirtschafts- und/oder sozial-)**politische Güter** bzw. Wohltaten tauscht.
- Analog zum **gewinnmaximierenden Unternehmer** gelten die **Politiker als Stimmen- und Nutzenmaximierer**, die mittels attraktiver Wahlprogramme und dem Angebot bestimmter Politikhandlungen ihre Wählerstimmen und damit ihren Nutzen in Form von politischen Ämtern und Macht zu maximieren bestrebt sind.
- Entsprechend dem **Wettbewerb der Unternehmer** auf den Gütermärkten konkurrieren die **Politiker** auf dem **Wählerstimmenmarkt** miteinander, wobei dieser Markt auf der Anbieterseite, auf der in der Regel nur wenige Parteien agieren, oligopolistischen Charakter hat. Die Nachfragerseite, auf der viele Wähler zu finden sind, hat dagegen atomistische Struktur.
- Wie die meisten **Gütermärkte** infolge beschränkter Markttransparenz **unvollkommen** sind, so herrscht auch auf den politischen Märkten die **Ungewißheit** über das **Wahlverhalten** der Stimmbürger vor.
- Ähnlich wie es für den Konsumenten oft nicht rational ist, sich unter Aufwendung hoher **Informationskosten** eine völlige **Marktübersicht** zu verschaffen, lohnt auch für den einzelnen **Wähler** kein großer Kostenaufwand für völlige **politische Informiertheit**, zumal die einzelne Stimme nur wenig bewirken kann und stets über politische Güterbündel abgestimmt werden muß.[206]

---

[204] Vgl. J. A. Schumpeter, 1942.

[205] Vgl. A. Downs, 1957a.

[206] Im Unterschied zum ökonomischen Marktsystem, in dem der Konsument seine Kaufkraft gezielt für einzelne Güter verwenden kann, tauscht der Wähler im politischen System der repräsentativen Demokratie seine Stimme gegen ganze Bündel von kollektiven Gütern, die ihm in Wahlprogrammen von Parteien angeboten werden.

Die analoge Anwendung wirtschaftswissenschaftlicher Methoden auf das politische System mündet in ein Konzept, das **Politik als marktförmigen Tausch** betrachtet. Entsprechend der ökonomischen Markttheorie müssen die Anbieter und Nachfrager des politischen Marktes und deren Aktionsparameter sowie die Rahmenbedingungen des Handlungsfeldes bestimmt werden. Ausgehend vom **Eigennutzaxiom**, dem zufolge den Handlungen der Marktteilnehmer eigennützige Absichten zugrunde liegen, wird als Verhaltenshypothese rationales Handeln unterstellt. **Rationales Handeln** ist nach dem ökonomischen Prinzip dann gegeben, wenn der Handelnde entweder seine **Ziele mit dem geringstmöglichen Aufwand** oder **bei vorgegebenen Mitteln eine weitestmögliche Zielverwirklichung** anstrebt. Bei den (einfachen) Grundmodellen des politischen Marktes wird entsprechend dem methodologischen Individualismus von folgendem ausgegangen: Entscheidungsträger sind stets Individuen, und zwar auch bei Entscheidungen in Kollektiven. Demnach „sind Kollektiventscheidungen nicht die Entscheidungen von Kollektiven, sondern die Entscheidungen von Individuen in Kollektiven."[207] Zur Erklärung und Voraussage der Verhaltensweisen von Politikern bzw. politischen Institutionen und Wählern wird die **Grenznutzenanalyse** der ökonomischen Wirtschaftstheorie auf den politischen Bereich angewandt. Konkret bedeutet dieses, daß „ein im politischen System agierendes Individuum (bzw. eine politische Organisation oder Institution) seinen Nutzen zu maximieren (sucht), indem es seine - materiellen wie immateriellen - Mittel solange für eine politische Aktivität verwendet, bis der zusätzliche Nutzengewinn der letzten Ressourceneinheit zumindest gleich dem Nutzenentgang ist, der dem Individuum dadurch entsteht, daß es diese Mittel nicht für andere Aktivitäten einsetzen kann."[208]

11.2 Grundstruktur des Downsschen Modells

Ziel der modelltheoretischen Untersuchungen von Downs ist es, **rationale Verhaltensregeln** für demokratische Regierungen zu entwickeln, ähnlich jenen Verhaltensregeln, die in der Wirtschaftstheorie für rational handelnde Produzenten und Konsumenten aufgestellt worden sind. Zentrale Ausgangsthese ist dabei, „daß demokratische Regierungen durch rationales Handeln ihren politischen Anhang unter den Wählern zu maximieren suchen"[209], um die Entscheidungsgewalt im Staat zu behalten. Desgleichen versuchen Oppositionsparteien, durch Stimmenmaximierung die Voraussetzungen dafür zu schaffen, daß sie die Regierung bilden können. „Der Hauptzweck von Wahlen in einer Demokratie ist die Auswahl einer Regierung."[210] Im Verständnis von Downs ist die Regierung „jenes spezialisierte Organ der gesellschaftlichen Arbeitsteilung ..., das in der Lage ist, seine Entscheidungen allen anderen Organisationen und Individuen in dem betreffenden Gebiet aufzuzwingen"[211]. Zu den modellmäßigen Rahmenbedingungen gehören:

[207] G. Kirsch, 1997, S. 37.
[208] H.-U. Hilles, 1978, S. 113.
[209] A. Downs, 1968, S. 19.
[210] Ebendort, S. 23.
[211] Ebendort, S. 33.

- Der Staat weist eine **demokratische Regierungsform** auf. Dieses setzt voraus: Die Existenz eines Zwei- oder Mehrparteiensystems. Ferner die Anwendung der Regel, daß die in Wahlen siegreiche Partei oder Koalition die Regierungsgewalt bis zur nächsten Wahl übernimmt.
- Die in Wahlen unterlegenen Parteien bzw. die Oppositionsparteien versuchen nicht, die Regierungspartei mit **ungesetzlichen** Mitteln an der Amtsübernahme oder -ausübung zu hindern.
- Umgekehrt versucht die Regierungspartei nicht, die **politische Tätigkeit anderer Parteien** zu beschränken oder Bürger davon abzuhalten, für diese Parteien zu agieren.
- Die **regierende Partei** verfügt über **unbegrenzte Handlungsfreiheit** innerhalb der durch die Verfassung gesetzten Grenzen.

Entsprechend der Realität in Demokratien nehmen die **Parteien** im Downsschen Modell eine zentrale Rolle ein, so daß sich der Eindruck vom **„Parteienstaat"** aufdrängt. Im Downsschen Verständnis ist eine Partei „eine Gruppe von Individuen, die den Regierungsapparat durch den Gewinn von Wahlen in die Hand zu bekommen sucht. Sobald dies einer Partei gelingt, ist es ihre Aufgabe, im Rahmen der Arbeitsteilung, die politischen Konzepte des Staates zu formulieren und durchzuführen. Das Motiv ihrer Mitglieder ist jedoch ihr persönliches Verlangen nach Einkünften, Prestige und Macht, die mit staatlichen Ämtern verbunden sind. Daher ist die Erfüllung ihrer sozialen Funktion für sie ein Mittel zur Erreichung ihrer privaten Ambitionen."[212] Eingeschlossen im Theorieansatz des parteipolitischen Wettbewerbs ist also gleichsam die **„unsichtbare Hand"** der Harmonielehre von **Adam Smith**, die dafür sorgt, daß die Eigeninteressen der Politiker mit den Interessen der Wähler in etwa in Übereinstimmung gehalten werden bzw. daß sich eigennützige Politikerhandlungen von den Allgemeininteressen des Volkes nicht allzu weit und nicht auf Dauer entfernen können. „Da keiner der Vorteile eines staatlichen Amtes erreichbar ist, ohne daß man gewählt wird, ist das Hauptziel jeder Partei der Wahlsieg. Daher zielt alles, was sie tut, darauf ab, die Zahl der für sie abgegebenen Stimmen zu maximieren, und sie behandelt ihr politisches Programm lediglich als Mittel zu diesem Zweck."[213] Downs **vermeidet** es also, ein **normatives Modell** - etwa anhand ethisch-moralischer Aussagen eines Parteiprogrammes - aufzustellen. Sein Modell entspricht den Anforderungen der **positiven Ökonomik**[214], indem es auf der empirisch zutreffenden Verhaltensannahme der Stimmenmaximierung basiert und damit Aussagen darüber machen kann, was ist.

11.3 Parteienkonkurrenz und Ideologie

Im **Downsschen Modell** werden **Ideologien**, die als Leitbilder für eine ideale Gesellschaft aufgefaßt werden können, primär als **Mittel der Parteien** zur (Wieder-)

---

[212] Ebendort, S. 33 f.

[213] Ebendort, S. 34.

[214] Bei „positiver Ökonomik" steht das, was ist, im Vordergrund einer wirtschaftswissenschaftlichen Analyse oder Erklärung. Dagegen legt die „normative Ökonomik" das Schwergewicht ihrer Aussagen auf das, was sein soll, was in der Regel Werturteile impliziert.

Erlangung der **Regierungsmacht** betrachtet. Jede Partei ist bestrebt, einerseits die Mehrheit der Wählerschaft in ihr ideologisches Programm einzubinden, sich aber andererseits durch ideologische Differenzierungen unverwechselbar zu machen. Da viele Parteien der gleichen Gesamtwählerschaft gegenüberstehen und möglichst viele Wähler jeweils für sich gewinnen wollen, könnte man auf den ersten Blick zu der Ansicht neigen, daß die Ideologien der verschiedenen Parteien nicht allzu weit voneinander abweichen können. Man könnte sogar annehmen, daß es unter dem Gesichtspunkt der Stimmenmaximierung nur eine **optimale Ideologie** geben kann. Da jedoch die Gesellschaft aus **unterschiedlichen** besitzmäßigen, beruflichen, religiösen und sonstigen **Gruppen** mit oftmals sehr verschiedenen Interessen und Präferenzen besteht, „kann also jede Partei nur eine begrenzte Anzahl sozialer Gruppen ideologisch umwerben; denn wenn sie einer gefällt, verfeindet sie sich gerade dadurch mit den anderen. Wegen der herrschenden Ungewißheit steht aber nicht eindeutig fest, welche Kombination von Gruppen die größte Stimmenzahl liefert. Außerdem ist die Gesellschaft dynamisch; daher kann es vorkommen, daß die Kombination, die für eine Wahl richtig, bei der nächsten falsch ist. So ist es durchaus möglich, daß die Parteien nicht einer Meinung darüber sind, welche sozialen Gruppen sie ansprechen sollen. Daraus und aus dem jeder Partei wesenseigenen Bestreben, ihre Produkte von denen der anderen zu differenzieren, folgt, daß die Parteien ... trotz identischer Zielsetzung höchst verschiedene Ideologien bilden können."[215]

Allerdings gleichen sich erfahrungsgemäß unterschiedliche Partei-Ideologien dann an, wenn sich eine bestimmte Ideologie langfristig als die **überlegene Idee** erweist und diese die Siegchancen bei der Wahl nachhaltig verbessert. So hat sich beispielsweise auf ökonomischem Gebiet gezeigt, daß die **Marktwirtschaft** aufgrund der meist damit verbundenen hohen ökonomischen Effizienz allen sozialistischen Planwirtschaftsideen überlegen ist und deshalb bei freien Wahlen die meisten Stimmen bringt. Die Folge ist, daß auch **Parteien** mit früher **antimarktwirtschaftlichem Programm** dazu übergehen, die Marktwirtschaft zumindest prinzipiell zu bejahen. Bei näherem Hinsehen zeigt sich jedoch manchmal, daß die angebliche Hinwendung zur Marktwirtschaft kaum mehr als ein **wahltaktisches** oder scheinideologisches Lippenbekenntnis ist. Allerdings muß sich jede Partei davor hüten, eine nicht ernst gemeinte Ideologie nur vorzuspiegeln und in Wirklichkeit eine ganz andere Politik betreiben zu wollen, weil sie dann für die Bevölkerung und die Wähler bald **unglaubwürdig** wird. Eine Regierungspartei, die bei konkreten politischen Maßnahmen von der verkündeten **ideologischen Grundlinie** häufig abweicht, muß mit **Stimmeneinbußen** rechnen, weil die sich bei ihrer Wahlentscheidung primär an der Ideologie orientierenden Wähler auch entsprechende Taten sehen wollen. Nach Downs besteht deshalb für politische Parteien ein gewisser Zwang, „möglichst viele ihre Versprechungen zu halten, wenn sie gewählt werden"[216].

Nach der **Downsschen Grundhypothese** „streben die Parteien als Endziel die Macht, die Einkünfte und das Prestige an, die mit dem Regierungsamt verbunden sind. Ideologien entwickeln sich aus diesem Bestreben als Mittel zur Erreichung

---

[215] A. Downs, 1968, S. 97.

[216] Ebendort, S. 293.

dieses Amtes"[217]. Da jedoch ein **Ideologiewechsel** mit personellen Veränderungen in der Parteispitze verbunden sein und die Pfründe von Parteifunktionären bedrohen kann, wird oft das **Festhalten** an einer Ideologie um jeden Preis zum Selbstzweck. Dabei gibt es genügend Beispiele in der Geschichte, die zeigen, daß ein zu langes Festhalten an einer **überholten Ideologie**, die von der Bevölkerung abgelehnt wird, zum Verlust der Regierungs- und Staatsmacht führt. Ein instruktives Beispiel aus dem Jahr 1989 ist die **Entmachtung der SED-Führung** in der ehemaligen DDR, deren Sturz infolge des starren Festhaltens an der Doktrin des **totalitären Staatssozialismus** (einschließlich einer ineffektiven sozialistischen Planwirtschaft) ausgelöst und in einer friedlichen Revolution durch das Volk bewirkt worden ist. Eine Downssche Schlußfolgerung lautet: „Politische Parteien neigen dazu, im Ablauf der Zeit an ihrer ideologischen Linie konsequent festzuhalten, es sei denn, sie erleiden schwere Niederlagen; dann ändern sie ihre Ideologien so, daß diese der Ideologie der Siegerpartei ähneln."[218]

11.4 Rationales Wahlverhalten und Information

Die **logische Struktur** des Wahlaktes sieht Downs darin, daß jeder Stimmbürger bei der Wahl für diejenige Partei stimmt, von der er annimmt, daß sie ihm den höchsten Nutzen - sei es in Form konkreten Transfereinkommens oder anderer zur Bedürfnisbefriedigung geeigneter politischer Maßnahmen - in der kommenden Wahlperiode bringt. Allerdings ist es für den Wähler schwierig vorherzusehen, welche **Leistungen** die zur Wahl anstehenden Parteien - trotz mannigfacher Wahlversprechen - tatsächlich erbringen können und werden sowie welcher Anteil auf ihn voraussichtlich entfallen wird. In einem Zweiparteiensystem mit einer Regierungspartei und einer Oppositionspartei hat er die Möglichkeit, wenigstens die bisher erbrachten Leistungen der Regierungspartei einschätzen und unter der Annahme einer gewissen Kontinuität der Politik dieser Parteien auch deren etwaige zukünftigen Leistungen vorausschätzen zu können. Dagegen ist er bei einer langjährigen Oppositionspartei lediglich auf **Versprechungen** angewiesen. Selbst wenn diese in einem Partei- oder Wahlprogramm niedergelegt sind, weiß er nicht mit Sicherheit, ob sich die betreffende Partei als Regierungspartei daran halten wird. Nach Downs ist jede **Wahl** nicht nur ein Mittel zur Installierung einer Regierung, sondern auch eine **Signalvorrichtung**, welche die Zeichen entweder auf Kontinuität oder Wandel stellt. „Die regierende Partei betrachtet eine Wiederwahl stets als ein Mandat, ihre frühere Politik fortzusetzen. Umgekehrt betrachtet die Oppositionspartei ihren Sieg als Auftrag, wenigstens einiges an der Politik der früher regierenden Partei zu ändern."[219] Geht man von der Annahme aus, daß sich die meisten Wähler weniger für politische Konzepte und Ideologien interessieren, sondern primär für das **Nutzeneinkommen**, das ihnen aus politischen Handlungen zufließt, so kann man folgende Aussagen von Downs über das Wahlverhalten von Wählern sicherlich akzeptieren: „Wenn ihr gegenwärtiges Nutzeneinkommen in ihren Augen sehr niedrig ist, dann werden sie vielleicht meinen, daß fast jede mögliche

---

[217] Ebendort, S. 108.

[218] Ebendort, S. 293.

[219] Ebendort, S. 40 f.

Veränderung ihr Einkommen erhöhen wird. In diesem Falle ist es für sie rational, gegen die Partei, die im Amt ist, zu stimmen, d. h. für eine Änderung schlechthin. Leute, denen die Politik der regierenden Partei Vorteile bringt, werden andererseits vielleicht der Ansicht zuneigen, daß eine Veränderung ihnen eher schaden als nützen würde."[220]

Während in einem Zweiparteiensystem der Wähler für die Partei, die ihm das höchste Nutzeneinkommen verschafft hat und/oder voraussichtlich verschaffen wird, votiert, muß ein rational abstimmender Wähler bei einem System mit mehr als zwei Parteien (**Mehrparteiensystem**) auch die voraussichtlichen Präferenzen der anderen Wähler mit ins Kalkül ziehen. So stimmt der Wähler nach Downs folgendermaßen:

„a) Scheint die von ihm bevorzugte Partei eine vernünftige Gewinnchance zu haben, dann stimmt er für sie.
b) Scheint die von ihm bevorzugte Partei fast keine Gewinnchance zu haben, dann stimmt er für irgendeine andere Partei, die eine vernünftige Gewinnchance hat, um die Partei, die ihm am unsympathischsten ist, am Sieg zu hindern.
c) Ist er ein zukunftsorientierter Wähler, dann kann er für die von ihm bevorzugte Partei stimmen, auch wenn sie fast keine Gewinnchance zu haben scheint, um die ihm bei zukünftigen Wahlen offenstehenden Auswahlmöglichkeiten zu verbessern."[221]

Für den rationalen Wähler wird die Wahlentscheidung weitaus komplizierter, wenn mit der Möglichkeit von **Koalitionen** zu rechnen ist. Dann muß er zunächst einmal die Koalitionsmöglichkeiten und -chancen der von ihm präferierten Partei einschätzen. Sodann ist abzuschätzen, welche Ziele die von ihm bevorzugte Partei voraussichtlich in der Koalition durchsetzen und nicht durchsetzen kann und wie sich die voraussichtlichen **Kompromisse** auf sein eigenes Nutzeneinkommen wahrscheinlich auswirken werden. Bei ungewissem Wahlausgang, der keine eindeutige Vorhersage eines Wahlsiegers zuläßt, und bei Unkenntnis eventuell notwendiger Koalitionen zwischen mehreren Parteien nach der Wahl, mindern sich wegen der mannigfachen Unvorhersehbarkeiten die Möglichkeiten für den rationalen Wähler beträchtlich, die für ihn bestmögliche Wahlentscheidung zu treffen. Eingedenk der beträchtlichen Unsicherheiten über den künftigen Wahlausgang mißt Downs dem **Problem der Ungewißheit**, die immer ein Mangel an sicherem Wissen über den Verlauf von Ereignissen ist, zentrale Bedeutung zu.

Sind die Wähler voll informiert und kennen ihr parteipolitisch **alternatives Nutzeneinkommen**, so werden keine noch so raffinierten Überredungskünste die rational handelnden Wähler zu einer Änderung ihrer Wahlpräferenzen bringen können. Unter der **irrelevanten Annahme** von **Gewißheit** kommt es demnach zu eindeutigen und nicht beeinflußbaren Wahlentscheidungen. Bei **Ungewißheit** fallen jedoch **Informationskosten** an und werden Wählerbeeinflussungen möglich. Die **optimale Informationsmenge** ist für den rationalen Wähler dann gegeben, wenn die zusätzliche Informationseinheit einen gleich großen Nutzen bringt, wie sie Kosten verursacht. Aufwendungen für die Beschaffung von Informationen loh-

[220] Ebendort, S. 41.
[221] Ebendort, S. 48.

nen sich so lange, bis die **Grenzerträge**, welche die Informationen liefern, ihren **Grenzkosten** gleich sind. Da der Grenznutzen zusätzlicher Informationen über die sowieso in Hülle und Fülle vorhandenen Wahlinformationen hinaus oft gering ist, besteht für die meisten Wähler **kaum ein Anreiz**, Kosten und Zeit für weitere Informationen aufzuwenden. Eine gewisse Ignoranz kann also durchaus für den Wähler rational sein, zumal seine Stimme nur einen äußerst geringen Einfluß auf das Gesamtwahlergebnis in einem größeren gesellschaftlichen Rahmen hat. Man kann also davon ausgehen, daß viele Wähler **kaum Informationen** über alle sachlichen Streitfragen bei einer Wahlentscheidung besitzen. Dagegen sind den Wählern meist **spezielle Streitfragen**, die sich auf ihr persönliches Einkommen oder ihre berufliche Tätigkeit direkt auswirken, bekannt. Downs folgert, daß die Wähler über Streitfragen, die sie als Erwerbstätige im **Berufsleben** berühren, häufig besser informiert sind, als über Fragen, die sie als **Konsumenten** betreffen.

Manche Bürger, die sich in der Rolle von Wahlhelfern und Agitatoren gefallen, scheuen oft keine Informationskosten, um ihr Informationsniveau zu steigern. Sie versuchen häufig, die Wähler mittels einseitiger Informationen zu einem Wahlverhalten (das sie aus eigennützigen Gründen - zu denen auch ideologische Motive gehören können - bevorzugen) zu überreden. Da auch die Regierung meist nicht genau weiß, was die Mehrheit der Bevölkerung will, bedarf sie Informationen über den Volkswillen. Dieses nutzen insbesondere die **organisierten Interessengruppen**, die sich vielfach eine Art Vermittlerrolle zwischen Regierung und Volk anmaßen. Da die Interessenorganisationen primär nur die Interessen ihrer Mitglieder vertreten, suggerieren sie der Regierung und der Öffentlichkeit, daß ihre faktischen **Partialinteressen** stets mit denen des Volkes übereinstimmen.

11.5 Regeln des Regierungshandelns

Die nach Stimmenmaximierung strebenden Parteien werden in der Regierungsposition vor allem jene **Ausgabenposten** verstärken, die voraussichtlich die meisten Stimmen bei der Wahl einbringen. Zudem werden sie im Rahmen der fiskalischen Einnahmenpolitik nur jene Steuern erhöhen, welche die wenigsten Stimmenverluste erwarten lassen. Unter der Annahme der Voraussehbarkeit und der Quantifizierungsmöglichkeit der wahlpolitischen Auswirkungen fiskalpolitischen Handelns könnte das **stimmenmaximierende Budget** ebensogut und sicherlich schneller von einem Computer ermittelt werden. Da aber politische Entscheidungen in der Regel unter **Unsicherheit** über die wahlpolitischen Auswirkungen getroffen werden, kann der Computer dem Politiker zwar mit statistischen Entscheidungsunterlagen dienen, ihm aber die politische Entscheidung nicht abnehmen.

Ein Kernsatz von Downs lautet: „Die Politik demokratischer Regierungen zeigt die Tendenz, die Empfänger niedrigen Einkommens allgemein gegenüber den Empfängern hohen Einkommens zu begünstigen.“[222] An anderer Stelle lautet die Aussage: „Demokratische Regierungen neigen dazu, das Einkommen von den Reichen auf die Armen umzuverteilen.“[223] Die Plausibilität dieser Aussage wird so-

---

[222] Ebendort, S. 199.

[223] Ebendort, S. 291.

fort erkennbar, wenn man daran denkt, daß in fast allen Gesellschaften die meisten potentiellen Wähler zu den Empfängern vergleichsweise niedriger Einkommen gehören. So treibt das Streben nach Stimmenmaximierung die Regierung geradezu, diese große Gruppe der Wählerschaft zu Lasten der relativ kleinen Wählergruppe mit hohem Einkommen zu begünstigen. Allerdings gibt es auch Faktoren, welche „die natürliche Robin Hood-Tendenz“[224] des **Umverteilens von den Reichen zu den Armen** schwächen kann. Gewöhnlich haben die Bevölkerungsschichten mit dem höchsten Einkommen auch den größten politischen Einfluß, weil sie sich mittels ihrer beträchtlichen finanziellen Mittel nahezu alle Informationen beschaffen und - sieht man von der Möglichkeit der Bestechung ab - sich auch die Durchsetzung ihrer Interessen mit juristischen und anderen legalen Mitteln leisten können. Die auf dem Wahlrecht „one man one vote“ beruhende Gleichheit kann also in der politischen Praxis durchaus zu ungleichen Einflußpotentialen der Wähler bzw. Wählergruppen führen.

Ein weiterer Kernsatz von Downs lautet: „Im allgemeinen benachteiligen in einer Demokratie die wirtschaftlichen Entscheidungen einer rationalen Regierung die Konsumenten und begünstigen die Produzenten.“[225] Downs führt das darauf zurück, daß für die Einflußnahme auf die Politik der Regierung in einem speziellen Bereich meist ein **hohes Fachwissen** nötig ist. Zudem muß der nach Politikbeeinflussung Strebende seine eigenen Interessen so darstellen, daß ihre Erfüllung der regierenden Partei voraussichtlich mehr Wähler zuführt, keinesfalls aber Wählereinbußen bei der Regierungspartei bewirkt. Da die Masse der Konsumenten kaum alle Konsumbereiche überblicken kann, und es auch für sie irrational wäre, Zeit und Kosten für den Erwerb umfangreicher Fachkenntnisse in zahllosen Konsumsparten aufzuwenden, sind die **Einflußmöglichkeiten der Konsumenten** auf Regierungsentscheidungen außerordentlich gering. Dagegen „(können sich) Produzenten sowohl den Aufwand für Fachinformationen, die zur Einflußnahme nötig sind, als auch die Begleichung der Kosten für die Übermittlung ihrer Ansichten an die Regierung besser leisten“[226]. So geschieht es beispielsweise häufig, daß die Regierung sich beim Parlament für Zollgesetze einsetzt, die im Falle ihrer Verabschiedung **ein paar Produzenten** auf Kosten einer **Vielzahl von Konsumenten** begünstigt. In diesem Fall muß die theoretische Erklärung auf den entscheidenden Faktor der Informationskosten zurückgreifen, eventuell noch verstärkt durch das Argument der voraussichtlichen **Unmerklichkeit** der Zollerhöhung für die breite Masse der Verbraucher, um das Regierungshandeln plausibel zu machen. Würde die Regierung allerdings befürchten müssen, daß sie durch die Zollerhöhung ein Wählerpotential verprellt, so würde sie dieser Maßnahme sicherlich ihre Unterstützung verweigern.

---

[224] Bekanntlich hat der Räuber Robin Hood aus „edler Gesinnung“ die Reichen beraubt, um das Beutegut den Armen zu geben.

[225] A. Downs, 1968, S. 234.

[226] Ebendort, S. 249.

11.6 Zum Aussagewert

Das wesentliche Verdienst der Ökonomischen Theorie der Demokratie liegt darin, durch **Konstruktion eines Wählerstimmenmarktes** und Anwendung der Wettbewerbstheorie auf die Parteienkonkurrenz bewährte **wirtschaftswissenschaftliche Analysemethoden** für politische Prozesse und Strukturen fruchtbar gemacht zu haben. „Die in diesem Rahmen entwickelten, auf expliziter Axiomatik und formaler Logik basierenden und zumeist empirisch gehaltvolle Konklusion anstrebenden Modelle der Politik werden dabei nicht selten als Beginn einer wirklich wissenschaftlichen Theorie der Politik im Sinne eines unbezweifelten analytischen Wissenschaftsverständnisses begriffen und der unsicher wirkenden Methodenvielfalt der Politikwissenschaft entgegengestellt.“[227] Allerdings werden auch sogleich die Grenzen dieses ökonomisch-politischen Ansatzes deutlich, wenn man bedenkt, daß alle Einwände gegen die **Analysedefizite** der traditionellen Markt- und Wettbewerbstheorie bestehen bleiben. Nicht selten sind die auf dem Boden der Neoklassik gebildeten Markt- und Wettbewerbsmodelle aufgrund ihrer teilweise wirklichkeitsfernen Prämissen nur wenig aussagefähig. Im Grundmodell des **Wählerstimmenmarktes**, in dem die um die Regierungsmacht konkurrierenden Parteien als Anbieter von wählerwirksamen Programmen und die Wähler als Nachfrager nach politischem Nutzeneinkommen fungieren, wird der politische Prozeß zum **reinen Optimierungsproblem**. Unter der Annahme der Voraussehbarkeit und der Quantifizierungsmöglichkeit der wahlpolitischen Auswirkungen politischen Handelns stehen die Politiker ähnlich da, wie die Unternehmer in den üblichen Modellen der Markt- und Preistheorie, die lediglich Nutzen- und Produktionsfunktionen in Einklang zu bringen haben. Zur Vereinfachung der Analyse wird ferner angenommen, daß sich die Mitglieder einer Partei in der Zielverfolgung und Mittelanwendung alle einig sind. Dementsprechend „(schließt) die Downssche Theorie innerparteiliche Konflikte aus und behandelt Parteien so, als wären sie individuelle Nutzenmaximierer“[228] Der auf dem **methodologischen Individualismus** basierende Ansatz involviert, daß es lediglich individuelle, aber keine kollektiven Entscheidungen auf Seiten des Wahlvolkes gibt. Bei der **heutigen Gruppenstruktur** der Gesellschaft werden jedoch die Wahlentscheidungen des einzelnen Wählers auch wesentlich von der Zugehörigkeit zu bestimmten Gruppen und Organisationen mitgeprägt. Die Downssche Ökonomische Theorie der Demokratie, in welcher als Akteure zwei oder mehrere Parteien und eine Vielzahl autonomer Wähler agieren, läßt also die **Gruppenstruktur der Gesellschaft** weitgehend unbeachtet. Sie verbleibt im **Mikrobereich** und stößt kaum in den Mesobereich der Gruppen vor. In diesem Mikrobereich führt der **homo politicus**, der ebenso wie der homo oeconomicus total auf Eigennutz gepolt ist und stets in diesem Sinne rational handelt, ein eigenartiges Fabelleben, das nur gewisse Ähnlichkeiten mit dem wirklichen Leben der Bürger und deren Überlegungen als Wähler aufweist. Erfahrungsgemäß werden die Wahlhandlungen des einzelnen Wählers - selbst wenn er sie für rational hält - oft unbewußt oder bewußt durch **ideologische Prägung**, traditionelle **Parteibindung**, momentane Begeisterung oder Verärgerung über ein bestimmtes Parteienverhalten mitgeprägt. Das Wahlgeschehen kann also realiter durch bestimmte **Ir-**

---

[227] W. Rudzio, 1972, S. 105.

[228] F. Lehner, 1981, S. 29.

rationalismen im Wahlverhalten der Wählerschaft mitbestimmt sein. Jedoch kann deshalb die ökonomische Theorie, die überwiegend unter dem Diktat der **Verhaltenshypothese rationalen Handelns** der Wirtschaftssubjekte steht, naturgemäß bei ihrer Anwendung auf die Politik nicht über ihren Schatten springen und die Fiktion des stets rational handelnden Wählers aufgeben. Trotz ihrer ausschließlichen Rationalorientierung dient die Ökonomische Theorie der Demokratie dem Erkenntnisfortschritt, indem es ihr gelingt, aufschlußreiche Aussagen über **rationales Wahlverhalten** in parlamentarischen **Demokratien** zu machen. Allerdings dürfen die Nutzanwender dieser Theorie nicht aus dem Auge verlieren, daß auch - gemessen am ökonomischen Eigennutztheorem - **irrationale Verhaltensweisen** das Wahlgeschehen mitbestimmen können und in der Vergangenheit mitbestimmt haben.

12. Kapitel
Theorie des kollektiven Handelns

12.1 Kerngedanken

In der heutigen **pluralistischen Gesellschaft** spielen die **Gruppen** eine wesentliche Rolle. Fast ständig versuchen Produzentenverbände, Gewerkschaften und anderweitig organisierte Interessengruppen, die Wirtschaftspolitik des Staates für ihre Partikularinteressen einzuspannen. Es liegt also nahe, das Verhalten von Gruppen bzw. ihr kollektives Handeln zu untersuchen. Instruktive Untersuchungen hierfür finden sich besonders in der angelsächsischen Literatur, aus der vor allem das originelle Werk von **Mancur Olson** „Die Logik des kollektiven Handelns" hervorsticht. Olson konzentriert sich in seinen Untersuchungen, bei denen er wirtschaftstheoretische Methoden auf gruppensoziologische und politische Probleme anwendet, auf den Problemkreis der **Handlungsfähigkeit von Gruppen** mit ökonomischen Zielsetzungen. Die Resultate seiner Analyse erschütterten gängige Ansichten über das **Zustandekommen** von **Interessenorganisationen** und über die Handlungsweisen von Gruppenangehörigen. So erweist sich die Annahme, daß sich eine Masse von Individuen - jeweils allein vom Eigeninteresse bzw. der Orientierung am individuell-rationalen Nutzen geleitet - spontan zwecks gemeinsamer Interessenwahrnehmung zusammenschließt, als Fehlannahme. Auch die häufige Unterstellung, daß Gruppen ebenso wie Individuen stets ihren Eigeninteressen gemäß handeln, ist fraglich. „Aus der Tatsache, daß es für alle Mitglieder einer Gruppe vorteilhaft wäre, wenn das Gruppenziel erreicht würde, folgt nicht, daß sie ihr Handeln auf die Erreichung des Gruppenzieles richten werden, selbst wenn sie völlig rational im Eigeninteresse handeln."[229] Hängt das **Verhalten** der Mitglieder einer Gruppe sowohl vom Streben nach **individueller Nutzenmaximierung** als auch nach **individueller Kostenminimierung** ab, so handeln Gruppenangehörige durchaus rational, wenn sie ihren Kostenbeitrag zur Erreichung des Gruppenzieles nicht leisten, solange sie annehmen können, daß ihre Verweigerung den zielgerichteten Handlungswillen der Gruppe nicht wesentlich beeinträchtigt. Die Bildung großer Gruppen und die anteilige Kostentragung werden also nur erreicht, wenn über das gemeinsame Gruppenziel hinaus **zusätzliche Anreize** geboten oder die potentiellen Gruppenmitglieder durch **Zwang zum Beitritt** und zum Kostenbeitrag genötigt werden.

In der Regel schließen sich nur verhältnismäßig **kleine Gruppen** von Interessenten **spontan zusammen**. Die enge Einbindung jedes Mitglieds in solch eine relativ kleine Gemeinschaft gibt der kleinen Gruppe oft eine Stärke, die es ihr ermöglicht, wesentlich größere Gruppen - besonders, wenn diese nicht organisiert sind - auszubeuten. Da es meist unmöglich ist, alle Interessen der Gesellschaft - also auch die der Verbraucher und der Steuerzahler - zu organisieren, gibt es immer **große unorganisierte Gruppen**, die ihre Wünsche nicht selbst machtvoll artikulieren können und deren Interessen deshalb oft bei wirtschaftspolitischen Entscheidungen nicht oder kaum berücksichtigt werden.

---

[229] M. Olson, 1968, S. 2.

Die Verwirklichung von **Gruppenzielen** hängt also nicht immer nur von der Quantität der potentiellen Gruppenmitglieder ab, sondern auch von der **Organisierbarkeit** und dem **Grad der Gruppendisziplin**. Von diesen Ausgangspunkten her versucht Olson, die Bedingungen herauszufinden, die Gruppen unterschiedlicher Größe und Zusammensetzung dazu befähigen, ihre Gruppenziele zu erreichen.

12.2 Kollektives und individuelles Interesse

Olson geht davon aus, daß alle **Mitglieder einer Gruppe**[230] **sowohl ein gemeinsames als auch ein individuelles Interesse** haben. So haben beispielsweise die Unternehmer eines Wirtschaftszweiges ein gemeinsames Interesse an einem **höheren Verkaufspreis**, den sie nach dem Gesetz von Angebot und Nachfrage unter bestimmten Bedingungen aber nur **bei Produktionseinschränkungen** erreichen. Gleichzeitig hat jeder Unternehmer ein individuelles Interesse daran, seine **Produktion auszudehnen**. Es können also das **kollektive Interesse** und die **individuellen Interessen** einer Gruppe gewinnmaximierender Unternehmungen in **Konflikt** geraten. Olson verdeutlicht dieses an einem einfachen preistheoretischen Modell, indem er annimmt, daß sich ein in vollständiger Konkurrenz stehender Wirtschaftszweig in einer Ungleichgewichtssituation befindet. Die Situation ist dadurch gekennzeichnet, daß bei gegebenem Produktionsumfang der Preis die Grenzkosten aller Unternehmungen übersteigt. Ferner wird unterstellt, daß die Nachfrage unelastisch ist und Produktionsanpassungen durch newcomer nicht möglich sind. Unter diesen Bedingungen wird jedes Unternehmen seine Produktion bis zu dem Punkt ausdehnen, an dem die Grenzkosten gleich dem Preis sind. Da das Gesamtangebot bei gleichbleibender Nachfrage steigt, wird der Preis fallen und der Gesamterlös des Wirtschaftszweiges sinken. Obwohl unter den angenommenen Bedingungen jedes Unternehmen seinen Gewinn maximiert, stehen im Endeffekt alle Unternehmen schlechter da, weil jeder Anbieter wegen der relativen Geringfügigkeit seines Marktanteils die Wirkung seiner eigenen Angebotsausweitung auf den Preis und auch die möglichen kumulativen Preiswirkungen der Angebotsausweitungen der Konkurrenten nicht einkalkuliert hat. „Wenn ein Unternehmen, das die Preissenkung infolge der erhöhten Produktion des Gewerbezweiges voraussieht, seine eigene Produktion einschränken würde, wäre sein Verlust noch größer, denn sein Preis würde auf jeden Fall genauso tief fallen, und zusätzlich hätte es noch seinen kleineren Absatz."[231] Um auf einem derartigen Wettbewerbsmarkt zu verhindern, daß die konkurrierenden Unternehmen ihrem gemeinsamen Interesse an höheren Preisen zuwider handeln, kann es für eine Branche vorteilhaft sein, nach Preisstützungen - z. B. durch Absprachen von Preisen und Quoten in Kartellen - zu streben. Natürlich können auch andere Preisstützungen von außen - wie z. B. staatliche Subventionen oder ein hoher Zollschutz vor der Auslandskonkurrenz - ein erstrebenswertes **Kollektivgut** für eine Branche sein. Um ein derartiges Kollektivgut zu erlangen, müssen in der Regel die Branchenmitglieder zu einer organisierten und

---

[230] Olson verwendet den Begriff „Gruppe" in der üblichen Bedeutung, wonach unter Gruppe „eine Anzahl von Personen mit einem gemeinsamen Interesse" verstanden wird. M. Olson, 1968, S. 7.

[231] Ebendort, S. 9.

aktiven Interessengruppe mit einer schlagfertigen **Lobby** werden. Handelt es sich jedoch um einen Wirtschaftszweig mit vielen Branchenmitgliedern, so stößt die finanzielle und sonstige Unterstützung der Branchenorganisation auf Schwierigkeiten, die aus ähnlichen Verhaltensweisen der Branchenmitglieder wie auf Konkurrenzmärkten resultieren. „Genau so wie ein einzelner Unternehmer nicht rational handelt, wenn er seine Produktion drosselt, um einen höheren Preis für das Produkt seiner Branche zu erreichen, handelte er ebenfalls nicht rational, wenn er seine Zeit und sein Geld für die Unterstützung einer Lobby opferte, um für seine Branche staatliche Hilfe zu erlangen. Es läge in beiden Fällen nicht im Interesse des einzelnen Unternehmers, sich mit irgendwelchen Kosten zu belasten."[232] Daraus läßt sich folgern, **je größer die Gruppe ist**, um so mehr potentielle Organisationsmitglieder werden die **finanzielle** und sonstige **Unterstützung** der Gruppenorganisation verweigern, in der Hoffnung, daß auch ohne ihren Beitrag das Gruppenziel in Form der Erlangung eines erstrebenswerten **Kollektivgutes** erreicht wird.

Hier tut sich eine **Rationalitätenfalle** auf: Zum einen ist es für das Individuum rational, seinen Bedarf an einem bestimmten Kollektivgut zu befriedigen, zum anderen ist es für das einzelne Individuum - in Erwartung, daß das Kollektivgut erstellt wird - ebenso rational, eine **Trittbrettfahrerposition** einzunehmen und keinen Kostenbeitrag zu leisten. Wenn aber alle Individuen, die an der Erstellung des Kollektivgutes interessiert sind, so handeln, kommt es nicht zur Erstellung des Kollektivgutes. Es kommt also zur Rationalitätenfalle, in der sich zwei Rationalitäten fangen. Obwohl alle ein bestimmtes Kollektivgut wünschen, verhindern sie durch ihr Verhalten, daß es erstellt wird. Wollen alle trittbrettfahren, wird kein Zug bereitgestellt.

Anders dagegen ist die Situation in kleinen Gruppen, da hier die Erlangung einer **Trittbrettfahrerrolle** schwieriger ist. Bei überschaubarer Gruppengröße ist der **Solidaritätsdruck** erfahrungsgemäß groß. Zudem ist anzunehmen, daß in einer kleinen Gruppe jedes Mitglied in der Regel einen **hohen Nutzenanteil** am Kollektivgut hat, weil jeder wegen der beschränkten Gruppengröße einen beachtlichen Bruchteil des Gesamtgewinns erhält. Demnach wird sich ein Individuum in einer kleinen Gruppe an den **Kosten** zur Erlangung des Kollektivgutes beteiligen, wenn der ihm zufließende Nutzen bzw. Ertrag höher ist als die von ihm zu tragenden Kosten. Olson zeigt, daß sich in der Regel kleine Gruppen **ohne Zwang** oder irgendwelche **zusätzliche Anreize** mit dem Kollektivgut versorgen, weil jedes Gruppenmitglied oder wenigstens eines von ihnen einen die Kosten übersteigenden Nutzen aus der Bereitstellung des Kollektivgutes hat. „In kleineren Gruppen, die durch einen beträchtlichen Grad an Ungleichheit gekennzeichnet sind - d. h. in Gruppen mit Mitgliedern ungleicher ‚Größe' oder verschieden starkem Interesse am Kollektivgut -, ist die Wahrscheinlichkeit der Bereitstellung eines Kollektivgutes am größten; denn je größer das Interesse irgendeines einzelnen Mitgliedes am Kollektivgut, um so größer ist die Wahrscheinlichkeit, daß dieses Mitglied einen so bedeutenden Anteil am Gesamtvorteil, den das Kollektivgut stiftet, erhalten wird, daß es für es vorteilhaft ist, für die Bereitstellung des Gutes zu sorgen, sogar dann, wenn es die gesamten Kosten selbst tragen muß."[233]

---

[232] Ebendort, S. 10.

[233] Ebendort, S. 33.

12.3 Marktorientierte und nicht-marktorientierte Gruppen

Olson unterscheidet die Gruppen nach ihrer Orientierung bzw. Nicht-Orientierung am Markt und gliedert sie in **exklusive und inklusive Gruppen**, wobei vor allem die jeweiligen Einstellungen der Gruppenmitglieder zu den Zu- und Abgängen ihrer Gruppe ins Blickfeld gerückt werden. Im Falle einer **exklusiven bzw. marktorientierten Gruppe** ist eine bestehende Unternehmung hauptsächlich daran interessiert, daß möglichst wenige neue Konkurrenten in den Markt eintreten und möglichst viele vorhandene Konkurrenten wieder aus dem Markt ausscheiden. „Es wäre ihr recht, wenn die Gruppe von Unternehmungen in dem Gewerbezweig so weit zusammenschrumpft, bis am besten nur noch eine Unternehmung übrigbleibt; ihr Ideal ist das Monopol.“[234] Bei **inklusiven bzw. nicht-marktorientierten Gruppen** läßt sich die gegenteilige Einstellung zum Zu- und Abgang von Gruppenmitgliedern beobachten. Im Gegensatz zu Unternehmungen, die meist jeden Zuwachs an Konkurrenz im Markt beklagen, begrüßen die Verbände in der Regel jeden Mitgliederzuwachs, weil eine Vergrößerung einer nicht-marktorientierten Gruppe keine Konkurrenz bedeutet und u. U. zu geringeren Anteilen an den Organisationskosten für die einzelnen Gruppenmitglieder führen kann.

Exklusive Gruppen, die ein Kollektivgut (z. B. eine Wettbewerbsbeschränkung durch Preisabsprachen bzw. ein Kartell) anstreben, bedürfen meist der Beteiligung aller Gruppenmitglieder; denn manchmal kann schon ein einziger Außenseiter das Gemeinschaftsziel gefährden. Unzählige Beispiele für das **Scheitern von Kartellen** am ungelösten **Außenseiterproblem** unterstreichen das. Ein Außenseiter, der im Gegensatz zu Kartellmitgliedern seine Produktion ständig ausdehnen und etwas unterhalb des relativ hohen Kartellpreises absetzen kann, bringt die Kartellmitglieder langfristig um die Vorteile aus ihrer Preisabsprache und Kartelldisziplin. Bei **inklusiven Gruppen** ist es dagegen oft nicht nötig, daß sich alle Gruppenmitglieder aktiv an dem Streben nach einem Kollektivgut beteiligen. So erreicht eine Großdemonstration für irgendeinen humanitären Zweck (z. B. Eindämmung des Waldsterbens) auch dann ihre Wirkung in Form öffentlicher Beachtung, wenn sich einige Mitglieder von Ökologie-Gruppen nicht beteiligen. Bei derartigen Aktionen reicht oft eine Beteiligung so vieler, wie zur Teilnahme an der Demonstration ohnehin entschlossen sind oder überredet werden können. Da inklusive Gruppen mehr auf das **Wohlwollen** ihrer Mitglieder angewiesen sind, ist ihre Schlagkraft manchmal geringer als diejenige exklusiver Gruppen, die aus Eigeninteresse zur Erreichung des Kollektivzieles geschlossener agieren müssen und bei denen der Erfolgsdruck von innen meist stärker ist.

Manche Gruppen verfolgen neben Marktzielen auch noch andere Ziele. So kann ein Unternehmerverband sowohl die Kartellbestrebungen seiner Mitglieder fördern als auch eine **Stiftung** kultureller Art unterhalten. Während er im ersteren Fall eine exklusive Verhaltensweise an den Tag legen wird, indem er alle Branchenmitglieder in das Kartell drängt und Neugründungen von Unternehmungen in dieser Branche zu vereiteln sucht, wird er bei einer Kulturstiftung wahrscheinlich jede finanzielle und sonstige zweckdienliche Unterstützung - auch durch neue Mitglieder -

---

[234] Ebendort, S. 35.

begrüßen. „Ob sich eine Gruppe exklusiv oder inklusiv verhält, hängt also von der Art des Zieles ab, das die Gruppe anstrebt, nicht von irgendwelchen Charakteristika der Mitgliedschaft."[235]

Nach Olson entwickeln kleine **exklusive Gruppen**, besonders im Bereich der **Produzentenverbände**, besondere Fähigkeiten, sich im Verhältnis zu anderen Gruppen **überproportional** mit **Kollektivgütern** zu versorgen. Es läßt sich beobachten, „daß das organisierte und aktive Interesse kleiner Gruppen dahin tendiert, über die nicht-organisierten und nichtgeschützten Interessen großer Gruppen zu obsiegen. Oft erreicht trotz der scheinbaren Herrschaft der Mehrheit eine relativ kleine Gruppe oder ein Industriezweig einen Zolltarif oder eine Steuererleichterung auf Kosten von Millionen von Verbrauchern oder Steuerzahlern."[236] Ein Grund für dieses Phänomen liegt darin, daß die politischen Entscheidungsträger eher zur Einräumung einer **speziellen Vergünstigung** für eine kleine Gruppe bereit sind, wenn sich die Auswirkungen kaum merklich auf eine Vielzahl von Individuen verteilen und deshalb von den Belasteten nicht wahrgenommen werden.

12.4 Mittelgroße und große Gruppen

Olson unterscheidet bei den inklusiven bzw. nicht-marktorientierten Gruppen im mittleren Größenbereich zwischen **privilegierten und mittelgroßen Gruppen**. „Eine ‚privilegierte' Gruppe ist dadurch gekennzeichnet, daß jedes einzelne Mitglied oder zumindest eines von ihnen Veranlassung hat, das Kollektivgut bereitzustellen, selbst wenn es die gesamten Kosten für die Bereitstellung zu tragen hat. In einer solchen Gruppe ist zu vermuten, daß das Kollektivgut erlangt wird, und zwar kann es ohne irgendwelche Gruppenorganisation oder -koordination erlangt werden."[237] Dagegen ist in einer **mittelgroßen Gruppe** in jedem Fall eine **Gruppenübereinkunft** oder **Gruppenorganisation** erforderlich; denn hier hat kein einzelnes Gruppenmitglied einen so großen Nutzen vom Kollektivgut, daß es dieses für sich und damit für alle anderen bereitstellt. Ob ein Kollektivgut von solch einer Gruppe, die immerhin noch überschaubar ist, erlangt wird, hängt letztlich von der **Gruppensolidarität** und der Kraft der gemeinsamen Anstrengungen ab.

Olson bezeichnet eine **große Gruppe** wegen ihrer potentiellen Handlungsfähigkeit aufgrund selektiver Anreize oder Sanktionen auch als **latente Gruppe**. Eine solche latente Gruppe ist dadurch gekennzeichnet, „daß kein Mitglied fühlbar betroffen wird, wenn irgendein Mitglied zur Bereitstellung des Gutes beiträgt oder nicht beiträgt, und deshalb niemand einen Grund hat, darauf zu reagieren."[238] Da ein Mitglied einer latenten Gruppe infolge der außergewöhnlichen Größe der Gruppe keinen fühlbaren Beitrag zur Erreichung des Gruppenzieles leisten kann und auch nicht befürchten muß, daß eine Nichtbeteiligung bemerkt und angeprangert wird, trägt es auch zur Erstellung des Kollektivgutes nichts bei. „Folglich bieten große oder ‚latente' Gruppen keinen Anreiz, so zu handeln, daß ein Kollektiv-

---

[235] Ebendort, S. 37.
[236] Ebendort, S. 142.
[237] Ebendort, S. 48 f.
[238] Ebendort, S. 49.

gut erlangt wird, denn gleichgültig, wie wertvoll das Kollektivgut für die Gruppe als Ganzes sein mag, besteht für den Einzelnen doch kein Anlaß, Beiträge an eine Organisation zu bezahlen, die im Interesse der latenten Gruppe arbeitet."[239] Nach Olson werden nur **selektive Anreize** oder **Sanktionen** ein rational handelndes Mitglied einer latenten Gruppe dazu veranlassen, gruppenorientiert zu handeln. Erforderlich ist also ein Anreiz, „der nicht wie das Kollektivgut unterschiedslos auf die Gruppe als Ganzes wirkt, sondern vielmehr selektiv auf die einzelnen Personen in der Gruppe."[240] Solche selektiven Anreize können z. B. individuelle **Beratungsdienste** oder günstige **Freizeitangebote** von Großorganisationen sein. Nach Olson ist ein Anreiz „jede Belohnung, die eine Person ... auf eine höhere Indifferenzkurve versetzt, als die, auf der sie sich befinden würde, wenn sie ihren Anteil an den Kosten nicht bezahlt und die Belohnung verwirkt hätte."[241] Naturgemäß können auch **Zwang** bzw. mögliche **Sanktionen** ein Gruppenmitglied dazu bewegen, gruppenorientiert zu handeln. Zwang ist hier definiert als Strafe, „die eine Person auf eine niedrigere Indifferenzkurve als die versetzt, auf der sie sich befinden würde, wenn sie ihren Anteil an den Kosten des Kollektivgutes ohne Zwang bezahlt hätte."[242]

12.5 Gruppenpluralismus und Interessengleichgewicht

Der amerikanische Publizist **Arthur F. Bentley** entwickelte in seinem erstmalig 1908 erschienenen Werk „The Process of Government" eine **Gruppentheorie**, in der einzig und allein Gruppen als maßgebliche Akteure das gesellschaftliche und politische Geschehen gestalten.[243] Dabei werden als Gruppen nicht nur Interessenorganisationen, die sich in Form von Verbänden organisiert haben, sondern auch die **politischen Parteien** und die **staatlichen Instanzen** angesehen. Die Ergebnisse der Politik resultieren dann letztlich aus dem interessenbestimmten Handeln der Gruppen. Diese Gruppentheorie, die alle **politischen** und **gesellschaftlichen Phänomene** als **gruppenbestimmt** auffaßt, kulminiert in der Vorstellung, daß sich aus dem Kampf der Gruppen eine Art **Gleichgewicht der Interessen** herauskristallisiert. Die **Theorie des Interessenausgleichs** durch organisierte Gruppen basiert jedoch auf der unrealistischen Annahme, daß sich in der pluralistischen Gesellschaft die Interessen der verschiedenen Gesellschafts- und Berufsgruppen gleichermaßen organisieren und zu Interessenorganisationen von angenähert gleicher Stärke führen. Die Annahme, daß jedes neue vitale Interesse einer latenten Gruppe auch zur Bildung einer Interessenorganisation führt, ist unzutreffend. Es wird dabei das **Free-rider-Problem** verkannt, das bei öffentlichen Gütern und insbesondere bei großen latenten Gruppen auftritt. Der einzelne wird eher eine Position als kostenloser Trittbrettfahrer statt die eines kostenpflichtigen Verbandsmitgliedes anstreben, wenn die anderen auch ohne ihn das unteilbare Kollektivgut für alle (also auch für ihn) erkämpfen werden. So festigt die von Olson getroffene Unter-

[239] Ebendort, S. 49.
[240] Ebendort, S. 49 f.
[241] Ebendort, S. 50.
[242] Ebendort, S. 50.
[243] Vgl. A. F. Bentley, 1949.

scheidung zwischen einerseits privilegierten und mittelgroßen Gruppen und andererseits latenten bzw. großen Gruppen die Ansicht, daß die politischen und gesellschaftlichen Auseinandersetzungen zwischen leicht und nur schwer organisierbaren Gruppen nicht zu einem angenäherten Gleichgewicht der Interessen in der Gesellschaft führen. Schon allein die Tatsache, daß **manche Bevölkerungsgruppen** - wie z. B. die Konsumenten, Steuerzahler oder Rentner - **kaum organisiert** sind und sich auch nur schwer organisieren lassen, kann für diese Gruppen nachteilig wirken. Die **Interessen unorganisierter Gruppen** werden im Kampf der organisierten Interessen um die Gunst der Wirtschafts- und Finanzpolitik leicht übersehen oder zu wenig von der Politik berücksichtigt.

Zudem ist der Umfang des gruppenmäßig erstrittenen „politischen Einkommens" oft völlig unabhängig von der jeweiligen Marktleistung der begünstigten Gruppe und ihrem Beitrag zum Bruttosozialprodukt. So kann beispielsweise ein Produzentenverband einer Schrumpfungsbranche einen hohen Einfuhrzoll für ein bestimmtes Gut durchsetzen, wodurch sich eventuell das Einkommen der betreffenden Produzenten stabilisiert und die reale Kaufkraft von Millionen Konsumenten infolge Preishochhaltung geschmälert wird. Das **Machtpotential der zahlreichen Verbände**, ihre Forderungen durchzusetzen, ist verschieden, so daß sich kaum jemals ein Gleichgewicht der Kräfte herausbilden kann. Ferner sind auch die Interessen der Verbandsfunktionäre nicht in jedem Fall mit denen ihrer Verbandsmitglieder identisch. Haben sich die **Eigeninteressen des Verbandsapparates** bzw. der Verbandsführung ziemlich verselbständigt, so spiegelt die Verbandspolitik nur noch bedingt bzw. teilweise die Interessen der Verbandsmitglieder wider. Die Verwirklichung der Idee, quasi den **Machtsaldo der Gruppen** durch staatliche Förderung von **Gegenmachtbildung** auszugleichen, scheitert meist schon an der Unorganisierbarkeit bestimmter Bevölkerungsgruppen oder an der Unmöglichkeit, eine Verständigung der Machtgruppen zu Lasten Dritter auszuschließen.

12.6 Gruppenkoordination durch politische Unternehmer

Während Olson in seiner Theorie vor allem die Bestimmungsfaktoren des Verbandseintritts und damit der Nachfrage nach Verbandsleistungen analysiert, spielen in der **Theorie der Gruppenkoordination** durch politische Unternehmer[244] die **Angebotsfaktoren** die Hauptrolle. Ausgangspunkt ist die Frage, wie es entgegen der These von der Schwierigkeit der Organisierung einer großen Gruppe zwecks Beschaffung eines Kollektivgutes **(Olson-Dilemma)** dennoch ohne Zwang zu Aktionen großer Kollektive zur Erlangung öffentlicher Güter kommt. Kern der Überlegung ist, daß bei einer leistungsfähigen Koordination durch einen **„politischen Unternehmer"** auch innerhalb von großen Gruppen gemeinsames Handeln hinsichtlich der Versorgung mit einem öffentlichen Gut möglich wird. Der politische Unternehmer übernimmt die **politische Führerschaft** einer Gruppe und bündelt die Einzelinteressen und Aktionen zielgerichtet auf die Erlangung eines Kollektivgutes (z. B. eines bestimmten Wahlergebnisses, von dem sich die meisten Gruppenangehörigen einen Nutzen erhoffen). Er handelt so, weil er sich von der

[244] Vgl. N. Frohlich, 1971; ferner R. Eschenburg, 1975, S. 257 ff.

Erstellung bzw. Erlangung des Kollektivgutes selbst einen Nutzen verspricht, sei es in Form einer finanziellen Vergütung für seine Koordinationsleistung oder in Form der Gewinnung bzw. Stabilisierung von Macht und Einfluß. Die Koordinationsanstrengung des politischen Unternehmers stellt quasi ein gewinn- bzw. verlustträchtiges Investitionsprojekt dar, in das er seine Arbeitskraft und eventuell auch sein Geld investiert. Nur im Fall, daß dem politischen Unternehmer die Koordination gelingt und ein für seine Gefolgschaft nützliches Kollektivgut tatsächlich erstellt wird, hat er auf Dauer eine Gewinnchance. Der politische Unternehmer wird also versuchen, den einzelnen Gruppenangehörigen den Eindruck zu vermitteln, daß ohne ihr Zutun das für alle nützliche Kollektivgut nicht erstellt bzw. erlangt wird. Zudem wird er eventuell durch Bereitstellung **zusätzlicher privater Güter** die Unterstützung und Beitragszahlung möglichst vieler Gruppenangehöriger zu erringen trachten.

Die **Theorie der Gruppenkoordination** durch politische Unternehmer zeigt also die Möglichkeit, daß die meist in großen Gruppen vorherrschende **Lethargie** durch **engagierte Aktivisten**, die gleichzeitig Eigeninteressen mit ihrer Koordinierungsfunktion verfolgen, überwunden werden kann. Es läßt sich z. B. mit ihr das Phänomen erklären, warum sich auch ohne Wahlpflicht der einzelne Wähler innerhalb einer großen Wählermasse gegebenenfalls der Mühe der Stimmabgabe unterzieht. Obwohl der einzelne Wähler von vornherein weiß, daß seine Stimme das Gesamtwahlergebnis nicht entscheidend beeinflussen kann, folgt er oft der Werbung eines politischen Unternehmers, der ihm am nachdrücklichsten das Gefühl seiner Wahlwichtigkeit und seines Wahlnutzens vermittelt. Sind für die Bereitstellung oder Erlangung bestimmter öffentlicher Güter Aufstellungen komplexer Kooperationspläne, Teamarbeit und ständige Aktionen erforderlich, so wird ein einzelner politischer Unternehmer diese vielfältigen Aufgaben kaum alle allein durchführen können. In solchen Fällen tritt an seine Stelle meist eine **Organisation**, welche die Koordinierungsfunktionen übernimmt. Auch die Organisation oder der Verband steht unter **Erfolgszwang**. Nur eine dynamische Organisations- oder Verbandsleitung, die über die Initiativkraft politischer Unternehmer verfügt, kann das Stabilitätsproblem des Gruppenzusammenhalts lösen. Einer erfolglosen Interessenorganisation laufen die Mitglieder, Beitragszahler oder Wähler davon. Zur Lösung des Stabilitätsproblems kommen neben der Schaffung von Vereinigungszwang mit Staatshilfe, Kooperationsdruck gesellschaftlicher oder ökonomischer Art, selektiven Anreizen (gekoppelte Bereitstellung öffentlicher und privater Güter) und Indoktrination bzw. blinde Solidarität vor allem noch Strategien zur Bildung von kleinen Untergruppen in Frage. Wird eine größere Gruppe in Untergruppen aufgespaltet, so werden in der Regel die Interdependenzen der Verhaltensweisen den einzelnen Gruppenangehörigen bewußter und bestimmte Sanktionen (z. B. in Form von Verachtung wegen offenkundiger Verletzung der Gruppensolidarität) eher wirksam.

12.7 Zum Aussagewert

Die **Olsonsche Gruppentheorie** kann als **Meilenstein** in der Analyse des kollektiven Handelns und der Kollektivgüter angesehen werden. **Sie erklärt**,

- warum es bei **marktorientierten Gruppen** unter Kostengesichtspunkten zur Bereitstellung eines **Kollektivgutes** kommt, nämlich immer dann, wenn die **Grenzkosten** für das einzelne Gruppenmitglied geringer sind als die aus dem Kollektivgut resultierenden individuellen **Grenznutzen**,
- warum **nicht-marktorientierte Gruppen**, bei denen jedes Gruppenmitglied das Kollektivgut ohne Beeinträchtigung eines anderen Mitgliedes nutzen bzw. konsumieren kann, möglichst **viele Mitglieder** (zwecks Senkung der Durchschnittskosten) anstreben,
- warum es in **großen Gruppen** mit hohen Mitgliederzahlen und homogenen Präferenzen infolge des **Trittbrettfahrerproblems** kaum Anreize zur Gruppenorganisation gibt,
- warum **große Gruppen** Schwierigkeiten haben, sich mit Kollektivgütern zu versorgen **(Olson-Dilemma)** und zeigt die vier hauptsächlichen Wege zur Überwindung dieses Problems, nämlich **Zwang, selektive Anreize, Sanktionen** sowie **Bildung von kleinen Untergruppen**,
- warum der **Staat**, der aufgrund der Vielzahl der Staatsbürger als größte gesellschaftliche Gruppe angesehen werden kann, für die Bereitstellung mancher **Kollektivgüter** (z. B. äußere Sicherheit) **selbst** sorgen muß,
- warum es relativ **kleinen Gruppen** (z. B. Produzentenverbänden mit nur wenigen Mitgliedern) gelingt, **große unorganisierte Gruppen** (z. B. die Konsumenten und Steuerzahler) **auszubeuten**.

Wie vorwiegend in der sozial- und wirtschaftswissenschaftlichen Forschung basiert auch die **Olsonsche Gruppentheorie** auf dem **methodologischen Individualismus**, was dazu führt, daß alle Aussagen über Kollektive bzw. Gruppen auf Verhaltensweisen von Individuen, aus denen sich die Gruppen zusammensetzen, zurückgeführt werden. Zudem schiebt sich auch in der Gruppentheorie von Olson das altbekannte Fabelwesen „homo oeconomicus" wieder in den Vordergrund. Beide theoretischen Annahmen beschränken jedoch die generelle Anwendbarkeit dieser Theorie. Erfahrungsgemäß verhalten sich nämlich **Gruppen unter Kollektivzwang** manchmal anders als Individuen, und nicht immer geben lediglich rationale Überlegungen den Ausschlag für ein bestimmtes Gruppenverhalten. Die Geschichte kennt viele Beispiele für **irrationales Gruppenverhalten**. Manche soziale, nationale oder religiöse Bewegung, die von Gruppen initiiert worden ist, war weniger durch nüchterne Kalküle von auf Eigennutz bedachten Individuen als vielmehr durch soziale Verantwortung, vaterländische Begeisterung, übersteigerten Nationalismus oder Religionsfanatismus geprägt. Man denke auch an Beispiele panikartigen oder überoptimistischen Gruppenverhaltens an der Börse oder in manchen Konjunkturzyklen, deren Anlässe mehr psychologisch als ökonomisch rational bedingt waren.

Eine Modifizierung erfährt die Olsonsche Theorie des kollektiven Handelns durch die Theorie der Gruppenkoordination durch politische Unternehmer. Die letztgenannte Theorie zeigt, daß bei einer **effizienten Führerschaft** durch einen politischen Unternehmer auch innerhalb von großen Gruppen gemeinsames Handeln und dadurch eine Versorgung mit einem erstrebenswerten Kollektivgut zustande kommt.

13. Kapitel Mesoökonomische Interaktionstheorie der Wirtschaftspolitik

13.1 Kerngedanken

Die Fülle der öffentlichen Klagen über den angeblich **unangemessenen Einfluß** der **Interessengruppen** auf die Wirtschaftspolitik des Staates steht in krassem Gegensatz zu dem Mangel an wissenschaftlichen Analysen über die Interaktionen zwischen wirtschaftspolitischen Entscheidungsträgern und Verbändevertretern.

Ein wesentlicher Grund für das Analysedefizit liegt in der **mangelnden Transparenz** des Zusammenspiels zwischen organisierten Interessengruppen und staatlichen Institutionen. Während z. B. der **interne Funktionsbereich** der Verbände - nicht zuletzt auch durch die bereitwillige Mitarbeit der betreffenden Organisationen - relativ gut erforscht ist, entziehen sich die **externen Funktionen** mancher Interessenorganisationen, insbesondere deren Versuche zur Beeinflussung der Wirtschaftspolitik, häufig öffentlicher Kenntnis und Kontrolle. Besonders die im externen Funktionsbereich erfolgreichen Verbände, die ihre Interessen und Forderungen - häufig zu Lasten anderer - durchgesetzt haben, scheuen meist die Publizität, um die erlangten Gruppenprivilegien nicht in die öffentliche Kritik geraten zu lassen. Manchmal versuchen auch die wirtschaftspolitischen Instanzen, ihr Verhalten gegenüber bestimmten Gruppeninteressen nicht allzu deutlich werden zu lassen, insbesondere, wenn sie sachlich und ordnungspolitisch bedenklichen Gruppenforderungen nachgegeben haben. Naturgemäß können Nichtbeteiligte die Anlässe und Inhalte von Interaktionen zwischen organisierten Interessengruppen und wirtschaftspolitischen Instanzen kaum durchschauen, was auch die wissenschaftliche Analyse durch Außenstehende erschwert. Möglicherweise dominieren auch deshalb in der empirischen Forschung der **Neuen Politischen Ökonomie** politisch-ökonomische **Modelle** mit vorwiegend **makroökonomischen Variablen**. Im Rahmen dieser Modelle wird meist zu testen versucht, ob und inwieweit ökonomische Makrogrößen - wie insbesondere die Arbeitslosenquote, die Inflationsrate und das Wirtschaftswachstum bzw. die Wachstumsrate des real verfügbaren Volkseinkommens - die Popularität und die Wahlchancen einer demokratischen Regierung beeinflussen. Mit anderen Worten, es wird nach signifikanten Zusammenhängen zwischen der kurzfristigen Wirtschaftslage, wie sie sich in der jeweiligen Konjunktursituation zur Wahlzeit widerspiegelt, und den Wahlchancen oder dem Wahlergebnis geforscht.

Ich habe schon früh Zweifel geäußert, ob hier die **wirklich relevanten ökonomischen Einflußvariablen** auf das Wählerverhalten zugrunde gelegt werden. Sieht man einmal von Extremfällen der Vergangenheit - wie der Weltwirtschaftskrise Anfang der dreißiger Jahre des vorigen Jahrhunderts - ab, so scheinen mir für das Wählerverhalten **weniger die allgemeine Konjunkturlage** als vielmehr die in den **unmittelbaren Arbeits- und Lebensverhältnissen** von Bevölkerungsschichten und Berufsgruppen eingetretenen **strukturellen Veränderungen** bedeutsam. Alle Berufsgruppen reagieren auf **belastende Strukturänderungen** in ihrem unmittelbaren Tätigkeitsbereich meist heftig. Dagegen sind nicht wenige Berufsgruppen, wie z. B. **die große Gruppe der Bediensteten im öffentlichen Dienst**, von der allgemeinen Konjunkturlage höchstens unmittelbar, und zwar meist nur über Veränderungen des Preisniveaus, betroffen. Auch unter dem Gesichtspunkt des Zeithorizonts der Wähler läßt sich beobachten, daß die allgemeinen Konjunkturlagen der Vergangenheit kaum im Gedächtnis der Wähler haften bleiben. Dagegen prägen sich unmittelbar erlebte Strukturveränderungen im eigenen Lebens- und Arbeitsbereich, die eventuell zu einschneidenden Umstellungen im Beruf oder in der Lebensweise geführt haben, viel stärker ein.

Erfahrungsgemäß ist auch **kaum eine Regierung** in der Lage, die **Binnenkonjunktur**, die von vielen einheimischen und weltwirtschaftlichen Faktoren abhängt, **wahlzeitgerecht zu steuern**. Daher bleiben **Rezepturen** für eine stimmenmaximierende Politik, die darauf hinauslaufen, etwa zwei Jahre vor der Wahl eine leichte Rezession bewußt anzustreben und im Wahljahr mit einer wirtschaftspolitisch initiierten glänzenden Konjunkturlage die Wahlen zu gewinnen, nur **theoretische Gedankenspiele**. Zudem kann eine massive Konjunkturankurbelung für die Wahlchancen einer Regierung eventuell sogar verheerende Wirkungen haben, wenn dabei auf Umweltschutzerfordernisse keine Rücksicht genommen wird und ein von **Wachstumssprüngen** ausgelöster **massiver Strukturwandel** eine Vielzahl neuer **struktureller Anpassungsprobleme** in den Branchen, Berufen und Regionen mit sich bringt. Da die vom Strukturwandel negativ Betroffenen dazu neigen, die strukturellen Belastungseffekte der Regierung anzulasten und mangelnde Strukturhilfen mit Stimmentzug bei der nächsten Wahl zu quittieren, versuchen die Regenten zumeist, den **Strukturwandel zu bremsen** und mittels einer **Politik der Gruppenbegünstigungen** und Wahlgeschenke einem Stimmenschwund entgegenzuwirken. Die praktizierte **Politik gezielter Wahlgeschenke**, die auf die verschiedenen Gruppen der Gesellschaft ausgerichtet wird, zeigt denn auch die weitaus **stärkere Bedeutung mesoökonomischer Handlungsparameter**. Viel eher als die allgemeine Konjunkturlage wahlzeitgerecht zu steuern, ist die Regierung nämlich in der Lage, Strukturhilfen in Form von Subventionen, Steuervergünstigungen oder Wettbewerbsbeschränkungen zugunsten bestimmter Wirtschaftszweige und Gruppen zu planen und einzuführen. Dieses zeigt, daß den makroökonomischen Variablen viel weniger Bedeutung für die Regierungspopularität und das Wahlverhalten der Bürger zukommt als bisher angenommen wurde. Ich gehe jedoch nicht so weit, zu behaupten, daß die **allgemeine Konjunkturlage** auf Wahlchancen und Wahlergebnisse überhaupt keinen Einfluß hat bzw. haben kann. Meines Erachtens spielt aber die Konjunkturlage nicht immer und schon gar nicht für alle Wählergruppen die alles überragende Rolle für das Wählerverhalten.

Da sich die Ökonomische Theorie der Politik vorwiegend mit wahlmäßigen Interaktionen zwischen politischen Parteien und Wählern befaßt und somit im mikroökonomischen Bereich verbleibt und sich die bisherigen empirischen Forschungen der Neuen Politischen Ökonomie meist im Rahmen von Modellen mit makroökonomischen Variablen bewegen, besteht ein **Analysedefizit** hauptsächlich für den gruppenmäßig strukturierten **Mesobereich**. Es fehlen insbesondere für die im mesoökonomischen Bereich **angesiedelte Strukturpolitik**, die bei mittleren Aggregaten (Gruppen, Branchen und Regionen) ansetzt, plausible theoretische Erklärungsmuster und empirisch praktikable Analysemodelle. Dieses hat mich bewogen, für die nunmehr vorrangige Entwicklung politisch-ökonomischer **Modelle mit me-**

soökonomischen Variablen zu plädieren und ein solches Grundmodell selbst zu entwickeln.

Mein theoretischer Ansatz, den ich als **Mesoökonomische Interaktionstheorie der Wirtschaftspolitik** bezeichne, geht vom Tatbestand der Gruppengesellschaft und deren Interaktionen mit dem Staat aus. Zentrale Problemstellung ist es, die **Beziehungen** zwischen den **Interessengruppen** und den **strukturpolitischen Entscheidungsträgern** zu analysieren und anhand eines **politisch-ökonomischen Interaktionsmodells** Erklärungsmuster für gruppenmäßige und strukturpolitische Verhaltensweisen aufzuzeigen. Dieses geschieht mittels eines **Marktmodells für Strukturhilfen**, das auf empirisch abgestützten Verhaltensannahmen basiert.[245] Die dem Meso-Grundmodell zugrunde liegenden Hypothesen über die Motivationen und das Verhalten der Tauschpartner auf dem **„Markt für Strukturhilfen"** lassen sich empirisch überprüfen und erfüllen somit das Kriterium der Falsifizierbarkeit. Die Mesoökonomische Interaktionstheorie der Wirtschaftspolitik bewegt sich also hauptsächlich im Bereich nomologischer Theorie, deren Ziel es ist, Phänomene und Zusammenhänge zu erklären und universale Hypothesen bzw. allgemeine Regeln aufzustellen, die durch Beobachtung und Erfahrung nachprüfbar und falsifizierbar sein müssen.

13.2 Interaktionen zwischen Gruppen und Staat

Die heutige Gesellschaft gliedert sich weitgehend in Gruppen, die entweder ihre Eigeninteressen gegenüber dem Staat in organisierter Form selbst vertreten oder deren vermeintliche Gruppeninteressen - auch ohne organisierte Gruppenvertretung - von der Wirtschafts- und Gesellschaftspolitik beachtet werden. In der Regel werden die **organisierten Gruppeninteressen** von der praktizierenden Politik **vorrangig berücksichtigt**, weil die Forderungen von Organisationen meist präzise formuliert und deren Pressionsmittel schlagkräftig sind.

Die **Gruppengesellschaft** der Gegenwart unterscheidet sich von den Ständegesellschaften früherer Epochen vor allem dadurch, daß die Zuordnungen zu einer Gruppe kaum noch durch eine Zugehörigkeit zu einer bestimmten gesellschaftlichen Schicht (z. B. Adel oder Bürgertum) oder einer bestimmten Milieuprägung (z. B. großbürgerlich-liberales oder protestantisch-puritanisches Milieu) als vielmehr durch die tatsächlichen oder vermeintlichen **materiellen Gruppeninteressen** bestimmt werden. Da das gemeinsame Interesse, und zwar im Sinne materieller (nicht ideeller) Interessiertheit, quasi als Synonym für eine Gruppe steht, spricht man auch von **Interessengruppen**. Das gemeinsame materielle Interesse, das der Staat einer Gruppe zubilligt, drückt sich auch in der Wirtschafts- und Gesellschaftspolitik aus. So wird in der Regel nicht ein einzelnes Wirtschaftssubjekt, sondern meist ein ganzer Wirtschaftszweig oder eine Berufsgruppe gefördert.

Jeder Zusammenschluß von Menschen zu einem Gemeinwesen (Gesellschaft, Staat) steht vor dem Problem, die häufig **gegensätzlichen materiellen Gruppen-**

---

[245] Die zugrunde gelegten Verhaltensannahmen stützen sich neben den einschlägigen Ergebnissen der Fachliteratur auch auf eigene Erfahrungen, die ich während meiner langjährigen Tätigkeit im Bonner Bundesministerium für Wirtschaft sammeln und verarbeiten konnte.

interessen zu identifizieren und möglichst auszugleichen. Deshalb beachten die politisch-staatlichen Entscheidungsträger, was die Interessengruppen im gesellschaftlichen Vorfeld der Politik bewegt und was sie fordern. Hinsichtlich des Ausgleichs der vielfältigen Gruppeninteressen kann sich der Staat nicht nur auf eine neutrale Schiedsrichterposition beschränken, weil selbst eine partielle Konkurrenz der Gruppeninteressen nicht zu einem fairen und tragbaren Ausgleich führt. Die Hypothese, daß sich infolge der Konkurrenz der Interessengruppen die **Partialinteressen** der Gruppen letztlich ausgleichen, trifft schon deshalb nicht zu, weil wegen der Unorganisierbarkeit mancher Interessen und der Ungleichheit des Machtpotentials der organisierten Interessenvertretungen nur eine teilweise und relativ **unvollkommene Pseudokonkurrenz** am Markt der Interessenvertretung stattfindet. Zudem rivalisieren nicht alle Interessengruppen miteinander, weil manchmal die Interessen bestimmter Gruppen gleichgelagert sind. Außerdem bilden sich gelegentlich auch **unheilige Allianzen** von eigentlich gegensätzlichen Interessengruppen (z. B. von Arbeitgeberverbänden und Gewerkschaften), um bei einzelnen gemeinsamen Anliegen (z. B. zur Erlangung von strukturpolitischen Erhaltungssubventionen) den gleichen Kurs gegenüber den politischen Entscheidungsträgern zu steuern. Nicht selten fungieren mächtige Interessengruppen (z. B. Gewerkschaften oder Wirtschaftsverbände) als organisatorischer Hintergrund für bestimmte politische Parteien. Es verwundert deshalb nicht, wenn die politischen Mandatsträger besonders die Meinung **ihrer Hilfstruppen** beachten und möglichst deren Anliegen zu unterstützen trachten. Manchmal kooperiert der Staat sogar mit diesen ideologisch und materiell verflochtenen Interessengruppen derart, daß ein Zusammenspiel schon fast als **geteilte Herrschaftsausübung** angesehen werden kann. Warnungen vor einem Hineingleiten in einen **Gewerkschaftsstaat** oder einen **Verbändestaat** sind deshalb nicht gänzlich irrelevant. Öffnen sich die politisch-staatlichen Entscheidungsträger zu sehr den Gruppenwünschen und konzentrieren sie sich vorrangig auf deren Befriedigung, so bleiben oftmals die öffentlichen Interessen und das Gemeinwohl auf der Strecke. Die Folge ist meist, daß weniger das sparsame und ausgeglichene Budget als anzustrebendes Ziel gilt, sondern statt dessen möglichst große Zuwachsraten im öffentlichen Haushalt zur Befriedigung von Gruppenforderungen als erfolgreiche Politik angesehen werden. Eine derartige **gruppenzentrierte Gefälligkeitspolitik** läßt das rationale Einschätzungsvermögen hinsichtlich der begrenzten finanziellen Möglichkeiten verkümmern und animiert die Interessengruppen oft zu immer maßloseren Forderungen.

Erfahrungsgemäß wird in parlamentarischen Demokratien, in denen aufgrund der Vereinigungs- und Koalitionsfreiheit vielfältige Interessenorganisationen entstanden sind, der **Staat** ständig gedrängt, **Strukturhilfen** für diese oder jene Gruppen zu gewähren. Branchenverbände und andere Interessenorganisationen fordern nicht nur finanzielle Unterstützung in Form von **Subventionen** und **Steuervergünstigungen**, sondern auch zu ihren Gunsten wirkende staatliche **Regulierungen**.

Häufig nehmen sich die staatlichen Entscheidungsträger in Regierung und öffentlicher Verwaltung aus unterschiedlichen Motiven und Eigeninteressen - wie z. B. aus wahlpolitischen Überlegungen oder aus Gründen der Kompetenzerweiterung - derartigen Verbandsanliegen an und erfüllen jeweils nach ihren **rechtlichen und finanziellen Möglichkeiten** und gegebenenfalls im Rahmen von **Ermessensentscheidungen** die Verbandsforderungen. So verformt sich in der Praxis die **sek-**

torale Wirtschaftspolitik immer mehr zu einer **vorwiegenden Gruppenbegünstigungspolitik**, die de facto aus einem wirren Sammelsurium von sektoralen Protektionismen und teilweise widersprüchlichen Dirigismen besteht. Um die ordnungspolitisch bedenkliche Befriedigung von Partialinteressen zu Lasten Dritter und die Gefährdung des **Gemeinwohls**[246] nicht ins Bewußtsein der Öffentlichkeit treten zu lassen, neigt die praktizierende Politik gelegentlich dazu, die Vielzahl von sektoralen Protektionismen und Dirigismen unter der neutralen Bezeichnung **„Strukturpolitik“** zusammenzufassen. Zwischen dem, was wirklich der Strukturverbesserung in der Volkswirtschaft dient und somit den Namen Strukturpolitik zu Recht verdient und dem, was nur zum Zwecke der **Tarnung von Protektionismus** unter dieser Bezeichnung zusammengefaßt wird, bestehen jedoch unüberbrückbare Gegensätze. Auch in einem marktwirtschaftlich orientierten Wirtschaftssystem gibt es durchaus Anlässe, wie z. B. die mangelnde Mobilität von Produktionsfaktoren und bestimmte strukturelle Anpassungshemmnisse, die strukturpolitisches Handeln des Staates erfordern können. Eine Strukturpolitik, die der Verbesserung der Anpassungsfähigkeit der Wirtschaftssubjekte an den ökonomischen Strukturwandel dient, ist jedoch etwas ganz anderes als eine reine Gruppenbegünstigungspolitik, welche die sektoralen Strukturen zu konservieren und somit den Druck zur Anpassung an den Strukturwandel aufzuheben versucht.

Zum Zwecke der theoretischen Analyse lassen sich finanzielle Unterstützungen und staatliche Regulierungen zugunsten bestimmter Wirtschaftszweige und Gruppen unter dem Oberbegriff **„Strukturhilfen“** zusammenfassen und **als öffentliche Güter**, die kollektive Bedürfnisse von Wirtschaftszweigen und Interessengruppen befriedigen, betrachten. Von diesem Ansatzpunkt her ist das Phänomen „Strukturhilfe“ im Rahmen des allgemeinen **Tauschparadigmas** analysefähig. Analog den üblichen Tauschelementen kann man sich gewissermaßen einen **„Markt für Strukturhilfen“** vorstellen, auf dem sich Angebot und Nachfrage nach dem Gut „Strukturhilfe“ treffen. Ein Charakteristikum dieses Gutes ist es, daß staatlich gewährte Strukturhilfen in Form von finanzieller Unterstützung oder mittels Regulierungsmaßnahmen darauf abzielen, die Einkommens-, Markt- und Wettbewerbssituation eines Wirtschaftszweiges oder einer eng begrenzten Gruppe zu verbessern, meist zu Lasten Dritter (insbesondere der Steuerzahler und/oder der Konsumenten).

13.3 Entscheidungs- und Koordinierungselemente bei Interaktionen

Bei Interaktionen zwischen wirtschaftspolitischen Entscheidungsträgern und Interessengruppen kommen neben dem **Tausch und Markt** als Interaktions- und Koordinierungsmechanismus noch eine Reihe weiterer Entscheidungs- und Koordinierungselemente zur Anwendung, wie insbesondere **Verhandlungen, Anhörungen, innerorganisatorische Abstimmungen, Widerspruch, Drohung und Pression**. Beim **marktlichen Tauschprozeß** findet im Rahmen horizontaler Koordination

[246] Generell läßt sich das Gemeinwohl definieren als die materielle Wohlfahrt der Gesamtbevölkerung eines Gemeinwesens im Rahmen einer für alle gleichen Wirtschafts- und Rechtsordnung.

ein freiwilliger Austausch von Leistungen zwischen gleichberechtigten Marktteilnehmern statt. Da keiner einen anderen Marktteilnehmer zum Tausch zwingen kann, wird jeder versuchen, den anderen **durch Anreize** zum Tausch zu bewegen. **Verhandlungen**, die ebenfalls im Rahmen einer horizontalen Beziehung zwischen gleichberechtigten Teilnehmern stattfinden, dienen in der Regel der Entscheidungsvorbereitung mit dem Ziel eines **Vertragsabschlusses**. Zwischen strukturpolitischen Entscheidungsträgern und Wirtschaftszweigen oder bestimmten Interessengruppen werden üblicherweise keine Verträge mit verpflichtenden Bindungen abgeschlossen. Statt dessen kommt bei derartigen Beziehungen meist die **Anhörung** zur Anwendung. Bei solchen Anhörungen, zu denen bestimmte Branchenverbände oder andere organisierte Interessengruppen eingeladen werden, wollen sich die strukturpolitischen Instanzen über sektorale Probleme informieren, um auf einer breiteren Wissensgrundlage ihre Entscheidung zur Lösung des Strukturproblems treffen zu können. Die zur Anhörung gebetenen Verbände verknüpfen mit der Darstellung der Strukturprobleme meist auch Lösungsvorschläge, die aus ihrer Sicht notwendig, aber auch gleichzeitig für ihre Verbandsmitglieder günstig sind. Verhandlungen und Anhörungen gehen in der Regel **innerorganisatorische Abstimmungen** in den Verbänden voraus, wobei versucht wird, aus unterschiedlichen Meinungen von Verbandsmitgliedern eine einheitliche Verbandsmeinung zu bilden, die dann gegenüber den politisch-staatlichen Instanzen vertreten werden soll. Falls bei solchen innerverbandlichen Meinungsbildungen keine Einigung auf eine nach außen zu vertretende einheitliche Argumentationslinie zustande kommt, wird meist durch **Mehrheitsbeschluß** das verbandliche Vorgehen verbindlich festgelegt. Eventuell wird auch der Verhandlungsführer oder Verbandsvertreter für die Anhörung durch **Wahl** auf eine Mitgliederversammlung bestimmt. In der **hierarchisch gegliederten Ministerialbürokratie**, die durch Unter- und Überordnung gekennzeichnet ist, herrscht **vertikale Koordinierung** vor. Zwecks Bildung einer einheitlichen Ministeriumsmeinung wird meist zunächst versucht, auf dem Besprechungswege eventuelle Meinungsverschiedenheiten zwischen gleichrangigen Referaten auszuräumen. Wenn dieses jedoch nicht gelingt, entscheidet letztlich die **übergeordnete Instanz** innerhalb der Ministerialbürokratie.

Auch **Abwanderung** und **Widerspruch** sind zwei unterschiedliche Verhaltensweisen, die bei Interaktionen zwischen wirtschaftspolitischen Entscheidungsträgern und autonomen Wirtschaftsverbänden angewandt werden. Während ein Interaktionspartner bei unbefriedigender Interaktionsbeziehung durch Abwanderung die Beziehung beendet, kann als Widerspruch „jeder wie immer geartete Versuch (bezeichnet werden), einen ungünstigen Zustand zu ändern, anstatt ihm auszuweichen“.[247] Im letzteren Fall bleibt also die Beziehung bestehen, wobei jedoch mit dem Widerspruch erreicht werden soll, daß künftig die Interaktionen unter anderen, meist für den Widersprecher günstigeren Bedingungen, erfolgt. Mittels **Drohungen** können sowohl strukturpolitische Instanzen als auch nach Strukturhilfen strebende Interessenverbände versuchen, ihre Ziele zu erreichen. So können Strukturpolitiker z. B. damit drohen, eine für den betreffenden Wirtschaftszweig „härtere“ Maßnahme zu ergreifen, wenn die Unternehmen der Branche ein strukturpolitisch unerwünschtes Verhalten nicht aufgeben. Umgekehrt können beispielsweise Wirtschaftszweige den politisch-staatlichen Instanzen gegenüber die Drohung aus-

---

[247] A. O. Hirschman, 1974, S. 25.

sprechen, Betriebsverlagerungen in das Ausland vornehmen zu wollen, wenn nicht bestimmte Strukturhilfen in Form von Investitionszulagen oder Steuervergünstigungen gewährt werden. Mittels **Pressionen** versuchen häufig Wirtschaftszweige und Berufsgruppen, ihre Anliegen durchzusetzen. So blockieren z. B. Transportunternehmen oder Bauern bestimmte Transportwege, um Transporte ausländischer Fuhrunternehmer oder die Einfuhr landwirtschaftlicher Erzeugnisse zu verhindern, wobei sie hoffen, daß die staatlichen Instanzen dadurch veranlaßt werden, ihren Wünschen nach Konkurrenzschutz nachzukommen.

13.4 Meso-Grundmodell „Markt für Strukturhilfen"

In dem folgenden politisch-ökonomischen **Meso-Grundmodell** fungieren die **strukturpolitischen Entscheidungsträger** in einer parlamentarischen Demokratie als **politische Unternehmer**, die um Erhalt bzw. Erringung politischer Macht und Ämter konkurrieren und deshalb nach **Maximierung ihrer Wählerstimmen** und/oder ihres **persönlichen Nutzens** und ihrer **institutionellen Bedeutung** streben. Im Wettstreit der politischen Parteien sowie beim Streben der Ministerien nach institutioneller Bedeutung werden **staatliche Strukturhilfen** angeboten bzw. versprochen, die von den **Interessengruppen** der pluralistischen Gesellschaft nachgefragt werden. Dabei sind Strukturpolitiker sowohl der Regierungspartei(en) als auch der Oppositionspartei(en) potentielle Anbieter von Strukturhilfen, wenngleich von unterschiedlicher Bedeutung hinsichtlich Realisierungsmacht und -zeit. Natürlich kann ein strukturpolitisches Hilfsprogramm von Politikern der Regierungspartei(en), die über eine parlamentarische Mehrheit verfügen und sich einig sind, leichter und schneller durchgesetzt werden als von der Opposition, die erst die notwendige Entscheidungsmacht über tragfähige interfraktionelle Mehrheiten herstellen müßte.

Der **„Markt für Strukturhilfen"** weist folgende **Modellprämissen** auf:

a) **Auf der Anbieterseite:**

- Die **strukturpolitischen Entscheidungsträger** (Parlament, Minister, Ministerialbeamte) streben unter dem Eigennutzaxiom nach Sicherung errungener Ämter oder nach Erringung höherer Positionen, wobei parteizugehörige **Strukturpolitiker** hauptsächlich über ein **wählerstimmenmaximierendes** und Beamte vorrangig über ein **kompetenzoptimierendes Verhalten** diese Ziele zu erreichen versuchen.
- Da die Strukturpolitiker wegen **unvollständiger Informationen** und begrenzter kognitiver Fähigkeiten oft nicht wissen, ob und gegebenenfalls inwieweit ihre Handlungen zieloptimal sind, geben sie sich in der Regel mit erkennbaren oder vermuteten **Zielannäherungslösungen** zufrieden.
- Die strukturpolitischen Instanzen (Parlamente, Regierungen, Ministerien) sind prinzipiell in der Lage, sich im parlamentarischen und administrativ-hierarchischen **Entscheidungsprozeß zu einigen** und Strukturhilfen anzubieten.
- Die strukturpolitischen Institutionen sind grundsätzlich bereit, **Strukturhilfen** gegen von ihnen als angemessen empfundene **Gegenleistungen** oder Folgewirkungen abzugeben.

b) **Auf der Nachfragerseite:**

- Die **Interessen- und Verbandsorganisationen** streben eine Optimierung der **Verzinsung des „Verbandskapitals“** an, indem sie einen möglichst großen Überschuß an quantifizierbaren Vorteilen aus strukturpolitischen Regelungen zugunsten der Verbandsmitglieder (**Output**) über die aufgewendeten Kosten für die Verbandsorganisation im externen Funktionsbereich (**Input**) zu erreichen suchen.
- Die Interessen- und Verbandsorganisationen sind in der Lage, die **Vorteile bzw. Nachteile** von strukturpolitischen Maßnahmen für ihre Mitglieder zu erkennen und - sofern quantifizierbar - auch zu berechnen.
- Die Interessengruppen und Verbände sind fähig, auch **heterogene Interessen** ihrer Mitglieder zu einer **homogenen Nachfrage** nach dem Kollektivgut „Strukturhilfe“ zusammenzufassen.
- Die Strukturhilfen anstrebenden Gruppen (Produzentenverbände, Berufsgruppen) verfügen über **Gegenleistungen** (wie z. B. Wahlbeeinflussung ihrer Mitglieder, Fachberatung der Ministerien), die von den strukturpolitischen Entscheidungsträgern als adäquat angesehen werden.

Es kann angenommen werden, daß auf dem **Markt für Strukturhilfen** fast immer ein **Angebot** - wenngleich nicht offen, so doch latent - vorhanden ist. Zum einen sind erfahrungsgemäß die strukturpolitischen Instanzen grundsätzlich bereit, eine Strukturhilfe aus dem Arsenal gegen eine als angemessen empfundene und ihren Interessen dienende Gegenleistung zu tauschen. Dabei werden oft ordnungs- oder verteilungspolitische Bedenken bewußt gering geachtet. Zum anderen gibt es **Formen von Strukturhilfen**, die der **Staat** fast jederzeit relativ leicht **produzieren und anbieten** kann. Zu diesen Strukturhilfen gehört vor allem die Gewährung von **Wettbewerbsprivilegien in Form von Wettbewerbsbeschränkungen** zugunsten bestimmter Wirtschaftszweige oder Gruppen. Im Gegensatz zu Strukturhilfen in Form von Branchensubventionen und Steuervergünstigungen, deren Angebot infolge knapper Finanzen und des Zwanges zum Budgetausgleich begrenzt ist, können **Wettbewerbsbeschränkungen** quasi **ohne „Produktionskosten“** - wenngleich meist nur unter gesellschaftlichen Wohlfahrtseinbußen - staatlicherseits fast beliebig angeboten werden. Da erfahrungsgemäß die flexiblen marktwirtschaftlich orientierten Gesamtordnungen ein relativ hohes Maß von Interventionen und Wettbewerbsbeschränkungen auf Teilgebieten verkraften können, sind die strukturpolitischen Instanzen zur Gewährung derartig ordnungsinkonformer Maßnahmen oft schnell bereit. Viele **wettbewerbsreduzierende Bestimmungen** in Branchengesetzen und Rechtsverordnungen zeugen davon, daß selbst dann, wenn ordnungspolitisch weniger einschneidende Mittel zur Verfügung standen, den wettbewerbsbeschränkenden Maßnahmen der **Vorzug** gegeben worden ist. Häufig geschah dieses auf Drängen von Interessengruppen, bei denen sich nicht selten Koalitionen zwischen Produzentenverbänden und Branchengewerkschaften bildeten. So unterstützte die Branchengewerkschaft oft die Forderung ihres korrespondierenden Produzentenverbandes nach sektoralen Wettbewerbsbeschränkungen in der Erwartung, daß dadurch die Ertrags- und Beschäftigungslage der Unternehmen und somit auch ihre Chancen zur Durchsetzung von Lohnerhöhungen verbessert werden.

Eine Überprüfung der Stichhaltigkeit von **Regulierungsbegründungen** ergibt, daß sich die meisten strukturpolitischen Regulierungen weniger auf die typischen wirtschaftstheoretischen Argumente für einen eventuellen Regulierungsbedarf stützen, als vielmehr auf **wahl- und parteipolitischen Opportunitäten** und **ressortegoistischen Interessen** basieren. Regulierungsmißbrauch entspringt oft auch dem Bestreben der Ministerialbürokratie, ihre Kompetenzen durch vermehrte Regulierung zu erweitern. Dabei zeigt sich in der Regulierungspraxis, daß sich die Regulatoren - selbst dann, wenn sie anfangs in etwa die Attitüde einer **wohlwollenden Aufsichtsbehörde** einnehmen - schon nach relativ kurzer Zeit als **Betreuer** der Regulierten betrachten und sich mit deren Partialinteressen identifizieren. Dieses vielfach zu beobachtende Phänomen läßt sich als **Gefangennahme-Theorem** bezeichnen. Danach wird jede Regulierungsbehörde schon nach relativ kurzer Zeit von dem zu regulierenden Wirtschaftszweig quasi „eingefangen", deren Partialinteressen als mit den eigenen Interessen zu identifizieren und nach außen zu vertreten. So kann man beispielsweise feststellen, daß in manchen Ländern mit ausgedehntem Agrarprotektionismus die Ministerien für Ernährung und Landwirtschaft in ihrer praktizierenden Politik faktisch zu **„Ministerien zur Ernährung der Landwirtschaft"** geworden sind. Ebenso degenerieren Verkehrsministerien, die vornehmlich Regulierungspolitik zugunsten der Anbieter von Verkehrsleistungen betreiben und die Interessen der Verkehrsnutzer vernachlässigen, zu reinen **Interessenwahrnehmungsbehörden von Verkehrsträgern**. Auch Wirtschafts- und Industrieministerien mit vorwiegend branchenmäßiger Organisationsstruktur bieten breite Einfallstore für Partial- und Produzenteninteressen. Infolge der Neigung von Regulierungsbehörden zu unheiligen Allianzen mit den regulierten Interessengruppen sind vielfach sachlich überflüssige Regulierungen entstanden. Verursachen derartige Regulierungsmaßnahmen Probleme an anderer Stelle, so versuchen Regulierungsbehörden häufig, durch weitere Regulierungen diese zu beseitigen. So entstehen manchmal ganze **Regulierungsspiralen**. Das Phänomen der Dauerhaftigkeit von Regulierungen beruht darauf, daß die Begünstigten ihre erlangten Privilegien stets machtvoll verteidigen, und die Regenten kaum von breiten Wählerschichten - die zwar indirekt belastet, aber meist schlecht informiert sind - zu Deregulierungen gezwungen werden. Würde z. B. die Mehrzahl der Wähler die verbraucherfeindlichen Wirkungen der EU-Agrarmarktordnungen erkennen, so wäre der politische Druck zur Reform der Agrarpolitik in Richtung auf einen Abbau von agrarprotektionistischen Regulierungsmaßnahmen sicherlich größer.

Bevor ein Verband als Nachfrager auf dem Markt für Strukturhilfen auftritt, muß die Verbandsleitung die oft **differierenden Interessen** der Verbandsmitglieder harmonisieren. Bei stark heterogenen Mitgliederinteressen kann eine realistische Verbandsforderung manchmal nur eine Art **Durchschnittsinteresse** oder das **Hauptinteresse der Mehrzahl** aller Verbandsmitglieder widerspiegeln. Nicht berücksichtigte Interessen können jedoch zu **Verbandsaustritten** führen. Um diese zu vermeiden, sind die Verbandsführungen gelegentlich bemüht, möglichst viele und eventuell auch außergewöhnliche Interessen zu beachten, was zu **überzogenen Verbandsforderungen** führen kann. Da jedoch unrealistische Verbandsforderungen, die am Markt für Strukturhilfen nicht befriedigt werden, für die Verbandsmitglieder wertlos und der Verbandsleitung als Mißerfolg angekreidet werden, gibt es bei Verbandswünschen eine **natürliche Forderungsbremse**. Besonders die geschäftsführende Verbandsleitung, die in der Regel für alle Mißerfolge des Verbandes verantwortlich gemacht wird, dämpft oft aus Eigeninteresse allzu weitgehende Forderungen einzelner Verbandsmitglieder. Obwohl die angestellten Verbandsmanager (Hauptgeschäftsführer und Abteilungsleiter) dem in der Regel ehrenamtlich tätigen Verbandspräsidenten als Repräsentanten aller Verbandsmitglieder unterstellt sind und hauptsächlich eine Dienstleistungsfunktion ausüben sollen, fungieren sie meist als die eigentlichen Regenten des Verbandsgeschehens. Häufig sind sie nur aufgrund ihrer umfassenden Branchenkenntnisse sowie ihrer Verbindungen zu den wirtschaftspolitischen Entscheidungsinstanzen in der Lage, **realistische Verbandsziele** zu formulieren und Verbandsforderungen am Markt für Strukturhilfen durchzusetzen. Ist die geschäftsführende Verbandsleitung aus der ihr zugedachten Dienerrolle gegenüber den Mitgliedsorganen (Präsident, Mitgliederversammlung) in die faktische Herrschaftsposition gelangt, so kann sie auch spezifische **Eigeninteressen des Verbandsapparates** - die eventuell den Interessen der Verbandsmitglieder widersprechen - verfolgen. Beispielsweise kann sie zwecks Erweiterung ihres eigenen Herrschaftsbereichs bewußt solche Strukturhilfen anstreben, deren verbandsseitige Verwaltung eine personal- und kostenmäßig größere Verbandsorganisation voraussetzt.

Auf dem Markt für Strukturhilfen herrscht fast ständig eine **Übernachfrage nach strukturellen Hilfen**, welche der Staat allein schon aus der Begrenzung seiner finanziellen und sonstigen Möglichkeiten nicht befriedigen kann. Nahezu alle Verbandsorganisationen der gewerblichen Wirtschaft sehen sich zu einem **rentensuchenden Verhalten** gezwungen. Der Erfolg bzw. Mißerfolg eines Verbandes wird nämlich daran gemessen, ob bzw. inwieweit die Tätigkeit der Verbandsorganisation den Mitgliedern einen **Überschuß** über das marktmäßig erzielbare Einkommen eingebracht hat. Stellt man die Kosten für die Verbandsorganisation und deren Tätigkeiten im externen Aufgabenbereich (Inputs) den erlangten und quantifizierten Vorteilen (Outputs) gegenüber, so erhält man bei einem Überschuß des Outputs quasi die **politische Verzinsung** des eingesetzten **Verbandskapitals**. Die politische Verzinsung schlägt sich nieder in **Erträgen** und **Preisen**, die z. B. infolge von erlangten Subventionen oder verteidigten Anbieterschutzordnungen höher als ohne diese erstrittenen staatlichen „Strukturhilfen" sind. Die Interessenverbände üben oft einen Zwang zur Ausweitung des Angebotes an Strukturhilfen aus, indem sie durch massive Pressionen ihrer Nachfrage bzw. ihrem Hilfsbegehren Nachdruck verleihen.

Dabei haben erfahrungsgemäß **Interessengruppen** mit hohem **Konfliktpotential**, das beim Einsatz das gesellschaftliche Leben erheblich stören kann, die besten Erfolgsaussichten. Ferner kann die Bereitschaft der strukturpolitischen Entscheidungsträger zur Ausdehnung von Strukturhilfen gesteigert werden, wenn es den Interessengruppen gelingt, das **soziale Image** der Regierung bei breiten Wählerschichten in Frage zu stellen. So gipfelt dann auch eine der meistbenutzten Diskreditierungen im Wohlfahrtsstaat in dem Vorwurf, die Regierung betreibe **„Sozialabbau"**, obwohl es sich de facto oft um den Versuch eines **Privilegienabbaus** bei Gruppen handelt. Auf dem Markt für Strukturhilfen schafft sich die Nachfrage häufig ein maßgeschneidertes Angebot, indem die pressure-groups den strukturpolitischen Entscheidungsträgern eine auf ihre Partialinteressen abgestellte Strukturhilfe abringen.

Die Branchenverbände und Berufsgruppen bezahlen die Strukturhilfen - sieht man von illegalen Zuwendungen an die Parteikassen oder von Bestechungen ab - nicht in Geld oder geldwerten Leistungen. Ihre potentielle **Gegenleistung** kann in ihrem Einfluß gesehen werden, die **Stimmen** ihrer Mitglieder bei der nächsten **Wahl** den Regenten oder der Opposition zuzuführen. Sie kann auch darin bestehen, den Politikern oder Ministerialbeamten durch verbandsseitige Unterstützung zu **Bedeutungszuwächsen** und eventuell mittelbar zu prestigeträchtigen **Ämtern** oder **Beförderungen** zu verhelfen. Gelegentlich besteht die Gegenleistung für erlangte oder erpreßte Strukturhilfen auch nur darin, daß bestimmte Interessengruppen zumindest eine Zeitlang den von ihnen inszenierten öffentlichen Wirbel und die massiven **Anschuldigungen** der Regierung einstellen.

13.5 Aktionsphasen und Interaktionsschema

Auf dem Markt für Strukturhilfen sind die Verhandlungen von Nachfragern und Anbietern bzw. zwischen Interessengruppen und strukturpolitischen Entscheidungsträgern manchmal kompliziert und langwierig. Zudem enden sie oft mit einem Ergebnis, das von der erstrebten Nachfrage bzw. der gewünschten Strukturhilfe und/oder dem ursprünglichen Hilfsangebot beachtlich abweicht. Der wesentliche Grund liegt darin, daß die **Abstimmung** von Angebot und Nachfrage auf dem Strukturhilfenmarkt oft nur über Veränderungen der ursprünglichen Positionen der Nachfrager und Anbieter gelingt. So verändern sich dann gezwungenermaßen sowohl Nachfrage als auch Angebot im verschachtelten administrativ-hierarchischen und parlamentarischen Koordinierungsprozeß.

Der Prozeß wirtschafts- bzw. strukturpolitischen Handelns weist in der Regel **mehrere Aktionsphasen** auf, denen sich jeweils typische Aktionen der Träger und Beeinflussungskräfte sektoraler Strukturpolitik in einer pluralistischen Gesellschaft und repräsentativen Demokratie zuordnen lassen.

Im folgenden Tableau werden sechs Aktionsphasen des wirtschafts- bzw. strukturpolitischen Handelns unterschieden, denen jeweils spezielle Fragestellungen entsprechen.

Aktionsphasen wirtschafts- bzw. strukturpolitischen Handelns

Aktionsphase	Fragestellung
1. Initiativphase	Wodurch wird wirtschafts- bzw. strukturpolitisches Handeln ausgelöst?
2. Planungsphase	Wie wird das Handeln geplant?
3. Koordinierungsphase	Wie wird geplantes Handeln abgestimmt?
4. Entscheidungsphase	Wie ist der Entscheidungsprozeß angelegt?
5. Ausführungsphase	Wie wird die Entscheidung verwirklicht?
6. Kontrollphase	Wie werden das Handeln und die Ausführung kontrolliert?

Nachfolgend wird ein **Interaktionsschema** im Bereich der Strukturpolitik vorgestellt, das ich aufgrund meiner langjährigen Erfahrungen im Bundeswirtschaftsministerium für typisch halte.

Interaktionsschema

Aktionsphasen	Anbieterseite: Aktionen der strukturpolitischen Entscheidungsträger	Nachfragerseite: Aktionen der Branchenverbände	Aktionsunterstützung/ Verhandlungsergebnis
Initiativphase	• Keine Eigeninitiative der strukturpolitischen Instanz (Ministerium), aber grundsätzliche Bereitschaft des zuständigen Fachreferats zur Unterstützung von Verbandsanliegen	• Vorfühlen von Lobbyisten bzw. Funktionären des Branchenverbandes A beim ministeriellen Fachreferenten zwecks Erkundung der Erfolgsaussichten für ein konkretes Verbandsanliegen	• Eventueller Vorstoß bei der Ministeriumsspitze von Parlamentariern, die dem Verband nahestehen und sich der Verbandssache annehmen • Fachreferent, dem die Parlamentarier-Eingaben von der Ministeriumsleitung zugeleitet wurden, hält die Realisierung des Verbandsanliegens für möglich und sichert Unterstützung zu
		• Offizielle Verbandseingabe an das zuständige Ministerium, in welcher die Verbandsforderung (häufig unter Strapazierung des Gemeinwohls) begründet wird	
		• Gegeneingabe des Branchenverbandes B an das Ministerium, in der dargelegt wird, daß die Forderung des Branchenverbandes A die Existenz der Mitgliedsfirmen des Verbandes B und damit viele Arbeitsplätze gefährde	• Geharnischte Protestschreiben gegen die Forderung des Verbandes A von Parlamentariern, die dem Verband B nahestehen und sich dessen Protest anschließen
Planungsphase	• Interne Überlegungen im federführenden Fachreferat über das weitere Vorgehen	• Konzertierte Aktionen mit den Aktionsunterstützern über weitere effektive Hilfsmaßnahmen	• Die mit den Branchenverbänden jeweils korrespondierenden Branchengewerkschaften unterstützen die Anliegen „ihres“ Produzentenverbandes (in Erwartung von Lohnerhöhungsspielräumen und/ oder Sicherung der Arbeitsplätze)
	• Besprechung zwischen dem federführenden und den mitbeteiligten Referaten derselben Unterabteilung oder Abteilung des Ministeriums	• Stimmungsmache der Branchenverbände für ihre Sache bzw. ihren Standpunkt in den Verbands- und Fachzeitschriften und eventuell in der Öffentlichkeit	
	• Verbände-Hearing im zuständigen Ministerium	• Branchenverbände A und B sowie weitere hinzugezogene Verbände tragen ihre jeweiligen (teils gegenteiligen, teils übereinstimmenden) Auffassungen vor	• Die inzwischen aufmerksam gewordenen Massenmedien (Tageszeitungen, Rundfunk, Fernsehen) berichten über die Verbandsforderungen und spekulieren in Kommentaren über die möglichen Reaktionen der strukturpolitischen Entscheidungsträger

Interaktionsschema (Fortsetzung)

Aktionsphasen	Anbieterseite: Aktionen der strukturpolitischen Entscheidungsträger	Nachfragerseite: Aktionen der Branchenverbände	Aktionsunterstützung/ Verhandlungsergebnis
Koordinierungsphase	• Hausbesprechung unter Hinzuziehung aller sachlich berührten Referate des Ministeriums	• Beeinflussungsversuch aller relevanten Referate des zuständigen Ministeriums durch die Verbände	• Häufig können sich die verschiedene Aufgaben wahrnehmenden Referate des Ministeriums im ersten Anlauf nicht einigen, weil die Referate der Grundsatzabteilung ordnungspolitische Bedenken geltend machen
	• Erneute Hausbesprechung auf Unterabteilungs- oder Abteilungsebene im zuständigen Ministerium	• Versorgung der dem Verbandsanliegen am nächsten stehenden Ministerialbeamten mit neuen Argumenten	• Letztlich Einigung, meist auf dem Kompromißwege, und Bildung einer einheitlichen Hausmeinung, bei der oft nur Teile der ursprünglichen Verbandsforderungen berücksichtigt werden
	• Interministerielle Ressortbesprechung unter Beteiligung aller sachlich berührten Ministerien	• Beeinflussungsversuche der Verbände mit dem Ziel, die anderen Ministerien für ihr Anliegen bzw. ihren Standpunkt zu gewinnen	• Beschlußfassung, eine Kabinettsvorlage zu erstellen
Entscheidungsphase	• Beratungen der Minister unter Leitung des Bundeskanzlers im Kabinett	• Resolutionen und Appelle der Verbände an den Regierungschef und die Kabinettsmitglieder	• Nochmalige Mobilisierung aller Verbandshilfstruppen
	• Einbringen des vom Kabinett verabschiedeten Gesetzentwurfs ins Parlament	• Versuch unzufriedener Verbände, die parlamentarische Opposition dafür zu gewinnen, einen Gegengesetzentwurf mit stärkerer Berücksichtigung bestimmter Brancheninteressen ins Parlament einzubringen	• Gelingt meist nicht, weil die zunächst von den Verbänden übergangene Opposition nicht Lückenbüßer spielen will
	• Beratung des Gesetzentwurfs in den zuständigen Parlamentsausschüssen	• Massive Beeinflussungsversuche der Ausschußmitglieder durch die Verbände	
	• Lesungen des Gesetzentwurfs im Parlament	• Intensive Versuche der Verbände, die Parlamentarier direkt und über die Parteien durch Androhung von Konsequenzen bei der nächsten Wahl zu beeinflussen	• Anzweiflung der Verfassungskonformität des zu verabschiedenden Gesetzes seitens von den Verbänden beauftragter Gutachter
		• Demonstrationen und spektakuläre andere Aktionen von Branchenangehörigen in der Öffentlichkeit mit dem Ziel, den Gesetzgeber für die Verbandsinteressen gefügig zu machen	

Interaktionsschema (Fortsetzung)

Aktions-phasen	Anbieterseite: Aktionen der strukturpolitischen Entscheidungsträger	Nachfragerseite: Aktionen der Branchenverbände	Aktionsunterstützung/ Verhandlungsergebnis
Entschei-dungs-phase - *Fortset-zung* -	• Verabschiedung des Gesetzes im Parlament		• Gesetzliche Ermächtigung des zuständigen Ministers, die Details der Ausführung des Gesetzes durch Rechtsverordnung zu regeln
Ausfüh-rungs-phase	• Erarbeitung eines Entwurfs für eine Rechtsverordnung im Ministerium	• Stellungnahmen der Verbände zum Referentenentwurf des zuständigen Ministeriums, wobei unter Umständen seitens unzufriedener Verbände eine gerichtliche Nachprüfung wegen angeblicher Ermächtigungsüberschreitung angedroht wird	• Eventuelle Unterstützung des Vorwurfs der Ermächtigungsüberschreitung durch „verbandsnahe“ Parlamentarier, die eine verbandsfreundlichere Interpretation der gesetzlichen Ermächtigung vortragen
	• Aufstellung von Ausführungs- und Verwaltungsrichtlinien zur gesetzlichen Regelung im zuständigen Ministerium	• Versuche der Verbände, die Ausführungsrichtlinien durch Anzweiflung der Praktikabilität der vorgesehenen ministeriellen Regelung und durch eigene interessendurchwobene Vorschläge zu ihren Gunsten zu beeinflussen	
Kontroll-phase	• Erfolgs- bzw. Rechtfertigungsberichte der ausführenden strukturpolitischen Instanz, meist aufgrund parlamentarischer Anfragen an die Regierung	• Ausschlachtung aller Argumente der offiziellen (Rechtfertigungs-)Berichte, die zur Stützung und Durchsetzung der Verbandspolitik geeignet erscheinen	• Verteidigung des Regierungsberichtes durch den zuständigen Minister oder Staatssekretär im Parlament sowie von Parlamentariern der Regierungspartei(en) gegen die Angriffe der Opposition
	• Beauftragung wissenschaftlicher Institute, Gutachten über die Wirkung strukturpolitischer Maßnahmen, eventuell anhand von Kosten-Nutzen-Analysen, anzufertigen	• Infragestellung der Analyseprämissen und Berechnungsgrundlagen des Gutachtens von jenen Verbänden, deren Mitglieder vom eventuell vorgeschlagenen Abbau strukturpolitisch zielwidriger Hilfen oder begünstigender Regelungen bedroht sind	• Herunterspielen eventueller negativer Aussagen des Gutachtens seitens der Regierung, falls das Gutachtenergebnis allzu drastisch den Mißerfolg ergriffener strukturpolitischer Maßnahmen offenbart

13.6 Interaktionskosten und gesellschaftliche Kosten

Bei den Interaktionen zwischen organisierten Interessengruppen (Verbänden) und strukturpolitischen Entscheidungsträgern entstehen in der Regel **Interaktionskosten** verschiedener Art. Schon bevor es zu konkreten Interaktionen kommt, fallen bei den Verbänden **Informationskosten** an. Die Verbände, welche die Einkommensverteilung in der Volkswirtschaft zugunsten ihrer Mitglieder beeinflussen wollen, müssen sich zunächst informieren, welche staatlichen Instanzen überhaupt als Ansprechpartner für ihre Interessen in Frage kommen. Sodann müssen sie bei ihrer Suche nach Renten (**rent seeking**) Kontakte zu den strukturpolitischen Entscheidungsträgern anbahnen und das Kontaktverhältnis pflegen. Hieraus erwachsen dem Verband **Kontaktpflegekosten**. Kommt es zu konkreten Interaktionen, so entstehen meist **Transaktionskosten** sowohl bei den Anbietern als auch bei den Nachfragern von Strukturhilfen. Beispielsweise muß eine Behörde, welche die Finanzierungsmittel einer Strukturhilfe verwaltet, Personal- und Sachkosten für die Prüfung des Subventionsbegehrens und für die Abwicklung subventionswürdiger Projekte aufwenden. Die Subventionsempfänger müssen eventuell über ihre Verbände bestimmte Nachweise, deren Kosten sie selbst zu tragen haben, erbringen. Zu den Transaktionskosten gehören auch die **Konsensfindungskosten** auf beiden Marktseiten, die dadurch entstehen, daß für das Zustandekommen der verbandsseitigen Strukturhilfeforderungen und die Strukturhilfegewährung meist kollektive Beschlüsse erforderlich sind. So muß die Verbandsgeschäftsführung je nach Verbandssatzung entweder einstimmige Beschlüsse ihrer Mitglieder herbeiführen oder zumindest die Mehrheit ihrer Mitglieder für bestimmte Aktionen des Verbandes gewinnen, was in der Regel Informations- und Überzeugungsaufwand erfordert. Bevor eine strukturpolitische Instanz einer bestimmten Branche eine Strukturhilfe gewähren kann, bedarf es häufig der Zustimmung sachlich mitbeteiligter Ressorts, die einen gewissen **Einigungsaufwand** notwendig macht.

Die einem Verband zur Verfügung stehenden finanziellen Mittel zur Beeinflussung der Wirtschaftspolitik sind meist beschränkt, weil die auf freiwilliger Mitgliedschaft beruhenden Verbände stets auf **Mitgliedsbeiträge** angewiesen sind. Da die Branchenverbände in ihrem externen Funktionsbereich meist Kollektivgüter für die ganze Branche (z. B. eine bestimmte Anbieterschutzordnung) anstreben, müssen sie das regelmäßig auftretende **Free-rider-Problem** lösen. Die Verbände streben deshalb nicht nur nach einem für die ganze Branche wichtigen **Kollektivgut** (von dessen Nutzung kein Branchenangehöriger ausgeschlossen werden kann), sondern sie bieten auch im internen Funktionsbereich **private Güter** (z. B. Beratungsdienste) ausschließlich für Verbandsmitglieder an. Damit soll ein **Anreiz** auf potentielle Mitglieder ausgeübt werden, dem Verband beizutreten. Die Verbände verwenden also einen Teil ihrer finanziellen Mittel für das Angebot privater Güter bzw. verbandsseitiger Dienstleistungen, so daß nur ein Teil der Verbandsbudgets für die Einflußnahme auf wirtschaftspolitische Entscheidungen zur Verfügung steht.

Zudem ist keineswegs gewährleistet, daß die Verbandsgeschäftsführung stets rationell und sparsam mit den Mitgliedsbeiträgen wirtschaftet. Aufgrund des für Außenstehende nur schwer durchschaubaren Lobbyismus und der damit verbundenen Kontaktpflege haben die Verbandsgeschäftsführer oft einen von der Mitgliedschaft **kaum kontrollierbaren Freiraum**, der es ihnen erlaubt, eigene Interessen zu verwirklichen. So kann die Verbandsgeschäftsführung beispielsweise einen unangemessenen Repräsentationsaufwand betreiben oder überflüssige Reisen zu Tagungen unternehmen. Da die Interessenverbände nicht gewinnorientiert sind, findet nur selten eine Kostenminimierung im Geschäftsbetrieb statt. Bei relativ großen Entscheidungsspielräumen können Verbandsgeschäftsführungen u. U. auch **Aufgabenausweitungen**, die mehr ihren eigenen Interessen als dem Nutzen der Verbandsmitglieder dienen, anstreben. So versucht häufig die Verbandsbürokratie, ihre Interessensphären (ebenso wie die Staatsbürokratie ihre Zuständigkeitsbereiche) auszuweiten, obwohl dieses manchmal nur der Verbandsbürokratie einen Prestigegewinn und mehr innerverbandliche Aufstiegschancen bringt und den Mitgliedern des Verbandes lediglich höhere Mitgliedsbeiträge ohne einen angemessenen Nutzenzuwachs beschert.

Will man die gesamten Kosten erfassen, die einer Gesellschaft durch Interaktionen auf dem Markt für Strukturhilfen entstehen, so muß man neben den direkten Kosten der Marktbeteiligten auch die bei Dritten eventuell anfallenden Kosten beachten. So kann z. B. infolge einer beabsichtigten Regulierungsmaßnahme des Staates zugunsten eines bestimmten Wirtschaftszweiges einer anderen unbeteiligten Branche ein Nachteil drohen, den diese durch Interventionen abzuwehren versucht. Der bedrohte Wirtschaftszweig muß also zunächst **Kosten** für die Übermittlung seiner **Unterlassungsforderung** an die staatliche Entscheidungsinstanz und eventuell später **Verhandlungskosten zur Gefahrenabwendung** aufwenden. Ein nur in geringem Maße von Regulierungsmaßnahmen zugunsten einer anderen Branche belasteter Wirtschaftszweig kann dieses auch zum Anlaß nehmen, mit dem begünstigten Wirtschaftszweig einen **Stimmentausch** zu vereinbaren. Dabei verpflichtet sich der nur gering belastete Wirtschaftszweig, keinen Einspruch gegen die beabsichtigte Regulierung zu erheben, wenn der begünstigte Wirtschaftszweig seinerseits ein besonders wichtiges Anliegen der erstgenannten Branche unterstützt. In der Regel müssen die beteiligten Branchen- oder Interessengruppen **Verhandlungs- und Konsensfindungskosten** aufwenden, um den Stimmentausch auszuhandeln und die gegenseitige Unterstützung festzulegen.

Wenn es den am **Stimmentausch** beteiligten Verbänden mit gegenseitiger Unterstützung gelingt, ihre jeweils besonders wichtigen Forderungen durchzusetzen, so können sie **Nutzenzuwächse in Form von Renten** erlangen. Handelt es sich bei den durchgesetzten Verbandsforderungen um Subventionen oder Regulierungen in Form von Wettbewerbsbeschränkungen, so geht der verbandsseitig erworbene Nutzenzuwachs regelmäßig zu Lasten der Gesamtheit der Steuerzahler und/oder der Konsumenten. Es werden also am Stimmentausch nicht beteiligte Gruppen ausgebeutet. Tendenziell führen der Stimmentausch und die gegenseitige Unterstützung von Verbändeforderungen zu einer Ausweitung der Staatsausgaben oder der staatlichen Regulierungen, weil die organisierten Interessengruppen mit vereinter Kraft ihre Partikularinteressen stärker durchsetzen können.

Gesellschaftliche oder soziale Kosten können sich aus unbeabsichtigten Neben- und Fernwirkungen der verbandlichen Einflußnahme auf strukturpolitische Entscheidungen ergeben. Da die Verbände auf der Suche nach Renten vor allem Marktzugangsbarrieren gegenüber potentiellen Wettbewerbern anstreben, verringert sich im Fall der Errichtung solcher Barrieren mittels staatlicher Regulierung naturgemäß die **Wettbewerbsintensität** und auch die **Angebotselastizität**. Es kann zu Leistungsminderungen und Problemen der Kapazitätsanpassung an die effektive Nachfrage kommen. Staatlich sanktionierte Wettbewerbsbeschränkungen mindern erfahrungsgemäß die Willigkeit und Fähigkeit der Wirtschaftssubjekte, sich dem ökonomischen Strukturwandel anzupassen. Meist entstehen in den geschützten Wirtschaftszweigen beträchtliche **Innovationsdefizite** und **Strukturinflexibilitäten**, die das sektorale und auch das volkswirtschaftliche Wachstum beeinträchtigen. Zudem kommt es manchmal in den wettbewerblich abgeschirmten Branchen mit technologischem Rückstand zu **Strukturkrisen**, von deren negativen Wirkungen aufgrund der Interdependenz des Wirtschaftsgeschehens auch andere Wirtschaftssektoren betroffen werden können. Nicht selten werden also die

Kosten für **Fehlregulierungen** unbeteiligten Gruppen oder der Allgemeinheit aufgebürdet. Ein instruktives Beispiel liefert der **Agrarprotektionismus** innerhalb der Europäischen Union, dessen enorme Stützung der landwirtschaftlichen Produktion mittels verbraucherfeindlich wirkender Agrarmarktordnungen mit über Weltmarktniveau gehaltenen Agrarerzeugerpreisen vor allem zu Lasten der Verbraucher geht. So werden für die preispolitische Stützung der Einkommen der bäuerlichen Bevölkerung, die in Deutschland nur knapp vier Prozent der Wähler stellt, ca. 96 Prozent der Wähler mit künstlich verteuerten Lebensmittelpreisen belastet. Dazu kommen vielfältige **direkte Agrarsubventionen**[248], die inzwischen in der Bundesrepublik Deutschland so hoch sind, daß sie den Beitrag der deutschen Landwirtschaft zum Volkseinkommen (Nettowertschöpfung) übersteigen. Auch diese öffentlichen Hilfen, deren Höhe über diejenige des **landwirtschaftlichen Sozialprodukts** hinausreicht, muß die Gesamtheit der Steuerzahler aufbringen. Die Erklärung für das politisch unangemessene Gewicht dieser relativ kleinen Bevölkerungsgruppe liegt darin, daß diese **marginale Wählergruppe** manchmal **wahlentscheidend** ist und deshalb von den Politikern besonders umworben wird. Die durch den ausgedehnten Agrarprotektionismus belasteten großen Gruppen der Konsumenten und Steuerzahler wehren sich kaum, weil diese Großgruppen nur schwer organisierbar sind und der einzelne Gruppenangehörige meist das Verhalten eines Trittbrettfahrers vorzieht. Kaum ein Konsument kennt die Belastung seines Konsumbudgets durch den Agrarprotektionismus oder die mögliche Entlastung durch Abbau des Agrarschutzes und eine Liberalisierung des Agraraußenhandels. Auch der einzelne Steuerzahler weiß nicht, was ihn der Agrarprotektionismus kostet und welche Steuersenkung beim Abbau der Schutzmaßnahmen für ihn herauskommen würde. Es herrscht deshalb bei der Mehrzahl der Konsumenten und der Steuerzahler die Ansicht vor, es lohne sich nicht, finanzielle Beiträge für eine Interessenvertretung zu leisten. Selbst besser über die Auswirkungen des Agrarprotektionismus informierte Bürger engagieren sich kaum für Abbaumaßnahmen, weil sie aufgrund der großen Zahl der Konsumenten und Steuerzahler auf ein mögliches Engagement der anderen hoffen und eine **Free-rider-Position** vorziehen. Die Regenten und Politiker rechnen damit, daß die einzelnen Konsumenten und Steuerzahler infolge der breitgestreuten Kostenbelastung kaum ihre jeweilige Einzelbelastung durch den Agrarprotektionismus wahrnehmen. Dagegen erwarten sie, daß der begünstigte Bauernstand seine agrarpolitisch verbesserte Einkommenssituation den Politikern hoch anrechnet. Da die Politiker oft den **wahlpolitischen Nutzen von Gruppenbegünstigungen** höher als den von allgemeinen Steuersenkungen einschätzen, wird immer mehr Umverteilungsmasse zur Befriedigung von Gruppenforderungen benötigt. So werden manchmal in Verkennung von Steuerwirkungen die Steuern und Abgaben zum Zwecke der Gruppenbegünstigung in die Höhe getrieben, obwohl es für alle Bürger und meist auch für die Steuereinnahmen des Staates vorteilhafter wäre, statt auf eine Umverteilung bei hoher Steuerbelastung auf die leistungsstimulierende Kraft niedriger Steuern und die damit möglicherweise verbundenen Steuermehreinnahmen zu setzen.

---

[248] Finanzhilfen des Bundes in der Bundesrepublik Deutschland für Landwirte (nicht erschöpfend): Produktionsaufgaberente, Agrarstillegungsprämien, Landabgaberente, Milchrente, Altershilfe, Kranken- und Unfallversicherung, Gasölverbilligung, Zuschüsse für Agraralkohol, Beihilfen zur Verbesserung der Agrarstruktur.

13.7 Strukturpolitische Verhaltensmuster

Strukturpolitische Entscheidungen werden von **Politikern** in der Regierung und im Parlament sowie von **Beamten** in den strukturpolitisch relevanten Ministerien getroffen. In der Regel behalten sich die politischen Leitungsinstanzen in den Ministerien alle Entscheidungen, die von ihnen als wahlpolitisch bedeutsam erkannt oder eingeschätzt werden, selbst vor, wobei allerdings der Beamtenapparat schon durch die Zusammenstellung der Entscheidungsunterlagen und eventuelle Empfehlungen mehr oder weniger die Entscheidung mitbestimmt. Die strukturpolitischen Entscheidungen, die ich während meiner 15jährigen Tätigkeit im Bundesministerium für Wirtschaft miterlebt und teils mitgestaltet habe, sind zum allergrößten Teil (schätzungsweise bis zu 95 Prozent) entscheidend vom Beamtenapparat geprägt und nur in seltenen Fällen vom Minister verändert worden. Dieser empirische Befund legt es nahe, bei der Analyse konkreter strukturpolitischer Entscheidungsprozesse vor allem die **Bürokratietheorie** einschließlich der **Organisationssoziologie** mit heranzuziehen.

Organisatorisch sind die strukturpolitischen Instanzen in den Ministerien in der Regel hierarchisch in Referate, Unterabteilungen und Abteilungen gegliedert, denen als politisch verantwortlicher Entscheidungsträger der Minister vorsteht. Da in jedem Ministerium Entscheidungsvollmachten von der Ministeriumsleitung auf den Beamtenapparat delegiert werden, entsteht das bekannte **principal-agent-Problem**. Der politisch verantwortliche (Wirtschafts-)Minister als Prinzipal kann das Verhalten seiner entscheidungsbefugten Abteilungsleiter und Referenten (Agenten) nicht mehr oder kaum noch kontrollieren. Die Agenten nutzen ihre Entscheidungsfreiräume, um eigene Interessen (die von denen des Prinzipals abweichen können) zu verfolgen. Nicht selten wird versucht, Interessenkonflikten zwischen Politikern und Beamten durch eine **Politisierung der Beamtenschaft** vorzubeugen, was dann regelmäßig die Beförderungschancen von parteipolitisch gebundenen Beamten verbessert. In der Bundesrepublik Deutschland ist durch die Schaffung sogenannter politischer Beamtenpositionen, deren Inhaber (Staatssekretäre und Ministerialdirektoren) jederzeit in den vorzeitigen Ruhestand versetzt werden können, eine Interessenharmonie zwischen Minister und den ranghöchsten Beamten angestrebt worden. Dagegen sind auf nachrangiger Beamtenebene (ab Ministerialdirigent) der **parteipolitischen Protektion** durch die Laufbahnvorschriften des Beamtenrechts gewisse Grenzen gesetzt.

Der spezialisierte **Sachverstand** konzentriert sich bei den **Referenten**, die meist aufgrund ihrer Fachkenntnisse und manchmal auch infolge zielstrebig monopolisierter Vorgangskenntnisse am ehesten in der Lage sind, komplizierte Fachfragen zu beurteilen, vage Gesetzesformulierungen zu interpretieren und Problemlösungen im Sinne der eigenen Ressortpolitik zu unterbreiten. Da der Aufstieg in der Ministeriumshierarchie infolge knapper Leitungspositionen nur relativ wenigen gelingen kann und auch der Wechsel zu einer anderen Abteilung selten ist, bleiben die Referenten häufig Jahrzehnte im gleichen Zuständigkeitsbereich. Dieses hat meist zur Folge, daß die langjährigen **Fachreferenten** fast zwangsläufig zu reinen Fachspezialisten werden und ihre **Aufgabe** vorwiegend in der **„Betreuung“** der ihrer Zuständigkeit unterliegenden Wirtschaftszweige sehen. Sie neigen dazu, die Forderungen der jeweils von ihnen betreuten Branchen nach Strukturhilfen selbst dann zu unterstützen, wenn diese nur zu Lasten anderer Wirtschaftszweige oder der Allgemeinheit erfüllbar sind. Die beträchtliche **Verbandsaffinität** resultiert daraus, daß die ministeriellen Fachreferenten die maßgebenden Branchenvertreter als Verbündete zur Verteidigung von Ressortinteressen gewinnen oder nicht verlieren wollen. Zudem können die Branchen- und Berufsverbände dem Ministerialbeamten manche Gegenleistung bieten, indem sie ihn z. B. für seine Arbeit mit verbandseigenen Statistiken oder anderen Unterlagen versorgen, ihn in Fachfragen beraten und bei passender Gelegenheit beim Minister loben. Letztlich versprechen sich die ministeriellen Fachreferenten von einer Stärkung der betreuten Wirtschaftszweige auch einen eigenen institutionellen und persönlichen Bedeutungszuwachs, der die **Beförderungschancen** verbessern kann.

Allerdings hat der **„Aufstiegs- und Beförderungsmarkt"** in den Ministerien, der in der Regel durch ein knappes Beförderungsstellenangebot und eine Übernachfrage nach Aufstiegsposten gekennzeichnet ist, seine Arteigenheiten. Auf diesem innerbehördlichen „Aufstiegsmarkt" herrscht nämlich meist ein mehr oder weniger unvollkommener Wettbewerb, bedingt vor allem durch sachliche und persönliche Präferenzen der ebenfalls nach eigener Nutzenmaximierung strebenden Entscheidungsträger, die über eine Beförderung Untergebener entscheiden oder mitbefinden. Die besten **Beförderungschancen** hat oft jener Bedienstetentyp, der sich vor allem durch **stete Dienstbeflissenheit** gegenüber seinen Vorgesetzten hervortut und diesen möglichst weitgehend inner- und außerressortmäßige Querelen und Komplikationen erspart. Schwerer zu höheren Positionen gelangt dagegen oft gerade jener **„Bilderbuchbeamte"**, der - wie es seine eigentliche Aufgabe ist - die Prinzipien der Wirtschaftsordnung und das Gemeinwohl bei seinen Entscheidungen beachtet und dabei auch Auseinandersetzungen mit Partialinteressen von Gruppen und innerhalb des Staatsapparates nicht scheut. Behördliche Auswahlsysteme, die das **Wohlverhalten** mehr als die eventuell konfliktträchtige Verteidigung des Gemeinwohls begünstigen, erzeugen - im Sinne idealistischer Staatsauffassung - ein **anomales Entscheidungsverhalten**, indem die staatlichen Entscheidungsträger ihre Handlungen - statt primär am Gemeinwohl - vorwiegend an beförderungsdienlichen Aspekten zu Lasten des Gemeinwohls ausrichten.

Während Niskanen als Kernziel der Staatsbürokratie die Budgetmaximierung ansieht, gehe ich davon aus, daß die Staatsbürokratie ihr Handeln vorrangig an dem **Ziel der Kompetenzoptimierung** ausrichtet. Die Niskanensche Hypothese von der Budgetmaximierung greift zumindest auf dem Gebiet der Wirtschaftspolitik zu kurz, weil hier die Staatsbürokratie ihre Eigeninteressen (wie insbesondere Steigerung der institutionellen und personellen Bedeutung) manchmal auch unabhängig vom Budgetzuwachs verwirklichen kann. So können staatliche Regulierungen bestimmter Sektoren der Wirtschaft, von denen sich eine strukturpolitische Institution einen Bedeutungszuwachs verspricht, oft vom vorhandenen Beamtenstab formuliert und auch budgetneutral durchgeführt werden. Fast alle Eigeninteressen der Staatsbürokratie lassen sich auf die **Kompetenzoptimierung, die sowohl Kompetenzerweiterungen als auch Kompetenzabstoßungen** umfassen kann, zurückführen. Wenn es beispielsweise einem Ministerialbeamten gelingt, prestigeträchtige Kompetenzen an sich zu ziehen und kritikträchtige Kompetenzen abzustoßen, so kann die individuelle Kompetenzoptimierung seine Beförderungschancen erhöhen, seinen Berufsärger vermindern, seine Arbeitsfreude steigern und sein Prestigebedürfnis befriedigen. Soweit es die Ministeriumsorganisation erlaubt, sind deshalb ständig Leiter von Organisationseinheiten und Mitarbeiter innerhalb von Einheiten bestrebt, ihre jeweiligen Zuständigkeiten zu optimieren. Jeder Insider von Behördenorganisationen erlebt irgendwann einmal oder auch des öfteren **Kompetenzkonflikte**, die nicht selten mit ungeahnter Verbissenheit von den Akteuren ausgetragen werden. Während sich das Hauptinteresse ehrgeiziger junger Aufsteiger und leitender Beamter mit weiteren Aufstiegschancen naturgemäß auf Kompetenzerweiterungen richtet, wollen ältere (besonders der Pensionierung entgegensehende) Beamte ohne weitere Beförderungschancen häufig arbeitsreiche Zuständigkeiten loswerden.

Im nachfolgenden Tableau werden **typische Kompetenzinteressen** von Entscheidungsträgern in einer Ministerialorganisation dargestellt.

Kompetenzinteressen in einer Ministerialorganisation

Ministeriumsebene	Entscheidungsträger	Vorrangiges Kompetenzinteresse
Referatsebene (Beamte des höheren Dienstes bis einschließlich Ministerialräten)	• Fachbeamter ohne Aufstiegschancen	• Kompetenzabstoßung von arbeits- und/oder kritikträchtigen Zuständigkeiten
	• Fachbeamter mit Aufstiegschancen	• Kompetenzerweiterung, besonders hinsichtlich prestigeträchtiger (die Beförderungschancen verbessernder) Zuständigkeiten
Unterabteilungsebene (Ministerialdirigenten)	• Leitungsbeamter ohne weitere Aufstiegschancen	• Kompetenzwahrung
	• (Politisierter) Leitungsbeamter mit weiteren Aufstiegschancen	• Kompetenzerweiterung, auch in Erwartung von Personalzuweisungen für die Einrichtung neuer Referate mit politischer Außenwirkung
Abteilungsebene (Ministerialdirektoren)	• Politischer Leitungsbeamter ohne weitere Aufstiegschancen	• Kompetenzwahrung, aber eventuell auch Kompetenzverzicht auf besonders kritikträchtige Zuständigkeiten (um nicht infolge von Kritikhäufungen in den vorzeitigen Ruhestand versetzt zu werden)
	• Politischer Leitungsbeamter mit Aufstiegschancen (zum Staatssekretär)	• Kompetenzerweiterung, besonders hinsichtlich politisch bedeutsamer Zuständigkeiten, notfalls auch ohne Aussicht auf Personalvermehrung (da die zusätzlichen Aufgaben ohnehin an die Referate der Unterabteilungen delegiert werden)
Ministeriumsleitung	• Staatssekretäre	• prinzipiell Kompetenzausweitung, vor allem in Erwartung eines Prestigezuwachses innerhalb der Regierung
	• Minister	• Kompetenzausweitung aus gleichem Grund

Auch die Beamten der Referats- und Unterabteilungsebene, deren Berufskarriere nicht wie die der politischen Beamten (Staatssekretäre, Abteilungsleiter) direkt vom politischen Wahlausgang abhängig ist, berücksichtigen erfahrungsgemäß bei Handlungen mit Ermessensspielraum eventuelle wahlpolitische Effekte, wenn dieses der politischen Ministeriumsspitze „angenehm" auffallen und die Beförderungschancen des Beamten verbessern kann. Die weitverbreitete **„Strukturpolitik der Gruppenbegünstigung und des Branchenprotektionismus"** erhält also einen doppelten Anstoß, und zwar zum einen durch das Streben der Ministerialbürokratie nach institutioneller und personeller Bedeutungsmaximierung und zum anderen durch das Streben der Strukturpolitiker nach Stimmenmaximierung.

Häufig nehmen die auf Stimmenfang ausgehenden Strukturpolitiker bei ihrer Gruppenbegünstigungspolitik an, daß eine einkommenswirksame Strukturhilfe sofort bei den Begünstigten fühlbar und auch unmittelbar wahlmäßig honoriert wird. Dagegen glauben sie, daß die mit den gruppenbegünstigten Förderungsmaßnahmen eventuell verbundenen Belastungen - z. B. in Form von allgemeinen Steueranhebungen - dem relativ großen Kreis der Betroffenen (Gesamtheit der Steuerzahler) kaum oder erst später bewußt werden. Ufert diese Tendenz zu einer Gruppenbegünstigungspolitik aus, so bringt diese zwar den **Erstbegünstigten** noch etwas ein, läßt aber mit zunehmender Zahl der begünstigten Gruppen eventuelle anfängliche **Gruppenvorteile** dahinschmelzen. Dieses merken jedoch die Wähler häufig erst nach der Wahl.

Bei den sektoralen Strukturhilfen geht es oft gar nicht um die Anpassung von Wirtschaftszweigen an den ökonomischen Strukturwandel. Manche strukturpolitischen Maßnahmen sind faktisch reine **Einkommenshilfen**, die letztlich immer eine Umverteilung sowie Produzentenrenten bewirken. Das sektorale Einkommensziel könnte oft auch ohne staatliche Regulierung durch privatwirtschaftliche Übereinkünfte - wie z. B. durch **Kartellierungen** - erreicht werden; denn die Wirkungen von Regulierungen sind gewöhnlich dieselben, wie bei Kartellierungen.[249] Infolge von Wettbewerbsbeschränkungen werden nämlich die **Preise über Marktpreisniveau** gehalten, um so den Produzenten künstliche Einkommensvorteile zu verschaffen. Aber selbst in Fällen erlaubter privater Kartellbildung (wie z. B. bei Strukturkrisenkartellen) ziehen die meisten Wirtschaftszweige eine öffentliche **Regulierung** vor. Die hauptsächlichen Gründe liegen darin, daß erfahrungsgemäß privat errichtete Kartelle meist an mangelnder **Kartelldisziplin** (sowohl hinsichtlich der Einhaltung der Kartellpreise als auch der Produktionsquoten), dem Außenseiterproblem oder der Substitutionskonkurrenz scheitern. Dagegen können mit staatlichem Zwang z. B. Branchenfestpreise über Marktpreisniveau festgesetzt, der Marktzutritt für neue Anbieter geschlossen und die Substitutionskonkurrenz durch Steuerbelastungen zurückgedämmt werden.

Die Vorliebe der strukturpolitischen Instanzen für **sektorale Wettbewerbsbeschränkungen** erklärt sich vor allem daraus, daß diese den öffentlichen Haushalt nicht direkt (eventuell aber an anderer Stelle wegen induzierter neuer Subventionen) belasten sowie relativ unauffällig für die Öffentlichkeit in speziellen rechtli-

---

[249] „The effect of typical regulatory devices (entry control, minimum rates, exemption from the antitrust law) is the same as that of cartelization - to raise prices above competitive levels." R. A. Posner, 1974, S. 344.

chen Regelungen versteckt werden können. Zudem trifft sich die strukturpolitische **Präferenz** für sektorale **Wettbewerbsbeschränkungen** mit der hohen Wertschätzung, die Branchenverbände und Berufsgruppen gerade den getarnten und langfristig zu ihren Gunsten wirkenden Beschränkungen des Wettbewerbs entgegenbringen. So verwundert es nicht, daß aus der unheiligen Allianz von Staat und Verbänden ganze Geflechte von Wettbewerbsbeschränkungen bis hin zu kompletten Anbieterschutzordnungen entstanden sind. Diese aus einer Verknüpfung von wettbewerbsreduzierenden Einzelelementen bestehenden **Anbieterschutzordnungen** von oft unbegrenzter Dauer, die meist hinter wohlklingenderen Namen - wie z. B. Agrarmarktordnungen, Berufsordnungen, Energiewirtschaftsordnung, Güterverkehrsordnung - verborgen werden, wirken in der Regel zu Lasten Dritter, und zwar vornehmlich der Nachfrager bzw. Konsumenten.

Eine Erklärung dafür, warum Regierungen sowohl unter konservativer als auch unter sozialdemokratischer Führung gleichermaßen eine vorwiegend **strukturkonservierende Strukturpolitik** betreiben, liegt in folgendem: Jede der beiden großen Volksparteien - in der Bundesrepublik Deutschland also die CDU/CSU und die SPD - hat einen mehr oder weniger festen Wählerstamm, erlangt aber ihre Regierungsmehrheit in der Regel nur durch Koalitionen und zu Buche schlagenden Stimmen aus dem Wählerpotential der Mittelschichten. Von dem **Medianwähler** - sei er nun Selbständiger, Angestellter oder Facharbeiter - glaubt man zu wissen, daß er stabile ökonomische Verhältnisse wünscht und stark sicherheitsorientiert ist. Deshalb wäre die tatsächliche Praktizierung einer **mobilitätsorientierten Strukturanpassungspolitik**, wie sie zur Beruhigung ordnungspolitischer Bedenken gegen die de facto betriebene Strukturerhaltungspolitik immer einmal wieder angekündigt wird, **wahlpolitisch riskant**. Es könnte leicht geschehen, daß der mit einer Mobilitätspolitik verbundene stärkere Zwang zur Umstellung und Strukturanpassung viele Wähler, die vom durchschlagenden Strukturwandel negativ betroffen werden, verprellt. Bekanntlich müssen konkurrierende Parteien bei der Ausprägung ihrer Politik auf offensichtliche Grundhaltungen der Mehrzahl der Wähler Rücksicht nehmen. Da der risikofreudige Pionierunternehmer Schumpeterscher Prägung und der total mobile Arbeitnehmer verschwindend kleine Minderheiten sind sowie das Sicherheitsmotiv und die Abneigung gegen Orts- und Arbeitsplatzwechsel in der Masse des Wahlvolkes dominieren, präferieren in der Regel die Parteien eine **Strukturwandelverzögerungs- und Strukturerhaltungspolitik**.

Während die nach der Wiedervereinigung Deutschlands im Jahr 1990 zu lösenden ökonomischen Strukturprobleme in Ostdeutschland auch nach einem Jahrzehnt noch beträchtlich sind, haben sich die strukturellen Probleme in der westdeutschen Wirtschaft im Laufe des nunmehr 50jährigen Bestehens der (ursprünglichen) Bundesrepublik Deutschland insgesamt vermindert. Dennoch blieben Regierung und Parlament der einer Parteiendemokratie innewohnenden Tendenz zur strukturpolitischen Gruppenbegünstigungspolitik verhaftet, indem sie die vielfältigen und umfangreichen **Strukturhilfen** für die westdeutsche Wirtschaft **kaum eingeschränkt** haben. Offenbar schätzen die Parteien den politischen Grenznutzen einer weiteren gruppenspezifischen Begünstigung höher ein als den wahlpolitischen Nutzenzuwachs aufgrund allgemeiner Steuersenkungen. Statt auf die Wirtschaftsdynamik und Investitionsanreize **niedriger Steuern** zu setzen, präferieren die politisch-staatlichen Entscheidungsträger weiterhin eine **gruppenbegünstigende Umverteilungspolitik**.

Kurios ist, daß die **Gruppenbegünstigungspolitik** nicht nur gemeinwohlgefährdend wirkt, sondern langfristig auch wahlpolitisch abträglich ist und letztlich fast immer zum **Ruin einer gruppenwillfährigen Regierung** führt. Die Inaussichtstellung von Strukturhilfen weckt meist übergroße Erwartungen bei den subventionsfordernden Branchen und Gruppen, die der Staat kaum jemals voll befriedigen kann. Der gruppenwillfährige Staat läßt bei nahezu allen Bevölkerungsgruppen eine Mentalität entstehen, wonach jeder in Bedrängnis Geratene glaubt, jederzeit - selbst im Falle eigenen Verschuldens - für seine persönlichen, beruflichen und betrieblichen Probleme einen Anspruch auf die **Solidarhilfe** der Gesellschaft zu haben. Die Funktionäre der organisierten Interessengruppen transformieren die Einzelwünsche in Gruppenforderungen und versuchen, die staatlichen Entscheidungsträger von der Notwendigkeit und der Dringlichkeit der Strukturhilfengewährung für die betreffenden Gruppen zu überzeugen. Dabei wird meist mit dem Mittel der **Übertreibung** gearbeitet, indem die Lage und die Nöte der betroffenen Branchen in den schwärzesten Farben gemalt werden. Manchmal drohen Interessenvertreter vor der Wahl mit **Massenprotesten** der betroffenen Gruppen (wie z. B. der Bauern oder der Lastkraftwagenfahrer). Erweist sich der Staat als erpreßbar, werden von den Interessengruppen oft **maßlose Forderungen** gestellt. Die Regenten sehen es dann meist schon als Erfolg im Sinne des Gemeinwohls an, wenn sie den **pressure-groups** etwas von deren bewußt überzogenen Forderungen abgehandelt bzw. nicht gewährt haben. Zufrieden sind manchmal nur die Verbandsfunktionäre, die das Erreichte als ihren Erfolg herausstellen und ansonsten den Zorn der Gruppenmitglieder über die nicht voll erfüllten Forderungen auf den Staat ableiten. Die Regierung - so heißt es dann - verweigere böswillig dem Berufsstand oder der Branche die Erfüllung „berechtigter" Forderungen. Immer wieder stellen die Regenten verblüfft fest, daß die Begünstigten keinerlei Dankbarkeit für die zumindest teilweise Erfüllung von (manchmal recht dubiosen) Gruppenanliegen zeigen, sondern die von den Verbandsfunktionären bewußt unrealistisch hochgeschraubten Forderungen voll erfüllt sehen wollen. Da der Staat derart überzogene Forderungen kaum jemals voll erfüllen kann, kommt es zu einer **permanenten Unzufriedenheit** bei den Gruppen, die zu vergessen scheinen, daß sie de facto auch bei nur teilweiser Erfüllung ihrer Forderungen vom Staat begünstigt werden. Das **Paradoxon** wird dann häufig bei der politischen Wahl offenkundig, wenn die Angehörigen besonders stark subventionierter Wirtschaftsbereiche - wie z. B. die Bauern oder die Bergarbeiter - den Regierenden einen Denkzettel in Form von Wahlenthaltungen und Stimmenverlusten verpassen. Die (auch wahl-) politisch richtige Schlußfolgerung wäre eigentlich, den **Dschungel** der **Subventionen** und **Steuervergünstigungen** radikal zu durchforsten und den enormen Umfang der Strukturhilfen auf das wirklich Notwendige zurückzuführen, wodurch sich auch die Möglichkeiten für allgemeine Steuersenkungen verbessern würden. Die **Subventionseindämmung** und die **Deregulierungen** zur Realisierung einer weitgehend privilegienfreien Wirtschaftsordnung würden bestimmt von jener breiten Schicht von (oftmals staatsverdrossenen) Bürgern, welche die steuerliche Hauptlast für den **Subventionsluxus** anderer tragen, auch wahlpolitisch honoriert werden. Die Lernfähigkeit der meisten Strukturpolitiker im pluralistischen Gefälligkeitsstaat scheint jedoch beschränkt zu sein, wohl deshalb, weil sie fast alle ihre Handlungen nur kurzfristig bis zur nächsten Wahl programmieren und irrtümlich in der Gruppenbegünstigung die besten (Wieder-)Wahlchancen vermuten. Die Reaktion der politischen Parteien auf Stimmeneinbußen bei der Wahl ist deshalb meist widersinnig, weil sie den **unzufriedenen Gruppen** für die Zukunft noch **mehr Strukturhilfen** versprechen, obwohl sie oft wissen, daß der Staatshaushalt weitere Subventionen überhaupt nicht verkraften kann und im Falle von Steueranhebungen die steuerzahlenden Wähler rebellisch werden und ihnen die Stimme bei der nächsten Wahl verweigern können. Wenn den Versprechungen der Politiker, die Strukturhilfen zu verstärken oder Steuerermäßigungen zu gewähren, keine entsprechenden Taten folgen, wächst erfahrungsgemäß die Unzufriedenheit mit der Regierungspolitik, und ein **Regierungswechsel** bahnt sich an. Dieses zeigt sich häufig daran, daß sich das Klima der öffentlichen Meinung über die Regierung besorgniserregend verschlechtert, was manchmal zum Bruch einer Koalitionsregierung und/oder zu vorzeitigen Neuwahlen führt. Meist hinterläßt eine gescheiterte Regierung **zerrüttete Staatsfinanzen**, unbewältigten und unnötig verzögerten Strukturwandel in der Wirtschaft, Beschäftigungsprobleme in Form von struktureller und/oder konjunktureller **Arbeitslosigkeit**, **unsichere Renten** und nicht selten **hohe Inflationsraten**. Nach einer meist eng begrenzten Phase der Konsolidierungsbemühungen beginnt dann erfahrungsgemäß die neue Regierung - bedrängt von massiven Gruppenpressionen und verhaftet der Illusion der Machtstabilisierung durch Gruppengefälligkeiten - das alte Spiel der Gruppenbegünstigung von neuem und hält dieses unverdrossen so lange durch, bis auch sie an den maßlosen und unerfüllbaren Gruppenforderungen sowie den volkswirtschaftlich negativen Wirkungen der zahlreichen Strukturerhaltungsmaßnahmen scheitert. Bisher ist in der Bundesrepublik Deutschland noch **jeder Regierungswechsel** hauptsächlich durch eine **ausgeuferte Gruppenbegünstigungs**- und **protektionistische Strukturerhaltungspolitik**, die von den jeweils Regierenden stets als angebliche Strukturanpassungspolitik bezeichnet und getarnt worden ist, verursacht worden.

13.8 Zum Aussagewert

Die **Mesoökonomische Interaktionstheorie der Wirtschaftspolitik** schließt Erklärungslücken über gruppenbeeinflußte Verhaltensweisen in der praktizierenden Wirtschaftspolitik, die bisher von Erklärungsmustern auf mikro- und makroökonomischer Basis nicht zu füllen waren. Wie zumeist jede Theorie auch Bausteine anderer Theorien mitverwendet, stützt sich die Mesoökonomische Interaktionstheorie der Wirtschaftspolitik gleichfalls auf Erkenntnisse anderer Theorien und paßt diese in das eigene Theoriegebäude ein. Verwendet wurden insbesondere Bausteine der ökonomischen Theorie der Demokratie, der Verbände- und Gruppentheorie einschließlich der Theorie des kollektiven Handeln, der Regulierungstheorie mit dem Gefangennahme-Theorem sowie der Bürokratietheorie. Soweit sich einzelne Elemente der vorgenannten Theorien nahtlos in das eigene Theoriegebäude einpaßten, sind sie unverändert übernommen worden. Andere Bausteine mußten umgeformt und manche erst geschaffen werden. So wurde beispielsweise die allgemeine Bürokratietheorie zu einer speziellen **Theorie der Ministerialbürokratie** umgeformt, wobei eigene Erfahrungen des Verfassers aus seiner langjährigen Tätigkeit im Bundeswirtschaftsministerium genutzt wurden. Ferner ist die traditionelle Sicht der **Regulierungstheorie**, bei der Regulierungsentscheidungen ausschließlich auf Erwägungen des Gemeinwohls basieren und von den zu regulierenden Wirtschaftszweigen nicht beeinflußt werden können, aufgegeben worden. Statt dessen wurde von der empirisch gehaltvolleren Annahme ausgegangen, daß die politisch-staatlichen Regulatoren aus Eigeninteresse die Partialinteressen der zu regulierenden Wirtschaftszweige weitgehend und im Extremfall völlig berücksichtigen. Bestätigt wurde insofern das **Gefangennahme-Theorem**, dem zufolge sich die staatlichen Regulatoren die Vorstellungen der zu regulierenden Branchen zu eigen machen, weil sie diese im Einklang mit den eigenen Interessen stehen sehen.

Während in der Downsschen Ökonomischen Theorie der Demokratie auf die Stimmenmaximierung der Regenten als ausschlaggebendes Entscheidungsmotiv abgestellt wird, berücksichtigt die Mesoökonomische Interaktionstheorie der Wirtschaftspolitik auch andere relevante Faktoren aus dem Bereich der entscheidungsbefugten Ministerialbürokratie. Dabei wird von der Erfahrung ausgegangen, daß je nach strukturpolitischer Entscheidungsebene bei der Gewährung von Strukturhilfen unterschiedliche Entscheidungsmotive im Vordergrund stehen. Werden strukturpolitische **Entscheidungen von Gewicht** auf hoher politischer Ebene getroffen, so steht faktisch meist der Aspekt der **Stimmenmaximierung** im Mittelpunkt. Werden dagegen strukturpolitische Maßnahmen auf **niedrigerer Entscheidungsebene** von Beamten, deren Berufskarriere nicht unmittelbar vom Wahlausgang berührt wird, gestaltet, so steht als vorrangiges Entscheidungsmotiv meist die **Kompetenzoptimierung** im Vordergrund.

Betrachtet Niskanen die Budgetmaximierung als materielles Oberziel der Staatsbürokratie, in dem sich angeblich deren gesamte Interessen widerspiegeln, sieht die Mesoökonomische Interaktionstheorie der Wirtschaftspolitik die **Kompetenzoptimierung** als Hauptziel staatsbürokratischen Handelns an. Dadurch gelingt es, auch die **budget-unabhängigen Möglichkeiten** der Interessenrealisierung - die insbesondere im weiten Bereich der Regulierungspolitik liegen - aufzuzeigen.

Obwohl das der Öffentlichkeit verborgene Zusammenspiel zwischen organisierten Interessengruppen und wirtschaftspolitischen Instanzen häufig auf ein **„invisible handshake"** unheiliger Allianzen hinausläuft, kann diese Dunkelzone mittels mesoökonomischer Modellanalysen erhellt werden. Im Rahmen eines Grundmodells, das als **„Markt für Strukturhilfen"** modelliert worden ist, konnten typische Verhaltensweisen der strukturpolitischen Instanzen als Anbieter von Strukturhilfen und der Interessenorganisationen als Nachfrager struktureller Hilfen herausgearbeitet werden. Die zentrale Erkenntnis der mesoökonomischen Analyse besteht darin, daß sich zwar die Interessen von Angebot und Nachfrage auf dem Markt für Strukturhilfen mehr oder weniger ausgleichen, dieses aber zu Lasten Dritter (insbesondere der Steuerzahler und Konsumenten) geschieht. Dabei wirkt jedoch keine „invisible hand" (wie nach Adam Smith auf wettbewerblichen Gütermärkten) darauf hin, daß das Marktgeschehen gleichzeitig dem Gemeinwohl dient. Der **Staat beutet** manchmal die **breite Masse der Steuerzahler** aus, um sich die Mittel für strukturpolitische Begünstigungen zu beschaffen. Ferner ermöglicht er im Fall sachlich **unnötiger Regulierungsmaßnahmen** mit wettbewerbsreduzierendem Effekt, daß die dadurch begünstigten Wirtschaftszweige die Nachfrager bzw. die Konsumenten preislich ausbeuten können.

Das Hauptanwendungsfeld der Mesoökonomischen Interaktionstheorie liegt naturgemäß im Bereich der Strukturpolitik, die das vorrangige Beeinflussungsobjekt der meist sektoral und regional organisierten Interessenverbände ist. Rechnet man die ausgedehnte Regulierungspolitik, die stets auf mesoökonomische Einheiten

(Gruppen, Branchen, Regionen) gerichtet ist, zur Strukturpolitik, so kann die vorgenannte **Interaktionstheorie** auf den weitaus **größten Bereich** der **praktizierenden Wirtschaftspolitik** angewandt werden. Interaktionen zwischen Staat und Verbänden in den Bereichen der Ordnungs- und Konjunkturpolitik finden seltener statt.

Oft sind die **Interessenorganisationen** an allgemein **ordnungspolitischen Fragen**, die sie nicht unmittelbar betreffen, kaum oder überhaupt nicht interessiert. In der Regel wird das Interesse eines Wirtschaftsverbandes nur dann geweckt, wenn sich beabsichtigte Wettbewerbsintensivierungen voraussichtlich positiv auf den Bezug von Produktionsinputs der betreffenden Branche (insbesondere durch Preissenkungen) auswirken. Dagegen werden sich sowohl Wirtschaftsverbände als auch Branchengewerkschaften, die im Falle von Intensivierungen des Wettbewerbs beträchtliche Beschäftigungseinbußen in ihrer Branche befürchten müssen, davor hüten, die staatlichen Instanzen der Wettbewerbspolitik zu solchen ordnungspolitischen Taten zu ermuntern. Allerdings trifft sich die von den Interessenorganisationen aus Eigeninteresse geübte Abstinenz auf ordnungspolitischem Gebiet manchmal mit den wahlpolitischen Interessen der Politiker, die der **Ordnungspolitik** als Mittel der **Stimmenmaximierung** meist nur **geringe Bedeutung** beimessen. Aus den von der mesoökonomischen Interaktionstheorie der Wirtschaftspolitik aufgezeigten Gründen präferiert die praktizierende Wirtschaftspolitik vorwiegend eine **strukturpolitische Gruppenbegünstigungspolitik**. Auf dem Gebiet der Konjunkturpolitik treten die Wirtschaftsverbände und Branchengewerkschaften in der Hochkonjunktur, in der eventuell konjunkturdämpfende Maßnahmen zu fordern sind, kaum in Erscheinung. Dagegen versuchen sie im Falle einer drohenden oder bereits eingetretenen **Rezession**, den Staat zu **konjunkturanregenden Maßnahmen** zu bewegen. Da von fiskalischer Konjunkturankurbelung mittels zusätzlicher öffentlicher Aufträge vorwiegend die Bauindustrie und das Ausbaugewerbe profitieren, sind naturgemäß deren Verbände an den konjunkturellen Hilfsmaßnahmen besonders interessiert. Analog zur analytischen Konstruktion eines Marktes für Strukturhilfen läßt sich deshalb auch ein **temporärer Markt für Konjunkturhilfen** denken, dessen Funktionsweise sich prinzipiell kaum vom erstgenannten Marktmodell unterscheidet.

Die Mesoökonomische Interaktionstheorie der Wirtschaftspolitik erweitert die Ökonomische Theorie der repräsentativen Demokratie um mesoökonomische Faktoren, indem sie **strukturpolitische Kompetenzstrukturen** und **Aspekte hierarchischer Entscheidungsfindung** in Ministeriumsorganisationen einbezieht sowie die wesentlichen Determinanten typischer Verhaltensweisen von organisierten Interessengruppen bei ihren Interaktionen mit wirtschaftspolitischen Entscheidungsträgern offenlegt. Dadurch werden **Verhaltensmuster der Strukturhilfen begehrenden Verbände** sichtbar und **relevante Entscheidungsregeln der strukturpolitischen Instanzen** transparent gemacht. Letztlich trägt die Mesoökonomische Interaktionstheorie der Wirtschaftspolitik im Rahmen der Neuen Politischen Ökonomie dazu bei, das oft verwirrende Zusammenspiel von Politik und Gruppeninteressen durchschaubar und damit bedeutende **Phänomene der heutigen Gruppengesellschaft** theoretisch erklärbar zu machen.

Teil 4
Wahlorientierte Wirtschaftspolitik in der parlamentarischen Demokratie

14. Kapitel
Mikroökonomische Wählerpräferenzpolitik

14.1 Wahlrelevante Faktoren

Die Gestaltung der Wirtschaftspolitik obliegt primär der Regierung, deren Funktionsträger in der Regel Mitglieder von politischen Parteien sind, die bei der Wahl die Mehrheit der Wähler für sich gewinnen konnten. Um im Parteienwettbewerb das Ziel der Stimmenmaximierung zu erreichen, müssen die Parteien und Politiker die **Determinanten des Wählerverhaltens** und die **Wählerpräferenzen** kennen und in ihrer Wahlkampfstrategie beachten. Auch nach gewonnener Wahl und Übernahme der Regierungsverantwortung sehen sich die politisch-staatlichen Entscheidungsträger bei ihrer Politik regelmäßig gezwungen, die materiellen und immateriellen Bedürfnisse und Präferenzen der Wähler zu berücksichtigen, um optimale Voraussetzungen für ihre Wiederwahl zu schaffen. Wirtschaftspolitik, die sich vornehmlich an den wahlrelevanten Präferenzen der Wähler ausrichtet und deshalb als **mikroökonomische Wählerpräferenzpolitik** bezeichnet werden kann, muß nach den Ergebnissen der Wahlforschung hauptsächlich mit folgenden Einflußfaktoren auf das Wählerverhalten rechnen:

- Sozio-strukturelle Faktoren (Sozialmilieus)
- Grundwerte und gesellschaftliche Ideensysteme
- Sozio-politische Spannungslinien (cleavages)
- Parteipolitische Grundsatzprogramme
- Aktuelle Sach- und Streitfragen (issues).

Daneben können individuelle Wahlentscheidungen noch durch die Bewertung der Wahlkandidaten seitens der Wähler und die Wahlwerbung der Parteien beeinflußt werden.

14.1.1 Sozio-strukturelle Faktoren

Gemäß der empirischen Wahlforschung, die den Zusammenhang von Sozialstruktur und Wählerverhalten analysiert hat, wurden die individuellen Wahlentscheidungen bei Wahlen in Deutschland über lange Zeiträume sozialstrukturell beeinflußt. Ausschlaggebend für das Wahlverhalten war insbesondere der jeweilige **sozio-ökonomische Status** des Wählers (Angehöriger der Unter-, Mittel- oder Oberschicht), der **Beruf** samt Berufsumfeld, die **Religionszugehörigkeit**, der **Wohnort** (Stadt oder Land) sowie der **Urbanisierungsgrad** der Stadt (Klein-, Mittel- oder Großstadt). Auch die Einbindungen in **Primärumwelten** (wie Familie) und **Sekundärumwelten** (Kirche, Gewerkschaft, Vereine) haben die individuellen Wahlentscheidungen mitgeprägt. Zudem zeigte sich, daß je enger die Gruppenbindungen der Individuen sind, desto wahrscheinlicher bilden sich **soziale und kulturelle Milieus** heraus, die spezifische Werthaltungen und Lebensstile prägen sowie bestimmte Parteipräferenzen des Wählers fördern und verfestigen.

Die empirische Wahlforschung hat bei Analysen der Bundestagswahlen über lange Perioden ausgeprägte **Wahlpräferenzen** bei bestimmten **Wählertypen** festgestellt. Danach wählten die **CDU/CSU** vor allem Katholiken mit enger Kirchenbindung, Landwirte, mittelständische Gewerbetreibende, höhere Beamte und leitende Angestellte, ältere Wähler über 60 Jahre sowie Bewohner ländlicher Regionen. Dagegen wurde die **SPD** vor allem von Arbeitern mit Gewerkschaftsbindung, Protestanten mit nur loser Kirchenbindung, Akademikern der mittleren Hierarchiestufe (z. B. Hochschulassistenten, Lehrer), Jungwählern mit mittlerem Bildungsniveau sowie Bewohnern industriell geprägter Großstädte gewählt. Die **FDP** erhielt Wahlstimmen insbesondere von Gewerbetreibenden, Freiberuflern und Unternehmensleitern. Die Wählerschaft der **Grünen** setzte sich anfangs hauptsächlich aus jüngeren Personen mit ökologischen Interessen sowie Aktivisten sozialer Bewegungen zusammen. Inzwischen ist jedoch der einstmals relativ hohe Anteil der jüngeren Wähler, welche für die Partei Bündnis 90/Die Grünen gestimmt haben, geschrumpft. Ein wesentlicher Grund kann darin gesehen werden, daß bei beträchtlicher Jugendarbeitslosigkeit die klassisch grünen Themen - wie Ausstieg aus der Kernenergie und allgemein die Umweltpolitik - für junge Leute, besonders mit niedrigem Ausbildungsniveau, an Bedeutung verloren haben. Dagegen sind in der großen Gruppe jugendlicher Wähler, die infolge des gestiegenen Wohlstandes breiter Schichten aus gutsituierten Elternhäuser stammen, postmaterielle Wertvorstellungen - wie Bewahrung einer lebenswerten Umwelt und bessere Bedingungen für Selbstentfaltung und Emanzipation - weiterhin relevant. Mit dem **Wertewandel**, besonders in der jungen Generation, verloren der **traditionelle Wertekanon** (wie Pflichterfüllung, Disziplin, Ordnung) sowie auch die Bindungen an überkommene **soziale Milieus** beträchtlich an Bedeutung, was zu einer merklichen Abnahme der jeweiligen **Stammwählerschaft** der Parteien und zu einer beachtlichen Zunahme der Zahl der **Wechselwähler** führte. Auch eine gewisse Politikverdrossenheit, die sich an einer steigenden Zahl von **Nichtwählern** zeigte und hauptsächlich durch die offensichtlich abnehmende Problemlösungskompetenz der Parteien verursacht worden ist, hat die wahlwirksame Kraft der überkommenen Sozialmilieus gemindert.

Die Wahlforschung hat herausgefunden, daß in der Wählerschaft die Bereitschaft, sich an eine Partei zu binden, über einen längeren Zeitraum abgenommen hat, was naturgemäß das überkommene Parteiensystem instabiler werden läßt. Als Ursachen für die **Lockerungen der Parteibindungen** in der Wählerschaft (**dealignment-These**) können im wesentlichen folgende gelten:[250]

- Veränderungen der **Lebensstile** hin zu individueller Lebensgestaltung außerhalb der traditionellen Sozialmilieus,
- **Wertewandel** von materiellen zu **postmateriellen Werten** mit der Folge, daß Pflichtwerte zugunsten von Selbstentfaltungswerten abnehmen,
- Steigerungen des **Bildungsniveaus**, wodurch die Wähler zu individueller Meinungsbildung ohne Rückgriff auf Bezugsgruppen befähigt und kritischer gegenüber Wahlversprechen der Parteien werden,
- **Bedeutungsverlust** wertorientierter Einrichtungen (Kirchen, karitative Einrichtungen, Gewerkschaften) infolge der Übernahme von Aufgaben der Daseinsvorsorge und der Sicherung gegen Risiken des Lebens und des Arbeitens durch den Wohlfahrtsstaat.

---

[250] Vgl. P. Gluchowski, U. v. Wilamowitz-Moellendorff, 1997, S. 185.

Eine wahlorientierte Wirtschaftspolitik wird zwecks Wählerstimmenmaximierung je nachdem, welche Bestimmungsfaktoren sie für das Wahlverhalten der Mehrzahl der Wähler als relevant ansieht, eine jeweils spezifische Ausprägung erfahren. Werden die sozio-strukturellen Faktoren für das Wahlverhalten als ausschlaggebend betrachtet, so wird eine wirtschaftspolitische Wählerpräferenzpolitik kaum eine **konsistente Wirtschaftspolitik** aus einem Guß betreiben können. Besonders die großen Volksparteien, deren Wählerschaft sich außerordentlich heterogen zusammensetzt, werden dazu neigen, die Wirtschaftspolitik in **Partikular- und Sektoralpolitiken** aufzuspalten. Dieses geschieht, um die speziellen Wählerinteressen und -präferenzen im breiten Wählerspektrum besser befriedigen zu können. So wird z. B. eine als sektorübergreifende Politik gedachte **Strukturpolitik** wieder in einzelne Sektorpolitiken - wie Industrie-, Verkehrs-, Agrar-, Binnen- und Außenhandels- sowie Mittelstandspolitik - zerlegt, wodurch häufig beträchtliche **Zielkonflikte** zwischen den einzelnen isolierten Sektorpolitiken entstehen und nicht selten konträr wirkende Maßnahmen eingesetzt werden.

14.1.2 Grundwerte und gesellschaftliche Ideensysteme

Grundwerte, die fundamentale Wertauffassungen der Gesellschaft widerspiegeln, dienen meist als Basis für gesellschaftliche Ideensysteme und bestimmen die Ziele und das Handeln auf nahezu allen Feldern der Politik mit. Unterschiedliche **Grundwertstrukturen** oder **-gewichtungen** in den Grundsatzprogrammen der politischen Parteien können den Wählern als Orientierung und Wahlhilfe bei individuellen Wahlentscheidungen dienen. Grundwerte sind seit der Aufklärung im 18. Jahrhundert in den **Deklarationen der Menschenrechte** sowie in den meisten **neuzeitlichen Verfassungen** in Form von **Grundrechten** verankert. Auch parteipolitische Grundsatzprogramme enthalten oft Grundwerte, bei deren Formulierung meist die Parolen der **Französischen Revolution** von 1789 **„Liberté, Egalité, Fraternité“** Pate gestanden haben. So bekennen sich in der Bundesrepublik Deutschland sowohl christ- und liberal- als auch sozialdemokratische Parteien zu den Grundwerten „Freiheit, Chancengleichheit, Solidarität und soziale Gerechtigkeit“, wobei jedoch diese globalen Allerweltsbegriffe in der jeweils parteipolitischen Interpretation durchaus unterschiedliche Inhalte und Gewichtungen erhalten.

Historisch haben sich auf dem Fundament von Freiheit, Gleichheit und Brüderlichkeit bzw. Solidarität je nach Dominanz des einzelnen Grundwertes unterschiedliche **gesellschaftliche Ideensysteme** herausgebildet.[251] Während für den **Liberalismus** die **Freiheit des Individuums** der prägende Grundwert ist, wird der **Sozialismus** von der **Gleichheit** als Formkraft beherrscht. Dementsprechend zielt der Liberalismus auf die Sicherung und den Ausbau individueller Freiheitsräume, um die Voraussetzungen für die Selbstbestimmung der Individuen zu schaffen und die Bevormundung der Bürger durch den Staat und gesellschaftliche Kräfte einzudämmen. Mehr Freiheit für mehr Individuen soll insbesondere durch den Vorrang der Privatinitiative vor staatlichem Handeln und kollektiven Zwängen geschaffen werden. Dagegen sieht der Sozialismus sein Hauptziel in der Egalisierung der Lebens- und kollektiven Arbeitsverhältnisse. Um mehr Gleichheit der Mitglieder der

---

[251] Vgl. H.-R. Peters, 1997, S. 95 ff.

Gesellschaft zu erreichen, sollen gesellschaftliche Bedürfnisse und das Gemeinwohl Vorrang vor dem individuellen Eigennutz haben. Der **Konservatismus** will **überkommene Werte** - wie Tradition, Kontinuität, Ordnung, Autorität und Hierarchie - sowie **bewährte Institutionen** erhalten. Als Leitregel des Konservatismus gilt: dem Bewährten stets Vorrang vor Unerprobtem zu geben. Im Falle notwendiger Veränderungen soll möglichst Gewordenes im Werdenden bewahrt werden.

Innerhalb der großen gesellschaftlichen Ideensysteme haben sich - teils infolge von Akzentverschiebungen und teils durch ideologische Spaltung - spezielle Gesellschaftsideen entwickelt, die organisatorisch meist in entsprechende Parteigründungen mündeten. So haben sich im Rahmen des Liberalismus ein linker **sozialliberaler** und ein rechter **nationalliberaler** Flügel herausgebildet, die sich zwar beide zum demokratischen Rechtsstaat bekennen, aber sich im wirtschaftsordnungs- und sozialpolitischen Bereich unterscheiden. Der Sozialismus spaltete sich im Verlauf des parteiinternen Revisionismus-Streites in einen **sozialdemokratischen** und einen **kommunistischen** Bereich. Während die **Sozialdemokratie** mehr Gleichheit im Sinne von Verteilungsgerechtigkeit mittels sozialer und ökonomischer Reformen im Rahmen der parlamentarischen Demokratie erreichen will, strebt der **Kommunismus** revolutionär den Einparteienstaat und die Diktatur des Proletariats an. „Der Rubicon zwischen beiden Richtungen des Sozialismus wird also durch den Unterschied zwischen parlamentarischem Sozialstaat und totalitärem Machtstaat charakterisiert."[252] Der Konservatismus, der Neuem und Unerprobtem skeptisch gegenübersteht und bekannte einheimische Problemlösungen bevorzugt, kann eine Neigung zu einem überbetonten Nationalismus entfalten. Deshalb verläuft im Ideensystem des Konservatismus die Scheidelinie zwischen **institutionellem** und **totalitär-nationalem Konservatismus**.

Gesellschaftliche Ideensysteme im Links-Rechts-Schema

Gesellschaftliches Ideensystem	Präferierter Staatstyp	Präferierter Wirtschaftstyp
Links-Liberalismus	Sozialer Rechtsstaat	Sozialstaatlich gesteuerte Marktwirtschaft
Rechts-Liberalismus	Liberaler Rechtsstaat	Wettbewerbsgesteuerte Marktwirtschaft
Demokratischer Sozialismus	Rechtlich-zentrierter Wohlfahrtsstaat	Verteilungsgesteuerte Wirtschaftsdemokratie
Institutioneller Konservatismus	Ordnungs-zentrierter Rechtsstaat	Korporatistische Soziale Marktwirtschaft
Totalitärer Sozialismus	Totalitärer sozialistischer Lenkungsstaat	Zentralgelenkte Planwirtschaft
Totalitär-nationaler Konservatismus	Totalitärer nationalistischer Lenkungsstaat	Staatlich gelenkte Autarkiewirtschaft

[252] E. Tuchtfeldt, 1979, S. 87.

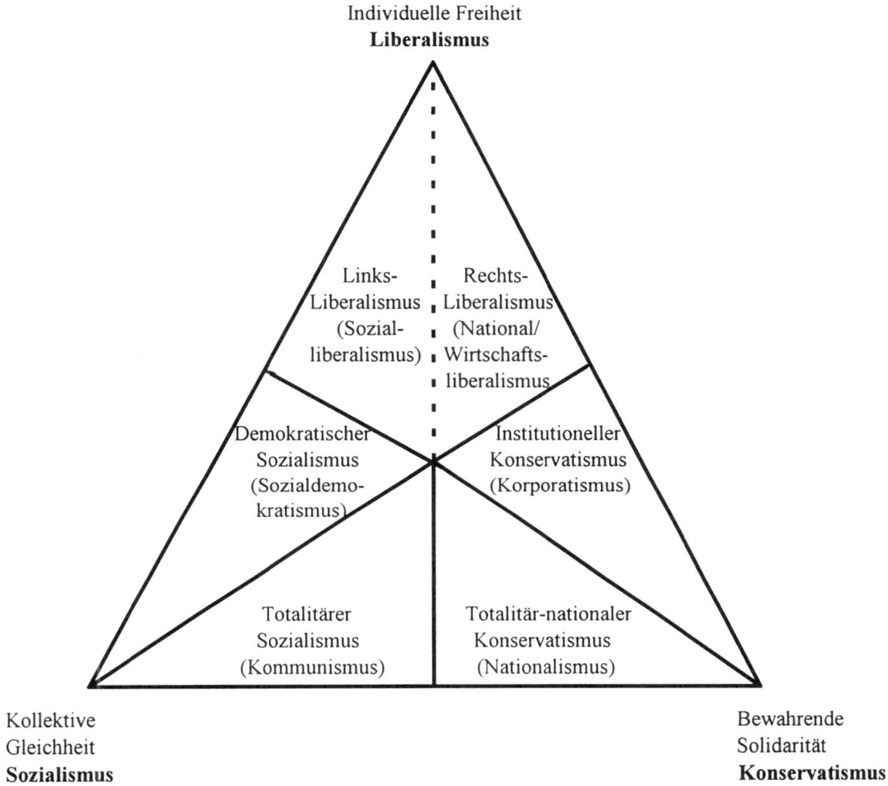

In Deutschland haben bei demokratischen Reichstags- und Bundestagswahlen im Zeitraum von 1871 (1. Reichstag) bis etwa 1961 (4. Bundestag) gewisse Präferenzen der Wähler für **dominierende Grundwerte** und ein **bestimmtes gesellschaftliches Ideensystem** in Verbindung mit dem jeweiligen **sozialen Status** eine merkliche Rolle für das Wahlverhalten gespielt. Mit dem steigenden Wohlstand breiter Bevölkerungsschichten in der Bundesrepublik Deutschland, der Klassenkampfparolen unglaubwürdig werden ließ, nahm der **gesellschaftsideologische Einfluß** auf das Wahlverhalten beträchtlich ab.

Insoweit sich die Wirtschaftspolitik an gesellschaftlichen Ideensystemen orientiert, sind beträchtliche Unterschiede in den wirtschaftspolitischen Zielen und Strategien von Links- und Rechtsregierungen feststellbar. **Linksregierungen**, die sich häufig als Schutzmacht vor allem für die unteren Einkommensschichten verstehen und dem Ziel der sozialen Gerechtigkeit die größte Bedeutung einräumen, verfolgen erfahrungsgemäß vorrangig **verteilungsorientierte Ziele** und betreiben meist eine ausgedehnte **Umverteilungspolitik**. Daneben werden oft Ziele der **Arbeitsbeschaffung** mittels staatlich finanzierten Beschäftigungsprogrammen angestrebt. Demgegenüber verfolgen **Rechtsregierungen** meist vorrangig **Allokationsziele** und überlassen das Wirtschaftsgeschehen weitgehend der Steuerung über den **Markt** und **Wettbewerb**. **Linksregierungen**, die eine **Wirtschaftsdemokratie** anstreben, konzentrieren sich im Betriebsverfassungsrecht darauf, die Mitbestimmungsrechte der Arbeitnehmer zu verstärken. Dagegen neigen **Rechtsregierungen** stärker **korporatistischen Lösungen** zu, indem sie die Mitwirkung der Verbände der gewerblichen Wirtschaft an der Vorformung der Wirtschaftspolitik ausbauen.

14.1.3 Sozio-politische Spannungslinien

Nach Lipset und Rokkan entwickelt sich das Wählerverhalten entlang von **sozio-politischen Spannungslinien (cleavages)**[253]. Derartige Spannungslinien, die sich im Laufe bedeutsamer gesellschaftlicher Konflikte herausbilden, erzeugen aus einer Art Interessengleichheit und Solidarität langfristige Bindungen zwischen einerseits Wählern, die sich in spezifischen Arbeits- und Lebensverhältnissen befinden oder bestimmten Kultur- und Religionsgemeinschaften angehören, und andererseits bestimmten politischen Parteien. In Deutschland haben vor allem zwei **historische Spannungslinien** bis in die Gegenwart gewisse Nachwirkungen entfaltet, und zwar der Konflikt zwischen **Kapital** und **Arbeit** sowie die Kontroverse zwischen **Staat** und **Kirche**.

Der klassische Konflikt zwischen Kapital und Arbeit, der sich im **Frühkapitalismus** entwickelte, wurde in den westlichen Industriegesellschaften durch Lohntarifregelungen und Arbeitsschutzgesetzgebung sowie allgemeinen Anstieg des Lebensstandards der Arbeiterschaft entschärft. Dennoch wirken die prinzipiellen Interessengegensätze zwischen Arbeitnehmern und Arbeitgebern, insbesondere auf dem Gebiet der Löhne, fort. So sind aufgrund des **Doppelcharakters der Löhne**, die einerseits **Arbeitseinkommen** für die Arbeitnehmer und andererseits **Arbeitskosten** für die Unternehmer darstellen, die Interessen von Lohnempfängern (an möglichst hohen Löhnen) und von Lohnzahlern (an möglichst niedrigen Arbeitskosten) gegensätzlich. Auch bei **kollektiven Lohnaushandlungen** zwischen Gewerkschaften und Arbeitgeberverbänden bleiben die Interessengegensätze bestehen, woran auch Konfliktverschleierungen nichts ändern, welche die Kontrahenten im Lohntarifverfahren als Sozialpartner bezeichnen, um den Eindruck gemeinsamer Interessen und beidseitigen partnerschaftlichen Wohlverhaltens zu erwecken. Dieses zeigt sich vor allem bei den Lohntarifverhandlungen, die in der Regel zwischen Gewerkschaften und Arbeitgeberverbänden strittig verlaufen und bei denen Lohntarifabschlüsse manchmal erst nach dem Ende von **Streiks** und **Aussperrungen** zustande kommen. Häufig unterstützt die aus der Arbeiterbewegung hervorgegangene SPD die Lohnforderungen der Gewerkschaften, wobei dieses aus der Oppositionsrolle heraus naturgemäß leichter als in der Regierungsverantwortung ist. SPD und Gewerkschaften verbinden manche Übereinstimmungen in den politischen Grundüberzeugungen sowie vielfache personelle Verflechtungen, was dazu geführt hat, daß die SPD besonders in der gewerkschaftsorientierten Arbeiterschaft eine permanente Stammwählerschaft hat.

Im sogenannten **Kulturkampf** zwischen Staat und katholischer Kirche im deutschen Kaiserreich hat sich eine sozio-politische Spannungslinie entwickelt, die ihre Nachwirkungen bis in die Gegenwart entfaltet. Bekanntlich versuchte damals **Bis-**

[253] Vgl. S. Lipset, S. Rokkan, 1967.

marck, den Einfluß des **Katholizismus** - u. a. mit dem Kanzelparagraph, der die politische „Agitation“ durch Geistliche verbot sowie dem Schulaufsichtsgesetz - zurückzudrängen. Die **Zentrumspartei** als politische Interessenvertretung der Katholiken wehrte sich gegen dieses Vorhaben und strebte ein gewisses Gegengewicht gegen das preußisch dominierte und protestantisch geprägte Reichsregime an. Im Kulturkampf entluden sich aber nicht nur konfessionelle Konflikte zwischen protestantischem Staat und katholischer Zentrumspartei, sondern auch kirchenfeindliche Einstellungen des Liberalismus und antipreußische Affekte der süddeutschen Länder. Nachdem sich zeigte, daß der passive Widerstand der katholischen Kirche im Verein mit der politischen Unterstützung der Zentrumspartei die staatlichen Mittel im Kulturkampf ziemlich wirkungslos machte, strebte Bismarck einen Ausgleich an, der im Zeichen der konservativen Wende hin zu einer konservativ-katholischen Mehrheit im Reichstag auch gelang. Bei den Wahlen zum 5. Reichstag 1881 verloren die bis dahin führenden Nationalliberalen ihre Spitzenposition, während die Zentrumspartei seitdem zur stärksten und stabilsten Fraktion im **Reichstag** wurde, gegen deren Votum kaum noch Abstimmungen zu gewinnen waren. Nach dem Zweiten Weltkrieg schwächte sich die konfessionelle Spannungslinie beträchtlich ab, weil es der **CDU** gelang, eine **überkonfessionelle Partei** zu gründen, die sowohl Mitglieder aus den katholischen als auch den evangelischen Bevölkerungsteilen umfaßt. Dadurch entwickelte sich die einstmals konfessionelle Spannungslinie zu einer wahlrelevanten Spannungslinie zwischen einerseits gläubigen und **kirchlich gebundenen Christen** und andererseits Personen, die dem Christentum und dem kirchlichen Leben gleichgültig oder ablehnend gegenüberstehen. Die Tatsache, daß die CDU/CSU immer noch eine beträchtliche Stammwählerschaft in der katholischen Bevölkerung besitzt, deutet jedoch nicht darauf hin, daß die konfessionelle Spannungslinie ihre ehemals dominierende Wahlrelevanz weiterhin entfaltet. Eher ist der wesentliche Grund darin zu sehen, daß sich die kirchlichen Bindungen katholischer Bevölkerungsteile, besonders auf dem Land in Süddeutschland, weniger gelockert haben als diejenigen der evangelischen Christen in Norddeutschland.

Nach der deutschen **Wiedervereinigung** 1990 zeigte sich eine vorwiegend ökonomisch mental bedingte Spannungslinie zwischen den alten westdeutschen und den neuen ostdeutschen Bundesländern, die auch wahlwirksame Effekte entfaltete. Die Mentalitäten und Gewohnheiten der Menschen, die in Westdeutschland seit der Währungs- und Wirtschaftsreform von 1948 durch die **Soziale Marktwirtschaft** und in Ostdeutschland durch 40 Jahre **Sozialistische Planwirtschaft** geprägt wurden, wirkten im vereinigten Deutschland zunächst fort und beeinflußten auch das Wahlverhalten. Während sich die Lebens- und Arbeitsverhältnisse der westdeutschen Bevölkerung kaum änderten, brach mit der Wende auch die Sozialistische Planwirtschaft der ehemaligen DDR zusammen und hinterließ durchweg produktionstechnisch veraltete und unter marktwirtschaftlichen Bedingungen **nicht wettbewerbsfähige Betriebe**. Die ostdeutsche Bevölkerung, die vom Übergang zur Marktwirtschaft einen baldigen Wirtschaftsaufschwung und schnellen Wohlstand erwartet hatte, sah sich infolge der DDR-Erblast in Form von weitgehend verrotteten Staatsbetrieben zunächst von zahlreichen **Betriebsschließungen** und früher unbekannter **Arbeitslosigkeit** bedroht. Als der erwartete rasche Wirtschaftsaufschwung und Wohlstand - trotz massiver westdeutscher **Transferzahlungen** - vorerst ausblieben, reagierte ein beträchtlicher Teil der ostdeutschen Bevölkerung enttäuscht und wandte sich von den anfangs präferierten Parteien der damaligen Regierungskoalition CDU/CSU und FDP ab. Davon profitierte vor allem die aus der Sozialistischen Einheitspartei Deutschlands (**SED**) hervorgegangene Partei des Demokratischen Sozialismus (**PDS**), die hauptsächlich in ehemaligen SED-Funktionären, DDR-Nostalgikern sowie arbeitslos gewordenen Arbeitern ein Wählerpotential fand. Insbesondere ältere Arbeitslose, die früher planmäßig einen Arbeitsplatz in der sozialistischen DDR-Wirtschaft erhalten hatten, erwarteten auch nach der Wende, daß der Staat für ihre Beschäftigung sorgen würde. Dabei richteten sich die Hoffnungen vor allem auf die PDS, von der angenommen wurde, daß diese sich noch am ehesten für staatliche **Arbeitsplatzgarantien** und **Arbeitsbeschaffungen** einsetzen würde. Im Gegensatz zur noch nicht überwundenen sozialistischen Mentalität und **Staatsfixiertheit** eines Teils der ostdeutschen Bevölkerung rechnete kaum jemand in Westdeutschland mit staatlichen Beschäftigungsgarantien, weil diese die Funktionsfähigkeit der Marktwirtschaft lahmlegen würden. Zudem war in der westdeutschen Bevölkerung noch die Erinnerung daran wach, daß die sozialistische **Vollbeschäftigungspolitik** der SED zu einer enormen **Unproduktivität** der seinerzeitigen DDR-Volkswirtschaft geführt hatte, mit der Folge permanenter **Produktions- und Versorgungsengpässe** sowie nur minimaler Rentenansprüche der Werktätigen. Eine derartige sozialistische Beschäftigungspolitik, die vor der deutschen Wiedervereinigung nur von kommunistischen Splittergruppen vertreten wurde, hatte in der ursprünglichen Bundesrepublik Deutschland zu keiner Zeit eine Realisierungschance. Die kommunistischen Gruppierungen erreichten regelmäßig bei Bundestagswahlen nur einen minimalen Stimmenanteil, der meist unter einem Prozent lag. Auch die PDS fand in der westdeutschen Bevölkerung, die überwiegend neue **sozialistische Experimente** ablehnte, nur relativ wenig Zustimmung für den von ihr angestrebten demokratischen Sozialismus. So erreichte sie bei den Bundestagswahlen 1998 lediglich einen Stimmenanteil von 1,1 Prozent in Westdeutschland, während ihr Anteil an den Wählerstimmen in Ostdeutschland mit 19,5 Prozent beträchtlich war. Die wahlrelevante west-östliche Spannungslinie im wiedervereinten Deutschland wird also dadurch bestimmt, daß sich in Ostdeutschland eine sozialistische Partei links von der SPD etablieren konnte. Zudem ist für das Parteiensystem im gesamten Bundesgebiet bedeutsam, daß nunmehr erstmals zwei Parteien - nämlich die SPD gemäß ihrem Grundsatzprogramm von 1989 und die PDS - einen **demokratischen Sozialismus** anstreben, wodurch sich das politische Koordinatenkreuz in der Bundesrepublik Deutschland stärker in die sozialistische Richtung verschiebt.

Sozio-politische Spannungslinien, die bei den Wählern unterschiedliche Politikpräferenzen bewirken, können die Wirtschaftspolitik grundlegend ändern und zu prinzipiell anderen als den vorherigen Politikansätzen veranlassen. So waren nach der deutschen Wiedervereinigung 1990 die **Transformationsprobleme** der ostdeutschen Wirtschaft allein mit Übertragung der westdeutschen Wirtschaftsordnung und der Installierung marktwirtschaftlicher Steuerungen in den neuen Bundesländern nicht zu lösen. Die **Wirtschafts- und Finanzpolitik** sah sich zwecks Angleichung der Lebens- und Arbeitsverhältnisse gezwungen, die ostdeutschen Bundesländer und deren Bevölkerung mit **massiven Transferzahlungen** zu unterstützen, um vor allem die dortige verschlissene **Infrastruktur** zu erneuern, die ostdeutsche Wirtschaft mittels Strukturhilfen **wettbewerbsfähiger** zu machen, die

Arbeitslosigkeit durch Finanzierung von **Arbeitsbeschaffungen** einzudämmen und die relativ **niedrigen Renten** aus DDR-Zeiten anzuheben.

14.1.4 Parteipolitische Grundsatzprogramme

Parteipolitische Grundsatzprogramme geben in der Regel Auskunft über das jeweilige gesellschaftliche Grundverständnis der Parteien, die von ihnen vertretenen Grundsätze der Wirtschafts- und Sozialordnung sowie ihre langfristigen Ziele auf allen bedeutsamen Politikgebieten. Da bisher in der Bundesrepublik Deutschland alle Bundesregierungen entweder unter Führung der CDU oder SPD regiert haben, kommt naturgemäß den Grundsatzprogrammen dieser beiden großen **Volksparteien** für die Wählerorientierung besondere Bedeutung zu. Obwohl sich sowohl die CDU als auch die SPD in ihren Grundsatzprogrammen zu den **gleichen Grundwerten**, nämlich **Freiheit, Solidarität und Gerechtigkeit**, bekennen, ist das Politikverständnis der beiden Parteien auf manchen Politikfeldern grundverschieden, was besonders im Hinblick auf die **Wirtschafts-** und **Sozialordnung** deutlich wird.

Nach dem Zweiten Weltkrieg wurde in Westdeutschland heftig um die Gestaltung einer neuen **Wirtschafts- und Gesellschaftsordnung** gerungen. Die SPD verstand sich gemäß ihrer Herkunft aus der Arbeiterbewegung vornehmlich als **Klassenpartei** der Industriearbeiterschaft und vertrat entsprechend ihrem **marxistischen Erbe** die traditionellen Forderungen nach Sozialisierung der Produktionsmittel. Erst in ihrem **Godesberger Grundsatzprogramm** von 1959[254] vollzog sie die Wende von der Klassen- zur linken Volkspartei und bezeichnete freie Konsumwahl und freie Arbeitsplatzwahl als entscheidende Grundlagen sowie freien Wettbewerb und freie Unternehmerinitiative als wichtige Elemente sozialdemokratischer Wirtschaftspolitik. Sie bejahte „den freien Markt, wo immer wirklich Wettbewerb herrscht. Wo aber Märkte unter die Vorherrschaft von einzelnen oder von Gruppen geraten, bedarf es vielfältiger Maßnahmen, um die Freiheit in der Wirtschaft zu erhalten. **Wettbewerb so weit wie möglich - Planung soweit wie nötig!**" Private **Marktbeherrschung** sollte insbesondere durch **öffentliche Unternehmen** und **Machtmißbrauch** der Wirtschaft durch **Investitionskontrolle** verhindert werden. Die erste programmatische Erklärung der CDU von 1947, die als **Ahlener Programm** bezeichnet wird[255], bestand aus einer Mischung von Forderungen nach **wirtschaftlicher Freiheit** der Individuen, **Vergesellschaftung** der Grundstoffindustrien und **Mitbestimmung** der Arbeitnehmer in Großbetrieben. Bereits in den Düsseldorfer Leitsätzen von 1949 nahm die CDU tendenziell Abschied von der im Ahlener Programm angestrebten gemischten Wirtschaftsordnung mit starken gemeinwirtschaftlichen Zügen und bekannte sich (von da an) zur „**Sozialen Marktwirtschaft**", in der vor allem durch **Leistungswettbewerb** und **Monopolkontrolle** ein Höchstmaß von wirtschaftlichem Nutzen und sozialer Gerechtigkeit für alle erreicht werden sollte[256].

---

[254] Vgl. SPD, 1959.
[255] Vgl. CDU, 1947.
[256] Vgl. CDU, 1949.

Die lange Zeit von der CDU präferierte und wesentlich mitgestaltete Wirtschaftsordnung der „Sozialen Marktwirtschaft“ ist im CDU-Grundsatzprogramm von 1994[257] um eine ökologische Dimension erweitert worden. Die **„Ökologische und Soziale Marktwirtschaft“** hat nach CDU-Meinung ihr geistiges Fundament in der zum christlichen Verständnis gehörenden Idee der verantworteten Freiheit und steht im Gegensatz zu sozialistischer Planwirtschaft und unkontrollierten Wirtschaftsformen liberalistischer Prägungen. Sie verwirklicht angeblich wie keine andere Wirtschafts- und Gesellschaftsordnung die Grundwerte Freiheit, Solidarität und Gerechtigkeit, zu denen sich die CDU bekennt. „Ihre Grundlagen sind Leistung und soziale Gerechtigkeit, Wettbewerb und Solidarität, Eigenverantwortung und soziale Sicherung. Sie verbindet den Leistungswillen des einzelnen mit dem sozialen Ausgleich in unserer Gesellschaft und schafft im Rahmen ihrer ökologischen Ordnung die Voraussetzungen für die Bewahrung der Schöpfung.“ Allerdings bleiben die offensichtlichen Spannungsverhältnisse der jeweils zweipoligen Grundlagen sowie die Reibungsflächen zwischen den Grundelementen „Markt, Soziales und Ökologie“ dieser Wirtschaftsordnung ebenso unerörtert wie in früheren Parteiprogrammen die Spannungen zwischen den Konzeptionselementen Markt und Soziales in der Wirtschaftsordnung der „Sozialen Marktwirtschaft“. Auch die CDU-Programmformel **„Soviel Markt wie möglich, soviel Staat wie nötig“** bietet nicht den geringsten Anhaltspunkt, wo die Grenzen der Sozialpolitik des Staates gezogen werden müssen, damit der Sozialstaat die Funktionsfähigkeit der Marktwirtschaft nicht aushöhlt.

Im Grundsatzprogramm der CDU werden Markt und Wettbewerb, die Freiheit durch Dezentralisation von Macht ermöglichen, als zentrale Elemente der Wirtschaftsordnung hervorgehoben. Zur näheren Begründung wird ausgeführt: „Der freiheitlichen Demokratie entspricht der Markt als Organisationsform der Wirtschaft. Wettbewerb fördert den Leistungswillen des einzelnen und dient damit zugleich dem Wohl des Ganzen. Markt und Wettbewerb ermöglichen eine effiziente und preisgünstige Versorgung mit Gütern und Dienstleistungen, sorgen für eine auf die Wünsche der Konsumenten ausgerichteten Produktion, fördern Innovationen und zwingen zur ständigen Rationalisierung. Mehr Staat weniger Markt führen demgegenüber vielfach zur Verminderung der Leistungsbereitschaft der Leistungsfähigen und damit zu weniger Wohlfahrt und weniger Freiheit für alle. Allerdings kann der Markt nicht allein aus sich soziale Gerechtigkeit bewirken. Die Leistungsgerechtigkeit des Marktes ist nicht identisch mit der sozialen Gerechtigkeit.“ Deshalb soll die marktwirtschaftliche Ordnung mit einer Ordnung der sozialen Leistungen zu einem ordnungspolitischen Gesamtgefüge verknüpft werden, wobei der Grundsatz gelten soll: **„Soviel Markt wie möglich**, um Eigeninitiative, Leistungsbereitschaft und Selbstverantwortung des einzelnen zu stärken, und **soviel Staat wie nötig**, um Wettbewerb und die soziale und ökologische Ordnung des Marktes zu gewährleisten.“ Auch diese mit wohlklingenden Worten angereicherte **Leerformel** zeigt keine konkreten Grenzen der Staatstätigkeit auf. Die soziale Ordnungspolitik, die nach den Grundsätzen von Solidarität und Subsidiarität zu gestalten ist, verbindet nach CDU-Auffassung „die Prinzipien der Humanität und Wirtschaftlichkeit sowie der Leistungs- und Verteilungsgerechtigkeit. Sie zielt auf die Stärkung der Eigenverantwortung, auf persönliche Hilfe und aktive Solidari-

[257] Vgl. CDU, 1994.

tät". Risiken, die der einzelne nicht aus eigener Kraft tragen kann, sollen solidarisch abgesichert werden. Dabei sollen als grundlegende Elemente der Sozialordnung weiterhin Versicherungspflicht, Leistungsgerechtigkeit sowie Selbstverwaltung in den Zweigen der Sozialversicherung erhalten bleiben. Um die angestrebte Synthese von Ökonomie, sozialer Gerechtigkeit und Ökologie zu erreichen, sollen als Grundlage der ökologischen Ordnung das **Verursacher-** und das **Vorsorgeprinzip** gelten. Danach soll jeder Produzent und Konsument die Kosten der **Umweltnutzung** und eventuell unterlassener Vorsorge für **Umweltbelastungen** tragen, wobei diese Kosten auf der Basis ökologischer Kostenpreise berechnet werden sollen. Das ökologische Ziel der Umweltschonung soll sowohl über marktwirtschaftliche Anreize als auch mittels gesetzlichen Ordnungsrechtes angestrebt werden.

Im **SPD-Grundsatzprogramm** von 1989[258] werden Freiheit, Gerechtigkeit und Solidarität als Grundwerte des **Demokratischen Sozialismus** bezeichnet, den die Partei mittels Demokratisierung der Wirtschaft sowie durch soziale und wirtschaftliche Reformen verwirklichen will. **Wirtschaftsdemokratie** ist im Verständnis der SPD sowohl Ziel als auch Instrument. Zur Begründung wird ausgeführt: „Wirtschaftsdemokratie ist selbst ein Ziel, weil sie politische Demokratie sichert und vollendet. Sie ist zugleich Instrument,

- die Menschen mit Gütern und Dienstleistungen zu versorgen und den gesellschaftlichen Reichtum gerecht zu verteilen,
- dabei den Fortschritt von Wissenschaft und Technik sozialverträglich zu nutzen,
- das Menschenrecht auf Arbeit zu garantieren,
- Demokratie, Mitbestimmung und Selbstbestimmung in allen Lebensbereichen zu ermöglichen,
- die natürlichen Lebensgrundlagen zu schützen."

Gesellschaftliche Ziele sollen in der Wirtschaftsdemokratie **Vorrang** vor den Zielen privatwirtschaftlicher Kapitalverwertung haben, weil sich ökologisch und sozial verantwortbares Wirtschaften nach Auffassung der SPD nur erreichen läßt, „wo der Vorrang demokratischer Entscheidungen vor Gewinninteressen und Wirtschaftsmacht durchgesetzt wird". Ferner wird eine demokratische **gesamtgesellschaftliche Steuerung** gefordert, die es dem Staat ermöglicht, Rahmenbedingungen für die wirtschaftliche Entwicklung zu setzen. Dabei soll der Staat dafür sorgen, „daß soziale und ökologische Kosten, die die Allgemeinheit belasten, soweit wie möglich bereits in die Entscheidungen und Kostenrechnungen der Unternehmen einbezogen werden." Für die **demokratische Steuerung und Planungskoordination** sollen **Wirtschafts- und Sozialausschüsse** gebildet werden, die aus Vertretern der Gewerkschaften, der Arbeitgeber sowie der Verbraucher- und Umweltverbände zusammengesetzt werden sollen. Diese Ausschüsse sollen Informations-, Beratungs- und Initiativrechte gegenüber Parlamenten, Regierungen und Verwaltungen im Bund, Ländern und Gemeinden erhalten. **Markt** und **Wettbewerb** werden als unentbehrlich innerhalb des demokratisch gesetzten Rahmens angesehen. Allerdings kann nach Meinung der SPD der Markt weder **Vollbeschäftigung** herstellen noch **Verteilungsgerechtigkeit** bewirken und die **Umwelt** schützen. Deshalb soll die schon im Godesberger Programm aufgestellte Leitregel gelten:

[258] Vgl. SPD, 1989.

„Wettbewerb so weit wie möglich - Planung soweit wie nötig!“ Da weder Kriterien für möglichen Wettbewerb noch für notwendige Planung genannt werden, handelt es sich um eine typische **Leerformel**. **Gemeineigentum** an Produktionsmitteln wird für zweckmäßig und notwendig gehalten, „wo mit anderen Mitteln eine sozial verantwortbare Ordnung der wirtschaftlichen Machtverhältnisse und die Durchsetzung der qualitativen Kriterien wirtschaftlicher Entwicklungen nicht gewährleistet ist“. **Vergesellschaftung** soll „zugleich demokratisches Element als auch wirtschaftspolitisches Instrument sein“. Nach Auffassung der SPD erfordert **Wirtschaftsdemokratie** „gleichberechtigte Beteiligung und qualifizierte Mitbestimmung der Arbeitnehmer und Arbeitnehmerinnen und ihrer Gewerkschaften bei wirtschaftlichen und sozialen Entscheidungen“.

Obwohl die SPD den Markt und Wettbewerb für zweckmäßig hält, schränkt sie deren Wirkungsmöglichkeiten wesentlich dadurch ein, daß sich die marktwirtschaftliche Steuerung durch Leistungswettbewerb nur innerhalb von **politisch-staatlichen Rahmenbedingungen** für die Wirtschaftsentwicklung entfalten kann. Der **Demokratische Sozialismus**, dessen ökonomischer Kern die Wirtschaftsdemokratie ist, weist vorwiegend **sozialistische Züge** auf. Dagegen dominieren in dem ordnungspolitischen Konzept einer **„Ökologischen und Sozialen Marktwirtschaft“**, das von der CDU präferiert wird, die **marktwirtschaftlichen Elemente**, denn sowohl die ökologischen als auch die sozialen Komponenten orientieren sich weitgehend an marktwirtschaftlichen Steuerungsmöglichkeiten in Form von ökonomischen Anreizen zwecks Umweltschonung und zur Stärkung der sozialen Eigenvorsorge. Die parteipolitischen Grundsatzprogramme der beiden großen **Volksparteien** in der Bundesrepublik Deutschland spiegeln also besonders hinsichtlich der **Wirtschaftsordnungspolitik** fundamentale **Unterschiede** wider. In der Regierungsposition haben sowohl die CDU/CSU als auch die SPD - soweit es die Rücksichtnahme auf den jeweiligen Koalitionspartner erlaubte - versucht, die Kernanliegen ihrer Grundsatzprogramme in der Wirtschaftspolitik zu verwirklichen.

14.1.5 Aktuelle Sach- und Streitfragen

In den Politikwissenschaften werden die **politischen Streitfragen** in **position issues** und **valence issues** eingeteilt. Bei **position issues** handelt es sich um Streitfragen, bei denen die Wähler aufgrund ideologisch gegensätzlicher Positionen z. B. ein gesellschaftspolitisches Ziel oder eine bestimmte wirtschaftspolitische Strategie nur akzeptieren oder ablehnen können. Dagegen ist sich bei **valence issues** die Wählerschaft grundsätzlich darüber einig, daß ein bestimmtes Ziel notwendig oder erstrebenswert ist. Jedoch kann es hinsichtlich dessen Wertigkeit in der Zielrangfolge und über den zur Zielerreichung zweckmäßigen und angemessenen Mitteleinsatz durchaus unterschiedliche Auffassungen bei den Wählern geben.

Eine Beeinflussung des Wahlverhaltens durch aktuelle Sach- und Streitfragen setzt voraus, daß die Wähler überhaupt eine bestimmte strittige Frage wahrnehmen, diese als bedeutsam bewerten sowie mit den Positionen bestimmter Parteien in Verbindung bringen. Wenn divergierende Auffassungen der Parteien in der betreffenden Sachfrage offen zutage liegen, werden die Wähler die ihren Vorstellungen am nächsten kommende Position bei ihren Wahlentscheidungen berücksichtigen.

In der Bundesrepublik Deutschland existieren zu Beginn des 21. Jahrhunderts **gewichtige Sach- und Streitfragen,** hauptsächlich in der Beschäftigungs-, Verteilungs- und Umweltpolitik. Die von den Parteien präferierten Politikansätze wirken polarisierend und spalten die Wählerschaft entsprechend den jeweiligen Präferenzen in ein „linkes" und ein „rechtes" Wählerpotential, wobei ersteres in etwa der Wählerschaft von SPD, Grünen und PDS und letzteres der Wählerschaft von CDU/CSU und FDP entspricht.

Vorrangige Politikansätze demokratischer Parteien

	Vorrangige Politikansätze demokratischer Linksparteien	Vorrangige Politikansätze demokratischer Rechtsparteien
Beschäftigungspolitik	Vorrangiges Ziel: **Beseitigung von Massenarbeitslosigkeit** Vorrangige Strategie: **Nachfrageorientierte Konjunktur- und Lohnpolitik** mittels Senkung von Sozialabgaben und Steuern für untere und mittlere Einkommensgruppen sowie Lohnerhöhungen zwecks Steigerung der Gesamtnachfrage und in Erwartung nachfolgender Investitionsausdehnung und Arbeitsplatzschaffungen; ferner staatliche Beschäftigungsprogramme	Vorrangiges Ziel: **Steigerung des Beschäftigungsvolumens** Vorrangige Strategie: **Angebotsorientierte Wirtschafts- und Finanzpolitik** mittels Senkung der Unternehmenssteuern und Abbau regulierungsbedingter Investitionshemmnisse zwecks Verbesserung der Investitionsbedingungen und Schaffung neuer Arbeitsplätze
Verteilungspolitik	Vorrangiges Ziel: **Sozialgerechte Verteilung** Vorrangige Strategie: Primäre Verteilung: **Gewerkschaftszentrierte Lohnsteigerungspolitik** Sekundäre Verteilung: **Sozialstaatliche Umverteilung**	Vorrangiges Ziel: **Leistungsgerechte Verteilung** Vorrangige Strategie: Primäre Verteilung: **Produktivitätsorientierte Entlohnung** Sekundäre Verteilung: **Sozialeinkommen für Bedürftige**
Umweltpolitik	Vorrangiges Ziel: **Umweltverträgliches Wirtschaften und Verhalten** Vorrangige Strategie: **Verteuerung umweltbelastender Produktionen und Verhaltensweisen und Verbot umweltschädigender Technik- und Energienutzungen**	Vorrangiges Ziel: **Ungehinderter technischer Fortschritt und ungehemmtes Wirtschaftswachstum unter Beachtung angemessenen Umweltschutzes** Vorrangige Strategie: **Schaffung von preislichen, steuerlichen und finanziellen Anreizen zur Umweltschonung**

Erfahrungsgemäß interessieren sich die meisten Wähler für solche **Sach- und Streitfragen**, die ihre **persönliche und/oder berufliche Situation** berühren. Besonders vor Wahlen konzentrieren sich die Parteien auf derartige Themen, die voraussichtlich die Aufmerksamkeit der Wähler erwecken. Dabei versucht jede Partei, die dominierende Interpretation über das strittige Thema zu behalten oder zu erreichen, um möglichst viele Wähler von ihrer Problemlösung zu überzeugen und bei der Wahl für sich zu gewinnen.

Volksparteien mit heterogener Anhängerschaft meiden in der Regel solche Sach- und Streitfragen, die bei der eigenen Klientel strittig sind und bei denen sich die Partei entweder für Verfolgung oder Ablehnung eines Zieles entscheiden muß. Lassen sich derartige Streitfragen, welche die Anhängerschaft der betreffenden Partei spalten können - also sogenannte **position issues** - nicht vermeiden, so wird die Partei versuchen, diese möglichst in **valence issues** umzuinterpretieren. Dadurch wird der Eindruck erweckt, daß das Ziel eigentlich von allen bejaht werden kann und es nur noch um den „richtigen" Weg zum Ziel geht. Gewöhnlich wird dann der politische Streit in der Weise geführt, daß jede Partei behauptet, sie sei im alleinigen Besitz des einzig richtigen Mittels zur Zielerreichung.

In Wahlkämpfen dominieren häufig Sach- und Streitfragen, die von der jeweiligen Einschätzung der gegenwärtigen und/oder der künftigen Wirtschaftslage abhängen. Da in der Regel die wirtschaftliche Gesamtsituation als politisch mitgeprägt angesehen wird, neigen die **Regierungsparteien** dazu, die **Wirtschaftslage** aufgrund ihrer Regierungskunst als **günstig** darzustellen, während die **Oppositionsparteien** die Wirtschaftslage wegen der angeblich falschen Politik der Regierung als äußerst **schlecht** einzuschätzen pflegen. Der Wähler ist also auf **sachgerechte Informationen** angewiesen. Üblicherweise nehmen jedoch in der Berichterstattung von Presse, Funk und Fernsehen die Einschätzungen der wirtschaftlichen Lage seitens der Regierung und der Parteien, die manchmal wahlopportunistisch verzerrt sind, einen breiten Raum ein.

Generell ist hinsichtlich der Information des Wählers durch die Medien folgendes zu beachten: Die meisten **Massenmedien** verfolgen - unabhängig von ihrem privat- oder öffentlich-rechtlichen Status - hauptsächlich das Ziel der **Umsatzmaximierung**. Presseverlage streben nach Absatzsteigerung ihrer Zeitungen und Zeitschriften. Funk und Fernsehen wollen höhere Einschaltquoten für ihre Programme erreichen, nicht zuletzt deshalb, um ihre Werbeeinnahmen zu steigern. Damit die politische Berichterstattung in den Medien eine möglichst breite Aufmerksamkeit erfährt und zur Umsatzsteigerung beiträgt, wird sie entsprechend interessant, markant knapp und neuigkeitsorientiert gestaltet. So werden häufig komplizierte Sachverhalte infolge knapper Darstellung sinnentstellt und zwecks plakativer Aufmachung sogar schlagwortartig verkürzt. Ferner werden gelegentlich Meldungen mit scheinbarem Neuigkeitscharakter durch Dramatisierung der zugrunde liegenden Ereignisse künstlich erzeugt. Dieses führt dazu, daß neben **sachgerechten Informationen** auch **dubiose Berichte** in den Massenmedien erscheinen, die es dem Wähler oft schwer machen, sich ein zutreffendes Bild über eine politische Sach- und Streitfrage zu machen. Je weniger sich die Wähler selbst ein sachgerechtes und realistisches Urteil über politische Streitfragen zutrauen, desto mehr Bedeutung erlangt für sie die Einschätzung der generellen **Sach- und Problemlösungskompetenz** der verschiedenen Parteien. In den westeuropäischen Demokratien gelten häufig **liberal- und christdemokratische sowie konservative Parteien**, deren Politik üblicherweise vorrangig auf volkswirtschaftliche Effizienz abzielt, als besonders für **ökonomische Fragen** kompetent, während **sozialdemokratischen Parteien** seitens der Masse der Wähler die größte Kompetenz in **sozialen Fragen** zugesprochen wird.

Wirtschaftspolitik, die sich lediglich der jeweils aktuellen Sach- und Streitfragen annimmt und die langfristigen ordnungspolitischen Aufgaben vernachlässigt, kann zu bloßem **Pragmatismus** degenerieren. So sind in der Bundesrepublik Deutschland nach Verabschiedung des Gesetzes gegen Wettbewerbsbeschränkungen im Jahr 1957, das als Grundgesetz für die Marktwirtschaft große Bedeutung hat, zwar noch einige Novellen zum Wettbewerbsrecht erlassen, aber kaum noch andere **ordnungspolitische Reformen** von Bedeutung zur Verbesserung der Funktionsfähigkeit der marktwirtschaftlichen Steuerung in Angriff genommen worden.

14.2 Wählerstimmenmarkt als Tauschveranstaltung

In der parlamentarischen Demokratie finden die gesellschaftspolitischen Entscheidungen zur Installierung einer Regierung auf dem **Wählerstimmenmarkt** statt. Die politischen Parteien treten auf dem Wählerstimmenmarkt als Anbieter von politischen Gütern und Leistungen und als Nachfrager nach Wählerstimmen auf. Die Wähler hingegen sind Nachfrager nach politischen Gütern und Leistungen und Anbieter von Wählerstimmen. Auf dem Wählerstimmenmarkt, auf dem sich Angebot und Nachfrage treffen, sind also die **Güter- und Leistungsströme** jeweils an die Stimmenströme gekoppelt. Es findet auf dem Wählerstimmenmarkt gleichsam ein **Tausch** von politischen Gütern und Leistungen gegen Wählerstimmen statt. Der einzelne Wähler als Konsument von politischen Gütern und Leistungen tauscht quasi seine **Stimme** gegen bestimmte **Lieferversprechungen** eines politischen Unternehmers, vorausgesetzt diese erscheinen ihm glaubwürdig. Ausgehend vom **Eigennutzaxiom** wird unterstellt, daß der rationale Wähler nach Nutzenmaximierung strebt und sich anhand von **Kosten-Nutzen-Kalkülen** für diejenige Partei entscheidet, von deren Wahl er sich den größten persönlichen Nutzen bei geringsten Kosten verspricht. Einwänden gegen die Übertragung der im ökonomischen Leben üblichen Nutzenkalküle auf den politischen Bereich kann entgegengehalten werden, daß die Menschen in der Regel ihre Nutzenorientierungen bei ihren Handlungen nicht grundsätzlich unterlassen, wenn sie sich auf politisches Terrain begeben. Es ist auch realistisch, den **Parteien und Politikern** vorrangig **eigennütziges Verhalten** zu unterstellen, wie es sich vor allem im Streben nach Wahlgewinn bzw. Wiederwahl ausdrückt. Dabei schließt das Verfolgen eigennütziger Ziele keineswegs aus, daß dabei zugleich **allgemeinwohlbezogene Politikanliegen** realisiert werden. Erfahrungsgemäß können nämlich Parteien im Wettbewerb um die Regierungsmacht ihre parteipolitischen Ziele nur verwirklichen, wenn breite Wählerschichten davon überzeugt sind, daß durch die Politik der jeweils zur Wahl stehenden Partei ihr Wohlergehen nicht beeinträchtigt, sondern gesteigert wird. Generell wird in der parlamentarischen Demokratie mit dem Wahlakt ein **Auftragsverhältnis** zwischen den Wählern und den mit ihrer parlamentarischen Vertretung beauftragten Abgeordneten begründet. Allerdings ist bei dieser Art „**Werkvertrag**“

im Gegensatz zu einem solchen zwischen Auftraggeber und -nehmer im privaten und gewerblichen Bereich eine **Produkthaftung** im zivilrechtlichen Sinne ausgeschlossen. Sind die individuellen Leistungen der gewählten Abgeordneten oder die kollektiven Leistungen von parlamentarischen Fraktionen nach Meinung der Wähler unzureichend, so können die Parlamentarier lediglich bei der nächsten Wahl abgewählt werden. Im Gegensatz zu den Haftungsregeln auf den Gütermärkten im privatwirtschaftlichen Sektor existiert auf dem Markt für politische Güter und Leistungen keine **persönliche Haftung** für Fehlentscheidungen. Ebenso wie die gewählten Parlamentarier für Fehlleistungen nicht persönlich mit ihrem Vermögen haften, so sind sie umgekehrt auch nicht an den volkswirtschaftlichen Erträgen ihrer Entscheidungen speziell „**gewinnbeteiligt**", sondern profitieren lediglich mit allen anderen Bürgern zusammen von den positiven Wirkungen der Entscheidungen.

14.2.1 Angebotsseite: Wahlprogramme der Parteien

Die Parteien fassen ihr Angebot an politischen Gütern und Leistungen in der Regel in **Wahlprogrammen** zusammen. Dabei richten sie erfahrungsgemäß ihre politischen Zielvorstellungen primär an den **Bedürfnissen** und **Wünschen** ihrer bisherigen und potentiellen künftigen **Wähler** aus und nur sekundär am sogenannten **Allgemeinwohl**, das oft kaum bestimmbar und meist unterschiedlich interpretierbar ist. Zudem berücksichtigen die Parteien auch die langfristig **ideologische Grundausrichtung**, die meist in parteipolitischen Grundsatzprogrammen niedergelegt ist. So würden beispielsweise Linksregierungen, die von jeher stark verteilungsorientierte Ziele verfolgen, unglaubwürdig und ihr **parteipolitisches Profil** verlieren, wenn sie vorrangig Allokationsziele anstreben würden, wie es bei Rechtsparteien oft der Fall ist.

Volksparteien halten regelmäßig ein vielfältiges Angebot in Form von Wahlversprechen für ihre heterogene Wählerschaft bereit, was in den Wahlprogrammen zwar zu einem breiten, aber im Detail oft wenig konkreten Angebotssortiment führt. Meist erwarten die Parteien, daß bei bewußt **ungenauen Wahlversprechen** der Wählerstimmengewinn höher sein wird als bei klaren Aussagen, welche die jeweiligen **Verlierer** beabsichtigter Politikänderungen offenbar werden lassen und deshalb einen hohen **Wählerverprellungseffekt** haben können. Andererseits müssen die Parteien darauf achten, daß ihre Wahlversprechen nicht allzu vage formuliert sind, weil die Wähler ihre Stimme einer Partei nicht wegen allgemeiner **Wahlslogans**, sondern in Erwartung **konkreter Vorteile** zu geben pflegen. Zudem rechnen die Parteien bei der Ausgestaltung ihres Angebotes an politischen Gütern und Leistungen mit der empirisch nachgewiesenen **Wählerpräferenz**, der zufolge die Mehrzahl der Wähler einen **gegenwärtigen Nutzen** höher als einen zukünftigen Nutzen bewertet und **gegenwärtige Kosten** stärker belastend empfindet als später anfallende Kosten, die möglicherweise erst nachfolgende Generationen tragen müssen. So neigen die Parteien dazu, **Wahlgeschenke** mittels höherer **Staatsverschuldung** zu finanzieren, was den Begünstigten sogleich Vorteile bringt, oft zu Lasten nachfolgender Generationen, die dann die Staatskredite zurückzahlen müssen. Falls **Umschichtungen** in den öffentlichen Haushalten zur Gegenfinanzierung von neuen Staatsausgaben notwendig werden, verschweigen manchmal die Parteien, an welchen anderen Stellen des Budgets gespart werden soll, um den eventuellen Wegfall bisheriger Leistungen der öffentlichen Hand zu verschleiern.

Im Rahmen ihrer **Wahlkampfwerbung** versuchen die Parteien, ihr Wahlprogramm möglichst wirkungsvoll den Wählern nahezubringen. Um die Aufmerksamkeit der Wähler zu erwecken, werden aktuelle Probleme aufgegriffen und meist in vereinfachter Weise dargestellt, wodurch wichtige Details notgedrungen unberücksichtigt bleiben. Bei den angebotenen Lösungen werden die **individuellen Vorteile** für den Wähler betont und eventuelle **Belastungen** verschwiegen. Bei der Darstellung und Bewertung der **gesamtwirtschaftlichen Lage** neigen die Regierungsparteien zur **Schönfärberei** und die Oppositionsparteien zur **Schwarzmalerei**, weil sie damit rechnen, daß die Mehrzahl der Wähler die tatsächliche allgemeine Wirtschaftslage nicht anhand objektiver Fakten beurteilen kann und daher in ihrer **subjektiven Wahrnehmung** beeinflußbar ist. In den Wahlprogrammen werden oft **kurzfristige Aufgaben** in den Vordergrund gerückt, weil erfahrungsgemäß die Mehrzahl der Wähler an möglichst baldigen Lösungen für drängende Probleme und an relativ **schnellen Nutzenzuwächsen** interessiert ist. Lösungen für langfristige Aufgaben, die sich über mehrere Legislaturperioden erstrecken müßten, werden allerhöchstens nur vage angedeutet. Öffentlichen Leistungen mit Konsumgutcharakter (wie z. B. Sozialleistungen, Subventionen) wird oft der Vorrang vor Projekten mit Investitionsgutcharakter (z. B. Infrastrukturausbau) gegeben. Die Bevorzugung kurzfristiger Lösungen führt zu **kurzsichtiger Politik** und **Reformstau**, weil langfristig wirkende Reformen nicht in Angriff genommen werden.

14.2.2 Nachfrageseite: Wählerpräferenzen für politische Güterbündel

Im Gegensatz zu ökonomischen Gütermärkten, auf denen die Nachfrager ihre Finanzmittel dosiert und speziell für den Kauf einzelner Güter einsetzen, tauschen auf dem Wählerstimmenmarkt die Wähler ihre Stimme gegen **politische Güterbündel** für eine Legislaturperiode ein. Wahlprogramme der Parteien sind für die Entscheidung von Stammwählern, die fest entschlossen sind, die von ihnen präferierte Partei wieder zu wählen, ziemlich uninteressant. Dagegen kann für Wechselwähler der Vergleich der verschiedenen Wahlprogramme der Parteien letztlich den Ausschlag für die Wahlentscheidung geben. Sie werden voraussichtlich für die Partei stimmen, deren Wahlprogramm sie für glaubwürdig und realisierbar halten und deren Angebotssortiment an politischen Gütern ihrem Politikverständnis am nächsten kommt. Allerdings ist die Abschätzung der politischen Güterbündel, die vielfältige Politikbereiche (Innen- und Außenpolitik, Wirtschafts-, Sozial- und Umweltpolitik) berühren, nicht einfach. Zudem können vor der Wahl gemachte **Koalitionsaussagen** bestimmter Parteien die Wähler nicht nur dazu veranlassen, deren Programme zu bewerten, sondern auch darüber zu spekulieren, welche Programmteile welcher Partei im Falle einer späteren **Koalitionsregierung** wohl zum Regierungsprogramm erhoben werden. Da die **einzelne Wählerstimme** für den Ausgang der Wahl in einem Gemeinwesen kaum entscheidend ist, werden rationale Wähler überlegen, ob und inwieweit die **Aufwendung von Kosten und Zeit** für die Beschaffung der Wahlprogramme und dazu notwendiger Erläuterungen lohnt.

Auch ein nicht oder wenig informierter Wähler partizipiert sowohl im positiven als auch im negativen Sinne am **Ausgang der Wahl**, der für alle Bürger quasi **Kollektivgutcharakter** hat; denn - gleichgültig welche Partei die Wahl gewinnt - das Programm der siegreichen Partei oder die Koalitionsvereinbarung der Regierungsparteien bestimmt die Politik, der sich kein Bürger des betreffenden Landes entziehen kann, außer er wandert aus.

Wähler, die ihre Wahlentscheidung von den erbrachten **Leistungen** der Parteien abhängig machen, orientieren sich meist an den parteipolitischen Initiativen und Handlungen der **letzten Legislaturperiode**, weil länger zurückliegende Ereignisse bereits in Vergessenheit geraten sind oder für die Lösung von Gegenwartsproblemen nicht mehr als relevant angesehen werden. Für die Mehrzahl der Wähler sind die **politischen Leistungen** der Parteien - vorab natürlich der Regierungspartei(en) - im Zeitraum ab etwa **zwei Jahre vor der Wahl** entscheidend. Die wahlpolitische Fixiertheit der Wähler auf **Gegenwartsprobleme** führt dazu, daß sich die Parteien gleichfalls nur auf diese konzentrieren und die **Zukunftsaufgaben** vernachlässigen. Häufig werden durch die heutigen politischen Entscheidungen, insbesondere auf den Gebieten des Umweltschutzes, des Bildungswesens, der Rentenpolitik und der langfristigen Staatsverschuldung, bereits die Ausgangsbedingungen für die **nachfolgenden Generationen** fundamental beeinflußt, ohne daß diese ihre Interessen wahlpolitisch verfolgen können. In der parlamentarischen Demokratie sorgt der **Wahlmechanismus** ziemlich zuverlässig dafür, daß die gewählte Regierung an den gegenwärtigen Bedürfnissen und Wünschen der Mehrzahl der Wahlberechtigten über eine Legislaturperiode hinaus **nicht vorbeiregiert**. Dagegen kann der demokratische Wahlmechanismus mit seiner ausgeprägten Gegenwartsfixierung kaum gewährleisten, daß bei den heutigen politischen Entscheidungen auch die **Lebensgrundlagen** und Bedürfnisse der **nachwachsenden Generationen** in angemessener Weise berücksichtigt werden.

15. Kapitel Makro- und mesoökonomische Politikansätze

15.1 Wahlorientierte Konjunkturpolitik

15.1.1 Politischer Konjunkturzyklus

Aus der Beobachtung, daß die Wirtschaftspolitiker der Regierungspartei(en) in parlamentarischen Demokratien häufig vor den Wahlen die Konjunktur durch Erhöhung der Staatsausgaben und Senkung der Steuersätze anzuregen und damit das Einkommen der Wirtschaftssubjekte und Wähler zu steigern versuchen sowie nach der Wahl die dadurch verursachten inflationären Tendenzen einzudämmen bestrebt sind, ist die **These vom politischen Konjunkturzyklus** (political business cycle) abgeleitet worden.

Anhand des folgenden Interdependenzmodells lassen sich die politisch-ökonomischen Zusammenhänge verdeutlichen:

Politisch-ökonomisches Interdependenzmodell

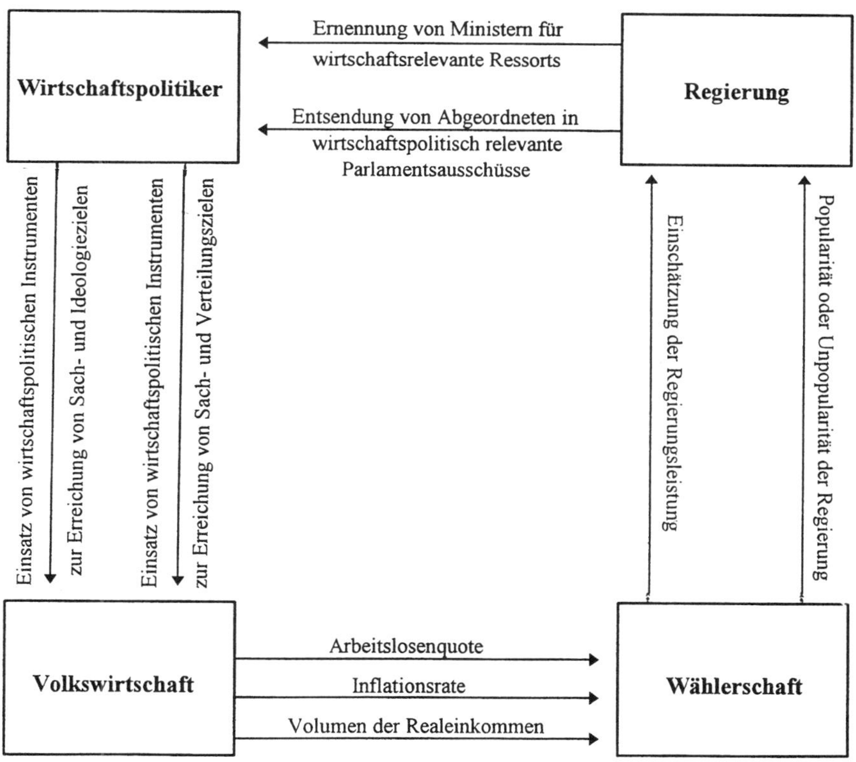

Die von der Volkswirtschaft zur Wählerschaft führenden Pfeile signalisieren die wesentlichen Komponenten der allgemeinen Wirtschaftslage (Arbeitslosenquote, Inflationsrate, Volumen der Realeinkommen), anhand derer sich die Wählerschaft eine Meinung über die Leistung der amtierenden Regierung bildet. Je nachdem, ob die Regierungsleistung von der Mehrheit der Wähler als gut oder schlecht beurteilt wird, gilt die Regierung als populär oder unpopulär. Im ersteren Fall wird sie wiedergewählt, im letzteren Fall durch eine andere Regierung ersetzt. Auf Vorschlag der wieder- oder neugewählten Regierung werden die Minister für die wirtschaftsrelevanten Ressorts (insbesondere Wirtschafts-, Finanz-, Landwirtschafts-, Verkehrs- und Bauministerium) ernannt, die sich zur Erfüllung ihrer Aufgaben mit einem (fähigen und loyalen) Stab von leitenden Ministerialbeamten umgeben. Ferner entsendet die Regierungsfraktion (sachkundige) Abgeordnete in die wirtschaftspolitisch relevanten Parlamentsausschüsse. In diesem Kreis von Wirtschaftspolitikern werden in der Regel die wirtschaftspolitischen Entscheidungen der Regierung getroffen. Nach Festlegung der regierungsseitig zu verfolgenden Sachziele, die häufig zwecks Verbesserung der Wiederwahlchancen der Regierungspartei mit Ideologie- und (verdeckten) Verteilungszielen verknüpft werden, kommt es zum Einsatz der ausgewählten Instrumente zur Zielerreichung. Das Ergebnis der Wirtschaftspolitik schlägt sich dann in den Komponenten der allgemeinen Wirtschaftslage nieder, die wiederum von der Wählerschaft zur Grundlage ihrer Entscheidung bei der nächsten Wahl gemacht werden.

Wie kommt nun ein politischer Konjunkturzyklus zustande? Der erste bahnbrechende **Modellansatz von William Nordhaus**[259] weist folgende **Modellprämissen** auf:

- Es existiert ein demokratisches Parteiensystem mit einer Regierungspartei, die an der Macht bleiben will, und einer Oppositionspartei, die an die Macht kommen will.
- Die Wähler beurteilen die wirtschaftliche Lage ausschließlich anhand der Arbeitslosenquote und der Inflationsrate, wobei beide - wenn sie relativ hoch sind - als gleichermaßen negativ angesehen werden.
- Die Wähler erkennen jedoch nicht den vorhandenen Zielkonflikt (trade-off) zwischen Arbeitslosigkeit und Inflation.
- Bei den Wählern herrscht eine vergangenheitsbezogene Erwartungshaltung, d. h. ihre Erwartungen bezüglich des künftigen Beschäftigungs- und Preisniveaus orientieren sich an den Arbeitslosenquoten und Inflationsraten der Vergangenheit, wobei die Fakten aus jüngster Zeit stärker im Gedächtnis haften geblieben sind, als die der länger zurückliegenden Perioden.
- Es wird eine kurzfristige Starrheit von Preisen und Löhnen angenommen, so daß z. B. eine expansive Fiskalpolitik zunächst nur die Beschäftigung und erst später die Inflation ansteigen läßt.

Unter Zugrundelegung dieser Prämissen wird ein **intertemporäres Politikmodell** gebildet, in dessen Rahmen die Wirtschaftspolitiker der Regierung handeln.

Hauptanliegen der Wirtschaftspolitiker der Regierungsparteien ist es, die **allgemeine Wirtschaftslage** so zu beeinflussen, daß die Wiederwahlchancen der Re-

[259] Vgl. W. D. Nordhaus, 1975, S. 169 ff.; derselbe, 1977, S. 133 ff.

gierung verbessert werden. **Signifikante Größen einer guten Wirtschaftslage**, die für die Wählerschaft und somit für den Ausgang der Wahl als entscheidend angesehen werden, sind eine **niedrige Arbeitslosenquote** und eine **niedrige Inflationsrate**. Hier muß jedoch die gemäß der **Phillips-Kurve** bestehende negative Beziehung zwischen der Arbeitslosenquote und der Inflationsrate bedacht werden. Je höher die Arbeitslosigkeit infolge rezessiver Konjunkturlage ist, desto geringer ist in der Regel der Spielraum für Lohnerhöhungen und damit auch der lohnkostenbedingte Preisanstieg sowie letztlich die Inflationsrate. Umgekehrt gilt, je geringer die Arbeitslosigkeit ist und um so höher die Lohnabschlüsse (auch wegen der erwarteten höheren Inflationsrate) sind, desto höher ist die tatsächliche Inflationsrate. Da also die Inflationsrate um so niedriger ist, je höher die Arbeitslosenquote ist und umgekehrt, wird die Wirtschaftspolitik mit einem Optimierungsproblem konfrontiert. Sie kann den **Preisniveauanstieg** und damit die **Inflation** in der Regel nur **zu Lasten einer steigenden Arbeitslosigkeit** verringern oder umgekehrt eine **Verminderung der Arbeitslosigkeit unter Inkaufnahme** einer zunehmenden **Inflation** erreichen.

Die Wirtschaftspolitiker der Regierungspartei(en) werden **vor der Wahl** versuchen, mit einer **expansiven Nachfragepolitik** des Fiskus und **Beschäftigungsprogrammen** die Arbeitslosigkeit möglichst niedrig zu halten, wobei sie mit einem **time-lag des Inflationsanstiegs** rechnen. Da aufgrund eines erfahrungsgemäß langsameren Preis- und Lohnanstiegs die Inflationsrate erst mit einer gewissen Verzögerung auf eine expansive Konjunkturpolitik reagiert, wird dann eine zeitweise günstige allgemeine Wirtschaftslage geschaffen. Die Regierung verbessert ihre Wiederwahlchance, weil es ihr vor der Wahl gelingt, die Arbeitslosigkeit niedrig zu halten, ohne daß die inflatorischen Tendenzen schon voll durchschlagen. In der **Nachwahlzeit** wird jedoch die Regierung infolge der inzwischen gestiegenen Inflationsrate zu einer **kontraktiven Stabilitätspolitik** gezwungen, welche die Arbeitslosigkeit wieder in die Höhe treibt. Rechtzeitig vor der nächsten Wahl wird dann die Wirtschaftspolitik wieder auf eine expansive Konjunkturpolitik umschalten, womit der **politische Konjunkturzyklus von neuem beginnt**.

Geht man von einem vierjährigen Wahlzyklus aus, dann werden die **restriktiven Konjunkturmaßnahmen**, die tendenziell mit Beschäftigungsrückgängen und Einkommenseinbußen verbunden sind, an den **Anfang der Legislaturperiode** geschoben. Dagegen müssen **expansive Maßnahmen** zur Beschäftigungsankurbelung **in etwa zwei Jahre vor der nächsten Wahl** in Kraft gesetzt werden, weil von der Vorbereitung und Entscheidung bis zur Wirkung von staatlichen Expansionsmaßnahmen meist eine gewisse Zeit (in der Regel nicht unter eineinhalb Jahren) vergeht. Aus einer solchen **wahlzeitorientierten stop-and-go-Politik** können unnötige und ökonomisch suboptimale Konjunkturzyklen resultieren.

Nach Nordhaus „(erlaubt) das dargestellte, in höchstem Maße vereinfachte Modell einer makroökonomischen Politik zwei wichtige Voraussagen: (I) daß die von politischen Motiven bestimmte Politik eine im Vergleich mit dem sozialen Optimum zu niedrige Arbeitslosigkeit und eine zu hohe Inflation zur Folge hat und (II) daß die optimale Parteipolitik zu einem politischen Konjunkturzyklus mit Arbeitslosigkeit und Deflation in den ersten Jahren führt, dem mit nahendem Wahltermin ein inflationärer Boom folgt“[260].

Ob es allerdings einer Regierung gelingt, die meist nicht nur auf binnenwirtschaftliche und beeinflußbare Faktoren zurückzuführende Konjunkturentwicklung tatsächlich **wahlzeitgerecht** zu steuern, ist schon allein aus institutionellen Gründen zweifelhaft. So müßten sowohl die **unabhängige Zentralbank**, die primär für die Währungs- und Geldwertstabilität zuständig ist, als auch die **autonomen Lohntarifparteien** sachlich und zeitlich in gleicher Richtung mitziehen. Die auf Vereinfachung angelegten Modelle zum politischen Konjunkturzyklus unterstellen im allgemeinen ein **einheitliches Handlungssubjekt**, indem sie nicht zwischen Regierung und Zentralbank unterscheiden. Es wird davon ausgegangen, daß die Regierung in der Lage ist, das Geldangebot autonom zu bestimmen. Ferner wird angenommen, daß die Regierung das Preisniveau unmittelbar und ohne zeitliche Verzögerung durch Erhöhung oder Verminderung des Geldangebotes beeinflussen und somit je nach Belieben inflationäre oder deflationäre Tendenzen auslösen kann. Kaum eine dieser Annahmen trifft in der Realität zu. Desgleichen unrealistisch ist die Annahme einer **naiven Wählerschaft**, die sich vor jeder Wahl erneut und in gleicher Weise durch Manipulationen der Arbeitslosenquote zu Lasten der Inflationsrate täuschen läßt. Mit Sicherheit werden die Opposition und die Medien darauf hinweisen, mit welchem „Trick“ die Regierung ihre Wahlchancen verbessern will. Es ist anzunehmen, daß auch solchen Wählern, die den trade-off gemäß der Phillips-Kurve nicht kennen oder nicht verstehen, die Wirkungszusammenhänge in allgemeinverständlicher Sprache bewußt gemacht werden. So kann auch ein Arbeitnehmer ohne spezielle ökonomische Fachkenntnisse erkennen, daß ein staatliches Beschäftigungsprogramm meist die Arbeitslosenquote nur kurzfristig reduziert, aber sukzessive die Preise in die Höhe treibt, womit sich auch die Kaufkraft seines Einkommens vermindert. Möglicherweise kann dieses zu einer stärkeren **Gewichtung der Inflationsrate** in der Wahlfunktion des Arbeitnehmers führen. Dieses trifft vermutlich auf jene Arbeitnehmer vor allem zu, die in vorherigen Legislaturperioden bereits ein- oder mehrmals vor Wahlen eine nur vorübergehende Beschäftigung erhalten und/oder nach den Wahlen einen Anstieg der Lebenshaltungskosten erlebt haben. Deshalb ist es unwahrscheinlich, daß es der Regierung vor jeder Wahl gelingt, die Wähler durch Erzeugung **wahlopportunistischer Konjunkturzyklen** zu täuschen.

15.1.2 Parteipolitischer Konjunkturzyklus

Je nach **Zielfunktion** der Politiker lassen sich zwei Arten sowie eine Mischform von **politischen Konjunkturzyklen** unterscheiden[261].

- Ist alleiniges Ziel der Partei, bei den Wahlen stärkste Fraktion im Parlament zu werden, so wird sie nach **Stimmenmaximierung** streben. Besonders wenn die Ideologieziele in der Wählerschaft strittig sind und der Wahlsieg gefährdet ist, wird eine stimmenmaximierende Strategie - ohne wesentliche Rücksichtnahme auf Ideologieziele - zweckmäßig sein. Nach errungenem Wahlsieg und Regie-

---

[260] Derselbe, 1977, S. 148.

[261] Vgl. A. J. Scheuerle, 1999, S. 3.

rungsbildung kann dann später auch den Ideologiezielen mehr Bedeutung eingeräumt werden. Politisch erzeugte Konjunkturzyklen, die in Verfolgung des Stimmenmaximierungsziels zustande kommen, werden meist als **wahlopportunistische Zyklen** bezeichnet.

- Dagegen entstehen **politische Konjunkturzyklen ideologischer Art**, wenn sich die ideologischen Ziele einer Partei in der praktizierten Wirtschaftspolitik der Regierung durchsetzen lassen.
- Da die Realisierung ideologischer Ziele jedoch den Wahlsieg und die Erringung der Regierungsmacht voraussetzen, werden in der Realität meist sowohl die Optimierung des Wahlergebnisses als auch die mögliche Durchsetzung ideologischer Parteiziele angestrebt, wodurch es zu **politischen Konjunkturzyklen opportunistisch-ideologischer** Art kommt.

Während die Theorie des politischen Konjunkturzyklus von William Nordhaus eine homogene Wählerschaft unterstellt und lediglich mit wahlopportunistischen Konjunkturzyklen rechnet, geht die **Klienteltheorie** von der Heterogenität der Wählerschaft und eindeutigen Präferenzen der jeweiligen Gruppen für bestimmte parteipolitische Ziele aus. Da die Parteien ihre Politik auf die Präferenzen ihrer Wählerklientel ausrichten, kommt es zu **parteipolitischen Konjunkturzyklen**. Ausgangspunkt ist der gemäß empirischer Wahlforschung bestehende **Trend**, dem zufolge **untere soziale Schichten** dazu neigen, Parteien mit ausgeprägtem **wohlfahrtsstaatlichen Politikansatz (Linksparteien)** zu wählen, während Angehörige **höherer sozialer Schichten** die Parteien mit vorherrschend **marktwirtschaftlichem Politikansatz** und **sozialpolitisch geringerem Engagement (Rechtsparteien)** bei Wahlen präferieren. Da die Schichtenzugehörigkeit in der Regel mit den Einkommens- und Vermögensverhältnissen konform geht, lassen sich die Wählerpräferenzen hinsichtlich der Bewertung von Arbeitslosigkeit und des Inflationsproblems folgendermaßen einschätzen:

Die **unteren sozialen Schichten**, die sich im wesentlichen aus Sozialhilfeempfängern, Arbeitslosen, Rentnern mit relativ kleiner Rente, angelernten und wenig qualifizierten Arbeitern sowie Angestellten der unteren Hierarchie-Ebene zusammensetzen, verfügen regelmäßig nur über **relativ geringe Einkommen** und **kaum Vermögen**. Liegen die Sozialhilfe und das Arbeitslosengeld beträchtlich unter dem erzielbaren Arbeitseinkommen, so werden die Sozialhilfeempfänger und Arbeitslosen möglichst schnell einen Arbeitsplatz zu finden bestrebt sein, was eventuell mit **Such- und Mobilitätskosten** verbunden sein kann. Da mit sinkender Arbeitslosigkeit die Wahrscheinlichkeit steigt, einen Arbeitsplatz zu finden, werden die vorgenannten Arbeitssuchenden eine **sinkende Arbeitslosenquote** herbeiwünschen. Dagegen kann sich in ausgeuferten **Wohlfahrtsstaaten**, in denen der Abstand zwischen erzielbarem Arbeitseinkommen für untere Lohngruppen und Sozialhilfe nur minimal ist, auch **Arbeitsunwilligkeit** ausbreiten. Wenn Arbeitslosigkeit unter rein einkommensmäßigem Aspekt kein Problem ist, dann können Arbeitsunwillige sogar eine andauernd relativ hohe Arbeitslosigkeit begrüßen, weil sie kaum befürchten müssen, eine zumutbare Arbeit angeboten zu erhalten. Erfahrungsgemäß ist jedoch für die meisten Beschäftigten, deren **Haupteinkommensquelle** ihre **Arbeit** ist, der Verlust des Arbeitsplatzes mit beträchtlichen Einschränkungen des Lebensstandards verbunden. Da mit steigender Arbeitslosigkeit auch die Wahrscheinlichkeit steigt, den Arbeitsplatz zu verlieren, ist für diese breite Schicht von Beschäftigten eine sinkende Arbeitslosenquote äußerst bedeutungsvoll. Selbst für Rentner kann die Arbeitslosigkeit relevant sein, weil mit steigender Arbeitslosenquote auch weniger Beiträge aus Arbeitsverhältnissen in die Sozialkassen der Rentenversicherung fließen und die Rentner eventuell mit Rentenkürzungen rechnen müssen. Die **oberen sozialen Schichten**, zu denen vor allem Unternehmer, Angehörige freier Berufe sowie höhere Angestellte und leitende Beamte gehören, verfügen in der Regel über ein **relativ hohes Einkommen** und ein **größeres Vermögen**. Zudem ist ihr beruflicher Status meist stabil und ihr Arbeitsplatz ziemlich sicher. Selbst wenn sie infolge generell steigender Arbeitslosigkeit ihren angestammten Arbeitsplatz verlieren, können sie eventuell das **Berufs- und Arbeitseinkommen** zumindest für eine längere Übergangszeit durch die angesammelten **Vermögensrenditen** substituieren. Da das **Arbeitsplatzrisiko** erfahrungsgemäß erheblich geringer als bei den unteren sozialen Schichten ist, werden sie mehr an möglichst **niedrigen Inflationsraten** interessiert sein, weil ihr Kapitalvermögen durch Inflation entwertet wird.

Die **Klientel- bzw. Parteigängertheorie (Partisan Theory)** von **Douglas Hibbs**[262] analysiert auf modelltheoretischer Grundlage die Konjunkturpolitiken zur Beeinflussung makroökonomischer Variablen von Links- und Rechtsregierungen in westlichen Demokratien. Anknüpfend an den von der **Phillips-Kurve** verdeutlichten Zielkonflikt zwischen Arbeitslosigkeit und Inflation wird gefragt, welche Beziehungskombination von den typischen Wählergruppen und den ihre Interessen vertretenen Parteien präferiert wird. Es wird gezeigt, daß mit einer **Beziehungskombination „relativ niedrige Arbeitslosenquote bei relativ hoher Inflationsrate“** sowohl den objektiven ökonomischen Verteilungsinteressen als auch den subjektiven psychologischen Vorlieben von **Wählergruppen mit relativ geringem Einkommen und niedrigem Sozial- und Berufsstatus** am besten gedient ist. Umgekehrt wirkt sich eine **Beziehungskombination „relativ niedrige Inflationsrate bei relativ hoher Arbeitslosenquote“** auf die Befriedigung der materiellen Einkommens- und Vermögensinteressen sowie auch der psychologischen Präferenzen von Wählerschichten mit höherem Einkommen und gehobenem Sozial- und Berufsstatus günstig aus. Da nach Hibbs die politischen Parteien hauptsächlich bestrebt sind, mittels ihrer jeweiligen Politik die materiellen Interessen und gruppenspezifischen Vorlieben ihrer Parteigänger bzw. ihrer Wählerschaft zu befriedigen, kommt es zu **unterschiedlichen Zielrangskalen** in der Konjunkturpolitik. So sehen **Linksparteien**, deren Wählerschaft überwiegend in den unteren Einkommensschichten vermutet wird, ihre Hauptaufgabe in der **Bekämpfung von Arbeitslosigkeit**, wobei sie bewußt Steigerungen der Inflationsrate in Kauf nehmen. Dagegen präferieren **Rechtsparteien**, deren Wählerschaft in den höheren Einkommensschichten gesehen wird, eine Politik zur **Bekämpfung inflationistischer Tendenzen** unter Hinnahme einer höheren Arbeitslosigkeit.

Die unterschiedlichen Präferenzen von Rechts- und Linksparteien hinsichtlich gesamtwirtschaftlicher Ziele lassen sich - wie Hibbs in Rückgriff auf eine andere Untersuchung[263] zeigt - noch weiter aufgliedern. Demnach präferieren politische Parteien in fortgeschrittenen Industrieländern folgende Zielrangfolge[264] :

---

[262] Vgl. D. A. Hibbs, 1977, S. 1467 ff.

[263] Vgl. E. Kirschen, 1964.

[264] Vgl. D. A. Hibbs, 1977, S. 1471.

Zielrangfolge

Rechtsparteien	Linksparteien
1. Preisniveaustabilität	1. Vollbeschäftigung
2. Zahlungsbilanzausgleich	2. Einkommensangleichung
3. Wirtschaftswachstum	3. Wirtschaftswachstum
4. Vollbeschäftigung	4. Preisniveaustabilität
5. Einkommensangleichung	5. Zahlungsbilanzausgleich

Die im Mittelpunkt stehende These, der zufolge Parteien - in Übereinstimmung mit den Interessen ihrer Parteigänger bzw. Wählerschaft - entweder das Vollbeschäftigungsziel und eine damit verbundene Politik zur Bekämpfung der Arbeitslosigkeit oder das Ziel der Preisniveaustabilität und eine darauf abzielende Inflationsbekämpfung bevorzugen, wird anhand von Verteilungszielen verdeutlicht und aufgrund offengelegter Verteilungs- und Umverteilungswirkungen erhärtet.

Linksparteien verfolgen - in der Regel aus ideologischen Gründen und unter permanentem Drängen der sie unterstützenden Parteigänger und Wählergruppen - **Verteilungsziele**, die auf eine **Einkommensumverteilung von den Beziehern höherer Einkommen zu den einkommensschwachen Bevölkerungsgruppen** gerichtet sind. Sie versuchen, dieses Verteilungsziel vorwiegend durch eine expansive Nachfrage- und Beschäftigungspolitik zu erreichen. Gelingt es, die Arbeitslosigkeit gemäß der Phillips-Kurve zu vermindern und die Beschäftigung insbesondere von Arbeitnehmern unterer Einkommensstufen zu erhöhen, so kann dieses tendenziell zu der angestrebten Einkommensumverteilung zugunsten einkommensschwacher Schichten führen. Voraussetzung ist allerdings, daß die im Zuge von Beschäftigungssteigerungen erfolgten Einkommenszuwächse bei den Lohnbeziehern nicht gleich wieder durch kräftige inflationäre Preissteigerungen aufgezehrt werden.

Allerdings kann sich selbst bei gestiegener Inflationsrate die **Lohnquote** am gesamten Volkseinkommen unter bestimmten Bedingungen erhöhen. Dieses ist der Fall, wenn die Gewerkschaften in den Lohntarifverhandlungen Nominallohnerhöhungen mindestens in Höhe der Inflationsrate durchsetzen, so daß die Arbeitnehmer **keinen inflatorischen Reallohnverlust** haben. Oft sind auch die Bezieher von sozialem Transfereinkommen (Arbeitslose und Sozialhilfeempfänger) sowie Rentner vor realen Kaufkraftminderungen ihrer Einkommen - z. B. durch Bindung ihrer Bezüge an einen Inflationsindex - geschützt. Dagegen sind von **inflatorischen Geldwertverlusten** vor allem die Besitzer von **Wertpapieranlagen** und anderen **Vermögenswerten, deren Verzinsung nominell fixiert ist**, betroffen. Insofern erleiden die Einkommen, die üblicherweise zur **Profitquote** zusammengefaßt werden, einen inflatorischen Realwertverlust. Im Ergebnis vermindert sich also die Profitquote am Volkseinkommen, während die **Lohnquote steigt**.

Rechtsparteien, denen eine Verfolgung von Verteilungszielen zugunsten von Beziehern höherer Einkommen und Vermögensrenditen unterstellt wird, können die Verteilungsposition dieser kaum durch Arbeitslosigkeit betroffenen Schichten vor allem durch eine **Stabilitätspolitik zur Sicherung des Geldwertes** und zur Minimierung der Inflationsrate verbessern. Das Ergebnis der modelltheoretischen Analyse der **Klienteltheorie** gipfelt in der **Feststellung, daß bei einer Rechtsregierung die Inflationsrate niedriger und die Arbeitslosenquote höher als unter einer Linksregierung ist**. Aufgrund der von Rechts- und Linksregierungen unterschiedlich gewichteten makroökonomischen Ziele und des jeweils darauf abzielenden speziellen Mitteleinsatzes können sich mit jedem Regierungswechsel in einer Volkswirtschaft parteipolitisch verursachte Konjunkturschwankungen ergeben. Diese sind - entsprechend den jeweils von den Parteien verfolgten Verteilungszielen - entweder von einer relativ niedrigen Arbeitslosenquote bei relativ hoher Inflationsrate oder umgekehrt von einer relativ niedrigen Inflationsrate bei relativ hoher Arbeitslosenquote begleitet.

Eine **wesentliche Schwäche** dieses Modellansatzes besteht darin, daß **weder mit einer konterkarierenden Politik seitens einer unabhängigen Zentralbank noch mit einem ebensolchen Verhalten von seiten der autonomen Lohntarifparteien** gerechnet wird. Angenommen, eine Linksregierung kann die Zentralbank zu einer konjunkturanregenden Ausweitung der Geldmenge bewegen und betreibt selber eine expansive Fiskalpolitik nach keynesianischem Muster, so können die Gewerkschaften zu der Überzeugung kommen, daß die Gefahr steigender Arbeitslosigkeit gebannt ist. Statt aber zunächst passiv zu bleiben und die Beschäftigungswirkungen der Fiskalpolitik abzuwarten, werden eventuell die Gewerkschaftsfunktionäre - gedrängt von hohen Erwartungen der Mitglieder und unter dem Druck schrumpfender Mitgliederzahlen - ein aggressives Verhalten präferieren und **überzogene Lohnforderungen** stellen. Erzielen die Gewerkschaften in den Lohntarifverhandlungen beträchtliche Lohnerhöhungen, die über vorhandene oder künftig zu erwartende Produktivitätssteigerungen hinausgehen, so werden voraussichtlich wegen des steigenden Lohnkostendrucks Arbeitskräfte freigesetzt und damit eine Annäherung an das **Vollbeschäftigungsziel** verfehlt. Bei konterkarierendem Verhalten der Gewerkschaften kann letztlich eine expansive Fiskalpolitik des Staates statt zu einer Reduzierung zu einer Erhöhung der Arbeitslosigkeit führen.

Auch die Annahme, daß eine Rechtsregierung in jeder Situation ihre Präferenz für eine Stabilitätspolitik zur Inflationsbekämpfung durchhalten kann, ist zumindest dann fragwürdig, wenn die Regierung infolge ständig steigender Arbeitslosenzahlen sowie der üblichen Panikmache seitens der Opposition und in den Medien hinsichtlich ihrer Wiederwahlchancen unsicher wird. Häufig wird dann **auch eine stabilitätsbewußte Rechtsregierung** bei näherrückendem Wahltermin dazu veranlaßt, **Beschäftigungsprogramme aufzulegen** und zu einer expansiven Fiskalpolitik überzugehen.

Sowohl eine Rechts- als auch eine Linkspartei werden nur jeweils dann ihre Konjunkturpolitik nach ihrer makroökonomischen Zielpräferenz ausrichten, wenn dieses eine nachhaltig gesicherte Popularität und eine hohe Wiederwahlchance verspricht. Nur eine **mitregierende Koalitionspartei**, die - aus welchen Gründen auch immer - sich ohne jede künftige Mitregierungschance sieht, kann sich erlauben, ihre präferierten Ideologie- oder Verteilungsziele ohne Rücksicht auf Wahlverluste zu verfolgen. **Volksparteien mit Wahlsiegchancen**, die sowohl Stammwähler aus heterogenen Bevölkerungs- und Berufsgruppen haben als auch Wechselwähler mit vielleicht ganz anderen Zielpräferenzen gewinnen wollen, müssen meist unterschiedliche Zielvorstellungen bündeln und auf dem Kompromißweg zu wahlrelevanten Zielfunktionen zusammenfassen. Dieses schließt regelmäßig von vornherein aus, daß lediglich einseitige Ideologie- oder Verteilungsziele zugunsten von Stammwählern verfolgt oder anvisiert werden.

15.1.3 Konjunkturpolitik bei rationalem Wählerverhalten

Der ursprünglichen Klienteltheorie bzw. Partisan Theory von Hibbs liegt die unrealistische Prämisse zugrunde, daß die Wähler den Zielkonflikt gemäß der Phillips-Kurve samt den daraus resultierenden negativen Wirkungen von Konjunkturmaßnahmen nicht erkennen und deshalb von den Politikern immer wieder getäuscht werden können. Die **Rationale Klienteltheorie (Rational Partisan Theory) von Alberto Alesina**[265] gibt die Prämisse einer naiven Wählerschaft auf und rechnet mit **rationalem Wählerverhalten**. So erwarten die Wähler als Wirtschaftssubjekte, daß von konjunkturpolitischen Maßnahmen bestimmte Auswirkungen auf die Beschäftigung und das Preisniveau ausgehen. Auch die **Lohntarifparteien**, die vor der Wahl über den Wahltermin hinausreichende **Nominallohnkontrakte** abschließen, gehen bei ihren Entscheidungen von rationalen Erwartungen über die ökonomische Situation in der Nachwahlzeit aus. So enthalten die vor dem Wahltermin abgeschlossenen Lohntarifverträge auch bestimmte - auf rationalen Erwägungen basierende - Erwartungen über die wahrscheinliche Inflationsrate nach der Wahl. Dabei dienen als Grundlage der Tarifabschlüsse die zu **erwartenden Inflationsraten** unter Links- und Rechtsregierungen in der Nachwahlzeit bzw. in der Restlaufzeit der Tarifverträge, die mit den jeweiligen, eventuell durch Meinungsforschungsinstitute ermittelten Wahlsiegwahrscheinlichkeiten beider Parteien gewichtet werden. Da ex ante nicht feststeht, welche Partei die Wahl gewinnt, gehen die quantifizierten Werte der Inflationserwartung gegenüber beiden Parteien in die rechnerische Inflationsrate ein, die den Tarifverträgen zugrunde gelegt wird. Daraus ergibt sich, daß bei einem **Wahlsieg einer Rechtspartei** die tatsächliche **Inflationsrate niedriger als erwartet** und in den Tarifverträgen berücksichtigt ist, weil der Inflationserwartungswert auch die voraussichtlich höhere Inflationsentwicklung im Falle eines Wahlsieges der Linkspartei enthält. Umgekehrt ist bei einem **Wahlsieg von Linksparteien** die tatsächliche **Inflationsrate höher als deren Inflationserwartungswert** beim Lohntarifabschluß. Selbst bei Wiederwahl einer amtierenden Regierung wird der tatsächliche vom erwarteten Inflationsverlauf abweichen, weil der rechnerische Inflationserwartungswert stets sowohl die Inflationserwartung im Falle einer Rechts- als auch einer Linksregierung enthält.

Da die vor der Wahl abgeschlossenen Lohntarifverträge nicht sogleich mit dem Regierungswechsel korrigiert werden können, kommt es zu folgenden Situationen: **Zu Beginn der Amtszeit einer Rechtsregierung** liegt die **Arbeitslosenquote über der natürlichen Arbeitslosenrate**, die durch friktionelle und strukturelle Arbeitslosigkeit bestimmt wird. Dieses beruht darauf, daß bei den Tariflohnab-

---

[265] Vgl. A. Alesina, 1987, S. 651 ff.; derselbe, 1988, S. 796 ff.; derselbe, 1989, S. 57 ff.

schlüssen mit einer höheren Inflationsrate gerechnet worden ist und die vereinbarten „überhöhten" Löhne zu Arbeitskostensteigerungen und Freisetzung von Arbeitskräften geführt haben. Da die Öffentlichkeit von einer Rechtsregierung vorrangig eine Politik zur (weiteren) Reduzierung der Inflationsrate erwartet, wird diese voraussichtlich eine **Anti-Inflationspolitik** betreiben. Dieses hat zur Folge, daß bei den neuen Lohntarifverhandlungen mit geringeren Inflationsraten gerechnet wird und aufgrund maßvoller Lohntarifabschlüsse die Arbeitslosigkeit auf ihr natürliches Niveau zurückgedrängt wird.

Dagegen liegt **bei Amtsantritt einer Linksregierung** die **Arbeitslosenquote unter ihrem natürlichen Niveau** bei relativ hoher Inflationsrate, was aber die Regierung nicht zu einer jetzt vorrangigen Politik zur Inflationsbekämpfung anregen wird. Würde die Linksregierung ihre ideologisch und verteilungspolitisch präferierte Vollbeschäftigungspolitik aufgeben und zu einer vorrangigen Inflationsbekämpfung unter Inkaufnahme von Arbeitslosigkeit übergehen, so würde sie in den Augen ihrer Anhänger und Wähler unglaubwürdig. Sie wird also auch in dieser Situation die von ihr präferierte expansive Nachfrage- und Beschäftigungspolitik betreiben, wodurch sich infolge der damit verbundenen inflationistischen Tendenzen und darauf basierender „überhöhter" Tariflohnabschlüsse die Arbeitslosigkeit wieder ihrer natürlichen Rate annähert.

Unter der Bedingung, daß die Anpassungsprozesse im Lohnbildungsverfahren tendenziell in Richtung des (Arbeitsangebot und Arbeitsnachfrage zum Ausgleich bringenden) Gleichgewichtslohnsatzes gehen, wird die **Arbeitslosigkeit** demnach auf ihre **natürliche Rate zurückgeführt**, und zwar gleichermaßen sowohl unter einer Rechts- als auch unter einer Linksregierung. Allerdings kann eine gewählte Linksregierung - selbst wenn ihre Anhänger und Wählerschaft nur in geringem Maße von Arbeitslosigkeit, aber in relativ hohem Maße von Inflationswirkungen betroffen ist - aus ideologischen Gründen und zur Wahrung ihrer Glaubwürdigkeit zu einer expansiven Nachfragepolitik zwecks Beschäftigungssteigerung angereizt werden. Sie erzeugt jedoch damit eine zusätzliche (Überraschungs-)Inflation. Da die Lohntarifparteien bei der Kalkulation der Inflationserwartungswerte auch die Wahrscheinlichkeit von **Überraschungsinflationen** berücksichtigen, sind die Tariflohnabschlüsse unter einer Linksregierung durchweg höher als unter einer Rechtsregierung. Infolge überhöhter und damit inflationstreibender Nominallöhne ist die **Inflationsrate** regelmäßig **unter Linksregierungen höher** als unter Rechtsregierungen.

Eine wesentliche **Schwäche** der **Rationalen Klienteltheorie** liegt darin, daß sich der modelltheoretisch abgeleitete Funktionsmechanismus, der die Arbeitslosigkeit automatisch auf die natürliche Arbeitslosenrate zurückführt, empirisch kaum nachweisen läßt. Eine Reihe hochentwickelter Industrieländer weist schon über längere Zeiträume relativ hohe Arbeitslosenquoten auf, die sich trotz ausgedehnter beschäftigungspolitischer Maßnahmen kaum vermindern lassen. Auch in der Bundesrepublik Deutschland hat die Arbeitslosigkeit mit jedem Konjunktureinbruch seit Mitte der 70er Jahre ein höheres Niveau erreicht, das auch im nachfolgenden Aufschwung kaum spürbar unterschritten worden ist. Offensichtlich weist die **Arbeitslosigkeit** eine starke **Persistenz bzw. Pfadabhängigkeit** auf, indem eine entstandene Massenarbeitslosigkeit nur schwer und äußerst langsam wieder abgebaut werden kann. Ein wesentlicher Grund liegt darin, daß mit dauerhafter

Arbeitslosigkeit auch die Entwertung der Qualifikationen und damit des Humankapitals der Langzeitarbeitslosen zunimmt. Als Hauptursache kann jedoch das Insider-Outsider-Problem bei Lohntarifverträgen angesehen werden. Das **gewerkschaftliche Lohntarifkartell**, das kartellmäßig Mindestlöhne aushandelt, **schützt die Arbeitsplatzbesitzer** vor der Außenseiterkonkurrenz von Arbeitslosen, die bei niedrigeren (Einstiegs-)Löhnen eventuell Arbeit finden und annehmen würden. Obwohl die Gewerkschaften angeblich möglichst vielen Arbeitnehmern zu einer Arbeit verhelfen wollen, ist ihre vorrangige **Verhandlungsstrategie** fast immer auf hohe Lohnzuwächse für die beschäftigten Gewerkschaftsmitglieder ausgerichtet. Setzen die Gewerkschaften aufgrund von Organisations- und Marktmacht aber Nominallöhne über dem Niveau von Produktivitätssteigerungen durch, so sind sowohl höhere Inflationsraten vorprogrammiert als auch die Chancen zur Wiedereingliederung von Arbeitslosen in den Produktionsprozeß gesunken. Die Folge ist, daß sich eine relativ hohe Arbeitslosenrate verfestigt. Wenn jedoch ein beträchtlicher Teil der erwerbsfähigen Bevölkerung nicht mehr am Produktionsprozeß und der Einkommenserzeugung beteiligt ist, so wächst zwangsläufig die Abgabenlast der verbleibenden Erwerbstätigen für die Finanzierung der notwendigen Transfereinkommen der Arbeitslosen.

15.2 Mesoökonomische Gruppenbegünstigungspolitik

15.2.1 Gruppenspezifische Verteilungspolitik

Da die vorgestellten politisch-makroökonomischen Interdependenzmodelle von der Annahme einer ausschließlich konjunkturpolitischen Einflußnahme der Regierung auf die Einkommensinteressen der Wähler und deren Wahlverhalten ausgehen, bleibt - modelltheoretisch bedingt - der reale Aussagewert dieser Theorien sehr beschränkt. Wie bei der Mesoökonomischen Interaktionstheorie der Wirtschaftspolitik bereits dargelegt, ist es unwahrscheinlich, daß sich alle Wähler bei ihrer Wahlentscheidung ausschließlich an der allgemeinen Wirtschaftslage - die zudem nur durch die beiden Merkmale Arbeitslosenquote und Inflationsrate gekennzeichnet ist - orientieren. Sicherlich sind **strukturelle Veränderungen** und **persönliche Betroffenheit** im Zuge des ökonomischen Strukturwandels häufig bedeutungsvoller für die Wahlentscheidung des einzelnen Wählers oder bestimmter Wählergruppen als die allgemeine Wirtschaftslage zur Wahlzeit. So ist z. B. allein eine Reduzierung der Arbeitslosenquote kein Trost und kaum ein Hoffnungssignal für den Langzeitarbeitslosen, der weiterhin ohne Arbeitsverhältnis geblieben ist. Auch für Beamte auf Lebenszeit und für unkündbare Angestellte im öffentlichen Dienst dürfte die jeweilige Arbeitslosenquote kaum der entscheidungsrelevante Faktor bei der Wahl sein. In der Realität verlassen sich denn auch die politischen Parteien und die amtierende Regierung nicht darauf, daß sie allein mit einer konjunkturpolitisch „geschönten" Wirtschaftslage die Wahl gewinnen. In der Regel versuchen sie, mittels einer **einkommensrelevanten Gruppenbegünstigungspolitik** ihre Stammwählerschaft zu halten und Wechselwähler aus bisher unerreichten Wählerschichten und -gruppen zusätzlich zu gewinnen. Die meisten wirtschaftspolitischen Instrumente der Gruppenbegünstigungspolitik entstammen der **sektoralen Strukturpolitik**[266].

Charakteristisch für die Gruppenbegünstigungspolitik ist, daß neben der beabsichtigten Begünstigungswirkung für bestimmte Gruppen bzw. Wirtschaftszweige unbeabsichtigt meist auch ökonomisch schädliche **Nebenwirkungen** auftreten. So kann es beispielsweise zu volkswirtschaftlichen **Wachstumseinbußen** infolge wirtschaftspolitisch verursachter **Strukturkonservierung** kommen. Ferner kann sich **mangelnde Innovationstätigkeit** in bestimmten Branchen sowohl aufgrund massiver Erhaltungssubventionen als auch wegen staatlich zugelassener Wettbewerbsbeschränkungen einstellen. Zudem sind finanzielle **Zuwendungen** aus den öffentlichen Budgets an bestimmte Gruppen und Branchen regelmäßig mit **Belastungen** anderer Personengruppen - insbesondere der Steuerzahler - verbunden. Desgleichen sind staatlich **gewährte Wettbewerbsvorteile** in Form von Regulierungen zugunsten bestimmter Anbietergruppen durchweg an Beschränkungen der **ökonomischen Freiheiten** anderer Wirtschaftssubjekte gekoppelt.

Typische wirtschaftspolitische Instrumente der Gruppenbegünstigungspolitik und ihre Wirkungen

Instrumente der Gruppenbegünstigung	Primär begünstigte Gruppen bzw. Wirtschaftszweige	Beabsichtigte Wirkungen des Instrumenteneinsatzes	Unbeabsichtigte Nebenwirkungen des Instrumenteneinsatzes
Erhaltungssubventionen in Form von Finanzhilfen und Steuervergünstigungen für bestimmte Branchen	In Deutschland vor allem: Landwirtschaft, Steinkohlenbergbau, Werften, Luft- und Raumfahrzeugbau, Unternehmen der Energie- und Wasserversorgung sowie des öffentlichen Verkehrs, Wohnungsvermietung	Erhaltung von (auch unrentablen) Produktionen und Arbeitsplätzen	Absatz- und Strukturprobleme infolge Überproduktion und mangelnder Anpassung an den Strukturwandel
Lohnsubventionen für die Einstellung bestimmter Arbeitnehmergruppen	Einstellungsbetriebe und neu eingestellte Arbeitnehmer aus der Gruppe der ehemaligen (Langzeit-)Arbeitslosen	Wiedereingliederung von Arbeitslosen (insbesondere aus der Gruppe der Langzeitarbeitslosen) in den Arbeitsprozeß	Verdrängung nicht subventionierter Lohnarbeit und damit lediglich Verschiebung der Arbeitslosigkeit in andere Bereiche
Staatliche Mindestpreise über Marktniveau (z. B. in der Landwirtschaft)	Landwirte mit Erzeugung von EU-Marktordnungsprodukten	Einkommenssicherung für Landwirte	Absatzprobleme infolge Überproduktion
Staatliche Mindestlöhne über Marktniveau (z. B. für Niedriglohngruppen)	Arbeitnehmer unterer Lohngruppen	Einkommenssicherung für Arbeiter mit geringer Qualifikation	Kaum Arbeitsplatzangebote wegen produktivitätsmäßig zu hoher Löhne für einfache Arbeit

- Fortsetzung -

[266] Vgl. H.-R. Peters, 1996, S. 141 ff.

- Fortsetzung -

Instrumente der Gruppenbegünstigung	Primär begünstigte Gruppen bzw. Wirtschaftszweige	Beabsichtigte Wirkungen des Instrumenteneinsatzes	Unbeabsichtigte Nebenwirkungen des Instrumenteneinsatzes
Staatliche Höchstpreise unter Marktniveau (z. B. bei Wohnungsmieten)	Nachfrager, Mieter	Nachfrager-, Mieterschutz	Angebotsmangel wegen unattraktiver (eventuell nicht kostendeckender) Preise
Staatliche Abnahmeverpflichtungen (z. B. für landwirtschaftliche Erzeugnisse)	Landwirte mit Erzeugung von EU-Marktordnungsprodukten	Absatzsicherung in der Landwirtschaft	Überproduktion und Absatzprobleme der staatlichen Abnahmestellen
Gesetzliche Absatzgarantien mittels Verwendungszwängen (z. B. in Verstromungsgesetzen)	Steinkohlenbergbau	Sicherung des Steinkohlenabsatzes durch zwangsweisen Kohleeinsatz in der Elektrizitätserzeugung	Verteuerung der Elektrizitätserzeugung infolge des erzwungenen Einsatzes teurer einheimischer Steinkohle
Steuerliche Belastungen der Substitutionskonkurrenz (z. B. durch die Heizölsteuer)	Steinkohlenwirtschaft	Schutz einheimischer Steinkohle durch steuerliche Belastung des Konkurrenten Mineralöl	Heizölverteuerung auch für sozial schwache Schichten
Staatlich zugelassene Wettbewerbsbeschränkungen (z. B. durch Demarkations- und Konzessionsverträge in der Stromwirtschaft)	Unternehmen der Elektrizitätswirtschaft	Angebliches Regulierungserfordernis wegen „natürlicher" Leitungsmonopole	Relativ hohe Strompreise infolge regionaler Strommonopole
Marktzugangsbeschränkungen (z. B. durch Fahrzeugkontingente im Straßengüterfernverkehr)	Eisenbahn und vorhandene Unternehmen des konzessionierten Straßengüterfernverkehrs	Kapazitätsbeschränkungen im gewerblichen Straßengüterfernverkehr zum Schutz von Ferntransporten der Eisenbahn	Relativ hohe Transportpreise infolge staatlich verordneter Angebotsverknappung und damit Wettbewerbsbeschränkungen
Außenhandelsprotektionismus mittels Einfuhrzöllen, Einfuhrkontingenten und nichttarifären Handelshemmnissen	Einheimische Produzenten und der Binnenhandel	Schutz einheimischer Produzenten und Händler vor der ausländischen Konkurrenz	Mangel an internationalem Warenangebot und mangelnder Konkurrenzdruck ausländischer Wettbewerber auf die einheimischen Produzenten und Händler

Gruppenbegünstigungspolitik ist weitgehend **Umverteilungspolitik**, wobei neben einer personellen Umverteilung vor allem eine **sektorale Verteilungspolitik** seitens des Staates stattfindet. Welches Ausmaß die sektorale Umverteilung im Wege der Subventionierung angenommen hat, ist schwer zu ermitteln. Je nach **Subventionsbegriff** und nach Einbezug aller Staatshilfen oder nur jener, die ausdrücklich als Subventionen bezeichnet werden, ergibt sich ein anderes Subventionsvolumen. Erfahrungsgemäß neigen die politisch-staatlichen Instanzen dazu, Subventionen hinter wohlklingenderen Bezeichnungen - wie z. B. **Strukturhilfen** oder **Anpassungsförderungen** - zu verstecken und diese Staatshilfen in die Subventionsberichte nicht einzubeziehen. **Erhaltungssubventionen** sind in marktwirtschaftlich orientierten Wirtschaftssystemen erfahrungsgemäß ein ungeeignetes Mittel, das **volkswirtschaftliche Beschäftigungsvolumen** langfristig zu sichern, weil der Beschäftigungsumfang in den nichtbegünstigten Bereichen infolge der **Wettbewerbsverzerrungen** meist stärker reduziert wird als die eventuell kurzfristige Sicherung der Beschäftigungsmenge in den subventionierten Sektoren. Begünstigungen von Wirtschaftszweigen durch Gewährung von Erhaltungssubventionen haben also zwangsläufig **Diskriminierungen** anderer Branchen, die mit den begünstigten Wirtschaftsbereichen im Wettbewerb stehen, zur Folge. Zudem können dauerhafte Erhaltungssubventionen für Wirtschaftszweige dazu führen, daß die subventionierten Unternehmen in ihren Anstrengungen zur **Rationalisierung** und **Kostensenkung** erlahmen. Derartige Unterstützungen lockern regelmäßig den engen Zusammenhang zwischen Kosten und Preisen sowie die Balance zwischen marktwirtschaftlichen Chancen und unternehmerischem Risiko, weil sie einen Teil der Kosten und des Risikos auf die öffentlichen Haushalte verlagern. Ferner vermindern Erhaltungssubventionen die **Produktivität** und das **potentielle Wirtschaftswachstum**, indem subventionierte Unternehmen mit relativ niedrigem Produktivitätsgrad knappe Produktionsfaktoren binden, die beim Einsatz in produktiveren volkswirtschaftlichen Verwendungen produktivitäts- und wachstumssteigernd gewirkt hätten.

Obwohl die wettbewerbliche **Marktpreisbildung** zu den konstitutiven Prinzipien eines marktwirtschaftlich orientierten Wirtschaftssystems gehört, hat dieses die politisch-staatlichen Instanzen nicht davon abgehalten, das Instrument der **administrativen Preisfestsetzung** in Form von Mindestpreisen zum Zwecke der Ertragssicherung oder in Form von Höchstpreisen zwecks Preisvorteil zugunsten bestimmter Gruppen anzuwenden. Staatliche **Preisfestsetzungen** werden häufig von solchen Branchen angestrebt, die sich in der **Stagnations- und Rückbildungsphase** des Marktes befinden. **Immobile Produzenten** in schrumpfenden Wirtschaftszweigen erhoffen sich oft von einer staatlichen Preisfestsetzung und Ausschaltung des brancheninternen Wettbewerbs die Sicherung ihres Unternehmensertrages. Da jedoch den Produzenten mit staatlichen Branchenfestpreisen oder Mindestpreisen über Marktniveau allein nicht gedient ist, wenn die Nachfrage nach ihren Erzeugnissen ausbleibt, bedrängen sie den Staat, für eine effektive **Ausnutzung der Preisgarantien** durch weitere protektionistische Maßnahmen zu sorgen. So fordern die Produzentenverbände vom Staat **Abnahmegarantien** oder die **Eindämmung der Substitutions- und Auslandskonkurrenz** durch Steuern, Kontingente und Zölle. Hat sich der Staat erst einmal bereit gefunden, die marktwirtschaftliche Preisbildung auf einem Sektor außer Kraft zu setzen, so kommt er meist nicht daran vorbei, mit weiteren Interventionen die angestrebte Einkommenssicherung zugunsten der betreffenden Branche anzustreben. So hat der Staat unter dem Druck von Interessenorganisationen manchmal die sektorale Preisfestsetzung um weitere Schutzmaßnahmen ergänzt und zu regelrechten **Anbieterschutzordnungen** ausgebaut. Vorwiegend als Anbieterschutzordnungen wirken die **Agrarmarktordnungen** der Europäischen Union, die mittels politischer Preisbeeinflussung und staatlicher Absatzgarantien in Verbindung mit relativ hohen Barrieren für Importe aus Nichtmitgliedsländern der Landwirtschaft in der EU einen beträchtlichen **Anbieterschutz** verschaffen. Zudem regen die Agrarmarktordnungen die Produktion von Agrarerzeugnissen kräftig an und verlagern das Absatzrisiko weitgehend auf den Staat. Die meisten über Weltmarktpreisen festgesetzten **Agrarinterventionspreise** und die staatliche **Aufkaufspflicht** animieren die Landwirte regelmäßig zu Produktionssteigerungen sowie gegebenenfalls auch dazu, an Bedarf und Markt vorbei direkt für die staatlichen Interventions- und Einlagerungsstellen zu produzieren. Das Agrarmarktgeflecht der EU hat zu einer **suboptimalen (nichtbedarfsgerechten) Agrarproduktionsstruktur** geführt, was sich daran zeigt, daß die staatlichen Interventionsstellen oft außergewöhnlich große **Überschußmengen** - insbesondere von Weizen, Rindfleisch, Butter und Magermilchpulver - aufkaufen und einlagern mußten. Zudem begünstigen die Produktionssubventionen im Rahmen der Agrarmarktordnungen einseitig die **landwirtschaftlichen Großbetriebe** mit umfangreichem Erzeugnisvolumen. Die **Agrarpolitik**, die sowohl der preiswerten Ernährung der Bevölkerung als auch der Einkommenssicherung der bäuerlichen Betriebe dienen sollte, ist infolge der verbraucherfeindlich wirkenden und den landwirtschaftlichen Großbetrieben begünstigenden Agrarmarktordnungen primär zu einer **Politik zur Ernährung der großbetrieblichen Landwirtschaft** vornehmlich auf Kosten der Verbraucher und Steuerzahler degeneriert.

Auch für den deutschen **Steinkohlenbergbau** sind über Jahrzehnte hinweg außerordentlich hohe Subventionen jährlich aufgewandt worden, ohne daß dieser Wirtschaftszweig international wettbewerbsfähig geworden ist. Sowohl die **Verstromungshilfen** für den Steinkohleneinsatz in der Elektrizitätswirtschaft als auch die **Kokskohlenhilfe** für den Steinkohleneinsatz in der Stahlindustrie haben den einheimischen Steinkohlenbergbau nicht vor Absatzproblemen und **Produktionsschrumpfungen** bewahrt. Zudem mußten kontinuierlich Arbeitsplätze infolge von **Zechenschließungen** abgebaut werden. Der deutsche Steinkohlenbergbau ist aufgrund seiner tiefgelagerten Kohlevorräte und den daraus resultierenden hohen Abbaukosten sowie den permanent schrumpfenden Absatzmengen infolge hoher Verkaufspreise seit Jahren **unrentabel**. Das immer wieder vorgebrachte Argument, dem zufolge der einheimische Steinkohlenbergbau aus Gründen der **Versorgungssicherheit** aufrechterhalten werden müsse, überzeugt nicht, weil es **reichliche Kohlevorkommen** auf der Welt gibt. Zudem ist nicht ersichtlich, wie sich die Versorgungssicherheit erhöhen soll, wenn der Staat - wie bisher - mittels massiver Subventionierung den Kohleabsatz und Kohleverbrauch forciert und damit die im Ernstfall einer Versorgungskrise **verfügbaren Kohlevorräte** vermindert.

In der Bundesrepublik Deutschland dient die **sektorale Strukturpolitik** vorwiegend als **sektorspezifische Verteilungspolitik**. Vor allem infolge des politischen Einflusses organisierter Interessengruppen - insbesondere von Produzentenverbänden und Branchengewerkschaften - haben sich sowohl im Bund als auch in den Bundesländern vielfach **Verteilungskoalitionen** der großen Volksparteien zugunsten bestimmter Wirtschaftszweige herausgebildet, welche **rentensuchende Verhaltensweisen** der Unternehmungen begünstigen und **mobilitätsförderndes Verhalten** der Arbeitnehmer verhindern. Statt der konzeptionell angekündigten primär wachstums- und mobilitätssteigernden Strukturwandel- und Strukturanpassungspolitik wird faktisch überwiegend eine **wachstumshemmende Strukturwandelverzögerungs- und neomerkantilistische Branchenschutzpolitik** betrieben.

Gemäß der empirischen Wahlforschung gehören die Bergleute im Ruhrgebiet und im Saarland traditionell zur Stammwählerschaft der SPD, während die Landwirte meist Stammwähler der CDU/CSU sind. Es ist deshalb aus der Sicht der

Klienteltheorie plausibel, daß SPD-geführte Bundesregierungen und Landesregierungen in Nordrhein-Westfalen und im Saarland stets bemüht waren, den Steinkohlenbergbau zu fördern und die Bergleute als Wähler nicht durch Subventionskürzungen zu verprellen. Auf den ersten Blick weniger einsichtig ist, warum auch unter CDU/CSU-geführten Bundesregierungen, die kaum eine Wählerschaft unter den Bergleuten haben, die enorm hohen Subventionen für den Steinkohlenbergbau nur in relativ geringem Maße eingeschränkt worden sind. Das **scheinbare Paradoxon** löst sich jedoch, wenn bedacht wird, daß die Haushalte der Bergleute ein beträchtliches **Nachfragepotential** für Einzelhändler, Supermärkte, Gastwirte, Handwerker und die freien Berufe darstellen. Für die vorgenannten Gewerbetreibenden, die zu einem beträchtlichen Teil CDU-Wähler sind, verursacht der Wegfall von Arbeitsplätzen im Bergbau fühlbare Absatzverluste und Einkommenseinbußen. Deshalb waren auch CDU/CSU-geführte Bundesregierungen aus **wahlopportunistischem Interesse** bestrebt, den Steinkohlenbergbau weiterhin zu subventionieren und dadurch ihrer eigenen Wählerklientel Einbußen zu ersparen.

Auch das **scheinbare Paradoxon**, daß sich SPD-geführte Bundesregierungen, die kaum eine nennenswerte Wählerschaft in der Landwirtschaft haben, bisher nicht an den Abbau der enormen Agrarsubventionen herangewagt haben, ist erklärbar. So konnte in der Anfangszeit des gemeinsamen Agrarmarktes keine deutsche Bundesregierung - sofern es überhaupt jemals ernsthaft erwogen worden ist - einen Abbau der **Agrarsubventionierung** in Europa anstreben, weil Frankreich als Hauptnutznießer des europäischen Agrarprotektionismus für diesen Fall mit einem Austritt aus der damaligen EWG gedroht hatte. Inzwischen sind derartige Austrittsdrohungen unglaubwürdig geworden; denn Frankreich könnte einen solchen Schritt ohne sich zu isolieren und selbst zu schädigen überhaupt nicht vollziehen. Allerdings könnte **Frankreich** bei Verlagerung seiner Interessenschwerpunkte in den industriellen Bereich eventuell in den **EU-Entscheidungsgremien** dazu neigen, industrielle Projekte in Deutschland und deren staatliche Förderungen, die nach europäischem Wettbewerbs- und Beihilfenrecht teilweise genehmigungspflichtig sind, zu blockieren. Falls dieses geschieht und daraus ein Verlust an Arbeitsplätzen in der deutschen Industrie resultiert, so wird das sicherlich wahlpolitisch negativ für eine SPD-geführte Regierung wirken, weil voraussichtlich die SPD-Stammwählerschaft aus der Industriearbeiterschaft die Regierung für den Verlust ihrer Arbeitsplätze verantwortlich machen würde.

15.2.2 Politisch-mesoökonomisches Interdependenz- und Verteilungsmodell

Im folgenden wird ein politisch-mesoökonomisches Interdependenz- und Verteilungsmodell entwickelt, dessen **Wählerspektrum** sich sowohl **auf linke und rechte Stammwähler** als auch auf **Wechselwähler** erstreckt. Linke und rechte Stammwähler können - abgestoßen von der Politik der bisher präferierten Partei - zu Wechselwählern werden. Umgekehrt können Wechselwähler wieder in das Lager der Stammwählerschaft zurückkehren. Entsprechend diesem gruppenbezogenen Wählermodell wird davon ausgegangen, daß die jeweilige Links- oder Rechtsregierung **mesoökonomische Instrumente** zur Wählerbeeinflussung einsetzt. Geht man von der Existenz von Wechselwählern neben einer Stammwählerschaft aus, so muß die zentrale Annahme der Klienteltheorie, der zufolge die Regierung ihre Wiederwahlchancen ausschließlich durch **Klientelpolitik** zugunsten ihrer Stammwähler zu sichern versucht, aufgegeben werden. Bedarf es zum Wahlsieg auch des Zugewinns von Wechselwählern, deren immaterielle und materielle Interessen weitgehend unbestimmt sind und möglicherweise von denen der jeweiligen Stammwählerschaft abweichen, so reicht eine reine Klientelpolitik nicht mehr aus.

Stammwähler, die häufig sozialmilieu- und/oder berufsbedingt eine relativ stabile Wahlbindung an eine präferierte Partei entwickelt haben, können meist nur schwer von einer anderen Partei in ihrem Wahlverhalten beeinflußt werden. Dagegen können **Wechselwähler**, die in ihrem Wahlverhalten nicht von vornherein festgelegt sind, eventuell durch überzeugende Argumente und sachgerechte Lösungen beeindruckt und als neue Wähler gewonnen werden. Erfahrungsgemäß können aber auch Stammwähler zu Wechselwählern werden, wenn sich z. B. ihre ehemaligen Bindungen an parteisympathisierende Institutionen (wie Kirchen, Gewerkschaften) sowie Ideologien lockern oder ihre bisher präferierte Partei als Regierung eine radikal gegen ihre materiellen Interessen gerichtete Verteilungspolitik betreibt.

Das nachstehende **Modell** weist folgende **Prämissen** auf:

- Es existiert ein demokratisches Parteiensystem mit einer Regierungspartei, die an der Macht bleiben will, und einer Oppositionspartei, die an die Macht kommen will.
- Die Parteien unterscheiden sich, indem die Linkspartei einer vorwiegend wohlfahrtsstaatlichen Umverteilung anhängt, während die Rechtspartei eine vorwiegend marktwirtschaftliche Verteilung präferiert.
- Diejenige Partei, welche die Mehrheit der Wähler auf sich vereinigt, bildet die Regierung und diese richtet ihre Verteilungspolitik an den dominierenden Interessen ihrer potentiellen Wählerschaft bei der nächsten Wahl aus.
- Linksregierungen agieren verteilungspolitisch als Vertreter vorwiegender Arbeitnehmerinteressen, während Rechtsregierungen als Vertreter vorwiegender Kapital- und Leitungspersonal-Interessen handeln.
- Die Wählerschaft gliedert sich gruppenmäßig in linke und rechte Stammwähler, die jeweils identifizierbare Untergruppen mit spezifischen Interessen umfassen, sowie in Wechselwähler.
- Das Einkommen der linken Stammwähler besteht aus Arbeits-, Lohnzusatz- und sozialem Transfereinkommen. Rechte Stammwähler beziehen ihr Einkommen aus Kapitalvermögen, beruflichen Leitungsfunktionen (Unternehmer- oder Managertätigkeit) sowie eventuell aus Subventionen und einkommensrelevanten Regulierungen des Staates.
- Wechselwähler sind vor der Wahl kaum identifizierbar, so daß auch die genauen Quellen ihres jeweiligen individuellen Einkommens unbekannt bleiben. Es wird angenommen, daß es sowohl Wechselwähler mit hauptsächlichen Einkommen aus Arbeitnehmertätigkeit als auch solche mit vorwiegenden Einkommen aus Kapitalvermögen und/oder Leitungstätigkeit gibt. Auch können Wechselwähler soziales Transfereinkommen oder Zusatzeinkommen aus Subventionen und Regulierungen des Staates beziehen oder anstreben.

Politisch-mesoökonomisches Interdependenz- und Verteilungsmodell

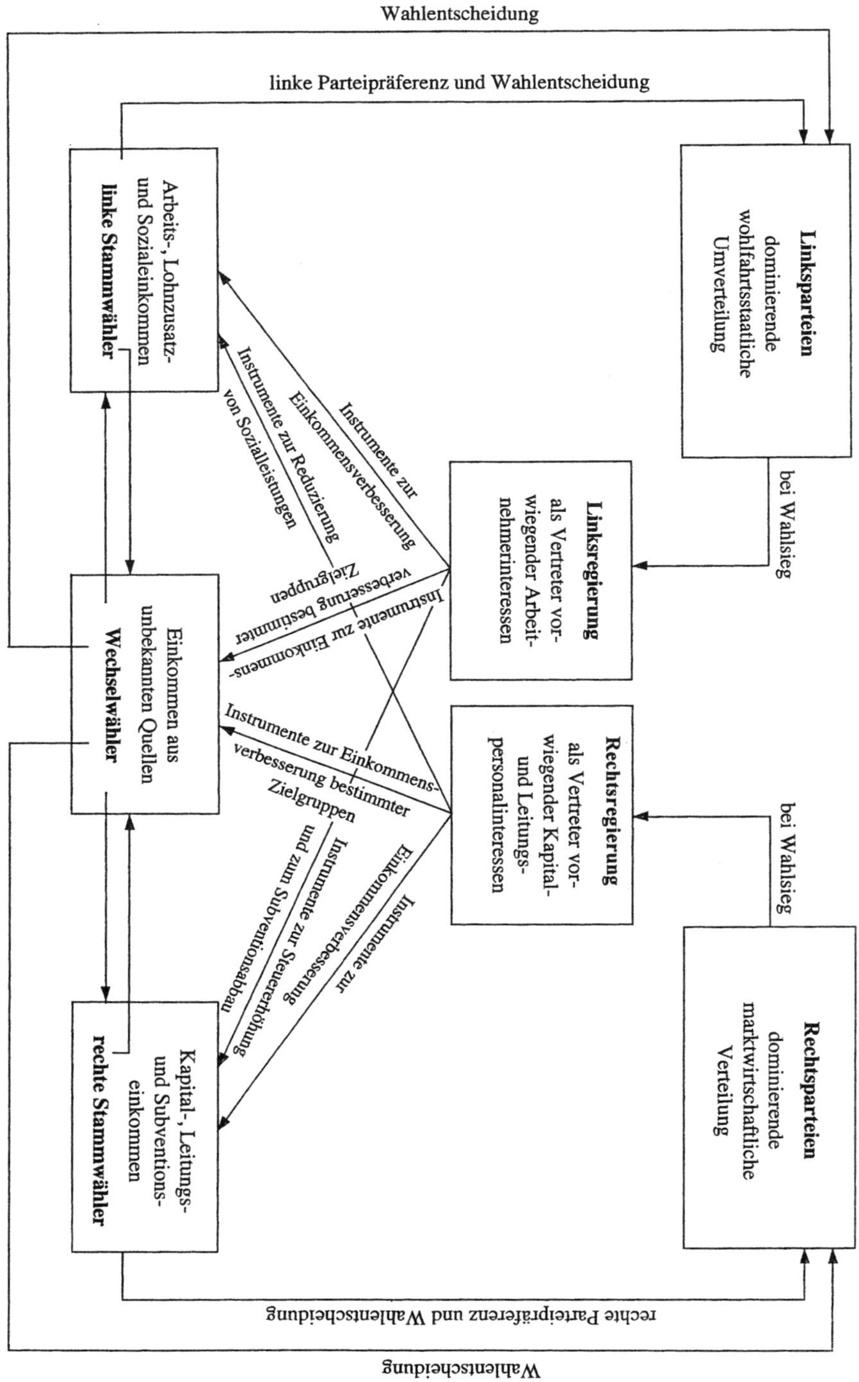

Die zentralen Fragen, die anhand dieses politisch-mesoökonomischen Interdependenz- und Verteilungsmodells zu klären sind, lauten: Welche **verteilungspolitische Strategie** wird eine Links- und welche eine Rechtsregierung verfolgen und welche verteilungspolitischen Instrumente werden sie jeweils dabei einsetzen, um ihre Wiederwahlchancen zu verbessern?

Prinzipiell wird sowohl eine **Links-** als auch eine **Rechtsregierung** eine Verteilungsstrategie verfolgen, welche die **Einkommenssituation ihrer Stammwähler** und bestimmter **Zielgruppen aus dem Wechselwählerpotential** verbessert. Dagegen werden sie versuchen, die eventuell dafür erforderlich werdenden Finanzierungsmittel über **Steuer- und Abgabenbelastungen** vorwiegend den **Stammwählern der Gegenpartei** aufzubürden.

15.2.3 Verteilungsorientierte Wirtschaftspolitik von demokratischen Linksregierungen

In westeuropäischen Demokratien präferieren (aus Wahlsiegen von sozialdemokratischen Parteien oder labour-parties hervorgegangene) **Linksregierungen**, deren gesellschaftliche Leitfigur der schutzbedürftige und sozial zu sichernde Arbeitnehmer in der Industriegesellschaft ist, regelmäßig in der Verteilungspolitik einen **wohlfahrtsstaatlichen Ansatz**. Dabei werden - unter prinzipieller Anerkennung und Aufrechterhaltung der Marktwirtschaft in der Produktionssphäre - weitreichende **Umverteilungen** in der Distributionssphäre zugunsten der Versorgung einkommensschwacher Schichten mit Kaufkraft und Sozialleistungen als zentrale Verteilungsaufgaben des Staates angesehen.

Die Wurzeln der **Verteilungspolitik** von demokratischen Linksregierungen reichen bis in die Zeit der **Arbeiterbewegung** des 19. Jahrhunderts zurück und entfalten bis in die Gegenwart noch beträchtliche Nachwirkungen. Die im Frühkapitalismus teilweise unter menschenunwürdigen Bedingungen arbeitenden und lebenden Industriearbeiter schlossen sich zunächst in Arbeitervereinen und später in Arbeiterparteien[267] zusammen, um gemeinsam bessere Arbeitsbedingungen zu erstreiten. Nach der Spaltung der internationalen Arbeiterbewegung strebte der sozialdemokratische Flügel primär Verbesserungen der Lebens- und Arbeitsbedingungen durch staatliche Schutzmaßnahmen im Reformwege an, während der sozialistische bzw. kommunistische Flügel als Ziel die revolutionäre Umgestaltung des Gesellschaftssystems verfolgte. Aufgrund der nachwirkenden historischen Erfahrungen neigen sozialdemokratische Parteien dazu, die **primäre Verteilung über den Markt** als **sozial ungerecht** und korrekturbedürftig anzusehen. Sie haben in der Regierungsverantwortung stets den Staat als Anwalt der Schwachen und Hilfsbedürftigen betrachtet und staatlicherseits in Marktprozesse eingegriffen, wenn sie die Wirkungen oder Ergebnisse von Marktprozessen für sozial unverträglich und den Arbeitnehmern nicht zumutbar hielten.

Der Vorwurf, das **Marktsystem** sei sozial ungerecht, ist jedoch prinzipiell fragwürdig. Grundsätzlich kann nämlich das als Informations- und Koordinierungssy-

---

[267] 1863 kam es zur Bildung des Allgemeinen Deutschen Arbeitervereins und 1869 zur Gründung der Sozialdemokratischen Arbeiterpartei.

stem dienende Marktsystem, das den Marktteilnehmern wichtige Preissignale für ihr ökonomisches Handeln liefert und die Handlungen der Wirtschaftssubjekte aufeinander abstimmt, überhaupt nicht in den Kategorien „sozial gerecht oder ungerecht" beurteilt werden. Es ist offensichtlich unsinnig, marktwirtschaftliche Preissignale und Koordinierungen als sozial gerecht oder ungerecht einzustufen. Ferner läßt sich erst am Endergebnis von Marktprozessen feststellen, ob sich soziale Gerechtigkeit im Sinne von Verteilungsgerechtigkeit - jeweils nach (partei-)politischer Einschätzung - im Marktresultat widerspiegelt. Demzufolge ist es unzulässig, von vornherein und prinzipiell die **spontane Ordnung des Marktes**, in der Wettbewerb als Entdeckungsverfahren fungiert und vielfältige Marktprozesse unvorhersehbare Marktergebnisse hervorbringen können, mit dem Verdikt „sozial ungerecht" zu belegen. Allenfalls läßt sich die auf allgemeinen Regeln basierende spontane Ordnung des Marktes auf Regelgerechtigkeit und Zustimmungsfähigkeit überprüfen. So wird nach der **Theorie der Gerechtigkeit von John Rawls**[268] das Kriterium für die soziale Gerechtigkeit von Regeln und Institutionen in deren genereller Zustimmungsfähigkeit zu suchen sein. Wenn jedoch alle Gesellschaftsmitglieder aus freiem Entschluß die Verfahrensregeln eines Marktsystems als fair und gerecht ansehen und ihnen deshalb zustimmen, ist es ordnungspolitisch bedenklich, wenn die Regenten willkürlich durch staatliche Umverteilungen die allgemein anerkannten Regeln mißbrauchen und durchbrechen.

Linksregierungen betreiben - angeblich aus Gründen der sozialen Gerechtigkeit, de facto aber auch aus Wahlopportunismus - regelmäßig eine ausgedehnte **Umverteilungspolitik**. Da sie - trotz geänderter Sozialstrukturen infolge des ökonomischen Strukturwandels - noch immer ihren größten Stammwähleranteil in der industriellen Arbeiterschaft haben, richten sie primär ihre Verteilungspolitik darauf aus, die Einkommensverhältnisse sowie die soziale Sicherheit dieser traditionellen Wählerschicht zu verbessern. Wenngleich sozialstaatliche Leistungen selektiv und vorzugsweise an die eigene Wählerklientel verteilt werden, tendieren die sozialen Sicherungssysteme schon allein aus Finanzierungsgründen zur Ausdehnung. So macht der **Sozialstaat** immer mehr Individuen - unabhängig vom Grad ihrer sozialen Bedürftigkeit - zum schützenswerten Sozialfall und zwangsweise zu versicherungspflichtigen **Beitragszahlern** der Sozialversicherung, die im Fall des Eintritts eines Versicherungsrisikos (wie z. B. Krankheit, Invalidität, Rentenalter oder Arbeitslosigkeit) Leistungen aus den Kassen des jeweiligen Sozialversicherungszweiges erhalten. Erfahrungsgemäß neigen Linksregierungen dazu, einen **Wohlfahrtsstaat** aufzubauen und sukzessive in Richtung auf eine staatlich verwaltete **Vollkaskogesellschaft**, in der jedes Individuum nahezu gegen alle Risiken des Lebens und Berufes finanziell abgesichert ist, auszubauen.

Ob und inwieweit die **Umverteilungspolitik**, welche insbesondere durch die Einnahmen- und Ausgabenpolitik des Staates und der Sozialversicherungsträger die **primäre Einkommensverteilung** des marktwirtschaftlichen Bereichs **modifiziert**, als ordnungskonform in einer marktwirtschaftlich orientierten Ordnung einzustufen ist, hängt wesentlich von der konkreten Ausgestaltung und dem Umfang ab. Sicherlich sind Umverteilungen zur Existenzsicherung bestimmter gesellschaftlicher Gruppen (wie insbesondere Kinder, alte Menschen, Kranke, Behinderte und Arbeitslose), die nicht am Arbeitsleben und an den Marktprozessen teilnehmen

[268] Vgl. J. Rawls, 1971.

können, unbedingt erforderlich. Zudem bedarf jedes Gemeinwesen auch eines **Sozialhilfesystems**, das vor allem unverschuldet in Not geratene Menschen zumindest das Existenzminimum für ein menschenwürdiges Leben als **Überbrückungshilfe** bis zur Existenzsicherung aus eigener Kraft gewährt. Insoweit Familien, karitative Einrichtungen oder öffentliche Sozialkassen derartige Solidarhilfen leisten und dafür mit staatlichen Zuschüssen (z. B. in Form von Kindergeld) oder im Wege von Finanzzuweisungen an öffentliche Körperschaften unterstützt werden, ist eine Sekundärverteilung als Ergänzung der marktwirtschaftlichen Primärverteilung notwendig und ordnungspolitisch legitim. Dagegen mangelt es Umverteilungen im großen Ausmaß, die über den Kreis der nachweisbar Bedürftigen hinausgehen, schon deshalb an gesellschaftspolitischer Legitimität, weil es in pluralistischen Gesellschaften keine allgemein anerkannten Kriterien für soziale Verteilungsgerechtigkeit gibt. Zudem besteht immer die Gefahr, daß Umverteilungsmaßnahmen zugunsten bestimmter (Wähler-)Gruppen nicht wegen **sozialer Bedürftigkeit**, sondern aus **wahlopportunistischen Kalkülen** der politisch-staatlichen Entscheidungsträger ergriffen werden.

Unter Linksregierungen sind besonders bestimmte soziale Sicherungssysteme - wie z. B. die Systeme der Arbeitslosenunterstützung und der Sozialhilfe - ausgebaut und deren Leistungen relativ großzügig bemessen worden, wobei das **Abstandsgebot** zwischen Arbeitsentgelt und sozialer Ersatzleistung nicht immer in ausreichendem Maße beachtet worden ist. Im Falle des Anspruchs auf Arbeitslosengeld oder Arbeitslosenhilfe kann das dazu führen, daß gering qualifizierte Arbeitnehmer der unteren Lohngruppen freiwillig im Status der Arbeitslosigkeit verharren, weil sich die Aufnahme einer Erwerbstätigkeit finanziell kaum lohnt. Das gleiche geschieht im Fürsorgesystem, wenn die Sozialhilfe in etwa das Einkommensniveau entsprechend einem regulären Beschäftigungsverhältnis erreicht und zeitlich unbegrenzt ist. Dieses kann Sozialhilfeempfänger veranlassen, aus freiem Entschluß im Ghetto staatlicher Subsistenzwirtschaft zu bleiben und ihren Status als Fürsorgeempfänger als **dauerhafte Lebensart** zu betrachten. Es kann jedoch nicht Ziel staatlicher Fürsorge sein, Generationen von Sozialhilfeempfängern in gesellschaftlichen Randgruppen entstehen zu lassen, die sich selbstgenügsam im Sozialsystem einrichten und permanent auf Kosten anderer leben. Um quantitative Übereinstimmungen von Leistungs- und Sozialeinkommen zu vermeiden und das Interesse an der Findung einer **unterhaltssichernden Arbeit** nicht verkümmern zu lassen, ist - gegen den Widerstand der Betroffenen und deren Beschützer - angestrebt worden, die Regelsätze der Sozialhilfe und die zusätzlichen Leistungen (Wohngeldzuschuß, Kleiderhilfe) längerfristig hinter den Steigerungen der Nettoverdienste der unteren Lohngruppen zu halten. Zudem ist versucht worden, mittels flankierender Maßnahmen der Arbeitsmarktpolitik - wie z. B. Unterstützungen bei **nachholender Berufsausbildung** oder **Umschulung** - arbeitsfähige Fürsorgeempfänger möglichst schnell wieder in den Arbeitsprozeß einzugliedern, wobei auch darauf geachtet worden ist, daß das **Kriterium der Zumutbarkeit** nicht als Vorwand für ständige Arbeitsablehnungen mißbraucht werden konnte.

Im **Wohlfahrtsstaat** liegt die dominierende Verfügung über das Verteilungssystem eindeutig beim Staat, der aus seinem zentralen Haushalt (Bundeshaushalt), den dezentralen Haushalten der Gebietskörperschaften (Länder- und Kommunalhaushalte) und den Kassen der parafiskalischen Institutionen (Sozialversicherungszweige) seinen Bürgern und Bürgerinnen die Sozial- und Transferleistungen zahlt, den Wirtschaftszweigen und Berufsgruppen Subventionen gewährt, die Infrastruktur in den Regionen finanziert sowie die Bildungs- und Kultureinrichtungen unterhält oder unterstützt. Die **Finanzierung** des staatlichen Verteilungssystems erfolgt primär über **Steuern** und **Sozialabgaben** privater Unternehmen und Wirtschaftssubjekte und sekundär durch **Staatsverschuldung**, wobei die Verzinsung und Tilgung der Kredite letztlich auch von den Steuerzahlern und Abgabepflichtigen getragen werden. Im Falle von Steuererhöhungen werden Linksregierungen bestrebt sein, die eigene Wählerklientel zu schonen und die zusätzliche Steuerlast möglichst weitgehend den unerreichbaren Stammwählern der oppositionellen Rechtspartei anzulasten. Sie werden also dazu neigen, **die Vermögensteuer**, **die Kapitalertragsteuer**, **die Gewerbesteuer und/oder die Einkommensteuersätze für hohe Einkommen** zu erhöhen. Ferner werden sie eventuell eine Vermögensteuer einführen. Dagegen werden sie die Verbrauchsteuern, welche breite Bevölkerungsschichten und damit auch die eigene Wählerklientel belasten, unangetastet lassen. Sie könnten natürlich auch versuchen, die Finanzierungsmittel durch Ausgabeneinsparung - z. B. durch **Abbau oder Kürzungen von Subventionen** im Unternehmensbereich - verfügbar zu machen. Dieses scheitert jedoch oft am **Widerstand der Gewerkschaften**, die sich massiv gegen den Subventionsabbau in schrumpfenden Wirtschaftszweigen wenden, weil sie Arbeitsplatz- und Mitgliederverluste befürchten. Deshalb werden häufig Linksregierungen dazu veranlaßt, benötigte Finanzierungsmittel durch eine **höhere Staatsverschuldung** zu beschaffen. Meist halten sie eine relativ hohe Staatsverschuldung - unter Hinweis auf die Rezepturen keynesianischer Fiskalpolitik - für unbedenklich und notwendig, um anstatt Arbeitslosigkeit (mittels Arbeitslosenunterstützung) Arbeit (mittels staatlicher Arbeitsprogramme) zu finanzieren. Eine Zunahme der Staatsverschuldung infolge antizyklischer Fiskalpolitik ist jedoch nur dann volkswirtschaftlich unbedenklich, wenn die beschäftigungsanregenden Kredite nach verbesserter Beschäftigungslage und damit reichlich fließenden Steuern und Sozialbeitragseinnahmen wieder zurückgezahlt werden. Erfahrungsgemäß regen aber **volle öffentliche Kassen** Linksregierungen eher zu **neuen Sozialausgaben** als zu Kreditrückzahlungen an.

Linksregierungen neigen dazu, die sogenannten **Besserverdienenden** mit relativ hohen Steuern und Abgaben zu belegen, was deren **Leistungsbereitschaft** dämpfen kann. Arbeiten und investieren jedoch die Leistungsträger weniger, so sinken nicht nur die Steuereinnahmen des Staates sondern es werden auch weniger Arbeitsplätze geschaffen. Im Endeffekt bewirkt eine überzogene Steuer- und Abgabenbelastung der Besserverdienenden und potentiellen Investoren, daß alle und damit auch die Wenigerverdienenden schlechter gestellt werden. Zudem müssen - damit eine beträchtliche Umverteilungsmasse zustande kommt - in der Regel die **Einkommensgrenzen** zur Abgrenzung der steuer- und abgabenpflichtigen Besserverdienenden relativ niedrig angesetzt werden. Dieses kann dazu führen, daß auch viele besserverdienende **Facharbeiter** die relativ hohen Steuern und Abgaben entrichten müssen, was für Linksregierungen wahlpolitisch kontraproduktiv wirken kann. Wenn der Spielraum für selektive Steuer- und Abgabenerhöhungen in der Gruppe der Besserverdienenden erschöpft ist, bleibt einem Wohlfahrtsstaat mit umfangreicher Umverteilung meist nicht erspart, nahezu alle **Arbeitnehmer** und selbst Geringverdienende über die Steuer- und Abgabenpolitik an der Finanzierung der kollektiven Sozial- und Transferleistungen zu beteiligen. In Deutschland beträgt die **Belastungsquote**[269] der Arbeitnehmer mit Steuern und Sozialabgaben fast 50 Prozent. Viele Arbeitnehmer meiden deshalb diese hohe durchschnittliche Belastung von steuer- und abgabenpflichtigen Tätigkeiten, indem sie in sozialabgabenfreie **geringfügige Beschäftigungen** oder in die **Schattenwirtschaft** ausweichen.

Auch wenn der Staat nicht unmittelbar in die Produktionsentscheidungen der Wirtschaftssubjekte eingreift, beeinflußt er doch durch seine verteilungsorientierte Steuer- und Abgabenpolitik die Verhaltensweisen der Wirtschaftssubjekte und somit indirekt auch die Investitionsentscheidungen im mikroökonomischen Bereich. Die zur Finanzierung eines wohlfahrtsstaatlich ausgedehnten Sozial- und Transfersystems erforderliche relativ **hohe Steuer- und Abgabenbelastung** kann einheimische Unternehmen veranlassen, ihren Firmensitz oder Betriebe ins steuer- und/oder abgabenniedrigere **Ausland zu verlagern**. Die Flucht in Auslandsinvestitionen ist eine bekannte Erscheinung in allen Wohlfahrtsstaaten mit enorm hoher Steuerlastquote. Auch hohe Löhne und beträchtliche Lohnnebenkosten, welche die Gesamtlohnkosten in die Höhe treiben, können Anlaß für **Direktinvestitionen im Ausland** sein. Andererseits binden Subventionen, die der Staat häufig aus Beschäftigungsgründen insbesondere arbeitsintensiven, aber unrentablen Produktionen gewährt, knappe Produktionsfaktoren in volkswirtschaftlich leistungsschwachen Wirtschaftszweigen. So haben Linksregierungen häufig eine permanente Subventions- und Protektionspolitik zugunsten der Bergleute im Steinkohlenbergbau betrieben, die von den Steuerzahlern und Kohleverbrauchern finanziert werden mußte und deren Protektionsmaßnahmen andere Wirtschaftszweige (wie insbesondere die Stahlindustrie, Elektrizitätswirtschaft und Mineralölindustrie) belasteten. **Subventionierung** von unrentablen Wirtschaftszweigen, die Abwanderung der Produktionsfaktoren zu den ökonomisch rentabelsten Verwendungen verhindern, schmälern jedoch das **potentielle Wirtschaftswachstum**. Für die Wirtschaftspolitik von Linksregierungen ist typisch, daß die gesamtwirtschaftlichen Ziele „hoher Beschäftigungsstand“ und „angemessenes Wirtschaftswachstum“ ständig im Zielkonflikt miteinander stehen und die Politik meist vorrangig das Beschäftigungsziel mittels Protektionsmaßnahmen zu Lasten des Wachstumsziels anstrebt. Die unvermeidliche Folge ist, daß der **Verteilungsstaat** weniger zu verteilen hat, als wenn er ein höheres Volkseinkommen durch Stärkung der Wachstumskräfte erzielt hätte.

Linksregierungen verfolgen zur Sicherung von Arbeitsplätzen und Arbeitseinkommen meist eine **keynesianische Beschäftigungspolitik**, indem sie durch vermehrte Staatsausgaben und Beschäftigungsprogramme in Rezessionszeiten die Konjunktur anzukurbeln versuchen. Zudem installieren sie oft **„zweite Arbeitsmärkte“**, deren Arbeitsnachfrage sie dann mit staatlichen **Lohnsubventionen** an die Gewerbebetriebe stützen. Dabei nehmen sie Wettbewerbsverzerrungen und eventuelle Beschäftigungseinbußen auf dem ersten Arbeitsmarkt in Kauf. Werden Arbeitgeber im Falle von Lohnsubventionen veranlaßt, „teure“ Arbeitnehmer mit regulärer Entlohnung zu entlassen und dafür „billigere“ Lohnempfänger mit sub-

---

[269] Die Belastungsquote wird wie folgt berechnet: Zunächst wird die gesamtwirtschaftliche Bruttolohn- und Gehaltssumme durch die Gesamtzahl der beschäftigten Arbeitnehmer dividiert. Der so erhaltene durchschnittliche Bruttoverdienst eines Arbeitnehmers wird sodann mit den Belastungen durch Lohnsteuer, Sozialabgaben und indirekten Steuern ins Verhältnis gesetzt.

ventionierten Löhnen einzustellen, so findet durch den **Mitnahmeeffekt** lediglich ein Austausch von Beschäftigung zwischen dem ersten und zweiten Arbeitsmarkt statt, ohne daß sich das Beschäftigungsvolumen insgesamt erhöht.

Regelmäßig unterstützten **Linksregierungen** die **Gewerkschaften**, die sie als ihre **natürlichen Verbündeten** ansehen. Insoweit dieses in der Lohnpolitik nur argumentativ möglich ist, greifen sie meist auf die **Kaufkrafttheorie des Lohnes** zurück und erklären, daß hohe Löhne für Nachfragesteigerungen im Konsum- und Gebrauchsgüterbereich und davon ausgehende Anregungen im Investitionsgütersektor notwendig seien. Häufig haben sich die Gewerkschaften dadurch ermutigt gefühlt und den Pfad einer **maßvollen Lohnpolitik** verlassen, indem sie das Ende der Bescheidenheit verkündet und kräftige Lohnsteigerungen gefordert haben. Da die **Durchsetzungsmacht** der Gewerkschaften bei Lohnverhandlungen auf zentraler Ebene größer als bei dezentralen auf Betriebsebene ist, verteidigen sie das **Lohntarifkartell** gegen jede Abbaubestrebung, wobei sie stets von Linksregierungen unterstützt werden. Naturgemäß sind die Gewerkschaften primär bestrebt, für die gewerkschaftlich organisierten Beschäftigten - also die insider - möglichst hohe Löhne auszuhandeln und notfalls mittels Streik durchzusetzen. Dagegen bleiben die Beschäftigungsinteressen der Arbeitslosen als outsider meist unberücksichtigt. Die Insider-Outsider-Problematik führt also dazu, daß die Lohneinkommen der Beschäftigten steigen, während sich die Chancen vieler Arbeitsloser, einen Arbeitsplatz zu finden und Arbeitseinkommen zu erzielen, infolge hoher Tariflöhne vermindern. Wenn die **marginale Produktivität**, insbesondere ungelernter oder niedrig qualifizierter Arbeitskräfte, die relativ hohen Tariflöhne nicht mehr rechtfertigt, nimmt in der Regel die **strukturelle Arbeitslosigkeit** beträchtlich zu. Die **Verteilungspolitik** auf dem Sektor der Arbeitseinkommen, die durch die Beschäftigungs- und Lohnpolitik geprägt wird, ist unter Linksregierungen oft **zwiespältig**. Einerseits bemühen sich Linksregierungen, mittels staatlicher Mehrausgaben und Beschäftigungsprogramme die Arbeitslosigkeit einzudämmen und möglichst vielen Arbeitnehmern zu einem Arbeitseinkommen zu verhelfen. Andererseits scheuen sie aufgrund ihrer Verbundenheit mit den Gewerkschaften davor zurück, überzogene **Regulierungen** des Arbeitsmarktes, welche die Arbeits- und Lohnnebenkosten in die Höhe treiben und dadurch die Freisetzung von Arbeitskräften verstärken, abzubauen.

15.2.4 Verteilungsorientierte Wirtschaftspolitik von demokratischen Rechtsregierungen

In westeuropäischen Demokratien präferieren (aus Wahlsiegen von Christdemokraten, Liberaldemokraten oder Conservatives hervorgegangene) **Rechtsregierungen**, deren gesellschaftliche Leitfigur das leistungsfähige und selbstverantwortliche Wirtschaftssubjekt in der globalisierten Marktwirtschaft ist, **marktwirtschaftliche Verteilungsprinzipien**. Allerdings schließen sie gewisse Umverteilungen z. B. in Form von existenzsichernden Sozialeinkommen für Bedürftige, die nicht am Marktprozeß teilnehmen können, nicht aus. Desgleichen werden im Falle schwerwiegender Anpassungsprobleme infolge des Strukturwandels eventuell staatliche Unterstützungen für die Unternehmen und Arbeitnehmer in bestimmten Wirtschaftszweigen - primär in Form von **Hilfe zur Selbsthilfe** - für notwendig und ordnungspolitisch für legitim gehalten. Prinzipiell und als Regelfall wird jedoch eine Verteilung über den Markt unter Wettbewerbsbedingungen angestrebt. Im marktwirtschaftlichen Prozeß erfüllt der Wettbewerb neben seiner Verteilungsfunktion noch andere wichtige Aufgaben, indem er als Anreiz-, Allokations-, Kontroll- und Sanktionsinstrument dient. Zudem kann der Wettbewerb als zentrales Ordnungsprinzip zur Erreichung übergeordneter gesellschaftlicher Ziele - wie insbesondere der Bewahrung und Entfaltung individueller Freiheit - beitragen. Das Ordnungsprinzip Wettbewerb garantiert vor allem Wahlfreiheit sowohl für die Nachfrager, die zwischen den Angeboten der Produzenten wählen können, als auch für die Anbieter, die ihr Warensortiment frei gestalten und aus alternativen Produktionsverfahren das für sie günstigste aussuchen können. Ferner schafft der Wettbewerb im Falle der Arbeitsnachfrage der Unternehmer auf dem Arbeitsmarkt die Möglichkeit für die Arbeitnehmer, sich bei der Arbeitsplatzwahl zwischen verschiedenen Arbeitgebern und Arbeitsstätten entscheiden zu können. Naturgemäß ist der Markt, der nur Marktleistungen bewerten und koordinieren kann, in seinen Verteilungswirkungen leistungsorientiert. Da der Markt sozialethisch indifferent ist, finden in den Marktpreisen weder individuelle Notlagen noch soziale Bedürftigkeiten von Marktteilnehmern irgendeine Berücksichtigung. Dennoch vollbringt der Markt eine soziale Großtat, indem er unter Wettbewerbsbedingungen für eine reichliche Versorgung aller Bevölkerungsschichten mit qualitativ hochwertigen und preiswerten Gütern sorgt. Da der Wettbewerb die Marktpreise tendenziell auf die Herstellkosten der Güter drückt, werden die Konsumenten vor **preislicher Ausbeutung** geschützt und auch kaufkraftschwache Bevölkerungsschichten mit preiswerten Waren versorgt. Allerdings kann der Markt seine leistungsstimulierenden Wirkungen hinsichtlich einer preiswerten Güterversorgung breiter Bevölkerungsgruppen nur solange entfalten, wie seine Funktionsfähigkeit durch **(Leistungs-)Wettbewerb** gewährleistet ist. Rechtsregierungen, welche die optimalen Allokationswirkungen des Marktmechanismus und die wettbewerbsbedingten Wirkungen einer reichlichen und preiswerten Versorgung nutzen wollen, müssen bestrebt sein, sowohl unternehmerische Wettbewerbsbeschränkungen (z. B. infolge von Kartellabsprachen) zu unterbinden, als auch regulierungsbedingte Wettbewerbsreduzierungen (z. B. infolge von Marktzugangsbeschränkungen) zu beseitigen. Während es der **Wettbewerbspolitik** von Rechtsregierungen auf der Basis von Gesetzen gegen Wettbewerbsbeschränkungen erfahrungsgemäß gelingt, für einen intensiven Wettbewerb in den meisten Wirtschaftsbereichen zu sorgen, schafft es die **Deregulierungspolitik** oft nicht, den notwendigen Abbau von Regulierungen, besonders in strukturpolitischen Problembereichen - gegen den Widerstand von Produzentenverbänden - durchzusetzen. So sind beispielsweise die Regulierungen in der Landwirtschaft mittels Marktordnungen, die infolge ihrer Preis- und Absatzgarantien zu enormen Überschüssen landwirtschaftlicher Erzeugnisse geführt haben, nicht beseitigt, sondern lediglich durch Preissenkungen und mengenmäßige Beschränkungen in ihren produktionsstimulierenden Wirkungen eingeschränkt worden. Die Marktordnungen sind zusammen mit den gewährten Dauersubventionen inzwischen ein fester Besitzstand der Landwirtschaft, der rentenartig die Einkommenssituation der Landwirte zu Lasten der Verbraucher und Steuerzahler verbessert.

Rechtsparteien, die ihren größten Stammwähleranteil im Bereich der Unternehmerschaft und generell der Bezieher höherer Einkommen haben, sind davon überzeugt, daß sich Wirtschaftswachstum und Beschäftigungsvolumen nur mittels einer **angebotsorientierten Wirtschaftspolitik** - die sich auch mit ihren wahlpolitischen Interessen deckt - günstig beeinflussen und steigern läßt. In der Regierungsverantwortung sind sie deshalb bestrebt, insbesondere die Bedingungen für die Investitionstätigkeit und die dafür notwendige Kapitalbildung zu verbessern. So wird beispielsweise versucht, mittels **Investitionszulagen** die Investitionstätigkeit anzuregen und mit **Sparprämien** die Kapitalbildung zu steigern. Zudem werden Investitionssteigerungen indirekt über die Steuerpolitik durch Senkungen der **Unternehmensteuern** und Reduzierungen der **Spitzensteuersätze** bei der Einkommensteuer angestrebt. Wenn die Staatseinnahmen erhöht werden müssen, werden dagegen vorrangig **Verbrauch- bzw. Umsatzsteuern** und hier insbesondere die Mehrwertsteuer angehoben, weil infolge der Überwälzbarkeit dieser indirekten Steuern die Investitionsneigung nicht unmittelbar beeinträchtigt wird. Zudem neigen Rechtsregierungen aus ordnungspolitischen Erwägungen dazu, den staatswirtschaftlichen Bereich - den sie als Störfaktor in der Marktwirtschaft betrachten - einzudämmen. Sie schaffen deshalb durch **Privatisierungen** von staatlichen Unternehmen und anderen Staatsvermögen ein größeres Betätigungsfeld für die Privatwirtschaft, wobei oft gleichzeitig durch Aktienstreuung eine **Vermögensbildung** im Produktivbereich für **breitere Schichten** angestrebt wird.

Angeblich zwecks Stärkung der Funktionsfähigkeit der Marktwirtschaft, de facto aber auch zur Erringung möglichst vieler Wählerstimmen aus den breiten Mittelschichten, betreiben Rechtsregierungen üblicherweise eine spezielle **Mittelstandspolitik** für kleine und mittlere Unternehmen. Dabei wird in Form einer sektoralen Strukturpolitik für typisch mittelständische Gewerbezweige, die insbesondere das Handwerk, den kleinen Einzelhandel und das Hotel- und Gaststättengewerbe umfaßt, die Wettbewerbskraft der mittelständischen Unternehmen - teils durch Finanzierungshilfen, aber auch durch protektionistische Maßnahmen - zu stärken versucht. Darüber hinaus wird im Rahmen einer umfassenderen **Mittelschichtenpolitik** mittels Aufbaudarlehen für Existenzgründer das Selbständigwerden erleichtert sowie mit Bausparprämien und steuerlichen Vergünstigungen für Einkommensbezieher bis zu einem mittleren Einkommen der Bau von Einfamilienhäusern und der Erwerb von Wohnungseigentum gefördert. Die ordnungspolitische Legitimität einer speziellen Mittelstandspolitik im gewerblichen Bereich wird meist damit begründet, daß ohne einen gewissen Schutz kleiner und mittlerer Unternehmen vor der Konkurrenz von Großunternehmen ein vielfältiger Anbieterwettbewerb auf den Märkten nicht gewährleistet ist und somit die Funktionsfähigkeit der Marktwirtschaft geschwächt wird. Da sich im Rahmen einer marktwirtschaftlichen Ordnung jedoch alle Unternehmen - ob klein, mittel oder groß - im Wettbewerb aus eigener Kraft behaupten müssen, kann die Betriebsgrößenklasse allein kein Anlaß für Schutz- und Förderungsmaßnahmen seitens des Staates sein.

Erhaltungssubventionen - obwohl wettbewerbsverzerrend und volkswirtschaftlich wachstumsschmälernd - sind auch von Rechtsregierungen mit dem Ziel der Beschäftigungsstabilisierung in bestimmten Wirtschaftsbereichen (z. B. Steinkohlenbergbau, Stahlindustrie, Werften) aufrechterhalten und teilweise sogar noch ausgedehnt worden. Offensichtlich teilen sie die unter Politikern jedweder Parteicouleur weitverbreitete Annahme, daß jeder Subventionsabbau zu Einbußen an Wählerstimmen und umgekehrt jede Ausdehnung der Subventionierung die Zufriedenheit von Wählern mit der Staats- und Regierungstätigkeit ansteigen läßt. Dieses kann sich jedoch als falsch erweisen. In der Regel wachsen nämlich der **Subventionsneid** und die **Staatsverdrossenheit** mit zunehmendem Gesamtumfang der Subventionierung und den dadurch verursachten Steuererhöhungen bei denjenigen Gruppen, die keine oder nur geringe Subventionen erhalten. Zudem ist paradoxerweise die **Unzufriedenheit** mit den Leistungen der Regierung in Wirtschaftszweigen, welche die **höchsten Subventionen** erhalten (wie z. B. in der Landwirtschaft und im Steinkohlenbergbau), am größten. So klagen die Wirtschaftssubjekte in den **hochsubventionierten Wirtschaftszweigen** fast permanent darüber, daß ihre **berechtigten Forderungen**, die angeblich auch dem **Allgemeinwohl** dienen, nicht oder nur unzureichend erfüllt werden. Da die Interessenorganisationen (Wirtschafts- und Berufsverbände sowie Gewerkschaften) in der Regel mehr Fördermittel vom Staat fordern als er aus Gründen der Budgetrestriktion gewähren kann, halten die Subventionsempfänger das erreichte Subventionsniveau fast immer für **zu niedrig** und situationsmäßig unangemessen. Zudem verfestigen **Dauersubventionen** die vorherrschende Auffassung der Subventionsempfänger, daß sie einen zeitlich unbegrenzten **Anspruch** auf Subventionen besitzen und selbst minimale **Subventionskürzungen** einen Anschlag auf ihren unantastbaren **sozialen Besitzstand** darstellen. Da unzufriedene Subventionsempfänger, die - um den Regenten einen „**Denkzettel**" zu verpassen - häufig eine Oppositionspartei wählen oder sich der Stimmabgabe enthalten, wirken sich Subventionierungen nicht in jedem Fall für die Regierungspartei(en) wahlpolitisch günstig aus. Ein Abbau von Subventionen in Verbindung mit einer allgemeinen **Verminderung der Steuerlast** kann sich bei Wahlen durchaus in Stimmengewinnen für die Regierungspartei(en) niederschlagen. Um Tatkraft vorzuspiegeln, verkünden insbesondere neugewählte Rechtsregierungen häufig ihre Absicht, den **Subventionsdschungel** durchforsten und Erhaltungssubventionen abbauen zu wollen. In der Regel werden dann die zuständigen Fachministerien damit beauftragt, eine Abbauliste für die Subventionen zu erstellen. Das Ergebnis ist meist dürftig, weil die Fachministerien nach dem „**St. Florians-Prinzip**" vorgehen, indem sie zwecks Schonung der von ihnen jeweils betreuten Gruppen und Wirtschaftszweige die allergrößten Bedenken gegen den Abbau in ihrem Zuständigkeitsbereich vorbringen und zur Subventionsreduzierung in anderen Bereichen raten. Es ist deshalb erwogen worden, beim Subventionsabbau die „**Rasenmähermethode**" anzuwenden. Wenn alle Erhaltungssubventionen gleichmäßig, d. h. zu einem bestimmten Prozentsatz (z. B. 10 Prozent) jährlich, zu vermindern sind, wird von keinem Ressort und dessen „Schützlingen" ein Sonderopfer verlangt. Zudem können beim **linearen Subventionsabbau** die interessenmäßigen Verbündeten in Politik und öffentlicher Verwaltung sowie die ideologischen Sympathisanten in den Medien, welche den subventionierten Branchen und Berufsgruppen bei der Abwehr von Subventionsabbauvorhaben beizustehen pflegen, nicht mehr so hemmungslos zugunsten der von ihnen präferierten Subventionsempfänger agieren. Um ihre „Schützlinge" vor dem Subventionsabbau zu bewahren, müßten sie dann gegen jeden Subventionsabbau sein, was zumindest ihre Glaubwürdigkeit erschüttern würde.

Rechtsregierungen kündigen manchmal grundlegende **Umbauten des Sozialsystems** an, die auf eine Trennung vom betrieblichen Sozialabgabesystem abzielen, um die Lohnnebenkosten im Unternehmensbereich zu reduzieren. Meist werden jedoch die **Reformvorhaben** aufgegeben, wenn sich demoskopisch abzeichnet, daß voraussichtlich derartig einschneidende Veränderungen wahlpolitisch negativ wirken werden. Selbst offenkundige **Mißbräuche im Sozialsystem** lassen sich nur schwer abstellen, wenn es der linken Opposition gelingt, die mißbräuchlichen Tatbestände zu verschleiern und die beabsichtigte Änderung im Sozialsystem als **ungerechtfertigten Sozialabbau** hinzustellen. Nicht unterbundene **Ausbeutungen der Sozialsysteme** steigern jedoch deren Finanzierungsbedarf, der entweder durch höhere Sozialabgaben oder durch Staatszuschüsse an die Zweige der Sozialversicherung gedeckt werden muß. Hat sich in einem **Wohlfahrtsstaat** bereits eine **Vollkaskomentalität**, die rundum Absicherungen gegen alle Risiken des Lebens und Arbeitens einfordert, im Wahlvolk ausgebreitet, so gelingt es erfahrungsgemäß auch einer Rechtsregierung lediglich, das überzogene Sicherheitsstreben in der Bevölkerung etwas einzudämmen und das weitverzweigte Sozialsystem geringfügig zu beschneiden. Dieses gilt auch für **Deregulierungen am Arbeitsmarkt**, die notwendig sind, um die regulierungsbedingte Arbeitslosigkeit abzubauen. Manchmal schrecken Rechtsregierungen aus Angst, man könnte ihnen eine Beeinträchtigung der verfassungsrechtlich garantierten **Koalitionsfreiheit** und der daraus abgeleiteten **Tarifautonomie** der Lohntarifparteien vorwerfen, vor notwendigen Auflockerungen des Regulierungssystems auf dem Arbeitsmarkt zurück. Dabei würde - ohne Beeinträchtigung der Koalitionsfreiheit und der Tarifautonomie - das starre Lohnsystem schon flexibler, wenn zumindest die **Allgemeinverbindlichkeit von Tariflöhnen** abgeschafft, **Öffnungsklauseln** in den Tarifverträgen zugelassen und **Niedrigtarifgruppen** für Arbeitslose eingerichtet würden. Lediglich in Großbritannien hat die Rechtsregierung unter der damaligen Premierministerin **Margaret Thatcher** die Gesetzgebung zur Regelung des Arbeitsmarktes so gestaltet, daß die Bildung echter **Marktlöhne** weder durch restriktive Gesetzesvorschriften noch durch gewerkschaftliche Machtpolitik verhindert werden kann.

15.2.5 Trend zur Annäherung von Verteilungsstrukturen

Vergleiche von **Verteilungsstrukturen** unter Links- und Rechtsregierungen zeigen, daß sich diese meist im Grundmuster ähneln und nur in einigen wenigen Bereichen unterscheiden. Einer der wenigen Bereiche, in denen noch unterschiedliche ökonomische Strukturen und daraus resultierende Einkommensrelationen feststellbar sind, ist der **Sektor der öffentlichen Unternehmen**. Dieser Wirtschaftsbereich ist in der Regel unter Linksregierungen größer als unter Rechtsregierungen. Letztere pflegen diesen Bereich durch Privatisierungen zu reduzieren. Auffallend ist jedoch, daß sowohl unter Links- als auch unter Rechtsregierungen das **dichtgeknüpfte soziale Netz** sowie das **ausgeuferte Geflecht der Subventionen und staatlichen Regulierungen** nahezu gleich bleiben. Dieses Phänomen ist erklärungsbedürftig und wird anhand des folgenden Modells, das von einer bimodalen symmetrischen Wählerverteilung und Verteilungspräferenz ausgeht, verdeutlicht.

Die **modelltheoretischen** Überlegungen gehen von folgenden **Prämissen** aus:

- Eine Links- und eine Rechtspartei versuchen mittels Stimmenmaximierung die Wahl zu gewinnen und an die Macht zu kommen.
- Es gibt linke Stammwähler, Wechselwähler mit einer mittleren Verteilungspräferenz-Position sowie rechte Stammwähler, die entlang einer Skala, die das Wählerspektrum widerspiegelt, angeordnet werden.

- Die einzige Dimension des politisch-ökonomischen Prozesses ist die quantifizierte Verteilungspräferenz sowohl der Wähler als auch der Parteien. Dabei reicht die Verteilungspräferenz von keiner Einkommensverteilung über den Markt bis zu einer 100prozentigen marktwirtschaftlichen Einkommensverteilung.
- Die Wähler verhalten sich als Nutzenmaximierer. Sie entscheiden sich für jene Partei, die ihrer Verteilungspräferenz-Position auf der Skala am nächsten kommt.

Modell bimodaler symmetrischer Verteilungspräferenzen

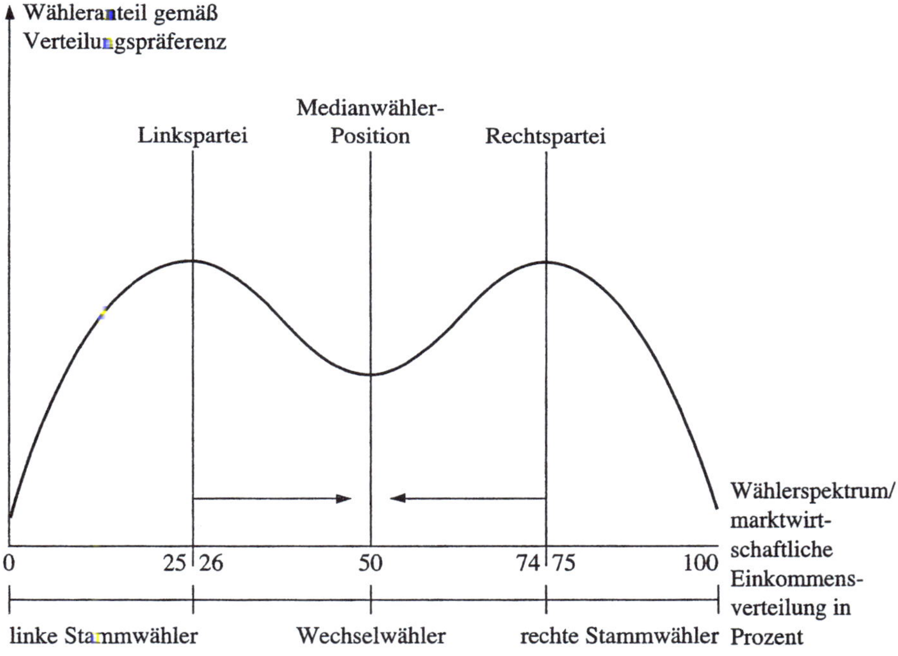

In dem vorstehenden Modell ist die **Zahl der Wähler**, die eine **bestimmte Verteilungspräferenz-Position** einnehmen, durch die **Höhe der Kurve über der Skala** des Wählerspektrums angegeben. Die Verteilungspräferenz der linken Stammwähler reicht von 0 bis 25 Prozent marktwirtschaftlicher Einkommensverteilung. Mit anderen Worten: über die Einkommensverteilung soll der Markt nur bis zu einem Viertel entscheiden, die hauptsächliche Einkommensverteilung soll jedoch durch Einkommensumverteilung erfolgen. Innerhalb der linken Stammwählerschaft gibt es - wie die Abbildung zeigt - nur ganz wenige Extremisten, die jede Verteilung über den Markt kategorisch ablehnen und damit de facto für eine staatliche Planwirtschaft und administrative Verteilung sind. Da die Mehrzahl der linken Stammwähler aber eine gemäßigte Verteilungspräferenz hat und eine Einkommensverteilung über den Markt bis zu 25 Prozent akzeptiert, hat sich die Linkspartei auf diesen Prozentsatz festgelegt. Die Rechtspartei verfügt ebenfalls nur über ganz wenige Stammwähler mit extremistischer Verteilungspräferenz, die für eine 100prozentige marktwirtschaftliche Einkommensverteilung plädieren und jede Umverteilung aus sozialen Gründen für überflüssig halten. Da die Mehrzahl der rechten Stammwähler eine bis zu 75prozentige marktwirtschaftliche Einkommensverteilung fordert, hat sich die Rechtspartei auf diesen Prozentsatz festgelegt. Die Verteilungspräferenz der Wechselwähler schwankt zwischen 26 und 74 Prozent marktwirtschaftlicher Einkommensverteilung. Die Medianwählerposition liegt bei 50 Prozent Einkommensverteilung über den Markt und in gleicher Höhe durch Einkommensumverteilung.

Da gemäß Modellannahme die **Wähler** diejenige **Partei wählen, die ihren Verteilungspräferenzen am ehesten entspricht**, müssen die nach Stimmenmaximierung strebenden Parteien auf der eindimensionalen Skala eine Position zur Verteilungspräferenz einnehmen, die der Verteilungspräferenz möglichst vieler Wähler am nächsten liegt. Es ist unschwer zu erkennen, daß **jede Partei** zusätzlich zu ihren Stammwählern Stimmen aus dem Bereich der **Wechselwähler** gewinnen kann, wenn sie ihre **Verteilungspräferenz stärker** an diejenige der **Wechselwähler annähert**. So wird eine Linkspartei, die ihre Verteilungspräferenz auf z. B. 40 Prozent Einkommensverteilung über den Markt erhöht, ebenso Wechselwähler gewinnen wie eine Rechtspartei, die ihre Präferenz auf 60 Prozent marktwirtschaftlicher Einkommensverteilung senkt. Dabei rechnen die Parteien mit keinen Stimmenverlusten bei ihren Stammwählern, weil die jeweilige Gegenpartei für diese Wähler immer noch verteilungspolitisch weiter entfernt ist. Ein **Gleichgewicht** ist erreicht, wenn die beiden Parteien ihre Verteilungspräferenz in der **Medianwählerposition** angleichen. Jede Partei erhält dann gleich viele Stimmen aus dem Wählerreservoir der Wechselwähler. Bei gleich hoher Stammwählerschaft entsteht dann ein Wahlpatt.

Die wichtigste Schlußfolgerung aus den modelltheoretischen Überlegungen ist, daß sich die **Parteien** mit einer beträchtlichen Stammwählerschaft - trotz gegensätzlicher verteilungspolitischer Grundsätze - in ihrer **praktizierenden Verteilungspolitik annähern**, um ihre Wahlchancen durch Hinzugewinnung von Wechselwählern zu wahren bzw. zu verbessern.

Überträgt man diese verteilungspolitische Angleichungstendenz auch auf andere wahlrelevante Bereiche des Parteienwettbewerbs, so werden die Partei- und Wahlprogramme immer weniger Differenzierungen aufweisen. Wenn jedoch konkurrierende Parteien nahezu **identische Programme** vertreten, ist es ziemlich belanglos, ob die Bürger wählen oder sich der Stimme enthalten. Möglicherweise resultiert die vielgenannte **Politikverdrossenheit** der Wähler daraus, daß das programmatische Parteien-Differential für die Wähler zu gering ist. Wenn trotz weitgehender **Konvergenz der Parteiprogramme** der großen Volksparteien immer noch ein großer Teil der Wahlberechtigten zur Wahl geht - was eigentlich ein **Wahlparadoxon** ist -, so liegt das hauptsächlich daran, daß sich die Wahlbürger weniger von allen möglichen Versprechungen in Wahlprogrammen als vielmehr von der Problemlösungskompetenz der Parteien bei ihrer Wahlentscheidung leiten lassen. Selbst wenn die Parteien nahezu identische Ziele in ihren Partei- und Wahlprogrammen vertreten, so können sie doch **unterschiedlich effiziente Methoden und**

Maßnahmen für die Zielerreichung anwenden. Zudem ist der **politische Wettbewerb** der Parteien **nicht nur eindimensional** auf eine alles überragende Streitfrage - wie z. B. die Einkommensverteilung - ausgerichtet, sondern wird von anderen „issues" zumindest mitbestimmt. Dementsprechend lassen sich die Wähler in der Realität nicht so fein säuberlich nach verteilungspolitischen Präferenzen sortieren, weil bei **mehreren Streitfragen** die **Präferenzen der Wähler widersprüchlich** sein können. Neigt z. B. in bestimmten wichtigen Streitfragen eine relativ große Wählergruppe einmal mehr einer linken und einmal mehr einer rechten Politikideologie zu, so ist es für die Parteien schwer, die Wählerpräferenzen zusammenzufassen, zu gewichten und jeweils für sich zu nutzen. Da sich mit diesen Schwierigkeiten sowohl die Regierungsparteien als auch die Oppositionsparteien gleichermaßen konfrontiert sehen, verfügt im Grunde **keine Partei** über eine **sichere Strategie zur Mehrheitsgewinnung**.

Infolge des ökonomischen Strukturwandels und des gesellschaftlichen Wertewandels haben sich auch traditionelle Bindungen bestimmter Wählergruppen an parteisympathisierende Interessen- und Wertegemeinschaften (z. B. Gewerkschaften oder Kirchen) gelockert, so daß die Gruppe der parteipolitisch ungebundenen **Wechselwähler beträchtlich gewachsen** ist. Dieses verführt die Parteien dazu, eine ausgedehnte **Gruppenbegünstigungspolitik** zu betreiben, immer in der Hoffnung, dadurch mehr Wähler zu gewinnen als zu verprellen. Je größer jedoch der Kreis der verteilungspolitisch zu begünstigenden Wählergruppen gezogen wird, um so geringer wird in der Regel - schon allein wegen der Finanzrestriktionen - die materielle Begünstigung für die einzelnen Wählergruppen. Zudem erhöht sich der **Wählerverprellungseffekt** bei der Masse der Steuerzahler, welche die Gruppenbegünstigungen und Wahlgeschenke finanzieren müssen. Langfristig zahlt sich eine Gruppenbegünstigungspolitik für keine demokratisch gewählte Partei und Regierung aus, sondern führt regelmäßig nach einiger Zeit wegen der allseits geweckten Ansprüche und der Unerfüllbarkeit der **maßlosen Gruppenforderungen** zum Verlust der Regierungsmacht und oft auch wegen Interessenverfilzung und Korruption zum Ruin der Partei.

Führt man als neues Element die Möglichkeit der **Stimmenthaltung** in das Modell ein, so kann es durchaus für Stammwähler im Hinblick auf die nächste Wahl rational sein, sich der Stimme zu enthalten. Zwar verhelfen sie damit der ihnen verteilungspolitisch entfernter stehenden Partei zum Wahlsieg, aber sie erteilen ihrer früher präferierten Partei die Lehre, sich künftig nicht so stark der Verteilungspräferenz des politischen Gegners anzugleichen. Manchmal hält schon eine ernstzunehmende **Stimmenthaltungsdrohung** eines beträchtlichen Teils der Stammwählerschaft die Parteien von allzu weitgehenden Angleichungen der Verteilungspräferenzen in den Partei- und Wahlprogrammen ab. Allerdings klaffen erfahrungsgemäß programmatische Verteilungspräferenzen in Wahl- oder Parteiprogrammen und tatsächliche Verteilungspolitik oft auseinander. Unter dem Druck bisheriger Stammwähler, die bei Nichterfüllung ihrer Forderungen künftig in die Lage der Wechselwähler oder der Nichtwähler abzudriften drohen, kündigen die Parteien häufig vor der Wahl eine Umgestaltung der Steuer-, Subventions-, Regulierungs- und Sozialsysteme mit dem Ziel an, ihre Wählerklientel auf Kosten der Wählerschichten der Gegenpartei(en) besserzustellen. Jedoch lassen sich nach Übernahme der Regierungsverantwortung die angekündigten Systemumgestaltungen manchmal nicht oder nur teilweise durchsetzen. Erfahrungsgemäß sind in parlamentarischen Demokratien einmal gewährte Subventionen, Steuervergünstigungen, begünstigende Regulierungen und Sozialleistungsansprüche gegen die lautstarken Proteste und massiven Widerstände der privilegierten Gruppen und ihrer Unterstützer (Verbände, Gewerkschaften, Oppositionsparteien, Medien) nur schwer wieder abzubauen. Zudem scheuen sowohl aus Wahlsiegen von Volksparteien als auch aus Koalitionsvereinbarungen hervorgegangene Regierungen aufgrund ihrer breitgefächerten Wählerklientel vor einem großangelegten Abbau von Gruppenbegünstigungen zurück, weil sie damit einen Teil ihres nichtidentifizierbaren und möglichen Wählerpotentials unter Umständen verprellen könnten. Aufgrund dieser Unsicherheit ziehen es sowohl Rechts- als auch Linksregierungen meist vor, die vorhandenen Verteilungssysteme und das Regulierungsgeflecht weitgehend unangetastet zu lassen und lediglich einige krasse Wucherungen zu beschneiden. Dagegen konzentrieren sie sich darauf, ihre Regierungsmacht vor allem mit Hilfe neuer verteilungswirksamer Maßnahmen und Regulierungen zugunsten ihrer bekannten Stammwählerschaft und identifizierbarer potentieller Wählerzielgruppen zu festigen und zu erhalten. Dieses verführt oft die Regierung dazu, das Ausmaß und die Vielfalt der Gruppenbegünstigungen eher auszudehnen als einzuschränken. Jedoch führen die vermeintlich aus Wahlopportunismus notwendigen Ausdehnungen der Gruppenbegünstigungen meist in eine Rationalitätenfalle, die letztlich die Abwahl jeder Regierung in Demokratien mit marktwirtschaftlich orientierter Wirtschaftsordnung infolge ausgeuferter Gruppenbegünstigungspolitik und ihrer unvermeidbaren Folgen bewirkt.

Soziologisch läßt sich die Ähnlichkeit der Verteilungsstrukturen unter Rechts- und Linksregierungen mit einem **Trend zur nivellierten Mittelschichtengesellschaft** erklären. In Gesellschaften mit relativ hohem Lebensstandard und einem dichtgeknüpften Netz sozialer Sicherheit verlieren soziale Gegensätze zwischen Arbeiterschaft und Bürgertum an Bedeutung. Die einstigen Milieuunterschiede zwischen Arbeiter- und Bürgerhaushalten sowie die Interessengegensätze zwischen Kapital und Arbeit, welche die **Klassengesellschaft** des 19. Jahrhunderts prägten, sind weitgehend abgebaut. Ein beträchtlicher Teil der Arbeiterschaft ist in die Gruppe der qualifizierten und gutverdienenden Facharbeiter aufgestiegen und unterscheidet sich im Sozialstatus kaum noch vom gewerblichen und sonstigen Mittelstand. Weite Teile der Arbeiterschaft und des Bürgertums sind zu einer **breiten Mittelschicht** verschmolzen. Da Wahlsiege ohne Gewinnung großer Teile dieser Mittelschicht nicht möglich sind, wird die praktizierte Wirtschafts- und Verteilungspolitik der aus großen Volksparteien hervorgegangenen Rechts- und Linksregierungen immer ähnlicher. Die wahlopportunistische Konzentration der Politik auf den sogenannten **Medianwähler**, der meist als mobilitäts- und risikoscheu sowie sozialleistungs- und subventionsverwöhnt eingeschätzt wird, läßt den Dschungel von besitzstandssichernden Regulierungen, Sozialleistungsansprüchen, Subventionen und Steuervergünstigungen weiter wuchern. Bekenntnisse zu Leistungsorientierung, Mobilitätsstimulierung, Beseitigung von Sozialleistungsmißbrauch und Subventionsabbau haben meist nur einen verbalen Nutzwert in Sonntagsreden von Politikern, aber kaum im harten politischen Alltagsgetriebe. Die **Marktwirtschaft** - von fast allen Parteien als effizienteste Wirtschaftsform beschworen - wird nahezu ständig durch **Gruppenbegünstigungspolitik** ausgehöhlt. Trotz ideologischer Divergenzen und unterschiedlicher Bewertungen bestimmter Grundwerte (wie z. B. Freiheit, Sicherheit, Gleichheit) in den programmatischen Aussagen der großen Volksparteien ändern sich deshalb sowohl unter Rechts- als auch unter Linksregierungen die **verkrusteten Verteilungsstrukturen**, die in beträchtlichem Maße wahlopportunistisch geprägt sind, nur wenig.

Literaturverzeichnis

Aberle, Gerd (1992): Wettbewerbstheorie und Wettbewerbspolitik, 2. Aufl., Stuttgart.

Ahrns, Hans-Jürgen; Feser, Hans-Dieter (1997): Wirtschaftspolitik, 7. Aufl., München, Wien.

Alchian, Armen A.; Demsetz, Harold (1973): The Property Rights Paradigm, in: The Journal of Economic History, Vol. 33.

Alesina, Alberto (1987): Macroeconomic Policy in a Two-Party System as a Repeated Game, in: The Quarterly Journal of Economics, Vol. 102.

Alesina, Alberto (1988): Credibility and Policy Convergence in a Two-Party System with Rational Voters, in: American Economic Review, Vol. 78.

Alesina, Alberto (1989): Politics and Business Cycles in Industrial Democracies, in: Economic Policy - A European Forum, Vol 4.

Alesina, Alberto; Sachs, Jeffrey (1988): Political Parties and the Business Cycle in the United States, 1948-1984, in: Journal of Money, Credit and Banking, Vol. 20.

Arnim, Hans Herbert v. (1977): Gemeinwohl und Gruppeninteressen, Frankfurt a. M.

Arnold, Volker (1992): Theorie der Kollektivgüter, München.

Arrow, Kenneth J. (1951): Social Choice and Individual Values, New York.

Bartling, Hartwig; Luzius, Franz (1998): Einführung in die Wirtschaftstheorie und Wirtschaftspolitik, 12. Aufl., München.

Baumol, William J. (1952): Welfare Economics and the Theory of the State; **(1965)** 2nd ed., London.

Behrends, Sylke (Hrsg.) (1997a): Ordnungskonforme Wirtschaftspolitik in der Marktwirtschaft. Festschrift für Hans-Rudolf Peters (Volkswirtschaftliche Schriften Bd. 474), Berlin.

Behrends, Sylke (1997b): Mesoökonomie als gruppenstruktureller Ansatz innerhalb der Neuen Politischen Ökonomie, in: dieselbe (Hrsg.): Ordnungskonforme Wirtschaftspolitik in der Marktwirtschaft. Festschrift für Hans-Rudolf Peters (Volkswirtschaftliche Schriften Bd. 474), Berlin.

Behrends, Sylke (1999): Erklärung von Gruppenphänomenen in der Wirtschaftspolitik (Volkswirtschaftliche Schriften Bd. 488), Berlin.

Bentley, Arthur F. (1949): The Process of Government, Evanston (Ill.).

Berg, Hartmut; Cassel, Dieter; Hartwig, Karl-Hans (1999): Theorie der Wirtschaftspolitik, in: Vahlens Kompendium der Wirtschaftstheorie und Wirtschaftspolitik, Bd. 2, 7. Aufl., München.

Berg, Hartmut; Schmidt, Frank (1997): Industriepolitik in Deutschland und Frankreich: Ziele - Konzepte - Erfahrungen, in: Behrends, Sylke (Hrsg.): Ordnungskonforme Wirtschaftspolitik in der Marktwirtschaft. Festschrift für Hans-Rudolf Peters (Volkswirtschaftliche Schriften Bd. 474), Berlin.

Bernholz, Peter; Breyer, Friedrich (1993): Grundlagen der Politischen Ökonomie, 3. Aufl., Bd. 1: Theorie der Wirtschaftssysteme; **(1994)**: Bd. 2: Ökonomische Theorie der Politik, Tübingen.

Berthold, Norbert; Fehn, Rainer (1994): Verursachen Wahlen einen Politischen Konjunkturzyklus?, in: Wirtschaftswissenschaftliches Studium, Nr. 4.

Berthold, Norbert; Hank, Rainer (1999): Bündnis für Arbeit: Korporatismus statt Wettbewerb, Tübingen.

Berthold, Norbert; Külp, Bernhard (1989): Kann eine Stabilisierungspolitik in Demokratien überhaupt Erfolg haben?, in: Jahrbuch für Neue Politische Ökonomie, Bd. 8.

Blankart, Charles Beat (1975): Zur ökonomischen Theorie der Bürokratie, in: Public Finance, Vol. 2.

Böhm, Franz (1966): Privatrechtsgesellschaft und Marktwirtschaft, in: ORDO, Bd. 17.

Böventer, Edwin v. (1979): Standortentscheidung und Raumstruktur, Hannover.

Boulding, Kenneth E. (1958): Principles of Economic Policy, Englewood Cliffs.

Brennan, Geoffrey; Buchanan, James M. (1985): The Reason of Rules. Constitutional Political Economy, Cambridge; deutsche Übersetzung **(1993)**: Die Begründung von Regeln. Konstitutionelle Politische Ökonomie, Tübingen.

Buchanan, James M. (1954): Social Choice, Democracy and Free Markets, in: Journal of Political Economy, Vol. 62.

Buchanan, James M. (1968): The Demand and Supply of Public Goods, Chicago.

Buchanan, James M. (1975): The Limits of Liberty: Between Anarchy and Leviathan, Chicago.

Buchanan, James M. (1980): Rent Seeking and Profit Seeking, in: Buchanan, James M.; Tollison, Robert D.; Tullock, Gordon (eds.): Toward a Theory of the Rent-Seeking Society, College Station.

Buchanan, James M. (1987): The Constitution of Economic Policy, in: American Economic Review, Vol. 77.

Buchanan, James M.; Tollison, Robert D. (1972): The Theory of Public Choice - II, Ann Arbor.

Buchanan, James M.; Tullock, Gordon (1962): The Calculus of Consent. Logical Foundations of Constitutional Democracy, Ann Arbor.

Bundesministerium des Inneren (Hrsg.) (1974): Gemeinsame Geschäftsordnung der Bundesministerien, Allgemeiner Teil (GGOI), Stuttgart.

Bundesministerium für Wirtschaft (1966): Grundsätze der sektoralen Strukturpolitik, Ministerialblatt des Bundesministers für Wirtschaft, Nr. 23/1966.

Bundesregierung (1968a): Grundsätze der regionalen Wirtschaftspolitik, Bundestagsdrucksache V/2469.

Bundesregierung (1968b): Grundsätze der sektoralen Wirtschaftspolitik, Neufassung, Bundestagsdrucksache V/2469.

Bundesregierung (1969): Strukturbericht, Bundestagsdrucksache V/4564.

Bundesregierung (1970): Grundsätze einer Strukturpolitik für kleine und mittlere Unternehmen, Bundestagsdrucksache VI/1966.

Bundesregierung (1978): Jahresbericht, herausg. v. Presse- und Informationsamt.

Bundesregierung (1990): Jahresbericht, herausg. v. Presse- und Informationsamt.

Bundesregierung (1991): Jahreswirtschaftsbericht, herausg. v. Bundesministerium für Wirtschaft.

Bundesregierung (1993): Jahreswirtschaftsbericht, herausg. v. Bundesministerium für Wirtschaft.

Bundesverfassungsgericht (1953): Entscheidungen, Feststellung der Verfassungswidrigkeit der Sozialistischen Reichspartei, Urteil von 1952, Bd. 2, Tübingen.

Bundesverfassungsgericht (1956): Entscheidungen, Gesetz über die Investitionshilfe der gewerblichen Wirtschaft, Urteil von 1954, Bd. 4, Tübingen.

Buttler, Friedrich (1973): Entwicklungspole und räumliches Wirtschaftswachstum, Tübingen.

Cassel, Dieter (Hrsg.) (1998): 50 Jahre Soziale Marktwirtschaft, Stuttgart.

Cassel, Dieter; Ramb, Bernd-Thomas; Thieme, H. Jörg (Hrsg.) (1988): Ordnungspolitik, München.

CDU (1947): Das Ahlener Programm, in: Heck, Bruno (Hrsg.) (1979): Die CDU und ihr Programm, Melle.

CDU (1949): Düsseldorfer Leitsätze, in: Heck, Bruno (Hrsg.) (1979): Die CDU und ihr Programm, Melle.

CDU (1994): Grundsatzprogramm „Freiheit in Verantwortung“, beschlossen in Hamburg.

Chamberlin, Edward (1933): The Theory of Monopolistic Competition, Cambridge (Mass.).

Christaller, Walter (1933): Die zentralen Orte in Süddeutschland, 1. Aufl., Jena; **(1968):** 2. Aufl., Darmstadt.

Clapham, Ronald (1997): Über die zukünftige Bedeutung der nationalen Wirtschaftsordnung Soziale Marktwirtschaft in der Europäischen Gemeinschaft, in: Behrends, Sylke (Hrsg.): Ordnungskonforme Wirtschaftspolitik in der Marktwirtschaft. Festschrift für Hans-Rudolf Peters (Volkswirtschaftliche Schriften Bd. 474), Berlin.

Clark, Colin (1940): The Conditions of Economic Progress, London.

Clark, John Maurice (1940): Toward a Concept of Workable Competition, in: American Economic Review, Vol. 30.

Clark, John Maurice (1975): Wettbewerb und Ziele der Wirtschaftspolitik: Wettbewerb als dynamischer Prozeß, in: Herdzina, Klaus (Hrsg.): Wettbewerbstheorie, Köln.

Clasen, Sigvard (1966): Die Flexibilität der volkswirtschaftlichen Produktionsstruktur, Göttingen.

Coase, Ronald H. (1960): The Problem of Social Cost, in: The Journal of Law and Economics, Vol. 3.

Dettling, Warnfried (Hrsg.) (1976): Macht der Verbände - Ohnmacht der Demokratie?, München, Wien.

Donges, Juergen B. (1985): Marktversagen und Staatsversagen - Was überwiegt?, in: Zeitschrift für Wirtschaftspolitik, Bd. 34.

Donges, Juergen B. (1997): Die Wirtschaftspolitik im Spannungsverhältnis von Regulierung und Deregulierung, in: ORDO, Bd. 48.

Downs, Anthony (1957a): An Economic Theory of Democracy, New York; deutsche Übersetzung **(1968)**: Ökonomische Theorie der Demokratie, Tübingen.

Downs, Anthony (1957b): An Economic Theory of Political Action in a Democracy, in: The Journal of Political Economy, Vol. 65.

Downs, Anthony (1965): Non-Market Decision Making. A Theory of Bureaucracy, in: American Economic Review, Papers and Proceedings, Vol. 55; deutsche Übersetzung **(1974)**: Nichtmarktwirtschaftliche Entscheidungssysteme - Eine Theorie der Bürokratie, in: Widmaier, Hans Peter (Hrsg.): Politische Ökonomie des Wohlfahrtsstaates, Frankfurt a. M.

Downs, Anthony (1967): Inside Bureaucracy, Boston.

Eickhof, Norbert (1986): Staatliche Regulierung zwischen Marktversagen und Gruppeninteressen. Ein Beitrag zur Weiterentwicklung der Regulierungstheorie, in: Jahrbuch für Neue Politische Ökonomie, Bd.5.

Eickhof, Norbert (1997): Die Industriepolitik der Europäischen Union - Zweckmäßige Weiterentwicklung oder revisionsbedürftige Fehlentwicklung der europäischen Wirtschaftspolitik?, in: Behrends, Sylke (Hrsg.): Ordnungskonforme Wirtschaftspolitik in der Marktwirtschaft. Festschrift für Hans-Rudolf Peters (Volkswirtschaftliche Schriften Bd. 474), Berlin.

Erhard, Ludwig (1957): Wohlstand für alle, Düsseldorf.

Erhard, Ludwig (1962): Deutsche Wirtschaftspolitik - Der Weg der Sozialen Marktwirtschaft, Düsseldorf, Wien u. a.

Erhard, Ludwig; Müller-Armack, Alfred (1972): Soziale Marktwirtschaft. Ordnung der Zukunft, Manifest 72, Frankfurt a. M., Berlin.

Eschenburg, Rolf (1975): Politische Unternehmer und öffentliche Güter, in: Arndt, Erich; Michalski, Wolfgang; Molitor, Bruno (Hrsg.): Wirtschaft und Gesellschaft - Ordnung ohne Dogma. Festschrift für Heinz-Dietrich Ortlieb, Tübingen.

Eucken, Walter (1948): Das ordnungspolitische Problem, in: ORDO, Bd. 1.

Eucken, Walter (1949): Die Wettbewerbsordnung und ihre Verwirklichung, in: ORDO, Bd. 2.

Eucken, Walter (1950): Die Grundlagen der Nationalökonomie, 6. Aufl., Berlin, Göttingen u. a.

Eucken, Walter (1960): Grundsätze der Wirtschaftspolitik, 3. Aufl., Tübingen, Zürich u. a.

Fehl, Ulrich (1993a): Stichwort Bürokratie, in: Dichtl, Erwin; Issing, Otmar (Hrsg.): Vahlens Großes Wirtschaftslexikon, 2. Aufl., Bd. 1, München.

Fehl, Ulrich (1993b): Stichwort Neue Politische Ökonomie, in: Dichtl, Erwin; Issing, Otmar (Hrsg.): Vahlens Großes Wirtschaftslexikon, 2. Aufl., Bd. 2, München.

Feldmann, Horst (1993): Theorien des Strukturwandels: Welche Orientierungshilfen bieten sie für die Strukturpolitik?, in: IFO-Studien, Zeitschrift für empirische Wirtschaftsforschung, 39. Jg., Heft 1.

Feldmann, Horst (1999): Ordnungstheoretische Aspekte der Institutionenökonomik, Berlin.

Frey, Bruno S. (1970): Die ökonomische Theorie der Politik oder die neue politische Ökonomie - Eine Übersicht, in: Zeitschrift für die gesamte Staatswissenschaft, Bd. 126.

Frey, Bruno S. (1977): Moderne politische Ökonomie, München, Zürich.

Frey, Bruno S. (1978): Politisch-ökonomische Modelle: Übersicht und Stand der Forschung, in: Helmstädter, Ernst (Hrsg.): Neuere Entwicklungen in den Wirtschaftswissenschaften (Schriften des Vereins für Socialpolitik, N. F. Bd. 98), Berlin.

Frey, Bruno S.; Kirchgässner, Gebhard (1994): Demokratische Wirtschaftspolitik. Theorie und Anwendung, 2. Aufl., München.

Friedman, Milton (1962): Capitalism and Freedom, Chicago, London.

Friedman, Milton (1976): Die optimale Geldmenge und andere Essays, Frankfurt a. M.

Friedrich, Horst (1983): Grundkonzeptionen der Stabilisierungspolitik (Reihe UTB 1130), Opladen.

Fritsch, Michael; Wein, Thomas; Ewers, Hans-Jürgen (1999): Marktversagen und Wirtschaftspolitik, 3. Aufl., München.

Frohlich, Norman; Oppenheimer, Joe A.; Young, Oran R. (1971): Political Leadership and Collective Goods, Princeton.

Furubotn, Eirik G.; Pejovich, Svetozar (eds.) (1974): The Economics of Property Rights, Cambridge/Mass.

Galbraith, John Kenneth (1952): American Capitalism. The Concept of Countervailing Power, Boston.

Galbraith, John Kenneth (1958): The Affluent Society, London.

Galbraith, John Kenneth (1968): Die moderne Industriegesellschaft, München, Zürich.

Giersch, Herbert (1961): Allgemeine Wirtschaftspolitik, Bd. 1: Grundlagen, Wiesbaden.

Gischer, Horst; Teichmann, Ulrich (1997): Die Kontroverse um Lohnnebenkosten aus der Sicht der Politischen Ökonomie, in: Behrends, Sylke (Hrsg.): Ordnungskonforme Wirtschaftspolitik in der Marktwirtschaft. Festschrift für Hans-Rudolf Peters (Volkswirtschaftliche Schriften Bd. 474), Berlin.

Gluchowski, Peter; Wilamowitz-Moellendorff, Ulrich von (1997): Sozialstrukturelle Grundlagen des Parteienwettbewerbs in der Bundesrepublik Deutschland, in: Gabriel, Oscar W.; Niedermayer, Oskar; Stöss, Richard (Hrsg.): Parteiendemokratie in Deutschland (Schriftenreihe der Bundeszentrale für politische Bildung Bd. 338), Bonn.

Görgens, Egon (1975): Wandlungen der industriellen Produktionsstruktur im wirtschaftlichen Wachstum, Bern, Stuttgart.

Görgens, Egon (1981): Beschäftigungspolitik, München.

Groser, Manfred (1979): Grundlagen der Tauschtheorie des Verbandes, Berlin.

Groser, Manfred (1997): Herkunft und Zukunft der Neuen Politischen Ökonomie, in: Behrends, Sylke (Hrsg.): Ordnungskonforme Wirtschaftspolitik in der Marktwirtschaft. Festschrift für Hans-Rudolf Peters (Volkswirtschaftliche Schriften Bd. 474), Berlin.

Gutowski, Armin; Merklein, Renate (1985): Arbeit und Soziales im Rahmen einer marktwirtschaftlichen Ordnung, in: Hamburger Jahrbuch für Wirtschafts- und Gesellschaftspolitik, Bd. 30.

Habermann, Gerd (1994): Der Wohlfahrtsstaat. Die Geschichte eines Irrweges, Berlin.

Hagedorn, Konrad (1997): Regelungsdefizit der bäuerlichen Agrarverfassung in der Marktwirtschaft als Begründung für Agrarpolitik? Ein institutionenökonomischer Ansatz, in: Behrends, Sylke (Hrsg.): Ordnungskonforme Wirtschaftspolitik in der Marktwirtschaft. Festschrift für Hans-Rudolf Peters (Volkswirtschaftliche Schriften Bd. 474), Berlin.

Hamm, Walter (1981): An den Grenzen des Wohlfahrtsstaates, in: ORDO, Bd. 32.
Hamm, Walter (1989): Wirtschaftsordnungspolitik als Sozialpolitik, in: ORDO, Bd. 40.
Hardes, Heinz-Dieter; Krol, Gerd-Jan; Rahmeyer, Fritz; Schmid, Alfons (1999): Volkswirtschaftslehre problemorientiert, 20. Aufl.(Reihe UTB 737), Tübingen.
Hartwig, Karl-Hans (1988): Ordnungstheorie und die Tradition des ökonomischen Denkens, in: Cassel, Dieter; Ramb, Bernd-Thomas; Thieme, H. Jörg (Hrsg.): Ordnungspolitik, München.
Hayek, Friedrich A. v. (1959): Strukturpolitik und Wettbewerbswirtschaft, in: Die Aussprache, Bd. 9, Nr. 6.
Hayek, Friedrich A. v. (1960): The Constitution of Liberty, Neudruck, London; deutsche Übersetzung **(1971):** Die Verfassung der Freiheit, Tübingen.
Hayek, Friedrich A. v. (1963): Arten der Ordnung, in: ORDO, Bd. 14.
Hayek, Friedrich A. v. (1969): Freiburger Studien. Gesammelte Aufsätze, Tübingen.
Hayek, Friedrich A. v.: Recht, Gesetzgebung und Freiheit, Bd. 1 **(1980):** Regeln und Ordnung München; Bd. 2 **(1981a):** Die Illusion der sozialen Gerechtigkeit, Landsberg am Lech. Bd. 3 **(1981b):** Die Verfassung einer Gesellschaft freier Menschen, Landsberg am Lech.
Herder-Dorneich, Philipp; Groser, Manfred (1977): Ökonomische Theorie des politischen Wettbewerbs, Göttingen.
Herdzina, Klaus (1991): Wettbewerbspolitik, 3. Aufl.(Reihe UTB 1294), Stuttgart.
Heubes, Jürgen (1992): Marktwirtschaft, München.
Heuss, Ernst (1965): Allgemeine Markttheorie, Tübingen, Zürich.
Heuss, Ernst (1987): Gerechtigkeit und Marktwirtschaft, in: ORDO, Bd. 38.
Hibbs, Douglas A. (1977): Political Parties and Macroeconomic Policy, in: The American Political Science Review, Vol. 71.
Hibbs, Douglas A. (1987): The Political Economy of Industrial Democracies, Cambridge (Mass.), London.
Hilles, Hans-Ulrich (1978): Ökonomische Theorie der Politik, in: Gabriel, Oscar W. (Hrsg.): Grundkurs politische Ökonomie.
Hirschman, Albert O. (1967): Die Strategie der wirtschaftlichen Entwicklung, Stuttgart.
Hirschman, Albert O. (1970): Exit, Voice and Loyality, Cambridge/Mass.; deutsche Übersetzung **(1974):** Abwanderung und Widerspruch, Tübingen.
Hirschman, Albert O. (1989): Entwicklung, Markt und Moral. Abweichende Betrachtung, München, Wien.
Homann, Karl (1988): Rationalität und Demokratie, Tübingen.
Hoppmann, Erich (1968): Zum Problem einer wirtschaftspolitisch praktikablen Definition des Wettbewerbs, in: Andreae, Clemens-August; Heuss, Ernst u. a. (Hrsg.): Grundlagen der Wettbewerbspolitik (Schriften des Vereins für Socialpolitik, N. F. Bd. 48), Berlin.
Hübl, Lothar; Dölle, Frank (1997): Wohneigentum und Wohneigentumspolitik, in: Behrends, Sylke (Hrsg.): Ordnungskonforme Wirtschaftspolitik in der Marktwirtschaft. Festschrift für Hans-Rudolf Peters (Volkswirtschaftliche Schriften Bd. 474), Berlin.
Issing, Otmar (Hrsg.) (1982): Spezielle Wirtschaftspolitik, München.
Issing, Otmar (Hrsg.) (1993): Allgemeine Wirtschaftspolitik, 3. Aufl., München.
Issing, Otmar (1996): Einführung in die Geldpolitik, 6. Aufl., München.
Jarchow, Hans-Joachim (1995): Theorie und Politik des Geldes, Bd. 2, 7. Aufl. (Reihe UTB 346), Göttingen.
Kantzenbach, Erhard (1967a): Die Funktionsfähigkeit des Wettbewerbs, 2. Aufl., Göttingen.
Kantzenbach, Erhard (1967b): Das Konzept der optimalen Wettbewerbsintensität, in: Jahrbücher für Nationalökonomie und Statistik, Bd. 181.
Kaufer, Erich (1981): Theorie der öffentlichen Regulierung, München.
Keynes, John Maynard (1936): The General Theory of Employment, Interest and Money, London; deutsche Übersetzung **(1974):** Allgemeine Theorie der Beschäftigung, des Zinses und des Geldes, 5. Aufl., Berlin.

Kirchgässner, Gebhard (1984): Optimale Wirtschaftspolitik und die Erzeugung politisch-ökonomischer Konjunkturzyklen, Königstein/Ts.

Kirchgässner, Gebhard (1988): Wirtschaftspolitik und Politiksystem: Zur Kritik der traditionellen Ordnungstheorie aus der Sicht der Neuen Politischen Ökonomie, in: Cassel, Dieter; Ramb, Bernd-Thomas; Thieme, H. Jörg (Hrsg.): Ordnungspolitik, München.

Kirsch, Guy (1997): Neue Politische Ökonomie, 4. Aufl. (Reihe Wisu-Texte), Düsseldorf.

Kirschen, Etienne Sadi; Bernard, J. u. a. (1964): Economic Policy in our Time, Amsterdam; deutsche Übersetzung **(1967)**: International vergleichende Wirtschaftspolitik, Versuch einer empirischen Grundlage, Berlin.

Klaus, Joachim; Schleicher, Hans (1983): Räumliche Wirtschaftspolitik, München.

Klemmer, Paul (1998): Handbuch Europäische Wirtschaftspolitik, München.

Kleps, Karlheinz (1984): Staatliche Preispolitik, München.

Kleps, Karlheinz; Peters, Hans-Rudolf; Pachucki, Herbert (1972): Grundfragen staatlicher Strukturpolitik (Veröffentlichungen des österreichischen Wirtschaftsinstituts für Strukturforschung und Strukturpolitik, Bd. 1), Linz.

Klump, Rainer (1999): Einführung in die Wirtschaftspolitik, München.

Koester, Ulrich (1997): Agrarpolitik im Dauerkonflikt mit Prinzipien der Sozialen Marktwirtschaft, in: ORDO, Bd. 48.

Kösters, Wim (1986): Zur theoretischen und empirischen Bestimmung der Vollbeschäftigung, Göttingen.

Krüger, Herbert (1951): Staatsverfassung und Wirtschaftsverfassung, in: Deutsches Verwaltungsblatt.

Krüsselberg, Hans-Günther (1993): Stichwort Institutionalismus, in: Dichtl, Erwin; Issing, Otmar (Hrsg.): Vahlens Großes Wirtschaftslexikon, 2. Aufl., Bd. 1, München.

Kruse, Jörn (1985): Ökonomie der Monopolregulierung, Göttingen.

Külp, Bernhard (1982): Wohlfahrtsökonomik I: Grundlagen, in: Handwörterbuch der Wirtschaftswissenschaft (HdWW), Bd. 9.

Külp, Bernhard; Berthold, Norbert (1992): Grundlagen der Wirtschaftspolitik, München.

Külp, Bernhard; Knappe, Eckard u. a. (1980): Einführung in die Wirtschaftspolitik, Freiburg.

Lange-von Kulessa, Jürgen; Renner, Andreas (1998): Die Soziale Marktwirtschaft Alfred Müller-Armacks und der Ordoliberalismus der Freiburger Schule - Zur Unvereinbarkeit zweier Staatsauffassungen, in: ORDO, Bd. 49.

Lehner, Franz (1981): Einführung in die Neue Politische Ökonomie, Königstein/Ts.

Lehner, Franz (1990): Ökonomische Theorie politischer Institutionen: Ein systematischer Überblick, in: Göhler, Gerhard; Lenk, Kurt u. a. (Hrsg.): Die Rationalität politischer Institutionen, Baden-Baden.

Lipset, Seymour Martin; Rokkan, Stein (1967): Cleavage Structures, Party Systems and Voter Alignments: An Introduction, in: the same (eds.): Party Systems and Voter Alignments: Cross-National Perspectives, New York.

Lösch, August (1962): Die räumliche Ordnung der Wirtschaft, 3. Aufl., Stuttgart.

Luckenbach, Helga (1998): Theoretische Grundlagen der Wirtschaftspolitik, 2. Aufl., München.

Luhmann, Niklas (1999): Grundrechte als Institution. Ein Beitrag zur politischen Soziologie, 4. Aufl., Berlin.

Maunz, Theodor; Zippelius, Reinhold (1988): Deutsches Staatsrecht, 27. Aufl, München.

Meade, James E. (1975): The Intelligent Radical's Guide to Economic Policy. The Mixed Economy, London.

Meißner, Werner; Fassing, Werner (1989): Wirtschaftsstruktur und Strukturpolitik, München.

Möschel, Wernhard (1992): EG-Industriepolitik nach Maastricht, in: ORDO, Bd. 43.

Molitor, Bruno (1995): Wirtschaftspolitik, 5. Aufl., München, Wien.

Molsberger, Josef; Duijm, Bernhard (1997): Deutsche Wirtschaftsordnung und internationales Handelssystem, in: ORDO, Bd. 48.

Müller-Armack, Alfred (1956): Soziale Marktwirtschaft, in: Handwörterbuch der Sozialwissenschaften (HdSW), Bd. 9.

Müller-Armack, Alfred (1966): Wirtschaftsordnung und Wirtschaftspolitik, Freiburg/ Brsg.

Mussel, Gerhard; Pätzold, Jürgen (1998): Grundfragen der Wirtschaftspolitik, 3. Aufl., München.

Nipperdey, Hans-Carl (1965): Soziale Marktwirtschaft und Grundgesetz, in: Kartellrundschau, Heft 2, 3. Aufl., Köln, Berlin u. a.

Niskanen, William D. (1968): Nonmarket Decision making. The Peculiar Economics of Bureaucracy, in: American Economic Review, Papers and Proceedings, Vol. 58; deutsche Übersetzung **(1974b)**: Nichtmarktwirtschaftliche Entscheidungen. Die eigentümliche Ökonomie der Bürokratie, in: Widmaier, Hans Peter (Hrsg.): Politische Ökonomie des Wohlfahrtsstaates, Frankfurt a. M.

Niskanen, William A. (1974a): Bureaucracy and Representative Government, Chicago.

Nordhaus, William D. (1975): The Political Business Cycle, in: Review of Economic Studies, Vol. 42; deutsche Übersetzung **(1977)**: Der politische Konjunkturzyklus, in: Ramser, Hans J.; Angehrn, Beda (Hrsg.): Beschäftigung und Inflation, Stuttgart, New York.

North, Douglas C. (1981): Structure and Change in Economic History, New York; deutsche Übersetzung **(1988)**: Theorie des institutionellen Wandels, Tübingen.

Nutzinger, Hans G.; Müller, Eckart (1997): Die protestantischen Wurzeln der Sozialen Marktwirtschaft, in: Behrends, Sylke (Hrsg.): Ordnungskonforme Wirtschaftspolitik in der Marktwirtschaft. Festschrift für Hans-Rudolf Peters (Volkswirtschaftliche Schriften Bd. 474), Berlin.

Oberender, Peter; Daumann, Frank (1995): Industriepolitik, München.

Olson, Mancur (1965): The Logic of Collective Action. Public Goods and the Theory of Groups, Cambridge/Mass.; deutsche Übersetzung **(1968)**: Die Logik des kollektiven Handelns. Kollektivgüter und die Theorie der Gruppen, Tübingen.

Olson, Mancur (1982): The Rise and Decline of Nations. Economic Growth, Stagflation and Social Rigidities, New Haven, London; deutsche Übersetzung **(1985)**: Aufstieg und Niedergang von Nationen. Ökonomisches Wachstum, Stagflation und soziale Starrheit, Tübingen.

Olten, Rainer (1995): Wettbewerbstheorie und Wettbewerbspolitik, München, Wien

Pätzold, Jürgen (1998): Stabilisierungspolitik, 6. Aufl.(Reihe UTB 1353), Bern, Stuttgart.

Parkinson, C. Northcote (1957): Parkinson's Law, Boston; deutsche Übersetzung **(1958)**: Parkinsons Gesetz und andere Untersuchungen über die Verwaltung, Düsseldorf.

Peltzman, Sam (1976): Toward a more General Theory of Regulation, in: Journal of Law and Economics, Vol. 19.

Perroux, François (1955): Note sur la notion de „pôle de croissance", in: Economie Appliquée.

Peters, Hans-Rudolf (1966): Marktwirtschaftliche Verkehrsordnung und die „Besonderheiten" des Güterverkehrs. Ein Beitrag zur Liberalisierung des Güterverkehrs in der Bundesrepublik Deutschland, Bad Godesberg.

Peters, Hans-Rudolf (1971a): Regionale Wirtschaftspolitik und System-Ziel-Konformität (Veröffentlichung der Akademie für Raumforschung und Landesplanung, Beiträge, Bd. 7), Hannover.

Peters, Hans-Rudolf (1971b): Sind Gruppenverhandlungen eine Marktalternative? Zur Theorie kollektiver Preisverhandlungen bilateraler Zwangskartelle, in: Schmollers Jahrbuch für Wirtschafts- und Sozialwissenschaften, Bd. 91.

Peters, Hans-Rudolf (1975a): Grundzüge sektoraler Wirtschaftspolitik, 2. Aufl., Bern, Stuttgart.

Peters, Hans-Rudolf (1975b): Wirtschaftspolitik als Organisationsproblem, in: Wirtschaftsdienst - Wirtschaftspolitische Monatsschrift, Nr. 2.

Peters, Hans-Rudolf (1975c): Stabilisierungspolitische Gefahren protektionistischer sektoraler Strukturpolitik, in: Schneider, Hans K.; Wittmann, Waldemar; Würgler, Hans (Hrsg.): Stabilisierungspolitik in der Marktwirtschaft (Schriften des Vereins für Socialpolitik, N. F. Bd. 85/II), Berlin.

Peters, Hans-Rudolf (1976): Anmerkungen zu Karl Schillers wirtschaftspolitischer Konzeption der globalgesteuerten Marktwirtschaft, in: Körner, Heiko; Meyer-Dohm, Peter u. a. (Hrsg.): Wirtschaftspolitik - Wissenschaft und politische Aufgabe, Festschrift zum 65. Geburtstag von Karl Schiller, Bern, Stuttgart.

Peters, Hans-Rudolf (1977a): Funktionen der Mesoökonomik, in: Jahrbuch für Sozialwissenschaft, Bd. 28.

Peters, Hans-Rudolf (1977b): Konzeption und Wirklichkeit der sektoralen Strukturpolitik in der Bundesrepublik Deutschland, in: Bombach, Gottfried; Gahlen, Bernhard; Ott, Alfred E. (Hrsg.): Probleme des Strukturwandels und der Strukturpolitik (Schriftenreihe des Wirtschaftswissenschaftlichen Seminars Ottobeuren, Bd. 6), Tübingen.

Peters, Hans-Rudolf (1979): Probleme einer Operationalisierung der wirtschaftspolitischen Konzeption, in: Mändle, Eduard; Möller, Alex u. a. (Hrsg.): Wirtschaftspolitik in Theorie und Praxis, Festschrift zum 65. Geburtstag von Hans Georg Schachtschabel, Wiesbaden.

Peters, Hans-Rudolf (1981): Grundlagen der Mesoökonomie und Strukturpolitik (Reihe UTB 1087), Bern, Stuttgart.

Peters, Hans-Rudolf (1986): Mesoökomomie und Neue Politische Ökonomie, in: Jahrbuch für Neue Politische Ökonomie, Bd. 5.

Peters, Hans-Rudolf (1987): Selektive Innovationspolitik im Rahmen sektoraler Strukturpolitik, in: Werner, Josua (Hrsg.): Beiträge zur Innovationspolitik (Schriften des Vereins für Socialpolitik, N. F., Bd. 169), Berlin.

Peters, Hans-Rudolf (1993): Ordnungspolitik, in: Issing, Otmar (Hrsg.): Allgemeine Wirtschaftspolitik, 3. Aufl., München.

Peters, Hans-Rudolf (1994): Integrierte Strukturpolitik: Eine neue Aufgabe für Politik und Wirtschaft, in: Klepsch, Thomas; Legrand, Hans-Josef; Sanne, Axel (Hrsg.): Integrierte Strukturpolitik, Köln.

Peters, Hans-Rudolf (1996): Sektorale Strukturpolitik, 2. Aufl., München, Wien.

Peters, Hans-Rudolf (1997): Wirtschaftssystemtheorie und Allgemeine Ordnungspolitik, 3. Aufl., München, Wien.

Peters, Hans-Rudolf (1999): Foundation of Meso-economics, in: Dahiya, Shri Bhagwan (ed.): The Current State of Economic Science, Vol. 5, Rohtak (India).

Peters, Hans-Rudolf (2000): Strukturpolitik, Wirtschaftssystemtheorie, in: Woll, Artur (Hrsg.): Wirtschaftslexikon, 9. Aufl., München, Wien.

Popper, Karl R. (1961): The Poverty of Historicism, 2. Aufl., London; deutsche Übersetzung **(1971)**: Das Elend des Historizismus, 3. Aufl., Tübingen.

Popper, Karl R. (1976): Logik der Forschung, 6. Aufl., Tübingen.

Popper, Karl R. (1980): Die offene Gesellschaft und ihre Feinde: Falsche Propheten, 6. Aufl., München.

Posner, Richard A. (1974): Theories of Economic Regulation, in: The Bell Journal of Economics and Management Science, Vol. 5, No. 2.

Preston, Lee E. (1984): A Perspective on Meso-Economics (discussion papers IIM/IP 84-28, Wissenschaftszentrum) Berlin.

Ramb, Bernd-Thomas (1987): Grundlagen der Wirtschaftspolitik, München, Wien.

Rawls, John (1971): A Theory of Justice, Cambridge MA; deutsche Übersetzung **(1975)**: Eine Theorie der Gerechtigkeit, Frankfurt/M.

Reichsgericht (1897): Entscheidungen in Civilsachen, Bd. 38, Leipzig.

Ribhegge, Hermann (1991): Zur Relevanz der Rawlsschen Gerechtigkeitstheorie für die Wirtschaftspolitik, 40. Jg., Heft 3.

Riese, Hajo (1975): Wohlfahrt und Wirtschaftspolitik, Reinbek bei Hamburg.

Robinson, Joan (1933): The Economics of Imperfect Competition, London.

Röpke, Wilhelm (1979): Civitas Humana. Grundfragen der Gesellschafts- und Wirtschaftsreform, 4. Aufl., Bern, Stuttgart.

Rudzio, Wolfgang (1972): Eine Verwissenschaftlichung der Politikwissenschaften? Zu „Ökonomischen" Politiktheorien, in: Arndt, Adolf; Ehmke, Horst u. a. (Hrsg.): Konkretionen politischer Theorie und Praxis, Stuttgart.

Sachverständigenrat zur Begutachtung der gesamtwirtschaftlichen Entwicklung (1980): Jahresgutachten 1981/1982 „Investieren für mehr Beschäftigung".

Schenk, Karl-Ernst (1981): Märkte, Hierarchien, Wettbewerb, München.

Schenk, Karl-Ernst (2000): Neue Politische Ökonomie, in: Woll, Artur (Hrsg.): Wirtschaftslexikon, 9. Aufl., München, Wien.

Scheuerle, Andreas J. (1999): Politisch erzeugte Konjunkturzyklen, Tübingen.

Schiller, Karl (1964): Der Ökonom und die Gesellschaft, Stuttgart.

Schiller, Karl (1965): Wirtschaftspolitik, in: Handwörterbuch der Sozialwissenschaften (HdSW), Bd. 12.

Schiller, Karl (1966): Preisstabilität durch globale Steuerung der Marktwirtschaft (Walter-Eucken-Institut, Vorträge und Aufsätze Nr. 15), Tübingen.

Schiller, Karl: Reden zur Wirtschaftspolitik, Bd. 1 **(1967)**; Bd. 2 **(1968)**; Bd. 3 **(ohne Jahr)**, Reihe BMWi-Texte, Bonn.

Schlecht, Otto (1990): Grundlagen und Perspektiven der sozialen Marktwirtschaft, Tübingen.

Schmidt, Ingo (1996): Wettbewerbspolitik und Kartellrecht, 5. Aufl., Stuttgart.

Schmidtchen, Dieter (1978): Wettbewerbspolitik als Aufgabe, Baden-Baden.

Schmidtchen, Dieter (1983): Property Rights, Freiheit und Wettbewerbspolitik (Walter-Eucken-Institut, Vorträge und Aufsätze Nr. 89), Tübingen.

Schneider, Erich (1949): Einführung in die Wirtschaftstheorie, Bd. 2, Tübingen.

Schneider, Friedrich (1982): Politisch-ökonomische Modelle: Übersicht und neuere Entwicklungen, in: Jahrbuch für Neue Politische Ökonomie, Bd. 1.

Schneider, Friedrich; Volkert, Jürgen (1997): Die Realisierung ökologisch-orientierter Wirtschaftspolitik - eine Unmöglichkeit? Überlegungen aus Sicht der Neuen Politischen Ökonomie, in: Behrends, Sylke (Hrsg.): Ordnungskonforme Wirtschaftspolitik in der Marktwirtschaft. Festschrift für Hans-Rudolf Peters (Volkswirtschaftliche Schriften Bd. 474), Berlin.

Schüller, Alfred (Hrsg.) (1983): Property Rights und ökonomische Theorie, München.

Schumpeter, Joseph Alois (1939): Business Cycles: A Theoretical, Historical and Statistical Analysis of the Capitalist Process, New York.

Schumpeter, Joseph Alois (1942): Capitalism, Socialism and Democracy, New York; deutsche Übersetzung **(1972)**: Kapitalismus, Sozialismus und Demokratie, 3. Aufl., München.

Smith, Adam (1776): An Inquiry into the Nature and Causes of the Wealth of Nations, London; deutsche Übersetzung **(1974)**: Der Wohlstand der Nationen. Eine Untersuchung seiner Natur und seiner Ursachen, München.

SPD (1959): Grundsatzprogramm (Godesberger Programm), beschlossen in Bad Godesberg.

SPD (1989): Grundsatzprogramm, beschlossen in Berlin.

Sraffa, Piero (1926): The Law of Returns under Competitive Conditions, in: The Economic Journal, Vol. 36.

Starbatty, Joachim (1977): Stabilitätspolitik in der freiheitlich-sozialstaatlichen Demokratie, Baden-Baden.

Starbatty, Joachim (Hrsg.) (1989): Klassiker des ökonomischen Denkens, Bd. I: Von Platon bis John Stuart Mill; Bd. II: Von Karl Marx bis John Maynard Keynes, München.

Stigler, George J. (1971): The Theory of Economic Regulation, in: The Bell Journal of Economics and Management Science, Vol. 2.

Stigler, George J. (1975): The Citizen and the State. Essays on Regulation, Chicago, London.

Streit, Manfred E. (1987): Ordnungspolitische Probleme einer Interessenvertretung durch Verbände, in: Zeitschrift für Wirtschaftspolitik, Jg. 36, Heft 1.

Streit, Manfred E. (1988): Wohlfahrtsstaatlicher Interessenpluralismus und marktwirtschaftliche Ordnung - Eine Kritik verbändestaatlicher Ordnungsvorstellungen, in: derselbe (Hrsg.): Wirtschaftspolitik zwischen ökonomischer und politischer Rationalität, Festschrift für Herbert Giersch, Wiesbaden.

Streit, Manfred (1991): Theorie der Wirtschaftspolitik, 4. Aufl. (Reihe Wisu-Texte), Düsseldorf.

Ströbele, Wolfgang (1995): Inflation, Einführung in Theorie und Praxis, 4. Aufl., München, Wien.

Teichmann, Ulrich (1993): Wirtschaftspolitik, 4. Aufl., München.

Teichmann, Ulrich (1997): Grundriß der Konjunkturpolitik, 5. Aufl., München.

Thünen, Johann Heinrich v. (1966): Der isolierte Staat in Beziehung auf Landwirtschaft und Nationalökonomie, Neudruck, 4., unveränd. Aufl., Stuttgart.

Tuchtfeldt, Egon (1979): Ideensysteme als Bezugsrahmen der Politik, in: ORDO, Bd. 30.

Tuchtfeldt, Egon (1982): Wirtschaftspolitik, in: Handwörterbuch der Wirtschaftswissenschaft (HdWW), Bd. 9.

Tullock, Gordon (1965a): Entry Barriers in Politics, in: American Economic Review, Vol. 55.

Tullock, Gordon (1965b): The Politics of Bureaucracy, Washington.

Vanberg, Viktor (1997): Die normativen Grundlagen der Ordnungspolitik, in: ORDO, Bd. 48.

Vaubel, Roland; Barbier, Hans D. (Hrsg.) (1986): Handbuch Marktwirtschaft, Pfullingen.

Vieler, Alexander (1986): Interessen, Gruppen und Demokratie, Tübingen.

Wagner, Helmut (1998): Stabilitätspolitik, 5. Aufl., München, Wien.

Waldow, Karl-Heinz (1992): Mesoökonomische Theorie als Grundlage sektoraler Strukturpolitik, Frankfurt a. M., Bern u. a.

Watrin, Christian (1985): Gesellschaftliche Wohlfahrt - Zur volkswirtschaftlichen Sicht der Gemeinwohlproblematik, in: Rauscher, Anton (Hrsg.): Selbstinteresse und Gemeinwohl, Berlin.

Weber, Alfred (1909): Über den Standort der Industrien, Teil 1: Reine Theorie des Standorts, Tübingen.

Weber, Max (1972): Wirtschaft und Gesellschaft. Grundriß der verstehenden Soziologie, 5. Aufl. (Studienausgabe), Tübingen.

Welfens, Paul J. J. (1985): Theorie und Praxis angebotsorientierter Stabilitätspolitik, Baden-Baden.

Wicke, Lutz (1993): Umweltökonomie, 4. Aufl., München.

Widmaier, Hans Peter (Hrsg.) (1974): Politische Ökonomie des Wohlfahrtsstaates - Eine kritische Darstellung der Neuen Politischen Ökonomie, Frankfurt a. M.

Williamson, Oliver E. (1985): The Economic Institutions of Capitalism: Firms, Markets, Relation Contracting, New York; deutsche Übersetzung **(1990)**: Die ökonomischen Institutionen des Kapitalismus: Unternehmen, Märkte, Kooperationen, Tübingen.

Willms, Manfred (1995): Internationale Währungspolitik, 2. Aufl., München.

Wissenschaftlicher Beirat beim Bundesministerium für Wirtschaft (1957): Möglichkeiten und Grenzen regionaler Wirtschaftspolitik - Gutachten vom 23. Januar 1955, in: Bundesministerium für Wirtschaft (Hrsg.): Sammelband der Gutachten von 1948 bis 1972, Göttingen.

Wissenschaftlicher Beirat beim Bundesministerium für Wirtschaft (1973): Regelmechanismen und regelgebundenes Verhalten in der Wirtschaftspolitik - Gutachten vom 11. Dezember 1971, in: Bundesministerium für Wirtschaft (Hrsg.): Sammelband der Gutachten von 1948 bis 1972, Göttingen.

Wissenschaftlicher Beirat beim Bundesministerium für Wirtschaft (1978): Staatliche Interventionen in einer Marktwirtschaft - Gutachten vom 15. und 16. Dezember 1978, herausg. vom Bundesministerium für Wirtschaft.

Wissenschaftlicher Beirat beim Bundesministerium für Wirtschaft (1984): Strukturwandel für Wachstum und mehr Beschäftigung - Gutachten vom 14. und 15. Dezember 1984, herausg. vom Bundesministerium für Wirtschaft.

Woll, Artur (1989): Freiheit durch Ordnung: Die gesellschaftspolitische Leitidee im Denken von Walter Eucken und Friedrich A. von Hayek, in: ORDO, Bd. 40.

Woll, Artur (1992): Wirtschaftspolitik, 2. Aufl., München.

Woll, Artur (Hrsg.) (2000): Wirtschaftslexikon, 9. Aufl., München, Wien.

Wulff, Manfred (1985): Theorien und Dogmen als Ursachen wirtschaftspolitischer Probleme, Berlin.

Wünsche, Horst Friedrich (1994): Ludwig Erhards Soziale Marktwirtschaft, in: ORDO, Bd. 45.

Sachverzeichnis